讲述世界历史的经典版本

世界上下五千年

朱建国◎编著

北京联合出版公司
Beijing United Publishing Co.,Ltd.

图书在版编目（CIP）数据

世界上下五千年 / 朱建国编著 . — 北京：北京联合出版公司，2015.5（2018.10 重印）

ISBN 978-7-5502-4730-7

Ⅰ . ①世… Ⅱ . ①朱… Ⅲ . ①世界史—通俗读物 Ⅳ . ① K109

中国版本图书馆 CIP 数据核字（2015）第 031631 号

世界上下五千年

编　著：朱建国

责任编辑：王　巍

封面设计：李艾红

责任校对：杨　君

美术编辑：李丹丹

北京联合出版公司出版

（北京市西城区德外大街83号楼9层　100088）

北京鑫海达印刷有限公司印刷　新华书店经销

字数690千字　720毫米×1020毫米　1/16　40印张

2018年10月第2版　2018年10月第3次印刷

ISBN 978-7-5502-4730-7

定价：78.00元

前 言

世界历史从古老文明的第一声号子，到电子时代的第一束激光，经历了五千年的漫长而又耐人寻味的过程，其间既有繁荣辉煌，也有曲折艰难，过去的历史的积累，铸成了今天灿烂的现代文明。通过学习和了解世界历史，我们可以从大历史的兴衰演变中体会生存智慧，从叱咤风云的历史人物经历中感悟人生真谛。

博古通今一直是中国人的追求，因为历史蕴含着经验与真知，无论是王朝帝国的兴衰成败、历史人物的功过是非，还是重大事件的曲折内幕、伟大创新背后的艰辛……这些过往的历史无不折射出做人与做事的道理。学习历史，了解历史，小到个人，是充实自己头脑、得到人生启迪的需要；大到国家，是在世界民族之林立于不败之地的前提。

古人记述历史的范围受限于他们当时所能认识的世界，然而在科技发达的今天，世界越来越像一个大村庄，任何一个国家和地区都是世界历史体系中的一部分。对每一个读者来说，只有了解整个世界历史的进程，掌握人类社会整体发展的各个阶段，树立全球史观，才能正确看待现代人类面临的各种社会现象和社会问题。

但五千年间发生的历史事件、出现的历史人物错综复杂、头绪繁多，普通读者很难找到入门之捷径。历史知识的普及对历史读物的通俗性和趣味性提出了很高的要求，而从目前有关世界历史的研究和出版状况来看，却并不乐观，过于深奥、抽象的专业史学论著常使普通读者读起来味同嚼蜡。如何使历史从神圣的殿堂走入民间？如何能使读者如欣赏文学作品般欣赏历史？本书在这方面做了努力。

为了帮助读者在较短时间内了解世界历史的进程，丰富知识储备，我们精心编撰了这部《世界上下五千年》。本书以时间为序，选取了世界上下五千年中的重大事件、风云人物、辉煌成就、灿烂文化等内容，力求在真实性、趣味性和启迪性等方面达到一个新的高度，并通过科学的体例与创新的版式，全方位、新视角、多层面地阐释世界历史。全书分为古代文明、中世纪、文艺复兴时期、变革的世纪、工业革命时期、战争阴云等篇，精彩扼要地讲述世界历史演进的基本脉络和各大文明的发展历程，为读者讲述想知道的、需要知道的、应该知道的历史知识，帮助读者从宏观上把握世界历史，进而掌握人类历史发展的内在规律。

本书还精心选配了数百幅内容涵盖面广、表现形式丰富的图片，包括出土文物、历史遗迹、战争示意图、名人画像等，与文字内容互为补充与诠释，使读者仿佛置身于一座真实立体的历史博物馆，更加直观地了解世界历史。简洁精要的文字，配以多元化的图像，打造出一个立体直观的阅读空间，使读者获得图与文赋予的双重享受。

在这里，我们用通俗流畅的语言来解读重大的历史事件、鲜活的历史人物、丰富的多元文化，把厚重的五千年历史通过简洁明了的形式表达出来。阅读本书，读者可以在轻松愉悦中了解人类历史发展进程，增长知识和胆略，提高历史修养，进而用世界胸怀和历史眼光更好地把握现在，展望未来。

目 录

古代文明

中世纪

文艺复兴时期

变革的世纪

工业革命时期

战争阴云

古代文明

两河流域

苏美尔人开创美索不达米亚文明

"美索不达米亚"在希腊语中的意思就是两河之间的土地。作为西亚最早出现的人类文明，美索不达米亚文明就诞生于幼发拉底河与底格里斯河之间的美索不达米亚平原，多位于今天的伊拉克境内。美索不达米亚文明也被称为两河文明或是两河流域文明，其主要组成部分包括苏美尔文明、阿卡德文明、巴比伦文明和亚述文明等。

最早进入美索不达米亚平原的是来自东方的古老民族苏美尔。苏美尔人长着浓密的黑发，自称为"黑头人"。从约公元前4300年开始，他们就在美索不达米亚平原上出现了。他们在肥沃的两河流域修建灌溉水渠，发展农业生产，在创立苏美尔文明的同时，也开创了美索不达米亚地区的文明。

提到苏美尔人就不得不提全世界最古老的文字之一的楔形文字。这种古文字是苏美尔人的一大创举，对促进美索不达米亚文明的发展意义非凡。在苏美尔人创立的政权灭亡后，两河流域的阿卡德人、巴比伦人、亚述人继承并发展了他们的楔形文字，最终使其成为西亚和西南亚地区的通用文字。

苏美尔人在历法方面同样有着不凡的成就。他们根据月亮的圆缺变化将一年分为12个月，并规定其中6个月为每月30天，其余6个月则为每月29天，这种历法被称为"太阴历"。太阴历与现代使用的公历已经颇为接近，生活在数千年前的苏美尔人能创造出这样的历法确实难得。另外，苏美尔人还将1小时分为60分钟，将7天规定为1个星期，并一直沿用到现在。

苏美尔人在建筑方面水准高超，他们利用美索不达米亚平原出产的砖块修建了很多外形酷似金字塔的塔庙。今天在两河流域还能看到不少塔庙的遗址，这种数千年前的宗教建筑已经成了当地一项重要的人文景观。坐落在伊拉克沙漠中的乌尔塔庙就是由苏美尔人建造的，其地基长64米，宽46米，由地基往上总共有3道台阶，每道包括100级，整体看上去就如同一座砖砌的金字塔。苏美尔人的建筑技巧随后被巴比伦人发扬光大。巴比伦人建造的巴比伦塔庙成了当时最受人瞩目的宗教建筑。当地人民每年都会在巴比伦塔庙中定期举行大规模的宗教活动,吸引了全国各地的大批教徒前来参与。只可惜,巴比伦塔庙在公元前330年左右被亚历山大大帝摧毁,后人无缘得见。

作为全世界已知的天文学现象的最早记录者,苏美尔人在天文学方面取得的成就也不可小觑。他们在当时的条件下描绘出来的星相图,已与今人经过严谨的科学观测描绘出的星象图相差无几,令人啧啧称奇。

有可靠的证据证实,人类历史上最早出现的学校也是苏美尔人创立的,其目的就是为了发展宗教,传播楔形文字。此外,苏美尔人在数学方面也成就不俗。考古学家从他们遗留的楔形文字记录中发现,他们当时已经可以计算结果为十五位数的乘法算数题。实际上,苏美尔人对加减乘除及四则运算都非常精通,还会解一元二次方程。十进位法和十六进位法都是他们的首创。苏美尔人将圆周分为360度,并推算出 π 与3十分相近。就算是要计算不规则多边形的面积和锥体的体积也难不倒他们。

除此之外,我们日常生活中不可缺少的车轮也是由苏美尔人发明的。苏美尔人擅长制陶,有人推测他们之所以能发明出车轮,就是因为受到了陶轮的启发。

苏美尔人统治美索不达米亚平原期间,总共在此建立了以乌鲁克等为代表的12个城市国家,展现了苏美尔人繁荣的城市文明。不过,这些城市国家并非一个整体,他们各自为政,矛盾不断。从约公元前2900年开始,苏美尔的各个城市国家之间开始爆发大规模的战争。他们有的是为了争夺水权,有的是为了争夺通商的道路,有的则是为了争夺游牧民族的进贡,但归根结底都是为了争夺对美索不达米亚平原的统治权。

连年的内战严重削弱了苏美尔人的整体力量,也给了其他势力以可乘之机。约公元前24世纪,萨尔贡率领闪米特人推翻了苏美尔人对美索不达米亚平原的统治,建立了统一的阿卡德帝国。然而,苏美尔人并没有就此退出美索不达米亚平原的历史舞台。接下来,他们在当地又陆续建立了多个城市国家,其中就有后来统治整个美索不达米亚平原的乌尔城。大约在公元前2113年,苏美尔人建立了乌尔第三王朝,再度执掌了美索不达米亚地区的政权,史称"苏美尔复兴"。

苏美尔人的黄金头盔

直至约公元前 2006 年，乌尔第三王朝被埃兰人灭亡，总共延续了将近 100 年。

楔形文字

楔形文字是古西亚人民使用的一种文字，一般刻写在泥板上，因其字形近似于钉头或箭头，所以也被称为钉头文字或是箭头文字。

楔形文字的发现始于 1472 年。当时，一位名叫巴布洛的意大利人到伊朗地区旅行，无意间在当地一些年代久远的古寺墙壁上发现了一种怪异的楔形图案。巴布洛怀疑这是一种文字，但他并未对此做出深入研究便匆匆返回了意大利。

过了一个多世纪，有一位名叫瓦莱的意大利人来到了伊拉克。在那里，他发现了同样的楔形图案。不过，瓦莱并未像前人巴布洛一样浅尝辄止，他将这种楔形图案带回了欧洲，对其展开了一系列的研究。然而，要破解这种年代久远的古文字谈何容易？在接下来的几个世纪，欧洲众多考古学家为之做出了不懈努力。

1802 年，德国一名年轻的中学老师格罗特芬德酒后与朋友打赌，说自己必能破解楔形文字之谜。此后，格罗特芬德通过刻苦研究与大胆推测，最终找出了初步破译楔形文字的方法，从而为后人完全破译这种古文字打下了良好的基础。

1835 年，英国考古学家罗林森偶然在伊朗境内的贝希斯敦村发现了一块巨大的岩石，上面以楔形文字、新埃兰文和古波斯文三种文字雕刻了一篇铭文。罗林森对这篇铭文产生了浓厚的兴趣，但是因为工作繁忙，当时他并未马上动手对其展开研究。直到 1843 年，罗林森在伊朗的工作终于告一段落，才将研究那篇铭文的工作提上了日程。

为了将铭文拓印下来，方便接下来的研究，罗林森不顾自身的安危，勇敢地爬上了陡峭的岩石。功夫不负有心人，在得到铭文的拓本之后，罗林森利用自己熟知古波斯文的优势，成功翻译了古波斯文版本的铭文。原来铭文之中记录的是公元前 500 年，波斯帝国的统治者大流士一世阴谋夺取皇位和平息国内叛乱的过程。其后，罗林森便对照着这个版本研究起了楔形文字的版本，最终辨识出了铭文之中所刻的楔形文字。罗林森为楔形文字的研究找到了一个巨大的突破口，欧洲考古学家在此基础上最终完全破解了楔形文字。

考古学家证实，作为全世界现已发现的最古老的文字之一，楔形文字的历史最早可以追溯到约公元前 3200 年。时隔数千年，楔形文字的具体创始人已经无从考证，今人只能从一些传说中窥得一二。在苏美尔人的史诗巨著《恩美卡与阿拉塔之王》中提及楔形文字的创始人是乌鲁克国王恩美卡，不过这种说法并无多少可信性。至于其余的传说，大多认为楔形文字的创始人是各类神仙，这些说法显然更不可靠。

约公元前 3200 年，居住在两河流域的苏美尔人已经开始使用楔形文字。他们把芦苇棒、骨头或是木棒的顶端削成三角形，写出来的文字自然而然就呈现为笔画由粗到细的楔形。楔形文字出现之初是由上而下书写，在其后的发展过程中，又变成了由左向右书写，左粗右细，如一枚横躺的楔子。

当时造纸术尚未出现，苏美尔人用来书写的"纸"就是用黏土制成的泥板。在书写的过程中，泥板还是湿的。书写完毕后，苏美尔人就会将其晒干，然后再用火

阿卡德语写就的一块泥板

公元前 2350 年后，操阿卡德语的民族控制了美索不达米亚的大部分地区。

烧，这时泥板才算最终成型。在现已发现的泥板之中，体积最大的有 2.7 米长，1.95 米宽，其重量之重自然不言而喻。不过，泥板虽然笨重不堪，但是十分坚固，在经历了数千年的风雨洗礼之后，上面的楔形文字依然清晰可见。

在楔形文字出现之初，苏美尔人只是用它们来记账。随后，其应用范围不断扩张，并开始流传到西亚地区的其他民族之中。因此，尽管由苏美尔人建立的最后一个王朝在约公元前 2007 年就已灭亡，但是楔形文字却由巴比伦王国继续发扬光大。到公元前 1500 年，楔形文字已成为当时的西亚各国通用的一种文字，甚至流传了非洲的埃及。等到了公元前 500 年，楔形文字已广泛应用于古西亚人民的各项贸易活动之中。在现今已经发掘出来的接近 100 万块写有楔形文字的泥板之中，有九成记录的都是商贸和行政活动，其他例如诗歌、神话、谚语等记录只占了一成。然而，无论这些楔形文字记录的内容如何，都为当时以及后世的文明进步作出了巨大的贡献，并为后人研究古西亚文明提供了丰富的第一手资料。

萨尔贡创立阿卡德帝国

萨尔贡是公元前 24 世纪闪米特人的杰出首领。闪米特是起源于阿拉伯半岛的游牧民族，传说其祖先就是挪亚的儿子闪。萨尔贡出生于美索不达米亚平原的基什城邦，其南部为苏美尔人的聚居地，北部则为闪米特人的聚居地。作为美索

不达米亚文明的开创者，苏美尔人在当时的生产力发展水平已令自己的邻居闪米特人难以望其项背。然而，叫人意想不到的是，萨尔贡的出现却让落后的闪米特人最终击败了先进的苏美尔人。在此基础上，萨尔贡创立了人类历史上第一个军事帝国——阿卡德帝国，开始了对美索不达米亚平原将近三百年的统治。

在阿卡德语中，"萨尔贡"的意思是"真正的王者"。然而，这位"真正的王者"出身却十分卑微。萨尔贡是个私生子，谁也不知道他的父亲到底是谁。他的母亲地位低下，据说是一名智障者。不难推测，这位智障的姑娘有可能是遭受了侵犯才生下了萨尔贡。萨尔贡出生后，自顾不暇的母亲将他丢弃在河边，倘若不是一名园丁恰好从附近路过，发现了萨尔贡，并将他带回家中抚养，只怕就不会有后来鼎鼎大名的"真正的王者"了。

萨尔贡长大后，一度继承了养父的事业，做了一名年轻的园丁，但是蛟龙岂能在浅水中长久逗留？没过多久，萨尔贡就凭借着自己非凡的智慧受到了举荐，担任基什国王的侍卫，随后又晋升为国王的幕僚。虽说这些都算不得什么大官，但到底是在国王手下任职，以后有数不清的机会加官进爵。只是，野心勃勃的萨尔贡志不在加官进爵，而在称王称霸。

公元前 2371 年左右，机会终于来了。当时外敌入侵基什城邦，国王组织抵抗不利，民心尽失。萨尔贡乘机以武力推翻了现任国王，一举登上了王位。萨尔贡要壮大自己的实力，他不断在国内招募新兵，打造新兵器，增强军事力量，最终建立起了一支总人数高达 5400 人的常备军，成功稳固了自己的统治地位。其后，萨尔贡又将阿卡德城定为基什的都城，后来的"阿卡德帝国"一名就源于此。

这段时期，美索不达米亚平原上的各个城邦为了争夺最高统治权争战不断。本就实力雄厚的基什城邦在有勇有谋的萨尔贡的统治下更加如虎添翼。不过，萨尔贡并没有急于向其他城邦出兵。当时几个主要的城邦激战正酣，与其加入他们的混战，倒不如在旁边观战，坐收渔人之利。期间，温玛和乌鲁克等城邦组成了一支苏美尔联军，他们在温玛国王卢伽尔·扎吉西的率领下在美索不达米亚平原上所向披靡。然而，在四处争战的过程中，联军自身的实力也不可避免地遭受了重创。

联军逐个击败了周围的敌对城邦，最后开始进攻萨尔贡所在的基什城。眼见联军上万大军压境，仅有 5000 兵力的萨尔贡却并不惊慌。他明白联军在长期的征战过后早已疲惫不堪，并不是斗志高昂的基什军队的对手。果然不出萨尔贡所料，由他统率的基什常备军最终击败了卢伽尔·扎吉西统率的联军。联军此前取得的胜利果实也顺理成章地落入了基什城邦名下。温玛王卢伽尔·扎吉西在此次交战中被俘，被套上枷锁押解到苏美尔人的圣城尼普尔。值得一提的是，虽然这段时期的美索不达米亚平原战火连天，但尼普尔却一直是一座平静的城池。抵达尼普尔之后，卢伽尔·扎吉西被献祭给天神恩利尔。

然而，萨尔贡并不满足于这样的成果，他在此后乘胜追击，南下讨伐拉格什、乌尔、乌鲁克等城邦，最后将美索不达米亚平原上原先由苏美尔人统治的地区全都划归闪米特人名下，建立了统一的中央集权国家——阿卡德帝国。萨尔贡统领的这支闪米特人在此之后便被称为阿卡德人。阿卡德帝国的成立促进了阿卡德文明的兴起，不过，所谓的阿卡德文明实质上就是对苏美尔文明的延续与发展。

公元前 2316 年左右，萨尔贡结束了自己传奇的一生。阿卡德帝国总共维持了三世，在萨尔贡的孙子在位期间，被入侵者灭亡。

第一部史诗巨著《吉尔伽美什》

《吉尔伽美什》是人类历史上已知的第一部史诗巨著，诞生十大约 5000 年前的美索不达米亚平原，最初是以楔形文字刻写在泥板上的。

《吉尔伽美什》是对名列苏美尔三大英雄之一的吉尔伽美什的赞美之诗，是 5000 年前生活在美索不达米亚平原的苏美尔人民的智慧结晶，反映了当地人民从原始社会到奴隶社会的过渡，无论是在思想方面还是艺术方面都有着极高的价值。

这首诗的主人公吉尔伽美什是美索不达米亚平原上的城市国家乌鲁克的国王，这并不是一个虚构的人物，历史上确有其人。在《吉尔伽美什》一诗中，他的父亲是乌鲁克的国王，母亲却是一名女神。作为人与神的后代，他只有三分之一属于人类，另外三分之二则属于神。父亲去世后，他成了乌鲁克的新任统治者。由于他在位期间表现得极为残暴，百姓们不堪忍受，纷纷向女神阿鲁鲁求助。阿鲁鲁顺应民意，制造了一个名叫恩奇都的人，并派他前往乌鲁克感化暴君吉尔伽美什。

恩奇都与吉尔伽美什不打不相识，很快就成了无话不谈的知己好友，吉尔伽美什甚至慷慨地让恩奇都与自己共同执掌乌鲁克的统治大权。在此期间，吉尔伽美什和恩奇都这两位好友齐心协力杀死了祸害乌鲁克百姓的森林怪兽芬巴巴，两人因此名利双收，吉尔伽美什还获得了丰收女神伊什塔尔的爱慕。然而，并非所有女神都如人们通常想象的那般美丽、端庄，伊什塔尔就性情残酷、自私，又喜怒无常，吉尔伽美什对她自然无法产生半分好感。在她向自己示爱时，吉尔伽美什连一点面子都不给她留，当场就拒绝了她。伊什塔尔恼羞成怒，把天牛赶下凡间，残害乌鲁克百姓。此后接连七年，乌鲁克一直被自然灾害所扰，民不聊生。

这一回，吉尔伽美什与恩奇都再次联手，将天牛杀死，解救了处于水深火热之中的百姓。但伊什塔尔并未就此罢休，她将吉尔伽美什与恩奇都杀死天牛一事告诉了众神，恳请众神对他们施以严惩。众神要求他们二人之中必须要有一个出来偿命，结果恩奇都选择了牺牲自己，以保全好友的性命。虽然这件祸事最终平息了下来，伊什塔尔也放弃了对乌鲁克的骚扰，但此事留在吉尔伽美什心中的创伤却难以平复。他为失去挚友，也为死亡带来的巨大威胁感到痛苦不堪。

为了摆脱这种痛苦，吉尔伽美什便向无所不能的神灵求助。从神灵那里，他得知有种仙草可以让人长生不死。他当即启程前去寻找，历尽千辛万苦总算从海中找到了这种仙草。哪承想一条蛇却趁着他在泉中洗澡时偷吃了仙草。据说，蛇就是因为偷吃了这种仙草才能在蜕皮之后长出新的皮肤。

失去仙草之后，吉尔伽美什深感绝望。这时，在神灵的帮助下，恩奇都的鬼魂现身，明确地告诉自己的朋友，死亡是人类永远都无法摆脱的命运，既然如此，便唯有接受这种命运，珍惜眼前的生活。吉尔伽美什就此幡然醒悟，重新振作起来。

长达三千余行的史诗巨著《吉尔伽美什》讲述的就是这样一个故事。这个故事发生的时间大致在公元前2700年到公元前2500年之间，它最早是在苏美尔人中间口口相授，尽管当时楔形文字已经问世，但这个传说却一直没有以文字的形式记录下来。直到古巴比伦王国建立以后，人们才根据数百年来的神话传说整理出了这首内容精练、饱含激情的长诗《吉尔伽美什》。作为全世界第一部史诗巨作，《吉尔伽美什》比现在已知的最早以文字保留下来的文学作品早了数百年。

现存的《吉尔伽美什》总共有阿卡德语、古巴比伦语、胡里安语和赫梯语四个版本。它在数千年前的美索不达米亚平原有着多么广泛的影响力，由此可见一斑。只可惜，在长达5000年的流传过程中，《吉尔伽美什》已经有将近三分之一的内容流失，现在余下的诗句只有两千余行，并且因为时隔久远，后世不断有人对其进行篡改，致使该诗有多处内容都已面目全非，这给近现代考古学家的研究工作带来了不小的麻烦。相关专家经过了一系列的努力，终于在 20 世纪初将《吉尔伽美什》全篇翻译完毕。

古巴比伦文明

古巴比伦文明分为古巴比伦王国和新巴比伦王国两部分，是古代两河流域文明最主要的组成部分，其地位甚至超越了苏美尔文明。

阿卡德帝国统治后期，国力日渐衰弱。原本受制于阿卡德人的苏美尔人乘机夺取政权，再度统治了美索不达米亚平原，建立了乌尔第三王朝。直至约公元前2006 年，乌尔第三王朝被埃兰人所灭。埃兰人与阿卡德人同为闪米特人。随后，埃兰人便以巴比伦城为首都建立了历史上赫赫有名的古巴比伦王国，埃兰人也因此被称为巴比伦人。后来的新巴比伦王国则是同属于闪米特人的迦勒底人在灭掉了亚述帝国之后建立起来的。

巴比伦的意思就是"神之门"，巴比伦城原本只是幼发拉底河流域的一座不起眼的小城，大约在公元前 2200 年，勇猛的埃兰人占领了巴比伦城，并以此为根据地开始南征北战，最终将其发展成为人类历史上一座不可忽略的文明古城。

巴比伦王国大致包含在今天的伊拉克境内。作为两河流域文明的重要组成部分，古巴比伦文明继承并发展了苏美尔文明和阿卡德文明，并将美索不达米亚文明推向了巅峰，以至于后人在提及古代两河流域的文明成果时，甚至会将苏美尔文明、阿卡德文明和亚述文明略过不提，直接以古巴比伦文明取而代之。

古巴比伦的数学非常发达，他们采用十进位法和六十进位法进行运算，并已研究出了有助于提高运算速度的乘法表。另外，古巴比伦人民还能计算包含三个未知数的代数方程式。

在天文学方面，古巴比伦人民取得的成就同样不可小觑。他们给已经观察到的星球分别取了名字，对于恒星和行星之间的区别也已大致掌握。他们在苏美尔人创立的太阴历基础上进行了一系列的天文观测。等到了新巴比伦王国统治时期，已经能成功地预测日食、月食和行星会冲，而且他们推算出来的一年的时间与我们现在的推算结果仅有 26 分 55 秒的差距，这在当时的科技条件下可谓十分难得。

公元前 18 世纪，汉谟拉比在统治古巴比伦王国期间颁布了人类历史上留存至今的首部完整法典《汉谟拉比法典》。法典的内容涉及刑事、民事、贸易、婚姻、继承和审判等方方面面，其目的就在于维护奴隶社会不平等的等级制度，保障身为统治阶级的奴隶主贵族的利益。《汉谟拉比法典》系统总结了两河流域原有的法律精华，它的颁布堪称人类历史上的一大进步。后来两河流域的政局不断变动，这部法典却一直为各国沿用，就连欧洲的法律也曾受到该法典的影响。

除了这些方面以外，古巴比伦文明最为人称道的就是其在建筑方面取得的成就。自古巴比伦王国建国之初一直到公元前 6 世纪，两河流域最繁华的城市一直都是巴比伦城。巴比伦城的城墙有 16 公里长，其厚度就算是让一辆由 4 匹马拉的战车转个身都绰绰有余，城墙上每隔一段距离就有一座城楼，这些都对城内百姓抵御外敌发挥了重大作用。巴比伦城的大城门为拱形门，其高度超过 4 米，宽度大约为 2 米，两侧的墙壁上由棕色和黄色的琉璃砌成雄狮或是公牛之类的图案。在经历了数千年的风吹雨打，战乱灾祸之后，当初的巴比伦城早已面目全非，只有一座巨大的城门保留至今。除了这座城门以外，巴比伦城原本还有 100 座铜铸的大门，这为巴比伦城赢得了"百门之都"的美誉。

不过，要说古巴比伦文明最主要的建筑代表，自然还要属空中花园和巴别塔。巴比伦空中花园与埃及金字塔、秦始皇陵兵马俑等并称为世界八大奇迹，是由新巴比伦国王尼布甲尼撒二世为自己的妃子建造的。据说，尼布甲尼撒迎娶了米底王国的公主为后。美丽的公主自从来到巴比伦后便一直愁眉不展，无论尼布甲尼撒怎样取悦她，都无法博得红颜一笑。尼布甲尼撒百思不得其解，公主便告诉他，自己是因为思乡情切才无法展颜欢笑。为了能让公主一解思乡之愁，尼布甲尼撒便命人仿照米底王国的山川美景在王宫内部建造了一层呈阶梯形状的花园，其中种满了各式各样的奇花异草。公主看到之后大喜过望，这便是闻名于世的空中花园。

由于空中花园的高度已经超越了王宫的宫墙，远远望去就仿佛一座悬在半空的花园，巴比伦人民便将它称为"空中花园"。只可惜，由于年代久远，巴比伦城内的空中花园早已无处可觅。

同样的，巴别塔也早已消失得无影无踪。巴别塔又叫做通天塔，塔身的绝大部分和塔顶的马尔杜克神庙都是由空中花园的建造者尼布甲尼撒二世主持修建的。尼布甲尼撒二世对古巴比伦的建筑文明可谓贡献非凡。巴别塔的地基高度约为 96 米，塔身和塔顶的神庙加起来也有差不多 96 米，塔的外侧有螺旋状的楼梯，可以旋转向上抵达塔的顶端。

根据古希腊历史学家希罗多德的说法，当时新巴比伦王国最高的建筑物就是巴别塔，不管在国内的哪个地方都能看到巴别塔的所在，正因为如此，人们才会赠予它一个"通天塔"的称号。巴别塔每年都会举行大规模的宗教活动，吸引了全国各地的大批教徒。后来，巴别塔毁于战乱，亚历山大大帝曾经试图修复巴别塔，无奈工程量实在太大，最终只好作罢。

《汉谟拉比法典》

1901 年 12 月，一支由法国人和伊朗人组成的考古队伍在伊朗南部的苏撒古城旧址中发掘出三块黑色的玄武石，拼接在一起恰好是一根高约 2.5 米的石柱。石柱上刻写了很多楔形文字，后来经过考古学家的辨认，证实是古巴比伦王国的第六代国王汉谟拉比在位时颁布的一部法典，这就是世界上已经发现的最早的完整成文法典《汉谟拉比法典》。因为该法典是刻写在石柱上的，所以也被称为"石柱法"。

不过，古巴比伦王国明明位于今天的伊拉克境内，《汉谟拉比法典》又怎么会出现在伊朗境内的苏撒古城旧址中呢？其实这个问题并不难解释，数千年前，巴比伦城被入侵者攻陷，《汉谟拉比法典》也被入侵者抢走，带到了他们的都城苏撒。自此之后，刻有《汉谟拉比法典》的石柱便一直被保存在苏撒，直到上个世纪初才被考古学家发掘出来。

《汉谟拉比法典》是由楔形文字垂直书写的，共计 3500 行。全文总共包括 282 条法律条文，内容涉及刑事、民事、商贸、婚姻、继承、收养等各方面。除了法律条文之外，石柱上还刻有巴比伦人的太阳神沙玛什将法典授予汉谟拉比国王的浮雕。高大的太阳神头上戴着呈螺旋形状的冠冕，胡须编成了辫子。他身穿长袍，袒露右肩，端坐在宝座上，将象征着权力的魔标与魔环授予汉谟拉比。汉谟拉比国王头戴王冠，正在向太阳神举手宣誓，表情看上去十分严肃。

关于《汉谟拉比法典》的出现，后世流传着这样一

刻有《汉谟拉比法典》的石柱

种说法：汉谟拉比国王自即位之后，每天都要处理大量的法律纠纷。渐渐地，汉谟拉比国王感到身心疲惫。为了解决这个问题，他便开始苦思冥想，最终想到编纂一部法典。他命人将先前的法律条文和社会上那些不成文的规定全都收集起来，选取其中的精华部分组成一部法典，刻写在石柱上，这便是闻名于世的《汉谟拉比法典》。

受当时的奴隶社会制度的影响，《汉谟拉比法典》中到处充斥着不平等的法律条文，一味偏向于身为统治者的奴隶主阶级。这一点从法典将国内百姓划分为有公民权的自由民，无公民权的自由民和奴隶这三类就可以窥见一斑。如果这三类人犯下的是同一种罪行，那么奴隶受到的惩罚是最严厉的。就算奴隶只是犯了一点小错，也要被斩断手足或是割掉耳朵。比如一个奴隶对他的主人说："你不是我的主人。"这个奴隶的主人就有权将他的耳朵割下来。不仅如此，法典中还明文规定：奴隶不属于人的范畴，只是不受法律保护的工具和财产。"以眼还眼，以牙还牙"是《汉谟拉比法典》坚持的一项重要原则，正所谓："倘人毁他人之目，则毁其目；倘人断他人之骨，则断其骨。"这与中国古代的"一命偿一命"很相似。不过，这样的规定却没有将意外伤人考虑在内，其局限性显而易见，而且若是打瞎的是奴隶的眼睛，其处理方式跟打瞎一头耕牛的眼睛没什么两样，犯罪者只需赔偿这个奴隶身价的二分之一即可。杀死奴隶也跟杀死耕牛一样只需赔偿奴隶主的经济损失，不必为此偿命。

时至今日，人们再翻看数千年前制定的《汉谟拉比法典》时，会发现其中的很多法律条文都是非常奇特的。例如，法典中规定若是建筑师设计的房屋不够牢固，在使用过程中倒塌的话，就要追究建筑师的责任，倘若死去的是房屋的男主人，则要处死建筑师本人，倘若死去的是男主人的妻子或是儿子，则要相应的处死建筑师的妻子或是儿子。这一条显然是贯彻了"以眼还眼，以牙还牙"的原则，但建筑师的妻子和儿子何其无辜，要因为亲人的过失白白赔上自己的性命？这样的规定与古代中国的株连之罪可谓殊途同归。另外，法典中还有一项性质与之十分相近的规定，那就是如果某人所欠的债务到期之后未能及时偿还，就要勒令其妻子与儿子到债主家中做三年奴隶。偷窃在《汉谟拉比法典》中是一项大罪，要被处以极刑。法典中有一项条文规定，要是某人在他人的房屋上打穿一个洞，并利用此洞入室行窃的话，他将会被活埋或是以其他方式被处死，但是无论如何，他都要在这个洞前接受刑罚。

除了这些以外，《汉谟拉比法典》中还有很多条文具有浓重的迷信色彩，其中的典型代表就是交河神审判。具体说来就是当一方控告另一方犯下某种罪行，但双方均找不出证明对方有罪或是证明自己无罪的证据时，法官就会将被告投入幼发拉底河中。若被告溺水而死就证明他是有罪的，他的所有财产将归原告所有；反之则证明被告是无罪的，原告将被处死，其所有的财产也将归被告所有。

尽管在现代人眼中，《汉谟拉比法典》的不足之处比比皆是，但在当时的社会条件下，这仍是一部极具进步意义的法典，对于维护正常的社会秩序意义重大，并对后世产生了极为深远的影响。

赫梯帝国的兴衰

赫梯帝国兴起于公元前19世纪中期的小亚细亚半岛。后来，赫梯帝国的国力不断壮大，便开始入侵美索不达米亚平原。当时，古巴比伦王国已进入统治后期，国力与繁盛时期早已不可同日而语。公元前16世纪初，赫梯帝国击败了古巴比伦王国，并在巴比伦城内大肆抢掠，将这座文明古城毁坏。

此事过后，赫梯帝国声名远播，成了地中海东部沿岸盛极一时的强国。然而，没过多久，赫梯帝国就爆发了内讧。当时在位的国王穆尔西里一世在一次宫廷政变中死在了妻子的哥哥汉提里一世手上。这样一来，汉提里一世便登基成为赫梯帝国的新任国王。从这时开始，赫梯帝国内部为了争夺王位内讧不断。直至公元前16世纪后期，铁列平国王针对王位继承问题进行了一番改革，才结束了这种混乱的局面。

在此次改革中，铁列平规定王位首先由长子继承，如果长子已经不在人世了，就由次子继承，依此类推；如果没有王子的话，就由长女的丈夫继承王位；国王无权滥杀自己的兄弟姐妹；如果王室内部出现了纠纷，就要召开公民会议对其进行裁决；王室成员如果犯罪的话，全部罪责由其本人承担，其家眷不会受到牵连，其财产也不会被没收。

作为世界历史上有据可查的第一次改革，同时也是第一次获得成功，取得显著成效的改革，铁列平改革有效巩固了王权，稳定了国内的局势。此后，赫梯帝国进入了最强盛的阶段，这种强盛的态势从公元前15世纪末一直延续到了公元前13世纪中。在此期间，赫梯帝国不断向外扩张，不仅灭掉了米坦尼王国，还侵吞了埃及的部分领土，就此与强大的埃及势成水火。

在对外交战的过程中，赫梯帝国俘获了大批战俘。其后，这些战俘便被带到国内变成了奴隶，这对于赫梯帝国奴隶制度的发展作出了巨大的贡献。我们经常在一些古装电视剧中看到皇帝将黄金、白银、珍宝赏赐给大臣，而在奴隶制盛行的赫梯帝国，王公大臣们得到的最多的赏赐却是奴隶。奴隶们在主人的强迫下做最繁重的农活，却连最基本的温饱都无法得到保障。然而，在当时的社会环境下，这些奴隶除了俯首听命于自己的主人外，根本就没有其他选择。

军事力量空前强大的赫梯帝国在武器制造方面同样令周边各国难以望其项背。古代西亚最早发明冶铁术，并开始使用铁器的国家就是赫梯帝国。在战场上，赫梯将士手执铁兵器，赶着马拉战车，直叫敌人望风披靡。为了保持自己在军事方面的优势，赫梯国王严禁臣民将冶铁术外传，冶铁术直到赫梯帝国灭亡之后才开始在亚洲各地流传开来。正所谓"物以稀为贵"，当时在西亚地区，铁的售价达到了黄铜的60倍，与黄金的价值相仿，简直叫人瞠目结舌。

这段时期，赫梯帝国颁布了《赫梯法典》。跟《汉谟拉比法典》很不一样，《赫梯法典》坚持"重民轻刑"，这在人类历史上是少有的。法典中规定了对杀人、伤人、纵火、盗窃、投毒等刑事罪名的惩处方式，但对于其中的大部分刑事犯罪都坚持实施民事制裁，仅针对少量极为严重的刑事犯罪才会施以严惩。

《赫梯法典》总共包含241条法律条文，它最早是以楔形文字刻写在泥板上的。在赫梯帝国的发展过程中，《赫梯法典》也在不断发生变化。只可惜其中20多条法律条文早已在数千年的历史进程中毁损殆尽，现在的人们要想全面了解这种发展变化，已经是不可能的事了。

从公元前14世纪末到公元前13世纪中，赫梯帝国为了夺取对叙利亚的控制权，与埃及展开了长达16年的征战，赫梯帝国的没落就此开始。在此番交战中，最重要的一场战役就是卡迭石之战，这是世界军事史上最早以文字记录下来的战争之一，对于研究人类战争史意义非凡。

卡迭石之战爆发时，正值拉美西斯二世统治埃及期间。他亲率10万大军首先向赫梯帝国发难。当时在位的赫梯国王名叫穆瓦塔里，面对埃及的大军，穆瓦塔里也不由得犯难，向臣子们征求退敌良方。然而，眼见大敌当前，众臣子却一言不发，只盼着哪个同僚能挺身而出，拯救国家于危难之间。

穆瓦塔里看着这帮胆小如鼠的大臣，不禁怒不可遏。就在这时，忽有一位名叫纳丁的大将出来献计。穆瓦塔里听后觉得此计十分可行，便决定依计行事。

第二天早上，拉美西斯二世带着埃及大军赶到了被赫梯帝国侵占的叙利亚卡迭石城附近。忽然之间，一名埃及士兵前来报告，说抓住了两名赫梯间谍。两名间谍声称，赫梯国王在听说埃及大军进入叙利亚之后，根本不敢在叙利亚待下去，匆忙就从卡迭石城撤退了。

听到这话，拉美西斯二世自然喜不自胜，命令军队全速朝卡迭石进发。得意忘形的埃及法老根本就没想到，这两名间谍其实是穆瓦塔里派来迷惑他的。因为埃及军队人数众多，行军速度十分缓慢，性急的拉美西斯二世迫不及待地想要进入卡迭石城，收获胜利果实，索性脱离了大部队，仅在少量警卫兵的护送下，率先赶到了卡迭石城。岂料一到卡迭石城，他便遭遇了赫梯军队的前后包抄。拉美西斯二世只得冒险突围，赫梯军队紧追不舍，最后一直追到了埃及军营。拉美西斯二世大惊失色，继续奔逃，一边逃一边叫人把自己喂养的几头狮子放出来，这才吓退了赫梯追兵。

埃及士兵乘机对其发起了进攻，双方开始激烈交战。结果，赫梯军队越战越猛，埃及军队却节节败退。拉美西斯二世急得就像热锅上的蚂蚁，好在天无绝人之路，埃及的援兵及时赶过来了。埃及一方到底是人多势众，赫梯军队抵挡不住他们的攻势，仓皇撤退。

卡迭石之战过后，赫梯帝国与埃及之间的战事不断，接连16年都没有消停，一直打到赫梯帝国的国王穆瓦塔里都驾崩了，打到两国的军队都疲乏不堪，就要支撑不下去了，双方才终于幡然醒悟，决定议和。

两国经过协商之后签订了一份和约，因为和约是刻写在银板上的，所以便被称为"银板文书"，这是世界上现存最古老的和平条约。条约规定：赫梯帝国和埃及从此以后要永远保持和平友好的兄弟关系，若是其中一国受到他国的侵犯，另外一国要出兵援助。条约签订之后，赫梯帝国的国王还将自己的女儿许配给了拉美西斯二世，此后两国在漫长的数百年间一直相安无事。

然而，此前的交战却让双方都元气大伤，强盛的赫梯帝国很快便衰落下去。这段时期，原先居住在地中海东南沿岸的腓力斯丁人的力量迅速壮大起来，组成了极富侵略性的"海上民族"。公元前13世纪末期，"海上民族"入侵赫梯帝国，赫梯帝国输得一败涂地，原先的属国叙利亚等也落井下石，脱离了赫梯帝国的掌控。尽管如此，赫梯帝国还是继续苟延残喘了几百年，直到公元前8世纪，才被亚述帝国彻底消灭。

犹太王国的兴起与没落

希伯来人在摩西的带领下逃出埃及后，一直在各地流浪。原本统一的希伯来民族在流浪的过程中逐渐分裂为以色列和犹太两个大部落，另外还有其他一些小部落。公元前 11 世纪，扫罗成了以色列犹太人的首领，也是犹太王国的第一个国王。

扫罗的父亲名叫基士，是部落中的勇士，非常有威望。扫罗相貌英俊，身材健美，比一般人足足高了一头。尽管如此，他的为人却十分谦逊，当先知撒母耳宣布任命他为以色列首任国王时，他还以自己身份卑微为由拒绝了撒母耳。不过，撒母耳认为他是最佳的国王人选，还是坚持为他举行了膏立仪式。

扫罗总共在位 20 年，在此期间，他在国内建立了强大的军队，并在与腓力斯丁人交战的过程中多次取得胜利。只可惜，位高权重的扫罗渐渐在权欲之中迷失了自我，他变得目中无人，狂妄自大。当初一手将他推上王位的撒母耳对他十分失望，与他的关系越来越淡漠。与此同时，扫罗的妻子亚希暖也对丈夫失望至极。亚希暖为扫罗生下了 7 个子女，扫罗并不满足，又迎娶了利斯巴等年轻美貌的姬妾。

扫罗原本还有一位好友名叫大卫，后来大卫成了犹太王国的第二任君主。大卫英勇果敢，是扫罗的得力助手。每当扫罗心浮气躁时，大卫就会为他弹琴，助他驱除心魔，维持心境平和。后来，大卫在与腓力斯丁人作战的过程中立下了汗马功劳，堪称功高盖主。当时，在犹太妇女中间甚至流传着这样一句歌谣："扫罗杀死千千，大卫杀死万万。"大卫杀敌的数目远远超出了扫罗，其在百姓中间的威望也逐渐超越了扫罗这位一国之君，这让扫罗对他产生了深深的芥蒂。

扫罗千方百计想要教训大卫，便向大卫表示自己愿意把长女米拉嫁给他。能够娶到大公主为妻是何等的光荣，大卫自然满心欢喜，满口应承。岂料就在婚礼前夕，扫罗忽然又改变主意，将米拉许配给了另外一名男子，以此来羞辱大卫。

在让大卫遭遇了这种奇耻大辱之后，扫罗仍然觉得不解恨，又要把二女儿米甲嫁给大卫。不过，他要求大卫必须要杀死 100 名腓力斯丁人，才有资格做自己的女婿。扫罗原以为大卫必定会在与腓力斯丁人交手的过程中非死即伤，但勇猛的大卫却未能如他所愿。最后，大卫杀死了 200 名腓力斯丁人，超额完成了任务，安然无恙地归来。扫罗见状，也只好勉为其难地让他做了自己的女婿。然而，这对从前的知己好友，如今的岳父与女婿此后却越来越疏远。因为害怕大卫会在自己死后与自己的长子约拿单争夺王位，扫罗甚至派人去暗杀大卫，结果暗杀未遂。大卫为了保住自己的性命，只好在妻子米甲的帮助下逃到南部边疆，并在那里建立了一支强大的军队。

直到自己的良师益友撒母耳去世以后，糊涂半生的扫罗才幡然醒悟到自己的错误。然而，二十年时光早已匆匆流逝，再后悔也已经太迟了。后来，扫罗和约拿单在与腓力斯丁人交战的过程中双双战死，大卫乘机称王，并得到了众多族人的支持。这时候，扫罗的另外一个儿子伊施波设也已登基为王，双方为争夺犹太王国的最高统治权接连交战了几年，最终大卫一方获得了胜利。

大卫统治了犹太王国整整 40 年。在这 40 年间，他率领犹太军队占领了原本由迦南人统治的耶布斯，并将其改名为耶路撒冷，作为犹太王国的首都。另外，他还陆续征服了周边的各个小国，原本实力雄厚的腓力斯丁人、迦南人等都成了他的手下败将。这段时期，犹太王国的领土也从北部的黎巴嫩一直延伸到了南部的埃及，其范围之广可谓空前绝后。

大卫老年时，原本准备将王位传给自己的第四个儿子亚多尼雅。但是他的另外一个儿子所罗门却拥有众多的支持者，这些支持者不断游说大卫将工位传给所罗门。大卫迫于压力，最终只得遵从大多数人的意见。所罗门登基后，仍对亚多尼雅诸多忌惮，后来直接找了个借口将其处死了。为了争夺王位手足相残，这样的事情在古今中外真可谓比比皆是。

所罗门在位的 40 年是犹太王国最为强盛的一段时期。所罗门政绩显赫，他最为人称道的就是过人的智慧。

传说有一天，有两名妇女抱着一个婴儿哭着来找所罗门为她们主持公道。两名妇女都坚持说这名婴儿是自己的亲生儿子，但是谁也拿不出充足的证据证实这一点。在场的人全都犯了难，唯有所罗门镇定自若，叫侍从拿来了一把剑。两名妇女见状不由得大吃一惊，问他拿剑来做什么。

所罗门满不在意地说："眼下你们两个各执己见，谁都不肯退让，为了公平起见，不如就

带领以色列人走出埃及的摩西

将这名婴儿劈成两半，一人分得一半好了。"

其中一名妇女听到这话当场就大哭起来，叫道："陛下，不要将这孩子劈成两半！您将孩子判给她吧，我不跟她争了！"另外一名妇女却说："就按照陛下的意思将这孩子劈成两半好了！"结果，所罗门马上就将孩子判给了大哭的妇女，因为只有亲生母亲才会为了保全孩子的性命做出这样的妥协。

据说，所罗门的智慧是由上帝赐予的。所罗门登基时才 20 岁，他请求上帝赐予自己大智慧，以造福犹太臣民，上帝便如他所愿，使他成了犹太历史上最伟大的君主。

所罗门在位期间，示巴女王因仰慕他的智慧，还曾特意来到耶路撒冷拜访他。

与好战的大卫不同，所罗门对战争并无多大兴趣，一生都在努力维持犹太王国的和平。为了方便管理，加强统治，他将全国划分成十二个行政区域，并设立了很多新官职。为了加强都城耶路撒冷的军事防御，他特意在城外修建了六座防护城池，并在原先的基础上扩建了耶路撒冷城墙。大卫在位期间就开始在耶路撒冷修建犹太教圣殿，只可惜工程还未竣工，他就已离开了人世。所罗门继承了父亲的遗志，将宏大的圣殿修建完毕，又进一步建造了富丽堂皇的王宫。

所罗门一生妻妾成群，晚年时一度沉溺于女色，难以自拔。另外，他的奢侈使得百姓生活困顿，以致犹太国力日渐衰退。

所罗门一死，繁盛的犹太王国就此没落，分裂为以色列和犹太两个国家。公元前 8 世纪，亚述帝国灭亡了以色列。公元前 6 世纪，新巴比伦王国又灭亡了犹太。

军事帝国亚述的兴盛与衰亡

亚述人本是闪米特人的一支，最初生活在底格里斯河中游。公元前 19 世纪至公元前 18 世纪，亚述王国逐渐成型。亚述人在美索不达米亚平原上总共活跃了 1000 年左右，其发展过程可以分为三个阶段：早期亚述、中期亚述和亚述帝国。其中国力最为强盛的阶段就是亚述帝国阶段。亚述帝国历朝历代的君王都热衷于战争与扩张，最终将亚述帝国变成了世界史上有资格被称为"军事帝国"的国家。

大约在公元前 3000 年，由苏美尔人统治的两河流域就出现了亚述人的身影。公元前 2000 年左右，亚述人开始向美索不达米亚平原的北部迁移。公元前 18 世纪，亚述国王沙马什阿达德一世率领臣民不断入侵周边各国，并曾击败了强盛的古巴比伦王国，迫使其国王汉谟拉比向亚述称臣。然而好景不长，巴比伦军队很快就反败为胜，亚述王国从此一蹶不振。直到提格拉特帕拉沙尔一世登基后，这种情况才得到改善，这时已进入了中期亚述阶段。

公元前9世纪初，亚述开始迈向强盛的亚述帝国阶段。开启这一阶段的亚述国王是阿淑尔纳西尔帕二世。公元前883年，阿淑尔纳西尔帕二世登基为王，就此开始了自己的扩张历程。他先后征服了那依瑞以北地区，哈布尔河和幼发拉底河流域的阿拉米人聚居区。阿淑尔纳西尔帕二世为人凶残暴戾，他在攻打这些地区的过程中，命人在当地俘获了大批俘虏，并将其中一些俘虏的手、脚、耳朵、鼻子、嘴唇割下来，摆在城门口示威。不仅如此，他还将一些年轻的战俘活活烧死，每攻下一座城池，就纵火将城内烧为平地。

阿淑尔纳西尔帕二世的恶名很快传遍了周边各个国家和地区，人人谈之色变，望风披靡。先后有十几个小国主动向亚述王国称臣，亚述军队一路高歌猛进，很快就抵达了地中海沿岸。在那里，阿淑尔纳西尔帕二世骄傲地宣称："我用海水清洗我的武器，我用羊来祭祀众位神灵。"

归国之后，阿淑尔纳西尔帕二世从亚述古城迁都到了尼姆鲁德，并在那里建造了一座方圆8公里的新都城。他在城内建造了富丽堂皇的王宫和神庙等建筑，还修建了用于灌溉的运河网络。尼姆鲁德城建成之后，阿淑尔纳西尔帕二世举行了盛大的宴会，招待从全国各地赶来赴宴的47000余名百姓，本市的16000余名子民，还有本国的1000多名臣子，以及国外的5000名贵宾。宴会总共持续了10天，数万名宾客一共吃掉了上千头牛，上千头牛犊，以及为数更多的羊和羊羔，除此之外还有数不清的禽鸟、蔬菜和水果等，更喝掉了数不清的葡萄酒和啤酒。如果亚述王国没有雄厚的国力做支撑的话，显然无法举办如此奢靡的宴会。这场宴会在大大满足了阿淑尔纳西尔帕二世的虚荣心之余，也进一步宣扬了国威。

阿淑尔纳西尔帕二世去世后，由他的儿子沙尔玛内塞尔三世即位。正所谓"虎父无犬子"，沙尔玛内塞尔三世也是一位非常强势的君王，他在位期间，曾远赴小亚细亚入侵乌拉尔图，还曾入侵叙利亚的都城大马士革。大马士革既是重要的商业中心，又是重要的铁制品产地。亚述军队一方面利用大马士革与各个国家和地区展开贸易，另外一方面又从当地掠夺了大量的铁制武器，以增强军队的武器装备。

在此之后，又经过了将近一个世纪的发展，亚述王国终于进入了最强盛的亚述帝国阶段。当时在位的国王是提格拉特帕拉沙尔三世，他也被认为是亚述帝国的开创者。在提格拉特帕拉沙尔三世登基之前，亚述王国先后爆发了多次内战，致使国力衰退。提格拉特帕拉沙尔三世就是在前任君主亚述尼拉里五世死于内讧之后，才趁乱登上了王位。其实提格拉特帕拉沙尔三世并无皇室血统，他在成为国王之前，只是一名普通的地方官员。提格拉特帕拉沙尔三世在登基之后，为显示合法性，宣称自己与前任国王亚述尼拉里五世本是同父异母的兄弟。

虽然提格拉特帕拉沙尔三世称王的方式不足为外人道，但是他取得的政绩却足以彪炳千古。提格拉特帕拉沙尔三世登基之后，在政治和军事方面实施了一系列行之有效的改革措施，在加强中央集权的同时，建立了一支强大的军队，为亚述帝国的对外扩张打下了良好的基础。

提格拉特帕拉沙尔三世登上王位后确立的第一个进攻目标就是新巴比伦王国。在他去世的前两年，他终于完全掌控了巴比伦，并当上了巴比伦国王。提格拉特帕拉沙尔三世戎马一生，除了进攻巴比伦之外，他还曾对乌拉尔图、叙利亚、犹太王国等发起进攻，并接连取得胜利。他在位期间，地中海东部沿岸的所有国家和地区差不多都臣服在了亚述王国的脚下，就连远在非洲的埃及也不例外。

提格拉特帕拉沙尔三世去世之后不久，亚述帝国便在国王萨尔贡二世的引领下进入了最强大的萨尔贡王朝统治时期，这段时期总共延续了 1 个多世纪。亚述帝国最重要的建筑萨尔贡王宫就建造于这段时期。萨尔贡王宫占地约 17 万平方米，其中包括 210 个房间以及 30 个院落。王宫的墙壁上镶嵌着华美的彩砖，看上去富丽堂皇，这也是亚述帝国的一大建筑特色。

萨尔贡王朝统治时期，亚述帝国的军事力量空前强大，骑兵逐渐成为了亚述军队的第一兵种。人们熟知的马鞍就诞生于这段时期的亚述帝国，马鞍的使用大大增强了亚述骑兵的战斗力，使得原本强大的亚述军队更加如虎添翼。

与提格拉特帕拉沙尔三世一样，萨尔贡二世也是通过政变才登上王位的。萨尔贡二世骁勇善战，登基之后对内镇压人民起义，对外不断扩张侵略。当时，犹太王国已经分裂成了以色列和犹太两个国家，其中以色列就是灭亡在了萨尔贡二世手上。萨尔贡二世死后，其继承者辛那赫里布、阿萨尔哈东和阿述尔巴尼拔等继续率领亚述军队向外扩张。

公元前 668 年，阿述尔巴尼拔登上了王位，他先后对埃及和埃兰发起了进攻。经过将近 30 年的征战，阿述尔巴尼拔终于将埃兰全境收归己有。至此，亚述帝国已经占领了整个西亚地区，就连非洲的埃及也暂时纳入了帝国的版图，亚述帝国就此成为了横跨亚非两洲的超级军事大国。然而，就在到达权力巅峰的刹那，亚述帝国的衰落之路便悄然开始了。

阿述尔巴尼拔去世后，米底人和迦勒底人组成联军，对亚述帝国发起了进攻。亚述帝国应对不暇，连连受挫。迦勒底人乘机建立了新巴比伦王国，继续与米底人联合攻打亚述帝国。公元前612年，亚述帝国的都城陷落，随后整个国家都被新巴比伦王国吞并，盛极一时的亚述帝国就此宣告灭亡。

腓尼基人环游非洲

腓尼基人本是闪米特人的一支，生活在3000年前的地中海东岸。"腓尼基"在古代希腊语中的意思就是"紫红之国"，有关这个名字还有这样一个传说：3000年前，居住在两河流域和埃及等地的贵族与僧人都喜欢穿紫红色的长袍，不过由于当时的染色技术很不发达，长袍上所染的紫红色很容易淡褪，这成了困扰当地人的一个难题。就在这时，他们发现地中海东岸的一些居民同样喜欢穿紫红色长袍，但是他们长袍上的颜色却始终鲜亮如新，于是大家便将这些居民称为"紫红之人"，他们的国家也被称为"紫红之国"即腓尼基。

腓尼基人制造的永不褪色的染料，其原材料据说是来自一种贝壳。当时有个腓尼基人家里养了一条狗，有一天，这条狗从外面回来，满嘴血红。主人以为它受了伤，便去查看它的嘴巴，结果发现它嘴里叼着一个贝壳。主人由此想到这种贝壳可能包含着某种红色的染料，事实果然如他所料。这件事传开以后，很多当地人都去打捞这种贝壳，制造红色的染料，卖给周边的国家和地区，赚取巨额收入。由此可见，腓尼基人相当有商业头脑。

腓尼基人一直没有建立统一的国家，再加上他们生活的地区背山面海，根本就没有空间发展农业生产，为了生存，他们只好努力发展商业，从各地贩来土特产，再转手卖出去，从中赚取差价。腓尼基人曾经在地中海东岸建立了多座繁华的商业城市，其中最繁华的当属推罗，曾有作家盛赞推罗"街上堆银如堆土，堆金如堆沙"。

另外，腓尼基人的航海贸易也非常发达。腓尼基人生活在海边，附近又盛产适宜造船的木材，这些都为他们发展航海事业提供了巨大的便利。大约在公元前6世纪，腓尼基人曾经在埃及法老的支持下用3年的时间环绕非洲航行，堪称人类历史上的一大壮举。

公元前6世纪，埃及法老忽然心血来潮，找来了一批优秀的腓尼基航海家，提出要出钱出力支持他们去航海。虽然几位腓尼基航海家对法老此举有些摸不着头脑，但他们并不敢忤逆法老的意思，当即表示愿意听从法老的一切安排，只要法老说出一个目的地，他们一定竭尽所能航行到那里。

听到他们的承诺，法老不由得笑起来，说："我想请你们环绕非洲航行，你们意下如何？"接着，法老又补充道："我希望你们能从红海出发，一直驶到直布罗陀海峡，再经由地中海返回埃及。"

当时，大西洋就是欧洲人眼中的世界尽头，他们还坚称无人能抵达直布罗陀海峡。法老提出的这条航线是前人从未走过的，倘若接受了他这个要求，无疑要承受巨大的风险，甚至有可能丢掉自己的性命。面对这样的情况，几名航海家沉默了。

法老循循善诱道："只要你们能按照我说的去做，等你们回来以后，我一定重重有赏！"也不知是法老的金钱诱惑发挥了作用，还是航海家天生的冒险精神让他们不甘心错过这次探险的良机，总之，几位腓尼基航海家最终答应了法老这个要求。

为了顺利完成此次的航海行动，航海家们费尽心机设计出了三艘别致的小船。船的表面涂了一层红色的染料，船头向上翘起，船身分为上下两层，上层安排一名船员时刻关注着前方的状况，下层则坐着一众负责划船的船员。航海家们将充足的生活用品和食物，以及要与沿途各港口人民交换的商品全部装入船舱，之后便带着法老的期望浩浩荡荡地启程了。

船队每航行一天，他们都会在桅杆上刻上 1 条横杠，等到第 40 条横杠出现时，他们才终于在茫茫大海上看到了人烟。他们循迹驶到了一座小村庄，村里的居民都是黑人。在村里待了没多久，他们便再次启程了。

在航行的过程中，沿途的气温不断升高。后来，他们停泊到了一片荒无人烟的沙滩上，并在那里发现了很多排列整齐的象牙。年轻的船员们不知道这是什么意思，那些上了年纪的船员说："生活在这附近的居民知道我们的船上装着不少好东西，他们想用象牙跟我们交换，又担心我们进入他们的村庄之后会伤害他们，于是将这些象牙摆到了这里，我们若是有心跟他们做生意，就把象牙拿走，把他们想要的好东西留下。"年轻船员们全都明白过来，赶忙将象牙搬进了船舱，又从船舱里搬出了大批珠宝和器皿，就这样完成了与当地居民的交易。

他们在海上航行了整整一年，已经越过赤道，进入了南半球。突然有一天，一名船员发现太阳出现在了与北半球完全相反的方向，不禁大吃一惊。他们惴惴不安地继续航行下去，这段时期，他们的粮食就快要吃光了，这样走下去可不是办法，航海家们经过协商，决定停船靠岸，找个空地种田，打下充足的粮食之后再走。他们在陆地上耽搁了三个月，等到耕种的农作物成熟以后，才再度上路。

他们一直航行到了非洲最南端，之后便开始向北航行。经过了数个月的艰苦努力，他们终于来到了直布罗陀海峡，并从这里进入了地中海，返回埃及。埃及法老见到他们胜利归来，自然喜不自胜。这些聪明、勇敢的腓尼基航海家最终名利双收，成为了人类航海史上的大英雄。

尼布甲尼撒二世

尼布甲尼撒二世是新巴比伦王国的第二任国王。他的父亲那波帕拉萨本是亚述帝国的一名官员。公元前 627 年，亚述帝国的君主阿述尔巴尼拔去世。阿述尔巴尼拔在位期间将亚述帝国的国力推向了顶峰，但他的继任者却昏庸无能，强盛的亚述帝国此后迅速地衰落下去。野心勃勃的那波帕拉萨看准这个良机，脱离了亚述，并在自己管辖的巴比伦城建立了新巴比伦王国，自立为王。

那波帕拉萨是迦勒底人，登基为王之后，他便率领迦勒底人与米底人联合起来对亚述帝国发起了进攻。他们先是攻陷了亚述的都城尼尼微，进而又灭掉了整个亚述帝国。在此期间，尼布甲尼撒二世跟随父亲南征北战，立下了赫赫战功，为自己在巴比伦臣民中赢得了极高的威信。

那波帕拉萨步入老年后，因体力衰退无法再上阵指挥，便任命尼布甲尼撒二世担任巴比伦军队的统帅。有一次，巴比伦与埃及之间爆发了一场激烈的交战。起初占据优势地位的是埃及军队，其后巴比伦军队却在尼布甲尼撒二世的带领下逐渐反败为胜。在最后的决战中，巴比伦军队更将埃及军队打得落荒而逃，最终将其全军歼灭。

那波帕拉萨去世时，尼布甲尼撒二世正在外地征战。他深怕朝中有人趁着自己不在的这段时期将王位据为己有，便带兵匆忙返回巴比伦城。后来证明他的担心是多余的，他是巴比伦臣民心目中的最佳国王人选，就算他当时不在城中，也无人有勇气有能力取代他的位子。尼布甲尼撒二世顺利登基。他在位数十年，成功地将新巴比伦王国带入了最繁盛的时期。他曾两次率军入侵犹太王国，攻陷并摧毁了耶路撒冷，将犹太王国的王室贵族、工匠、百姓等掳到巴比伦，史称"巴比伦之囚"；他还在国内修建了著名的"巴别塔"，以及名列世界七大奇迹之一的空中花园。

尼布甲尼撒二世统治时期，腓尼基人繁华的商业城市推罗也被迫对新巴比伦王国称臣。推罗是腓尼基人的优良港口和重要商业中心。除了商业以外，推罗的手工业也非常发达，主要包括纺织、染料、玻璃制造等。从公元前585年到公元前573年，尼布甲尼撒二世对推罗的进攻总共延续了漫长的13年时间。这段时期，很多巴比伦士兵的军装都穿破了，一些士兵出征时正值壮年，回国时就成了秃头的老者，实在叫人不能不感叹战争的残酷与光阴的无情。

再顽强的城市也抵挡不住这样的围攻，最后推罗终于被逼臣服于尼布甲尼撒二世脚下。然而，当尼布甲尼撒二世带兵进入推罗城后，却看到城内已是人去楼空。原来，推罗城中的居民早就在附近的岛屿上修建了一座新的城市，大多数人都已逃到那里去了。

除了对犹太王国和推罗城的进攻，尼布甲尼撒二世还曾攻打过叙利亚和埃及等国家和地区，并征服了大马士革和西顿等城市，甚至一度占领了埃及的首都，只可惜最终还是被埃及军队驱逐出境。

总体来说，尼布甲尼撒二世在位期间，无论是对外征战还是对内统治，都取得了不俗的成绩。这段时期的新巴比伦王国局势稳定，经济繁荣，这些都为尼布甲尼撒二世重建巴比伦城，建造巴别塔和空中花园提供了前提条件。当然了，尼布甲尼撒二世在国内大兴土木给巴比伦百姓带来的沉重负担是不言而喻的。尼布甲尼撒二世去世后，新巴比伦王国的繁盛局面一去不复返，仅仅过了20余年就被波斯帝国消灭了。

空中花园

尼布甲尼撒二世为他的妃子爱美提斯修建了著名的空中花园，目的是让她看到她家乡米底的绿色丘陵景色。这是古代著名的奇观之一，但现在没有人亲眼看到过这座花园是什么样子。

巴别塔的传说

巴别塔本是两三千年前伫立于巴比伦城内的一座通天高塔，又叫做通天塔。"巴别"就是"神之门"的意思。在《圣经》中记载着有关巴别塔的这样一段传说：

在巴别塔出现之前，世界上所有人的语言和口音都是完全相同的。有一回，人们在向东迁徙的过程中发现了一片肥沃的平原，便决定在此处定居下来，建造一座城市和一座高塔，以便所有人都能聚居在一起。在大家的共同努力之下，繁华的城市和直插云霄的高塔很快就出现在了平原上，这就是著名的巴比伦城和巴别塔。这时，上帝看到了那座通天高塔，暗想：连这么雄伟的高塔人类都可以建造出来，还有什么是他们做不到的呢？

上帝就此决定改变人类的语言和口音，使其彼此语言不通，难以再聚居在一起。当时巴别塔尚未建造成功，在上帝的阻挠下，这项工程最后就这样半途而废了。巴比伦城也因此被称为"冒犯上帝的城市"。

实际上，早在古巴比伦王国统治时期，巴别塔就已经出现了。不过，由于这段时期巴比伦城连年战火不断，巴别塔不断遭到毁损。直至那波帕拉萨建立新巴比伦王国以后，才正式开始重建巴别塔。其中，巴别塔的大部分重建工程都是在尼布甲尼撒二世在位时完成的。人们今天所指的巴别塔其实就是那波帕拉萨和尼布甲尼撒父子共同修建的那一座。

根据记载，巴别塔是一座高达百米的七层阶梯状高台，塔的顶端和底端分别建有一座马尔杜克神庙，被称为上庙和下庙。下庙之中供奉着马尔杜克神像，是由黄金打造而成的。据推测，这座神像及其周围的附属物总重量高达2万多千克，简直叫人叹为观止。但在上庙之中却没有供奉神像。上庙是一座表面镶嵌着琉璃和纯金的大殿，规模宏大，富丽堂皇，其中摆放着一张华美的大床以及装饰着黄金的桌子。殿中常年居住着一名年轻美丽的女子，人们特意挑选出这样一名女子，以供马尔杜克寻欢作乐。马尔杜克是巴比伦的城邦之神，他是水的化身，是万物的创造者。早在4000年前，马尔杜克就被巴比伦人民奉为主神，其地位高于其他所有神灵。

公元前539年，波斯皇帝居鲁士攻破了巴比伦城。在见到闻名遐迩的巴别塔的那一刻，居鲁士被深深地震撼了，他决定要让这个人类建筑史上的奇迹继续保持原样。可惜好景不长，巴别塔最终还是毁在了另一位波斯皇帝薛西斯手上。

薛西斯为人残暴，反复无常，莫说是对自己的臣民，就是对自己的结发妻子也毫不留情。有一次，薛西斯大宴群臣，酒过三巡之后，他突发奇想，叫自己美丽的皇后到醉醺醺的群臣面前展示自己的美貌，骄傲的皇后拒绝了丈夫这个无礼的要求。结果，薛西斯一怒之下就将皇后废黜了。薛西斯在位期间，曾率军远征巴比伦城，遭到了巴比伦人民的奋力反抗。愤怒的薛西斯便下令将古城巴比伦夷为平地，巴别塔也未能幸免。

公元前331年，纵横欧亚大陆的亚历山大大帝见到了只剩下一片断壁残垣的巴别塔。他有心想要拆毁旧塔，在此处建造一座可以媲美原先的巴别塔的高塔。然而，据说单是拆毁旧塔，清理废墟就需要上万人连续工作两个月，更不用说再修建新塔了。亚历山大大帝经过权衡之后，最终还是无奈地放弃了重建巴别塔的念头。亚历山大去世后，后人也都对巴别塔的重建工作望而生畏。到了今天，人们只能从巴别塔残留的地基中想象这座通天高塔在2000多年前是何等的巍峨壮观。

"世界之王"居鲁士

大约在2500年前，居鲁士一手创立了幅员辽阔、国力强盛的古代波斯帝国。在总结自己一生的成就时，他曾骄傲地宣称："我，居鲁士，世界之王，伟大的王。"后世遂以"世界之王"作为对他的尊称。

居鲁士是米底王国最后一任国王阿斯提阿格斯的外孙。有传说称居鲁士幼年时期曾受过母狼的哺育，不过另外一个传说却认为这一说法并不属实，实际情况是居鲁士的养母名叫斯帕科，也就是母狼的意思。

据说，阿斯提阿格斯曾经梦到女儿芒达妮之子夺取了米底王国的统治权，并进一步统一了米底所在的亚细亚地区。阿斯提阿格斯醒来之后感到非常惶恐，为了避免这个梦境变为现实，他开始小心翼翼地为女儿挑选夫婿。就在这时，波斯王子冈比西斯一世闯入了他的视线。由于彼时的波斯只是从属于米底的一个部落，冈比西斯一世的地位并不算高，再加上他为人谦逊，不喜欢争强好胜，想来他的后人也不会对米底的王位存有觊觎之心。

就这样，阿斯提阿格斯便做主将女儿许配给了冈比西斯一世。婚后不久，女儿就怀孕了。这原本是一件喜事，但在外孙降生之前，阿斯提阿格斯就已下定决心要将他处死。原来，阿斯提阿格斯又做了一个噩梦，他梦见女儿的肚子里长出了一株葡萄树，葡萄树的枝蔓将亚细亚各地全都遮挡了起来。阿斯提阿格斯认为这是大凶之兆，当即就决定让自己的心腹哈尔帕哥斯在外孙出世之后马上杀掉他。

这名尚未出生就已叫外祖父头痛不已，甚至动了杀机的男婴就是后来的居鲁士。居鲁士出生以后便依照外祖父的吩咐，被送到了哈尔帕哥斯那里。面对这个刚刚出生

波斯国王居鲁士朴实的陵墓

的男婴，哈尔帕哥斯心中十分不忍，却又不敢违抗国王的命令，只好吩咐一名牧人代替自己将男婴杀死。说来也巧，这名牧人的儿子刚生下来就断了气。在接到哈尔帕哥斯的命令后，牧人就跟自己的妻子商量着将居鲁士留下来，再带着自己已经死去的儿子回去交差。不过，这招瞒天过海只是暂时骗过了哈尔帕哥斯和阿斯提阿格斯。阿斯提阿格斯很快就发现了真相，无奈此时牧人一家早已带着居鲁士逃走了。

在接下来的 10 年间，他们一直平安无事。然而，纸终归包不住火，到了居鲁士 10 岁那年，他们的行踪到底还是被阿斯提阿格斯发现了。好在当时有祭司对阿斯提阿格斯说，居鲁士在跟小伙伴做游戏时曾自称为国王，这样一来，他就将自己当国王的机会浪费在游戏中了，日后在现实中就做不成国王了。阿斯提阿格斯觉得祭司此话甚有道理，便大发慈悲，让居鲁士的亲生父母将其接回波斯抚养。

事实证明，祭司这番话实在是错得离谱。居鲁士成年之后当上了波斯的首领，并一举统一了波斯各部。此后，他便将目光投向了米底王国。在带兵攻打米底王国之前，居鲁士先是命令波斯百姓一刻不停地劳作了一天，又搬出佳肴和美酒犒劳了他们一天。随后，居鲁士便告诉大家，若是大家希望以后永远都可以像第二天一样快乐生活，而不是像第一天一样吃苦受累的话，就要跟随他的脚步，马上前去攻打米底王国。波斯百姓闻言，纷纷响应首领的号召。就这样，居鲁士带着自己的臣民对米底展开了长达 3 年的进攻，最后消灭了米底王国，以波斯帝国取而代之。

米底王国灭亡后，阿斯提阿格斯沦为了外孙居鲁士的俘虏。面对这位在自己出生之前就已对自己动了杀机的外祖父，一般人都应满怀怨恨才是，但居鲁士却

不计前嫌，不仅没有伤及外祖父的性命，反而让他跟自己住在一块儿，为他提供良好的生活条件，以便他能安度晚年。

当时西亚地区原本有三个强大的国家，米底王国灭亡以后，就只剩下了吕底亚王国和新巴比伦王国。吕底亚国王克洛伊索斯曾在普特里亚与居鲁士率领的波斯军队交过一次手，但胜负未分。克洛伊索斯此后便派出使者到神庙中祈求神谕，结果得知两国之中必有一国要在交战中灭亡。自信满满的克洛伊索斯认定灭亡的一方定是波斯帝国，便多方调集军队，准备再次对波斯帝国发起进攻。

就在克洛伊索斯调兵遣将的这段时期，居鲁士却率先对吕底亚的都城萨第斯发起了进攻。吕底亚骑兵仓皇应战，结果发现波斯士兵骑的居然是骆驼。因为马很畏惧骆驼这种庞然大物，吕底亚的战马一见到波斯的骆驼就吓傻了眼，无论如何都不肯继续前进。吕底亚骑兵没办法，只能下马跟骑在骆驼上的波斯士兵交战，最后的结果不言而喻。萨第斯很快就被居鲁士率领的波斯军队攻陷了，吕底亚王国也随即灭亡。

居鲁士戎马一生，最后死在了与游牧民族马萨格泰交锋的战场上。在这场惨烈的交战中，波斯将士几乎全军覆灭，马萨格泰女王还将已经死去的居鲁士的头颅割了下来。然而，没过多久，居鲁士的尸身就被他的儿子冈比西斯二世抢了回去，最终得以返回故土安葬。

居鲁士死后，冈比西斯二世继承了他的遗志，带领波斯军队不断向外扩张。强盛的波斯帝国总共维持了两百多年。公元前334年，波斯帝国被亚历山大大帝所灭。

居鲁士灭亡新巴比伦王国

居鲁士在先后征服了米底王国、吕底亚王国以后，又将矛头指向了美索不达米亚平原上的新巴比伦王国。

新巴比伦王国在尼布甲尼撒二世统治时期国力强盛，令周边国家难以望其项背。当时，巴比伦城是西亚著名的商业中心和文化中心，被誉为"上天的门户"，城中的人口已经超过了十万，奴隶制度更进入了空前繁荣的阶段。

这段时期，巴比伦城中的奴隶人数不断膨胀，王室、神庙拥有的奴隶都达到了数百人，有的平民也拥有数十名甚至上百名奴隶。奴隶完全没有人权，纯粹是奴隶主的私人财产。奴隶主在他们身上烙下图案或是奴隶主的名字做记号。当这些奴隶被卖到其他奴隶主那里时，就会有新的烙印出现在他们身上。

表面看来，这时的巴比伦城是一片繁华，但实际上却有各种各样的矛盾和危机隐藏在繁华背后。一方面，巴比伦军队从犹太王国掳来的"巴比伦之囚"受尽了国内奴隶主的压迫；另外一方面，国内原有的奴隶和奴隶主之间的关系也越来越紧张，使得巴比伦的阶级矛盾一触即发。当时，奴隶们为了抗议奴隶主的压迫，要么就当面违背主人的命令，要么就直接逃跑。当然了，奴隶们这样做，只会叫奴隶主对他们更加反感，剥削起他们来更加不遗余力。另外，身为统治者的奴隶主阶级内部的权力斗争也相当激烈，这些都为后来新巴比伦王国的灭亡埋下了巨大的隐患。

公元前562年，尼布甲尼撒二世驾崩。新巴比伦王国就像失去了主心骨一样，国力迅速衰落下去，国内的政局也变得动荡不堪，在短短五年时间内就三易君主，甚至有的君主还被暗杀。

与之形成鲜明对比的是，东方的波斯帝国却在居鲁士的领导下变得越来越强大。其实，居鲁士一早就有心攻打巴比伦，要知道，巴比伦所在的美索不达米亚平原可是西亚最繁荣最富庶的地区。但居鲁士是一个有大智慧的君王，他迟迟未对巴比伦出兵，就是为了等待一个最合适的出兵机会。等到巴比伦内部陷入一片混乱时，居鲁士才终于确定是出兵的时候了。

公元前538年，居鲁士未费一兵一卒就轻而易举地攻下了巴比伦。当时，巴比伦的城墙坚不可摧，还有幼发拉底河这条护城河做天然屏障，但这些根本就难不倒居鲁士。他命人在幼发拉底河建造了一座水坝，让河水全都流到了水坝的另外一侧，波斯军队则从没有水的那一侧进入了巴比伦城。

这时候，城中的贵族正在举行宴会，波斯军队如天兵下凡一样突然出现在他们面前，叫他们全都大吃一惊。然而，到了这种地步，再想反抗也已经太迟了。波斯军队很快就占领了巴比伦城，盛极一时的新巴比伦王国就此覆灭，两河流域的独立发展史也就此终结。尽管新巴比伦王国只维持了不到一百年，但这短短的数十年却是两河流域奴隶制经济最为发达的一段时期。居鲁士一直对巴比伦文明十分仰慕，对繁华的巴比伦城更是喜爱有加。新巴比伦王国覆灭后没多久，居鲁士就将波斯首都迁到了巴比伦城。

跟其他的侵略者不同，居鲁士是一个心胸博大，充满仁慈的明君。他每征服一个国家或地区，都会尽量保留当地的行政和司法机构，尊重当地百姓的宗教信仰，并允许当地贵族保留原有的特权，而且他从来不会对无辜平民大开杀戒。在这些方面，莫说是他的儿子冈比西斯二世远远比不上他，纵观整个古西亚，能与他比肩的君主也实在是屈指可数。

进入巴比伦城后，居鲁士留意到了城内那些犹太奴隶。此时距离他们被尼布甲尼撒二世从犹大王国俘虏到这里已经过去了足足半个世纪。在此期间，他们在巴比伦历尽磨难，受尽屈辱。居鲁士很同情他们的遭遇，不仅允许他们重返故土，还支持他们在圣城耶路撒冷修建了第二圣殿，犹太人因此对居鲁士充满了感激之情。

残暴的冈比西斯二世

居鲁士大帝去世后，他的儿子冈比西斯二世成了波斯帝国的新任君主。冈比西斯二世和素以宽容博大著称的父亲居鲁士很不一样，他性格残暴，而且患有癫痫病，整个人都疯疯癫癫的。在他统治波斯帝国的 7 年间，波斯人民就像做了一场噩梦一样。

登基以后，冈比西斯二世一度怀疑自己的兄弟巴尔迪亚有心夺取皇位。他越想越不放心，后来直接派人把巴尔迪亚暗杀了。皇后看不惯他的所作所为，为巴尔迪亚鸣不平，他听了以后勃然大怒，索性把皇后也杀了。

人贵有自知之明，但残暴的冈比西斯二世却觉得自己完美无瑕，根本不容许别人说自己半个"不"字。有一次，他向大臣普列克撒斯佩斯询问波斯臣民对自己的看法。普列克撒斯佩斯深谙皇帝的秉性，哪里敢将臣民们私底下议论他的话说出来？无奈君主问话，又不能避而不答，普列克撒斯佩斯最后只好吞吞吐吐地说："大家都对您称赞有加。"

冈比西斯二世对这个答案并不满意，又问："那有没有什么人有不同的看法？"

"不同的看法？"普列克撒斯佩斯战战兢兢地说，"大家唯一对您不满的就是您太喜欢喝酒了。"

冈比西斯二世一听这话，马上就拉长了脸，厉声驳斥道："先前很多人都跟我说，我比我的父亲还要强大。有个人还说，我直到现在也没生出像我这么优秀的儿子，这是我唯一比不上父亲的地方。既然是这样，为什么大家私底下又觉得我还有别的缺陷呢？这些家伙究竟是在说真话还是假话？"

话音刚落，冈比西斯二世马上就命人去把普列克撒斯佩斯的儿子接过来。普列克撒斯佩斯心中惴惴，不知道皇帝这样做的目的是什么。

没过多久，普列克撒斯佩斯的儿子就过来了。冈比西斯二世叫侍卫抓紧那个男孩，然后对普列克撒斯佩斯说："我现在要向你儿子射一箭，要是这一箭正中他的心脏，那就证明那些说我有缺陷的人是错的，要是这一箭没有射中他的心脏，那就证明错的一方是我！"

普列克撒斯佩斯大惊失色，想要上前阻止，但已经来不及了。皇帝的箭离弦而出，一下子就穿透了孩子的心房。普列克撒斯佩斯痛不欲生，冈比西斯二世却哈哈大笑道："错的是你们，不是我！"

居鲁士生前曾计划在征服了马萨格泰等游牧民族以后，就向埃及发起进攻。只可惜他最后死在了马萨格泰人手中，没有时间再将原先的计划付诸实践。为了完成父亲的遗愿，也为了满足自己对外扩张的野心，冈比西斯二世即位后便向埃及发起了进攻。

实力雄厚的波斯军队很快占领了埃及当时的首度孟斐斯，并俘虏了埃及法老。春风得意的冈比西斯二世在孟斐斯大肆庆祝。他将埃及法老和王公大臣全都聚集在一起，然后叫他们的女儿穿上奴隶的衣服，提着水桶去提水。这些养尊处优的姑娘生平第一次做这种粗重活，既狼狈又委屈，尤其还当着自己父亲的面，这叫她们简直难过极了。也不知是哪个姑娘开了个头，所有姑娘都嚎啕大哭起来，她们的父亲也忍不住老泪纵横。见到这样的情形，冈比西斯二世竟然兴奋得忘乎所以，又是笑又是跳。当时在场的人无论是波斯人还是埃及人都对他非常不满。

攻打埃及首战告捷，冈比西斯二世进而又对埃塞俄比亚发起了进攻，岂料最后却以失败告终。屋漏偏逢连夜雨，波斯境内一个名叫高墨达的僧侣趁着冈比西斯二世不在波斯的这段时间发动了政变，自立为皇帝。冈比西斯二世急忙率军回国，回程途中经过埃及，偏巧埃及人正在举行盛大的祭祀活动。

埃及每个城市都有自己的主神，首度孟斐斯的主神是普塔，他派到人间的使者就是圣牛阿彼斯。孟斐斯人民认为阿彼斯会附着在人间的母牛身上，他们制定了29个条件，全部满足这些条件的母牛就能被称为阿彼斯。母牛的肉身死亡后，阿彼斯便会附着到其他母牛身上。正因为这样，一头阿彼斯去世后，埃及人就会再找到新的阿彼斯取而代之。当时，孟斐斯城内的埃及人民就是在为找到了新的阿彼斯大肆庆祝。

为了能让冈比西斯二世了解埃及人民的这种宗教习俗，埃及祭司就开始向其解释新选出来的这头阿彼斯的奇异之处。冈比西斯二世只觉得埃及人是在以这种方式庆祝波斯军队的失败，讥讽自己的无能。为了报复这群不知天高地厚的埃及人，他拿起自己的佩刀就刺向了阿彼斯。阿彼斯身受重伤，很快就死掉了。冈比西斯二世还不满意，又命人驱散了正在举行祭祀活动的埃及人，不少埃及人在这场冲突中或死或伤，那名祭司也被打成重伤。

此后，冈比西斯二世率军离开埃及，继续向波斯行进。在行进途中，他的佩刀刀鞘松开了，露出了其中的刀刃，割伤了他的腿。因为当时的医疗条件有限，他的腿伤很快就溃烂、感染。没过多久，这位名噪一时的暴君就离开了人世。

"铁血大帝"大流士一世

波斯帝国的暴君冈比西斯二世在位时，曾因怀疑弟弟巴尔迪亚有谋反之心而将其杀死，这件事后来被国内一个名叫高墨达的拜火教僧人利用。在冈比西斯二世率军出征埃及和埃塞俄比亚期间，高墨达对外宣称巴尔迪亚此前幸运地从皇兄派出的杀手手中逃脱，现在仍在人世，并打算推翻皇兄的统治，自立为帝。

当时，波斯臣民都对冈比西斯二世的残暴统治非常不满，听到这个消息不由得喜出望外，全都盼着巴尔迪亚出现，大家好群起响应。高墨达看到波斯臣民的反应，心知时机已经成熟，便假扮成巴尔迪亚带领众人发动了政变。

冈比西斯二世早已民心尽失，政变很快就取得了成功。高墨达，这个冒牌的巴尔迪亚王子顺利地登基为帝。不过，高墨达即位后，因为生怕那些认识巴尔迪亚的大臣会识破自己的真正身份，一直遮遮掩掩不肯跟他们会面。时间久了，很多大臣都起了疑心。当时有传言称这个所谓的巴尔迪亚其实是高墨达假扮的，但是又没有确凿的证据证实这件事。

就在这时，冈比西斯二世的一名妃子偶然发现这位新皇帝居然没有耳朵。她觉得事有蹊跷，便偷偷告诉了自己的父亲——名臣欧塔涅斯。欧塔涅斯知道高墨达的耳朵早已被先皇居鲁士割掉了，由此他断定这位新皇帝并非真正的巴尔迪亚，而是由高墨达假扮的。

欧塔涅斯明白此事事关重大，自己一个人根本做不了主，就找来其他六名波斯贵族，向他们征询意见。他们七个就是历史上的"波斯七贵"，后来的波斯皇帝大流士一世就是其中之一。

经过商议之后，这七名位高权重的贵族决定杀死高墨达，夺回波斯帝国的统治权。结果高墨达在皇帝的宝座上坐了还不到一年，就被赶下台来。为了保住自己的性命，高墨达仓皇出逃，但还是没能逃出"波斯七贵"的手掌心，最后被大流士一世杀死。后来，这段历史被大流士一世命人刻在了贝希斯敦铭文中。贝希斯敦铭文以埃兰文、波斯文和巴比伦文三种文字雕刻在伊朗境内的一座悬崖上，记录着大流士一世推翻高墨达建立的政权，镇压各地的叛乱，最终稳坐皇位的过程。

高墨达一死，波斯帝国便陷入了群龙无首的境地，当时冈比西斯二世也已因伤去世，正可谓"国不可一日无君"，众位大臣遂聚集起来，商议该由谁来继承皇位。由于"波斯七贵"在推翻高墨达政权的过程中功劳最大，他们理所当然地成了最适合的皇位继承人。不过，具体该由他们之中的哪一个来担此大任呢？有人提议将各自的马带到野外去，谁的马最先叫起来，谁就来当波斯皇帝。这个提议得到了所有人的认同，大家各自回家，准备第二天一早就骑着马去野外集合。

大流士一世对皇位觊觎已久，回到家后马上去找自己的马夫，让他帮自己想办法，无论如何都要让自己的马先叫出来。这名马夫非常聪明，他带着大流士的马和一匹漂亮的母马来到"波斯七贵"约定的地点，让它们交配。第二天早上，大流士骑着自己的马赶到郊外。那匹马故地重游，以为今日又可以在此处交配，便兴奋得大叫起来。其余贵族见状，只好遵照诺言，拥戴大流士登上了皇位。

大流士一世是一个非常有作为的君主，尤其重视壮大本国的军事力量。他在位期间，波斯建立了强大的陆军，更有一支"万人不死队"保卫皇帝的安全。波斯的武器制造业迅速发展，还大造军舰，发展海军，国内的军舰总数接近一千艘。

大流士一世对战争尤其热衷，他登基以后，国内有很多人都很不服气，各地不断发生叛乱。他在对内镇压叛乱的同时坚持对外扩张，最后建立起了人类历史

贡品

每一年，来自行省的代表都聚到波斯波利斯的王宫。每个人带来进贡给国王的礼品——从印度来的金子、从亚述来的马、从大夏来的双峰骆驼等。

上第一个横跨亚非欧三大洲的大帝国。

为了巩固自己的统治地位，大流士还在国内实施了一系列改革：他把全国划分成二十三个行省，各省分别设立专管军事的将军和专管行政、赋税和司法的总督；为了方便管理全国的军队，他还将全国划分为五个军区，每年都要举行阅兵仪式；他在国内广修道路，开挖运河，发展交通；另外，还统一了全国的度量衡，并将拜火教奉为国教。

大流士一世步入晚年之后仍不甘寂寞，又对希腊发起了进攻，希腊人民奋起反抗。与此同时，埃及人民也开始反抗波斯帝国的统治。大流士兼顾不暇，最终在与埃及交战的过程中去世。晚年与希腊、埃及交战失利，成了大流士一生最大的憾事。然而，瑕不掩瑜，他对波斯帝国作出的巨大贡献令他在波斯历史上名垂千古，并被后世尊称为"铁血大帝"。

古埃及

古埃及的太阳历

太阳历是以地球围绕太阳公转的周期为基础制定的一种历法，又被称为阳历。人们最熟悉的一种阳历就是现在正在全世界范围内通行的公历。公历最早起源于6000年前的古埃及，后来流传到古罗马。伴随着罗马帝国的扩张与基督教的兴起，公历在全世界广为流传开来。

古埃及人发明太阳历的最初目的就是为了计算尼罗河的泛滥周期。尼罗河被称为埃及人的生命之母，这条世界第一长河横跨非洲东部和北部，在下游形成了面积高达24000平方公里的三角洲平原，古埃及文明就是在这里诞生的。每年5月到11月，尼罗河都会定期泛滥，淹没河边的农田和房舍，给沿河而居的埃及人民造成了巨大的困扰。为了预测尼罗河泛滥的时间，提早做出准备，大约在公元前4000年，古埃及人民就开始观测天象，设立历法。

经过长时间的观测，古埃及人终于发现每年从天狼星与太阳在同一时间升起的那天开始往后推算五六十天，就是尼罗河开始泛滥的日子。他们把这一天定为一年的开始，每年定为360天。在实践的过程中，他们又发现360天的误差实在太大，于是改为每年365天。具体说来，就是以尼罗河的泛滥和农作物生长的状况为依据，将一年分为洪水季、冬季、夏季3个季节，每个季节包括4个月，每个月包括30天，全年共计12个月，年末再加上5天，称为"闰日"，也是古埃及人民的祭祀日。这便是古埃及人民的智慧结晶太阳历。

通过这种太阳历计算出来的1年与现行公历的1年相差6个小时，每过4年就会出现1天的误差，每过120年就会出现1个月的误差。等到1461年以后，所有的日期就会与原先的季节再度吻合，之后又再偏离，如此循环往复。以这种方法计算出来的1年叫做天狼星年，因为当时太阳历制定的基础就是源自古埃及人民对天狼星的观测。天狼星年被又被称为徘徊年或是游移年，它总是与真正的1回归年保持着小小的误差，像是在其周围顾盼徘徊，游移不定。

直到公元前 238 年，埃及才颁布了一道修改太阳历的命令。规定每隔 4 年就要在下一年的元旦到来之前加上 1 天。此后，一般年份便被命名为不定年，比一般年份多出 1 天的年份便被命名为定年。这样一来，太阳历的误差就得到了一定程度的修正。

尽管依旧存在小小的误差，但是在当时的环境下，古埃及的太阳历依旧可以称得上是先进的历法，就连国力强大的罗马也要向他们取经。罗马原本使用的历法规定每年 355 天，与真正的 1 回归年相差甚远。为了弥补这种偏差，罗马人便开始使用阴阳历，即在 4 年之中的第 2 年和第 4 年分别增加 1 个月份，每月的长度分别为 22 天和 23 天。这样算来，每年平均有 366.25 天，与 1 回归年之间的误差确实是减小了，但是这样硬生生地插入 1 个月，却使得国内的季节和各项节日都变得一片混乱。罗马统治者也意识到了这一点，开始寻求解决的办法，引入古埃及的太阳历便成了最佳选择。

公元前 46 年，罗马的独裁者恺撒下令在全国实行新历法。这种新历法将每年分为 12 个月，大小月交替，每隔 4 年就设立一个闰月，这样平均下来，每年共计 365.25 天。这就是历史鼎鼎大名的"儒略历"，它是由埃及天文学家索西琴尼计算出来的一种历法，实际上就是对古埃及太阳历的继承。

从儒略历开始，西方历法终于步入正轨。作为一种比较精确的历法，儒略历却在最初的 20 余年时间内因为实施者的疏忽大意出现了很大的误差。公元前 9 年，罗马帝国的开国皇帝奥古斯都，也就是广为人知的屋大维，颁布了一道命令，纠正了儒略历在实施过程中出现的偏差。经过奥古斯都修改的儒略历跟人们现在使用的公历只有两点区别：其一是它的闰年计算方法跟公历略有不同，其二是它的计算起点并非公历规定的公元元年。

人们现在已经知道，真正的 1 回归年为 365.2422 日，儒略历中规定的每年 365.25 日比其长了 11 分 14 秒。这看似不起眼的 11 分 14 秒也可以积少成多，让原本精确的儒略历变得不再精确了。到了 16 世纪，儒略历已经与实际有了 10 天的误差。鉴于此，1582 年，教皇格列高里十三世宣布将当时通行的儒略历修改为格里历。

格列高里十三世宣布首先将 1582 年 10 月 4 日的翌日定为格里历的 10 月 15 日，一下子就将那 10 天的误差消除了，随后他又宣布修改闰年的计算法则。原本儒略历中规定能被 4 除尽的年份都为闰年，格里历中又增加了这样一项规定：能被 100 除尽却不能被 400 除尽的年份不是闰年。这样一来，每年的平均长度就变成了 365.2425 日，与 1 回归年的实际长度 365.2422 日已经极为接近了。就算到了公元 5000 年，格里历的误差也不会超过 1 天。时至今日，格里历已经成为了世界上许多地方通用的历法。

古埃及的象形文字

象形文字，顾名思义，就是一种与实际所指的事物在形状上很是相似的文字，古埃及的象形文字就是这类文字的代表。象形文字是用最原始的造字方法制造出来的，其本身存在很大的局限性，毕竟有很多抽象的事物和部分具体的事物都是难以用图形描绘出来的，再加上这种文字写起来很复杂，看起来也很困难，被淘汰是迟早的事。不过在几千年前，这种文字确实曾对人类文明的发展起到了巨大的推动作用。

大约在公元前 4000 年，古埃及人发明了象形文字，欧洲人称其为"神的文字"。相传是埃及神话中的智慧与学习之神托特发明了象形文字。托特长着人身朱鹭头，也有传说称他长着狒狒头，总之这两种动物都是智慧的代表。古埃及人认为托特不仅发明了象形文字，还以象形文字创作了《死亡之书》。作为古埃及人的陪葬物品，《死亡之书》就是用来帮助死者在死后渡过难关，获得永生的咒语，是古埃及流传下来的最著名的文献。

在诞生之初，古埃及象形文字就是一些图画文字，后来在发展的过程中才逐渐出现了各种各样的符号。古埃及的象形文字总共包括 30 个单音字，80 个双音字，以及 50 个三音字。值得一提的是，这种象形文字在书写时完全可以天马行空，横着竖着向左向右皆可，这在人类书法史上实属罕见。

宗教活动是古埃及象形文字的主要用途，因此，这种文字的使用者多数是祭司，书写时以铭刻为主，在古埃及的神

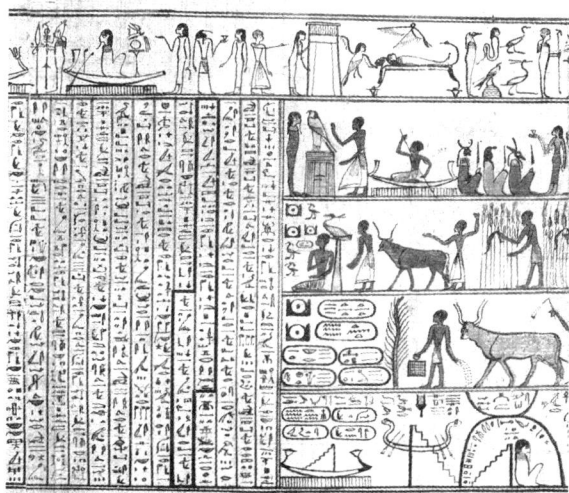

用象形文字写就的祭祀纸草

庙、纪念碑、金字塔上可以看到很多以象形文字刻写的铭文。除此之外的象形文字多数写在纸莎草上。纸莎草是一种高大的水生植物，生长在浅水中，外表跟芦苇很相似。纸莎草茎非常柔韧，古埃及人将其剖成薄薄的长条，然后再粘贴起来，就形成了人类历史上出现时间最早的书写材料——纸莎草纸。在公元 8 世纪以前，中国的造纸术尚未传到中东等地，埃及人、希腊人、罗马人、阿拉伯人等便都使用纸莎草纸来写字。

古埃及的象形文字在使用的过程中不断简化。大约在公元前 1500 年到公元前 1000 年这段时间，古埃及人与活跃在地中海东岸的腓尼基人贸易往来密切。腓尼基人因此学会了古埃及的象形文字，受其启发，腓尼基人又发明出了腓尼基字母，后来的阿拉伯字母、希腊字母、和拉丁字母等都是在腓尼基字母的基础上形成的，可以说，古埃及的象形文字也间接影响到了它们。

因为本身的种种局限性，在古埃及文明的发展进程中，象形文字渐渐失传了。等到公元 4 世纪，能够读懂这种象形文字的埃及人已经屈指可数。又过了一些年，已经无人能辨识这种文字，也无人想要去辨识它们了。就这样一直到了 1799 年，这种文字才再度出现在了人们的视线范围内，并勾起了人们的好奇心。当时拿破仑率军远征埃及，其下属布夏尔军官在埃及罗塞塔城发现了一块由黑色玄武石雕刻而成的石碑，碑上分别雕刻着古埃及象形文字、古埃及通俗文字和希腊文这三种文字，这便是后来闻名天下的"罗塞塔碑"。

当时有很多学者推测石碑上其实是以三种文字雕刻了同一段碑文，这种推测后来被证实是正确的。他们据此将象形文字与当时人们可以辨识出来的希腊文逐字逐句进行了对比。通过这样的途径，学者们大致了解了这些象形文字的意思，但要真正破解古埃及象形文字之谜就不是这么简单了。

从 1822 年开始，法国语言学家商博良对罗塞塔碑展开了深入研究，经过了十余年的艰苦奋斗，商博良终于完整解读了罗塞塔碑上以象形文字雕刻的碑文。原来，碑文上记载的是孟斐斯的僧人在公元前 196 年写给埃及法老托勒密的一封赞扬信。在此之后，商博良又编制出了完整的象形文字与希腊文的对照表，为后人辨识和研究古埃及象形文字打下了坚实的基础。最终，商博良成了全世界破解古埃及象形文字的第一人，并被誉为"埃及学之父"。

1987 年，一支由德国考古学家组成的考古队在古埃及名城阿比多斯发现了古埃及前王朝一个国王的坟墓，其中出土的古埃及象形文字距今已有 5100 余年的历史了，是世界上现已发现的最早的古埃及象形文字。屈居第二位的是 19 世纪

90 年代发掘出来的纳尔迈调色板，上面记录着古埃及第一王朝的创立者美尼斯统一埃及的过程，距今大约有 5000 年的历史。

美尼斯统一埃及

大约在公元前 5000 年，古埃及人就定居在了尼罗河流域。尼罗河是全世界最长的河流，穿过埃及全境。古希腊历史学家希罗多德曾说："埃及是尼罗河的赠礼。"古埃及曾流传着这样的诗句："尼罗河，我赞美你，你从大地奔流出来，养活着埃及。一旦你的水流减少，人们也就停止了呼吸。"如果没有尼罗河的滋养，根本就不会出现埃及这片沃土。

古埃及人在尼罗河流域定居后，又经过了漫长的 1000 多年的发展，终于在古埃及境内建立了北部的下埃及和南部的上埃及两个独立王国。正所谓"一山不能容二虎"，上埃及和下埃及的国王都希望能消灭对方，统一埃及。在这个目标的驱使下，两国之间不断爆发战争。直到公元前 3100 年左右，上埃及国王美尼斯终于灭掉了下埃及，统一了埃及全境，建立了古埃及第一王朝。

美尼斯本是上埃及王国的提尼斯部落首领，之后又成了上埃及的国王。在他的领导下，上埃及王国的实力越来越强大，美尼斯就此下定决心要灭掉下埃及王国，完成埃及的统一大业。

为了实现这个目标，美尼斯亲自率领上埃及军队奔赴尼罗河三角洲一带与下埃及军队展开了激烈的交战。双方大战三天，最终下埃及军队不敌英勇的上埃及军队，大败而归。下埃及国王明白本国大势已去，也不再做无谓的反抗，直接将王冠呈献给了美尼斯，自此美尼斯便被称为"上下埃及国王"。为了纪念此次统一战争的胜利，美尼斯特意将决战地点改名为"白城"，这就是古埃及的首都孟斐斯的前身。

在征服了下埃及王国以后，美尼斯对下埃及臣民十分宽容。因为下埃及原本比上埃及要富裕，所以有不少下埃及臣民都对此次统一心存怨怼。为了消弭这种怨怼，美尼斯做出了很大的妥协。当时，只要身在下埃及境内，他就头戴下埃及的王冠，并自称为下埃及国王，而非上下埃及国王。

上埃及以白色的百合花作为国家的象征，以鹰作为本国的保护神，国王的王冠是白色的。在这些方面，下埃及与其全无半分相似之处。下埃及以蜜蜂作为国家的象征，以蛇作为本国的保护神，国王的王冠是红色的。美尼斯出于对下埃及臣民的尊重，在统一埃及全境之后，在上埃及和下埃及境内分别举行了加冕仪式。

不仅如此，美尼斯还很尊重下埃及百姓的宗教信仰，准许下埃及人民保留自己的宗教中心。这一举措对他在下埃及赢得民心大有裨益。

为了加强对下埃及的统治，美尼斯还重建了地处上下埃及交界处的白城，并在此处建立了新都。之后，白城经过200年的发展，终于变成了古埃及的政治中心。由于尼罗河每年5月到11月都会定期泛滥，为了避免附近的白城被淹没，美尼斯还命人在尼罗河上修建了一道大堤防洪。这段时期，上下埃及经济发展的步伐并不一致，美尼斯便因地制宜，在两地实施不同的财政政策，以保证两地的经济稳定发展。

在美尼斯的努力下，古埃及的统一局势最终稳定下来。他所建立的第一王朝对埃及的统治总共延续了两个半世纪。这对古埃及的发展影响深远，古埃及此后逐渐建立了相对健全、稳定的政治体制，境内百姓过上了相对安定的生活，不必再像先前那样要常年忍受战争之苦。这段时期，美索不达米亚文明因为各国的战争不断遭到破坏，古埃及文明却迅速崛起，最终超越了前者。

与历史上很多君主一样，美尼斯在建国立业之后，就决定将自己的功绩记录下来，以彪炳千古。美尼斯留给后人的就是纳尔迈调色板，这是一块高63厘米的盾形石板，上面雕刻着纳尔迈国王统一埃及后的情景。根据历史学家考证，这位纳尔迈国王就是美尼斯。

纳尔迈调色板的正面雕刻着戴着白色王冠的美尼斯正将一名跪在自己面前的战俘击杀，鹰神荷鲁斯站在美尼斯前面，正在保护他，这些都表明美尼斯当时还只是上埃及的国王。再看调色板的背面，这时美尼斯已经征服了下埃及，只见他戴着红色的王冠，正在随从的陪同下检阅已被斩首的战俘，与此同时，在敌国的城墙下面，一头公牛正用自己的角拼命朝墙上顶去。

美尼斯一生南征北战，统一埃及之后，他又对外发动了一系列战争。美尼斯在位26年，晚年时在一次狩猎中出了意外，被河马杀死。

博学多才的伊姆荷太普

伊姆荷太普是古埃及法老佐塞尔在位时期的名臣，其地位仅次于法老，可谓"一人之下万人之上"。大约在公元前2700年，他设计并主持建造了全世界第一座石砌的金字塔——佐赛尔金字塔，这使得他在古埃及历史上名垂千古，在世界建筑史上也占据了十分显赫的地位。

建造金字塔

伊姆荷太普素以大智慧闻名，这使他成功突破了自己卑微的出身，得到了佐赛尔法老的重用。在此之前，伊姆荷太普只是一个不起眼的小官，连一点可以仰仗的背景都没有。但是，所谓的"背景"对聪慧过人的伊姆荷太普而言实在太过多余，他相信自己完全有能力在官场上闯出一片新天地。

为官之初，他终日踏踏实实，勤勤恳恳，再微不足道的工作也竭尽全力做到最好。偏巧佐赛尔法老是个求贤若渴的君主，很快就注意到了智慧出众的伊姆荷太普，不断对他委以重任。可以说，佐赛尔与伊姆荷太普都是幸运的，一个是有幸觅得千里马的伯乐，一个是有幸被伯乐挖掘出来的千里马。

很多历史上有名的学者都是博学多才之人，伊姆荷太普也不例外，他精通医学、建筑学、文学、天文学等，是个地地道道的全才。

伊姆荷太普被誉为古埃及医学的奠基者。神医是他除了官员以外的第二重身份。他很擅长以药物和巫术并用的方式来为病人治病。古埃及人深信是魔鬼将疾病带到了人间，伊姆荷太普索性就在治疗的过程中加上了一个驱除魔鬼的步骤。且不论这种做法到底有没有真凭实据，其产生的强大的心理暗示作用的确是不可小觑的。要知道，信念对病人发挥的作用有时还要高过药物。

除此之外，伊姆荷太普对古埃及的木乃伊制作也作出了不小的贡献。古埃及人深信人是由肉体和灵魂共同组成的，人的肉体死亡后，灵魂会继续存活，与此同时，死亡的肉体依旧可以发挥作用。要让人的灵魂有安身之所，要让死去的人可以轮回转世，就必须要将其尸体好好保存。一开始，由于木乃伊的制作技术尚不发达，很难保证其不会腐烂，后来伊姆荷太普便首创了将尸体的五脏六腑全部取出来之后再制作木乃伊的方法。用这种方法制作出来的木乃伊即便历尽数千年也不会腐烂。

尽管伊姆荷太普被盛赞为古埃及的医学祖师，但他一生最大的成就却不在医学而在建筑方面。佐赛尔法老对建筑十分感兴趣，伊姆荷太普便投其所好，充分施展自己的建筑才华，为佐赛尔法老建造了一种前所未有的梯形坟墓——佐赛尔金字塔。

与中国古代的许多帝王一样，古埃及的法老也总是在生前就开始为自己修建陵墓。在佐赛尔金字塔出现之前，法老们的坟墓都是"马斯塔巴"样式的。"马斯塔巴"是用泥土和石头建造的一种梯形六面体状的坟墓，表面看上去就像一条巨大的石凳。"马斯塔巴"内部有很多墓穴，用来安放法老和殉葬者的尸体，以及各种各样的陪葬用品。

古埃及历代法老都对自己的坟墓相当重视，佐赛尔法老也不例外。为了取悦他，伊姆荷太普决定为他修建一座别具一格的大坟墓。这座表面呈台阶状的坟墓以巨大的石块砌成，总共分为6层，高度大约为60米，底端东西长126米，南北长106米。另外，伊姆荷太普还在这座庞然大物周围建造了很多走廊，在走廊的墙壁上雕刻了许多浮雕。有"梯形金字塔"之称的佐赛尔金字塔是埃及金字塔的开山鼻祖，虽然此后埃及有很多金字塔的规模都超过了它，但直到今天，人们在提及金字塔时，依旧免不了要提到这座由伊姆荷太普主持修建的佐赛尔金字塔。

佐赛尔金字塔完工后，佐赛尔法老对其十分满意，对伊姆荷太普愈发赏识有加。伊姆荷太普也因此成了古埃及仅次于法老的第二号人物，其地位就相当于中国古代的宰相。

佐赛尔是古埃及历史上一位很有作为的君主，但是他对后世的影响力却远远比不上伊姆荷太普。伊姆荷太普去世后，其形象逐渐被古埃及人民神化，被称为埃及的智慧之神和医学之神。

埃及金字塔之谜

提到古埃及文明，就不得不提金字塔。作为埃及的象征，金字塔本是古埃及历代法老的陵墓，与秦始皇陵兵马俑等并列为世界八大奇迹。有关金字塔的建造，在古埃及流传着这样一个惨烈的神话：

古埃及法老奥西里斯在统治埃及期间，将埃及的国力推向了繁盛的顶端，弟弟赛特因此对他心生妒忌。为此，赛特命人以十分珍贵的木材制造了一口上好的棺材，并在棺材表面镶嵌了许多黄金和宝石。随后，赛特便带着这口华丽的棺材来到了奥西里斯面前。

　　这时，奥西里斯正在举行宴会，见到赛特带了一口棺材过来，不由得心生疑惑。赛特假惺惺地笑道："谁的身材与这口棺材正好契合，我就把这口漂亮的棺材送给他！"

　　奥西里斯闻言便萌生了躺进去一试的念头，毕竟如此精致的棺材实在罕见，叫人忍不住想要将其据为己有。赛特见状便怂恿哥哥不妨一试，实际上，这口棺材就是为奥西里斯量身打造的，他一躺进去，就发现它与自己的身材真是绝配。

　　就在奥西里斯洋洋自得之际，不料赛特忽然就将棺材盖合上了。奥西里斯被困在其中，先是被赛特用沸水烫，后又被赛特丢进了尼罗河中。奥西里斯的妻子伊西斯好不容易才找到了丈夫的尸体，并将其藏到沼泽地中，打算帮助其复活。只可惜，此事很快就被狡诈的赛特发现了。残忍的赛特索性将哥哥的尸体分割成了 14 块，丢弃到埃及各地。

　　伊西斯历尽千辛万苦才找到了其中的 13 块，第 14 块已经被鱼吞吃了。因为尸体不全，要想让奥西里斯复活已经不可能了。事已至此，伊西斯也不得不接受了这个现实。为了让奥西里斯的灵魂能在地界中生存下去，伊西斯将他的尸体拼接起来做成了一具木乃伊。奥西里斯此后就成了地界的主宰者。

　　自奥西里斯开始，所有法老在死后都会被制成木乃伊，然后装入石棺。为了让这些木乃伊能够在世间永存，古埃及人便建造了庞大而坚固的金字塔以储存它们。归根结底，金字塔的本质就是法老的坟墓。

　　迄今为止，人类总共在埃及发现了 96 座金字塔，其中规模最大的就是始建于 4700 年前的胡夫金字塔。胡夫金字塔原本高 146.59 米，地基长 230 米，但在经历了数千年的风吹雨打过后，今日胡夫金字塔的高度已降为 136.5 米，地基的

奥西里斯原本是农业之神，可是当他被嫉妒的哥哥塞特杀死之后，就变成了地狱之神和重生之神。埃及人认为尼罗河每年的定期泛滥就是其妻子伊西斯纪念他的涕泣之泪。

长度也缩短为 220 米。然而，放眼全世界的金字塔，依旧没有一座能与胡夫金字塔的规模比肩。胡夫金字塔在 1889 年巴黎埃菲尔铁塔建成之前，一直是全世界最高的建筑物。

当年，拿破仑率军远征埃及。胡夫金字塔的庞大规模令拿破仑叹为观止，他甚至还大胆推测，若是将胡夫金字塔和附近的两座金字塔拆掉，得到的石头足可以在法国的国界线上建造一道高 3 米，厚 1 米的围墙。

胡夫金字塔的塔身大约由 230 万块石块堆砌而成，每块的平均重量为 2.5 吨，其中最大的石块重量高达 15 吨以上。据推测，修建胡夫金字塔总共耗费了大约 20 年，每年都需要投入 10 万的劳动力。然而，在 4000 多年前，古埃及人民究竟如何采集了这么多巨石，如何将它们搬运到了这里，又如何修建了这座庞大的金字塔？在经过多年的科学研究以后，人类依旧没能找出这些问题的确切答案。

有的学者认为古埃及人在建造金字塔的过程中采用了螺旋式建造法，即沿着四周的墙壁呈螺旋阶梯状往上修建，这样一来就不必用到起重机等设备了。这种说法得到了很多人的认同。另有一名法国化学家认为，建造金字塔的巨大石块是人工浇筑而成的，并非天然生成，再采集过来的。不过这些浇筑的石块却能历经千年风雨而不倒，其坚固程度未免太叫人咋舌。还有一部分人认为金字塔是外星人建造的，否则单靠几千年前的人类的力量根本就不可能完成如此庞大的工程。然而无论如何，这些说法始终都没有确凿的证据证实，更何况，金字塔的秘密还远不止于此。最近几十年，在欧美洲各国又兴起了一种"金字塔能"的说法。

1930 年，法国人安东尼·博维到埃及参观胡夫金字塔。他在其中看到了一些可能是误闯入金字塔的小动物的尸体。事隔多年，它们都已经干瘪了，却没有腐烂，尽管塔内的空气相当潮湿。博维感到很奇怪，并推测这一结果可能是由金字塔的形状造成的。

回到法国后，博维严格按照胡夫金字塔的比例，用厚度为 3 毫米的马粪纸制作了一个体积相当于胡夫金字塔的千分之一的模型，然后将一只刚刚死去的猫放入其中。几天过后，他惊奇地发现那只猫已经变成了一具木乃伊。随后，博维又在金字塔模型中放入了一些生肉，结果生肉变成了肉干，却没有腐烂，再放入其他东西，结果也是一样。

博维将自己这个发现写入了论文中，后被捷克的无线电技师卡里尔·杜拜尔读到了。杜拜尔觉得这个实验既神奇又易做，便按照博维的说法用厚度为 3 毫米的马粪纸制作了多个高 30 厘米的胡夫金字塔模型。他在模型中放入了牛肉、羊肉、鲜花、鸡蛋、青蛙的尸体等物，最后这些东西全都变干了，却没有腐烂。杜拜尔把自己的实验结果写信告诉了博维，此后两人便成了笔友，经常就这个实验进行书信往来。

杜拜尔是一个非常有探索精神的人，他不满足于只是发现这个结果，他希望能找出导致这个结果的原因。一次，他把一枚刮胡刀放入了金字塔模型，几天过后，他发现刮胡刀变得异常锋利。他觉得很惊讶，又反复实验了几次，结果无一例外都是如此。杜拜尔察觉到其中的商机，向政府申请了"法老磨刀片器"的发明专利。这种"法老磨刀片器"在捷克很受欢迎，销量可观，很快又流传到了欧美各国。

杜拜尔名利双收，但他一直被一个问题困扰：为什么将有机物和刀片放入金字塔模型中会收到这样的奇效？杜拜尔推测：在金字塔形的构造物中存在着一种无形、特殊的能量，可以让有机物变得干而不腐，可以让刀片变得锋利，还可以制造出其他神奇的效果，这就是"金字塔能"。杜拜尔以此为题撰写了大量论文，欧美各国的科学家纷纷跟风，掀起了一场研究"金字塔能"的热潮，但始终没有找到产生这种能量的确切源头。

狮身人面像

公元前 2610 年，史上最大的金字塔——胡夫金字塔竣工，埃及法老胡夫亲自赶到施工现场视察。想到自己死后即将葬在这座恢弘的陵墓之中，胡夫顿时感到心潮澎湃，兴奋异常。就在这时，他在采石场上发现了一块巨大的石头。

"咦，金字塔都竣工了，这里怎么还有一块石头？"胡夫疑惑不解地问。

在场的石匠马上答道："启禀陛下，这块大石是为建造金字塔开采出来的。在建造的过程中，大伙儿才发现它纯粹是多余的。现在金字塔建成了，大伙儿都不知该怎么处理它。"

胡夫思索了片刻，便说·"不如就用这块大石雕刻一座巨大的狮身人面像以守卫我的金字塔吧！"

在胡夫的授意下，石匠们又开始了艰苦的劳作。经过了数年的努力，狮身人面像终于完工了，其身长为 75 米，高度为 20 米，单是脸长就占据了总高度的四分之一，一只耳朵的长度就超过了 2 米。据说，狮身人面像的脸部是按照胡夫的脸雕刻而成的，只见它头上戴着一顶王冠，额头上刻着圣蛇的浮雕，下巴上还垂

金字塔及狮身人面像

着修长的胡须，这些全都证明了它的原型是一名法老。

然而，在经历了4000余年的风吹日晒过后，狮身人面像早已面目全非，额头上雕刻的圣蛇和下巴上修长的胡须都已不知所踪，连鼻子也消失了。据说，1798年拿破仑率军远征埃及，见到气势恢弘的狮身人面像，便觉得它像是在对自己耀武扬威。骄傲的拿破仑越看它越觉得不顺眼，终于忍不住下令用大炮将它的鼻子轰掉了。

面对这样一座残缺不全的狮身人面像，要想确定它的脸部是否真是仿照胡夫法老的脸雕刻而成的，实在难于上青天。很多人认为狮身人面像的造型与胡夫法老并无关联，它根本就是神话中的狮身人面怪兽斯芬克斯。

斯芬克斯是巨人和蛇交配的产物，它拥有狮子的身体，人的头部，并长着一双翅膀。斯芬克斯个性凶残，经常堵在路口，用各种各样的谜语考过路人。若是路人猜错了它的谜语，就会马上被它吃掉；反之，若是有人猜出了它的谜语，它就会自杀。不过，一直以来都没有一个路人能猜出它的谜语。

后来，这件事被一个聪明的年轻人俄狄浦斯知道了。为了消灭这个吃人的恶魔，俄狄浦斯便只身来到了斯芬克斯所在的路口。

斯芬克斯见到这个健壮的年轻人，不由得暗暗垂涎。它假惺惺地提醒他说："年轻人，要想从这里过去，可要先猜出我的谜语啊！"

俄狄浦斯镇定自若地说："我已经准备好了，你尽管说出你的谜题吧！"

斯芬克斯见他如此有自信，明白他必定智慧过人，便特意出了一个最难的谜题给他："什么动物早上用四条腿走路，中午用两条腿走路，晚上用三条腿走路？"

俄狄浦斯思索了片刻，答道："是人。"

听到他的答案，斯芬克斯当场就呆住了，它没想到这个年轻人真的能猜中谜底。无奈现在再说什么都已经太迟了，斯芬克斯只好履行诺言自杀了。

不管狮身人面像的造型是源自胡夫法老也好，是源自斯芬克斯也好，其最初建造的目的都是为了守护距离自己只有340米的胡夫金字塔，多年以来，这一点一直为世界各地的科学家所认同。但在进入 20 世纪以后，不少科学家却对此提出了异议。有的科学家认为狮身人面像应该在公元前 1 万年前就已经建成了，依据就是：狮身人面像的狮身部分有被水淹过的痕迹，而埃及历史上最后一次大洪水发生在大约公元前 1 万年，当时埃及尚未有金字塔出现，狮身人面像为守卫金字塔而建的说法也就成了无稽之谈。当然了，这只是科学家的推测，现在尚无确切的证据证实这一点。

随着时间的推移，狮身人面像的损毁程度越来越严重，其中最严重的当属胸部、颈部和左前腿，对狮身人面像的拯救工作已经刻不容缓。在这样的情况下，联合国联合埃及政府对狮身人面像实施了历史上"最大、最具权威性的一次整容手术"。此次"手术"耗资 250 万美元，单是"手术"过程中使用的仿古砖的数量就高达 1 万多块。在经过了长达 10 年的努力之后，1998 年 5 月 25 日，狮身人面像的修复工程终于竣工。据说，在接下来的 5000 年内，狮身人面像都将屹立不倒。

神奇的底比斯古都

底比斯是古埃及历史上著名的都城，曾经有九个朝代建都于此，著名的古希腊诗人荷马曾经称赞它为"百门之都"。底比斯的历史就是古埃及的历史，底比斯的兴盛与衰落，也反映了古埃及的兴盛与衰落。

最早在底比斯建都的是埃及第十一王朝的法老孟苏好代布，时间大约在公元前 20 世纪左右。当时的底比斯没有什么不同之处，虽然有两条商道在此交汇，但并没有给这里带来经济上的繁荣。后来，孟苏好代布法老将阿蒙神立为"万神之神"，是所有神灵中地位最高的，同时开始在底比斯大肆修建神庙。依靠着宗教上的影响力，底比斯渐渐成为古代埃及最重要的城市。

到了古埃及第十二王朝，门内姆哈特将都城迁走，不过底比斯仍旧被作为宗教上的圣地，继续在那里修建神庙。直到公元前 18 世纪末，喜克索斯人入侵埃及，古埃及人抵挡不住异族入侵，最终丢掉了大片国土。喜克索斯人占领大片埃及国土之后，选定的都城是阿瓦利斯，底比斯不再像以前那样重要，这是底比斯所面临的第一次衰落。

古埃及人不甘心被喜克索斯人统治，阿赫摩斯一世在底比斯重新建立起了自己的国家，被称作第十七王朝，同时率兵征讨喜克索斯人，攻占了他们的都城阿瓦利斯，将他们赶出了埃及。底比斯再次成为埃及政治、宗教的中心，再次迎来了自己的兴盛期。当时埃及凭借自己强大的军事力量，东征西讨，很多俘虏来的奴隶被押送到底比斯城，参与修建雄伟壮观的神庙。就这样，底比斯城不断扩大，到处矗立着雄伟壮观的神庙和大殿，成为当时世界上最宏伟的城市之一。

法老们不仅仅为阿蒙神修建神庙，也开始为自己修建神庙和宫殿，这一点从那些建筑的名字中就能看出来，比如卢克索尔寺院、拉美西斯二世宫殿、阿蒙诺斐斯三世寺院等。不过，其中修建得最宏伟雄壮的还是万神之神阿蒙神的神庙，比如底比斯阿蒙神庙主殿，面积达 5000 平方米，共有 134 根圆柱，其中大殿中间的 12 根最为壮观，高 21 米，每根石柱顶端可以同时站下 100 人，可以说是人类建筑史上的奇迹。

当时底比斯城内不仅修建神庙、宫殿，还修建了很多法老的陵墓，不过这些陵墓不是人们熟知的金字塔，而是修建在地下。底比斯城横跨尼罗河，河的东岸是当时的城区，也是全国政治、经济、文化和宗教中心。而河的西岸，则是法老们修建陵墓的地方。由于法老担心陵墓被盗或被敌人损毁，而金字塔又太过醒目，所以他们吸取教训，改变了陵墓的形式，不再建在地上，而是选择了一处石灰岩地质的山谷（这条山谷后来被称作"帝王谷"），就地取材，开凿出雄壮、奢华的地下陵墓。其中比较有名的有拉美西斯二世墓、图坦卡蒙墓等。

不过，人算不如天算，尽管这些陵墓都做了很好的伪装措施，也确实在很长一段时间内躲过了盗墓贼的视线，但最终还是被发现，数以万计的陪葬品被盗出，流散到世界各地。图坦卡蒙法老墓算是比较幸运的一座陵墓，因为它隐藏在很多陵墓下方，躲过了盗墓贼的洗劫。1922 年，图坦卡蒙法老墓被发现，出土了很多震惊世人的陪葬品，比如两尊真人大小的镀金乌木雕像，10 多千克的黄金面具，整块黄金打造的人形棺，等等。图坦卡蒙 9 岁继位，19 岁暴毙，他的陵墓和陪葬品在众多法老中算是比较寒酸的，这足以体现出当时的埃及是何等发达。

由于大肆兴建神庙，神庙中的祭司掌握了大量的财富和权力，这对法老的统治来讲，是个不小的威胁。第十八王朝时期的法老阿蒙霍特普四世决定进行宗教改革，削弱祭祀手中的权利。改革虽然遏制住了祭司权利的增长，但也使底比斯陷入衰落。后来不断有外族从海上和陆路入侵埃及，底比斯作为国家的首都每次都首当其冲，屡遭破坏。其中最严重的一次是公元前 663 年，叙利亚入侵埃及，火烧底比斯城。此后，底比斯城迅速衰落，仅存的建筑物在公元前 27 年的一次大地震中化为废墟。

从建立，到消亡，底比斯城存在了两千多年，对古埃及的发展起到了重要作用。

"第一位世界英雄"图特摩斯三世

图特摩斯三世是古埃及第十八王朝的法老，在他执政期间，埃及不断地向外扩张，成为一个版图辽阔的国家，因此，他被认为是古埃及最伟大的法老之一，并被历史学家称为"第一位世界英雄"。

在古代，喜克索斯人曾经进犯埃及，使埃及变得四分五裂。阿赫摩斯创建了埃及第十八王朝，并领导埃及反抗喜克索斯人的侵略，将侵略者赶出埃及，将埃及统一起来。此后，埃及便开始了对外扩张。至图特摩斯一世时，埃及的版图北至幼发拉底河上游、叙利亚的北部，南至尼罗河第三瀑布，已经成为一个庞大的国家。

图特摩斯一世死后，王位传到了图特摩斯二世手中。图特摩斯二世是图特摩斯三世的父亲，在位不久就去世了。此后，图特摩斯三世即位。他是图特摩斯二世与其妃子所生。图特摩斯二世的妻了哈特谢普苏特非常讨厌他，并以他年幼为由，不让他处理朝政。而她则把持着朝政大权。

哈特谢普苏特非常担心图特摩斯三世长大后会将政权从自己手中夺回去，就打算逼图特摩斯三世退位，彻底解决后顾之忧。她想了很多办法，最终命令阿蒙神庙的祭司假传神谕，称图特摩斯三世密谋篡位，于是，她就名正言顺地把图特摩斯三世赶到阿蒙神庙修行。

图特摩斯三世年少老成。他十分清楚，自己的处境非常危险，如果自己的行为让哈特谢普苏特产生怀疑，那么她随时都有可能把自己杀死。于是，他谨言慎行，从来也不过问政事，也不亲近美色，逐渐赢得了哈特谢普苏特的信任。哈特谢普苏特开始允许他练习武艺，他每

古埃及谷物收获图

天勤奋练习，很快就取得了长足的进步，无论是骑马还是射箭，无不精通，经常获得将士们的夸奖。虽然图特摩斯三世的行为举止打消了哈特谢普苏特的顾虑，但是，哈特谢普苏特仍然要考验一下图特摩斯三世的忠心。她不顾朝中大臣们的反对，任命图特摩斯三世为统帅，率领军队远征努比亚。图特摩斯三世非常顺利地完成了这个任务，回国后，他立即把帅印交了出来，还把缴获的财宝全部献给哈特谢普苏特。从此之后，哈特谢普苏特对图特摩斯三世不再怀有戒心。

图特摩斯三世做了那么多事情，只是为了保全自己的性命，再趁机夺回政权。他隐忍了多年后，终于等来了机会。巴勒斯坦和叙利亚本是埃及的属地，后来，这两个国家获得了米坦尼王国的支持，宣布脱离埃及。哈特谢普苏特知道这件事后非常生气，立刻调兵遣将，准备以武力征服这两个国家。图特摩斯三世看到时机已经成熟，就果断地发动政变，将哈特谢普苏特及其亲信处死，夺回了被哈特谢普苏特霸占长达二十余年的政权。

图特摩斯三世执政后，埃及政局动荡不安，叙利亚南部的卡迭什王国趁机准备组织反埃及同盟，联合埃及的属国一起反对埃及。图特摩托三世大力扶植阿蒙神庙的势力，通过一系列改革，加强了君主专权。此后，他就开始率领大军征战叙利亚和巴勒斯坦。他率领埃及大军冒险从一条峡谷中穿过，出人意料地来到美吉多城下。美吉多城是卡迭什王朝的大本营，卡迭什国王看到埃及大军已经把美吉多城团团包围起来，只得投降。卡迭什投降后，反埃及同盟也就瓦解了。

在此后的二十年里，图特摩斯三世不断地向外扩张，多次征讨叙利亚的城邦，最终使得叙利亚屈服于埃及。此后，图特摩斯三世又率领埃及大军征战西亚大国米坦尼，并与米坦尼多次交锋。米坦尼因为无力抵挡埃及大军，最终只好投降，成为埃及的盟友。亚述和巴比伦知道这件事后大为震惊，立即派遣使者与埃及修好。

图特摩斯三世还建立起强大的舰队，将东地中海、塞浦路斯岛、克里特岛、爱琴海诸岛都控制下来。

图特摩斯三世通过不断征战，使得亚述、努比亚、巴比伦及赫梯都成为了埃及的属国，埃及南部的边境扩展到了尼罗河第四瀑布。

在努比亚、叙利亚及巴勒斯坦等地，图特摩斯三世一共组织了十六次战役，每次战役最终都获得了胜利。在他统治时期，埃及成为一个空前强大的国家。这些伟大的功绩使得他被称为"古埃及的拿破仑"、"第一位世界英雄"。

公元前1425年，图特摩斯三世去世，他那富有传奇色彩的一生划上了句号。

"太阳之子"埃赫那吞

埃赫那吞是古埃及第十八王朝的法老，于公元前 1379 年即位，一共统治了埃及 17 年。他一生最大的功绩就是在埃及境内开展了一场轰轰烈烈的宗教政治改革。

古埃及先后出现了 31 个朝代，其中持续时间最长，领土面积最大，国力最强盛的就是第十八王朝。埃赫那吞的父亲阿蒙霍特普三世在位时正值第十八王朝的鼎盛时期。在阿蒙霍特普三世之前，古埃及的王室一向都喜欢近亲通婚，法老娶妻只能娶自己的堂姐妹或是表姐妹。偏偏阿蒙霍特普三世不愿走前人的老路，勇敢地推翻了埃及王室的传统，迎娶了一位富商的女儿提伊做自己的王后。提伊没有显赫的出身，却有打动人心的美貌。阿蒙霍特普三世对她宠爱有加，埃赫那吞的生母就是提伊。

阿蒙霍特普三世的长子一早就夭亡了，所以阿蒙霍特普三世在步入晚年之后便将王位传给了次子埃赫那吞。此后三年，埃及的政权一直由父子二人共同执掌，直至阿蒙霍特普三世去世，埃赫那吞终于坐上了埃及的第一把交椅。

埃赫那吞原本叫做阿蒙霍特普四世，后来才改名为埃赫那吞，意思就是"太阳神阿吞的光辉"。这个名字源于埃赫那吞对太阳神阿吞的崇拜，正因为如此，埃赫那吞才得到了一个"太阳之子"的称号。

古埃及人民原本为多神崇拜，不同地区的人民信奉不同的神灵，但埃赫那吞即位后却执意要改变这种宗教信仰的现状。阿吞在古埃及的诸位神灵之中原本并不起眼，现在却被埃赫那吞提升成为地位最高的一个。为了让境内所有的百姓都成为阿吞的信奉者，埃赫那吞还开展了一场宗教改革运动。不过，这场改革并不只是宗教改革那么简单。

古埃及的僧侣一向势力庞大，当时在阿蒙神庙中更形成了势力庞大的僧侣集团，他们有权有势，就连法老都要对他们礼让三分。埃赫那吞一早就对这些僧侣心存怨念，即位之后便想要打击他们的势力，维护自己的统治。因此可以说，此次改革同样是一场政治改革。

埃赫那吞下令严禁埃及人民崇拜众神之王阿蒙以及其他神明，而将太阳神阿吞作为全国百姓崇拜的唯一神明。这便是埃赫那吞提出的一神教的思想。在此次改革中，埃赫那吞下令关闭了阿蒙神庙，将僧侣集团的财产收归政府，还在各地广建阿吞神庙。后来，埃赫那吞索性建造了一座以"埃赫太吞"命名的城市，意思就是"被阿吞的光辉照耀的地方"。埃赫太吞建成之后，埃及的首都便由底比斯搬迁到了这里。

在这场轰轰烈烈的改革中，埃及国内的僧侣力量大受打击，埃赫那吞的统治地位得到了巩固。埃及境内还出现了千古传颂的名诗《阿吞颂诗》，以歌颂埃及当时唯一合法的神明阿吞，歌颂主持这场宗教改革的法老埃赫那吞。

值得一提的是，埃赫那吞的妻子纳夫蒂蒂王后一直都对丈夫十分支持，为此次改革做出了巨大的贡献。纳夫蒂蒂是一位绝世美女，一生充满了传奇色彩。有人说，她原本是埃赫那吞的准嫂嫂，结果因为埃赫那吞的哥哥早亡，才嫁给了埃赫那吞。也有人说，她原本要嫁给埃赫那吞的父亲，不知为何又成了埃赫那吞的妻子。据说，在埃赫那吞死后，纳夫蒂蒂登上了王位，成了古埃及历史上首位女法老。不过，这种说法并没有确凿的证据证实。

尽管埃赫那吞的宗教改革收效甚佳，但是由于他过分关注宗教，根本没有多余的精力顾及其他，导致这段时期的埃及国力衰退，对外影响力也在不断下降。等到埃赫那吞去世之后，他生前颁布的各项改革措施很快就被废除了。

埃赫那吞统治时期，埃及境内爆发了一场前所未有的大瘟疫，并从埃及蔓延到了整个中东地区，甚至连赫梯的国王也未能幸免于难。受这场瘟疫的影响，埃赫太吞城迅速没落。埃赫那吞死后，埃赫太吞城直接荒废了。

到了今天，人们只能通过一些流传于世的古埃及壁画和雕塑来瞻仰这位"太阳之子"的风采了。

图坦卡蒙法老之谜

图坦卡蒙是古埃及第十八王朝的法老，也是"太阳之子"埃赫那吞的儿子。图坦卡蒙9岁登上王位，19岁就离奇暴毙，他的死因和他的墓穴之谜令他成为了埃及历史上最有名的法老之一。

据说，埃赫那吞的王后纳夫蒂蒂一直没有生出男孩，图坦卡蒙本是埃赫那吞一位宠妾所生。在图坦卡蒙幼年时期，他的生母就离开了人世。纳夫蒂蒂领养了他，一手将他抚养长大，还将自己的女儿安荷森纳蒙，也就是他同父异母的姐姐许配给了他。这段婚姻在现在看来实在太过离奇，但对一直近亲通婚的古埃及王室而言却是一件稀松平常的事。在这样的前提条件下，姐弟关系并没有对图坦卡蒙和安荷森纳蒙造成丝毫障碍，两人结婚后一直过得非常幸福。

图坦卡蒙的父亲埃赫那吞生前曾在埃及境内曾展开了一场大规模的宗教改革。埃赫那吞去世以后，继位者图坦卡蒙年幼无知，埃及的统治大权便落到了老王后提伊和几位重臣手上。他们全都对埃赫那吞的宗教改革存有异议，埃赫那吞一死，他们马上就废除了宗教改革的各项措施，在全国范围内恢复往日的宗教信仰，并将首都迁回了底比斯。

图坦卡蒙原本叫图坦卡吞，意思就是"神明阿吞的奴仆"，阿吞即埃赫那吞信奉的太阳神的名字。埃赫那吞死后，年幼的图坦卡吞被迫改名为图坦卡蒙，意思就是"神明阿蒙的奴仆"，阿蒙即底比斯的主神。

图坦卡蒙只活了短短的 19 年，就匆匆离开了人世。在古埃及的历史上没有留下任何有关他死因的记录，不过却一直流传着这样一种说法：图坦卡蒙死于谋杀，凶手因为觊觎他的王位将他杀死，在取代了他的位置之后，又为了掩盖真相将相关的记录全部销毁。这种说法并非无凭无据，考古学家曾在图坦卡蒙的木乃伊后脑发现了一个小洞，他的头骨也有一处骨折，这证明他生前后脑曾受过重击。这种说法流传了很多年，直到近年才终于被推翻了。

进入 21 世纪后，考古学家们对图坦卡蒙的木乃伊进行了 DNA 检测，发现他生前患有多种遗传性疾病，还曾生过一场疟疾。百病缠身的图坦卡蒙脊柱扭曲严重，还有一条腿骨折。考古学家们据此推测，他可能是在外出时不慎从马车上跌落，摔断了一条腿，之后腿伤感染，引发了一场严重的疟疾。由于当时的医疗条件十分有限，图坦卡蒙最终在伤病的折磨下英年早逝。至于他后脑上的小洞和头骨的骨折，则是他死后被制成木乃伊时造成的。

图坦卡蒙的死因现已找到了一个相对确定的答案，但他的咒语之谜却一直困扰着全球众多的考古学家。

图坦卡蒙去世时只有 19 岁，所有人都没想到他会死得这么早。当时他的陵墓还没有建好，埃及臣民只能把他葬在了别处。也正因为如此，在 1922 年之前，埃及几乎所有法老的坟墓都已被盗，唯独图坦卡蒙的是个例外。

1922 年 11 月 26 日，英国考古学家霍华德·卡特和卡纳冯历尽千辛万苦终于找到了图坦卡蒙法老的坟墓入口。之后，他们在坟墓中找到了无数珍宝，以及躺在纯金棺材里的图坦卡蒙法老的木乃伊。与此同时，他们也在坟墓中发现了很多咒语，诸如："谁打搅了这位法老的安宁，死亡之翼就会降临到他头上。"但当时他们已被喜悦冲昏了头脑，并没有将这些咒语放在心上。岂料只过了短短几个月，法老的咒语就应验了。

卡纳冯在盗墓时，左脸曾被墓中的蚊子叮出一个小包，此后一直没有消下去。他哪里想得到自己后来竟会因为这个微不足道的小包而丧命。一天早上，卡纳冯起床之后正在刮脸，一不小心就将脸上的小包刮破了。伤口很快感染，卡纳冯病入膏肓。他冲着女儿叫道："他在召唤我，我听到了他的声音，我就要去追随他了！"说完这话，卡纳冯便咽下了最后一口气。就在同一天，他的狗也离开了人世。

巧合的是，图坦卡蒙的木乃伊左脸上同样有一道伤疤，而且位置与卡纳冯的小包完全吻合。这似乎印证了图坦卡蒙陵墓中的那些咒语。不过，卡纳冯之死还不是最诡异的，在接下来的 3 年时间内，第一批进入图坦卡蒙坟墓的工作人员之中先后有 22 人因各种各样的意外离开了人世。

据说，图坦卡蒙陵墓的发现者之一霍华德·卡特之所以会幸运地逃过咒语的诅咒，就是因为他在进入陵墓时曾受过一只鸟的指引，而这只鸟在进入陵墓后马上就被一条蛇吞入了腹中。这样一来，这只鸟就成了霍华德·卡特的替死鬼。

尽管后来科学家们已经证实，在这些意外离世的人中只有 5% 的人死因存有可疑，绝大多数人都是正常死亡，但这一连串的巧合事件仍然在世界范围内引起了巨大的恐慌，有关"法老的诅咒"的传言愈演愈烈，来自世界各地的游客、考古学家，甚至是盗墓者都不敢再涉足图坦卡蒙墓。

随着科技的发展，人们对"法老的咒语"提出了一些科学解释，其中之一就是致命真菌说。提出这种学说的科学家认为图坦卡蒙墓中存有很多致命真菌，这便是导致首批进入墓中的考古人员大量死亡的原因。根据记载，人们在首次进入图坦卡蒙墓时，在其中发现了很多团状的不明物，它们很有可能就是致命真菌。

第二种说法就是毒药说。古埃及人对毒药的制造和使用都十分在行，砒霜、氰化物、鸦片等毒物在古埃及历史上都有记载。图坦卡蒙墓中那些色彩艳丽的壁画中含有很多有毒物质，再加上墓中的尸毒以及其他毒素，这些共同导致了那些闯入墓穴的不速之客的死亡。

除了上述几种说法以外，也有人认为"法老的咒语"之所以会应验，其实是一种心理作用。陵墓内的氛围和那些神乎其神的传言都令进入其中的人为之胆寒，产生巨大的心理压力，最终导致其不堪重压，走上死亡之路。

尽管人们为解开图坦卡蒙法老咒语的谜团提出了各种各样的解释，但直到现在依然没有定论。

传奇法老拉美西斯二世

他是古埃及历史上最著名的法老，一生充满了传奇色彩。他25岁登上王位，在位67年，离开人世时已近百岁，在当时平均寿命只有40岁的古埃及人中堪称奇迹。他是一位颇有作为的君主，也是一位有勇有谋的军事家，还是一位才华横溢的建筑师。他一生妻妾成群，却只对爱妃奈菲尔塔利情有独钟，从而成就了古埃及历史上的一段佳话。他就是古埃及第十九王朝的法老——拉美西斯二世。

拉美西斯二世是塞提一世法老的次子，他的母亲杜雅王后出身于将门，身份高贵。拉美西斯之所以能登基成为法老，是因为他的大哥小小年纪就已经夭折了。在这样的前提条件下，塞提一世和杜雅王后便转而将所有的希望都倾注到了次子拉美西斯身上。为了让拉美西斯日后能成就一番大业，他10岁那年就在父亲的安排下进入军中磨炼，15岁那年就被父亲带上了战场。

拉美西斯二世自幼就聪明绝顶，再加上父母的精心教导，他很快就掌握了军事、建筑等方面的技巧。要知道，要成为一名合格的埃及法老，就必须先成为一名卓越的军事家和建筑师。这两点少年时期的拉美西斯就已经做到了。

拉美西斯25岁那年，塞提一世法老去世了。痛失慈父的拉美西斯自然悲不自胜，但他已经没有多少时间悲伤了，因为统治埃及的重担已经落到了他身上。很快，拉美西斯二世就顺利地登上了王位，就此开始了自己对埃及长达67年的统治。

在这漫长的67年间，拉美西斯二世不断对外发起战争。在这数不清的大大小小的战役中，最出名的就是卡迭石之战。此次战役的对阵双方分别是古埃及和赫梯王国，两国为了争夺对叙利亚的控制权，于公元前1298年在叙利亚的军事要塞卡迭石发起了会战。

当时，拉美西斯二世带着将近4万埃及士兵，以及3500辆战车，浩浩荡荡地赶到了地处奥伦河畔的卡迭石。在兵力方面，赫梯王国处于明显的劣势地位。赫梯国王也明白此次交战只能智取不能硬拼。为此，他先是派出探子诱敌深入，然后又一举围困了拉美西斯二世。经过了一场艰苦的突围战争，拉美西斯二世总算逃出了包围圈。不过，首战失败并没有打消他的斗志。他马上重整旗鼓，率领埃及军队与赫梯军队大战了数个回合。双方各有胜负，难以判断究竟谁才是胜利的一方。在这样的情况下，拉美西斯二世和赫梯国王只能各自撤军，返回本国。

在接下来的 16 年间，两国一直征战不断。再强大的国力也经不起连年的战乱，16 年后，拉美西斯二世和赫梯王国刚刚登基的国王终于醒悟到了这一点，两人决定以议和代替无休止的战争。没过多久，两国就签署了世界历史上最早的和平条约"银板和约"，和约规定双方结为兄弟之国，永远保持和平关系，当一国受到侵犯时，另一国要出兵援助。

显然，卡迭石之战和之后的一连串战争并没有为古埃及人民带来任何好处，相反还让他们饱受战乱之苦，让强盛的古埃及差点都被拖垮了。然而，拉美西斯二世却有本事将毫无称道价值的卡迭石之战粉饰成自己的一大功绩。在古埃及的许多神庙中都雕刻着描绘卡迭石之战的浮雕。古

拉美西斯二世

拉美西斯二世于公元前 1304~ 前 1237 年在位，他的这尊雕塑竖立在阿布辛拜勒神庙的前面。这是他建造的表现他的权威的许多纪念物之一。

埃及最大的神庙卡奈克神庙中的壁画更是完整描绘了此次战争的全过程。

说到这里，就不得不提拉美西斯二世在建筑方面的成就了。拉美西斯在位期间主持修建的建筑物总数让古埃及历史上任何一位法老都难以望其项背。他广建宫殿、神庙、雕像，甚至还大兴土木，建造了一座全新的都城，城中繁华无比，堪比孟斐斯和底比斯这两座古埃及的大城市。

作为古埃及的一国之君，拉美西斯二世一生拥有无数姬妾，据说，她们为他生下的子女总数高达上百人，这个数字真叫人啧啧惊叹。而在这众多的姬妾之中，拉美西斯最宠爱的当属奈菲尔塔利。

奈菲尔塔利出身高贵，在拉美西斯登基之前嫁给了他。生活在数千年前的奈菲尔塔利就已经是一名化妆高手了，描腮红、画眼线，她全都手到擒来。奈菲尔塔利本身就是一名绝色佳人，再加上化妆品的辅助，就更显得美丽出众。

尽管拉美西斯妻妾成群，但是真正与他朝夕相伴的却只有奈菲尔塔利。在古埃及的壁画中经常可以看到奈菲尔塔利与丈夫共同出席各种宗教仪式和政治活动的场面。奈菲尔塔利兼具智慧与美貌，她不仅是拉美西斯的妻子，更是他在政治上的好帮手。当时希泰族与古埃及时有冲突，奈菲尔塔利便主动向希泰族女王示

好，后来还跟女王结成了很好的朋友。这样一来，希泰族与古埃及之间的关系也得到了缓和。

拉美西斯二世对这位美丽聪慧的爱妻又爱又敬，为了表明她在众姬妾中独一无二的高贵身份，他还特意将她封为神妾，这在古埃及历史上还是头一回。

据说，在阿布辛拜勒神庙落成之前，原本打算跟拉美西斯共同出席落成典礼的奈菲尔塔利却离开了人世。为了纪念已故的爱妻，拉美西斯二世便被在阿布辛拜勒神庙中为她建造了一座较小的神庙，至于奈菲尔塔利的尸身则被安葬在了女王谷。拉美西斯二世在她的墓碑上刻写了这样一句话："我对你的爱独一无二，当你轻轻走过我身旁时，我的心已经追随你而去了。"拉美西斯对奈菲尔塔利的深情，由此可见一斑。

拉美西斯二世一直活到90多岁才去世，莫说是在3000多年前的埃及，就算是在今天也称得上是长寿了。不过，凡事都有两面性，拉美西斯的长寿也不例外。他的很多妻妾、子女都死在了他前头，这给他带来了巨大的伤痛，另外还有一个很现实的问题，那就是选择王位继承人。拉美西斯二世先后选择了13位继承人，前面12人都在拉美西斯之前去世了，他不得不一而再再而三地更改继承人的名单。终于，拉美西斯二世确立的第13位继承人莫尼普塔成功登上了土位，但这位幸运的继承人此时已经60岁了。

拉美西斯二世去世之后，他的尸体按照古埃及的人习俗被制成了木乃伊，随后被安葬在位于底比斯城附近的帝王谷，陪葬的还有数不尽的金银财宝。只可惜这位古埃及最著名的法老却没能逃脱被盗墓的命运，仅仅过了几十年，他的陵墓就被洗劫一空了。

"埃及艳后"克丽奥帕特拉

"埃及艳后"克丽奥帕特拉七世是托勒密王朝的最后一位法老。公元前305年，亚历山大大帝的部将托勒密一世在埃及建立了托勒密王朝。公元前30年，"埃及艳后"自杀身亡，统治了埃及近300年的托勒密王朝随即覆灭。

托勒密一世原本是马其顿贵族，也是亚历山大大帝的好友。亚历山大登基后，便任命托勒密帮助自己出征亚洲各国。在此后的数年时间内，托勒密一直对亚历山大忠心耿耿，为国家立下了赫赫战功，还曾粉碎了波斯王刺杀亚历山大的计划。他的上佳表现成功赢得了亚历山大大帝对他的信赖与重用。

亚历山大因病去世以后，托勒密当上了埃及总督，成了埃及的实际掌权者。随后，托勒密与亚历山大帝国的其他当权者展开了一场激烈的争权斗争。最终，托勒密突出重围，成功保住了自己在埃及的绝对统治地位。公元前305年，托勒密一世正式在埃及称王，建立了托勒密王朝。

托勒密王朝的历代君王都被称为托勒密，除了托勒密一世以外，托勒密王朝的历代统治者基本上都是一男一女，他们既是兄妹或姐弟，又是夫妻。这是古埃及王室历来的传统，这种乱伦关系导致他们的后代变得越来越孱弱无能。公元前51年，托勒密王朝的最后一位法老登上了王位，她就是"埃及艳后"克丽奥帕特拉七世。

克丽奥帕特拉的一生充满了传奇色彩。在她19岁那年，她的父亲托勒密十二世将王位传给了她和托勒密十三世。这也就意味着，克丽奥帕特拉要先跟自己的弟弟托勒密十三世结婚，才能正式登上王位。

登基后仅仅过了3年，克丽奥帕特拉就因为与弟弟兼丈夫托勒密十三世不和，被驱逐到了埃及和叙利亚的交界处。克丽奥帕特拉很不甘心，千方百计想要夺回属于自己的王位。当时正值恺撒大帝进攻埃及首都亚历山大里亚，克丽奥帕特拉便用毛毯裹住自己的身体，命人将自己送到了恺撒那里。

恺撒打开毛毯，看到这位倾国倾城的美人赤身裸体躺在其中，当场就惊呆了。她的美貌、智慧与勇敢，都让恺撒沉迷不已。就这样，克丽奥帕特拉成功变身为恺撒的情妇。正所谓"背靠大树好乘凉"，在恺撒的帮助下，克丽奥帕特拉很快就夺回了王位，并与自己的另外一个弟弟托勒密十四世结婚，共同执掌埃及的统治大权。彼时，她的前夫托勒密十三世早已在与恺撒交战的过程中掉进尼罗河中淹死了。

当然了，托勒密十四世也不过是克丽奥帕特拉名义上的丈夫，以及埃及名义上的统治者。这段时期，埃及的统治大权完全掌握在克丽奥帕特拉手中，她还为恺撒生下了一个儿子。

不久之后，恺撒大帝邀请克丽奥帕特拉赶赴罗马。克丽奥帕特拉一心想要嫁给恺撒为妻，成为罗马的国母。岂料恺撒就在这时遇刺身亡，没过多久，托勒密十四世也去世了。很多人猜测，克丽奥帕特拉在失去恺撒这个依靠以后，便开始谋划让自己与恺撒的私生子登上埃及的王位，为此她便狠心毒死了托勒密十四世。不管这个猜测是否属实，其结果都是一样的：克丽奥帕特拉扶持自己与恺撒之子托勒密十五世登基，继续执掌埃及的统治大权。

然而，野心勃勃的克丽奥帕特拉并不满足，在恺撒死后，她又将目标对准了罗马的新任霸主安东尼。有一次，安东尼召见克丽奥帕特拉到塔尔苏斯会面。克丽奥帕特拉认为这是一个征服安东尼的好机会，便刻意打扮一番，登上了前往塔尔苏斯的豪华大船。

一路上，克丽奥帕特拉充分展示自己超凡脱俗的美貌，引得沿途的百姓都以为美丽的爱神来到了人间。一传十，十传百，等到克丽奥帕特拉上岸之际，已有无数百姓聚集到岸边等着一睹她的芳容。

见到这样的阵势，安东尼也不禁对这位艳名远播的埃及艳后产生了浓厚的兴趣。等到两人真正碰面时，安东尼当场就被她的美貌与气质震慑了，简直连话都不会说了。

被美色冲昏了头脑的安东尼几乎对克丽奥帕特拉言听计从。他迎娶克丽奥帕特拉为妻，将她册封为"诸王之女王"，还将叙利亚和塞浦路斯等地都送给了她。罗马人对克丽奥帕特拉素无好感，她以有夫之妇的身份先后迷惑了罗马两位霸主，现在更发展到了干涉罗马政权的地步，是可忍孰不可忍。安东尼的很多支持者都觉得非常失望，纷纷背弃了安东尼。恺撒的养子屋大维乘机收买人心，让这些人转而投向了自己这边。

在迎娶克丽奥帕特拉之前，安东尼早已在政治利益的驱使下跟屋大维的妹妹奥克塔维亚结了婚。不过，因为克丽奥帕特拉容不下奥克塔维亚，安东尼后来便抛弃了奥克塔维亚。这无疑给了屋大维正式向安东尼宣战的借口。

公元前 32 年，屋大维窃取了安东尼的遗嘱，并将其公告天下。安东尼在遗嘱中宣布自己死后，尸体将埋葬在埃及首都亚历山大里亚，并将罗马的统治权交由克丽奥帕特拉及他们的子女来继承。这件事一经传开，立即在罗马引发了一场轩然大波。本就威严扫地的安东尼很快就被剥夺了一切权力。面对这种情况，安东尼和克丽奥帕特拉只能狼狈地逃回埃及。屋大维乘胜追击，率军对埃及发起了进攻。

克丽奥帕特拉之死
海战的失利和安东尼的死，使艳后失去了活下去的勇气。

眼见罗马大军压境，埃及军队却连连败退，安东尼终于绝望地自杀了。没过多久，克丽奥帕特拉也被屋大维生擒。此时的克丽奥帕特拉虽然已经 40 岁了，但是依旧美丽动人，不负埃及艳后的美名。她本想利用这一点迷惑屋大维，可惜屋大维无论如何都不肯就范。在江山和美人面前，安东尼为美人丢弃了江山，屋大维断然不能再重蹈覆辙，他坚持要为江山扼杀眼前的美人。

克丽奥帕特拉是何等聪明的女人，她很快就明白自己这个法子在屋大维身上是绝对无法奏效了。事已至此，她唯有选择自杀，以保全自己最后的尊严。其实，在此之前，克丽奥帕特拉就已经预见到了自己的结局，为此她还特意饲养了一条毒蛇。

在自杀之前，克丽奥帕特拉也曾犹豫再三。后来，她从屋大维的一名手下那里得知，屋大维打算将她带回罗马游街示众。想到自己即将遭受的屈辱，骄傲的埃及艳后终于下定了自杀的决心。她在拜祭了安东尼之后就沐浴进餐，并写下了一封遗书，命人交给屋大维。

随后，克丽奥帕特拉便吩咐婢女将那条毒蛇装进一只果篮里送过来。她将那条小小的毒蛇抓在手中，毒蛇随即就在她身上咬了一口。很快，克丽奥帕特拉便进入了弥留状态。

此时，她的遗书已被送到了屋大维那里。在遗书中，她恳请屋大维能将她的尸体与安东尼合葬在一起。屋大维看过之后明白大事不妙，马上就赶到了克丽奥帕特拉那里。结果还是迟了一步，这位埃及艳后已经离开了人世。

后来，屋大维将她和安东尼合葬在了同一个墓穴中，满足了她的遗愿。然而，她与恺撒之子托勒密十五世，以及她与安东尼的长子亚历山大却都死在了屋大维手上。

埃及艳后的死亡宣告了托勒密王朝已经走到了终点。此后，埃及就被罗马帝国吞并了。

"地心说"的创立与发展

地心说，顾名思义就是一种认为地球是宇宙的中心，其他星球都围绕着地球旋转的学说。人们现在都知道地球并非宇宙的中心，地心说根本就是一种错误的学说，但是生活在 2000 多年前的人类并没有先进的天文观测设备，他们根本无法得到充足的观测数据，据此找出真正的宇宙中心。因此，尽管地心说在今人看来是完全错误的，但联系到当时具体的社会环境，这种说法还是非常具有进步性的。

地心说最早是由古希腊学者欧多克斯提出来的，后来经过古希腊学者亚里士多德和古埃及学者克罗狄斯·托勒密的发展，最终形成了一套完整的学说。可以说，托勒密是地心说的集大成者。

托勒密出生于埃及，他的父母都是希腊人。托勒密年轻时曾在亚历山大城居住了很长一段时间，他在那里从事天文观测工作，并阅读了大量的书籍。这些都为他后来将地心说发扬光大打下了良好的基础。

在公元前 4 世纪之前，地球在人类眼中就是一块硕大的平板，在这块平板上用柱子支撑着一个硕大的盖子，也就是天空。从公元前 4 世纪开始，古希腊学者欧多克斯提出了一种全新的观点，他认为所有天体都在以地球为中心的圆周上做匀速运动，这些天体的运动轨迹在地球周围总共形成了 27 个同心圆。

后来，亚里士多德又将同心圆的数量增加到 55 个。"地心说"这个说法是亚里士多德的首创，他指出地球位于同心圆的最中心，其余星球则围绕在地球周围旋转。在亚里士多德看来，星球运转的源动力来自神灵。神灵就位于 55 个同心圆外侧，所有星球正是因为受到了神灵的作用，才会一直处于旋转的过程中，进而导致整个宇宙都在转个不停。

到了公元 2 世纪，托勒密进一步完善了地心说。托勒密认为：地球位于宇宙的中心位置，它本身是静止不动的，其他行星在地球周围进行公转和自转运动，每个行星都有各自的运行轨道。月球和太阳等行星外面是恒星天，再往外就是原动天。

"运行轨道"这个概念是托勒密首先提出来的，他还以此为依据制造了一个本轮均轮模型。人们可以根据这个模型计算出行星当前所在的位置。在接下来的 1000 余年时间内，托勒密的这个模型一直盛传不衰。它肯定了地球是静止不动的，这给时人带来了巨大的安全感。另外，它所标示的行星运行轨道已经基本接近于实际情况，在当时的条件下，已称得上十分先进，很容易获得人们的认同。

不过，托勒密本人应该也认识到了自己的这一学说还存在很大的漏洞，有待后人发展补充。为此，他在生时曾经宣布自己创立的学说与模型只是一种推测，而非不容置疑的事实。只可惜，后人却歪曲了他的意思。

托勒密去世后，随着天文学的发展与进步，人们得到了更多更精确的行星运动的测量数据，也从托勒密的本轮均轮模型中发现了越来越多的误差。可是当时人们对地心说的盲目信从使他们根本就没有意识到产生这些误差的根源在于地心说自身的谬误，他们拼命想维护这个在他们心中的地位就相当于真理的学说，并为此不断想办法去补救。一开始，这种补救还可以起到作用，但随着时间的推移，地心说的谬误越来越明显，无论怎样补救都是漏洞百出，很多人开始对这种学说的正确性产生了质疑。

然而这段时期，教会却始终站在支持地心说的立场上，因为地心说在他们的扭曲之下，可以帮助他们证明天堂、人间、地狱的确是存在的，从而证明了教义的绝对正确性。有人曾说彼时的"科学已经成了神学的婢女"，这就是表现之一。16世纪，哥白尼创立了"日心说"，对"地心说"的地位造成了史无前例的威胁。科学是不断发展的，这也意味着很多现在看起来十分先进的学说，极有可能在将来被证明是错误的，由其他更先进的学说取而代之，我们理应尊重这样的发展规律。

古印度

"第一道曙光"哈拉巴文明

很多人都不知道，人们时常提及的古印度文明其实并非印度的第一代文明。早在古印度文明诞生前1500年，生活在印度河流域的人民就创造出了最初的印度文明，也就是哈拉巴文明，它被誉为印度文明的"第一道曙光"。

1922年，考古学家在印度河流域发现了哈拉巴文明的遗址。经过一系列研究证实，哈拉巴文明大约产生于公元前3000年，消失于公元前1750年，这样一来，一下子就将古印度的历史提前了差不多1500年。

哈拉巴文明以哈拉巴和摩亨佐·达罗两个城市为中心，其范围囊括了整个印度河流域。在这130万平方公里左右的区域内，共有大大小小200多处城镇遗址，其中规模最大的当属哈拉巴和摩亨佐·达罗这两处城市遗址。

这两座城市的占地面积相当，都是85万平方米左右，人口数也各自达到了3万到4万人。城中的住房大多是用砖建造的，有些住房的面积很大，既有宽敞的厅堂，又有为数众多的房间，另外，城中还有一些两层的房屋。这些大房子自然都是供富人居住的，穷苦百姓住的全都是粗制滥造的小屋。这说明当时已经出现了相当严重的贫富悬殊的现象。

从这些或大或小，或富丽或简陋的房屋中出来，就步入了纵横交错、四通八达的街道。在这些街道下面建有一整套完善的排水系统，各家各户的污水会通过管道分支汇聚到主干部分，最后流到附近的河中。

古西亚文明、古中国文明和古埃及文明都建立在大河流域，哈拉巴文明同样如此。印度河全长2900至3200公里，其年流量是尼罗河的2倍，幼发拉底河与底格里斯河流量总和的3倍。在印度河流域建立起来的哈拉巴文明借助这里得天独厚的自然条件，大力发展农业，最终将哈拉巴文明发展成为世界上最早进入农业文明和定居社会的文明之一。

哈拉巴人民种植的农作物多种多样，既有水稻、小麦等粮食作物，也有棉花等经济作物。他们从印度河中引来水源灌溉，以保证农作物的收成。不过，由于印度河经常会发生洪涝灾害，人们为了防洪，便在印度河上建造了很多堤坝。除了农耕以外，当地人还饲养了很多牲畜，例如他们饲养了牛，可以用来耕田，饲养了绵羊，可以收获羊毛，饲养了骆驼，可以用作交通工具。

哈拉巴人民在手工业方面同样成就不凡，他们会制作陶器，会用青铜打造农具，还会纺织、刺绣，加工珠宝首饰，诸如此类，不胜枚举。这些手工制品除了自用之外，还可以拿到市场上做交易，甚至出口，中亚、西亚、缅甸和中国等地都曾是哈拉巴的贸易对象。哈拉巴的商业贸易因此空前繁荣起来，对造车业和造船业的发展也起到了巨大的推动作用。为了方便贸易，哈拉巴人民还学会了用尺子来衡量长度，用砝码来称重。

考古学家们从现已出土的很多哈拉巴文物中发现了一些文字符号，这种哈拉巴文字大致可归为象形文字的类别。不过，截止到目前为止，考古学家们还不能解读其中所有的文字。

公元前1750年左右，哈拉巴文明忽然莫名其妙地衰落了，没过多久便从印度河流域彻底消失了。在接下来的数千年时间内，人类甚至不知道世界上曾经存在过这样的文明。有关哈拉巴文明消失的原因，考古学界一直众说纷纭，其中有两种说法最具信服力。

第一种说法是外族入侵说。持有这种观点的专家推测，公元前1750年左右，分别有两批外敌入侵摩亨佐·达罗和哈拉巴，他们在这两座城市中大肆杀掠，城中百姓四散逃亡。战争结束后，这两座文明古城就变成了废墟，之后便迅速衰落下去，直至最后销声匿迹。考古学家提出这样的学说不是没有依据的，他们确实在这两座古城的遗址中发现了很多惨遭屠杀的百姓的尸骨。

第二种说法是地质与生态变化说。持有这种观点的专家认为，哈拉巴文明的消失源自印度河流域的洪灾与地震等自然灾害，以及沙漠扩张、海水倒退等生态变化。

只可惜，上述两种说法始终未能得到证实，哈拉巴文明衰亡的原因直到今天依然是一个未解之谜。后来，原本居住在印度西北部的雅利安人逐渐发展壮大起来，创立了早期吠陀文明，这便是古印度文明的开始。

森严的印度种姓制度

哈拉巴文明衰落后，原本活跃在印度西北部的雅利安人在恒河流域创立了古印度文明。公元前 1800 年至公元前 600 年是古印度的吠陀时代，其中公元前 1800 至公元前 1000 年被称为前期吠陀时代，公元前 1000 年至公元前 600 年被称为后期吠陀时代。印度种姓制度就形成于后期吠陀时代，这是古代世界最典型、最森严的等级制度。

种姓制度依据社会地位和个人职业等将印度人分为四个等级，分别是婆罗门、刹帝利、吠舍、首陀罗。

婆罗门作为第一等级，其成员为僧侣贵族，他们是古印度社会中地位最高的一类人，享有祭拜神灵和解释宗教教义的特权，即国家的神权，这是其他各个阶层都无法企及的。

刹帝利作为第二等级，其成员为国王以下的军事贵族和行政贵族，他们享有除神权之外的一切国家权力，其中最主要的就是收取赋税的权力。

吠舍作为第三等级，其成员为雅利安人的自由平民，他们不享有任何政治特权，但是可以自由选择从事农业、畜牧业、渔业或是狩猎，另外，他们必须要承担缴纳赋税的义务，以养活婆罗门和刹帝利这两个等级。

首陀罗作为最低下的第四等级，其成员分为两类：一类是被雅利安人征服的土著居民，一类是失去土地的自由平民。他们的地位实际上就相当于奴隶。

古印度的种姓制度共有四个特征：其一是这四个等级的职业是世代相传的；其二是位于第四等级的首陀罗无权参与宗教生活；其三是各等级在法律上的地位是不平等的，其四是只有处于同一等级的男女才可以结婚，低等级的男人要想娶高等级的女人是绝对不被允许的。

前两个特征都不难理解，第一个特征中提及的"职业世代相传"造就了当时的印度社会

婆罗门教主神梵天

梵天创造世界，有四脸四臂，能眼观四面八方，是至高无上的神。图中的他骑在一只野鹅上，飞翔的野鹅象征着灵魂的解放。

出现了这样一种有趣的现象：雇主家世世代代都是雇主，雇员家世世代代都是雇员，而且他们之间这种雇佣与被雇佣的关系也在子孙身上不断延续下去。

第三个特征可以引用当时的一些法律规定加以阐释。若是婆罗门或刹帝利杀死了一名首陀罗，根本不必为此承担任何刑事责任，只要赔偿受害者的家属一头牲畜，甚至简单地冲洗一下自己的身体就可以将一起凶杀案一笔勾销了。若是第一等级的婆罗门辱骂了第二等级的刹帝利，就要罚款 50 帕那（古印度银钱单位）；辱骂第三等级的吠舍，要罚款 25 帕那；辱骂最低等级的首陀罗，只要罚款 12 帕那即可。若是刹帝利辱骂了婆罗门，要罚款 100 帕那；若是吠舍辱骂了婆罗门，要罚款 150 到 200 帕那不等；若是首陀罗辱骂了婆罗门，就不是钱能解决的问题了，这名不自量力的首陀罗将会受到极为严厉的惩罚：将滚油倒进他的嘴巴和耳朵里。就算他能侥幸保住一条性命，也必然已经变成了哑巴和聋子。

相较于前三个特征，第四个特征要灵活一些。尽管高等级女子与低等级男子通婚是不被允许的，但是低等级女子却可以嫁给高等级男子，当时社会上允许甚至是提倡这种行为，因为这样做可以提升女方的种姓。在当时的社会环境中，如果高等级女子与低等级男子坠入爱河，并勇敢地冲破这种森严的等级制度，结婚生子，那他们往往也得不到幸福，因为他们所生的子女将会被社会归入贱民的行列，贱民不包括在这四个种姓中，是社会上最为低贱的一类人，终生都备受歧视。另外，最高等级的婆罗门是不允许离婚的，若是丈夫死了，守寡的女子也不可以改嫁他人。其余三个等级的寡妇却可以改嫁，只是这种改嫁将会被视为一种有失体统的行为，招来社会上的很多非议。

在种姓制度形成之初，作为第一等级的僧侣贵族为了麻痹百姓，让种姓制度得以在印度长久维持下去，便特意编造了一个神话故事，以证明种姓制度是在神明授意下才出现的：相传当世界还是一片混沌的时候，巨人普鲁沙诞生了。后来，天神梵天从普鲁沙的身体中分化出来，并用普鲁沙的身体制造了人类。婆罗门是用普鲁沙的嘴巴制造而成的，刹帝利是用他的双手制造而成的，吠舍是用他的双腿制造而成的，至于首陀罗则是用他的双脚制造而成的。

这种森严的种姓制度在印度延续了数千年，直至 1950 年才被废除。然而直到现在，种姓制度依旧在印度国内发挥着一定的作用。

印度最古老的文献《梨俱吠陀》

"吠陀"就是知识、启示的意思，是印度婆罗门教与印度教最重要的经典，也是印度历史最悠久的文献材料。吠陀主要包括赞美诗、祈祷文、咒语这三种文体。无论是印度的宗教、哲学，还是文学，都是在吠陀的基础上形成的。

印度的吠陀经典有很多，其中最主要的就是《梨俱吠陀》《娑摩吠陀》《耶柔吠陀》和《阿闼婆吠陀》这四部经典，被人们合称为"四吠陀"。"四吠陀"是最古老的吠陀本集，狭义的吠陀就是单指它们。广义的吠陀又叫"吠陀文献"，包括"四吠陀"，解释"四吠陀"的《梵书》《森林书》《奥义书》和一些经书，以及六类研究吠陀的辅助学科。人们一般所说的吠陀就是指狭义的吠陀，即"四吠陀"。

"四吠陀"中，成书最早的是《梨俱吠陀》，大约在公元前2000年就已基本成型，公元前1000年左右最终成型。相对而言，《娑摩吠陀》《耶柔吠陀》和《阿闼婆吠陀》则出现较晚，大约在公元前10世纪才基本成型。因此，人们便将《梨俱吠陀》的成书年代称为早期吠陀时代，将《娑摩吠陀》等的成书年代称为后期吠陀时代。

《梨俱吠陀》的全称是《梨俱吠陀本集》，"梨俱吠陀"即"智慧之诗"的意思，它在吠陀之中占据着首要的地位。一开始，《梨俱吠陀》只靠百姓的口口相授在社会上传播，到了后来才以文字记录下来。《梨俱吠陀》首次印刷出版时，人类已经步入19世纪了。此时距离该书问世已经过去了漫长的3000年。

作为印度现存最古老，同时也是最具文学价值的诗集，《梨俱吠陀》总共收录了1028首诗歌，其中绝大多数诗歌的篇幅都控制在12节以内，不过也有短到只有3节，或是长到58节的诗歌。这些诗歌的主要内容包括古老的神话传说，对自然界与现实社会的描述与阐释，对祭祀和巫术的描写等。有些诗歌是以对话的形式写成的，既有双方或多方的对白，又有独白，包含着一定的戏剧性，完全可以在一些仪式活动上进行表演。曾经有人推测，印度的戏剧就起源于此。显然，这样的推测并不是没有依据的。

《梨俱吠陀》中收录的诗歌的主旨多是赞颂雅利安人信奉的众神，其中最受赞颂是自然是作为众神之首的因陀罗。不过，其中也有几首诗歌对世间是否真的存在神提出了质疑，这是印度最古老的哲学思想的体现。

除了赞颂众神的诗歌以外，《梨俱吠陀》中还收录了一些描写世俗社会的诗歌，内容涉及到爱情、婚礼、巫术、赌博等，反映了当时印度百姓的生活状况。例如，其中有一首诗歌以《赌徒忏悔录》为题，描绘了一名赌输了的信徒正对着神像忏悔，与此同时，他的家人也表现得非常伤心。

《梨俱吠陀》中还有很多描述雅利安人的内容，其中包括不少对战争的描写。有人据此推测印度文明的"第一道曙光"哈拉巴文明之所以会神秘地消失，就是因为雅利安人。

从《梨俱吠陀》中，人们已经能清楚地看到，在当时的印度，男性的社会地位明显要高过女性，无论是在家庭中还是在社会上都是如此。与此同时，《梨俱吠陀》中也有一些专为歌颂女性而创作的诗歌，这证明当时的印度女性还是有一定社会地位的。

另外，《梨俱吠陀》中首度提到了古印度森严的种姓制度。在《梨俱吠陀》的最后一卷中提到了按肤色将国人分为婆罗门、刹帝利、吠舍、首陀罗这四个种姓。

《梨俱吠陀》流传到现在，已经有了德文、英文和法文等译本，在世界各国广为传颂。

集医术与巫术为一体的《阿闼婆吠陀》

《阿闼婆吠陀》与《梨俱吠陀》同属于古印度"四吠陀"。相较于其他吠陀，《阿闼婆吠陀》的出现时间较晚，大约成书于公元前 600 年，属于后期吠陀时期。作为一本医术、巫术与咒语的合集，《阿闼婆吠陀》总共收录了 731 首诗歌，内容涉及治病、消灾、恢复友好关系及战胜诅咒等。据推测，"阿闼婆"应该是传授这种吠陀的婆罗门家族的名字。

《阿闼婆吠陀》中记录的病症名称多达 77 种，在记录病症名称之余，还列出了相对应的治病药方。印度的医学体系由阿育吠陀医学和悉达医学共同组成。在《梨俱吠陀》中首度出现了对阿育吠陀医学的记载，在此之后，阿育吠陀医学便在印度广泛流传开来，并在实践的过程中不断得到丰富。这段时期，阿育吠陀医学的主要内容一直以口口相授的方式传播。等到了《阿闼婆吠陀》问世后，阿育吠陀医学才第一次作为一门独立科学被系统记录于书中。

阿育吠陀医学认为宇宙中的万事万物均是由水、火、土、气、大气这五种基本元素构成的。人类需要摄取食物以维持自己的生命，因为食物也是由这五种元素构成的，所以人类身体的构成与宇宙中的其他物体在本质上是相同的。人类每天摄取的食物与他们的身体状况息息相关。另外，阿育吠陀医学还认为身体、感觉、精神、灵魂这四部分共同组成了人类的生命。

《阿闼婆吠陀》中记载的阿育吠陀医学提出了很多治病的方法和养生之道，其中有这样一句话："独处是保持健康的正确方法，是使人类远离疾病的最好的医生。"由此可见，保持健康，治疗疾病，便是阿育吠陀医学最根本的目的。

《阿闼婆吠陀》中写道，人的整个身体系统及体内各部分之间平衡与否，决定了一个人的身体健康状况。一旦这种平衡遭到破坏，疾病就会趁虚而入。自身的坏习惯，外在的气候反常等因素都有可能造成身体失衡，要具体病症具体分析。在找到失衡的真正缘由后，便可以对症下药，例如改正不好的生活习惯，均衡饮食，采取药物治疗等。《阿闼婆吠陀》十分重视对疾病的预防，主张人们要通过合理的饮食以及其他良好的生活习惯，保持运动，加强自身的身体平衡，尽可能地减少疾病入侵。可以说，阿育吠陀医学倡导的是健康的生活方式，而非单纯的医学治疗。

在具体对病人进行治疗时，阿育吠陀医学在关注疾病本身之余，更关注的是病人自身的特征。病人的年纪、体质、生活环境、社会背景等都是医生对其做出诊断的主要依据。因此，我们可以看到，用阿育吠陀医学治病时，病人会得到一种非常人性化的治疗。医生会为他们做详细地检查，并与他们进行一系列的交流，最终开出相应的药方。

除了对阿育吠陀医学的记载，《阿闼婆吠陀》中还记录了不少巫术和咒语。这两者掺杂在医术之中，为医术增添了一些迷信色彩。例如，其中记录着可以治疗咳嗽的咒语："像一颗怀揣着愿望的心，迅速朝远方飞去。咳嗽啊！你往前飞吧，跟随心的方向。像打磨锋利的箭，迅速朝远方飞去。咳嗽啊！你往前飞吧，在这广阔的土地上。像太阳的光辉，迅速朝远方飞去。咳嗽啊！你往前飞吧，跟随巨大的海浪。"另外，其中还有可以让自己的心上人爱上自己的咒语。尽管这些咒语并不能叫人梦想成真，但却寄托了古印度人民最美好的愿望。

全世界最长的史诗《摩诃婆罗多》

《摩诃婆罗多》是古印度的史诗巨著，与《罗摩衍那》齐名，篇幅是《罗摩衍那》的4倍。《摩诃婆罗多》的汉语全译本大约有500万字，是世界上篇幅最长的史诗。

《摩诃婆罗多》的插图
《摩诃婆罗多》主要描写的是持国和般度两个家族之间发生的长期争斗，其中有很多关系到历史的传说。有一个传说讲到了恒河的起源，另一个传说描写了"大洪水"的情况。

　　《摩诃婆罗多》讲述了古印度两位王子的后人为了争夺王位手足相残的故事，其中穿插了大量的神话传说和寓言故事，堪称古印度历史上的百科全书。《摩诃婆罗多》在公元前4世纪初现雏形，历经漫长的800年，到公元4世纪才正式成书。

　　印度人普遍认为《摩诃婆罗多》的作者是毗耶娑。渔家女贞信在成婚之前偷偷生下了毗耶娑，毗耶娑长大后便在森林中隐居修行。毗耶娑出生不久，贞信便嫁给了国王福身王，又生了个儿子名叫奇武。奇武先后娶了两位妻子，但是未等妻子为他生下一儿半女，他就英年早逝了。眼见福身王自己就要断子绝孙，贞信便去将毗耶娑找回来，让他与两位嫂子生下了三个儿子，分别叫持国、般度、维杜罗。此后，毗耶娑又回到森林中隐居。多年以后，他听说持国与般度的儿子们为了争夺王位大打出手，便以他们为原型创作了长诗《摩诃婆罗多》。不过，《摩诃婆罗多》在经历了数百年的传承与修改后，已经与原先的故事有了很大的出入，其大致内容如下：

　　有八名神仙兄弟有一次心血来潮，带着各自的妻子到凡间游玩。其中一名神仙的妻子在凡间看中了一头母牛，便在八位神仙的帮助下将它偷回了家。这头母牛的主人是一位身份极为显赫的神仙——极裕仙人。当他发现自己的母牛不见了以后，就运用法术找出了偷走母牛的那帮神仙。为了报复他们，他便诅咒他们兄弟八人将会被贬入凡间，从此不得再做神仙。

　　八位神仙非常后悔，恳请极裕仙人减轻对他们的处罚。极裕仙人便诅咒那名罪魁祸首将永留凡间，其余七名神仙只需在凡间度过一世即可。

　　八名神仙又去请求恒河女神做他们的母亲，当他们出生以后，为了帮助他们洗清身上的罪孽，恒河女神就要把他们扔到恒河里去溺死。这样一来，他们就可以转世再变成神仙了。恒河女神经不住他们一再地请求，终于答应了他们。

　　恒河女神化身成为一名美丽的姑娘降临到凡间，福身王对她一见倾心，很快就向她求婚了。恒河女神对福身王说："我可以嫁给你，不过，在我们结婚之前，你必须答应我两个请求，第一，你不能追究我的身份背景，第二，无论我做什么，你都不能从旁干涉。"已被她迷得神魂颠倒的福身王自然忙不迭地答应下来。

婚后，恒河女神接连为福身王生下了七个儿子，但是每个儿子一出生，恒河女神就要把他扔到恒河里溺死。福身王又是吃惊又是愤怒，多次想出手阻止她，可一想到与妻子的婚前约定，便又强自按捺下去了。

当他们的第八个儿子出世时，恒河女神又要将他扔进恒河。福身王在旁边终于看不下去了，上前阻止了妻子。当日偷牛的罪魁祸首就此失去了返回天上的机会，到了这时，他和恒河女神才明白，无论他们做什么，都无法抗拒极裕仙人的诅咒。

这时候，恒河女神已经完成了自己的使命，再留在人间也没有什么意思了，她便将自己的真实身份告诉了福身王，随后就带着第八个儿子离开了。她将儿子送到一名仙人那里学习了很多本领，等到儿子长大成人以后，就让他回到了他父亲那里。

自从恒河女神离开之后，福身王一直郁郁寡欢。直到儿子回来，他的心情才好了一些。没过多久，他就在机缘巧合卜遇见了一名美丽的渔家女，并对她一见钟情，很快就跟她结为了夫妻。

后来，渔家女为福身王生下了一个儿子，名叫奇武。渔家女要求福身王立奇武为太子。但在与渔家女结婚之前，福身王就已将自己与恒河女神的儿子册立为太子了。福身王因此觉得非常为难。太子便主动表示愿意放弃王位继承权，为了让渔家女放心，他还立誓终生不娶，这样一来，他就不会有子孙，不会对奇武及其后人的王位造成任何威胁。

奇武顺利登上了太子之位，并生下了持国和般度两个儿子。后来，持国又生下了难敌等100个儿子，般度也生下了坚战等5个儿子。他们为了争夺王位，开始明争暗斗，手足相残。

随着时间的推移，双方的争斗愈演愈烈，终于爆发了一场规模空前的大战。最后，难敌一方战败，除了难敌以外，持国的其他儿子全都战死了。难敌好不容易才逃出去，可惜没过多久就被坚战等人找到了，最终死在了他们手上。

随后，坚战在四个兄弟的支持下登上了王位，但他一想到自己为争夺王位发起战争，害得无数百姓家破人亡，就觉得十分内疚。后来，他终于受不了良心的谴责，将王位传给了自己的后人，然后与妻子一起修行。多年以后，坚战夫妇终于得道成仙。伟大的史诗巨著《摩诃婆罗多》也终于画上了一个圆满的句号。

由暴君到"护法名王"

阿育王是印度孔雀王朝的第三位国王。孔雀王朝是古印度历史上由月护王建立的一个强盛的王朝，因为月护王出身于一个以饲养孔雀为生的家庭，所以便有了孔雀王朝这个称谓。阿育王是印度历史上最伟大的君主之一，阿育的意思就是无忧，因此阿育王也被称为无忧王。

公元前304年，阿育王出世了，父亲宾头娑罗为他取名为无忧。无忧年纪轻轻就成功地镇压了国内一次大规模的叛乱。公元前273年，上次叛乱的始作俑者喀察始罗卷土重来，宾头娑罗便命令长子修斯摩前去讨伐喀察始罗。

没过多久，宾头娑罗病重，匆忙召修斯摩返回王宫，同时又派无忧前去镇压叛军。无忧明白父王已经病入膏肓，此时正值争夺王位的关键时刻，倘若听从父王的命令去前线，只会叫王位落入其余兄弟之手。无忧权衡再三，最终决定按兵不动。不久，宾头娑罗病逝，无忧马上拥兵自立为阿育王。

修斯摩在听闻阿育王登基的消息后，率军前去征讨。阿育王命人制作了一个与自己十分相像的木偶，安放在一个陷阱上。陷阱中设有机关，一旦有人掉进去，里面就会烧起火来，将人活活烧死。修斯摩果然上了阿育王的当，死在了这个陷阱中。据说，阿育王为了保住自己的王位，总共杀害了99个兄弟。虽然这种说法不足为信，但也足以见得阿育王的登基之路并不顺利。他总共花费了四年的时间，才终于结束了内讧，坐稳了王位。

阿育王的祖父月护王一手创建了强盛的孔雀王朝，其后又打败了前来进犯的希腊人。阿育王的父亲宾头娑罗兼并了周边16个国家，王国的领土因此大大扩张。阿育王继承了祖父与父亲的野心与实力，在登基之前就为平定国内的叛乱立下了显赫的功劳，在登基的过程中又成功突破了来自各方面的阻挠，在登基之后更成了印度历史上空前的伟大君王。

阿育王先后发动了多次对外战争，最终，在征服了羯陵伽国以后，阿育王基本统一了印度。在此次交战中，总共有10万人惨遭杀害，15万人沦为俘虏。即便是残暴的阿育王在面对如此惨烈的战况时，也不禁感到了深深的自责。随后，阿育王痛定思痛，开始转变统治策略，在全国范围内弘扬佛法。

相传佛祖释迦牟尼在生时，曾经与阿育王的前世有过一面之缘。前世的阿育王当时只是一个幼小的孩童，见到佛祖宝相庄严，不由得心生敬畏，双手捧起泥沙，权作食物供奉佛祖。佛祖事后对自己的弟子阿难说，这个孩子小小年纪便对佛祖如此敬重，来生必将成为转轮圣王。

印度基本统一后，阿育王便将佛教定为国教，还在全国范围内大力倡导"正法"，其基本内容包括：其一，要孝敬父母，善待亲朋好友，以仁慈之心对待所有人；其二，动物也是有生命的，所谓众生平等，即使是对动物也要保持敬重之心；其三，要多做善事，以造福公众；其四，要怀着一颗宽容博大的心去看待其他宗教，学会与之和平共存。阿育王命人将"正法"刻写在悬崖与石柱上面，这便是闻名于世的阿育王摩崖法敕与石柱法敕。

阿育王在全国各地广建佛塔，宣扬佛教。相传他一生总共建造了八万四千座佛塔，简直令人叹为观止。为了进一步扩大佛教的影响力，阿育王还派出了大批佛教使团，赶赴各地宣讲教义，在这些使团之中，甚至还能看到孔雀王朝的王子或公主的身影。时至今日，佛教之所以能成为一种世界性的宗教，与阿育王两千多年前的努力密不可分。正是在阿育王的推动下，佛教才能走出印度。

公元前232年，阿育王离开了人世。他对弘扬佛教作出的突出贡献，为他赢得了"护法名王"的名号。

阿育王离世后不久，孔雀王朝就四分五裂了。尽管后来的几位统治者依旧保留着孔雀王朝的名字，但是王朝的实力与疆土都不能再与阿育王统治时期同日而语了。公元前187年左右，孔雀王朝的末代君主被其部将刺杀。公元前185年，孔雀王朝宣告灭亡。

贵霜帝国的兴衰

贵霜帝国是由大月氏的贵霜部落于公元1世纪在中亚细亚创立的奴隶制国家。在国王迦腻色伽即位后，贵霜帝国的国力达到了巅峰，与汉朝、罗马、安息并称为当时的欧亚四大强国。

大月氏原本是生活在中国西北部的游牧民族，后来因为被匈奴击败，被迫逃亡到中亚地区。汉武帝在位时期，张骞奉命出使西域，就是为了寻找大月氏，希望与之结成同盟，共同对抗匈奴。张骞历尽千辛万苦才找到大月氏，结果却发现大月氏人早已放下了昔日对匈奴的仇恨，过上了安稳的新生活。不过，虽然大月氏未能与汉朝结成军事同盟，但双方却一直维持着良好的外交关系。

塔赫特·巴希佛教遗址。地处古"丝绸之路"交通要道，公元 2 世纪时由贵霜帝国的迦腻色伽王兴建，一直到公元 5 世纪都是繁荣的城市。

公元前 125 年，大月氏人征服了大夏部落，占领了阿姆河和锡尔河流域。其后，大月氏分裂成五个部落，分别由五个翕侯统领。贵霜部落就是这五个部落中的一个。

公元 1 世纪 20 年代左右，贵霜部落在翕侯丘就却的统治下逐渐壮大起来。这段时期，贵霜部落一直被希腊国王赫尔谟尤斯掌控。丘就却时时刻刻都在寻找机会摆脱希腊。等到了 30 年代，机会终于来了，赫尔谟尤斯被外敌所杀，丘就却乘机率领族人摆脱了希腊的控制。进入 50 年代以后，丘就却夺取了战略要地喀布尔河谷，并借此机会创立了贵霜帝国。

登上王位以后，丘就却并没有满足，他不断进行对外扩张，将贵霜帝国变成了一个结构复杂的多民族国家，这无疑增加了治理国家的难度。但是，丘就却自有应对的妙计。他在国内实施宽容的政策，对各民族的传统习俗和宗教信仰兼容并包，从而为贵霜帝国的长治久安打下了坚实的基础。

丘就却去世后，他的儿子阎膏珍即位成为贵霜帝国的新任君主。丘就却在位时，贵霜帝国的疆土范围大致与今天的阿富汗与克什米尔地区相吻合，都集中在中亚地区。阎膏珍在位期间，便开始向南亚的印度扩张。印度西北部的一些小国，恒河上游等地区，全都纳入了贵霜帝国的疆土范围之内。就在贵霜帝国入侵印度的同时，大月氏人的文化也开始被印度人同化。贵霜帝国的势力就此空前膨胀起来，在中亚地区几乎无人能敌。

阎膏珍去世后，贵霜帝国陷入了群龙无首的境地，国内各种势力为争夺王位展开了混战。最终，一个名叫迦腻色伽的大将突出重围，登上了王位，他便是贵霜帝国历史上影响力最大的君王。

迦腻色伽即位后，开始在国内大力发展生产力，这使得刚刚经历过战乱的贵霜帝国很快就恢复了元气，经济欣欣向荣，新城市、新宗教中心不断涌现。另外，迦腻色伽还非常重视发展对外关系，陆路与海路兼顾，尤其重视与中国的贸易关系。东汉年间，佛教之所以能顺利地传入中国，正是因为贵霜帝国的建立，打破了南亚与中亚之间的屏障。这段时期,世界上几乎所有香料贸易和部分丝绸贸易都被贵霜帝国垄断了。原本在丝绸贸易中占据优势地位的安息也被迫让位给强大的贵霜帝国。

迦腻色伽统治期间,继续实施丘就却倡导的宗教宽容政策。迦腻色伽信奉佛教,在他的支持下,大乘佛教在贵霜境内发展迅速。与此同时,贵霜国内的文化受印度文化的影响日渐加深。

迦腻色伽在位20多年,将贵霜帝国的国力推向了巅峰,当时在整个中亚和南亚都找不出一个可以与之抗衡的国家。公元162年,迦腻色伽率军出征,结果在路上被自己的部将刺杀。此后,迦腻色伽的儿子继承了王位。

从公元2世纪末期开始,贵霜帝国走上了国力衰退之路。康居、大宛等中亚国家先后脱离了贵霜帝国的掌控,恢复独立。公元3世纪初,贵霜帝国再次加强了对中亚地区的统治。可惜没过多久,波斯的萨珊王朝就攻入贵霜,贵霜帝国因此遭遇了最沉重的打击,之后便一蹶不振,更逐渐由统一的国家分裂成若干小国。到了公元4世纪,贵霜帝国被印度的笈多王朝掌控。公元425年,一个名叫白匈奴的游牧民族将贵霜帝国的残余小国剿灭。

阿拉伯数字的发明与传播

阿拉伯数字就是指0,1,2,3,4,5,6,7,8,9这10个数字符号。它们最早是由印度人发明的,后来传到了阿拉伯,之后再由阿拉伯传到欧洲,欧洲人便称其为阿拉伯数字,并在世界范围内推广开来。到了今天,阿拉伯数字已成了国际通用的数字符号。

大约在公元前2500年,古印度出现了一种名为哈拉巴数码的铭文记数法。公元元年前后,卡罗什奇数字和婆罗门数字在印度境内广泛通行。到了公元3世纪,印度一位科学家又发明了阿拉伯数字。

阿拉伯数字出现之初,只有1和2两个数字,更大的数字就需要用1和2组合相加来表示。例如,3就表示为2加1,4就表示为2加2,5就表示为2加2加1。这与罗马当时的计数方法很相似,罗马最大的数字为V,也就是5,要表示更大的数字,就需要用V和其余数字组合相加。

后来在实际应用的过程中,阿拉伯数字逐渐出现了除1和2以外的其他8个数字。公元4世纪以后,阿拉伯数字中出现了0。0一开始用一个点号表示,到了公元 9 世纪才变成了现在的圆圈。这一点可以从印度出土的制造于公元 876 年的瓜廖尔石碑上得到证实。

0 的出现深受印度佛教的影响。0 在印度梵文中的意思就是"空"，那段时期，印度高僧龙树等人强调"一切皆空"，数学家们便据此发明了 0。不管 0 与哪一个数字相乘，最后的结果都是 0，这便是"一切皆空"的表现之一。0 的出现对人类数学的发展意义非凡，正是在这个基础上，印度人才创立了十进制的计数方法。

公元 630 年，阿拉伯人建立了阿拉伯帝国。公元 700 年左右，阿拉伯人进入了印度。他们在见识到印度人先进的计数方法后，便千方百计想将其引入阿拉伯。

到了公元 760 年左右，一名印度人带着印度的天文学巨著《西德罕塔》来到阿拉伯，书中系统讲述了印度数字以及相关的计算方法。随后，他将这部巨著呈献给了阿拉伯国王。国王马上命人将这部书译成阿拉伯文。

印度数学家们的教导，再加上这部天文学巨著的帮助，印度人发明的这种数字很快便在阿拉伯境内传播开来。因为这种数字使用起来十分便捷，远非其他数字所能比拟的，所以没过多久就成了阿拉伯通用的数字符号。当时在阿拉伯的市场上，到处都可以看到生意人正在用这种数字算账。

阿拉伯人不仅在国内推广这种数字，更将其推向了国际社会。首先获益的是西班牙，接下来，在欧洲的教皇和数学家的推动下，阿拉伯数字逐渐推广到欧洲各国。欧洲人早就厌倦了复杂的罗马数字，一见到这种简便的阿拉伯数字，马上就产生了极大的好感。

阿拉伯数字正式获得欧洲人的认可是在 13 世纪之初，其标志性事件就是意大利的《计算之书》正式出版发行，书中详细描述了阿拉伯数字及其使用方法。等到了 15 世纪，阿拉伯数字的使用在欧洲各国已经非常普及了。阿拉伯数字原本是印度人发明的，但是因为阿拉伯才是使其通行全球的最大功臣，所以它便被称为阿拉伯数字而非印度数字。不少人因此产生了误会，以为是阿拉伯人发明了这种数字符号。

起初，阿拉伯数字流传到欧洲时，其写法与现在人们常用的写法尚有一定的区别。后来在欧洲数学家的努力下，才有了今天这种简单、明了的写法。

13 至 14 世纪，阿拉伯数字传到了中国。不过，在开始的几百年间，这种数字并没有在中国引发多大的反响。直到进入了 20 世纪，阿拉伯数字才在中国逐渐流传开来。到现在，阿拉伯数字已经成了中国人民最常用的一种数字符号。但是，在银行等特殊场所中，人们依然要使用汉字来表示款项数额，而非国际通用的阿拉伯数字。因为阿拉伯数字使用起来固然简单，但其简单的特性却很容易被人利用，例如只是涂抹了一个小数点就有可能造成一场巨大的利益纠纷。

值得一提的是，阿拉伯数字目前在一些阿拉伯国家却并不流行。比如非洲的埃及，他们在国内习惯使用阿拉伯人独创的数字，即"阿拉伯人数字"。虽然这种数字与现行的阿拉伯数字都是由数千年前的印度数字发展而来的，但是二者的写法却存在极大的差别。例如，"阿拉伯人数字"中的 0 是一个圆点，5 却是一个圆圈，7 用 V 来表示，V 反过来就是 8。

笈多王朝的兴起与没落

贵霜帝国灭亡后，印度北部地区又分裂为很多小国，摩揭陀国就是其中之一。摩揭陀国位于恒河上游地区，在国王室利笈多统治时期，国力逐渐壮大起来。等到室利笈多的孙子旃陀罗笈多一世在位时，摩揭陀国的国力更是空前壮大。

公元 320 年，旃陀罗笈多一世建立了笈多王朝。笈多王朝之所以能够建立，旃陀罗笈多一世的妻子功不可没。这位笈多王朝的王后本是离车部族的公主，离车部族恰好占据了华氏城一带，这也是盛极一时的孔雀王朝的都城。离车部族在嫁女儿时，将华氏城作为女儿的嫁妆，送给了旃陀罗笈多一世。摩揭陀国的实力因此大大增强。在此基础上，笈多王朝才能最终建立起来。

旃陀罗笈多一世祖孙三代统治时期是笈多王朝最强盛的时期。旃陀罗笈多一世在位时，周边的一些小国纷纷向笈多王朝臣服。旃陀罗笈多一世统治了笈多王朝十六年，他死后，由他的儿子海护王即位。

海护王是旃陀罗笈多一世与离车公主的儿子，他是笈多王朝历史上最有作为的君主，被誉为"印度的拿破仑"。海护王即位后，开始大规模对外扩张。他先向西攻占了恒河上游地区和印度河流域的东部地区，之后又兼并了恒河三角洲，接下来又往南攻克了德干高原等地，迫使当地很多小国向笈多王朝称臣。

陆地上的扩张并没有满足海护王的野心，他又派遣了大批使臣通过海路远赴马来半岛、苏门答腊半岛等地区，最终使得印度文明的影响力差不多扩散到了东南亚的每个角落。另外，海护王知人善任，重用了很多人才，当时很多著名的学者都为他所用。

海护王死后，他的儿子超日王登基。超日王将笈多王朝的国力推到了强盛的巅峰。超日王继承了父亲的遗志，继续对外扩张。他在武力征服异族之余，也不忘与一些国家修好关系。例如，他曾将自己的女儿嫁给德干高原的伐迦陀迦国的国王，两国因此结成同盟，共同征战。超日王在位时，将笈多王朝的疆域扩张到极限。

笈多王朝在超日王死后就开始走向没落。超日王的继任者在位时，国内爆发了叛乱，国王派兵前去镇压，却被叛军多次击败。好不容易等到此次叛乱平息，偏偏白匈奴人又来趁火打劫。笈多王朝在白匈奴人的重击下日渐衰落，印度次大陆此后再次分裂为许多小国。

在笈多王朝统治印度的这段时期，印度完成了由奴隶社会向封建社会的过渡，国内的农业和手工业都有了较大的发展。当时，印度人民种植了各种各样的粮食和经济作物，还豢养了多种家畜。在此期间，棉花种植技术由印度传到了周边国家和地区。超日王在位期间，对农业相当重视，他在国内大力修建水利工程，还提倡使用铁制农具。在手工业方面，无论是纺织业、冶金业、金属制造业，还是珠宝加工业等，笈多王朝都已达到了相当高的水平。值得一提的是，笈多王朝的造船业也十分发达，这为其发展对外贸易提供了有利条件。

笈多王朝的对外贸易十分发达，海路与陆路贸易兼顾，欧洲、非洲、中亚、东南亚、中国等，都是其主要的贸易对象。

笈多王朝统治时期，印度的宗教繁荣发展。尤其是海护王在国内实行宽容的宗教政策，为佛教等宗教提供了广阔的发展空间。这段时期，印度的佛教发展迅速，印度教也开始兴起。据说，笈多王朝曾有一名王妃出家为尼，佛教在当时的影响力由此可见一斑。举世闻名的阿旃陀石窟有相当一部分都修建于笈多王朝时期。当时，曾有印度的僧人到中国游历，中国也有一位高僧法显千里迢迢赶赴印度，并将自己沿途的所见所闻记录下来，这就是流传于世的《佛国记》。

这一时期，印度的文学也空前繁荣。印度的两大史诗巨著《罗摩衍那》和《摩诃婆罗多》均成型于这段时期。就连海护王本人也对诗歌非常感兴趣，这位文治武功兼备的君王，一生创作了许多诗篇，被人们称为"诗人国王"。

阿旃陀石窟

阿旃陀石窟坐落于印度西南部的瓦古尔纳河谷，是一座开凿在悬崖峭壁上的佛教石窟，距离谷底10至30米不等。阿旃陀石窟的开凿历经700多年，起始时间大约在公元前1世纪或公元前2世纪，最终竣工于公元6世纪或7世纪。阿旃陀石窟内保存着大量精美的壁画、石雕等，与泰姬陵并称为印度的双璧。

有关阿旃陀石窟的最早记录出现在中国的唐朝，记录者就是鼎鼎大名的高僧玄奘。由于年代久远，阿旃陀石窟后来渐渐被人遗忘了，直到1819年，才被一名英国人再度发现。

1819年，一个名叫约翰·史密斯的英国军官被当地一名藩王请到瓦古尔纳河谷的丛林中狩猎。史密斯兴冲冲地赶到那里，想不到什么猎物也没打到，还被一只大老虎穷追不舍，逼不得已逃到了丛林深处。

好不容易才摆脱了那只老虎，史密斯总算松了一口气。他朝四下里观望了一圈，忽然发现茂密的树叶后面隐藏着一些岩石，上面好像雕刻着某种奇怪的图案。史密斯好奇地走上前去，拨开树叶仔细一瞧，岩石上居然雕刻着一些马蹄形的窗户，上面还有精致的装饰品，看上去简直美极了。

在这荒山野岭之中，因何会出现如此精美的石雕呢？史密斯一面看一面思索着，他看得简直入了迷，早就将狩猎一事抛诸脑后了。接下来，他便循着这条线索找下去，首先发现的就是阿旃陀石窟的10号窟。当史密斯进入其中时，这里因为荒废得太久，已经变成了一些野生动物的巢穴。史密斯又兴致勃勃地找下去，最后居然找到了数十座佛教石窟，阿旃陀石窟终于得以重见天日。

阿旃陀石窟现存30座石窟，呈环状分布在半山腰的悬崖上，全长550多米。

阿旃陀第17窟的壁画
笈多王朝时期，佛教也有一定发展，阿旃陀石窟就是当时佛教徒修建的修行之地，是一座古印度艺术的宝库。

石窟的开凿前前后后总共持续了数百年，这种时间的差异导致了其建筑风格的差别，也使石窟的内容看上去更加丰富多彩。

壁画是阿旃陀石窟中最宝贵的文化遗产，其中1号、2号、16号和17号石窟中保留的壁画数量最多。这些壁画无论是数量还是质量在印度境内都是首屈一指的。

千年以前，人们在描绘这些壁画时，首先要在墙壁上刷上一层泥浆，这些泥浆是用黏土、牛粪、石屑和米碾碎搅拌而成的，泥浆刷匀后，要在上面敷一层绿土，只要敷很薄的一层就够了，跟着就开始用树脂和胶混合而成的颜料在墙上描绘出淡淡的轮廓，然后再将深色与白色分别涂抹上去，阴影部分用深色，其余部分用白色。为了让壁画历久弥新，最后还要在壁画表面涂抹一层漆。尽管如此，这些壁画依旧耐不住数千年的岁月侵蚀，表层出现了多处剥落。不过，这些并没有阻挡它们的魅力散发。曾有人盛赞阿旃陀石窟的壁画"简直可以把人带回到过去的梦幻世界中"。

阿旃陀石窟中绝大多数都是宗教壁画，其中描绘了各具特色的五百罗汉像、菩萨像、降魔图等。例如，16号石窟的壁画描绘了释迦牟尼出家后，他的妻子坐在椅子上，垂首思念着不知远在何处的丈夫，神情忧伤，叫人不由得对她心生同情。17号石窟的壁画则展现了释迦牟尼当众宣讲佛教教义的情景，只见画中有很多男女信徒正从四面八方赶过来聆听佛祖的教诲，他们有的骑着马，有的坐着车，有的已经赶到了目的地，正在专心致志地听讲。除了宗教壁画以外，阿旃陀石窟中还有部分壁画展现的是笈多王朝的宫廷生活。

另外，阿旃陀石窟中还保存着大量佛教雕像，按照其成型的年代，具体可分为早期、中期和晚期三部分。早期的雕像在强烈的风化作用下已经难以辨识，中后期的雕像则保存较好，其中有不少经典之作，例如1号石窟的释迦牟尼雕像，19号石窟的采花女雕像和蛇王雕像，26号石窟佛陀降魔、涅槃雕像等。

阿旃陀石窟自1819年再度被发现以后，很快就成了世界人民关注的焦点。1983年，阿旃陀石窟被列入世界文化遗产目录。

古中国

女娲的传说

《红楼梦》的开篇写道，女娲炼了 36501 块五彩石用作补天，最后留下 1 块五彩石未用。这块五彩石后来轮回转世，便成了《红楼梦》里的贾宝玉。这个故事当然是曹雪芹杜撰出来的，但也足以见得女娲的传说在我国民间的巨大影响力。

相传在天与地尚未出现之前，宇宙中一片混沌，就跟一只硕大的鸡蛋一样。当时世间只有盘古一人，他在这只"鸡蛋"里昏昏沉沉地睡了 18000 年。忽然有一天，盘古苏醒过来，见到周围漆黑一片，不由得满心郁闷，随手抓起一把大板斧就将这只"鸡蛋"劈开了。天与地就此分离，盘古站在中间，头顶天，脚踩地，生怕它们会再度合拢，变回那个伸手不见五指的"鸡蛋"。盘古坚持了整整 18000 年，在此期间，每日天都会升高一丈，地也会随之加厚一丈。最终，天与地再也不会合拢了。此时的盘古已经精疲力竭，轰然倒地，离开了人世。就在这一刻，他呼出的气体忽然变成了风和云，他的声音变成了雷声，他的左眼化身为太阳，右眼化身为月亮，他的身体和四肢变成了山峦，他的血液变成了大河，筋脉变成了大道，头发和胡子变成了星辰，汗毛变成了树木草地，肌肉变成了肥沃的土壤，骨骼和牙齿变成了金属和宝石，就连他的汗水也变成了雨水和露珠。

在此后的很长一段时间内，这片由盘古开辟出来的土地上一直没有出现人烟。后来有一天，一位名叫女娲的女神在这里现身了。一开始，她欣赏着周围如画的景色，聆听着附近虫鸟唧唧，百兽齐鸣，不知道有多么惬意。但随着时间的推移，女娲渐渐产生了一种深深的寂寞感。她想将自己的寂寞向树木和鸟兽倾吐出来，但它们根本就听不懂她的语言，理解不了她的烦忧。

女娲觉得很伤心，她坐在一条小河岸边，对着河水顾影自怜。她想："眼前的一切明明都这般美好，为什么我却一点儿都高兴不起来呢？"她思来想去都找不到答案，就在这时，一片飘零的树叶落到了水面上，激起了一片细小的水纹。女娲脑海中忽然灵光一闪：原来自己是因为缺少同类的陪伴才会情绪低落。

既然找到了问题的根源所在，就要想办法解决。女娲在小河边和了一些泥巴，照着自己在河面上的影子捏出了一个又一个小人。这些小人成形后，马上就被女娲赋予了生命，围在女娲身边又是叫又是跳，欢喜得不得了。

女娲自己也觉得非常开心，用剩下的泥巴又捏了很多小人。她捏呀捏，捏呀捏，终于捏累了。她瞧瞧自己捏出来的活蹦乱跳的小人，心想他们的数目跟这个庞大的世界相比是多么微不足道啊！为了给他们制造出更多的伙伴，女娲便拿起一条绳子，沾上一些泥巴，用力朝地面甩下去。

地上斑驳的泥浆马上变成了一个又一个小人。女娲十分欣喜，继续甩呀甩，甩呀甩，直到这些小人的数量已经足够分布到世界各地了，她才终于停了下来。

不过，光是造出这些小人还是不够的。女娲又将他们分为男人和女人，并为他们建立起婚姻制度，以繁衍后代。这样一来，女娲就不必担心人类会灭绝了。

关于女娲造人的传说还有另外一种说法：相传宇宙诞生之初，女娲与哥哥伏羲是天地间仅有的两个人。他们想要结为夫妻，又觉得此事甚为不妥，便双双来到了昆仑山上，发誓说："要是上天同意我们兄妹结为夫妻的话，就让天上的云都聚成一团吧！如果不同意的话，就让天上的云全都散开吧！"发完誓后，两人紧紧盯住那决定自己命运的云，只见它们很快就聚拢成了一团，就像有一双无形的大手正在默默操控它们。女娲和伏羲认为天意不可违，随后便结为连理。

在此之后，人间总算安定了下来。可惜好景不长，天神共工和黄帝族的颛顼为了争夺帝位大打出手，结果把支撑天地的天柱都折断了，天也破了一个大洞。这下可闯了大祸，世界各地不断爆发洪灾、火灾，以及其他各种各样的大灾难，一时间生灵涂炭。

眼见人类陷入水深火热之中，女娲自然不能坐视不理。经过了一番思索之后，她决定炼石补天，以拯救黎民百姓。不过，要炼石补天，就先要找到最佳原材料——五色土。女娲费了好大的力气才终于在东海的天台山上找到了这种五色土。

女娲在天台山上建造了巨大的炼石炉，用太阳神火将五色土炼制了九天九夜，最终练成了36501块巨石。她选取了其中的36500块巨石，又花费了九天九夜的时间才把天补好。

尽管如此，女娲还是无法安心，她生怕天会再度塌下来。就在这时，东海海面上忽然出现了一只巨大的神龟，奋力朝她游过来。东海总共有五座仙山，天台山就是其中之一。为了防止仙山沉入海中，有五只巨大的神龟分别驮着各座仙山。这只神龟就是驮着天台山的那一只。它见到女娲如此忧心，便主动现身，要将自己的四只脚呈献给女娲，作为天柱支撑住天。

在神龟的帮助下，女娲补天的工程终于圆满完成了，人间恢复了往日的安宁。

黄帝大战蚩尤

大约在4000多年前，黄帝出生了。相传他的母亲名叫附宝。一天晚上，附宝看到北斗枢星被一道电光环绕。附宝受到感应怀孕，怀胎24个月后生下一个儿子，便是后来的黄帝。

黄帝的天分之高简直叫人咋舌，据说他出生没多久就会讲话了，15岁那年就已上知天文，下知地理，成了一个地地道道的全才。也正因为如此，15岁的黄帝便被部落中人一致推举为首领。

当时在我国的黄河和长江流域居住着很多部落，黄帝部落渐渐发展成为其中最强大的部落之一。与此同时，另外一个由炎帝领导的部落也迅速壮大起来。

炎帝的身世与黄帝十分相似，相传炎帝的母亲名叫女登。有一天，女登到华阳游玩，忽然一条神龙现身，围绕在女登身边。女登受到感应怀孕，之后生下了一个牛头人身，长着犄角的婴儿，就是后来的炎帝。炎帝出生3天就能讲话，5天就能走路，3岁时就已对农耕知识非常熟稔。长大后，天分奇高的炎帝顺理成章地被族人推举为部落首领。

有一回，炎帝部落居住的地区遭遇了自然灾害，炎帝只好带着族人搬迁到别处，寻找出路。这一日，他们来到了黄帝部落所在的地区。当地气候适宜，土壤肥沃，水源充足，非常适合人类居住。炎帝部落的人当即就决定在这里定居。

作为这里真正的主人，黄帝部落对炎帝部落这种鸠占鹊巢的行为非常不满，双方一言不合就打了起来。结果黄帝最终降服了炎帝，两人结为兄弟，炎帝部落的人也得以在当地继续生活下去。

这段时间在长江流域有一个九黎族，他们的首领名叫蚩尤。相传蚩尤长着三头六臂，铜头铁臂，刀枪不入。

蚩尤仗着自己实力强大，强行占据了炎帝部落居住的地区。炎帝率领族人奋勇反抗，但他们根本就不是蚩尤部落的对手，最后仓皇落败。炎帝很不甘心，便去向黄帝求援。蚩尤为人凶狠残暴，经常恃强凌弱，侵犯其他部落，黄帝一早就对他十分不满。在听完炎帝的请求之后，黄帝当即就决定与炎帝联合起来，共同对抗蚩尤。

相传蚩尤总共有八十一个兄弟，他们全都长着人头兽身，铜头铁臂，勇猛彪悍。这八十一名勇士带着八十一支队伍，开始与黄帝部落正面交锋。

蚩尤部落主场作战，人多势众，使用的武器也十分先进，再加上当地连日的暴雨和浓雾天气，致使黄帝部落在一开始连连败退。智慧过人的黄帝马上开始思考新的作战方法。没过多久，他便引来了熊、狼、豹、雕、龙等猛兽，趁着天气转晴之际出兵迎战蚩尤部落。蚩尤部落的人再凶猛也终究只是肉体凡胎，哪里抵挡得住这些凶悍的猛兽。很快，战争的局势就出现了逆转。

不过，蚩尤自然不会坐以待毙，他请来了风伯和雨师制造了一场暴风雨，让习惯了北方干旱天气的黄帝部落再度陷入困境。正所谓"兵来将挡，水来土掩"，黄帝也请来了一位名叫旱魃的女神帮忙，结果暴风雨一下子就止住了，阳光重现人间。

蚩尤很不甘心，再度用计让天地间弥漫了厚厚的一层雾气。黄帝部落在雾气之中不辨东西，没头苍蝇似的到处乱撞。面对这样的情况，黄帝只好下令让部队暂时停在原地。趁着这段时间，黄帝将自己的心腹大臣应龙、常先、大鸿等召来，想与他们商议对策。想不到在这生死存亡的关键时刻，大臣风后却不见了踪影。黄帝等人非常焦急，还以为风后已经死在了蚩尤手上。

为了确定这种猜测的真实性，黄帝随即命人出去寻找风后的下落，但派出去的人最后全都一无所获。黄帝心急如焚，决定亲自出去寻找风后。他奋不顾身地返回战场，终于在一辆战车上找到了风后，只见他正独自躺在车上呼呼大睡。

黄帝怒不可遏，马上把他叫醒，质问他说："现在都什么时候了，你怎么还有心情在这里睡觉？"

风后不紧不慢地坐起身，对黄帝说："我不是睡觉，我是在这里思索对付这场大雾的法子呢！"

黄帝不解，问他："那你想到了什么法子？"

风后答道："天上的北斗星始终都指示着同一个方向，如果我们也能制造出一种类似的东西，那么就能在它的指引下，一直朝着同一方向行进，这样一来就不用担心会迷路了。我听说有种磁石可以把铁吸附在上头，并让铁始终指向同一个方向，这正好可以为我们所用。"

黄帝听后觉得很有道理，便带着风后回去，把他的想法告诉了其他大臣。大家一致认为这个方法可行，随后，众人便在风后的领导下开始制作这个可以指引方向的仪器。仪器制成后，风后将它固定在一辆战车上，并在车上绑了一个假人，让假人的手指向南方，这便是传说中最早的"指南车"。在指南车的指引下，黄帝部落最终顺利地走出了这场大雾。

此后，黄帝部落与蚩尤部落之间又爆发了多场战争。在交战的过程中，蚩尤部落

黄帝战蚩尤图

渐渐落入下风，蚩尤那八十一名骁勇善战的兄弟也被黄帝一一除去。最后，蚩尤部落陷入了黄帝部落的包围圈。蚩尤好不容易才找到一个良机突围，想不到黄帝却亮出了八百面夔牛大鼓，鼓声齐鸣，震耳欲聋。蚩尤部落的将士被震得眼冒金星，几欲昏厥，哪里还有力气再迎战黄帝部落？

黄帝乘机率军歼灭了蚩尤部落，首领蚩尤落荒而逃，奔入一片枫树林。黄帝的部下应龙紧追过去，活捉了蚩尤。一名小卒随即举刀砍下了蚩尤的脑袋。黄帝赶过来看到蚩尤的尸体，在轻松之余又为这一代枭雄之死感到惋惜。就在这时，蚩尤的好帮手风伯和雨师现身了。蚩尤已死，他们也走投无路了，打算投靠黄帝。黄帝不计前嫌，将他们收为己用。因为担心蚩尤的鬼魂日后会出来祸害人间，黄帝便命人把他的头颅和身体葬在了相隔甚远的两处。后来，蚩尤的头颅便化身成为一片血红色的枫树林。

因为此次双方交战的地点在涿鹿，所以这场战争便被命名为涿鹿之战。

由于蚩尤勇猛彪悍的形象实在太过深入人心，就算是在死后，其影响力也丝毫不减，黄帝于是叫人在军旗上画了蚩尤的画像，以鼓舞己方，恫吓敌方。结果收效奇佳，其他部落一见到蚩尤的画像就不由得心惊胆寒，不战而败。

燧人钻木取火

在很久以前，人类还处于蒙昧状态。当时人们什么都不明白，为了一点点小事就会担惊受怕。利用火来取暖、照明、做饭，对他们而言无异于天方夜谭。偶尔遇到雷雨天引发的天然大火，他们只会见之色变，避之唯恐不及。这样的反应跟动物见到火的反应没有任何区别。

有位名叫伏羲的神灵在天上见到他们终日忍饥受冻，战战兢兢，生活过得如

此艰难，不禁对他们心生同情。为了让他们生活得更好一些，伏羲决定帮助他们重新认识并利用火。

伏羲运用自己的法力在人间制造了一场雷雨，雷电将森林中的树木劈开，引发了一场大火。怕火的人类慌慌张张，四下逃窜。他们无处避雨，只能任由雨水将自己浑身上下全都淋透了。后来，雨渐渐停了，大伙儿重新聚集到一块儿。这时候，森林里的大火还在燃烧。

大雨过后，大家身上都是又湿又冷。他们远远望着熊熊燃烧的烈火，感觉自己的身体在烈火的烘烤下慢慢找回了些许温暖的感觉。大家一开始还不明所以，有几个胆大的人小心翼翼地朝大火走近，感到身上越来越暖和。其中有个名叫遂人的小伙子兴奋地大叫起来："大伙儿快过来啊，这里暖和极啦！"

听到他的呼唤，远处的同伴们半信半疑。正犹豫间，跟他一块儿靠近大火的几个人索性异口同声地大叫道："大伙儿过来吧！这里一点儿危险都没有！"

在他们的鼓励下，其他人终于小心迈开步子，一步一步地朝这边挪过来。他们没有说谎，大火旁边果然非常温暖，很快就将大家湿漉漉的身体全都烘干了。

在烤火的同时，众人又有了一个新发现：原先时常在此处出没的野兽在大火烧起来后就消失得无影无踪了。名叫遂人的小伙子据此推测道："那些野兽应该我们一样，对火非常惧怕。"

其他人觉得言之有理，纷纷点头附和。

遂人又说："火可真是个好东西呀，它既能帮我们驱逐野兽，又能帮我们照明、取暖！"

话音未落，他又闻到了一股奇异的香气。瞧瞧身边诸人，也都被那前所未有的香气吸引。大家循着香气的来源一路找过去，发现这香气的源头竟是一些被烧死的野兽。雷雨降临时，它们还没来得及逃离此处就被突如其来的森林大火包围了。到了这会儿，它们已经被火烤熟了，散发出诱人的香味儿。原来火还有烹饪的功能呢！

遂人将这些熟肉分给大家，大家坐在大火旁边，一面取暖一面欢欢喜喜地享用这些美味，只觉有火的生活简直太美妙了。他们早已厌倦了终日担惊受怕、茹毛饮血的日子，接下来，他们要充分利用火，让自己过上好日子。

为了实现这个目标，遂人便提议大家收集一些大树枝，就着大火点燃，这样就算林火熄灭了，他们也可以借助这些保留下来的火种继续生火。为了保证这些火种不灭，他们还安排人手，每天二十四小时看护着火种。

从这时开始，他们白天出去狩猎，晚上就利用火照明，将猎物烤熟，做成香喷喷的美食。睡觉的时候就点着火堆，以达到取暖和驱逐野兽的功效。在此之前，他们很少吃鱼、虾之类的水产品，因为这些水产品生吃有一股浓烈的腥味儿，难以入口。不过，现在他们已经学会了利用火来烹饪，就可以把这些水产品烤熟或是煮熟来吃了。

只可惜，这种好日子过了没多久，他们就因为一时疏忽，让火种熄灭了。他们绞尽脑汁想再找到火种，为此他们日夜祈求上天再降一场雷雨，再引发一场森林大火。

听到他们的祷告，伏羲暗觉直接给他们火倒不如教会他们如何生火。正所谓："授人以鱼，不如授人以渔。"于是，伏羲再次运用自己的法力，托梦给那个名叫遂人的小伙子，告诉他火种就在西面的燧明国。

遂人醒来后，便将自己的梦告诉了其他人。他说："大家连日以来一直在盼望一场雷雨，但雷雨迟迟未到，不知要等到什么时候。与其被动等待，倒不如主动寻找。我已经打定主意要遵照神明的指示去燧明国寻找火种，不取得火种，我誓不回来！"

大家都被遂人的勇气折服了，他们为遂人打点行装，备好粮食，送他踏上了漫漫征程。

燧明国与此处相距甚远，遂人经过长途跋涉，历尽千辛万苦，终于抵达了燧明国境内。到了这时，他才知道原来燧明国终年一片漆黑，连白昼与黑夜，春夏与秋冬都分不出来，哪里存在伏羲所说的火种呢？

遂人觉得既疲倦又失望，他步履蹒跚地来到燧明国的一株大树底下，想要在此歇息一阵子，然后再想办法。这棵大树占地总面积高达一百万亩，看上去相当骇人。遂人此前从未见过这样的大树，在歇息的同时，忍不住开始打量起它来。忽然之间，一群长得跟猫头鹰差不多的鸟飞到了这棵树上，伸出坚硬的嘴巴去啄树身，每啄一下，就会有闪亮的火星飞溅出来。

遂人望着闪闪发光的火星，脑海中忽然闪过一道灵光。他找来两块粗糙的木头，用力摩擦起来。木头逐渐变热，他看到了一线生机，又耐着性子摩擦了很久，两块木头终于冒出缕缕白烟，最后燃烧起来。这就是钻木取火。

现在人们都知道钻木取火的原理是摩擦生热。木头本身就比较粗糙、易燃，摩擦过程中产生的大量热量让它们会燃烧起来。

望着自己一手制造出来的火种，遂人简直欣喜若狂。他马上动身返回故乡，将钻木取火的方法告诉了自己的同乡。没过多久，所有人都已掌握了钻木取火的技巧，重新过上了有火的幸福生活。他们对聪明、勇敢的遂人充满了感激之情，并推选他为整个部落的首领。

此后，钻木取火的方法一直为后人沿用。等到了西周年间，人们又发明了用凹凸镜取火的方法。凹凸镜是用铜铸成的一面圆形的镜子，中间呈凹形。取火的时候，将凹凸镜对准阳光，即可令易燃物生火。在此之后，我国人民又发明了火镰等取火工具，其原理就是击石取火。火镰由火刀、火石和火绒三部分组成，火刀是用钢铁打造成镰刀状物体，取火时只需用火镰在火石上打击出火星，点燃火绒即可。火镰应该是在火柴问世之前最简便的取火工具。

中国最古老的文字——甲骨文

甲骨文，顾名思义就是雕刻在龟甲和兽骨上的一种文字。甲骨文是中国现已发现的所有文字之中出现年代最早，且体系较为完整的一个类别。

据考证，甲骨文最早出现于公元前 14 世纪至公元前 11 世纪之间。甲骨文的内容绝大多数都是对商朝王室占卜的记录。商朝是一个极度迷信的朝代，打仗、祭祀、狩猎、治病、求子、收成、天气等，事无巨细全都要占卜问卦。

在中国现已发现的大约 15 万片甲骨中，总共包含了 4500 多个单字。虽然相关专家现在只能辨识出其中的一部分文字，但单单只是这一部分文字也已为研究商朝的历史提供了非常丰富、可靠的一手资料。无论是要研究商朝的天文历法，还是气象地理，又或者是官僚制度，战争刑法，以及与百姓日常生活息息相关的宗教祭祀、婚丧嫁娶、生老病死等，都可以从甲骨文中找到相关的记载。例如，考古学家曾在商朝一座大墓中发现了一些甲骨文，其中记载着商朝的奴隶主每次祭拜祖先时，都要杀死大量的奴隶做祭品，甚至有时要一次性屠杀 2600 余名奴隶，其行径简直令人发指。

甲骨文只在我国历史上活跃了一段时期，其位置便逐渐被其他文字取代了。后来，人们已经不会辨识甲骨文了，甚至已经彻底遗忘了历史上还曾出现过这样一类文字。直至清朝末年，甲骨文才被一位名叫王懿荣的官员发现了。

当时，河南安阳小屯村的农民从地里挖掘出了很多甲骨。一开始，大家根本就不知道这是些什么东西，也不知道它们究竟有什么用途。在这些农民中间，有个名叫李成的人。有一回，李成忽然长了一身脓疮，鲜血和脓水不断外流，折磨得他痛苦不堪。李成本想去看大夫，但是他家徒四壁，哪里能付得起大夫的诊金？走投无路的李成只好在家中辗转反侧，突然之间，他看到了自己从地里挖出来的那些甲骨，脑海中紧接着灵光一闪。随后，李成便将这些甲骨磨成粉末，涂抹到自己身上。偏巧这些粉末可以止血化脓，李成居然很快就康复了。

康复之后的李成便为这些甲骨取名为"龙骨"，并将其卖到了附近的药店。甲骨可以治病的消息很快在小屯村不胫而走，大伙儿争相到地里挖掘这所谓的"龙骨"，卖到药店赚钱。没过多久，这种"龙骨"就传遍了周围的各个省市。在北京城的药店里，也能看到这种"龙骨"的身影。

王懿荣当时正在北京的国子监为官。作为清朝末年著名的金石学家，王懿荣对文物有着非同寻常的鉴赏力，这也为他成为甲骨文的首位发现者打下了良好的基础。

1899 年，王懿荣生了疟疾，家人请来大夫为他看病。大夫给他开了几服药，"龙骨"就是其中的一味药材。王懿荣此前从未听说过"龙骨"这味药，他想知道这种"龙骨"究竟是什么样的，便叫家人拿药渣来给自己看。但是，药店对外出售的龙骨都已磨成了粉末，王懿荣只看药渣，当然理不出什么头绪。他难以压抑自己的好奇心，便叫家人从药店买来完好的"龙骨"，想要一探究竟，结果居然在龙骨上发现了一些图案。凭着自己多年以来从事文物研究的经验，王懿荣大胆推测这是一种文字。

只可惜，王懿荣在发现甲骨文的第二年就离开了人世，他对甲骨文的研究也就此中断了。1900 年，八国联军入侵北京城，慈禧太后和光绪皇帝仓皇西逃。王懿荣对腐败无能的清政府失望到了顶点，决定自杀殉国。他先是吞金，结果没有死掉，接着又服毒，依然未死，最后他只能挣扎着来到院子里的井边，投井而死。

王懿荣死后，他的好友刘鹗继承了他的大部分甲骨，继续他未能完成的甲骨文研究。三年之后，刘鹗写成了《铁云藏龟》一书，这是甲骨文研究史上的第一本著录书。十年后，罗振玉写成了《殷墟书契》一书，书中收集大量的甲骨拓片。这两本书都为后世的甲骨文研究奠定了坚实的基础。

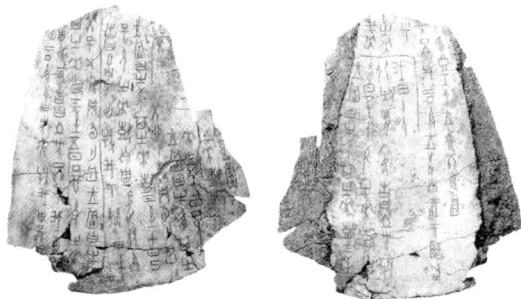

大型涂朱红牛骨刻辞　商
商朝的甲骨文是占卜时刻在龟甲或者兽骨上的象形文字，也称卜辞。河南安阳殷墟有大量出土。

圣人孔子

孔子本名孔丘，字仲尼，生活在春秋末期的鲁国境内。他既是儒家学派的创始人，又是流芳千古的教育家，他的儒家思想对东亚各地都产生了深远的影响。

孔子的父亲叔梁纥是武人出身，身体强健，但在孔子出生时，他就已将近七十岁了。结果孔子三岁那年，他就去世了。

成年之后的孔子身高达到了一米九，他身强体壮，膂力过人，并且有着极佳的酒量，生平从未饮醉过。这些应该都是遗传自他的父亲。

年轻时代的孔子对政治兴趣浓厚，他提出了仁政思想，受到鲁昭公的器重。后来，鲁国发生内乱，孔子只好避难到了齐国。齐景公非常欣赏孔子，无奈齐国的大夫却容不下孔子，饱受排挤的孔子只好又返回了鲁国。

孔子曾治理了鲁国三个月。在此期间，他充分发挥自己的政治才能，让鲁国的面貌焕然一新。只可惜，这段美好的时光实在太过短暂。此后，鲁国的国力不断衰落下去。孔子对鲁国的统治者深感失望，便将从政的热情逐渐转移到了教育事业上。

当时只有贵族才有资格接受教育，孔子却提出了"有教无类"的思想，他创立私学，广收学生，让平民百姓也得到了受教育的机会。孔子的很多教育思想就算是放到现在也依然具有很高的实用价值。例如他主张不耻下问，主张"学以致用"，把知识运用于实践，还主张"因材施教"，并对学生采用启发式教学方法。

据说，孔子的一名学生曾救了一名落水者的性命。落水者的家人非常感激这位学生，就送给他一头牛。学生推辞不过便收下了。这件事传开以后，很多人对此议论纷纷。大家都觉得这名学生的做法大大不妥，唯独孔子对他赞赏有加。孔子说，这名学生收下了这头牛，让大家知道救人是有收益的，这样一来，以后再碰上同样的情况，就会有更多的人向求救者伸出援助之手了。

孔子的另外一名学生则刚好与之相反，他在国外见到一名鲁国人正被当成奴隶出售，便主动出钱买下了这名奴隶，并将他带回国内。这段时期，鲁国有一项规定：鲁国人在其他国家见到自己的同胞正被当成奴隶出售，便可出钱买下这位同胞，回国之后，鲁国政府会为其报销这笔费用。但孔子的学生回国之后却没有去向政府申请报销。

后来，此事传到了孔子耳中，孔子便将这名学生严厉地斥责了一顿。学生不解，他觉得自己出钱出力将同胞营救回国，又不思回报，应该被人赞赏才是，怎么老师却认为自己做得不对呢？

孔子说："你回来之后不去向政府报销，大家都对你赞不绝口。日后，其他人在国外看到鲁国人正被当成奴隶出售，他想出钱将其买下来，然后回国报销，但转念一想，你赎了人之后没有报销，开了这个先河，他再去报销岂不是会引来别人的非议？这样一想，他宁可不去赎人，为自己惹麻烦了。因此，从长远看来，你这个做法对鲁国绝对是有害无利的。"

孔子不仅是一个好老师，也是一个好学生。他坚持"三人行必有我师"，一生都在不断地向各种各样的人学习。孔子曾跟随师襄子学习弹奏《文王操》这支曲子。孔子勤奋地练习了十天，已可以熟练地弹奏出整支曲子，就连师襄子都说他弹得很不错了。但孔子并不满足，继续发奋练习，直到他认为自己已经能将曲子的真正内涵表达得淋漓尽致时，才终于心满意足地停了下来。此事过后，身为老师的师襄子却对孔子这名学生钦佩不已。

孔子五十五岁那年，带着自己的学生离开鲁国，开始周游列国。他先后到过卫国、曹国、宋国、郑国、陈国、蔡国和楚国，却找不到一个认同自己治国思想的国君。

孔子初到卫国时，卫灵公对他十分敬重。可惜没过多久，便有奸佞小人在卫灵公面前诋毁孔子。卫灵公开始怀疑孔子，还命人监视孔子及其弟子的一举一动。孔子明白卫国并非久留之地，便带着学生们赶赴陈国。

结果没等抵达陈国，孔子一行人便多次受到围困，步履维艰，只好又回到了卫国。过了几年，孔子才离开卫国，逐一游历了曹国、宋国、郑国、陈国和蔡国。孔子在陈国和蔡国游历期间，楚昭王邀请他前往楚国一游。陈国和蔡国的大夫担心孔子到了楚国以后会对他们造成威胁，便派人在半路上围住了孔子师徒。

孔子等人带的粮食很快就吃完了，他们断粮七天，眼看就要到绝

孔子讲学图　清

此图表现了春秋时期孔子在杏坛讲学的情景。图中孔子端坐讲授，弟子们在周围恭敬地聆听。作品因是宫廷绘画，所以特别讲求用色和整体结构。

境之时，孔子的学生子贡冒险突围，去向楚昭王求援。好在楚军及时赶到，孔子他们才没被饿死。

孔子六十八岁那年结束了自己周游列国的行程，返回故乡鲁国。在其后的五年间，孔子一直致力于教育事业和整理文化典籍。《诗经》、《尚书》和《春秋》都是孔子在这段时期整理出来的。后来，孔子因病去世，享年七十三岁。他的学生继承了他的学说，建立了儒家学派，并尊称他为儒家学派的创始人。

秦始皇统一六国

秦始皇是中国历史上最伟大的君王之一，曾被誉为"千古一帝"。统一六国，建立秦朝是他一生之中最大的功绩。

秦始皇本名嬴政，他的父亲异人是秦国的王子。年轻时，异人曾被当成人质送到赵国的邯郸城，并在那里居住了一段时间。在此期间，卫国的大商人吕不韦主动与他结交，两人很快就成了一对密友。

吕不韦当然不是因为同情异人身为质子在赵国处境艰难才会向他示好。吕不韦真正看中的是异人的将来。一旦异人当上了秦国的国王，他能带给吕不韦的利益就不可估量了。人们今天常说的一个成语"奇货可居"，就源于此。

有一次，吕不韦邀请异人到自己家中做客。异人看到吕不韦的宠姬赵姬生得貌美如花，不由得暗暗垂涎。吕不韦是何等聪明的人，一眼就看穿了异人心里的想法，便将赵姬送给异人。

过了一段时间，赵姬为异人生下一个儿子，就是秦始皇嬴政。不少野史都说，嬴政其实是吕不韦与赵姬的私生子，不过时隔两千余年，这种说法是否属实，如今已无从考证。

这段时期，吕不韦花重金帮异人在秦国打通关系。异人最终得以返回秦国，登上王位。然而，赵姬母子却一直被迫留在邯郸。直到嬴政少年时期，吕不韦才终于将他们母子救回秦国。

嬴政十三岁那年，父亲异人去世，嬴政登基成为秦王。当时吕不韦在秦国权倾朝野，就连嬴政也要对他礼让三分。不仅如此，他在私底下还跟秦国太后赵姬有染。尽管吕不韦大权在握，但与太后私通终究是弥天大罪，若是被嬴政知道了，可就大大的不妙了。

吕不韦是做大事的人，儿女私情对他来说根本就算不了什么。当年他既然能毫不犹豫地将赵姬送给异人，今日自然也可以当机立断地与赵姬斩断情丝。然而，赵姬如今已贵为太后，一旦得罪了她，后果可不堪设想。吕不韦权衡再三，决定为太后另觅情人。他找到一个名叫嫪毐的人，让嫪毐剃掉胡须，假装太监混入宫中服侍太后。

随后，太后开始与嫪毐私通，吕不韦得以全身而退。在太后的宠幸下，嫪毐在朝中的势力越来越大，简直有赶超吕不韦的气势。此时的嬴政虽然还只是个少年，却已洞悉了嫪毐与太后之间的关系，以及嫪毐与吕不韦的野心，并暗自计划着要除去嫪毐和吕不韦。

不久之后，嫪毐想趁着嬴政举行成年礼之际率军发起叛乱。岂料嬴政早有准备，一举击溃了嫪毐领导的叛军，并生擒了嫪毐，将其车裂示众。此事过后，嫪毐与太后的两个私生子也被嬴政处死。嬴政乘胜追击，又将吕不韦罢官放逐。在除去嫪毐和吕不韦之后，嬴政才算真正掌握了秦国的统治大权。

吕不韦失势没多久，嬴政便下达了一道逐客令，命令滞留在国内的外国人尽快离开秦国。嬴政之所以会这样做，就是因为他在吕不韦这个外国大臣身上吃了大亏，因噎废食。

当时有个名叫李斯的楚国人正在秦国境内，他觉得嬴政这道逐客令实在有欠妥当，便上书嬴政，向他列举了很多因重用外国大臣而登上霸主地位的君主，以此游说嬴政收回逐客令。嬴政觉得李斯言之有理，马上宣布取消逐客令，并命人将李斯请进宫中，做自己的谋士。

此时的嬴政年纪轻轻，却已下定决心要统一六国。他让李斯为自己出谋划策，最后君臣二人决定采取由近及远的策略，集中力量，各个击破。另外，嬴政还派出一些使臣，去游说各国臣服于秦国。很多小国深知以自己的力量根本不足以抵御强大的秦国，一见到秦国派来的使臣，马上就表示愿意做秦国的属国。

在真正展开军事行动时，嬴政选择的首个攻击目标就是六国之中实力最弱的韩国。韩王安生性懦弱，唯恐秦国真的对本国用武，急忙命令韩非到秦国示好。嬴政在此之前就看过韩非写的文章，对他提出的治国方略赞不绝口，此次终于见到了韩非本人，便想将他收为己用。

李斯唯恐韩非的到来会对自己在秦国的地位造成影响，便偷偷下毒将韩非毒死了。嬴政非常懊恼，但也无可奈何。不过，韩非虽死，他的治国思想却一直为嬴政和李斯所用。

在消灭韩国的过程中，秦国军队并没有遇到什么麻烦。接下来，嬴政又将攻

秦始皇陵外景

击目标对准了赵国。当时赵国的大将李牧是秦国灭赵的最大障碍。为了除掉这个障碍，嬴政使用反间计，买通赵王的宠臣郭开污蔑李牧有谋反之心。昏庸的赵王居然听信郭开的谗言，处死了为赵国立下汗马功劳的李牧。李牧一死，赵军马上分崩离析。在强大的秦军面前毫无抵抗力。很快，赵国就灭在了秦国手上。

接下来，嬴政要对付的就是魏国了。秦军在大将王贲的率领下对魏国的都城大梁展开了围攻。大梁城门紧闭，久攻不下。王贲便命令部下在大梁城外修建水渠，将黄河和鸿沟的水引过来，水淹大梁城墙。接连淹了三个月后，大梁原本坚不可摧的城墙全都被浸泡成了一滩烂泥。城内的魏军眼见避无可避，只能出城投降，魏国就此灭亡。

在攻打魏国的同时，秦军的主力部队南下开始攻打楚国。在出兵之前，嬴政特意将王翦和李信两名大将召入宫中，与他们商议此次派出多少兵力攻打楚国比较合适。

王翦说起码要 60 万大军，李信却胸有成竹地说，如果要是由自己的带兵的话，只需要 20 万兵力就足够了。

王翦坚持道："楚国是何等强大的一个国家，区区 20 万兵力无论如何都是不够的！"

他的话让嬴政很是不悦，为了证明他确实低估了秦军的实力，嬴政当即便决定由李信带领 20 万大军前去攻打楚国。

到了这个地步，王翦明白自己多说无益，一赌气就告老归田了。

赢政为自己的自以为是付出了惨重的代价。很快，他就收到了从前线传来的消息：李信率领的 20 万大军在与楚军交战的过程中连连溃败，死伤惨重。没过多久，李信就率领残余的秦军狼狈地逃回了秦国。

不过，赢政贵在知错能改，马上就到王翦的故乡把他请回了咸阳，并遵照王翦的意思，拨给他 60 万大军，让他南下攻打楚国。王翦果然不负众望，顺利灭掉了楚国。

赢政随后又下令攻打燕国，燕军节节败退。燕国的太子丹被逼到绝境，竟然孤注一掷派出杀手荆轲前往咸阳行刺赢政。结果非但没有杀掉赢政，反而激起了赢政对燕国的仇恨之心。为了报复太子丹，赢政派出重兵对燕国发起猛攻。不久之后，燕国就灭亡了。

这样一来，六国之中便只剩了齐国。在攻打齐国的过程中，秦军几乎没有遇到任何阻碍。

齐国灭亡后，秦王赢政终于统一了六国。公元前 221 年，赢政正式建立了秦朝。作为中国历史上第一个统一的多民族政权，秦朝的建立终结了春秋战国以来数百年的分裂割据局面。

张骞出使西域

汉武帝刘彻是汉朝历史上一位相当有作为的皇帝。在他登基后不久，便派大臣张骞踏上了出使西域的漫漫征程。

当时匈奴人经常南下入侵汉朝边境。汉朝的军队曾抓住了一些匈奴人，从这些匈奴俘虏口中汉武帝得知，西域一带有个名叫大月氏的游牧民族，原本居住在敦煌和祁连山之间，后来被匈奴人打败，月氏王也丧生在匈奴人手中。大月氏人向西逃离，据说，大月氏人一直对自己的死对头匈奴怀恨在心，时刻寻找机会报复，只是苦于没有帮手。

汉武帝在得到这个消息以后便陷入了沉思，权衡再三，他决定跟大月氏人联合对抗匈奴。不过，要说服大月氏人与汉朝政府结成联盟，首先必须要派出使者赶赴西域跟他们进行谈判。于是，汉武帝又开始四处寻找可以担此大任的有识之士。就在这时，张骞闯入了他的视线。

张骞当时只是一名小小的侍从官，但是他个性坚强，胸襟广阔，待人以诚，是个难得的人才。事实证明，汉武帝派他出使西域，确实是一个明智之选。

公元前 138 年，张骞在汉武帝的支持下，带领着一支由 100 多人组成的队伍从长安出发，奔赴西域。在张骞的随行人员中有个名叫甘父的人，他原本是匈奴人，在与汉军交战的过程中被俘，之后便加入了汉军。张骞首次出使西域时，他出任张骞的向导，帮了张骞很多忙。不仅如此，甘父的箭法非常高超，这一路上射下了不少鸟兽，多次帮助队伍补充给养，渡过难关。

由于匈奴正处于大月氏和汉朝之间，张骞等人沿途必须要从匈奴的边境上经过。尽管他们非常谨慎，但还是没能躲过在边境上巡逻的匈奴士兵。匈奴士兵将他们抓起来，送到单于那里去。单于气愤地对张骞说："月氏在我国的北面，汉朝人怎么能派使者出使月氏？若是我派人南下出使南越的话，难道汉朝政府肯让我的使者经过吗？"此后，单于便将张骞等人强留在了匈奴。

张骞在匈奴一住就是十余年，期间他一直想逃出去，但是苦于没有机会。好在甘父始终陪伴在他身边，两人相互鼓励，相互支持，坚信终有一日他们可以逃出匈奴，重返汉室。这段时期，张骞被单于逼迫，跟一名匈奴姑娘成了亲。成亲以后，妻子为他生下了一个儿子和一个女儿。

单于的本意就是想用家庭束缚住张骞外逃的脚步，让他彻底打消离开匈奴的念头。事实上，张骞在结婚生子后，也确实变得越来越安分守己，似乎已经彻底死心了。单于对此很满意，渐渐放松了对他的警惕。单于哪里想得到，张骞有这种表现，不过是为了迷惑人心，暗地里他一直在跟甘父商量逃跑的对策。

一天，张骞与甘父终于找到机会，趁着看守他们的匈奴人疏忽大意的时候，偷偷骑上两匹马火速逃出了匈奴。

到了这时候，张骞依旧没有放弃寻找大月氏。他与甘父往西奔逃了数十天，最后来到了大宛境内。大宛国王向来对物产丰富的汉朝十分仰慕，一直想跟汉朝建交，只是苦于找不到时机。在得知张骞和甘父是从汉朝来到这里的使者时，大宛国王不由得满心欢喜，马上亲自召见了他们。

大宛国王首先询问张骞此行的目的地是哪里。张骞坦言相告："我们二人奉大汉皇帝之命出使月氏，匈奴人却将通往月氏的道路封锁了，严令禁止我们通行。我们两个好不容易才逃到大宛来，恳请大王派人护送我们到月氏去。若我们真能平安抵达月氏的话，日后返回汉朝，必定会将大王对我们的帮助如实上报，到时候汉朝必定会将数不清的财宝送到大宛来，以报答大王的恩情。"

大宛国王略一思量，认为张骞所言十分可行，便派出了向导和翻译，护送着张骞和甘父先是抵达了康居，之后又用康居驿站的马车把他们送到了大月氏。

大月氏当时在位的国王是已故国王的妻子，她带着族人在西域安居，当地土壤肥沃，物产富饶，周围又没有敌国侵扰，生活得不知有多自在，早就不在乎本国与匈奴之间的深仇了。张骞在月氏境内停留了一年有余，却始终无法说服月氏王与汉朝结为联盟，共同对抗匈奴。最后，张骞只好与甘父一同离开了大月氏，返回汉朝。

张骞回程途中走到匈奴边境时，又被匈奴人抓住了。好在这一次张骞只是被扣押了一年多，就趁着单于去世，匈奴内部大乱的时候，带着妻子儿女和甘父一起逃了出来。

最终，张骞一行人安然返回了长安。张骞历经 13 年，终于完成了第一次出使西域的任务。他去时带着 100 余人，回来时却只剩了他和甘父两个人，而且他也没有完成汉武帝交给自己的任务——说服大月氏与汉朝联合起来攻打匈奴。尽管如此，汉武帝还是对他的归来惊喜交加，并将他册封为太中大夫，还册封甘父为奉使君。

张骞把西域各国的状况详细报告给汉武帝。张骞说自己曾经在大月氏附近见到从天竺贩卖过去的商品正在出售，但这些商品的原产地却是四川。张骞据此推测，天竺应该距离四川不远，所以四川的商品才会被贩卖到天竺去。

汉武帝觉得言之有理，就派他从四川出发，寻找天竺的所在。张骞将手下分成好几支队伍，四处搜寻，但始终未能找到天竺。不过，他们却在云南地区找到了一个名为滇越的国家，双方建立了外交关系。另外，张骞还曾跟随大将军卫青上阵杀敌，立下了赫赫战功，被汉武帝册封为"博望侯"。

公元前 119 年，张骞在汉武帝的支持下，第二次出使西域。当时，匈奴的主力军队已经被卫青、霍去病等名将消灭，匈奴人不得不逃亡到漠北，西域很多国家随即想要摆脱匈奴多年以来对本国的压迫。

张骞此行带领的随从共计 300 人，他们在汉武帝的授意下，带着大量财宝和牲畜上了路。张骞一行人先后抵达了乌孙、大宛、大月氏和于阗等国，将随身携带的财物作为赠送给他们的礼物。

公元前 115 年，张骞第二次出使西域的行程结束，返回长安，与他同行的还有乌孙国王派来的数十名使者。此后，安息等西域国家也时常派出使者到长安进行友好访问和贸易往来。汉武帝在位时期，乌孙国王送来了丰厚的聘礼，恳请与汉朝和亲，汉武帝便把江都公主细君嫁给了乌孙国王。后来，细君不幸早亡，汉室又将解忧公主远嫁到了乌孙。随着汉朝与西域各国之间的联系不断加深，双方逐渐建立起了友好关系。举世闻名的"丝绸之路"也是在此基础上开拓出来的。

公元前114年，也就是二度出使西域归来的第二年，张骞去世了。作为汉朝历史上伟大的探险家与外交家，张骞的名字必将永留青史。

司马迁与《史记》

司马迁是中国西汉年间伟大的史学家，他编撰的《史记》是中国历史上第一部纪传体通史，被鲁迅先生盛赞为"史家之绝唱，无韵之离骚"。

司马迁的父亲名叫司马谈，是一名非常有才华的学者，在朝中担任太史令一职。出生于书香门第的司马迁自幼就受到了良好的教育，10岁就能熟练地背诵古文。童年和少年时期，他博览群书，19岁那年，又开始四处游历，考察各地的风土人情。

司马谈一直想撰写一部史书巨著，为此他搜集了大量史实资料。然而，当时司马谈已是垂垂老朽，单凭一己之力要完成这样一部巨著谈何容易。司马谈临终时将这个愿望告诉了儿子司马迁，希望司马迁能继承自己的遗志。孝顺的司马迁当即对父亲发誓，终此一生，自己一定会完成这本旷世巨著。

司马谈去世后，司马迁便承袭父亲的官职，当上了太史令。在担任太史令期间，司马迁一面参与编订历书《太初历》，一面利用职务之便，阅读了宫中数目庞大的珍贵藏书，并整理出了大量资料。4年后，一切准备工作就绪，撰写《史记》的工作正式开始。

然而，没过多久就发生了一个意外事件，险些让《史记》这部巨著夭折。当时在位的汉武帝派大将李广利带3万大军去边疆攻打匈奴，结果李广利大败而归。大将李陵带领5000名将士赶去支援，却落入了匈奴3万骑兵的包围圈。李陵拼死抵抗，无奈敌我力量对比实在太过悬殊，汉军最终溃不成军，死伤无数，李陵也成了匈奴的俘虏，后来投降了匈奴。

这个消息传到长安城后，惹得汉武帝勃然大怒。他宁可李陵战死，也不愿他投降匈奴。为了严惩叛徒李陵，汉武帝先是将他的家人全都抓进了狱中，接着又召集群臣来商讨此事。

当汉武帝问及司马迁对李陵的看法时，他直言不讳道："李陵将军率领5000士兵孤军深入匈奴内部，奋勇杀敌，为国家立下了汗马功劳。就算是到了弹尽粮绝的时刻，李陵依然坚持与匈奴对抗到底。他的表现即便是与古时候的名将相比也毫不逊色。在此次交战中，无数匈奴士兵死在了李陵手上。从这方面来说，李陵虽败犹荣。臣相信李陵对皇上忠心耿耿，他选择投降匈奴，而非战死沙场，乃是因为他想再找机会回报皇上和朝廷对他的厚爱。"

司马迁这番话真可谓"晓之以理动之以情"，但是汉武帝却误认为他是在为李陵申辩，暗讽落败之后仓皇逃回长安的李广利。要知道，李广利可是深受汉武帝宠爱的李夫人的兄弟，汉武帝一向都对他十分偏爱。面对司马迁对李广利的"冷嘲热讽"，汉武帝自然不会坐视不理，一怒之下就将司马迁打入了大牢。

司马迁在牢中受尽了折磨，最后被判处宫刑。当时有一项规定，只要能拿出五十万钱交给朝廷，就可以免受宫刑。然而，司马迁只是一个小小的太史令，家境贫寒，哪里能凑得出五十万钱？如果不是为了实现父亲的遗愿，完成《史记》的编写，司马迁绝对不会忍辱偷生，接受这种极尽屈辱的刑罚。这些他在写给友人任安的《报任安书》中描述得非常清楚，他在信中列举了孔子、屈原、孙膑等在逆境之中坚持著书立说的名人，以鼓励自己发愤图强，坚持到底。

出狱之后，司马迁将所有精力都倾注在了《史记》的撰写中。55岁那年，《史记》终于成稿，这部长达52万余字的纪传体史书记载了从黄帝到汉武帝统治时期长达3000余年的历史。

在《史记》中，司马迁不单只是描写了历代的帝王将相，侠客、商贾、大夫等小人物的传记同样在其中占据了相当重的分量。司马迁的重点在于写人，以人载事。他在忠实记录史实的同时，将自己对人物的喜爱或憎恶融合在其中。例如，人们在阅读描写西楚霸王项羽的《项羽本纪》时，完全可以从字里行间感受到司马迁对项羽勇猛过人的赞叹，对项羽刚愎自用的批判。

为了设身处地站在历史人物的角度思考问题，司马迁曾亲身游历了屈原自杀的汨罗江，韩信的家乡淮阴，以及曲阜的孔子墓等。在那些地方，他全身心地沉浸在由史实和自己的想象共同构筑的世界中，他仿佛看到了当年投江的屈原，看到了忍受胯

司马迁祠

下之辱的韩信，看到了正在为众多弟子讲学的孔子。《史记》之所以会让读者感到荡气回肠，久久不忘，与司马迁浑然忘我的亲身体验密不可分。

司马迁一生坎坷，但是他的旷世巨著《史记》和他非凡的勇气与意志却使他流芳百世，直到今日依旧为国人称道。鲁迅曾说："武帝时文人，赋莫若司马相如，文莫若司马迁。"郭沫若盛赞司马迁"文章旷代雄""功业追尼父"。翦伯赞直接说司马迁是中国历史学的开山鼻祖。司马迁和《史记》对后世的巨大影响力由此可见一斑。

汉明帝天竺求佛

佛教起源于印度，后来传播到世界各地。佛教传入中国的时间比较早，主要是通过一些途经中亚的商人和僧侣传播到西域，然后再从西域传到中原地区。到了汉朝，佛教逐渐兴盛，这与汉明帝派人去天竺求佛有关，他还建立了中国第一座寺庙——白马寺。

公元 64 年，皇太后去世，汉明帝十分思念自己的母亲，以至于天天晚上睡不好觉。一天晚上他做了一个奇怪的梦，在梦中他见到了一个头顶白光的金人，这个金人在皇宫中来回走动，他上前刚要开口问他是谁，结果这个金人立刻往西方飞走了。

古时候的人比较注重一些特殊的天象、梦境，认为其中预示着凶吉，汉明帝也不例外，他在早朝上把自己昨晚做的怪梦讲给文武大臣们听，询问他们的意见。有的人说是吉兆，也有的人说是凶兆，没有统一的意见。最后有人猜测说："金人是往西飞走的，我听说在西方的世界中有一位神仙，大家都尊称他为佛，可能这个金人就是佛。"

汉明帝派出蔡愔和秦景前往西方取经。当时的西方不是今天的西方，而是指天竺，也就是今天的印度，佛祖释迦牟尼正是在那里创立了佛教。蔡愔和秦景两人先是到了西域，并在大月氏国遇到了两位印度高僧，一位名叫竺法兰，另一位名叫迦叶摩腾。在这两位高僧的带领下，蔡愔和秦景最终到达了天竺。

蔡愔和秦景在印度学习了一段时间之后决定回国，他们邀请竺法兰和迦叶摩腾跟他们一同回中国。这两人平时听了很多关于中国的介绍，对中国很感兴趣，他们也愿意传播佛教。就这样，蔡愔、秦景、竺法兰、迦叶摩腾四人一同启程，从天竺前往中国。

公元 67 年，这四人回到了汉朝。当时在洛阳城外有一座鸿胪寺，主要用途便是接待外国来的使节和客人，竺法兰、迦叶摩腾就被安排在这里下榻。后来在蔡愔和秦景的引荐下，汉明帝接见了这两位僧人。

汉明帝下令将鸿胪寺改建为一座正式的寺庙，供高僧翻译佛经，宣传佛法，寺庙的名字也被改为白马寺，名字来源于从天竺驮回佛经的那匹白马。

蔡伦改进造纸术

造纸术是中国的四大发明之一，中国境内早就已经出现了纸，由于当时的造纸术正处于初级阶段，技术非常简陋，所用到的原材料就是麻纤维，造出来的纸质地异常粗糙，根本就无法用来写字。在蔡伦改进造纸术之前，中国人民一直用竹简和绸缎布帛做书写材料，前者太过沉重，使用非常不便；后者又太过昂贵，绝非平民百姓所能消受得起。在这样的情况下，改进造纸术，制造出轻薄、廉价、优质的书写纸张就变得迫在眉睫了。就在这时，有个名叫蔡伦的宦官成功改良了我国的造纸术。

蔡伦生活在东汉年间，他幼年时期入宫，成了一名身份卑微的宦官。蔡伦天分很高，在宫内表现得十分机灵，深得上司的喜爱，并因此不断获得擢升。

汉和帝即位后，蔡伦成了皇帝身边的随从。汉和帝对他宠信有加，给他的待遇足以媲美朝中那些大官。不仅如此，汉和帝还准许他参与国家政事的讨论。然

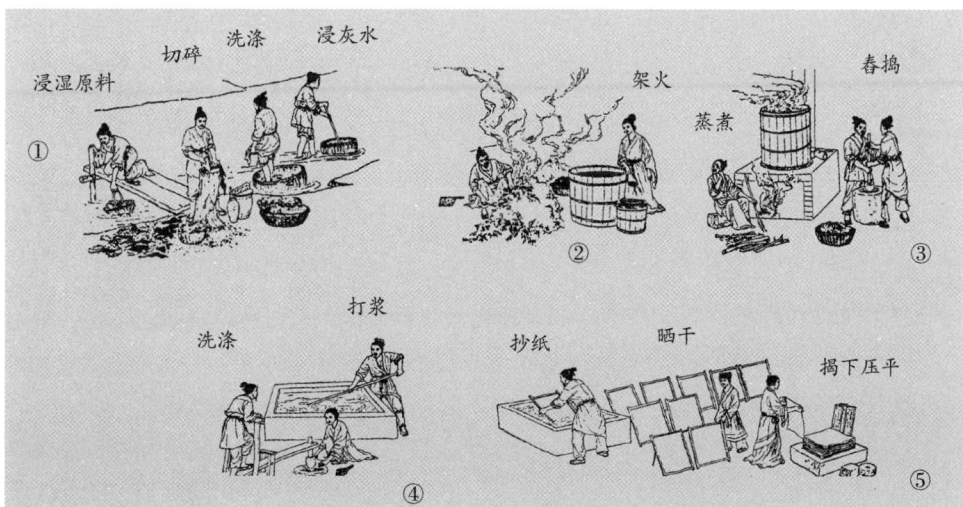

造纸流程示意图

而，最关键的是这段时期皇宫里的御用手工作坊也归蔡伦掌管，这为蔡伦改进造纸术提供了良好的外在环境。

因为工作的关系，蔡伦时常要到民间的手工作坊里视察。有一回，蔡伦见到百姓用来缫丝的竹席子上残余的一层薄薄的毛絮，揭下来就跟一片布一样，可以被当成书写材料。蔡伦由此想到，要是仿照这层毛絮制造出一种类似的薄纸，那会给书写带来多大的便利呀！

蔡伦是个敢想敢做的人，回宫以后，他马上找来一大堆原材料，其中有麻，有树皮，有烂布头，也有废弃的渔网。后世利用木浆造纸，就是受了蔡伦在造纸原材料中加入树皮的启发。

蔡伦在御用手工作坊里对这些原材料进行了一系列加工。他先是将它们全都切碎成小片，然后放进锅里烹煮，跟着又捣成浆糊状，最后均匀地摊在草席上晾干以后，纸就成型了。

蔡伦用这种方法制造出来的纸，相较于先前的纸质量要高得多，纸质又轻又薄，表面也比较光滑，十分适合用来写字，再加上其用到的原材料在日常生活中都很常见，价格低廉，使得这种纸的制造成本非常低，完全可以替代竹简和绸缎布帛等成为新的书写材料。

蔡伦在成功改进了造纸术后，为了令其能在全国范围内推广，他便将造纸的方法详细地记录下来，写成奏章呈现给汉和帝。汉和帝看过蔡伦的奏章，又亲眼见识了他造出来的纸，对他赞不绝口。在汉和帝的大力倡导下，这种先进的造纸术很快就流传到了全国各地。百姓将这种纸命名为"蔡侯纸"，各地的作坊开始大量生产蔡侯纸。没过多久，蔡侯纸就成了国内百姓最主要的书写材料。

造纸术改进之后没多久，就传到了朝鲜半岛和越南地区。后来，朝鲜一位僧人又将造纸术带到了日本。唐朝年间，造纸术传到了阿拉伯地区。

后来，阿拉伯人又将造纸术传到了西班牙，在西班牙建立了欧洲首个造纸工场。其后，造纸术便在欧洲各地推广开来。意大利、法国、德国、瑞典等国先后都建立了造纸工场，开始大量生产纸张。等到了16世纪，西班牙人在墨西哥建立了美洲首个造纸工场，就此将造纸术传到了美洲大陆。

蔡伦改进造纸术对人类文明的发展意义重大，即便是在近两千年后的今天，蔡伦的大名也依旧为世界各国铭记。美国《时代》周刊曾在2007年将蔡伦列入"有史以来最佳发明家"的行列。在美国人编撰的《影响人类历史进程的一百位名人排行榜》中，蔡伦排在举世闻名的爱因斯坦和达尔文等人之前，名列第七。

张衡与地动仪

张衡是中国东汉年间伟大的科学家，对于中国乃至全世界的天文学、机械学和地震学的发展都作出了巨大的贡献。为了纪念张衡，后人特意将月球背面的一座环形山，以及太阳系中的 1802 号小行星以张衡的名字来命名。

张衡出生于官宦世家，他的祖父张堪是天下闻名的廉吏。只可惜在张衡出生时，张家已经家道中落。张衡从小就过着十分贫苦的生活，甚至要靠亲戚的救济才能勉强维持日常生活。但贫寒的家境并没有让张衡失去斗志，他从小就勤奋好学，在同龄人中表现得出类拔萃。

16 岁那年，张衡开始了四处游学的经历。他先是来到了西安，之后又到了都城洛阳。在洛阳时，张衡曾到国家的最高学府太学学习了一段时间。在此期间，他对天文学、数学等学科都有所涉猎。

22 岁那年，张衡到南阳太守门下做了一名主簿，并且一做就是八年。在这八年间，张衡对天文和历法等学科进行了深入研究，渐渐在国内声名鹊起。连当时在位的汉安帝也听说了他的大名，爱才的汉安帝特意将他召入京城为官。在此后的 20 多年时间内，张衡一直在京城和各地为官，他继承了祖父的遗志，为官清廉，刚正不阿，政绩突出，不过也因此得罪了不少贪官污吏，多次受到排挤。

在为官的同时，张衡始终没有放弃自己在科学方面的探索。他提出了很多学说，撰写了不少著作，还制造了一些先进的科学仪器，其中最出名的莫过于地动仪。

东汉年间，各地频繁发生地震。从公元 92 年到公元 125 年的 30 余年时间内，国内先后爆发了 26 次大地震，给当地百姓带来了巨大的灾难。正因为如此，张衡才下定决心制造一台地动仪，以便在地震发生之时，利用地动仪对其感应，减少百姓的伤亡和财产损失。

张衡经过多年的观察和实验，最终于公元 132 年制造出了世界历史上第一台能探测地震的仪器——地动仪。张衡的地动仪是用铜铸造而成的，表面呈金黄色，形状像一只酒桶。地动仪上面铸有八条金龙，分别伏在东、西、南、北、东北、东南、西北、西南八个方向。每条龙都是龙尾朝上，龙头朝下。每条龙的嘴里都衔着一颗小小的铜球，正对着蹲坐在下面，仰头张口的八只蟾蜍。地动仪的内部立着一根上粗下细的铜柱，铜柱周围分别有八根横杆，各自连接着一个龙头。当地动仪受到地震波的冲击时，铜柱就会朝发生地震的那个方向倒过去，同时推动该方向的横杆，进一步作用到龙头，迫使龙嘴张开，铜球下落，掉进下面的蟾蜍口中，发出一声脆响。这样一来，人们就能知道哪个方位发生地震了。

公元138年，地动仪正对着西方的那条金龙忽然将口中的铜球吐到了下面的蟾蜍口中。果然，几天过后就传来了消息，说洛阳以西的金城、陇西等地发生了强烈地震，山崩地裂，民不聊生。大家全都大吃一惊，终于相信地动仪并非故弄玄虚，它果真可以准确地感应出地震的时间和方位。

欧洲一直到了19世纪末才研制出了相似的地震感应仪器，比张衡发明的地动仪晚了1700多年。只可惜，由于年代久远，张衡制造的那台地动仪早已失传，现在人们所能见到的地动仪其实是由相关专家依照史籍描述制造出来的仿制品。

除了地动仪之外，张衡还曾制造出了指南车、可以飞行长达数里的木鸟等器械。在天文学方面，张衡同样取得了巨大的成就，经他观测并记录的恒星高达2500颗，另外，他还是浑天学说的主要代表者。他认为，月光实际上是月球对日光的反射，月球本身并不会发光。他对月食的成因做出了正确的解释，并指明宇宙是无穷无尽的。此外，他还制造了浑天仪，这是世界历史上首个可以较为精确地演示天体运行状况的仪器。

张衡不仅是一位伟大的科学家，还是一位颇有才华的文学家。他写的《二京赋》和《思玄赋》均是汉赋中的精品，流芳百世。难怪郭沫若要盛赞张衡："如此全面发展之人物，在世界史中亦所罕见，万祀千龄，令人景仰。"

神医华佗

华佗是三国时期的名医，对内科、外科、妇科、儿科、针灸科等都十分精通，不过，他最擅长的还是外科手术，后世因此尊称他为"外科圣手"和"外科鼻祖"。华佗发明了麻沸散，在对病人进行全身麻醉之后实施手术，这在世界医学史上是史无前例的。为了让百姓能够强身健体，华佗还模仿虎、鹿、熊、猿、鸟这些动物的动作创造了一种名为"五禽戏"的体操。

华佗一生淡泊名利，对入仕为官毫无兴趣。曾经有很多官员想举荐他做官，都被他一一拒绝了。从青年时代开始，华佗就立志做一名悬壶济世的医生，帮助贫苦百姓摆脱疾病带来的痛苦。山东、江苏、安徽、河南等地区都曾是华佗行医的地点，由于他医术高明，又对病人怀有一颗仁爱之心，各地百姓无不对他赞誉有加。

一次，华佗外出，在路上见到一个病人喉咙堵塞，食不下咽，非常痛苦。热心肠的华佗赶紧过去帮他诊治，对他说："你到路边的饼店去讨三两萍齑和半碗醋，掺在一起吃下去以后，就会药到病除。"

病人赶紧依照他的说法将萍齑和醋吃进了肚里。随后，一条类似于蛇的寄生虫就从病人的嘴里爬出来了，原来它就是罪魁祸首。它一出来，病人马上就痊愈了。

为了向华佗表达自己的谢意，这名病人便将寄生虫挂在马车上，乘车去拜访华佗。华佗的子女正在门口嬉戏，看到他的车便说："又有一个被父亲治好的病人过来道谢啦！"

原来华佗已经用这个药方治好了很多病人，病人们事后全都将蛇一样的寄生虫送给华佗当成纪念。当时华佗家中的墙壁上已经悬挂了几十条这样的寄生虫。

有一回，一名姓李的将军请华佗去给自己的妻子看病。华佗说："夫人先前小产，死胎还留在肚子里，所以才会身体不舒服。"

李将军不解："可是内人肚子里的死胎明明已经出来了呀！"

华佗摇摇头，依旧坚持自己的说法。李将军认为这纯属无稽之谈，一怒之下就将华佗赶出了家门。

其后，李夫人的病情不断加剧，李将军帮她请了很多医生，但所有医生都找不出真正的病因来。眼见夫人的身体一天天衰弱下去，李将军终日愁眉不展，这时他忽然又想起了华佗，赶忙叫人去将华佗请到家里来。

华佗为李夫人开了一服药，等她喝下去以后，又开始为她施针。最后，李夫人果然排出了一个死胎。

李将军非常惊讶，华佗告诉他："夫人先前怀的应该是双胞胎，当时她只排出了一个死胎，却将另一个留在了肚子里。现在两个死胎都排出来了，夫人很快就会恢复健康了。"

有一回，有个太守生了病，请华佗过去为他看病。华佗经过诊断，认为他的病只需大怒一场即可痊愈。为此，华佗便从他那里收取了大量的诊金，却不专心给他看病。太守窝了一肚子火，但也不敢真的发泄出来。

华佗眼见太守就要被自己激怒了，不由得心中窃喜。为了推波助澜，华佗便偷偷从太守家离开了，还留下了一封信，将太守痛骂了一顿。太守忍无可忍，当即命人去追赶华佗。由于华佗事先已将真相告诉了太守的儿子，太守派出去的人手在中途就被他儿子拦了下来。

虎戏图　　　　鹿戏图　　　　熊戏图　　　　　猿戏图　　　　鸟戏图

华佗的五禽戏

这帮人回去以后就跟太守说，华佗早已逃之夭夭，无处可寻了。太守大发雷霆，吐了一大堆黑血。结果这些黑血一吐出来，他马上就觉得好多了，没过多久，竟然痊愈了。

华佗游历到广陵时，广陵太守陈登正好生了一场大病，叫人去请华佗来为自己诊治。华佗见到陈登胸闷气短、脸色绯红、心情暴躁，连饭都吃不下，便断定他的病因是胃部积存了太多的寄生虫。华佗当即为他开了一服药，陈登服下药后呕吐不止，吐出了一大堆长着红头，不断蠕动的小虫子，在场诸人无不看得毛骨悚然。

原来陈登非常喜欢吃鱼，尤其喜欢生吃，生鱼里面有很多寄生虫，它们长期在他的胃里累积下来，最终导致他今日生了这场大病。

华佗临走之前对陈登说，三年以后，他这个病就会复发，到时候他必须要派人去问自己要这种药，服下之后就可以彻底根治了。

不过，陈登非常不走运。三年后，当他旧病复发，命人去找华佗讨药时，偏巧华佗上山采药去了。最后，陈登没有等到华佗下山便离开了人世。这也成为了华佗生命中的一件憾事。

在华佗治病的故事中，最广为流传的恐怕就是他为关羽刮骨疗伤的故事了。

相传关羽在攻打曹操时，右臂中了一支毒箭。回到军营以后，他手臂上的伤口便肿胀起来，疼痛难忍。华佗听闻此事，就主动来到军营，要为关羽疗伤。

关羽说："要是您真能治好我右臂上的箭伤，我一定对您感激备至。"

华佗说："要治好您的伤并不是没有办法，不过这个办法会让您非常痛苦，我只怕您会承受不住。"

关羽笑道："我戎马一生，连死亡都不足以叫我皱一下眉头，更何况是痛苦呢！您尽管放心为我治疗就是！"

华佗见状，便向关羽描述了刮骨疗伤的大致过程。关羽毫不畏惧，他将自己受伤的右臂裸露出来，一面用左手跟人下棋，一面接受华佗的治疗。

华佗拿出一把锋利的小刀，经过消毒之后，便用其将关羽右臂上的皮肉割开，一直割到里面的骨头。只见毒素已经入侵关羽的骨头，骨头已开始发青。华佗随即用刀刮起了关羽的骨头，那尖利的声音直叫周围的人听得面色惨白，寒毛耸立。唯独关羽却好似没听见一样，继续跟人下棋饮酒，谈笑风生。

过了一会儿，关羽的右臂上淌出血来，足足淌了一盆。华佗终于将他手臂上的毒素全都刮完了，接着又为他上好药，并用线缝好。

关羽哈哈大笑，起身对周围的人说："现在我的手臂已经可以自如地伸展，一点儿痛楚的感觉都没有了。华大夫可真是当之无愧的神医！"

后来，华佗又被曹操请到军中，为自己看病。曹操患有头风症，动不动就会发作，疼得要命。华佗对他实施了针灸，很快他的头就不疼了。尝到甜头以后，他便想将华佗留在军中，这样一来，自己以后每次头风症发作，都可以叫华佗来为自己医治。

然而，华佗的理想是为大众治病，而不是成为某个大人物的私人医生。因此，他便趁着回家探亲的机会待在家里，不肯再回曹营了。曹操派人去催他回来，他便以妻子病重为由婉拒了曹操。

曹操不甘心，又派出好几批人去请华佗，但华佗无论如何都不肯回来。曹操被激怒了，命人去调查华佗的妻子是否真的生了病，最后发现这只是华佗编造的一个谎言。

曹操怒不可遏，不仅派人将华佗抓入狱中，更判处他死刑。曹操的谋臣荀彧认为此举十分不妥，华佗是天下闻名的神医，如果留下他的性命，日后必定可以拯救很多病人。他将自己这个想法告诉了曹操，希望曹操能免除华佗一死。但骄傲自大的曹操根本就听不进去，一意孤行地处死了华佗。

华佗死前，将凝结了自己毕生心血的医书《青囊书》交给一名姓吴的狱卒保存。这位吴狱卒非常敬重华佗，一直对华佗照料有加。只可惜，他到底还是辜负了华佗的嘱托，《青囊书》在他手里被焚毁了一大半，最终只余下了寥寥几页。

据说，吴狱卒在将《青囊书》带回家后，他的妻子担心丈夫会因此引来杀身之祸，便偷偷找到这本书，并将其付之一炬。吴狱卒外出归来，见到这一幕，慌忙上前抢救，结果只来得及救下其中的几页，上面记载的就是华佗发明的"五禽戏"和"麻沸散"等内容。《青囊书》的大部分内容就此失传。

古罗马

罗马的建立

相传罗马的建立者是一对名叫罗慕洛和瑞穆斯的双胞胎兄弟。兄弟二人的先人埃涅阿斯本是特洛伊的王室。埃涅阿斯的父亲安喀塞斯是特洛伊的王子，母亲是爱神维纳斯。因为女神和凡人结合是不被允许的，所以安喀塞斯曾经立誓，永远都不会把自己和维纳斯之间的关系告诉任何人。然而，埃涅阿斯出生以后，安喀塞斯被喜悦冲昏了头脑，竟在无意间将这个秘密告诉了自己的朋友。没过多久，安喀塞斯就为自己的言而无信付出了代价，变成了一个瞎子。

后来，希腊人与特洛伊人之间爆发了一场旷日持久的战争，这就是历史上赫赫有名的特洛伊之战。最终希腊人攻破了特洛伊城，在城中到处纵火。当时，埃涅阿斯已经长成了一个健壮的小伙子，他背着双目失明的父亲逃出城去，同行的还有不少特洛伊士兵和百姓。埃涅阿斯带着他们一路逃到了海边。

在那里，他们见到了希腊人的舰队。由于大部分希腊士兵都去攻打特洛伊了，只留下了很少的士兵在看守战舰。埃涅阿斯想要夺下几艘战舰，好带着自己的子民逃到海外去。为此，他便率领手下对这些为数不多的希腊士兵展开了突袭。

勇敢的埃涅阿斯第一个冲上了希腊人的战舰，击倒了甲板上的希腊士兵。他的手下紧随其后，陆续登上了战舰，很快就将上面的希腊士兵全都杀光了。这样一来，他们就成了这艘希腊战舰的新主人。

他们在海上漂泊了许久，最后来到了意大利托斯卡尼的临海地区。他们在这里停下来，这些特洛伊人从此便在这里定居下来，他们建造房屋，开垦荒地，生儿育女，过上了安定的生活，埃涅阿斯自然而然就成了他们的统治者。

此后，埃涅阿斯的后人努米托耳登上了王位，成了这里的新任统治者。努米托耳有个弟弟名叫阿穆利乌斯，此人野心勃勃，一心想将哥哥赶下王位，由自己取而代之。后来，阿穆利乌斯终于找到机会，阴谋夺取了努米托耳的王位。

阿穆利乌斯担心哥哥的子女将来会威胁到自己的地位，便将哥哥的儿子处死，又强迫哥哥的女儿做了贞女，终生不能嫁人生子。没想到战神却叫努米托耳的女儿怀了孕，还生下了一对双胞胎儿子，哥哥名叫罗慕洛，弟弟名叫瑞穆斯。

这个消息很快就传到了阿穆利乌斯那里，阿穆利乌斯生气极了，当即就命人将两名婴儿装进一只篮子里，然后扔到台伯河中活活淹死。两名婴儿在台伯河中飘来荡去，非但没被淹死，反而被河水推到了岸边的浅滩上，化险为夷。

萨宾妇女

罗马建城之初经常与其邻近的萨宾部落发生激烈冲突，这幅画表现的是萨宾妇女调停罗马人与萨宾人争斗的情景。

说来也真巧，一头母狼恰好从那里经过，见到这两个可爱的婴儿，不由得母性大发，竟然叼起篮子返回了自己居住的山洞。接下来，这头母狼便开始用自己的奶水喂养两个婴儿。这对双胞胎兄弟居然在母狼的照料下一天天长大了。

没过多久，他们俩就被一名牧人发现了。这名牧人将他们带到家中，教他们说话、写字、习武。两兄弟长大以后，在机缘巧合下得知了自己的身世，便决定杀死谋朝篡位的阿穆利乌斯，为自己的外祖父、舅舅和母亲报仇雪恨。

兄弟二人利用自己的身份组织了一支规模庞大的队伍，最后终于杀掉了阿穆利乌斯。由于当时他们的外祖父努米托耳尚在人世，两兄弟就拥立努米托耳登上了王位。然后，他们就在当年被母狼捡到的地方建立了另外一座城市，也就是罗马城。原本罗慕洛和瑞穆斯商定要共同执掌罗马的统治权，但是一山不能容二虎，两兄弟很快就闹起了矛盾，最后发展到兵戈相向的地步，罗慕洛亲手将弟弟瑞穆斯杀死。此后，罗慕洛登基成为了罗马的首任君主。

罗马字母的诞生和发展

罗马字母也叫做拉丁字母，它与斯拉夫字母、阿拉伯字母并称为世界三大字母体系。罗马字母字形简单、明了，非常方便辨认和书写，因此在世界范围内流传甚广，现已发展成为全世界最通行的字母。英语、意大利语、土耳其语等语言都是用罗马字母拼写的。基督教的《圣经》同样是用罗马字母书写的。

关于罗马字母的起源，在罗马流传着这样一个传说：女预言家西碧之子在特洛伊战争爆发前 60 年，将这种字母引入了罗马。当然这只是一个传说，并无科学依据。现在绝大多数人都相信罗马字母是由希腊字母演变而来的。

因为希腊字母最早起源于古埃及的象形文字，所以要追究罗马字母的源头，就要从 6000 年前的古埃及说起。当时，古埃及人创造了一种类似于图画的文字，也就是古埃及的象形文字。大约在公元前 1000 年，腓尼基人又在象形文字的基础上创造了简单的腓尼基字母。后来，这些字母流传到了居住在爱琴海沿岸的希腊人那里，他们将其发展成为希腊字母。公元前 7 世纪左右，罗马人从自己占领的希腊殖民地那里掌握了希腊字母，最终将其发展成为 26 个罗马字母。

罗马字母继承并发扬了希腊字母的很多优点，具体说来，就是希腊字母的字形简单、美观、匀称，无论是阅读还是书写都非常方便。罗马字母之所以会成为全世界最通行的文字，也正因为如此。

现存最早的用罗马字母刻写的铭文出现在一枚公元前 7 世纪的斗篷别针上，这枚别针被命名为普雷内斯大饰针，上面用罗马字母由左及右刻写了这样一句话："马尼乌斯为努梅利乌斯制作了这枚别针。"除此之外，还有公元前 6 世纪的杜埃诺斯铭文，上面刻写的也是罗马字母。

一开始，罗马字母只有 21 个，其排列顺序也跟现在人们熟知的排列顺序差别很大。在罗马字母尚未定型之前，字母的增加与减少频有发生。

早期的罗马字母体系只有大写字母，没有小写字母。从公元 4 世纪开始，罗马字母的书写出现了两种新的字体，分别是安塞尔字体和小安塞尔字体。用这两种字体书写的罗马字母已经与小写字母颇为接近了。到了公元 8 世纪，卡罗琳小写字体问世，用这种字体书写出来的小写字母与过去相比更加容易辨识，最重要的是写字速度因此获得了极大的提升。这种既美观大方又方便书写的字体对欧洲各国的文字发展都产生了重大的影响。罗马字母在欧洲各国广泛流传就始于这段时期。

到 15 世纪，古腾堡发明了铅活字印刷术，罗马字母的书写水平也因此获得了极大的提升，其线条变得越来越流畅、活泼，同时又不失优雅，简直可以说是融和了以往各类字体的长处。

等到了 18 世纪，法国爆发了启蒙运动和大革命，这些对于罗马字母的字体也产生了不小的影响。在此期间，法国人将古典艺术风格融入到罗马字母的书写中，这在欧洲各国风靡一时。罗马字母中最有名的字体波多尼字体、加拉蒙字体和卡思龙字体都出现在这段时期。

由于罗马字母本身的这些优势，以及新航路开辟之后，欧洲在世界各地的殖民扩张和基督教在全世界的广泛传播，罗马字母的使用范围也随之不断扩大。时至今日，西欧各国、美洲各国、大洋洲各国，非洲的大部分国家和地区都已变成了罗马字母的使用国。

罗马平民运动

公元前510年，罗马人民在卢修斯·朱尼厄斯·布鲁特斯的领导下发动起义，推翻了暴君小塔克文的统治，结束了罗马王政时代，建立了罗马共和国。在罗马共和国建立的最初16年，罗马国内的局势动荡不安。公元前494年，罗马与邻近的部落发生战争，饱受贵族压迫的罗马平民拒绝参战，带着武器离开罗马，这就是罗马历史上著名的"平民运动"，又叫做第一次撤离运动。

小塔克文是罗马王政时代的第七任君主，也是古罗马有名的暴君。据说他是杀死了自己的岳父，即罗马的前任国王塞尔维乌斯·图利乌斯才得以登上王位。小塔克文在位期间不断向外扩张，吞并了附近很多城镇，并首次建立了罗马的殖民地。在小塔克文的努力下，罗马的君权达到了鼎盛时期。然而，与此同时，小塔克文却对国内的百姓极尽压迫与剥削之能事，这使得他民心尽失。

公元前509年，小塔克文的儿子挟持并侮辱了一位非常受人尊敬的女士鲁克丽丝。事后，鲁克丽丝不堪受辱，自杀身亡。莎士比亚曾根据这一历史事件创作了一首诗歌《鲁克丽丝受辱记》。

罗马人民本就对小塔克文的统治十分不满，此次事件无疑为他们的爆发提供了一个契机。公元前510年，罗马贵族联合废黜了国王小塔克文，建立了元老院、执政官和部族会议三权分立的罗马共和国。

在罗马从王政时代过渡到共和国时代的这段日子里，罗马国内逐渐分裂为两大对立的阶级：贵族与平民。贵族拥有大量的土地和财富，在政治、军事和宗教方面享有特权，担任各类公职，掌控国家的统治权；与之形成鲜明对比的是，平民的政治与社会地位低下，他们只有无穷无尽的义务，根本享受不到充分的权利。

当时，罗马的平民占据了国民的大多数，但他们却只占有极少的土地，很多平民甚至根本就没有土地。由于这段时期的罗马正处于农业社会，没有土地就相当于没有了赖以生存的保障。为了维持生计，平民们只好到处打工，忍受贵族的

罗马执政官出行图

残酷剥削与压迫。不仅如此，每当战争爆发时，平民们还要自备武器，帮助贵族们上阵杀敌。在战场上卖命厮杀的是平民，最后领功的却是贵族，这种极度的不平等导致平民对贵族的不满与日俱增。

一天，一名老人出现在了罗马的元老院广场上。他把上半身的破衣烂衫脱下来，向围观者展示自己的胸膛和后背上的道道伤疤。

他指着一道刀疤说："这是在战场上被敌人砍出来的！"又指着一道鞭痕说："这是被债主打出来的！"他身上的每一道伤痕都在诉说着一段血泪史，它们要么源自残酷的战争，要么源自凶恶的债主。

当年，老人在战场上作战勇猛，立下了赫赫战功。想不到回家以后，却发现自己的房屋、农田，以及其他财物都已被战火摧毁得一干二净。走投无路的老人只好举债买下一片农田，本以为到了收获的季节就可以还清债务，岂料这一年收成欠佳，无论老人怎样东拼西凑，都没办法凑齐那笔欠款。

债主勃然大怒，将老人狠狠鞭打了一顿，又将他的农田据为己有。老人不知该何去何从，只好来到广场上向围观的群众倾诉自己的苦楚。

在场的众多平民之中，有很多人都曾有过相似的经历。听了老人的哭诉，他们不由得联想到了自己，越想越觉得气愤，凭什么那些贵族就可以过得富足快活，他们这些平民就要吃苦受累，甚至流血牺牲？

广场上的平民越聚越多，人人义愤填膺，要去找那些贵族讨个说法。他们的做法引起了元老院的重视，几名元老出来想做和事老。但是愤怒的平民已经无法控制自己的情绪了，一见到这几名元老，马上就像潮水一样涌到他们身边，要从他们身上讨公道。

眼看着平民们的拳头就要落到这几名元老身上了，好在执政官及时赶过来制止了这场平民暴动，并承诺大家一定会召开元老会议，商讨如何改善平民的生活现状。

在这次被逼无奈召开的元老会议上，与会的元老分成了两个对立的派别：一个派别认为应当把那些带头闹事的平民抓起来，以儆效尤；另一个派别则认为应当顺应平民的要求，不应在这样的时刻火上浇油。

元老们的会议讨论还没有结果，居住在罗马附近的优尔西部落就对罗马发起了进攻。平民们没有得到自己想要的答案，自然不肯再上阵杀敌。

罗马的执政官被逼无奈，只好向他们承诺，在战争胜利之后，一定会颁布法令，保障他们的权益。平民们这才拿起武器，前去抵挡优尔西部落的入侵。最后，他们一举击败了优尔西部落，元老们却拒绝履行执政官此前对他们的承诺。

罗马平民非常气愤，拒绝再履行兵役，但是其他部落对罗马的入侵却并没有就此终止。后来，贵族瓦勒里勒被推举为罗马的新任独裁官，在他的努力下，罗马平民再次妥协，投身到与外敌的战斗中。然而，在战争胜利后，元老们却再次食言了。瓦勒里勒此前对罗马平民许下的保障他们权利的承诺就此化作泡影，瓦勒里勒觉得相当愤慨，一怒之下辞掉了独裁官一职，带着平民们离开了罗马。

罗马城的居民一下子少了一大半，最重要的是能够保家卫国的士兵已经所剩无几，一旦外敌入侵，后果必将不堪设想。元老们权衡再三，只能对平民们做出让步。他们承认平民具有选举保民官和召开平民大会的权利，由平民选举出来的保民官将负责保护平民的权力不受贵族侵犯。

罗马这种平民保民官制度为平民参政议政提供了可能性，罗马共和国的凝聚力也因此获得了极大的提升。在此基础上，罗马后来才能发展成为举世瞩目的大国。此次的罗马平民运动最终以和平方式得到了解决。

白鹅拯救了罗马

白鹅在古罗马地位非凡。2000多年前，罗马人每年都会将白鹅披红挂绿，打扮一新，抬到街上游行。所有见到游行的白鹅从自己身边经过的罗马人都会冲着它又是欢呼又是致敬。他们之所以会有这种表现，就是因为白鹅曾为保卫罗马作出了巨大的贡献，让罗马百姓免于沦为亡国奴的命运。古罗马人甚至有这样一句谚语："白鹅拯救了罗马。"

具体说来，这件事要一直追溯到公元前4世纪。当时，罗马国力强盛，周边各国除了高卢以外，无一不向其臣服。高卢民族是一个相当强悍的民族，他们的族人生活在罗马的北方，个个勇猛善战，经常南下挑衅罗马军队。一向热衷于对外扩张的罗马人也对高卢人占据的北部地区觊觎已久，双方不断发生冲突。

　　后来，高卢人便对罗马城附近的一座小城克鲁新城发起了进攻。罗马统治者自然明白，高卢人是想以这座小城为跳板，进一步进攻繁华富庶的罗马城。因此，罗马统治者不敢疏忽大意，下令死守克鲁新城。不过，野心勃勃的高卢人此次显然是有备而来，他们一路高歌猛进，眼看着克鲁新城就要不保，罗马城就要被迫向他们敞开大门了。

　　这时候，罗马统治者也有些慌了手脚，赶紧派出三名使臣去跟高卢首领高林议和。哪知高林非但不接受议和，反而将罗马使臣狠狠羞辱了一番，并扬言要在百日之内攻陷罗马城。三名使臣被高林赶出来以后，窝了一肚子火无处发泄，便径直赶到那座正被高卢人猛攻的小城，为城内的罗马军民加油助威。

　　在这三名使臣中，有一个人箭术高明，正好高林派出一名探子来到城外鬼鬼祟祟地打探军情，被这名使臣见到了。使臣随即弯弓搭箭，一箭就将探子射死了。

　　探子的死讯传回高卢军营后，高林非常气恼。与此同时，他又听说，原来杀死探子的凶手就是刚刚跟自己道别的罗马使臣之一。依照当时的外交规定，议和的使臣是不能参与战争的，现在这三名罗马使臣却公然违背了这一规定，这下可给高林抓到把柄了。

　　因为罗马人经常以高卢人身材矮小取笑他们，所以爱面子的高林便马上选出了几名身材高大的高卢人做使臣去跟罗马统治者联系，强烈要求其交出那三名使臣。结果，罗马统治者不但严词拒绝了高林的要求，还对三名使臣此次的表现进行了表彰，并为他们加官进爵。罗马统治者这样做无疑是在火上浇油，本就脾气暴躁的高林在得知此事以后，马上率领数万高卢大军直奔罗马城，双方在城外展开了激烈的交锋。

　　罗马国力强盛，军队也实力不凡，但是高卢军人个个都是烈火一样的性子，打起仗来简直不要命。他们披散着头发，脸上涂着血，手中要么就拿着足有车轮那么大的斧头，要么就拿着一米半长的重剑，大喊大叫着冲到罗马军队中间就是一顿乱砍，只见战场上刀光剑影，血肉横飞。

　　再强大的军队见到这群疯子似的对手，也要心生畏怯。没过多久，罗马士兵就被打得落荒而逃。他们之中有的被高卢人追上了，沦为了他们的刀下亡魂；有的掉进水流湍急的河中活活淹死了；还有的好不容易逃回罗马城中，却已丢盔弃甲，浑身是伤，要多狼狈有多狼狈。

　　罗马统治者无奈，只好将城内的军民撤到了城外的卡庇托林山上。这是罗马地区的最高峰，山势险峻，易守难攻。与此同时，100多位年迈的罗马元老却留在了罗马城中，坐在中心广场上。他们舍不得离开自己已经居住了大半生的城市，决定要与罗马城共存亡。

由于罗马士兵撤回城内时过于匆忙，连城门都没来得及关上。高林望着大开的城门，很想马上就冲入城中，但是他又担心这是罗马人在唱空城计。犹豫再三，高林还是带着高卢大军进入了罗马城内。

在摧毁罗马城的同时，高林又派人四处寻找已经逃走的罗马军民，最后总算在卡庇托林山上发现了他们。罗马人充分利用山上的地形优势先后数次击败了前来进犯的高卢人。高林十分沮丧，转而开始思考其他克敌制胜的方法。

他派人包围了卡庇托林山，山上的罗马军民很快就断水断粮，无以为继了。罗马统治者被逼无奈，派出一名士兵下山去到城外联系援兵。只可惜，这名士兵在下山途中被高卢人发现了，但最糟糕的是，高卢人通过他下山的途径发现了上山的路线。

高林大喜过望，赶紧挑选了数十名勇敢、强壮、身手敏捷的高卢士兵组成了一支敢死队，在夜色的掩护下开始往山上攀爬，准备对罗马人发动突袭。

当时夜已经深了，饿得头晕眼花的罗马军民早已昏昏沉沉地睡着了，就连守卫的士兵和警觉的狗都对这支高卢敢死队的到来毫无察觉。

眼看着这帮人就要爬到山顶了。就在这时，忽然有一只白鹅听到了这种不同寻常的动静，马上大叫起来，它这一叫，引得同伴们也跟着叫个不停。山上原先的寂静被嘎嘎嘎的鹅叫声打破了。正沉浸在睡梦中的罗马军民被吵醒了，这会儿，在高卢敢死队中领头的那名士兵刚刚爬到了山顶上，结果还没站稳脚跟，就被闻讯赶来的罗马人推下了悬崖。他的同伴们也被罗马人用石头、武器等打下了悬崖。高林妄图趁夜突袭罗马军民，并将他们一举歼灭的计划就此失败了，而拯救罗马军民于危难之间的正是那些看似不起眼的白鹅。

高卢人总共围困了卡庇托林山7个月，但罗马军民始终都不肯向他们投降。到后来，各地的援军陆续赶来与高卢人开战。这段时期，高卢各部落之间出现了很大的分歧，凝聚力与战斗力都大不如前，再加上瘟疫在高卢军中肆虐，最终迫使高林做出了以和谈代替战争的决定。

战争结束后，为了表彰白鹅对保卫罗马作出的突出贡献，罗马统治者特意赠给它们"圣鹅"的荣誉称号，并规定它们与它们的后代将由专人照料，直至其寿终正寝。古罗马人每年抬着白鹅上街游行的习俗也始于这段时期。等到数百年后，西罗马帝国灭亡了，这种习俗才消失。

大象征战沙场

大象是世界上现存最庞大的陆地动物，它们的行进速度相当缓慢，但是贵在可以跋山涉水，再加上它们非常聪明，很容易驯服。因此，从大约 4000 年前开始，古印度人民就开始训练大象。其后，亚洲、非洲、欧洲各地的居民也开始利用大象的优点为人类服务。被驯服的大象可以做交通工具，也可以传递信件，还可以上阵杀敌。

在古代的战争史上一度出现过一种由大象组成的特种部队。这种大象被称为战象，它们可以在战场上杀戮敌军，攻破敌方的城门，摧毁敌方的营垒，其作用不逊于功能强大的坦克。

人类第一次将战象带上战场，是在古印度，中国的商朝也曾出现用战象作战的记录。

别看战象身形笨重，它们在冲锋时的速度却可以达到每小时 30 公里。无论是它们的速度还是力量都不是普通军队所能化解得了的。骑兵在面对战象时，往往会因战马对战象的畏惧而溃败。以血肉之躯迎战的步兵在战象面前就更加不堪一击了，他们要么被战象踩踏而死，要么就被战象驱逐到旁边。因此，要想凭借骑兵和步兵组成的队列抵挡强大的战象，简直是天方夜谭。另外，战象除了冲锋陷阵这一功能，还可以用来承载投石机等大型武器，这使得战象在战场上更加所向披靡。

因为在冷兵器时代，刀、剑等武器根本就不能对战象的身体造成多达的伤害，所以当战象出现时，其对手基本就可以称得上是无计可施。

不过，凡事都有两面性，战象也不例外。一旦战象在战场上受到惊吓或是身受重伤，又或者是驾驭战象的士兵战死，那么战象就会精神失常。此时的战象根本不是任何人所能控制得了的，它们就像失控的坦克一样在敌我之间横冲直撞。无论是敌方还是己方都会因发疯的战象受到重创。罗马人若在战场上遭遇战象就会砍断战象的鼻子，或是采用其他方式伤害战象的身体或是吓唬战象，迫使其发疯。如此一来，对方的战象就无法正常发挥作用了。

公元前 280 年，罗马军队向居住在意大利南部的希腊人发起了进攻，当地人向古希腊伊庇鲁斯国王皮洛斯求援。皮洛斯应邀率领大约 2.5 万名士兵和 20 头战象赶到意大利南部的塔兰托，与罗马人开战。

一开始，皮洛斯并没有让战象上场，只是派出了步兵与骑兵与罗马人对抗。结果双方接连七次交手，均未能分出胜负。皮洛斯见状，便决定让战象出马。罗马人的战马此前从未见识过这种庞然大物，当场就慌了，也顾不得理会骑兵的指挥了，闷头乱窜，此次交战的结果不言而喻。

获胜的皮洛斯在第二年卷土重来，带着自己的战象再度对罗马人发起了进攻。此次，罗马人早有准备，他们相信动物都对火非常畏惧，便制造出了一种可以承载火堆的战车。另外，他们还选择了森林作为战场，以掩护己方的骑兵与步兵。不过，这些举措在后来的交战中都没有发挥作用，皮洛斯的战象还是叫罗马人避无可避。最终，皮洛斯一方取得了胜利，杀死了6000名罗马士兵，连罗马的执政官都死在了他们手上，但是皮洛斯一方也伤亡惨重，死亡人数高达3500人。后来，人们便以"皮洛斯的胜利"来形容那些代价很大的胜利。

罗马人先后两次因为战象战败，这让他们很不甘心，苦思对付战象的方法，最终在公元前257年报仇雪耻。在这次与皮洛斯交战的过程中，聪明的罗马人向皮洛斯的战象发射了大量燃烧的箭。受到惊吓的战象失去了理智，转身朝后狂奔，以躲避迎面而来的火箭。皮洛斯的军队被战象践踏得一塌糊涂，皮洛斯本人也险些丧身在战象的脚下。最后，罗马人大获全胜，不仅俘虏了上千名战俘，还抓住了4头大象。

只可惜好景不长，罗马人便又在战象身上吃了大亏。公元前256年，罗马人

汉尼拔的"坦克"
最著名的战象属于迦太基统帅汉尼拔。公元前216年，在意大利南部与罗马人进行的坎尼战役中，他使用了从西班牙带来的大象。

与非洲的迦太基人开战。迦太基人派出了 100 头战象和 16000 名士兵迎战，致使大批罗马士兵死在了战象脚下，侥幸逃生者也多被迦太基士兵俘虏。

公元前 250 年，罗马人与迦太基人再度交锋。罗马人朝迦太基人的战象发射了大量的箭和投枪。战象身受重创，不敢继续前行，反而冲回迦太基人的队伍中，踩死了大批迦太基士兵。罗马人就趁着这个机会，一举击败了迦太基人。

后来，罗马人对付战象的方法在西方各国广泛推广开来。实际上，在冷兵器时代，要击败战象，除了用火或用箭等兵器来吓唬或是刺伤战象以外，也确实没有更好的法子了。然而，当人们进入热兵器时代以后，战象便不足以对付威力强大的火药武器了。18 世纪中期，英国军队入侵印度，印度军队出动了古老的战象，但在英国人的火炮面前，这些战象根本就不堪一击，此后，战象也就此在人类战争史上彻底消失了。

布匿战争

从公元前 264 年到公元前 146 年，在这 100 余年间，古罗马与迦太基之间先后爆发了三次战争。因为罗马人习惯称迦太基人为布匿人，所以这三次战争便被命名为布匿战争。

公元前 3 世纪前期，罗马基本统一了意大利半岛，成为了地中海沿岸的强国。野心勃勃的罗马人当然不会就此满足，他们随后便将扩张的矛头对准了地中海西岸的迦太基王国。

迦太基是由腓尼基人建立起来的，当时已经发展成为一个非常强大的国家。罗马要想向海外扩张，最大的敌人就是迦太基。为了争夺西西里地区，公元前264 年，双方爆发了第一次布匿战争。

罗马人在陆战中占据着明显的优势地位，但在海战中却一直逊于迦太基。为此，罗马人便在希腊人的帮助下，仿照迦太基的战舰建造了大批别致的军舰，这就是罗马历史上赫赫有名的乌鸦式战舰。

公元前 259 年的夏天，罗马人的战舰尚未制造出来，一些年富力强的罗马士兵便被挑选出来，开始了艰苦的划船训练。他们在沙滩上摆放了很多长凳，然后手拿船桨，坐在长凳上一遍又一遍地重复着划船的动作。一名罗马军官在旁边监督他们，不时上前纠正他们的错误。天气炎热，士兵们在明晃晃的日头照耀下，很快就出了一身汗。军官见大家又热又累，便下令休息片刻。

一名士兵便趁着这段休息的时间来找军官，向他询问："长官，现在我们的战舰都还没有做好，为什么要急着训练划船呢？"

军官答道："我们现在训练好了，等战舰完工以后，就可以马上投身战争，去跟迦太基人争夺西西里。要知道，迦太基的海军那么强大，我们不加把劲儿训练是不行的。"

"但是我们直到现在才开始造船、训练，迦太基人却一早就建立了强大的海军，两军对比如此明显，我们真的可以成功夺下西西里吗？"

其实军官又何尝没有想到这一点，只是大战在即，他不想挫伤士兵的自信心，便说："不管怎么样，我们都要尽力而为呀！事在人为嘛！"

士兵不再追问什么，坐回原位继续训练。到了晚上，他又去找那位军官，并说："想必您也很清楚，我们与对手在海战方面的实力相差太悬殊，如果只是这样规规矩矩地造船、训练，最后肯定很难取得胜利。"

军官反问他："那你认为我们应该怎么办呢？"

士兵便将自己的想法一五一十地告诉了军官。军官一面听一面不住地点头，最后拍手笑道："好，就按你说的方法去做！"

一年以后，罗马的舰队浩浩荡荡地驶向了西西里北部的海域。驻守在那里的迦太基海军总指挥在得知这个消息以后，便问："这次罗马人总共派来了多少艘战舰？"他知道罗马的海军实力不足，连战舰也没有几艘。尽管双方已经有一年没有交战了，但是罗马海军要想在这短短的一年时间内咸鱼翻身，简直就是不可能的。

哪知他得到的答案却是："罗马人总共派来了120艘战舰！"

这个庞大的数字让总指挥有些吃惊，但他随即又镇定下来，命令道："马上派出130艘战舰出去迎战他们！"

总指挥说完这话，便亲自登上甲板，眺望罗马的军舰。随着双方的距离不断缩短，总指挥发现罗马人每艘战舰的船头上都安装着一个形状好似乌鸦嘴的装置。

总指挥并不知道这个装置具体是做什么用的，不过，他深信罗马海军的实力根本就不足为惧，当即便命令己方的战舰全速前进，准备一举将罗马的战舰撞沉。

然而，就在双方的战舰即将撞到一起的那一刻，罗马战舰上的乌鸦嘴装置忽然朝迦太基的战舰探过来，并死死扣在了迦太基的船舷上。原来这所谓的乌鸦嘴其实是一座小型吊桥，吊桥的一头还安装着一只铁钩，看上去就像乌鸦的嘴巴。罗马士兵就通过这座小桥冲到了迦太基人的战舰上，与之展开了激烈交锋。这样

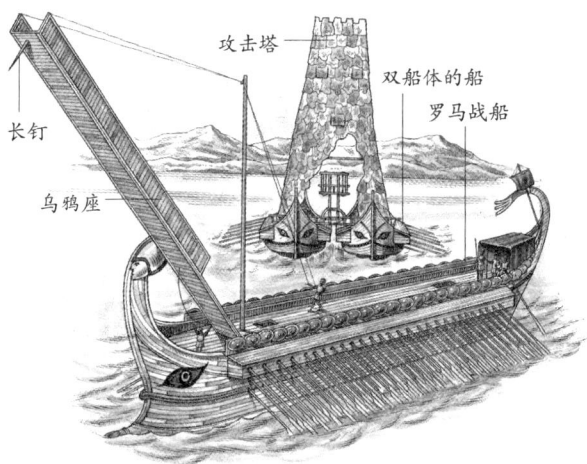

乌鸦座和攻击塔

罗马人发明了抓钩武器"乌鸦座"，看起来就像巨大的乌鸦嘴。它是带钩子的踏板，能坠落到敌船的甲板上。特制的双船体的攻击船能用攻击塔射击敌人。

的交战其实与陆战并没有多少区别，可以充分发挥罗马人在陆战方面的优势。

这种乌鸦嘴装置正是当日那名罗马士兵对军官提出来的建议，军官为了将其变为现实，特意请来对建造战舰颇有经验的希腊人帮忙，最终制造出了这种乌鸦式战舰。

在这次的海战中，罗马军队大败迦太基。在接下来的海战中，罗马军队继续利用乌鸦式战舰，打得迦太基人毫无还手之力。公元前241年，迦太基人被逼无奈，与罗马人议和。罗马人不仅占据了西西里地区，还从迦太基人那里获得了不少赔款。就这样，第一次布匿战争结束了。

失去西西里以后，迦太基人便在军事统帅汉尼拔的带领下向欧洲西部的伊比利亚半岛扩张。为了维护本国的利益，罗马当局严令禁止汉尼拔向埃布罗河对岸进军，但汉尼拔却对此置若罔闻，最终激怒了罗马人。公元前218年，第二次布匿战争爆发。

在第一次布匿战争期间，汉尼拔还只是一个小孩子。他的父亲也就是迦太基人的前任军事统帅，因为败在了罗马人手上，所以视罗马人为不共戴天的仇敌。汉尼拔九岁那年就被父亲逼着立誓要击败罗马人，为父亲，更为全体迦太基人报仇雪耻。长大以后，汉尼拔成了迦太基杰出的军事统帅。

第二次布匿战争爆发后，汉尼拔率领迦太基军队历尽千辛万苦翻越了阿尔卑斯山，然后出其不意地攻入了罗马。罗马人首战失利，军队士气大跌。

到了第二年，汉尼拔又在意大利中部地区诱敌深入，将接近3万名罗马士兵引入了一座峡谷，这里三面环山，一面临湖，罗马军队根本退无可退。最终，有一半罗马士兵被汉尼拔领导的迦太基人歼灭了，另外一半则沦为了汉尼拔的俘虏。接下来，汉尼拔又在康奈战争中以少胜多，一举击败了总人数远远超过己方的罗马军队。

汉尼拔简直可以说是罗马人的克星，不过，从公元前212年开始，罗马军队又重整旗鼓，再次掌握了战争的主动权。最终，第二次布匿战争还是以迦太基人的失败告终。

公元前196年，汉尼拔坐上了迦太基的第一把交椅，随后便开始在国内大刀阔斧地实施改革。这些改革措施触犯了很多迦太基贵族的利益，他们为了一己私利，竟然打算把迦太基人的英雄汉尼拔绑起来，当成礼物送给罗马人。汉尼拔只好从迦太基逃了出来，罗马人乘机四处追捕他。汉尼拔苦苦逃亡了十余年，最后绝望自杀。

汉尼拔死后，罗马人暂时放松了对迦太基的戒心。此后，罗马人对内忙于平息伊比利亚半岛的内讧，对外忙于征服希腊，一直无暇分身去理会迦太基。不过，罗马人一直没有忘记迦太基这个心腹大患，有位罗马元老每次发表完演讲，都会在最后加上这样一句话："一定要灭掉迦太基！"

这段时期，迦太基的政局一直十分稳定，经济也得到了较大的发展。这让罗马人对他们越来越心存芥蒂。公元前149年，罗马对迦太基发动了第三次布匿战争。

在此次战争中，罗马人接连包围了迦太基城三年，才终于破城而入。城中的很多无辜百姓都死在了罗马人的屠刀下，整座城市也随即变成了一片废墟。迦太基国就此覆灭，第三次布匿战争也宣告结束。

以少胜多的康奈战役

康奈战役发生在第二次布匿战争期间，是世界古代战争史上一次著名的以少胜多的战役。在此次交战中，迦太基人的军事统帅汉尼拔率领4万步兵和1.4万名骑兵，迎战罗马军队的8万步兵和6000骑兵。双方激战12个小时，在兵力上丝毫不占优势的迦太基人最后竟然战胜了强大的罗马军队。

公元前216年，迦太基人在汉尼拔的带领下攻占了罗马的康奈城。康奈城是罗马重要的粮食产地，一旦城内存储的大量粮食被迦太基人据为己有，后果必将不堪设想。因此，罗马政府马上派出大军前往康奈城，希望能借助兵力方面的优势，顺利将康奈城夺回来。但让罗马军队没有想到的是，迎接他们的竟是一场噩梦般的失利。汉尼拔与一个名叫木路罗的迦太基勇士里应外合，一举击败了罗马军队。

木路罗原本是迦太基军中一个名不见经传的士兵，却因杀掉了凶恶的巡逻队长努米而名声大噪。努米身形庞大，性情也十分残暴。自从迦太基军队占据了康奈城以后，努米便开始在城内为非作歹，看到哪个罗马人不顺眼就杀哪个。别说是罗马人，就是迦太基士兵也对他的所作所为非常不满。只是碍于他的队长身份和凶恶脾性，大伙儿全都敢怒不敢言。

一天早上，努米带着手下来到康奈城中的海滩上巡逻，忽然发现一名身怀六甲的罗马孕妇正在岸边的浅水处捕鱼捉虾。努米上前冲着孕妇就是一剑，这名可怜的孕妇还没来得及惊叫出声，就已经倒在血泊中咽下了最后一口气。

在场的迦太基士兵全都被这一幕吓得面色惨白，浑身哆嗦。但是，残暴成性的努米还不满足，他把已经死去的孕妇的肚子剖开，用剑挑出了里面的婴儿。那个婴儿居然还没死，大伙儿全都目瞪口呆地看着他挂在努米的剑尖上不住颤抖。

"够了，努米，你还有没有人性啊！"一个士兵忍无可忍地说，他便是木路罗。

努米却愤怒地回应道："罗马人也曾在我们的国土上做过同样的事情，我的母亲和弟弟就是这样死在了他们手上！"

木路罗说："但害死他们的是罗马的军人，不是罗马的平民百姓。这位母亲和她的孩子有什么错呢？为什么要为别人的过错牺牲自己的性命？"

只可惜，木路罗苦口婆心的劝告对努米根本就不起作用。努米自顾自地说道："我们生一堆火，把这个婴儿烧熟了吃掉吧！不是有人说吃婴儿可以延年益寿吗？"说完这话，他便吩咐木路罗去捡柴生火。

木路罗自然不肯答应，努米将气若游丝的婴儿丢到一边，冲着木路罗就是一顿拳打脚踢。木路罗不愿坐以待毙，便跟努米对打起来。其余士兵也不知该站在哪一方，索性留在旁边观战。经过一番恶斗，穷凶极恶的努米最终死在了木路罗手上。

没过多久，这件事就传到了汉尼拔那里。汉尼拔叫人把木路罗带到自己的营帐里，他要亲自审问木路罗。

木路罗在见到这位最高军事统帅之后表现得相当镇定，将自己杀死努米的前因后果一五一十地禀报了汉尼拔。最后，木路罗大无畏地说："整件事情就是这样的，努米的确是我杀的，您要如何处置我，悉听尊便！"

汉尼拔望着这个勇敢的年轻人，忽然笑着对他说："你连勇猛的努米都能杀掉，证明你并非泛泛之辈，要是上了战场，必能为国家立下不小的功劳，所以我非但不会惩罚你，还要提拔你担任百夫长。当然这个百夫长不是白做的，现在我就有个任务要交给你。罗马人很快就要打过来了，我想知道你有什么御敌良策。"

木路罗沉思片刻，向汉尼拔说出了自己的想法。汉尼拔一面听一面不断地提出意见，两人最后总算达成了一致。汉尼拔说："我们就按照这个计划行事！好了，时间紧迫，你现在就去准备部署吧！"

木路罗却说："我还有一个请求！"

"但说无妨！"

"我希望您能将您的婢女送给我！"

汉尼拔看了看站在自己身边的美貌婢女，大笑道："好，美人自然要配英雄！"

接下来，木路罗便在汉尼拔的授意下带着500名迦太基士兵和女扮男装的婢女冲出罗马人与迦太基人正在激烈交锋的战场，直奔罗马人的军营而去。

出发之前，木路罗把自己的两只耳朵割了下来。大伙儿都不明白他这样做的目的何在，木路罗却镇定自若地说："一切准备就绪，我们出发吧！"

当他们抵达罗马人的军营时，警觉的罗马人马上就将他们团团包围了。木路罗急忙向罗马人表示，他们全都是来向罗马投降的迦太基士兵。

罗马人自然不会轻易地相信他们，一名罗马军官还对木路罗说："你们想诈降，混到我们的队伍中来，然后乘机跟迦太基人里应外合，一举消灭我们对不对？"

木路罗说："不，我们真的是诚心诚意来投降的，你看我的耳朵就是被迦太基人割下来的，我和我的部下从此跟迦太基人势不两立，又怎么会跟他们里应外合呢？"

罗马军官望着木路罗残缺的双耳，不禁有些半信半疑。

木路罗见状，急忙又将女扮男装的婢女推到前面来，说："她就是汉尼拔的贴身婢女，汉尼拔一直对她百般凌辱，她受不了这种折磨，便跟着我们逃到了这里，希望您能够收留我们。"

罗马军官看着美丽的婢女，不由得意乱情迷。木路罗带她来到这里的目的，也正是为了迷惑这些罗马人。最终，他打消了所有的疑虑，将木路罗等人迎入了军营中。

接近中午时分，空中突然出现了大团大团的乌云，没过多长时间，海上便刮起了强烈的东风。木路罗眼见时机已到，便带着500名迦太基士兵开始行动。当时，罗马人的主力都在前方与迦太基人作战，他们就趁着这个时机，将留守在军营中的罗马人打得落花流水，并一路打到了战场上。

正在与迦太基军队交战的罗马军主力腹背受敌，再加上他们所在的方向正好位于风口处，滚滚风沙叫他们连眼睛都睁不开，哪里还有心思再杀敌？事实上，这场东风是汉尼拔与木路罗一早就预料到的，也正因为如此，他们之后才会有这些部署。

被包围的罗马军队很快就在风沙中陷入了混乱的状态，汉尼拔乘机指挥部下对他们发起猛攻。经过了连续12个小时的激战，康奈战役终于宣告结束。罗马军队总共损失了7万余人，几乎全军覆灭，迦太基军队却只伤亡了6000人。不过，康奈战役的大功臣木路罗却壮烈牺牲了。

虽然迦太基人在康奈战役中完胜，但是这并没有改写他们在布匿战争中失败的命运。后来，汉尼拔被国内的贵族出卖，不得不逃亡，后来自杀。迦太基也因为在布匿战争中的失利最终亡国。

格拉古兄弟改革

格拉古兄弟改革，是古罗马在公元前133年至公元前121年由提比略·格拉古和盖约·格拉古两兄弟，为解决土地问题而进行的改革。

公元前2世纪中叶，罗马基本上已经将地中海世界征服，并在那里先后建立起9个行省。此外，罗马虽然没有直接将叙利亚、小亚北部、多瑙河南岸等地占领，但是也有效地控制了这些地方。

海外扩张使得罗马的领土不断扩大，但是新问题也随之产生，其中最主要的就是军队的数量不足。占领某个地区后，罗马政府就需要派出军队到那里驻守。随着占领的地区越来越多，所需要的军队数量也在不断增长。除了驻守占领地区之外，罗马军队还需要镇压各地起义。马其顿、西班牙等地先后爆发了大规模的反对罗马的战争或起义，罗马军队必须出兵镇压。这两方面的原因使得罗马军队疲于奔命，若想对广阔的行省进行有效的统治，罗马必须招募更多的士兵。可是，当时罗马的兵源却在不断锐减。这是因为公民参军受到财产的限制，很多丧失土地的公民因此失去了参军的资格。为了解决兵源不足的问题，罗马政府原计划采用延长服兵役年限的方式，将步兵和骑兵的服役时间延长。可是，这个办法很快就遭到了百姓的反对。公元前151年和公元前139年，罗马公民曾两次反对过元老院的征兵命令。

如果不能够顺利地解决兵源问题，罗马共和国对各行省的统治将受到严重威胁，这使得罗马统治阶级深感不安。在这个危急时刻，格拉古集团站了出来，进行了一场以土地问题为中心的改革，希望通过复兴农民的方式顺利地解决兵源不足的问题。

公元前135年，提比略·格拉古担任维护平民利益的保民官，并提出了土地改革法案。这份法案规定，每一位公民占有的土地面积不得超过500犹格（古罗马计量单位）。鉴于当时的实际情况，这部土地法做出了让步，规定公民两个成年儿子每人可以占有250犹格。这就相当于只允许每户人家占有1000犹格（约250公顷）的土地，超出部分全部移交国库。罗马政府再将收回的土地以30犹格为单位，分成若干小块，之后分配给没有土地的贫苦农民。那些农民得到土地后，不得转让或出售，但可以世袭使用。

为了保证土地法顺利实施，那些贫苦的农民还选举了提比略·格拉古、盖约·格拉古（提比略·格拉古的弟弟）及阿庇乌斯·克劳狄乌斯（提比略·格拉古的岳父）组成土地审查分配三人委员会。如此一来，格拉古兄弟等人就获得了审查国有土地、进行土地分配的权利。

提比略·格拉古的土地法提出后，立即遭到了富人们的反对。他们采取卑鄙的手段，收买了提比略·格拉古的朋友、保民官屋大维。为了阻止提比略·格拉古的土地法案获得通过，屋大维两次行使否决权。提比略·格拉古劝说屋大维将否决权放弃，但屋大维没有同意。提比略·格拉古无奈之下，只得发动罗马公民将屋大维的保民官职务罢免。

此后，土地法获得通过，成为罗马共和国的法律。可是，以提比略·格拉古为首的三人委员会在调查和分配土地的工作中遇到了很多麻烦。长期以来，罗马的公民一直占有着公地，并把它们当做私有财产。三人委员会很难确定哪些土地为公有地，哪些土地为私有地。另外，土地法只规定把土地分配给没有土地的农民，但是那些农民非常贫困，根本没有钱来购买家具和种子，土地法并没有对于这个问题做出规定。如果不将这个问题解决，那么提比略·格拉古的土地法必将无法继续推行下去。公元前133年夏天，珀尔伽穆斯王阿塔鲁斯三世去世，他在临死前留下将财富赠送给罗马人民的遗嘱。为了解决贫困百姓购买农具和种子的问题，提比略·格拉古提出一项新法案，打算将阿格鲁斯三世的财富分配给贫困的农民，作为他们购买农具和种子的资金。这个法案得到通过，但是不符合罗马共和宪政惯

罗马人认为农业是最高贵的职业，但当自给自足无法实现时，人们发现奴隶和佃农耕种了大部分土地，城市地主在榨取他们的劳动成果。

例的规定，因为元老院才是专门负责国家财政事务工作的部门。于是，反对派便以此做文章，诬蔑提比略·格拉古打算称王，使得双方的斗争更加激烈。

为了保证土地改变能够继续下去，也为了保障自己的人身安全，提比略·格拉古必须继续担任保民官。罗马共和国的法律虽然没有明确禁止一个人不能连续两年担任保民官，但是这种情况已经很长时间没有出现过了。提比略·格拉古为了继续推行土地改革，提出竞选下一年度保民官。元老贵族便利用这一点，对提比略·格拉古进行猛烈的攻击，阻止他连任。

选举的那天很快就到了。那些元老贵族把自己的门客武装起来，打算使用武力阻止提比略·格拉古当选。罗马公民都来到罗马广场上，开始进行投票。就在这个时候，以提比略·格拉古为首的改革派与贵族元老领导的反对派发生冲突。正在开会的元老院成员，受到贵族元老的蒙蔽，参加了镇压提比略·格拉古的战斗。提比略·格拉古等人寡不敌众，最后被击败。提比略·格拉古被杀，尸体被抛入台伯河里。

在提比略·格拉古被杀十年后，也就是公元前123年，他的弟弟盖约·格拉古当选为保民官。盖约·格拉古继承了哥哥的遗志，继续将土地改革运动推行下去。为了配合土地法，他还推行了粮食法、亚细亚省法、审判法、修筑法等改革法案。这些法案出台后，受到了广大贫困百姓的热烈欢迎，这也使他得以连任保民官。此后，盖约·格拉古又提出了公民权法和殖民法这两项更为激进的新法案，打算通过开辟殖民地的形式保障土地法能够顺利实施。他还打算让意大利人和拉丁人获得罗马的公民权，这引起了罗马各阶层的不满。于是，他第三次竞选保民官时没有成功。此后，一些骑士和元老贵族对他进行公开攻击，并导致大规模的武装斗争爆发。盖约·格拉古被打败，最后自杀身亡。

虽然格拉古兄弟的改革最终没有成功，但是对豪门贵族的统治造成了严重的冲击，将罗马共和国进一步发展必须要解决的问题揭露出来，促进了罗马社会的发展。

平民出身的执政官马略

马略是古罗马著名的军事家和政治家。他出身于平民家庭，自幼生活贫寒。成年后，马略进入军队，在围攻西班牙的努曼提亚一战中崭露头角，开始获得重用。他先后担任过保民官、大法官、西班牙总督。公元前107年，50岁的马略当选为罗马的执政官。在此之后，他先后 7 次登上执政官的高位，最终死在了这个位子上。

马略首度当选执政官时，罗马统治阶级内部的两大派系贵族派和民主派正斗得不可开交。贵族派的主要成员是保守的元老贵族，民主派则主要以主张建立个人独裁统治的平民为主，他们积极开展平民运动，希望以此来打击元老贵族的势力。不过，当时占据上风的仍是元老贵族。

公元前 111 年，罗马在北非的保护国努米底亚的国王朱古达突然率军反抗罗马，并将努米底亚都城中的罗马人全都杀光了。第二年，罗马对其开战。这场战争从公元前 110 年一直打到公元前 105 年。在战争前期，罗马军队丝毫不占优势，接连多次败在朱古达手上。直到公元前 107 年，马略当选为罗马执政官后，罗马军队才开始反败为胜。

为了提升罗马军队的战斗力，马略在国内进行了大规模的军事改革。

第一项改革措施就是以募兵制代替征兵制。以往罗马政府在征兵时都要以个人财产为依据，没有财产的人可以不用服兵役。马略却下令，无论有没有个人财产都要服兵役。当时北非战场上的罗马军队陷入了人数不足的危机，马略通过这样的改革措施招收了一大批无产者入伍，很快就使北非的罗马军队获得了充足的兵源。

第二项改革措施是延长服兵役的年限。马略下令将士兵服兵役的年限延长为 16 年，在此之前，罗马军队都是在战争爆发后临时召集起来的，战争结束后马上就可以解散。在延长兵役年限的同时，马略还规定，退役之后的军人可以分到一块土地作为服兵役的补偿。这样一来，那些一穷二白的无产者就可以通过服兵役来获取赖以生存的土地了。

第三项改革措施是实行固定的军饷报酬。原本罗马的士兵去打仗时连武器都要自备，罗马的第一次撤离运动就是因此爆发的。现在服兵役的年限延长了，士兵们若是没有军饷报酬，就只能活活饿死。马略针对这一情况，规定了步兵、骑兵等兵种的具体薪酬，以免除士兵们的后顾之忧，让他们可以专心打仗。

第四项改革措施是改变军队的编制。罗马的军队总共分为四个兵团，马略在军团中新设了大队，每个军团分为 10 个大队，每个大队又分为 3 个中队。作战时，一个军团分为三线，冲在最前面的是第一线，由 4 个大队组成，后面的第二线和第三线则分别由 3 个大队组成。

最后一项改革措施是统一武器装备。马略为全体重装步兵都配置了威力极强的投枪和短剑，进一步提升了军队的战斗力。

马略通过这一系列的军事改革措施在罗马建立了第一支职业军队。公元前106年，马略与部将苏拉带着这支实力强大的军队赶赴北非战场。

此后，努米底亚的军队不断溃败。公元前105年，努米底亚国王朱古达仓皇逃窜到毛里塔尼亚避难，该国的国王波库斯就是朱古达的岳父。不过，波库斯对这位女婿却素无好感。后来，苏拉在无意间结识了波库斯，两人很快就成了一对好朋友。苏拉乘机游说波库斯交出朱古达，波库斯也乐意做这个顺水人情。就这样，朱古达成了马略的俘虏，罗马军队胜利结束了在北非的战争。

接下来，马略又率领这支强大的罗马军队先后击败了条顿人和辛布里人。这段时期，罗马的民主派极力拥护马略，但是贵族派的元老们却始终对出身平民的马略心存芥蒂。到了公元前88年，马略的部将苏拉立下大功，在国内赢得了巨大的声誉，并取代马略，当选为当年的执政官。由于苏拉出身贵族，罗马的贵族派元老全都站在了他这边。

马略自然不会甘心败在昔日的部将手上，为了争权夺势，他与苏拉之间爆发了激烈的冲突。结果马略战败，被迫逃往北非。然而，马略并没有就此罢休。公元前87年，他又卷土重来，率领大军攻占了罗马，并于公元前86年再次当选为执政官。可惜好景不长，年迈的马略就因病去世了。

"半狐半狮"的独裁者苏拉

苏拉是古罗马著名的将领、政治家和独裁者。苏拉早年投身于马略麾下，后来又成了马略的政治对手。与出身平民的马略不同，苏拉出生于一个贵族家庭，可惜之后家道中落。

公元前106年，苏拉跟随马略来到北非战场，与努米底亚国王朱古达开战。第二年，苏拉生擒了朱古达，立下大功，也因此抢了马略不少风头。不过，马略并没有就此疏远苏拉，反而不断对苏拉委以重任。苏拉也果然没有辜负马略的期望，在接下来对日耳曼人的战争中又立下了赫赫战功。野心勃勃的苏拉原本想借此机会高升，可马略并没有如他所愿。苏拉明白，马略已经对自己生出了戒心，若想谋求更好的发展，自己只能转投其他政治家门下。于是，苏拉不声不响地投靠了罗马当时的另外一名执政官。马略对此非常气愤，与苏拉的关系正式破裂。

脱离马略之后，苏拉迅速高升。公元前93年，苏拉出任罗马的大法官。在公元前 91 年至公元前 88 年的同盟者战争中，苏拉又成功镇压了反对罗马同盟。公元前 88 年，苏拉当选为罗马的执政官。

公元前 89 年，地处小亚细亚的本都王国为争夺罗马统治的小亚细亚西部和巴尔干地区，与罗马正面交锋。因为本都王国当时在位的君主是米特拉达梯六世，所以这次战争便被称为米特拉达梯战争。

为了争夺此次战争的指挥权，苏拉与马略之间发生了激烈的冲突。贵族派的元老们将指挥权赋予了苏拉，与此同时，民主派又召开公民大会，选举马略担当战争的总指挥。面对这种情况，马略的一名部将在一怒之下杀掉了苏拉的不少部将，并直接威胁到苏拉的性命。

好汉不吃眼前亏，苏拉赶紧从罗马逃了出去。不久之后，苏拉又率领大军折回罗马，要武力夺取战争的指挥权。很多罗马百姓躲在屋顶上，朝苏拉的军队投掷石块，以此表达他们的不满。苏拉愤而下令，让部下将燃烧的箭射到屋顶上去，城中很多房屋因此被烧毁。

马略闻讯赶来，与苏拉大战一场。最后，马略不敌苏拉，被逼逃往北非避难。苏拉乘机控制了整个罗马，并急召元老院开会。这次的会议规定今后公民大会不管通过何种法案，都必须先经过元老院的审核批准，否则便不能生效。如此一来，元老院便成了国家的最高权力机关，为了有效地控制元老院，苏拉还从自己的部下中挑出 300 人出任元老。苏拉以为这样就不必担心罗马的大权会落到别人手上了，可是他没有想到，在他率军去与本都王国交战的这段时间，马略又带着大军从北非回到了罗马。

时任罗马执政官的秦纳与马略里应外合，一举控制了罗马。公元前 86 年，马略再次当选为执政官，苏拉此前制定的各项规定都被他废除了，苏拉的大批拥趸也死在了他的刀下。

当时，苏拉身陷战场，根本就无法返回罗马，夺回原本属于自己的地位。苏拉心急如焚，却也无计可施。后来听说马略在担任执政官期间

罗马军团士兵
罗马军队中训练最好的是 15 万名罗马军团士兵。他们训练有素，装备精良。

病死了，苏拉随即放下了心中的一块大石，暗想等打赢了这场战争，再回去对付秦纳等人也不迟。

经过一番苦战，米特拉达梯六世终于被迫向苏拉求和。公元前83年，苏拉带着4万大军返回罗马，将秦纳等马略余党彻底肃清，恢复了元老院的地位，并迫使公民大会选他为终身独裁官。

苏拉曾在公民大会上宣布："对我的敌人，我一个都不会宽恕，我会用最残酷的手段来对付他们。"事后他果然说到做到，开始在罗马境内大肆搜捕所谓的"逆党"，一旦搜到，格杀勿论。那段时期，罗马百姓人人自危，唯恐自己会被列入苏拉的黑名单，稀里糊涂就丢掉了性命。

苏拉倚仗自己的军事大权，将国家的行政、司法、财政等权力全都掌控在了自己手中，从而开创了依靠军队的力量实行独裁统治的先河，为后来的恺撒大帝等人树立了榜样。

苏拉英勇如狮子，狡诈如狐狸，人称"半狐半狮"。这位独裁官在掌握独裁大权4年之后，突然宣布隐退，从此不理政事。谁也不知道他这样做的原因是什么，有人说他是想还政于民，有人说他是身患重病不得不隐退。不过，苏拉在隐退以后，依然对罗马政坛保持着一定的影响力。公元前78年，苏拉隐退才不过一年就去世了，享年60岁。

"祖国之父"恺撒

盖乌斯·尤利乌斯·恺撒是罗马共和国末期优秀的政治家和军事家，被古罗马人称为"祖国之父"。

公元前100年，恺撒出生在一个罗马贵族家庭里。他的父亲担任过罗马的大法官、财政官、小亚细亚总督，他的母亲是执政官卢西乌斯·奥莱利乌斯·科塔的女儿，他的叔叔在公元前91年也曾担任过执政官，他的姑母嫁给了声名显赫的马略。良好的出身为恺撒步入仕途奠定了良好的基础。恺撒7岁时被送到专门负责培养贵族子弟的学校学习历史、文学等方面的知识。他聪明好学，经常向老师提出各种各样的问题。恺撒的姑父马略是恺撒小时候最崇拜的人，恺撒经常让姑父讲述在外征战的事情。此后，恺撒又阅读了大量书籍，掌握了渊博的学识，能够写一手好文章。

公元前86年，恺撒的姑父马略去世。公元前84年，提名恺撒为朱庇特神祭司的秦纳去世。他们都是元老院民众派的领袖，他们的去世对恺撒来说具有非常大的影响，因为在恺撒走上仕途后，他们一直在为他保驾护航。不过，他们的去世也让恺撒获得了更多的自由。

公元前82年，在内战中获胜的独裁官苏拉逼迫恺撒与妻子科涅莉亚离婚，恺撒没有同意。为求自保，恺撒离开罗马，前往东方旅行。公元前81年，恺撒来到小亚细亚，并接受了前往比蒂利亚寻找船只的使命。尼科梅德是卑斯尼亚的国王，他已经许下承诺，为罗马提供船只，但迟迟不见行动。恺撒拜访了尼科梅德，成功地说服他履行承诺。公元前80年，恺撒跟随罗马军队来到米蒂莱，他的外交才能和军事才能得到了充分的体现。

公元前78年，恺撒因苏拉去世而得到了重返罗马的机会。回到罗马后，他对政治并不关心，只是以辩护人的身份参加了几次辩护。公元前76年，恺撒再次前往东方游历，并于两年后返回罗马，成为一名祭司。公元前72年，恺撒通过选举当选为军事保民官。公元前70年，恺撒通过选举当选为下一年度的财政官，并获得成为元老院议员的资格。公元前69年，恺撒前往西班牙赴任，负责主管西班牙行省的财务工作。

公元前66年，恺撒被选举为下一年的市政官。这一官职除了负责建设和维护城市的公共设施之外，还要组织大赛马场的活动，那是最受罗马市民喜欢的竞技项目之一，一点儿也含糊不得。可是，组织这项活动需要自掏腰包。恺撒为了满足普通民众的兴趣，从而赢得他们的支持，耗巨资修建或者改造公共建筑，使自己负债累累。

公元前63年，罗马祭司长皮乌斯去世，恺撒参加了祭司长的竞选，并顺利当选。不久后，他又当上了大法官。公元前61年，他的大法官职位到期，他又当选为西班牙行省总督。刚刚抵达伊利里亚后，他就向加西埃人和卢西坦人发动进攻，获得了大量战利品，摆脱了困境。

公元前60年，恺撒当选为罗马共和国的执政官。为了巩固自己的势力，他与庞培、克拉苏组成前三巨头同盟，实力得到明显提升。当执政官任期到期后，恺撒获得到了管理伊利里亚和高卢（今法国南部）5年时间的权力。公元前58年，他刚一到任就发动了高卢战争，将整个高卢变成了罗马的高卢行省。

高卢战争的胜利使得恺撒成为罗马人心目中的大英雄。公元前53年，克拉苏东征失败身亡，庞培担心恺撒会对自己不利，心里一直惴惴不安。公元前49年，元老院命令恺撒率领部队返回罗马。恺撒不但不听，还要求元老院将他高卢总督的任期延长。元老院向恺撒下达最后通牒，要求他立即返回，否则将宣布他为国家的敌人。

此后，恺撒率领部队度过了卢比孔河。他的做法违反了罗马法律，相当于宣布背叛罗马。元老院共和派议员和庞培都被恺撒的举动震惊了，他们立即携带着家人逃到了意大利半岛。恺撒顺利地进入罗马城，要求没有逃走的其他元老院议员推举他为独裁官。

公元前48年，恺撒击败了庞培，并一路追击至埃及。埃及国王托勒密十三世杀死庞培，将庞培的头颅送给恺撒，希望以此获得恺撒的支持。同时，埃及艳后克里奥帕特拉色诱恺撒，使得恺撒宣布由托勒密十三世及克里奥帕特拉共同执掌埃及政权。埃及人对恺撒的安排不满，便发动了亚历山大战役。恺撒率领军队击败埃及军，托勒密十三世在逃跑途中死去，克里奥帕特拉成为了埃及的统治者。

公元前45年，恺撒领兵前往西班牙，平定了庞培的两个儿子发动的叛乱。公元前44年，恺撒返回罗马并宣布自己为终生独裁官。为了表彰恺撒的功绩，罗马人把他称为"祖国之父"。

恺撒在独裁期间，推行了一系列改革措施来加强中央集权。这种措施使得元老贵族的势力受到了削弱。因此，一些元老贵族坚决反对恺撒的独裁统治。

公元前44年3月的一天，恺撒来到元老院参加会议。虽然他事先就已经收到情报，知道有人将会在元老院行刺他，但是他仍然只身前往。

他来到黄金宝座上，非常从容地说："我来到这里又怎么了，今天不就是3月15日吗？"就在这个时候，一个共和派议员紧紧抓住他的紫袍，其他人蜂拥而上，拔出短剑，向他刺去。恺撒赤手空拳，拼命抵挡那些人的进攻。可是，由于对方人多势众，恺撒的腰部和大腿先后中剑，最终失去了抵抗的力量。

恺撒死后，一个行刺者说："我爱恺撒，但这种爱根本无法与我对罗马的爱相提并论。"他原本以为自己做了一件对罗马有重大意义的事情，可是当他拿着杀死恺撒的短剑走出元老院时，罗马百姓却表现得相当冷漠。

恺撒死后，那些共和派的议员原本打算将他的尸体扔到台伯河里，但由于害怕遭到执政官马克·安东尼和骑兵队长雷必达的责备而作罢。

恺撒推动了罗马帝国的形成，是罗马帝国的奠基者，对罗马及欧洲各国产生了深远的影响，甚至后来俄罗斯帝国和德意志帝国的君主把他的名字当做皇帝的称号。

罗马前三头

公元前60年，恺撒当选为罗马共和国的执政官。元老院贵族们担心恺撒利欲熏心，实行独裁统治，便通过贿选的方式，使得元老院精英派代表马尔库斯·毕布路斯当选为执政官。在强大的政治对面手面前，恺撒必须要寻找新的合作伙伴与元老院对抗。

就在这个时候，恺撒把注意力集中到了两个人的身上，他们是庞培和克拉苏。

庞培出身于贵族家庭，从小就开始接受良好的教育，深受当时先进的希腊文化所吸引。他的父亲斯特拉波·庞培是罗马共和国著名的将领。庞培自幼便受到父亲的影响，喜欢上了军事，并在17岁那年随父亲一起出征打仗。公元前87年，庞培继承了父亲在皮凯努姆的产业，并在那里度过了6年时光。当时，苏拉和马略正在为争夺罗马最高统治权而打得不可开交。庞培意识到，若想干一番大事，必须要投靠苏拉才行。于是，他开始招募士兵，冲破马略部下的封锁线来见苏拉。苏拉看到庞培是一个军事人才，就把他留了下来，并对他委以重任。

公元前82年，苏拉成为罗马的独裁者。庞培竟然将自己的妻了抛弃，娶了苏拉的女儿，以此来拉近与苏拉的关系，巩固自己的地位。此后，苏拉夺得西西里岛，在非洲击败多米提乌斯。

在非洲取得的功绩使得庞培的威望大大提高。苏拉担心庞培功高震主，命令庞培把部队解散。可是，庞培非但没有那样做，反而还要求苏拉为自己举行凯旋式。当时只有立下大功的行政长官或者执政官才享有这种待遇，而庞培既不是行政长官，也不是执政官，甚至连公职都没有。他之所以提出这样无礼的要求，无非是他认为自己已经具备了与苏拉分庭抗礼的实力。面对着庞培无礼的要求，苏拉无可奈何，只好破例为庞培举行凯旋式。

苏拉死后，庞培接受元老院的命令，镇压了雷必达叛乱。此后，他又平定了西班牙民主派领袖塞尔托里乌斯发动的叛乱。公元前66年，庞培前往东方，与本都国王米特拉达梯六世作战。庞培率领军队将本都国王围了起来，又将其粮道截断，逼迫他投降。本都国王无奈之下只好率领骑兵突围。庞培率领大军追击，逼迫本都国王自尽。于是，庞培取得了米特拉达梯战争的胜利。他把本都与比提尼亚合并为罗马行省，后来又在卡帕多基亚、犹太及加拉太等地扶植新的国王，使得罗马统治了东方一些国家，庞培也因此成为东方的"王中之王"。此时，庞培掌握了极大的权力，成为了罗马最有权势的人。

公元前 62 年，庞培返回罗马。元老院担心庞培实行独裁，同时对他擅自作主，将行省包税赐给骑士的做法不满，便没有立即为他举行凯旋式。庞培将他在东方实行的各项措施提出来，请求元老院批准。此外，他还请求元老院把土地分给他的老兵。但是，他的这些要求全部遭到了元老院拒绝。庞培恼羞成怒，开始与元老院对抗。就在这时，他得到了恺撒提出的结盟请求，于是一口答应下来了。

恺撒要拉拢的另外一个人克拉苏是当时罗马的首富。克拉苏看到罗马城里的房屋排列得非常紧密，极易发生火灾，就组织起一个消防队，利用公共的灾难来敛聚财富。当有房屋发生火灾时，克拉苏就找到房屋的主人，以非常低廉的价格将正在燃烧的房屋买下来。那时火灾一旦发生，房屋的主人就会遭受严重的损失。为了将损失减到最小，他们便愿意把房屋卖给克拉苏。买下房屋后，克拉苏出动他的消防队救火。除了正在燃烧的房屋外，克拉苏还会将旁边的房屋也买下来。克拉苏就利用这个办法买下了大量房屋，之后再以较高的价格租出去。除此之外，克拉苏还拥有不计其数的银矿和奴隶，这使得他成为了罗马最富有的人。公元前 70 年，克拉苏当选为罗马执政官。恺撒看中了他的财富，希望与他结盟。当时克拉苏正在为控制对抗帕提亚所需要的军队而烦恼，他认为恺撒能帮助他解决这个问题，就同意与恺撒结盟。

公元前 60 年，恺撒、庞培及克拉苏为了各自的利益结成同盟。历史学家把他们三个在罗马举足轻重的大人物称为"罗马前三头"。

他们三个人结盟后，便成为了罗马的掌控者。但是，他们都希望能够成为罗马的独裁者，这就注定了他们的同盟不会持续太久。恺撒获得高卢战争的胜利后，他们的矛盾便开始显现出现。

高卢战争的胜利使得恺撒的实力得到了很大提高。庞培担心恺撒会成为罗马的独裁者，便逐渐向贵族派靠拢，希望借助贵族派的势力与恺撒对抗。公元前 56 年，为了缓解矛盾，他们三人在路卡举行了会谈。经过商议，他们达成协议：公元前 55 年的罗马执政官由庞培和克拉苏共同担任。任期结束后，庞培担任西班牙总督，克拉苏担任叙利亚总督，同时延长恺撒在高卢的权力 5 年。

可是，庞培最先违背了这个协议。他在执政官任期结束之后，一直留在罗马，并让副将管理西班牙和自己的军队，以便控制罗马政局。公元前 53 年，克拉苏战死，"前三头同盟"只剩下恺撒和庞培。此后，他们为争夺罗马的统治权而展开了内战。

公元前 49 年，内战正式打响。恺撒被元老院宣布为罗马公敌，庞培受到元老院的委托，赶到意大利招募军队。公元前 48 年，恺撒率领 1 万名高卢骑兵攻打庞培。可是，在季拉基乌奴战役中，恺撒两次被庞培打败，实力受到很大的削弱。尽管如此，这并没有对此后的战局造成太大影响。不久后，恺撒与庞培在法萨尼进行决战，恺撒大获全胜，庞培全军覆没。失败后的庞培逃向埃及，被埃及国王托勒密十三世所杀。至此，庞培与恺撒为争夺罗马统治权的而进行的战争宣告结束。

斯巴达克起义

公元前 73 年至公元前 71 年，罗国共和国爆发了一次非常著名的奴隶起义。这次起义的领导者为斯巴达克，因此这次起义被称为斯巴达克起义。

斯巴达克是希腊东北部的色雷斯人。他身强体壮，长相英俊，有着超出常人的勇气，在参加希腊反抗罗马的战争中兵败被俘，沦为奴隶。他的主人觉得他具备成为优秀角斗士的天赋，使把他送到加普亚城的一所角斗士学校学习。罗马人根本不把奴隶当人看，他们把奴隶称为"会说话的工具"，逼迫奴隶做大量繁重的工作。为了取乐，他们还建造一些巨大的角斗场，逼迫奴隶充当角斗士，在里面用匕首和剑互相厮杀。为了活命，那些角斗士只得残忍地将对手杀死。

被送到角斗士学校学习的斯巴达克对角斗士的悲惨命运有所了解后，对罗马充满了仇恨。他宁愿为自由而死，也不愿意充当罗马统治阶级取乐的工具。因此，他在角斗士学校经常劝说其他角斗士奋起反抗。在他的劝说下，两百名角斗士同意发动起义。就在离他们约定的起义时间越来越近时，起义的秘密被一个叛徒泄露出去。斯巴达克很清楚，与其坐以待毙，还不如提前行动，那样做或许还有一条活路。于是，起义提前爆发了。

一天夜里，可怕的惨叫声从角斗士学校的铁窗里传出。三个负责守卫的士兵听到叫声后，立即跑了过去。他们高声说道："为什么不老实睡觉，大半夜的叫什么叫，不想活了吧？"

一个角斗士回答说："高卢人把我们的伙伴给打死了。我们制服了他。你们看该怎么办，如果你们不处理他，我们就要把他勒死。"

士兵拿着油灯向监牢里照了照，看到几个角斗士将一个人制服，还有一个人

斯巴达克雕像

躺在地板上。一个士兵说："把死人抬出来，把那个人交给我们处理。"说完后，他拿出钥匙，将监牢的门打开。就在这个时候，角斗士们以迅雷不及掩耳之势将那几名士兵打倒，然后将他们身上的短剑拔出，冲出监牢的大门。逃出去的角斗士将其他监牢的门打开，放出里面的角斗士。

在斯巴达克的带领下，78 名角斗士冲出了角斗士学校。之后，他们遇到了一支向角斗士学校运送武器的队伍。斯巴达克率领角斗士们击败了这支队伍，抢走了他们的武器。他们把自己武装起来，然后逃到了维苏威，并把那里当做据点，开始招募更多的奴隶参加起义。附近的奴隶听说后，纷纷前去投奔，起义队伍很快就扩大到 1 万多人。斯巴达克看到起义军的队伍壮大起来，就按照罗马军队的形式改编了起义部队。除了常规的步兵外，斯巴达克还建立了通信兵部队、骑兵部队及小型辎重队。此外，斯巴达克还制定了严格的行军、生活规章制度。

罗马的统治阶级听说斯巴达克率领奴隶发动起义后非常震惊。罗马元老院立即派行政长官克劳狄亚率领 3000 人前往维苏威镇压起义军。克劳狄亚打算将起义军困死在维苏威火山上，他派人将维苏威山包围起来，并将唯一可以突围的道路封锁住。斯巴达克临危不乱，命令起义军用野葡萄藤编成绳梯，夜里悄悄地爬下悬崖，绕到敌军后面向敌军发动进攻。罗马军队猝不及防，被打得溃不成军。此后，在斯巴达克的率领下，起义军很快就将整个坎佩尼亚平原控制下来。公元前 72 年，起义军的队伍已经扩大到 12 万人。

罗马元老院立即派遣两支军队讨伐斯巴达克领导的起义军。面对着强大的敌人，起义军内部出现了严重的分歧。斯巴达克和大部分奴隶都认为罗马军队实力非常强大，如果在意大利本土建立政权，势必会受到很大的阻碍。他们主张离开意大利，向北进入高卢地区，罗马共和国的势力还没有到达那里，因此可以在那里建立政权，与罗马对抗。可是，起义队伍中还有一批当地的贫农和牧人，他们希望继续留下来与罗马军队作战，以便将失去的土地夺回来。斯巴达克无法说服那些人，便让他们留在当地，自己率领起义军主力部队北上。留下来的部队大约有 3 万人，他们在伽尔伽努斯山下被罗马军队打败，2 万人壮烈牺牲。斯巴达克赶来救援，但为时已晚。此后，斯巴达克率领起义军继续北上，穿过整个意大利，并在高卢省的摩提那会战中将卡西乌斯总督的军队击败，这使得起义军倍受鼓舞。但是，当来到阿尔卑斯山后，起义军遇到了阻碍。阿尔卑斯山高达数千米，气候非常恶劣，大队人马很难通过。斯巴达克仔细考虑后，决定放弃翻越阿尔卑斯山的计划。他下令将不需要的马匹杀掉，将多余的物资毁掉，然后率领部队浩浩荡荡地向南而去。听说起义军南下后，罗马元老院乱作一团，任命执政官克拉苏率领罗马军队镇压起义军。克拉苏制定了残酷的"什一法"，规定凡是临阵逃跑的士兵，十人之中将有一人被杀，逼迫罗马士兵进行战斗。尽管如此，克拉苏的军队仍然在与起义军的交战中不断失败。

斯巴达克率领起义军来到意大利的布鲁提亚岛，打算从那里渡过墨西拿海峡。由于海盗背信弃义，没有为起义军提供船只，使得起义军陷入困境。斯巴达克立即下令制造木筏，可是木筏根本无法对抗海上猛烈的风浪。就在起义军一筹莫展时，克拉苏率领罗马军队赶到，将起义军撤回意大利的后路切断。斯巴达克率领起义军深夜突围，打算渡海前往巴尔干半岛。

公元前71年春，起义军来到布林的西港附近，并在那里与罗马军队展开了激战。由于罗马军队人多势众，起义军6万多人在战斗中壮烈牺牲，斯巴达克和1万多名奴隶被包围起来。斯巴达克看到形势对起义军不利，便想寻找机会将克拉苏杀死。可是，敌人根本没有给他这样的机会。后来，斯巴达克被敌人刺中大腿，可他依然忍受着剧烈的疼痛，拿着盾牌与敌人厮杀，直到最后被敌人杀死。斯巴达克死后，起义军大乱，很快就被罗马军队击败。克拉苏为了报复起义者，将6000名俘虏残忍地处死。斯巴达克起义随即宣告失败。

斯巴达克领导的奴隶起义虽然没有成功，但是仍然具有重大意义，它沉重打击了罗马统治阶级势力，推动了罗马政权由共和制向君主制发展。

"奥古斯都"屋大维

恺撒死后，罗马出现了一个可以与恺撒比肩的统治者。他就是屋大维。

屋大维原名叫盖乌斯·屋大维乌斯·图里努斯，出生在一个骑士阶级家庭之中，他的母亲是恺撒的侄女。公元前44年，恺撒在元老院被杀害。恺撒的岳父按照恺撒的要求，在马克·安东尼家里宣读了恺撒的遗嘱。在遗嘱中，恺撒将自己全部财产的四分之三赠给了屋大维，还把自己的名字传给屋大维，把屋大维吸纳入自己的家族之中。

恺撒死后，在外打仗的屋大维招募恺撒的旧部，带领他们返回罗马。他不仅要继承恺撒的财产，同时还要获得恺撒的权力和地位。就在屋大维对未来进行美好的憧憬时，一个人的出现让他清醒过来，那个人就是恺撒手下将领马克·安东尼，在他眼里，屋大维根本就不值一提。屋大维虽然只是一个初出茅庐的年轻人，但有着出众的谋略，他利用元老院的力量，将安东尼打败，成功地当上了罗马执政官。

为了与元老院的势力对抗，公元前43年，屋大维与马克·安东尼及恺撒的同僚雷必达结成了同盟。他们三个人也被称为"罗马后三头"。之后，他们打着为恺撒报仇的旗号，对元老院中的共和派强硬分子进行清理。这导致300名共和派分子和3000名骑士被杀，财产被剥夺。刺杀恺撒的卡西乌斯和布鲁图为求自保，向东方逃去。屋大维与安东尼率领军队追击，获得大胜，逼迫卡西乌斯和布鲁图自杀。

屋大维与安东尼及雷必达的同盟使得罗马共和派走向穷途末路，罗马由共和走向独裁已经成为无法避免的趋势。

屋大维返回罗马后，将原本由安东尼控制的高卢地区夺下。安东尼却前往埃及，与恺撒的爱人克娄巴特拉结成同盟，并与克娄巴特拉生活在一起。公元前40年和公元前37年，屋大维与安东尼、雷必达两次会面，对势力范围进行了重新划分。公元前36年，三人密切合作，将庞培打败。之后，屋大维趁机将雷必达的军权解除，向着独裁统治迈出了坚实的一步。

公元前32年，屋大维正式向安东尼宣战，并于不久后在希腊西岸的阿克提乌姆湾将安东尼打败。安东尼逃到埃及，最终无力扭转败局，自杀身亡。

从此之后，罗马进入了屋大维统治时期。公元前30年，屋大维被封为罗马的"终身保民官"。公元前29年，他又获得"大元帅"的称号。公元前28年，他开创了元首政治，结束了罗马共和国，宣告罗马进入帝国时代。

屋大维在开创罗马帝国后，推行了一系列举措，使得罗马发生了巨大的变化。他对罗马的财政与税收制度进行改革，对元老院进行重组，为了给自己手下的文官发放工资，还建立起"元首金库"。他还用自己的钱兴建了大浴池、大剧场等公共设施，改善了罗马的交通，促进了罗马的贸易、通讯、邮政事业的发展。此外，屋大维还创立了罗马第一支常备军以及保护首都及皇帝本人安全的禁卫军；为防止周边国家干预罗马的内政，还把军队派到边境上驻扎。屋大维还对婚姻、家庭和生育进行赞美，对世风进行整顿，制止卖淫、通奸、奢侈等不正之风。

经过屋大维的努力，罗马的疆域不断扩大，加拉提亚省归属罗马，多瑙河成为罗马的疆域。公元9年，罗马在条顿堡森林伏击中失败，这才停止了向西部日耳曼的扩张。之后，罗马又将高加索和亚美尼亚吞并。

公元14年8月，屋大维去世。为了表彰他的功绩，罗马元老院将他列入"神"的行列。屋大维推行的一系列政策，使得罗马出现了盛世局面，因此他被罗马人民尊称为"奥古斯都（神圣之意）"。

暴君尼禄

在进入帝国时代后，罗马出现了一个非常有名的暴君，他就是尼禄。

尼禄出生在一个罗马贵族家庭里。公元40年，年仅3岁的尼禄失去了父亲，他的母亲阿格里皮娜把他抚养长大。尼禄能够当上罗马皇帝，完全是阿格里皮娜的功劳。

阿格里皮娜长得很漂亮，但她是一个野心家，性格专横，心狠手辣。她的哥哥卡里古拉在提比略之后成为罗马的皇帝。卡里古拉执政时，由于与阿格里皮娜的关系不好，便把她赶出了罗马。公元41年，卡里古拉在近卫军发动的宫廷政变中被杀。他的叔叔克劳狄正在宫中。卡里古拉死后，克劳狄被拥立为罗马皇帝。

公元49年，阿格里皮娜将第二任丈夫毒死，嫁给了克劳狄。她之所以这样做，就是为了让自己与第一任丈夫所生的孩子尼禄当上皇帝。为了实现这个目的，她委任亲信阿佛拉尼乌斯·布鲁斯为近卫军长官，并在布鲁斯的帮助下，除掉了政敌和情敌，巩固了自己的地位。此后，她开始劝说克劳狄不要把皇位传给其亲生儿子不列塔尼库斯，并获得成功。公元51年，克劳狄把尼禄收为养子，并把他与前妻所生的女儿奥克塔维娅嫁给尼禄。公元54年，为了让尼禄尽快登上皇位，阿格里皮娜竟然残忍地将克劳狄毒死。此后，她一面命令布鲁斯率领近卫军将罗马的局势控制住，一面逼迫已经没有多大实权的元老院让她的儿子登上皇帝的宝座。

如此一来，既没有治国的才能，又没有立过战功的17岁少年尼禄就成为了罗马的皇帝。

在尼禄执政初期，他的母亲阿格里皮娜以女王自居，与近卫军长官阿佛拉尼乌斯·布鲁斯以及克劳狄执政时期的老臣共同执掌着国家大权。他们与元老院合作，延用前朝的政策，将奴隶拍卖税与包税人的苛捐杂税取消，举办希腊式的赛会，使得罗马呈现出一派繁荣的景象。

随着年龄的增长，尼禄对自己没有实权的处境越来越不满，于是越来越憎恨自己的母亲。有一次，亚美尼亚使者进见，尼禄以皇帝的身份不允许母亲进入会场。阿格里皮娜非常生气，就用尼禄未成年的弟弟不列塔尼库斯来威胁尼禄。尼禄知道，自己的弟弟对自己的皇位构成了相当大的威胁，如果不把他除掉，自己始终都会寝食不安。于是，他决定将弟弟除掉。他从毒品专家洛卡斯那里获得一种烈性毒药，并在一次宴会上把毒品放到不列塔尼库斯的酒杯里。不列塔尼库斯喝下毒酒后感到异常痛苦。尼禄不但不理睬他，反而对其他人说，不列塔尼库斯患有癫痫病，他这是癫痫病发作的症状，不用担心。最终，不列塔尼库斯被尼禄的毒酒害死。

为了除掉母亲，独自掌握大权，尼禄想出了一个非常恶毒的计划。他在海滨举行了一个宴会，请母亲参加。宴会结束后，尼禄派人用一艘船把母亲送回家，那艘船夜里在大海上裂为碎片。原来，这是尼禄刻意安排的，他想用这个办法杀死自己的母亲。可是，他的阴谋并没有得逞。阿格里皮娜十分擅长游泳，她游到了岸边，躲过一劫。上岸后，她派人给尼禄送信。尼禄看到自己的计策没有成功，便又想出一个更加歹毒的计策。他在接见阿格里皮娜派来的信使时，趁信使不注意，将一把匕首放到了地上，之后突然说信使是奉他母亲的命令来刺杀他的。公元59年，尼禄派人前往阿格里皮娜的乡间别墅将其杀死。

至此，尼禄彻底掌握了罗马的朝政大权，成为了名副其实的罗马统治者。同时，他也开始了荒唐而残暴的统治。

尼禄好大喜功，想在罗马建造一座名为"金殿"的宫殿。可是，由于罗马已经有了很多宫殿，并没有合适的地方建造新的宫殿。尼禄知道这件事后，竟然命人在罗马市中心的大竞技场放了一把火。大火由竞技场向四周蔓延，尼禄非但没有派人去救火，反而登上马撒纳斯塔楼，在里拉琴的伴奏下朗诵《特洛伊的陷落》之中的诗句。罗马市内的建筑物排列得十分紧密，而且一般都非常高，当时还刮着大风，因此火势不断蔓延，最后将罗马城内3个区的建筑物完全烧毁，将7个区的建筑物烧毁大半，让罗马几乎变为一座废墟。

火灾过后，尼禄不顾百姓的死活，依然要建造宫殿。罗马百姓本来就已经怀疑大火是尼禄派人所放，此时更加坚信这一点了，因此全都指责他。尼禄看到众怒难平，便把基督教徒当成了替罪羊。

其实，在基督教刚刚形成的时候，罗马帝国就采用镇压的政策遏制其发展，尼禄之前的统治者克劳狄就曾把基督教徒赶出罗马。尼禄执政后，对基督教也持有偏见，把基督徒当作迷信的人。因此，为了使自己免受罗马百姓的指责，同时对基督徒进行打击和迫害，尼禄便宣称基督徒是罗马大火的元凶。他使用非常残酷的手段，杀害了很多基督徒。

尼禄残忍迫害基督徒的行为引起了罗马百姓的不满，有很多人企图刺杀尼禄，结束他的残暴统治。尼禄在遭受多次行刺后，性情变得多疑起来，经常以谋反罪残害元老贵族阶级，使得他们惶惶不可终日。

尼禄头像

相传尼禄幼年丧父，由其母抚养成人。在其当政之初因母后对其管教严厉，引起尼禄怨恨，公元 59 年，他策划了一起杀母事件。之后又亲小人，远贤臣，火烧罗马城，其残暴令人发指。

公元 68 年，高卢行省长官温代克斯发动起义，反对尼禄的残暴统治，并得到了很多城市的支持。几个月后，日耳曼总督卢福斯接受尼禄的命令，率领日耳曼军团消灭了温代克斯的主力部队，起义被平息下来。不久后，西班牙行省长官阿尔巴也发动了反对尼禄的起义。由于受到温代克斯起义失利的影响，阿尔巴领导的起义军的士气受到影响，接连失利。

就在这个时候，罗马城中的百姓发动了暴乱。尼禄遭到了近卫军的抛弃，同时，由于没有收到温代克斯兵败自杀的消息，他认为高卢和西班牙的叛乱已经取得成功；他知道罗马百姓不会饶恕他，就打算逃到东方去避难。

元老院在收到尼禄从罗马宫廷逃跑的消息后，立即宣布尼禄为"人民公敌"，并指示每个人都可以杀死他。

几天后，尼禄被追击的士兵包围起来。他知道自己已经走投无路，便结束了自己的性命。暴君尼禄长达 14 年的统治随即宣告结束。

弗拉维王朝

公元 68 年，罗马帝国的暴君尼禄被推翻，一时间罗马陷入群龙无首的混乱局面，各方势力都想一统罗马帝国，单是在公元 69 年一年，就有 4 位皇帝登基，这一年也被称作"四帝之年"。

先是西班牙总督被拥立为皇帝，但是他不赞成实行专制制度，并且对待士兵非常严厉，结果在登基 7 个月之后被近卫军士兵杀死。之后，近卫军推举奥托为皇帝，但是罗马军团中的莱茵军团并不承认，他们推举自己的指挥官维特利乌斯为皇帝，最终近卫军与莱茵军团在阿尔卑斯山下决一死战，莱茵军团获胜，失败后的奥托选择了自杀。

除了莱茵军团之外，罗马还有其他军团，如多瑙河军团、东方军团等。多瑙河军团的指挥官名叫弗拉维乌斯·韦伯芗，是一名有勇有谋，深受部下爱戴的杰出将领，多瑙河军团推举他为皇帝，东方军团以及各地官员也表示将服从他的领导。于是，韦伯芗率兵前往罗马。一路上，他们接连击败维特利乌斯指挥的莱茵军团，并于公元 69 年 12 月攻占罗马，杀死维特利乌斯，韦伯芗继位，成为罗马帝国的皇帝，弗拉维王朝的统治时期由此开始。

韦伯芗继位之后，面临着很多难题，当务之急就是在东方对犹太人的战争，以及国内各地爆发的起义。韦伯芗从埃及组织了大批援军围攻耶路撒冷，并派出自己的儿子提图斯率军围城，最终，在坚持了 6 个月之后，耶路撒冷被攻陷。

结束了对犹太人的征战之后，韦伯芗开始组织军队，镇压国内的起义军。这些起义主要发生在高卢地区和日耳曼地区，这些地方自从当年被罗马帝国占领之后，一直试图独立。韦伯芗先向高卢地区派军，由于很多高卢贵族担心战事一起，自己的利益会受到损失，所以早早便向韦伯芗投降。而日耳曼民族则要刚烈得多，双方的厮杀异常惨烈，据说连河水都被尸体截住。虽然最后被镇压，但日耳曼地区的起义军仍旧给了罗马帝国重重一击。

平定叛乱之后，韦伯芗决定进行改革，重新振兴罗马帝国。于是，他在政治、军事、经济等方面展开了改革。

政治方面，韦伯芗认识到如果不向下面放权，各地难免会再次发生起义，于是他将原本只有罗马地区公民享有的权利，扩大到高卢、日耳曼等地区，同时允许西班牙等一些地区实行自治。很多举措在罗马帝国的历史上都是首次，尽管有贵族阶层反对，但韦伯芗还是非常坚决地予以实施。此外，一度消失的监察官制度被他重新启用，并且亲自担任检察官一职。他还重新组建了元老院，一些不服从他的元老被他取消元老资格，并亲自挑选人选，增加到元老院中。

军事方面，韦伯芗解散了曾经参与叛乱的日耳曼军团，削弱了当初支持维特里乌斯为皇帝的近卫军的编制，并且规定以后各地的驻军从当地招募。韦伯芗特别注重军队中战士的素质，此外，他还比较注重军队的民族结构，为了防止同一军团中同一部落的士兵过于集中，他要求各军团之间进行混编，以防发生叛乱。

经济方面，经过连年的内战和外战，罗马帝国的经济形势几近崩溃，韦伯芗决心改变这一现状，重新振兴罗马帝国的财政。而韦伯芗最主要的措施便是加大原有税种的税收力度，开设更多税收种类。韦伯芗的儿子提图斯就曾经找到父亲，对他加收"厕所税"表示不满，他认为这是一件非常荒谬的事情。韦伯芗随手拿出一把钱币，放到儿子的鼻子底下，并问他有没有问到臭味？提图斯摇摇头，说没有。韦伯芗说，这便是从厕所里面收来的税。韦伯芗的财政政策很快见效，没过多长时间，罗马帝国的国库便爆满，韦伯芗开始拿出更多的钱支持政治和军事改革。

公元 79 年夏天，韦伯芗去世，他的长子提图斯继位。提图斯在位期间，延续父亲的治国政策，并从财政中拨巨款修建道路和大剧场。值得一提的是，著名的庞贝城因为火山爆发而被埋没的事件，就发生在提图斯执政期间。公元 81 年，提图斯在位仅两年便去世，有人说是他的弟弟图密善为了篡位下毒害死了他。

提图斯去世之后，他的弟弟图密善继位。图密善与父亲、兄长的性格截然相反，是一位名副其实的暴君。图密善主张对外扩张，但是胜少败多，白白浪费了财力和兵力。对内图密善采取残酷的高压统治，他蔑视元老院，并且逼迫他们称自己为"主人和神"。后来他自己成立了一个顾问团，行使元老院的职责，把元老院变成了一个摆设。他荒淫奢侈，挥霍无度，财力渐渐不支之后，便对贵族强取豪夺。总之，图密善在位期间，没有一个人不恨他。很多人开始秘密谋反，行刺图密善，图密善察觉到这一点之后，开始大肆清洗自己怀疑的对象，很多人无辜被杀，这更激起了人们反对他的决心。公元 96 年 9 月 18 日，图密善的妻子、两个近卫军指挥官和图密善的管家，这些图密善身边最亲密的人联合密谋，将他杀死在卧室里。

图密善死后，元老院推举元老涅尔瓦为罗马皇帝，从此弗拉维王朝灭亡，罗马帝国进入安敦尼王朝统治时期。

庞贝古城

公元前 6 世纪，奥斯坎斯部落在亚平宁半岛西角、距离著名的维苏威火山南麓 10 公里的地方建立起一座小城，它就是庞贝城。

罗马人与奥斯坎斯部落进行了三次战争，最终将庞贝城占领，此后，经过近百年的发展，到公元79年，庞贝城已经成为富商和贵族休闲度假、做生意的场所，豪华别墅比比皆是。同时，大量富商和贵族的到来，也促进了庞贝城的发展，使得它成为罗马帝国农牧业、外贸及酿酒业的集散地。

庞贝城共分9个城区，城内街道井然有序，四通八达，共有4条5尺宽的主干道。城内修建了一座能够容纳2万名观众的竞技场、用大理石修建的圆形大剧院、拥有3000个座位的斗兽场、容纳4万人的大型体育场，此外还有3座公共浴池、30家烤面包房、100多家酒吧、25个妓院以及众多的手工作坊和贩卖奴隶的市场。

阿波罗神庙和维苏威火山
在远处巍然屹立的维苏威火山的衬托下，古老神庙前的雕像似在述说那段不幸的历史。

庞贝城北的维苏威火山因为多次喷发，给庞贝城带来了地热温泉、火山石，为葡萄生长提供了良好的土壤。城中百姓用葡萄酿酒，引来各地贵族纷纷来到当地品尝。庞贝城的地热温泉也非常出名，吸引了很多富商和贵族来到这里建造别墅。

就在庞贝城中的百姓过着幸福的生活时，一场灾难正在向他们袭来，而这场灾难的制造者就是庞贝城北部的维苏威火山。

公元初年，大名鼎鼎的地理学家斯特拉波判定维苏威火山是一座死火山。庞贝城中的百姓对这一论断深信不疑，根本没有对近在咫尺的火山加以提防。他们在火山两侧种了大量的橘子、葡萄、柠檬以及农作物，并期待着能有一个好收成。可是，还没有等到他们的庄稼和水果成熟，维苏威火山便喷发了。

火山口浓烟滚滚，灼热的岩浆夹杂着滚烫的火山灰不断喷发而出，急速涌向庞贝城。当城中百姓还不明白这到底是怎么回事时，整个庞贝城已经被厚度达到将近6米的熔岩和火山灰吞噬了。

庞贝城这个仅次于罗马的第二大城市，这个众人让人无限向往的欲望之都，就这样被毁灭了。

直到1000多年过后，庞贝城才再次出现在世人面前。1707年，人们在维苏威火山脚下的某个地方打井时，无意之中挖出三尊女性雕像。1748年，人们发现

了被火山灰包裹起来的人体遗骸，这才使得在地下沉寂了上千年的庞贝城有了重见天日的机会。后来，经过考古学家的努力，庞贝古城被挖掘出来，并被开发为著名的旅游胜地。

戴克里先改革

戴克里先改革是罗马帝国统治者戴克里先为加强专制统治而进行的改革。

塞维鲁王朝结束之后，强大的罗马帝国进入混乱时期，统治阶级内部不断爆发战争。伊利里亚的奥列良努斯上台后，对军队进行了改革，让很多"蛮族"百姓参军，进入罗马军队，之后开始逐步平定内乱。奥列良努斯的举措收到了良好的成效，同时也为戴克里先改革奠定了基础。

戴克里先是伊利里亚一个奴隶的儿子，他长大之后参了军，并在军队中表现优异，多次受到嘉奖。公元284年，戴克里先因为军功卓越而被提拔为罗马帝国皇帝卡路斯的亲卫队队长。正是在这一年，戴克里先的命运出现了天翻地覆的变化。卡路斯带着儿子努美利亚努斯前往波斯，打算征服波斯；同时，由于高卢发生反抗罗马军队的事件，他派另外一个儿子卡利努斯前往高卢镇压。卡路斯率领大军获得了胜利，可就在凯旋归来的路上，他竟然神秘地死亡了。人们追查他的死因，但一无所获。根据当时的情况，他死于谋杀的可能性比较大。卡路斯死后，他的儿子努美利亚努斯成为了罗马帝国的元首。努美利亚努斯即位后一个月就被人暗杀了，近卫军长官阿培尔不想让士兵们知道这个消息，于是将努美利亚努斯死亡的消息封锁起来。可是，士兵们仍然知道了这件事，因为他们闻到了尸体散发出来的臭味。

亲卫队队长戴克里先对士兵们说，努美利亚努斯是被阿培尔所杀，阿培尔还杀死了卡路斯。阿培尔听后恼羞成怒，拔剑向戴克里先刺来。戴克里先毫无惧色，拔剑与阿培尔交战，并将阿培尔杀死。由于戴克里先为两位元首报了仇，士兵便拥立他为下一任元首。

远在高卢的卡利努斯听说这件事后，立即宣布自己才是真正的元首，并出兵与戴克里先交战。可是，他在战斗过程中被手下杀害，这使得戴克里先名正言顺地当上了罗马帝国的统治者。

戴克里先掌握国家大权后，为了扩大帝国的领土，不断地发动战争。罗马百姓对他的做法深表不满，不断爆发起义。

　　在戴克里先成为罗马帝国的元首之前，罗马帝国在 50 年间共出现了 20 多位皇帝，平均每位皇帝的执政时间大约只有两年。当时罗马的百姓普遍认为，戴克里先也将像他之前的皇帝那样，很快就会下台，或者被杀死。可是，戴克里先不但保住了帝位，还推行了一系列改革，稳定了罗马政局。

　　戴克里先认为，在过去的 50 年里，内战不断的罗马帝国已经走向衰亡，如果不进行改革，势必会失去生命力。于是，他在政治、经济和军事方面进行了改革。

　　在政治方面，戴克里先把罗马帝国一分为二，他自己担任东罗马帝国的皇帝，任命马克西米安担任西罗马帝国的皇帝；罗马不再担任首都的职能，东、西罗马帝国重新修建首都；增加两位皇帝的权力，削减元老院的权力，使得元老院只在罗马拥有权力；由戴克里先和马克西米安各自指定一个继承人，把自己的帝国再次一分为二，由自己和指定的那个继承人共同统治。

　　戴克里先建立起来的政治体制被称为四帝制。这种政治体制可以解决罗马帝国存在的诸多问题。

　　罗马帝国地域庞大，一位皇帝独立管理十分吃力。很多敌人经常由莱茵河到埃及一带边境侵袭罗马，一位皇帝同样很难抵抗。因此把罗马帝国一分为二，让它变成东罗马帝国和西罗马帝国两部分，由两位皇帝统治，这些问题将迎刃而解。帝位继承问题在罗马帝国一直存在，并多次引发战争。戴克里先执政前，罗马帝国并没有明确的帝位继承方法。早期的皇帝一般采用过继法，就是皇帝收养一个儿子，等他长大成人后，就把皇位传给他。后来，担任皇帝者多为军人，他们抛弃了过继法，开始使用家庭继承法。所谓家庭继承法，就是皇帝在去世前把皇位传给自己的儿子。罗马元老院的元老贵族们认为，元老院应该具有推选新皇帝的权力，元老院推选也成为一种帝位继承法。这些帝位继承方法代表了不同阶层之间的利益，因此也就容易引发战争。

　　戴克里先认为四帝制能够很好地解决上述问题，便于公元 292 年开始推行。可是，戴克里先忽略了一个非常重要的问题，即如果四个皇帝之中任何一人存有私心的话，那么这个制度就会土崩瓦解。后来，事情的发展证明了这一点，罗马帝国重新回到一人称帝的局面。

　　在经济改革方面，戴克里先将某些特权税取消，并把税制统一起来。当时罗马帝国的人头税和土地税是分离的，这使得很多没有土地的贫困百姓也需要缴纳人头税。戴克里先认为，这种税制对于很多人来说并不公平，便把土地税与人头税合二为一。为了保证税源，戴克里先还下令禁止手工业者从同业行会之中脱离出去，禁止劳动者离开土地。公元 301 年，戴克里先为了防止通货膨胀继续下去，创立了限制最高价格法，还颁布了物价令，对劳动工资及主要商品的价格进行了规定。同一年，他还确定了新的铸币中金和银的含量，以便稳定货币的价值。

除了政治与经济方面的改革外，戴克里先还进行了军事改革。

他削弱了禁卫军队长的权力，规定统治罗马的四个皇帝各自拥有骑兵统帅和士兵统帅这两名军事统帅，从而大大降低了军事统帅发动政变的可能性。此外，他增加了军队的数量，由原来的 40 万增加到 45 万，并把军队分成野

与其他三位帝国皇帝在一起的戴克里先，戴克里先是早期教会的残酷迫害者。

战军与边防军，其中野战军作为后备力量，而边防军居为军队的主力，人数也占军队总人数的三分之二。

戴克里先的改革虽然并没有彻底改变罗马帝国的混乱局面，但是他的魄力，他的改革精神仍然是十分值得称道的。此外，他的改革也为后来君士坦丁大帝进行规模更大的改革奠定了良好的基础。

君士坦丁大帝

君士坦丁大帝是罗马帝国末期著名的皇帝，也是历史上第一位信仰基督教的皇帝，他推行了一系列改革措施，促进了欧洲奴隶社会向封建社会的发展。

君士坦丁大帝名叫弗拉维·瓦莱里乌斯·奥勒里乌斯·君士坦丁，约于公元280 年出生在苏斯镇（今尼什）。他的少年时期是在戴克里先皇帝的宫廷所在地尼考米边亚度过的。

君士坦丁的父亲叫君士坦乌斯，是西罗马帝国皇帝马克西米安手下的高级将领。由于受到父亲的影响，君士坦丁年纪轻轻就去了东罗马帝国皇帝戴克里先的部队服役，并在多次战斗中展现出过人的军事才华。

公元 305 年，西罗马帝国皇帝马克西米安与东罗马帝国皇帝戴克里先一起退位，君士坦乌斯受到手下将领的拥立，当上了西罗马帝国的皇帝。他只做了一年

皇帝，就因病去世。他的手下又拥立他的儿子君士坦丁当皇帝。

经过戴克里先的改革后，罗马帝国分为东、西两个部分，每部各有两名执政者，称为奥古斯都。因此当时整个罗马帝国共有君士坦丁、马克西米安·达扎、李锡尼和马克森提乌斯四位奥古斯都。他们都希望能够成为罗马唯一的统治者，因此于公元311年展开了激烈的夺权战争。君士坦丁与李锡尼联合起来，一起对抗马克森提乌斯。双方在台伯河上穆尔维大桥附近展开决战。经过一番殊死搏斗，君士坦丁与李锡尼击败了马克森提乌斯。公元313年，君士坦丁为了巩固与李锡尼的同盟，把同父异母的妹妹嫁给了李锡尼。此后，李锡尼在小亚细亚打败了马克西米安·达扎，罗马帝国被李锡尼与君士坦丁瓜分。可是，由两个人共同统治罗马帝国的局面并没有维持多久，他们都希望自己能够成为罗马帝国独一无二的霸主。因此，他们展开了新的战斗。公元324年，李锡尼被君士坦丁打败，为了保全性命，他选择了向君士坦丁投降。君士坦丁虽然答应了不杀李锡尼，但最终还是以私通"蛮族"和阴谋叛变罪将李锡尼处死。之后，君士坦丁成为了罗马帝国唯一的统治者。

君士坦丁独自掌控罗马帝国后，推行了一系列重大举措，以此来加强皇权。

首先，他完善了戴克里先的专制君主制度。君士坦丁掌权后，罗马帝国变成了一个军事官僚国家。他取消了戴克里先制订的四帝共治制度，将自己的长子克里斯普斯任命为恺撒，此后又把第二任妻子法乌斯塔为他所生的三个儿子任命为恺撒；取消了飞扬跋扈的近卫军，重新恢复了奴隶的主人可将奴隶杀死的权力；颁布法令，对无依无靠的贫民进行保护；把手工业者束缚在城市里，把农民束缚在土地上。除了上述措施之外，君士坦丁还沿用了戴克里先引入的东方专制君主制度。

其次，对古老的城市拜占庭进行了重建和扩建，并将其改名为君士坦丁堡，把罗马帝国的首都迁到那里。

再次，君士坦丁制定了一些民法。这部法律禁止佃农放弃租种的土地，去其他地方谋生，如此一来，佃农就成为了农奴，终生都无法与租种的土地分离。此外，这部法律还规定面包师和屠夫为世袭的职业。

除了上述三项举措之外，还有一项举措是非常重要的。那就是公布《米兰赦令》，承认基督教的合法地位。

关于君士坦丁开始信奉基督教的时间，一直众说纷纭，但是最与事实接近的说法是：君士坦丁在与马克西米安·达扎、李锡尼和马克森提乌斯三位奥古斯都争夺罗马帝国统治权的过程中，在米尔维安大桥战役的前一天晚上，君士坦丁心里不安，便到外面去散步。他看到天空中出现了十字架形状的火舌，以及这样一句话："这象征着你能够击败敌人。"第二天，君士坦丁果然打了胜仗，击败了马克森提乌斯。从此之后，君士坦丁就开始对基督教有了好感。公元 313 年，他与李锡尼一起颁布了《米兰赦令》，承认了基督教的合法地位，并把此前没收的基督教堂和财产物归原主。

100 英尺高的宏伟的尼克拉堡巍然耸立，成为帝国时期罗马国力强盛的有力证明，但它的建筑初衷——由于恐惧而大量修建城堡与城墙，却是罗马衰败的征兆。

　　《米兰赦令》在基督教的发展历史上有着十分重要的地位，它让基督教走上了发展的道路。在此之前，基督教一直遭受残忍地迫害。尼禄统治罗马帝国时期，基督教遭到了历史上第一次重大迫害。此后在狄修斯时代和瓦列利亚时代，基督教又先后两次遭到重大迫害。戴克里先成为罗马帝国的皇帝后，再次对基督教进行迫害。

　　君士坦丁制定了很多鼓励基督教发展的政策，赐予基督教很多特权，如免除基督教教会人员的徭役和赋税，教会可以接受别人赠予的遗产和财物。君士坦丁还建造了一大批赫赫有名的教堂。此外，他还制止了基督教内部的派系斗争。基督教经过多年的发展，已经分裂为几大派系。圣父、圣子、圣灵三位一体说得到了正统教会的肯定，而亚历山大里亚主教阿里乌斯认为能够永恒的只有圣父，因此对三位一体说持否定意见，这一教派还主张教徒要对清贫的生活持乐观的态度，被称为阿里乌斯派。公元 323 年，君士坦丁在尼西亚召开了主教大会，以便将教会的教义和组织统一起来。在这次大会上，君士坦丁否定了阿里乌斯派的主张，肯定了教会三位一体说的正统地位。另外，君士坦丁还把阿里乌斯从教会除名。

　　君士坦丁对基督教的大力支持，使得基督教得到了很大发展。在君士坦丁执政后期，基督教在罗马帝国开始占据举足轻重的地位，很多贵族阶级和富人开始信奉基督教。到了公元 392 年，基督教还发展为罗马帝国的国教。

　　君士坦丁是欧洲历史上最为重要的人物之一，被人称作西方的"千古一帝"。虽然他的名气不如亚历山大大帝和拿破仑等人大，但是他对欧洲历史进程的影响却比他们更大。

古希腊

"众神之神" 宙斯

宙斯是希腊神话中的人物，是希腊神话中的第三代神王，奥林匹斯山的统治者，被称为"众神之神"。

宙斯在成为奥林匹斯山的统治者之前，击败了自己的父亲。宙斯的父亲叫做克洛诺斯，他将第一代神王，也就是他自己的父亲乌拉诺斯推翻，之后成为了奥林匹斯山的统治者。乌拉诺斯在临死前预言，弑父的克洛诺斯也必将被他自己的儿子所杀。克洛诺斯担心乌拉诺斯的预言会变为现实，因此每当他的妻子盖亚为他生下孩子，他都会把孩子吞到肚子里。克洛诺斯先后把三个女儿和两个儿子吞了下去。盖亚生出宙斯后，不忍心看到宙斯被克洛诺斯所杀，就想要寻找合适的办法阻止克洛诺斯。她找来一块石头，用一块布裹起来，对克洛诺斯说，新生的婴儿就在这里。克洛诺斯看都不看，一下子就把那块石头吞到肚子里去了。盖亚使用计谋保住了宙斯的性命，但是她知道，如果把宙斯留在身边，那他早晚都会被克洛诺斯发现，到那时必定性命难保。因此，她把刚刚出生不久的宙斯送给克洛诺斯的姐姐宁芙女神抚养。

宙斯长大成人后，了解了自己的身世。他觉得父亲过于残忍，竟然吞下自己的亲生骨肉，于是下定决心，无论如何都要将自己的兄弟姐妹从父亲的肚子里救出来。他娶了聪慧女神墨提斯为妻，并把解救兄弟的事讲了出来。墨提斯给他出主意，让他把催吐药悄悄地放进克洛诺斯的食物里。宙斯按照墨提斯的话去做了。克洛诺斯吃过催吐药后，把吃到肚子里的孩子都吐了出来。从此之后，宙斯就多了几个兄弟，他们分别是波塞冬、哈里斯、赫斯提亚和德墨忒尔。为了感谢宙斯的救命之恩，波塞冬等兄弟四人商议后，决定把雷电送给宙斯。雷电是威力最强的武器，宙斯得到它后，实力变得更加强大。

此后，宙斯联合几个兄弟一起反对父亲克洛诺斯的残暴统治。为了击败克洛诺斯，普罗米修斯建议宙斯把囚禁在地下的百臂巨灵和独眼巨人释放出来。宙斯接受了他的建议，与兄弟们一起击败了克洛诺斯，并把克洛诺斯关押到了地狱的最底层。

击败克洛诺斯后，由谁来担任众神之神成为了当务之急。宙斯和其他兄弟都想成为众神之神，并为此发生尖锐的冲突，如果再继续下去，恐怕会出现兄弟手足相残的悲剧。这时，普罗米修斯想出来一个好办法——抓阄。宙斯等人觉得这是一个不用发动战争就能够解决问题的好办法，因此全都同意了。最后，宙斯成为众神之神，哈里斯成为冥王，波塞冬成为海神。

宙斯成为天上新的王者后，把注意力放到了刚刚形成的人类身上。他答应人类，他会保护他们，但是他们必须要敬重他。一天，天上众神聚集在一起，讨论人类应该享受哪些权利，应该尽哪些义务。一心想要保护人类的普罗米修斯也参加了这个会议，他希望通过自己的努力，能够使得诸神不要向人类提出过于难以实行的献祭条件。为了达到这个目的，他运用他的智慧，想出来一个好办法。

普罗米修斯代表人类屠宰了一头体型庞大的公牛，并把公牛切碎，分成两堆，让众神挑选。他把所有的牛骨头放在一起，为了防止被看穿，就用牛的板油包裹起来。他把牛肉、脂肪和内脏放成另外一堆，用牛皮遮起来，还把牛肚子放在上面。从表面上来看，前者明显比后者要大一些。

普罗米修斯的计谋并没有能够骗过无所不知的宙斯。宙斯说："我亲爱的朋友，尊贵的王，这是你分配的祭品吗？怎么如此不公平？"

普罗米修斯听后更加确信宙斯已经被自己欺骗了，于是得意洋洋地说道："尊贵的众神之神宙斯，你就别再犹豫了，赶紧按照你的心意挑选一堆吧。"

宙斯早就看穿了普罗米修斯的想法，普罗米修斯那副自得的样子让他更加生气，但是他仍然故意去拿牛板油。当板油下面被剔光肉的牛骨头出现在他眼里时，他才做出一副吃惊的表情，好像上了普罗米修斯的当似的，气急败坏地说："我早就看到了，普罗米修斯，你那欺骗的伎俩很不错，你仍然没有把它忘记啊！"

雅典城的保护神——雅典娜
雅典娜是宙斯的孩子，为希腊神话最有名的神灵之一。

宙斯决定不把最后一样生活必需品——火——赐给人类，以此来报复普罗米修斯。深爱着人类的普罗米修斯很快就想到了应对之策。他拿着一根茴香秆，把它伸到太阳车的火焰里点燃，之后带着火种来到人间，把一堆木头点燃。木头燃烧起来后，越烧越旺，火焰一直向天空冲去。宙斯看到人间有了火焰后异常生气，可是火种已经被带到了人间，他也无法夺回来了。为了让人类受到更大的惩罚，宙斯决定给人类制造新的灾难。

宙斯命令火神制作一尊惟妙惟肖的美女石像，宙斯赐给她生命，爱神阿佛洛狄忒施展法术，赐予她各种诱人的魅力，众神的使者赫耳墨斯将语言的技能传授给她。宙斯又把祸水注入她的身体里，并给她取了一个名字"潘多拉"，也就是"具备各种天赋的女人"。当一切准备妥当之后，宙斯便把她派往人间，祸害人类。潘多拉来到人间后，受到了众多在人间游乐的天神的称赞。她并没有理会那些人，直接去找普罗米修斯的弟弟埃庇米修斯，称自己是宙斯送给他的礼物，请求他接受。埃庇米修斯是一个非常善良的天神，对潘多拉的话深信不疑，就接受了潘多拉。其实，他的哥哥普罗米修斯曾对他说过，无论宙斯赠予他什么礼物，都坚决不能接受。可是，在潘多拉面前，他忘记了哥哥的警告。

潘多拉手里拿着一只非常大的盒子，向埃庇米修斯走去。走到埃庇米修斯面前时，潘多拉突然把盒盖打开，装在盒子里的灾害立即飞了出来，迅速地在人间扩散。那个盒子里不只装着灾害，还在底部装着唯一美好的东西——希望。可是，宙斯在潘多拉来到人间之前，已经告诉过她，放出灾害后，趁着希望还没有飞出来，就要把盒子盖好。潘多拉按照宙斯的吩咐去做，因此希望就被留在了盒子里。灾害在人世间扩散后，给人类带去了疾病，让人类饱受痛苦的折磨。

此后，宙斯开始惩罚为人类盗去火种的普罗米修斯。宙斯下令将普罗米修斯锁在高加索山的悬崖上，让他受尽折磨，直到有人愿意为他献身，他才能被释放。

由于宙斯在希腊神话中具有至高无上的权力，因此人类非常崇敬他，为他建造雕像，希望能够受到他的保佑。

爱琴文明

爱琴文明是对希腊及爱琴地区史前文明的总称。

1871 年至 1890 年间，近代考古学揭开了爱琴文明的神秘面纱。当时德国学者谢里曼根据《荷马史诗》中有关特洛伊战争的记载，以及迈锡尼国王阿伽门农的传说，对南希腊的太林斯和迈锡尼，小亚细亚西部的特洛伊进行考察，发现了一些古代遗物。1900 年，英国考古学者来到了克里特岛北部的诺萨斯，并在那里获得了惊人的发现，使得米诺斯王宫遗址得以重见天日。此后，一些学者又在小亚细亚、爱琴岛、希腊半岛等地挖掘出了大量物品，使得爱琴文明的内容更加丰富。这些发现让人们认识到了被湮没了数千年的爱琴文明。

爱琴文明的中心是迈锡尼城和克里特岛，因此它也被称为"克里特·迈锡尼文明"。爱琴文明最早出现于约公元前 2000 年，到公元前 12 世纪灭亡，一直存在了大约 800 年。

约公元前 2000 年，克里特岛进入青铜器时代，在南部的法埃斯特，北部的诺萨斯等地，出现了最早的国家。这些国家互相没有联系，每个国家都有自己的宫室。

公元前 1700 年至公元前 1450 年，爱琴文明得到了进一步发展。当时生产力不断提高，农作物的种类不断增多，铜币和青铜币也出现了，造船业也随之兴起。另外，那里还出现了线形文字。

克里特岛上的国家不断增多，但是各个国家仍然是独立的。公元前 17 世纪至公元前 16 世纪，米诺斯王朝兴盛起来，并击败其他国家，成为克里特岛的霸主。此外，它还依靠强大的海上实力，将希腊的雅典及爱琴海上的其他岛屿控制起来。

大约在公元前 1450 年，阿卡里亚人向克里特岛发动进攻，将米诺斯王宫，以及其他两座城市摧毁。此后，克里特文明很快就衰落下去，迈锡尼文明成为了爱琴文明的主体。

克里特文明出现的同时，希腊半岛的迈锡尼、派罗斯、太林斯等地出现了奴隶国家，这也宣告了迈锡尼文明的出现。

迈锡尼是迈锡尼文明的代表。迈锡尼的统治者修建了非常坚固的城堡，高大的城墙和塔楼，有的城墙厚度竟然达到了 8 米。迈锡尼的政治机构有民众会和贵族会议，基层组织是由长老领导的公社。

公元前 13 世纪，迈锡尼文明进入鼎盛时期。大约在公元前 12 世纪，特洛伊战争爆发，以迈锡尼人为首的希腊人组成联军，渡过爱琴海，向位于小亚细亚的特洛伊城发动进攻。希腊联军经过十年苦战，最后使用"木马计"将特洛伊攻下。希腊人虽然获得了这场战争的胜利，但是他们也遭受到了很大的损失。在他们返回希腊不久之后，多利亚人向迈锡尼发动攻击，将迈锡尼国家消灭。从此之后，爱琴文明便宣告结束了。

爱琴文明在建筑、艺术、墓葬等三个方面表现出了非常明显的特点。

在建筑方面，爱琴文明的特点主要体现在宫殿上。那里的宫殿主要有两种形式，第一种把主要的房间作为正殿。正殿中间有一个由立柱环绕的壁炉，它是独立存在的，用走廊将它与其他部分隔开。这种形式没有中央院落，除正殿之外的其他居室，构成不同的独立空间。第二种形式是将一个方形院落当做中心，围绕着它修建其他房间，中心院落与其他房间用非常复杂的通道连接起来。爱琴地区宫殿的这些特点非常独特，尽管大量巴比伦、埃及、赫梯王国的宫殿被发掘，但是那些地方宫殿的结构与爱琴地区的宫殿完全不同。

在艺术方面，爱琴地区也与同时期的其他地区有着明显的区别。爱琴地区的艺术吸收了其他地区的艺术特点，但是这种吸收完全被爱琴地区艺术作品的现实主义风格所掩盖。克里特的浮雕、陶器、壁画，无不带有强烈的现实主义风格。

爱琴地区的墓葬也有自己与众不同的特点。那里的墓葬都是"蜂窝"形的或者圆顶的，在迈锡尼，这种独特的墓葬比比皆是，而同时代其他地区的墓葬风格与这里完全不同。

爱琴文明结束之后，希腊历史便进入了荷马时代。

米诺斯迷宫

克里特岛位于希腊半岛的南面，它是希腊面积最大，距离本土最远的海岛。相传米诺斯王国就位于克里特岛上，其中还有一座米诺斯迷宫。至于这个传说是否属实，在 20 世纪之前一直没有定论。1900 年，一支英国考古队伍来到克里特岛，希望能解开米诺斯王国的存在之谜。

经过 3 年的艰苦努力，考古学家在克里特岛上发现了多座古城遗址，证实传说中的米诺斯王国的确曾经存在过。另外，考古学家还发现了一座占地 2 公顷的王宫废墟。据推测，这应该就是米诺斯迷宫的遗址。

如果不将地下室计算在内的话，米诺斯迷宫总共分为 3 层，宫内有大大小小1500 多个房间，中间还连接着曲折的走廊。宫内的墙壁上残存着大量壁画，尽管已经过去了几千年，这些壁画的色彩依旧十分艳丽，令人赞叹。画中的男男女女或是在奏乐，或是在舞蹈，或是在运动，或是在举行某种仪式。除了壁画以外，宫中还保存着大量精美的陶器和金属器皿，这证明数千年前的克里特人就已掌握了相当高超的手工技艺。

另外，考古学家还发现了几万块刻写着线形文字的泥板，其中一块泥板上记载着这样的内容："雅典进贡妇女七名，男童与女童各一名。"在古希腊的传说中，米诺斯国王曾经强迫雅典进贡童男童女，这块泥板上的记录在一定程度上证实了这个传说并非空穴来风。

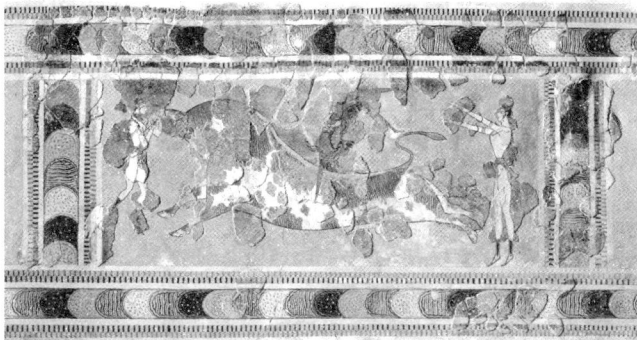

米诺斯王宫遗址壁画
湿壁画是一种绘于泥灰墙上的绘画艺术，这种创作手段是米诺斯文明的主要艺术形式。

相传，米诺斯国王原本是天神宙斯与一名凡间女子欧罗巴的私生子，因为天后容不得欧罗巴这个第三者，欧罗巴只好带着儿子米诺斯流落到了克里特岛。克里特岛的国王爱上了欧罗巴，不仅娶欧罗巴为妻，还将她的儿子米诺斯视若己出。

米诺斯长大以后，为了争夺王位，跟同母异父的弟弟明争暗斗。后来，米诺斯渐渐在争斗中落了下风，他很不甘心，便去向海神波塞冬求助。波塞冬答应帮他，但有一个要求，一旦自己帮他登上了王位，他就要送给自己一头白色的公牛。

不久之后，米诺斯果然在波塞冬的帮助下当上了国王。米诺斯原本想信守承诺，将白色公牛送给波塞冬，但是因为白色公牛实在太珍贵了，临到眼前，米诺斯又反悔了。他偷偷将白色公牛留在宫中，又将一头普普通通的公牛打扮成白色公牛的模样送给了波塞冬。

很快，波塞冬就发觉自己上了当。愤怒的海神决定报复米诺斯，他用法术让米诺斯的妻子疯狂地爱上了那头白色公牛，甚至不惜将自己装扮成一头母牛与它交配。最终，尊贵的王后为公牛生下了一个长着牛的脑袋和人的身体的怪物。这个怪物除了人肉以外，什么东西都不吃。为了不让它出去祸害百姓，米诺斯便建造了一座迷宫，将它囚禁在其中，这便是米诺斯迷宫。

后来，米诺斯有个儿子去雅典旅行，结果被一些雅典人设计害死了。收到消息以后，米诺斯悲愤交加。他请求父亲宙斯帮助自己报复雅典人，宙斯便让雅典连年灾荒，瘟疫横行。雅典人走投无路，只好主动向米诺斯求和，双方最后达成协议：米诺斯终结雅典的瘟疫，作为报答，雅典人每年都会挑选 7 对童男童女送到米诺斯迷宫，供那个牛首人身的怪物享用。

到雅典第三次进贡时，雅典王子忒修斯决定混到 7 对童男童女中，前往米诺斯迷宫杀死那只怪物，叫它以后都不能再伤害雅典人。雅典国王来到海岸边依依不舍地送别了儿子。分手前，父子二人约定：要是忒修斯杀死了那只怪物，回程时就会把船上的黑帆换成白帆。

没过多久，忒修斯一行人就航行到了克里特岛。米诺斯国王的女儿对英俊、勇敢的忒修斯一见钟情，为了帮助忒修斯，米诺斯公主便将一把魔剑和一个线球送给了忒修斯。魔剑可以帮助忒修斯杀掉那只怪物，线球可以帮助他走出迷宫。

第二天，忒修斯便和其余的童男童女一起进入了米诺斯迷宫。他将线球的一头系在迷宫的入口处，然后拿着线球一面往里走一面放线。在迷宫的尽头处，他们见到了那个可怕的怪物。

怪物一看到这些年轻人就忍不住垂涎欲滴，迫不及待地冲着走在最前面的忒修斯扑过来。忒修斯急忙亮出魔剑，与怪物对打起来。经过一场搏斗，忒修斯终于杀死了怪物，并带领大家循着沿途布下的线安然走出了迷宫。

在忒修斯等人返回雅典之前，公主特意来到海岸边，要跟他一起私奔。忒修斯带着公主走到途中的一座小岛上时，就背信弃义将公主遗弃在了那里。不过，薄情寡义的忒修斯很快就遭到了报应。

回程时，他将先前与父亲的约定忘得一干二净，挂着黑帆径直驶向了雅典。他的父亲远远望到那触目惊心的黑帆，还以为儿子已经葬身于怪物腹中。极度绝望的父亲纵身跃入海中，很快就被海水吞没了。忒修斯归来时得到父亲的死讯，不禁悲痛万分。因为父亲名叫爱琴，后人为了纪念他，便将他自杀的那片大海称为爱琴海。

特洛伊战争

特洛伊战争出自希腊神话，是以阿喀琉斯和阿伽门农为首的希腊军队与以帕里斯及赫克托尔为首的特洛伊人，为争夺世界上最美丽的女人海伦而展开的长达 10 年的战争。

廷达瑞俄斯是斯巴达的国王，他娶勒达为妻，共生了 4 个孩子：克吕滕涅斯特拉、卡斯托尔、波吕杜克斯和美丽的海伦。其实，波吕杜克斯和海伦并不是廷达瑞俄斯的亲生骨肉，他们是勒达与"众神之神"宙斯所生。

海伦长得非常漂亮。阿提卡半岛的英雄忒修斯和庇里托俄斯去斯巴达打仗时，在阿尔忒弥斯神庙里看到海伦跳舞，便被海伦的美貌深深吸引，心里燃烧起爱的火花。为了得到海伦，他们不顾性命，冲入神庙，把海伦从神庙里带走，带到亚加狄亚的特格阿。忒修斯和庇里托俄斯都想得到海伦，他们决定通过抽签来决定海伦的归属。结果，忒修斯抽中了签，海伦也就理所当然地归他所有。他把海伦带到了阿弗得纳，请求母亲照顾她，还拜托朋友保护她。之后，他又陪同庇里托俄斯前往地府，打算帮助庇里托俄斯抢夺冥王哈里斯的妻子珀耳塞福涅做妻子。可是，他们的计划并没有成功。哈里斯打败了他们，把他们永久地关押在地府里。后来，赫拉克勒斯前去营救他们，但只救出了忒修斯一个。

当忒修斯被关押在地府时，海伦的两个哥哥卡斯托尔和波吕杜克斯救出了海伦，把海伦带回到了故乡。

海伦长大后越来越漂亮，很多年轻人听说她的美貌后都赶来向她求婚。斯巴达国王廷达瑞俄斯担心把海伦嫁给某个求婚者，会引起其他求婚者的不满，甚至是兵戎相见。奥德修斯也是来向海伦求婚的，他建议廷达瑞俄斯通过掷戒指的方式来选择海伦的丈夫，并让所有求婚者当众立下誓言：不管是谁有幸成为海伦的丈夫，其他求婚者都要与那个人建立同盟，不得与他交战。最后，风度翩翩的墨涅拉奥斯成为了海伦的丈夫，并在廷达瑞俄斯死后当成为了斯巴达的国土。

宙斯打算娶美丽的忒提斯为妻，可是泰坦神普罗米修斯却告诉他，如果他与忒提斯结婚，他们的孩子长大后将会推翻宙斯。宙斯想起以前自己推翻父亲的事，便放弃了与忒提斯结婚的念头，接受劝告，把忒提斯嫁给了佩琉斯。

忒提斯和佩琉斯的婚礼在半人马喀戎的山洞里举行。他们邀请了众神参加，唯独落下了不和女神埃里斯。她非常气愤，便把一个写着"献给最漂亮的女神"的金苹果扔到了宴会上。天后赫拉、爱情和美貌女神阿佛洛狄忒和智慧女神雅典娜都认为只有自己才配得到那个金苹果，并因此而发生了激烈的争吵。她们请求宙斯做出裁决，宙斯看到她们是自己的妻子和女儿，就什么也没有说。赫拉等人于是就拿着金苹果去找特洛伊国王普里阿摩斯的儿子帕里斯，让英俊的帕里斯做出决断。

这三位女神都答应给予帕里斯丰厚的回报：赫拉答应把至高无上的权力赐予他；雅典娜答应把最聪明的头脑赐予他；而阿佛洛狄忒则答应让世界上最美丽的女人海伦做他的妻子。帕里斯觉得阿佛洛狄忒的回报更有诱惑力，于是就把金苹果给了阿佛洛狄忒。赫拉和雅典娜都非常生气，她们打算把最沉重的灾祸降临到特洛伊人头上。

此后，在阿佛洛狄忒的唆使下，帕里斯开始乘船前往斯巴达。来到拉科尼来海岸后，帕里斯与好朋友埃涅阿斯一起上岸拜访斯巴达国王墨涅拉奥斯。在那天举行的宴会上，帕里斯见到了海伦，并被海伦的美貌所征服。海伦也对英俊的帕里斯产生出爱慕之情。几天之后，墨涅拉奥斯有事离开了斯巴达，在临走之前，他嘱托海伦千万不要怠慢了客人。墨涅拉奥斯走后，帕里斯就劝说海伦离开丈夫，与他一起去特洛伊。海伦深深地爱上了帕里斯，为了爱情，她愿意听从帕里斯的安排。于是，帕里斯就带着海伦回到了特洛伊城。

墨涅拉奥斯知道海伦被帕里斯带走后非常气愤，立即去找他的哥哥阿伽门农商议对策。阿伽门农建议把当年结盟的英雄召集起来，大举向特洛伊发动进攻，把海伦抢回来。墨涅拉奥斯觉得这是一个好主意，就决定依计而行。他们召集了阿喀琉斯、安提洛科斯等英雄，率领 10 万人的军队乘坐大船前往特洛伊城。

希腊人赶到特洛伊后，立即开始围城，并不断地发动进攻。可是，特洛伊人据城坚守，希腊人攻了三次都无功而返。此后，双方经过多次战斗，都付出了沉重的代价，很多英雄都战死了，但仍然没有分出胜负。

在希腊人围攻特洛伊城的第九年，一天，双方又展开了激战。帕里斯要求与墨涅拉奥斯单挑。墨涅拉奥斯非常高兴，因为他终于等到了亲手复仇的机会。帕里斯看到墨涅拉奥斯显得非常兴奋，就觉得有些胆战心惊。赫克托尔指责他胆小如鼠，还说战争就是由他引起的，应该由他负责。帕里斯无地自容，只好不情愿地与墨涅拉奥斯交战。

决斗开始后，帕里斯先拿起一根长矛掷向墨涅拉奥斯。他的长矛虽然刺中了墨涅拉奥斯的盾牌，却没有将盾牌穿透，因此墨涅拉奥斯没有受伤。接下来轮到墨涅拉奥斯掷矛了。他怀着对帕里斯的仇恨，用力地把矛掷了出去。那根矛以非常快的速度向帕里斯飞去，将帕里斯的盾牌和铠甲穿透。若不是帕里斯反应敏捷，迅速地跳到一边，恐怕他已经丢掉了性命。墨涅拉奥斯拿剑向帕里斯刺去，由于用力太猛，他的剑被折断了。他扔下手里的断剑，跑到帕里斯身边，用双手抓住帕里斯，把帕里斯拖向希腊军中。这时，阿佛洛狄忒施展法术，把帕里斯救回特洛伊城。

双方的战争又持续了一年，那已经是双方交战的第十个年头了。眼看着这场战争还将继续下去，但是希腊人想出了一条妙计，成功地攻下了特洛伊城。

一天早上，希腊人的战船突然消失得无影无踪，特洛伊人不知道这是怎么回事，就跑到海边去看。他们没有看到希腊人的战船，却在海滩上发现了一个巨大的木马。这个庞然大物大物让他们有些不知所措。有人建议把它推到海里去，也有人建议把它烧掉。就在这个时候，有人抓到了一个希腊人，并把他带去见特洛伊国王。

那个希腊人说，这个木马与众不同，是希腊人用来祭祀女神雅典娜的；如果特洛伊人把这个木马烧掉，那么天神就会不高兴，就会把灾祸降到特洛伊城中；如果特洛伊人把这个木马拉进城去，天神就会赐福给特洛伊人。他还说，希腊人不想木马被拉进特洛伊城，因此把它建造得如此巨大。特

阿伽门农的金面具
这个漂亮的黄金面具应该属于一个迈锡尼国王。当国王被埋葬后，脸上就戴上面具。考古学家曾经认为这个金面具属于阿伽门农——特洛伊战争中的英雄。

洛伊国王信以为真，并非常高兴，马上下令把木马拉进特洛伊城。就在这个时候，特洛伊的祭司拉奥孔坚决制止特洛伊人把木马拉入城中，还让人放火把木马烧掉。说完之后，他还拿起长矛，向庞大的木马刺去，使得木马发出一阵让人胆战心惊的响声。这时，两条巨蛇从海里窜出去，向拉奥孔和他的两个儿子扑去。很快，那两条巨蛇就杀死了拉奥孔和他的儿子，之后钻到雅典娜女神的雕像下就消失了。

那个被俘的希腊人说，拉奥孔想要把献给女神的礼物毁掉，因此才会受到如此严厉的惩罚。特洛伊人听后深信不疑，立即拉着木马向特洛伊城走去。当走到城墙前时，他们停下了脚步，因为木马比城墙还高，根本无法拉进城去。为了将木马拉入城中，特洛伊人只好把城墙拆开一段。那一天晚上，特洛依人彻底疯狂了，他们以为为期十年的战争已经结束，以后可以过和平的生活了。他们唱歌跳舞，喝了很多酒，直到深夜才回到家中休息。

当特洛伊人的狂欢结束之后，那个被特洛伊人抓住的雅典人悄悄地走到木马旁，对着木马敲了几下。很快，很多全副武装的希腊战士从木马里陆续出来。原来，这是希腊人的计策。他们把全副武装的希腊战士藏在木马里，用这个办法深入特洛伊城中，之后里应外合，一举将特洛伊城攻破。

那些希腊战士悄悄地来到城墙边，将喝得烂醉如泥的守军杀死，之后将城门打开，还在城里到处放火，制造混乱。埋伏的城外的希腊军队看到信号后，立即

冲向特洛伊城，很快就将全城占领。他们抢掠了城中的财物，之后又放火把特洛伊城烧成一片废墟。

长达十年的特洛伊战争最终以希腊人的胜利而宣告结束。

《荷马史诗》

《荷马史诗》是由古希腊盲人诗人荷马创作的两部长篇史诗《奥德赛》和《伊利亚特》的总称。

荷马是古希腊非常有名的盲人诗人，生卒年月不详。西方很多学者曾对"荷马"这个名字进行考证，有学者认为，这个名字包含着"结合在一起"的意思，说明了《荷马史诗》是由很多不同的篇章组合在一起而形成的；也有学者说，这个名字是"人质"的意思，说明了荷马以前可能是一个奴隶。由于年代久远，缺乏足够的史料，因此很难弄明白荷马这个名字的含义。

《荷马史诗》是荷马根据大量民间行吟歌手的口头创作整理而成的。持续十年之久的特洛伊战争结束后，一些希腊城邦的民间艺人就把战争的经过，以及希腊人在战争中的英勇表现编成歌谣，在公共场合吟唱。这些歌谣流传了几个世纪，在流传的过程中不断地被民间艺人修改和增删。到了荷马生活的时代，它们已经发生了巨大的变化。荷马又经过筛选和删改，最终才把这些歌谣确定为《奥德赛》与《伊利亚特》两部分。到了公元前6世纪，这部作品才最终被用文字确定下来。

《伊利亚特》主要讲述了这样的故事：伊利昂是特洛伊人居住的城市，位于小亚细亚西北岸赫赫有名的勒斯滂海峡的入海口，是很多东方部落的霸主。在希腊有一个同阿凯亚人组成的强大的部落，这个部落的领袖是迈锡尼之王阿伽门农。帕里斯是伊利昂城的王子。有一次，他坐船来到了希腊。斯巴达国王墨涅拉奥斯热情地接待了他，可是他却骗走了墨涅拉奥斯的妻子，也就是美丽的海伦，把海伦带回到伊利昂城。阿凯亚人知道这件事后十分生气。迈锡尼王阿伽门农是墨涅拉奥斯的哥哥。他建议把各部落的首领召集起来，一起攻打特洛伊人。墨涅拉奥斯按照他的话去做，调集了10万人马和1000多艘战船，浩浩荡荡地向伊利昂城驶去。他们攻了九年，仍然没有将伊利昂城攻下。

战争来到第十年，阿凯亚人俘虏了一个女人。阿基琉斯是阿凯亚部落中最英勇的首领，他看上了那个女俘。可是，阿伽门农也看上了那个女俘，并把她抢走了。这件事让阿基琉斯非常气愤，他盛怒之下便退出了战斗。由于他的退出，阿凯亚人的实力受到很大影响，他们无法抵挡帕里斯的哥哥赫克托尔的进攻，不断地向后退去，一直退到了海岸边。阿伽门农不希望阿凯亚人失败，所以主动向阿基琉斯讲和，但是，阿基琉斯没有答应。帕特罗克洛是阿基琉斯的好朋友，他看到阿凯亚人被打得节节败退，就穿戴阿基琉斯的盔甲去战斗，将特洛伊人的进攻击退。可是，他自己却惨遭赫克托尔杀害。帕特罗克洛的死让阿基琉斯非常伤心，为了给好朋友报仇，阿基琉斯决心重新返回战场。经过一番殊死搏斗，阿基琉斯将赫克托尔杀死，还把赫克托尔的尸体也带走了。赫克托尔的父亲普里阿摩斯非常伤心，亲自前往阿基琉斯的军营，赎回赫克托尔的尸体。双方的战斗暂时停了下来，特洛伊人为赫克托尔举行了非常隆重的葬礼。

《奥德赛》主要描写了这样的故事：希腊部落首领俄底修斯献上木马计，将伊利昂攻下。之后，俄底修斯率领手下乘船返回希腊。途中，他们遇到了风暴，被风暴卷到伊斯玛洛斯。他们把当地的居民杀死，将财物和女人据为己有，之后开始饮酒作乐。这时，喀孔涅斯人发现了他们，并把他们包围起来。俄底修斯率领手下与喀孔涅斯人展开激烈的战斗，最后终于突破了敌人的包围圈，乘船逃走。在海上漂荡了一段时间后，俄底修斯和部卜来到了食莲国。那里有一种人吃过后就不想返回故乡的莲花，俄底修斯的两名手下不小心吃了这种莲花。俄底修斯立即下令开船离开食莲国，之后又来到一个岛上。那个岛上住着独眼巨人，他的两名手下就因为偷羊被独眼巨人吞入腹中，俄底修斯也被关押起来。后来，俄底修斯把树干烧红，之后戳到独眼巨人的眼睛上，将其眼睛戳瞎，这才逃了出来，回到船上。

俄底修斯率领手下逃离巨人岛后，立即坐船返回故乡。可是，他没有想到，那个独眼巨人是海神的儿子，海神为了给儿子报仇，故意制造风浪，使得俄底修斯等人的船无法正常航行。经过艰苦的航行，他们来到了一座岛上。埃俄罗斯就在那座岛上居住，他送给俄底修斯一只装有各种风的口袋，之后又用西风把帮助他们返回故乡。俄底修斯等人经过九天的航行，终于来到故乡的海岸边。可就在这个时候，意外再次发生。他的手下以为埃俄罗斯赠送的口袋里装满了财宝，没有征求俄底修斯的意见就私自打开了。突然之间，海上再次刮起狂风，把他们从原路吹了回去。途中，他们遇到了巨人族，除了俄底修斯自己坐的那只船外，其余船只全部被毁。此后，他们历尽艰辛来到太阳神岛上。手下人因为不小心触犯了天条，受到了宙斯的惩罚，全部淹死在海里。俄底修斯一个人在海上漂泊，来到了古癸亚岛。美丽的仙女卡吕普索就居住在那里。她看到俄底修斯后就喜欢上了这个男人，并把他留下来，直到接到宙斯的命令才放他回乡。

俄底修斯在古癸亚岛居住了 7 年，加上此前的 3 年，他已经漂泊了整整 10 年。后来，他又来到了斯刻里太厄岛。那里的国王知道了的身份后，就派快船把他送回故乡。回到故乡后，俄底修斯发现很多贵族少年想要占有他的妻子和财富，还有人想要代替他当国王。他没有立即表明自己的身份，而是按照雅典娜女神的指示，扮成一个乞丐，使用各法办法试探自己的妻子和儿子，看他们是否忠于自己。最后，俄底修斯得到了满意的答案，重新过上了幸福的生活。

《荷马史诗》记录了古希腊从氏族社会到奴隶社会的历史，在地理、历史、民俗学和考古学方面都有着非常重要的价值。虽然这部史诗在思想和艺术方法有一些局限性，但仍然是一部极其伟大的作品。

古代奥运会

奥林匹克运动会是全球瞩目的体育盛会。古希腊是欧洲文明的发源地，也是奥林匹克运动会的发源地。

关于古代奥运会的起源，流传着很多说法。

一个神话传说是：宙斯的儿子，著名的英雄赫拉克勒斯来到伊利斯国后，与那里的国王打了一个赌。他们约定，赫拉克勒斯如果能够在一天之内，把一个装有 3000 头牛，并且堆满了牛粪的牛棚打扫干净，那么国王就要送给赫拉克勒斯 300 头牛作为回报。赫拉克勒斯具有无穷的力量，因此只用半天时间就完成了这项工作。可是，伊利斯国王居然不认账，坚决不肯支付报酬。赫拉克勒斯一怒之下把那个国王狠狠地揍了一顿，夺回了劳动成果。他觉得非常开心，于是召集众人，在奥林匹亚举行了一次竞技大会庆祝此事。

关于古代奥运会的起源，流传最广的要数古希腊神话中佩洛普斯娶亲的故事了。古希腊伊利斯国王没有儿子，只有一个女儿。他把女儿视为掌上明珠，想为女儿挑选一个才华出众，同时武艺也很好的女婿，就提出一个要求：应征者需要在战车上与他决斗，只有战胜他的人，才能成为他的女婿。很快，有十三个前来应征的年轻人先后被国王打败。第十四个前来应征的人是宙斯流落民间的孙子佩洛普斯，而他也正是公主的心上人。佩洛普斯毫不畏惧地接受了国王的挑战，并最终取得了胜利。此后，佩洛普斯与公主举行了隆重的婚礼，并把地点选为奥林匹亚的宙斯神庙前。婚礼上安排了角斗、战车等比赛项目，就形成了最初的古代奥运会。

其实，古代奥运会的起源与古希腊的社会状况有着密切的联系。公元前9世纪到公元前8世纪，希腊城邦制的奴隶社会逐渐形成，氏族社会逐渐消失，200多个城邦如雨后春笋般出现。这些城邦并不是由统一的君主统治的，每个城邦都有自己的领导者。为了扩大地盘，各城邦之间不断爆发战争。为了抵御其他城邦的进攻，也为了夺取更多的地盘，每个城邦都十分积极地训练士兵，把士兵训练得体魄强健。而体育就是实现这个目标的方法之一。在战争的刺激下，希腊的体育逐步发展起来。此后，随着社会的进步，战争逐渐平息下来，为了战争而举行的军事训练也就被代表着友谊与和平的运动会所取代了。

帕拉伊斯特拉遗址

奥林匹亚考古遗址中的许多建筑和设施都是为体育比赛修建的。帕拉伊斯特拉是一座四边形建筑，里面有用柱廊围成的供训练用的中庭，中庭四周有浴室、更衣室等设施。

古代奥运会从公元前776年开始举行，到公元394年结束，共举行了293届。虽然由于受到各种因素的影响，有很多届都没有如期举行，但是按照规定，每四年为一个奥运会周期，无论是否举行，都按照一届计算。

最开始时，古代奥运会每届只进行一天。后来，随着影响力的扩大，比赛项目也随之增多，因此组织者决定把时间由原来的一天延长为三天。后来，这项赛事越来越受到欢迎，组织者增加了开、闭幕式及发奖仪式，时间延长到五天。

当时，奥运会的比赛项目主要有：摔跤、拳击、标枪、铁饼、角力、跑步、跳远、赛马、战车赛跑等。

按照时间划分，古代奥运会可以分为起源、衰落、破灭三个时期。

公元前776年到公元前388年是古代奥运会的起源时期。公元前776年，伯罗奔尼撒的统治者伊菲图斯组织起大规模的体育竞技活动，并规定以四年为周期，每隔四年时间就举行一次。他还规定，这个活动的举办时间为闰年的夏至之后。公元前776年就是第一届古代奥运会举办的时间。此后，随着社会的不断进步，这项活动得到了更为广泛的关注，尤其是在马拉松战役之后，古代奥运会迎来了发展的最好时代。希腊雅典修建了大量的运动设施，希腊各个城邦都派出运动员赶到雅典参加奥运会。

古代奥运会在公元前 388 年到公元前 146 年这段时间里，开始逐步衰落。由于受到伯罗奔尼撒战争的影响，加上希腊逐渐被马其顿吞并。马其顿君主亚历山大对体育活动没有多大兴趣，但仍然支持古代奥运会的举办，还为古代奥运会增加了一些设施。不过，总体来说，古代奥运会已经逐步走向衰落。

公元前 146 年到公元 394 年是古代奥运会破灭的时期。希腊被罗马帝国统治之后，虽然古代奥运会仍然如期举行，但是罗马已经取代奥林匹亚，成为古代奥运会的比赛地了。公元 393 年，罗马皇帝狄奥多西一世将基督教确立为国教，他还认为古代奥运会与基督教的教义相悖，便禁止继续举办古代奥运会。公元 520 年左右，奥林匹亚连续遭到两次强烈地震的袭击，变成了一片废墟，持续了 1000 余年的古代奥运会也随之宣告灭亡。

梭伦改革

梭伦改革是古希腊奴隶主阶级为维护其统治地位而进行的改革。这一改革奠定了雅典民主政治的社会基础，完善了国家制度，是古希腊历史上最为重要的改革之一。

梭伦出生在一个贵族家庭里，年轻时以经商为生。在经商的过程中，他游历了很多地方，对各地的民风民俗有了深刻的体会。他也是一位诗人，在游历的过程中，写出了很多抨击贵族贪婪和蛮横的诗篇。

公元前 5 世纪，雅典在争夺萨拉米斯岛的战争中被邻邦墨加拉打败，雅典有关部门颁布命令，规定如果有雅典人敢提出去争夺萨拉米斯岛，当局就会立即把他处死。萨拉米斯岛位于雅典的出海口，对雅典的对外贸易起着至关重要的作用，本来就是雅典的领土。雅典政府打了败仗，丢掉了萨拉米斯岛，不但不想夺回自己的领土，反而禁止公民提出建议，实在是非常过分。梭伦对雅典政府的行为深感不满，为了把雅典人的爱国热情唤醒，梭伦经常故意装疯，把百姓吸引到雅典的中心广场上，之后深情地朗读他的诗作："美丽的萨拉米斯啊，你属于我们，让我们怀念，丢了这座海岛，是我们雅典人最大的耻辱，让我们向萨拉米斯进军，去收复它吧！"围观的百姓本来是要看热闹的，他们听到梭伦的诗后心情都变得异常沉重。梭伦看到这个方法十分奏效，就经常这样做，最后终于让雅典人重新找回了爱国热情。

雅典政府看到百姓全都要求出兵夺回萨拉米斯岛，只好把禁令废除，派兵与墨加拉交战。公元前 600 年左右，梭伦被雅典政府任命为指挥官，率领大军与墨加拉为争夺萨拉米斯岛再次开战。经过艰苦的战斗，雅典军队最终击败了墨加拉军队，重新夺回了萨拉米斯岛。

梭伦因为立下战功而成为雅典威望最高的人。公元前 594 年，梭伦当选为雅典城邦的执政官。当时雅典社会中存在着很多问题。经济方面，雅典农民的处境非常悲惨，他们向有钱的财主借钱之后，如果不能按照约定的时间还清，那么就会成为"六一农"。他们为财主干活，收入的六分之一归自己所有，其余六分之五归财主所有；如果他们的收成可怜，连缴纳利息都不够，那么财主就可以在一年之后把他们及其家人卖为奴隶。政治方面，战神山议会是政治权力中心，这个议会被控制在贵族手里，因此雅典的司法、立法和行政大权全都掌握在贵族手中，普通百姓根本没有任何政治话语权。此外，雅典一直奉行德拉古法，那部法律非常残酷，规定百姓犯偷盗一类的小错就会被判处死刑。

梭伦对雅典城邦的社会情况有所了解后，便着手在经济、政治等方面进行改革。

梭伦在经济方面的改革主要有三项内容：

首先，颁布"解负令"，将"六一农"制度废除，禁止贫困的农民再用人身作抵押向财主借债，禁止贵族将欠债的农民变为奴隶。

其次，将所有制上的氏族残余消除，承认私有财产可以继承。

再次，为了商业贸易的需要，进行货币改革；实行包括限制粮食出口在内的一系列措施，以利于商业发展；鼓励百姓学习手工业技能，鼓励外地工匠搬到雅典居住；对度量衡进行改革，铸造新的雅典钱币。

梭伦在政治方面的改革主要包括四个方面：

第一，将德拉古法典废除，制订更具有人道主义色彩的新法典。

第二，将世袭贵族的垄断权利废除，改变过去以出身来划分公民等级的方式，规定财产的数量是划分公民等级的唯一方式，并按照每年农产品收入的总量把公民划分为四个等级，对每个等级公民的权利和义务做出规定。

第三，恢复公民大会，使其成为最高权力机构。设立四百人会议为最高行政机关。四百人会议由四个部落各出一百人组成。

第四，设立民众法庭为最高司法机关，规定每个公民都有上诉的权利。

梭伦的改革虽然一定程度上改变了贵族专权的局面，促进了雅典商品经济的发展，也促进了雅典的政治走向民主化。但是，这一改革并没有触及到贵族阶级的利益，也没有为平民阶级带来更多好处。因此说，梭伦的改革并没有彻底解决雅典日益尖锐的社会矛盾。

梭伦将自己的改革称为"拿着一只大盾，保护双方"，但是无论是贵族阶级，还是平民阶级，都对他的改革感到不满，因此他最后落得一个被迫远走埃及的下场。

马拉松战役

马拉松战役是公元前490年波斯帝国对雅典发动的战争——希波战争的一部分。

公元前6世纪，雅典城邦逐步走向繁荣。就在这一时期，在东方的伊朗高原，一个奴隶制大国正在崛起，它就是波斯。波斯帝国军事实力非常强大，先后征服了巴比伦、埃及、北印度、亚美尼亚等地区，使这些地区成为波斯帝国的附庸或者行省。大流士一世成为波斯的君主后，又派兵将爱琴海北岸的色雷斯征服，将雅典通向黑海的商路截断。如此一来，双方的局势变得紧张起来，战争已经无法避免。

公元前500年，米利都人民不甘心受到波斯人的统治，发动了反对波斯的起义。起义爆发后不久，大流士一世为了将起义镇压下去，立即派遣大军赶往米利都。米利都人知道自己的实力无法与强大的波斯军队相抗衡，因此一边坚守城池，一边派遣使者前往希腊，请求斯巴达和雅典帮助他们对抗波斯大军。

斯巴达是希腊的军事强国，也希望不断扩大自己的地盘，但是只限于希腊范围之内。波斯远在东方，根本无法引起斯巴达的兴趣，因此斯巴达人拒绝了米利都的请求。而雅典认为小亚细亚沿岸希腊城邦的命运关系到自己的海外贸易，于是非常痛快地答应出兵帮助米利都。

在此后几年里，米利都在雅典的帮助下，顽强地抗挡着强大的波斯军队的进攻。由于军事实力相差悬殊，最终米利都还是被波斯军队打败了。

大流士一世在攻下米利都之后就挑起了希波战争。他表面上以雅典曾经帮助米利都为借口，其实就是为了吞并希腊的土地。公元前491年，大流士一世派遣使者前往希腊各个城邦，公然索要水和土地。大流士一世之所以这样做，就是为了逼迫希腊各城邦屈服于波斯。但是，斯巴达和雅典断然拒绝了这个无理的要求。

公元前 490 年，大流士一世亲自率领波斯大军入侵希腊，在雅典城东北方向的马拉松平原登陆，打算先将雅典消灭，进而再将整个希腊吞并。在声势浩大的波斯大军面前，雅典军队显得非常弱小。除了军事实力相差悬殊之外，对雅典人来说，还有一些不利因素。大流士一世的高级顾问希皮亚斯是几年前遭到放逐的雅典国王。希皮亚斯对遭到放逐一事十分不满，因此他不但把完整的希腊地图送给了大流士一世，还积极地为波斯军队征战希腊提供了很多建议。此外，波斯大军压境，很多雅典人已经产生出畏惧思想，这些人为求自保，投靠了波斯。

就连雅典军政官卡利马什也害怕起来，他不知道是否应该与强大的波斯军队对抗。这时，雅典著名将军米提亚德对他说："现在波斯大军想要攻占我们的领土，你手里掌握着整个雅典的命运。你必须马上做出决定，是向波斯人投降，还是为了自由与波斯人殊死一搏。如果你能够奋起反抗，那么你的名字将永远被后世铭记。如果我们不能当机立断，尽快与敌人决战，那么将会有越来越多的雅典人向波斯投降，波斯军队也将越来越强大。我一直相信，我们雅典人远比波斯人强大得多，因此我认为我们必定能击败波斯人。"听完米提亚德的话后，卡利马什的顾虑消除了，他极力赞成与波斯大军交战。

米得亚德因为立下过卓越的军功而被选为雅典军队的总指挥。在战争正式打响前，曾经获得雅典帮助的希腊小国普拉提亚派遣了一支 1000 人的军队赶来支援。虽然普拉提亚的援军人数有限，但是这支援军的到来使得雅典军队的士气高涨起来。

此后，米提亚德开始布列迎战强大的波斯军队。为了防止波斯骑兵从雅典军队阵线两翼发动进攻，米提亚德命令士兵将阵线向两侧延伸到马拉松平原上边上的泥沼地。这样部署，尽管会使中央方阵的力量受到削弱，但是解决了后顾之忧，不会给波斯人留下从背后进攻的机会。米提亚德看到雅典步兵列好了阵势，立即下达了冲锋的命令。当时两军相距 1500 米，雅典士兵接到命令后，飞快地向波斯军队的阵地冲去，不给波斯军队留下足够的反应时间。尽管身上背着沉重的武器，但是训练有素的雅典士兵仍然能够保持非常好的阵形。

波斯人看到雅典士兵冲向他们后，都认为雅典士兵疯了。等到雅典士兵跑到距离他们 300 米时，他们开始放箭。雅典步兵身上穿着厚厚的盔甲，手里拿着盾牌，抵挡着不断向他们飞来的箭，根本没有受到任何伤害。波斯人放过几轮箭后，雅典的步兵就已经冲到了他们的阵地前，不断地用长矛刺向他们的盾牌。由于阵型疏松，波斯人根本无法抵挡雅典人一波又一波的进攻。很快，阵地前几排的波斯士兵就纷纷倒下了。

波斯人看到难以抵挡雅典人的正面进攻，就打算派骑兵迂回到雅典军队的后方，对雅典军队进行前后夹击。可是，雅典军队的两翼紧紧挨着平原两侧的泥沼地，因此波斯骑兵根本就没有绕到雅典军队后方的机会。波斯骑兵的计划被打乱，无奈之下只能以密集的队形向雅典阵营冲去。雅典士兵不断地用长矛刺他们，由于没有盔甲保护，大量波斯骑兵被刺死。

雅典人的斗志越来越旺盛，攻势也越来越凌厉。但是，波斯阵营的中央是由战斗力强悍，战斗经验丰富的老兵组成的，向他们发动进攻的雅典中央方阵力量比较薄弱，无法给他们造成强大的冲击力。此后，波斯步兵将雅典人的阵线冲破。为了保持完整的队形，雅典军中央方阵只好向后撤退。随着波斯军队两翼遭受重创，雅典士兵开始向中央包抄，与中央方阵一起向波斯的方阵发动进攻。向后退去的雅典中央方阵得到支援后，立即与两翼军队会合，一起向雅典中央方阵杀去。

波斯主帅达提斯看到雅典军队不断向前推进，知道波斯军队已经失利，只好下达了撤退的命令。波斯士兵听到命令后，马上将阵地放弃，跑向停在海边的战舰。雅典士兵看到胜利在望，战斗热情更加高涨了，全都拼命地追击，杀死大批跑在后面的波斯士兵。此后，他们又向停在海边的波斯战舰发动攻击，还打算把战舰全部烧毁，使得波斯士兵葬身海底。在求生本能的驱使下，波斯士兵爆发出巨大的力量，与雅典士兵殊死相搏。最后，雅典人烧毁了波斯人的七艘战舰，可是他们的军政官卡利马什和两位将军也丢掉了性命。

就在雅典士兵在前线浴血奋战的时候，其他雅典人都集中到了中央广场上，时刻关注着战斗的结果。米提亚德为了让城里的同胞安心，就派以跑得快而著名的斐力庇第斯把获胜的消息送到雅典。斐力庇第斯刚刚参加完战斗，体力已经不支了，但是他还是接受了这个命令，并以最快的速度跑回雅典，对城中心情忐忑不安的人们大喊道："我们打败了波斯人！"之后，他便因为体力衰竭而死。

马拉松战役最终以雅典人的胜利而结束。在这次战役中，雅典人以少于敌人近十倍的兵力，经过一番苦战，最终打败了波斯人。这次战役让所有希腊人都振奋起来，同时也使得希腊各个城邦团结起来，共同对抗波斯大军。

陶片放逐法

陶片放逐法是在公元前 510 年左右由雅典政治家克里斯提尼创立的一项政治制度。这项制度规定，雅典公民可以把那些对雅典民主政治构成威胁的人物的名字写在陶片上，通过投票的方式把他们放逐。陶片放逐法也叫"陶片流放法"、"陶片放逐制"、"贝壳放逐制"和"贝壳放逐法"。

陶片放逐法的建立者为希腊城邦非常有名的政治改革家克里斯提尼。在克里斯提尼之前，庇西特拉图的儿子希皮亚斯一直统治着雅典。在斯巴达人和家庭鼎力支持下，克里斯提尼将希皮亚斯推翻，实现了对雅典的统治。可是，他在上台后又迎来了伊萨哥拉斯的挑战。伊萨哥拉斯在公元前 508 年至公元前 507 年当选为雅典的执政官。虽然参选执政官失败，但克里斯提尼并没有灰心，他提了改革方案，并获得了民众的广泛支持。伊萨哥拉斯担心克里斯提尼会对自己的统治地位构成威胁，便请求斯巴达国王克莱奥梅尼一世帮助他将克里斯提尼流放。克莱奥梅尼一世答应了他的请求，派遣军队逼迫克里斯提尼离开了雅典。由于竞争对手被赶出了雅典，因此伊萨哥拉斯非常顺利地掌握了雅典的政权。他打算将议会解散，建立起由少数几个人控制的政权，却受到了议会的强烈反对。伊萨哥拉斯的做法暴露出他想要实行独裁统治的野心，这使他遭到了雅典人民的反对。为了躲避灾祸，他与幕僚一起逃到了卫城，几天之后，他被迫将手中的权力交了出来。如此一来，雅典人民便把克里斯提尼召回。克里斯提尼回到雅典后，重新掌握了政权，并开始推行他的改革。

为了将打算实行独裁统治的雅典野心家放逐，使雅典城邦摆脱影响力过大的人物的控制，克里斯提尼在雅典城邦公民大会上提出了实行陶片放逐法的提案，并让参加会议的代表讨论。克里斯提尼指出，由于雅典法律规定，流放一个人必须要投票达到 6000 人的法定人数。此外，他还指出，投票在雅典的阿哥拉进行。投票那一天，用木板在阿哥拉中央围出若干个圆形场地，并为雅典的十个部落各留一个入口，使得每个部落的公民可以从规定的入口进场。投票者用陶罐当选票，在陶罐较为平坦的地方，把他们认为应该流放的人的名字刻在上面，之后投到投票箱里。如果选票总数低于 6000 张，那么按照雅典的法律，将不会有人遭到流放。如果多于 6000 张，那么按照得票高低来决定，得票多者将被流放。流放期限为 10 年，在流放期间，如果雅典城邦需要那个人，那么他就能够随时

雅典公民投票时使用的陶片
陶片上刻有将要被放逐（逐出雅典）的公民的名字。
公元前 5 世纪，雅典为限制个人权力而滥用陶片放逐
制度，很显然，阴谋限制了放逐陶片的有效性。

被召回。被流放的人没有申诉的权利，只能在 10 天之内将自己的事务处理好，然后离开雅典。

这个提议最终获得了通过。这种制度体现了古希腊民主政治的广泛性，使得每个公民都获得了表达自己政治愿望的途径。同时，这种制度可以对官员的所作所为进行有效的约束，使他们不敢做出对雅典民主政治不利的事情。

陶片放逐法确立之后，很多人遭到了放逐，这其中就包括阿里斯泰德和西蒙。

阿里斯泰德部担任过雅典首席执政官，还曾率领雅典军队在马拉松战役中击退波斯侵略者，在雅典享有崇高的地位。可是，他代表的是贵族阶级的利益，在马拉松战役之中反对提高普通百姓的地位，还把议会操纵起来，打算实行贵族独裁统治。除此之外，他还做出了很多破坏希腊民主政治的事情，使得希腊公民把他当成民主政治最大敌人。因此，雅典公民使通过陶片放逐法把他放逐到了外地。

西蒙也是雅典非常有名的政治领袖。他在希波战争中帮助雅典人彻底击败了波斯侵略者，为雅典立下了汗马功劳。他担任过雅典的首席将军，并在任职期间促进了雅典的发展，提升了雅典的实力。正是这些原因，使得雅典民众非常拥护他。可是，西蒙是一个贵族，拥有大量财富，因此在控制雅典的政权后，便开始推行削弱平民势力的政策。此外，他还不顾民众的反对，与敌对势力斯巴达结盟，并推行阻碍雅典民主政治的政策。后来，斯巴达境内爆发起义，西蒙竟然无视民众的反对，亲自率领大军前往斯巴达，将起义镇压下去。斯巴达人觉得西蒙的行为十分可疑，所以就把西蒙和雅典军队赶走了。西蒙的做法根本没有考虑到国家的利益，使得雅典受到了莫大的侮辱，因此雅典民众开始一致反对西蒙。不久之后，他们就用陶片放逐法把西蒙给放逐了。

陶片放逐法虽然体现了广大雅典民众的政治愿望，维护了雅典的民主政治，但也存在着一些无法避免的弊端：民众政治思想不成熟，容易受到情绪的左右，对一些官员的判断难免出现偏差，因此他们用陶片放逐法做出的决断并非总是正

确的。除此之外，民众还容易受到政治家的蛊惑。因此，在很多时候，陶片放逐法就成为了那些具有野心的政治家的帮凶。

公元前 415 年，雅典民众把陷入党派斗争的著名平民领袖海柏波拉斯放逐。后来，海柏波拉斯在萨摩斯岛惨遭杀害。这一事件在雅典平民之中引起轩然大波，给他们造成了沉重的打击。那些平民认为陶片放逐法是造成这一严重后果的主要原因，此后陶片放逐法逐渐退出了历史舞台。

血战温泉关

在马拉松战役结束十年之后，波斯再次进犯希腊，并与希腊联军在温泉关发生了激烈的战斗，历史上将这次战役称为温泉关战役。

马拉松战役的失利让波斯国王大流士一世非常气愤。他回国后立即扩军，准备再次征战希腊，以雪前耻。公元前 486 年，波斯的殖民地埃及爆发起义，大流士一世十分重视这件事，亲自率领大军前往埃及镇压起义。可是，在将起义镇压下去之前，他就去世了。

大流士一世死后，他的儿子薛西斯成为了新的波斯国王。薛西斯知道父亲征服希腊的愿望还没有完成，就决定发愤图强，将希腊彻底征服。他花了 4 年时间做准备，将整个波斯帝国的兵力全都调动起来，人数达到了 40 万左右，最后在小亚撒尔迪斯集合。公元前 480 年，薛西斯率领 40 万大军，号称 500 万，分海、陆两路向希腊进军。当大军行进到赫勒斯滂海峡时，薛西斯下达了架桥的命令。波斯人的盟友腓及尼人和埃及人接到命令后很快就修好了两座铁索桥。可就在这个时候，海上突然刮起狂风，刚刚修好的铁索桥竟然被吹断了。薛西斯知道这件事后非常生气，立即下令将修桥的工匠处死，同时还命人把铁索桥拆掉，把铁索扔到海里去。薛西斯觉得大海阻止了波斯大军顺利前进，应该受到惩罚，所以就命人用鞭子抽了海水三百下。最后，工匠们修了一座浮桥，并把 360 艘战船用非常粗的绳子绑起来。为了防止人和马掉到海里，工匠们还特意在船的两侧装上了栏杆，并铺出供骡马和人行走的两条路。一切准备就绪后，薛西斯下令前进，由于人太多，他们花费了七天七夜才全部渡过赫勒斯滂海峡。

为了尽快征服希腊，薛西斯派出使者去希腊各城邦劝降。斯巴达和雅典是希腊最大的城邦，薛西斯知道这两个城邦一定不会轻易投降，因此也就没有派人去这两个城邦。面对着来势汹汹的波斯大军，斯巴达和雅典把希腊各城邦组织起来，在科林斯召开了一次联合对抗波斯人的会议，组成了以斯巴达和雅典为领袖的希腊城邦联盟，并商讨抵抗波斯大军的策略。在一次会议上，伯罗奔尼撒人指出：为了防止波斯人进入伯罗奔尼撒半岛，希腊联盟应该派兵占领进入伯罗奔尼撒半岛的通道；而要实现这个目标，希腊联军就应该先退到科林斯附近的伊思姆斯，在那里阻挡波斯人的进攻。洛克里亚人和佛西斯人的城邦就位于伊思姆斯附近，为了防止自己的城邦遭到波斯人的正面袭击，他们坚决不同意这样做。以前曾有人提议把防御据点设在温泉关，他们极力赞成这个提议，还表示愿意为守卫温泉关的部队提供军事援助。

斯巴达国王列奥尼达最后同意将防御据点设在温泉关，并带领一支以斯巴达王家卫队为核心的联军赶到温泉关埋伏起来，等待波斯人的到来。

温泉关是中希腊北部的一个险关，也是由海路进入希腊要经过的唯一险关。温泉关的东边一直到海边，是一片根本无法通行的沼泽地，西边是陡峭的高山，中间只是一条狭窄的道路。因此，这个地方易守难攻，十分适合阻击敌人。

薛西斯率领波斯大军来到温泉关后，没有立即向温泉关进攻，而是在温泉关北面扎营，让疲惫的军队得到喘息的机会。为了了解斯巴达人的动向，他派人前去打探消息。侦察兵回来对他说，斯巴达人全都在梳头或者做操，武器都放到了壁垒外，好像并不是来打仗的。薛西斯听后非常高兴，他以为斯巴达被波斯大军强大的气势震慑住了，正是做撤退的准备。其实事实根本不是那样的。斯巴达人梳头是他们的习惯，每次打仗准备牺牲时，他们都会这样做。

薛西斯认为斯巴达人很快就会撤退，所以就耐心地等了几天。可是几天过去后，斯巴达人仍然没有离开。薛西斯感到十分气愤，便下令向温泉关进攻。

波斯军队接到命令后，轮番向温泉关发动进攻。可是，斯巴达人利用地利优势不断击退波斯人的进攻。冲锋接连失利彻底把薛西斯惹恼了。他想起自己的"不死队"，认为这支精锐部队前去与守关的斯巴达人交战，必定能够取得胜利。于是，他下令派"不死队"冲锋。为了亲眼目睹"不死队"将斯巴达人击退，薛西斯还命人把他的座位搬到了一个高坡上，之后他坐在座位上仔细地观看。

薛西斯看了很长一段时间，也没有看到他期待的场面。"不死队"虽然人多势众，但是温泉关的山路十分狭窄，根本无法让他们摆开阵势向前冲锋。他们拼命地往前冲，却始终无法占据优势。就在双方相持不下时，斯巴达人突然开始往后退。"不死队"利用这个机会，不断地向前冲去。薛西斯激动起来，误以为他的"不死队"很快就能消灭斯巴达人。可是，他没有想到，斯巴达人竟然突然转身挥舞着大刀，奋不顾身地向"不死队"跑去，之后向"不死队"砍去，砍死了很多队员。第一天的战斗以斯巴达人的胜利而结束。

第一天的失利让薛西斯气急败坏。接下来的两天，他不断命令波斯将士向斯巴人进攻。可是，尽管波斯军队人多势众，但一直没有能够夺下温泉关。就在薛西斯一筹莫展的时候，一个希腊叛徒来见他，说有一条山路可以绕到守军的后面，还说愿意为波斯人带路。薛西斯听后非常开心，马上命令"不死队"跟着那个人，绕到希腊联军的军营后面，之后发动攻击。

"不死队"绕到希腊联军后方的消息很快就传到了列奥尼达耳中。列奥尼达非常清楚，波斯人前后夹击，希腊联军必败无疑。他不希望看到这种局面，所以立即命令希腊联军撤离。可是，他自己却率领着300名斯巴达勇士留在了温泉关，打算继续抵挡波斯人的进攻。

薛西斯知道"不死队"已经取得成功后，便命令波斯大军从正面发动攻击，与"不死队"前后夹击，希望一举攻下温泉关。那300名斯巴达勇士知道温泉关已经守不住了，他们认为，就算是坚守温泉关，也撑不了多长时间。于是，他们请求列奥尼达冲出阵地，与敌人决一死战。列奥尼达非常了解他们的心情，马上就同意了。列奥尼达率领着斯巴达三百勇士，与波斯大军在开阔的平原地带激战。他们不顾性命，奋力杀敌。很多波斯士兵被他们的气势所吓倒，不敢与他们交战。

尽管列奥尼达和300名斯巴达勇士异常勇猛，但终因寡不敌众而节节败退。列奥尼达身负重伤，仍然顽强地战斗，最后倒在血泊里。斯巴达勇士们看到列奥尼达战死后都非常伤心，他们不顾自己的性命去抢夺列奥尼达的尸体，连续四次将波斯人的进攻击退，在付出了惨重的代价后，终于抢回了列奥尼达的尸体，并把它藏了起来。

不久后，波斯"不死队"从斯巴达战士的背后杀了过来。斯巴达战士们顽强抵抗，但是根本抵挡不住波斯人的前

希腊北部的温泉关，希腊人在这里阻击波斯大军。

后夹击。最后，斯巴达战士们全都壮烈牺牲了，波斯人获得温泉关战役的胜利。

就在斯巴达勇士与波斯人激战的同时，波斯海军与前往阿特米松海岬的雅典舰队相遇，并展开了激战。雅典人看到波斯海军实力雄厚，主动撤出了战斗。爱琴海至阿提卡的希腊所有半岛全部落入波斯人手中。此后，希腊联盟为了保住伯罗奔尼撒，把防线设在了科林斯的伊思姆斯。

温泉关战役的胜利让薛西斯丧失了理智，他并没有去夺取伯罗奔尼撒，而是命令波斯大军先将雅典消灭。波斯海军和雅典海军在萨拉米湾进行海战，雅典人获得大胜。此后，薛西斯把波斯军队撤回亚洲，第一次波希战争宣告结束。

萨拉米海湾之战

萨拉米海湾之战是希波战争的一部分，是希波战争中最为重要的一场战役。

在付出惨重的代价攻下温泉关后，波斯国王薛西斯立即率领大军奔赴雅典城。雅典人知道波斯大军必然会攻破温泉关，因此早就从雅典城撤走了，把一座空空荡荡的雅典城留给了波斯人。

雅典人撤到哪里去了呢？原来，太阳神的一个预言在古希腊广为流传：只有木墙才能够拯救希腊的命运。一些雅典人根据这个预言，提议转移到山上去，因为山上长着很多树木。可是，雅典著名海军将领地米斯托克利却不同意这样做。他指出：只有大海才能拯救希腊；太阳神所说的木墙并不是山上的树木，而是大船。他对雅典人说，所有的男人都应该乘着战船去萨拉米海湾集结，所有的妇女和小孩儿都应该坐船前往附近的海岛避难。经过不断地劝说，雅典人终于同意了他的建议。希腊其他城邦的人也觉得他的建议很合理，于是也接受了。

薛西斯看到空空如也的雅典城后异常愤怒，下令放火将雅典城烧成一片废墟。

就在薛西斯派人寻找雅典人的踪迹时，地米斯托克利正在与希腊各城邦的代表召开会议，共同商讨对付波斯人的策略。在会上，地米斯托克利针对一些城邦的人准备乘船去保卫自己城邦的做法，指出：若要打败波斯人，保卫自己的城邦，就必须把船集中到萨拉米海湾，在那里与波斯海军决一死战。

他还说："波斯战船体积庞大，行动缓慢。况且，波斯的船员是从各地征调来的奴隶，他们不熟悉萨拉米海湾的情况，而且背井离乡，士气不高。而希腊战船体积小，在狭窄的萨拉米海湾作战具有优势；此外，我们的船员都是希腊人，都想着要把侵略者赶走，保卫自己的家园。因此虽然我们的兵力不及波斯海军，但是在萨拉米海湾作战，我们的优势就能够得到充分发挥，击败波斯海军自然也就不在话下。"地米斯托克利的话非常有道理，可是很多人在强大的波斯海军面前丧失了理智，认为地米斯托克利的话根本就是无稽之谈。有个人竟然气急败坏地想用手杖去打地米斯托克利。在无礼的行为面前，地米斯托克利并没有生气，反而还平静地说："只要你按照我的话去做，你对我做什么我都不会反对。"

地米斯托克利绞尽脑汁，想要将那些反对者说服。可是，他说了很久也没有收到成效。他心急如焚，不知道该怎么办好。突然，一条妙计出现在他的头脑中。

他派一个奴隶送给波斯国王薛西斯一封密信。在信中，他写道：希腊海军藏在萨拉米海湾，他们惧怕强大的波斯海军，不敢与波斯海军正面交锋，打算从萨拉米海湾逃走。薛西斯听后非常高兴，立即下令将萨拉米海湾封锁起来，堵住希腊海军的退路。地米斯托克利之所以这样做，是因为他想用这个方法逼迫希腊海军与波斯海军决一死战。他知道，如果不这样做，希腊人根本不会同仇敌忾，一起对付波斯海军；而如果不在萨拉米海湾与波斯海军决战，希腊海军根本没有获胜的希望。

就在地米斯托克利与希腊人商议对付波斯海军的办法时，一位雅典人神不知鬼不觉地穿过了波斯海军的封锁线，来见地米斯托克利。那个雅典人叫阿利泰德斯，在很多事情上经常反对地米斯托克利。阿利泰德斯见到地米斯托克利后，说道："我来这里找你，并不是要和你争论，而是要告诉你一个重大的消息——波斯海军已经将萨拉米海湾封锁起来了。"

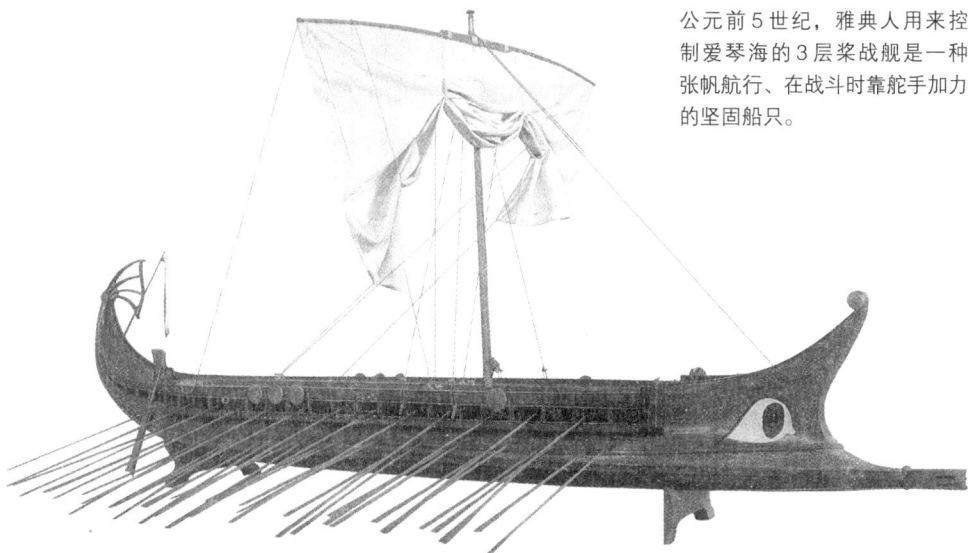

公元前5世纪，雅典人用来控制爱琴海的3层桨战舰是一种张帆航行、在战斗时靠舵手加力的坚固船只。

地米斯托克利听后，直言不讳地说："我早就知道会这样。实话告诉你吧，是我故意派人向波斯人通风报信，波斯人才会这样做的。我知道，只有希腊海军联合起来，一起对抗波斯海军，希腊才能够得以保全。"他还恳求阿利泰德斯说："平时你总是与我为敌。如果你对大家说，波斯海军已经把我们包围起来，我们只有联合起来，与波斯海军决一死战，才能够保住性命。大家一定会对你的话深信不疑，那些退缩的人也会勇往直前。"

阿利泰德斯说："这件事关系到整个希腊的命运，我会按照你的话去做的。"

就这样，地米斯托克利说服了所有的希腊人，使得他们下定决心，与波斯海军决一死战。

公元前 480 年的一天，萨拉米海湾之战正式拉开了序幕。800 艘波斯战舰急速驶向萨拉米海峡东口，将海峡内的普西塔列亚岛占领。之后，波斯战舰分成两队，沿着普西塔列亚岛的两端向萨拉米海峡内驶去。波斯战舰的船员来自许多不同的民族，没有足够的海战经验，这导致战舰时常发生碰撞，无法保持队形。希腊海军已经等了很久，他们士气高涨，决心给波斯海军以致使的打击。当听到开船的命令后，他们划着船桨，高呼着向波斯舰队冲去。

当时的军舰作战主要依靠战舰的冲角向敌人的战舰猛烈撞击，希腊军舰针对波斯战舰体积大，行动缓慢的弱点，狠狠地向波斯战舰的腹部撞击。波斯战舰受损严重，很快就沉入水中。希腊人还利用自身战舰轻便灵活的特点，从波斯战舰一侧擦过，利用战舰前部的包铁切断波斯战舰的划桨，使波斯战舰无法移动，之后再狠狠地撞击它们。希腊舰队使用这个方法，接二连三地将波斯战舰撞沉。波斯战舰前锋部队难以抵挡希腊战舰的进攻，只得撤退。赶来增援的波斯舰队扬起风帆，顺风飞快前进，正好与撤退的战舰迎面相撞，很多战舰被撞沉。地米斯托克利利用这个大好时机，率领希腊战舰猛烈地撞击波斯船舰。波斯舰队乱作一团，根本无力反击。波斯海军统帅看到波斯舰队必败无疑，为了减少损失，他下达了撤退的命令。

经过激烈战斗，波斯舰队损失惨重，共有 200 艘战舰被击沉，还有 50 艘战舰被希腊人俘获。

波斯国王薛西斯本以为波斯海军优势明显，可以轻松地击败希腊舰队，波斯舰队的惨败让他失望至极。经过仔细考虑，他认为海军失利导致陆军的后勤供给受到影响，而且希腊海军可以乘胜占据赫勒斯滂海峡，将波斯大军的后路截断。为了安全起见，他下令让在与希腊海军作战中保存下来的战舰立即退到赫勒斯滂海峡。几天之后，薛西斯看到波斯大军根本无法实现征服希腊的梦想后，就留下一支部队继续在希腊作战，自己率领大部队返回小亚细亚了。

萨拉米海战的胜利对希腊人来说意义深远。这场战役是整个希波战争的转折点，从此之后，希腊开始由防御转为进攻。

地米斯托克利在萨拉米海湾之战中发挥了非常重要的作用，成为了希腊半岛的英雄。

公元前449年，薛西斯留在希腊的军队被希腊联军彻底击败，希腊和波斯签订合约，持续了数十年的希波战争终于结束了。

美塞尼亚战争

在希腊半岛南部，有一个三面环山的拉哥尼亚平原。希腊第二大城邦斯巴达就位于这个平原上，而"斯巴达"的本意也正是"可以耕种的平原"。大约在公元前11世纪，一个由多利亚人组成的希腊部落侵占了拉哥尼亚平原。多利亚人不但占领了拉哥尼亚，还把原本居住在那里的人变成了奴隶，并称他们为希洛人。多利亚人在那里建立城邦，称为斯巴达。

公元前740年，斯巴达人看到邻邦美塞尼亚拥有大片肥沃的土地，便起了贪念，打算将其据为己有，同时还想把美塞尼亚的居民变为自己的奴隶。为此，他们向美塞尼亚发动了战争。历史上称这场战争为第一次美塞尼亚战争。

在斯巴达和美塞尼亚的边境上有一座神庙，两个城邦的居民经常去那里祭神。有一次，斯巴达人以美塞尼亚人妄图调戏斯巴达妇女为由，与美塞尼亚人在神庙里发生了严重的冲突，并占领了美塞尼亚边境的一个小镇。美塞尼亚人知道这件事后非常气愤，立即做好了与斯巴达交战的准备。斯巴达人看到美塞尼亚人做好了充分的准备，只抢劫了一些庄稼和牲畜就离开了。

美塞尼亚人对这件事怀恨在心，但由于军事实力比不上斯巴达，也只能暂时忍气吞声。可是，他们并没有忘记这件事。在此后的时间里，他们厉兵秣马，提升军事实力，准备一雪前耻。三年之后，美塞尼亚人认为已经做好了充足的准备，就向斯巴达发动了攻击。他们知道，斯巴达人的步兵实力非常强，为了使斯巴达人的步兵无法发挥优势，他们故意选择崎岖的地形与斯巴达人交战。美塞尼亚人的战术非常奏效，斯巴达人看到无法取胜，只好选择退兵。

斯巴达与美塞尼亚的战争并没有就此结束。一年之后，斯巴达人卷土重来，再度入侵美塞尼亚。斯巴达部队人数占优，并接受过高水平的军事训练，因此他们对此次占领美塞尼亚信心十足。可是，他们没有想到，美塞尼亚人并非像他们想象的那样不堪一击。为了保护自己的国家和家人，美塞尼亚人作战时异常英勇，完全不顾性命地与斯巴达人厮杀。双方激战了一整天，仍然没有分出胜负。第二天，双方又展开了激战。当时美塞尼亚爆发了非常严重的财政危机，这使得一些人投靠了斯巴达。这件事对双方产生了很大的影响，此后，斯巴达人开始占据优势。美塞尼亚人无法抵挡斯巴达人的进攻，只得将城镇放弃，退到托麦山抵挡斯巴达人的进攻。

在此后的十多年里，美塞尼亚人一直顽强地与斯巴达人作战。直到战争爆发的第二十年，美塞尼亚人才被斯巴达人打败。斯巴达人占领美塞尼亚后，不但占领了美塞尼亚肥沃的土地，还把俘虏的美塞尼亚人变成希洛人。

那些希洛人被固定在土地上，过着非常悲惨的生活。他们从事繁重的农业劳动，每一年都要把收成的大部分缴纳给奴隶主，而他们自己则缺衣少食。斯巴达人经常对其他城邦发动战争，每次战争都要征调大批希洛人参战。斯巴达人无视希洛人的生命，逼迫他们去打头阵，试探对方的虚实。为了防止希洛人反抗，斯巴达人还使用一种名为"克里普提"的方法来屠杀希洛人，导致大量希洛人无缘无故地被杀死。一次，有两千名希洛人帮助斯巴达取得了战争的胜利，斯巴达人答应让他们重获自由，却又将他们残忍地杀死。

斯巴达人对希洛人的压迫使希洛人决心反抗到底。公元前660年，美塞尼亚的青年领袖阿里斯托梅尼率领美塞尼亚人举行了声势浩大的起义。阿里斯托梅尼联合阿卡迪亚一些城镇，领导起义军与斯巴达人作战，多次将斯巴达击败。斯巴达人遭到沉重打击后，与希腊其他城邦联合起来，共同镇压美塞尼亚起义军，双方的战斗一直持续了三年时间。后来，美塞尼亚人的实力由于盟军的背叛而急剧下降，只好退到山区，利用地形优势与斯巴达人对抗。他们在那里坚持了11年。此后，斯巴达人将美塞尼亚人的起义镇压下去，把美塞尼亚所有的土地分给斯巴达公民，还把所有的美塞尼亚人变为遭受奴役的希洛人。

此后，斯巴达人制定了更为严厉的奴隶制度来压迫希洛人。为了让希洛人始终不忘自己的奴隶身份，他们的主人每年都会按时毒打他们；为了让他们失去独立的人格，他们还被逼迫穿上含有卑贱意味的衣服；每年新当选的监察官上任，所做的第一件事就是举行对希洛人的"宣战"仪式；此外，斯巴达人还经常有组织地屠杀希洛人。

希洛人受到的压迫越来越残酷，他们与斯巴达人的矛盾也越来越尖锐。公元前453年，斯巴达发生了地震，斯巴达人陷入慌乱之中。希洛人利用这个天赐良机，发动了一场声势浩大的起义。斯巴达的奴隶主和斯巴达平民无法镇压规模如此庞大的起义，只好向其他城邦求援。起义军攻向斯巴达城，并与守城的斯巴达人展开激烈的战斗。虽然他们最终没有能够将斯巴达城攻下，但也给斯巴达人造成了沉重的打击。双方对峙十年后，斯巴达奴隶主主动向起义军求和，同意起义军从伯罗奔尼撒半岛撤出，转移到其他地方居住。

起义军渡海来到意大利西西里北部，在那里建立起自己的城市墨萨拿，也就是今天的墨西拿。至此，美塞尼亚战争宣告结束。

伯里克利开创雅典的"黄金时代"

伯里克利是古希腊奴隶制民主政治伟大的代表。在他的统治下，雅典进入鼎盛时期，因此人们说伯里克利开创了雅典的"黄金时代"。

伯里克利出身于雅典贵族家庭，自幼就接受到了良好的教育，学习了哲学、政治理论和音乐。他十分好学，经常向雅典著名的哲学家芝诺、达蒙和阿纳克萨哥拉斯等人请教，并与他们建立起非常亲密的关系。公元前480年，希波战争爆发。雅典联合其他希腊城邦，依靠海军击败了不可一世的波斯人，之后又组织中希腊、爱琴诸岛和小亚细亚的一些城邦形成"提洛同盟"，使得国力得到很大提升，成为希腊世界中实力最强大的国家。

雅典的强大让伯里克利非常自豪，这也促使他走上了政治舞台。公元前466年，伯里克利受到了埃菲阿尔特斯的提拔，成为雅典民主派的代表。希波战争结束后，以西蒙为代表的雅典保守势力有所抬头。埃菲阿尔特斯和伯里克利不断地控告西蒙及其党羽收受贿赂、滥用职权等罪恶行径，沉重地打击了贵族派的势力。公元前462年，西蒙打算率领大军前往斯巴达，帮助斯巴达人镇压起义。率领大军进入其他城邦的领地，会被当成侵略行为。因此，雅典民主派极力反对西蒙的做法。可是，西蒙根本没有把民主派的意见放在眼里，仍然一意孤行，领兵前往斯巴达。埃菲阿尔特斯和伯里克利利用这个机会夺取了雅典的政权。公元前461年，埃菲阿尔特斯遭人暗杀，如此一来，伯里克利就成为了雅典民主派的领袖。公元前444年后，伯里克利成为了雅典的首席将军，掌握了雅典的政权。

伯里克利代表的是雅典中下层自由民和工商业奴隶主的利益，他掌权后，推行了一系列以加强民主为核心的政策，制定了很多措施和法规。

首先，推行"公薪制"。在伯里克利执政前，雅典的法官、军人及政府工作人员都没有薪金，政府不给军人提供马匹和武器，军人需要自己购买这些必需品。这就导致只有那些有钱人才能够担任这些职务和参军，不利于雅典的民主政治发展。为了革除这个弊端，伯里克利规定，雅典政府将会支付所有公职人员和军人的薪金。如此一来，那些贫困的公民也可以出任政府工作人员，也可以参军了。这项措施扩大了雅典公民的民主权利。

其次，将战神山议事会的政治权利剥夺。战神山议事会最初负责管理雅典城邦很多重大事务，具有对扰乱公共秩序的人进行审判和惩罚的权利。公元前6世纪初，战神山议事会的权利受到削弱，但仍然具有很大的权利。伯里克利上台后规定，战神山议事会只负责审理带有宗教性质的案件，其他政治权利归属于五百人会议、公民大会和陪审法庭。

再次，对取得雅典公民身份的范围加以限制，规定只有父母双方同为雅典公民的人才具有成为雅典公民的资格。

伯里克利的改革，使得雅典的实力得到了明显提升。为了提高雅典在希腊世界里的地位，公元前448年，伯里克利以商议保障希腊世界的和平，重新修建在希波战争中被烧毁的神庙等事为借口，派遣使者邀请希腊各城邦的领袖，来到雅典参加泛希腊大会。伯里克利想通过这个方式使雅典成为希腊世界的霸主，但是他的愿望并没有实现，因为这个建议遭到了伯罗奔尼撒同盟的拒绝。

公元前447年，雅典将军托尔密德斯不顾伯里克利的反对，率领大军向鲍伊奥提亚发动进攻，结果打了败仗，托尔密德斯被杀害。此后，麦加拉和优卑亚岛各城邦都叛变了雅典。伯里克利率领大军前往优卑亚岛，很快就将叛乱平定下来。公元前445年，伯里克利与伯罗奔尼撒同盟签订了三十年和约。虽然签订了和约，但是雅典与伯罗奔尼撒同盟之间仍然存在着很大的矛盾。伯里克利十分清楚，雅典不断地向科林斯的势力范围扩张，必然会导致雅典与科林斯之间爆发战争；而斯巴达为了阻止雅典的扩张，也一定会参与进来。因此，伯里克利开始积极地为即将到来的战争做准备。公元前432年，伯里克利派兵向科林斯在爱琴海北岸的重要殖民地城市伊达伊亚进攻，同时下

伯里克利像

达了禁令，不再允许伯罗奔尼撒同盟成员麦加拉进入雅典势力范围内的港口和市场。伯里克利的举措引起了斯巴达人的恐慌，他们决定向雅典开战，并派大军进入雅典境内。伯里克利知道，斯巴达的步兵英勇善战，强于雅典的步兵，而雅典的海军比斯巴达的海军更具实力。因此，他决定坚守雅典城，不与斯巴达步兵正面交锋，利用海军的优势，控制海上交通，向伯罗奔尼撒半岛沿海地区发动进攻。

伯里克利很有把握取得这场战争的胜利，然而就在战争按照伯里克利的预想发展时，意外发生了。公元前430年，雅典城内突然爆发了非常严重的瘟疫，很多居民被瘟疫夺去了生命。雅典人人自危，根本无暇顾及与斯巴达的战争，并要求伯里克利向围攻雅典城的斯巴达人求和。伯里克利的政敌落井下石，指责伯里克利是引发这场灾难的根本原因。雅典公民仍然需要伯里克利领导他们与斯巴达人作战，因此，伯里克利于公元前429年再次当选为将军。可是，不久之后，他就因为感染瘟疫病死了。

伯里克利在执政时期总是严格要求自己，从未做过贪污受贿的事情。在他掌权的十几年里，很多人举行宴会都会盛情邀请他参加，但是全都遭到了他的拒绝。他只参加过一次婚礼，那是他侄子的婚礼，而且他在宴席开始前就离开了。

伯里克利还经常深入到民众之中，与雅典公民亲切地交谈，询问他们的生活情况。有人当着他的面咒骂他，他也不会生气。有一天晚上，他走在回家的路上，一个贵族在他身后破口大骂："你这个无耻的疯子！你是一个贵族，竟然与那些身份卑微的百姓交朋友，把原来的朋友忘得一干二净。"伯里克利任由他咒骂，根本没有理会。那个人跟在伯里克利身后，一边走一边骂，一直跟着伯里克里走到家门口。伯里克利看到天已经完全黑了下来，便命令仆人点着火把将那个人送回家去。

雅典的公民都称赞伯里克利是一个好官，还说除了通向五百人会议和能与普通公民接触的广场的路之外，他对其他道路一无所知。

伯里克利是雅典著名的政治家和军事家，他推行的一系列政治措施和军事措施，使得雅典成为希腊世界最为强大的城邦之一，开创了雅典的"黄金时代"。

伟大的雕刻家菲狄亚斯

菲狄亚斯是古希腊的建筑师、画家和雕刻家，被世人称作古希腊最伟大的古典雕刻家。

菲狄亚斯是雅典人，二十多岁时就已经成为了希腊著名的艺术家，十分擅长神像雕刻，去过很多希腊城邦进行创作。他创作生涯的顶峰时期是在雅典度过的，在那一时期，他创作了很多雅典娜神像。

　　著名政治家伯里克利成为雅典的执政官后，雅典进入了"黄金时代"。那时的雅典领导希腊其他城邦，将侵略者波斯赶出了希腊半岛，取得了希波战争的胜利。伯里克利又对雅典进行了政治改革，使得雅典经济繁荣，百姓安居乐业。伯里克利对文化事业非常重视，为了能够吸引更多的艺术家来到雅典进行艺术创作，他邀请菲狄亚斯担任他的艺术顾问。在那段时间里，菲狄亚斯的创作进入巅峰期，创作出了一大批优秀的作品，其中雅典帕特农神庙的雕刻是他所创作的最伟大的作品。帕特农神庙的雕刻主要由三部分组成：外墙回檐上的方格浮雕，柱廊内的装饰壁及浮雕，东西墙上的两组浮雕。这三部分各具特色同时又完美协调统一，构成一个建筑雕刻整体。

　　菲狄亚斯在完成帕特农神庙的雕刻创作后，便去雅典市政府讨要他的薪水。雅典的财务官故意开玩笑说："帕特农神庙建在高山之上，而你创作的雕像全都站在神庙的屋顶上，人们去神庙时，看到的只是雕像的前面，而雕像的背后他们根本看不见。因此，雕像前面的费用我会按照约定支付给你，但是雕像后面的费用嘛，人们根本看不到雕像后面，因此那笔钱我不会支付给你。"

菲狄亚斯雕刻了帕特农神庙中的雅典娜女神像。

面对着雅典财务官的无礼刁难，菲狄亚斯非常平静地说："你说的不对，雕像的后面神能够看见。"

菲狄亚斯在帕特农神庙创作出了他最伟大的作品，而他本人却因为帕特农神庙的创作而遭遇不幸。据记载，菲狄亚斯在建造帕特农神庙过程中担任艺术指导，负责指导其他艺术家工作，并负责雕刻雅典娜女神的黄金雕像。伯里克利对他非常信任，把最主要的工作交给他来做，这使得很多人开始嫉妒他。那些妒嫉菲狄亚斯的人无事生非，诬蔑菲狄亚斯对那些来到建筑工地参观的妇女图谋不轨。伯里克利的政敌为了击败伯里克利，故意诬陷菲狄亚斯在雕刻雅典娜女神的黄金雕像时，私自将黄金据为己有。公民大会对这件事展开调查，并没有查出菲狄亚斯有偷窃行为。可是，伯里克利的政敌还是利用阴谋诡计将菲狄亚斯抓进了监狱，并派人在狱中将其毒死。

菲狄亚斯是古希腊最伟大的古典雕刻家，他一生创作了很多作品，其中最有名的作品是《宙斯神像》和《雅典娜神像》。他的作品绝大部分都没有保留下来，如今人们只能从他的作品的复制品或者文献资料窥探他的作品所展现出来的艺术之美了。

"历史之父"希罗多德

希罗多德是古希腊著名的历史学家，他写成了一本名为《历史》的书。《历史》是西方文学史上第一部完整流传下来的散文作品，希罗多德因为这本书而获得"历史之父"的美名。

公元前484年，希罗多德出生在小亚细亚西南海滨城市哈利卡纳苏。他的父亲是一个德高望重的奴隶主，非常富有，他的叔叔是非常有名的诗人。希罗多德生长在优越的家庭环境里，从小就接受到了良好的教育。他有着极强的求知欲，酷爱学习。在众多的知识中，史诗对他最有吸引力，他把很多精力都花在了研究史诗方面。

希罗多德成年之后，在叔叔的影响下，积极投身于反抗其城邦统治者的行列之中。可是，他们的行动非但没有成功，还遭到了统治者无情的镇压，他的叔叔壮烈牺牲，他也遭到了流放。

希罗多德利用流放的机会，开始到处游历。他不畏艰险，长途跋涉，向东走到了两河流域下游一带，向西走到了意大利半岛，向南走到了埃及最南端，向北走到了黑海北岸。在游历的过程中，为了解决吃饭住宿等问题，他携带着物品贩卖。每当来到一个新的地方，他都会了解那里的风俗习惯和百姓的生活状况，游览名胜古迹，搜集民间传说。他随身携带着一个本子，专门用来记载这些有趣的东西。

公元前445年左右，希罗多德来到了雅典。雅典是希腊的经济、政治和文化中心，那里政治民主，经济发展，文化繁荣昌盛。希罗多德兴奋到了极点，积极投身于雅典的政治文化活动之中。

在希罗多德来到雅典之前，雅典刚刚领导希腊其他城邦将不可一世的波斯大军击败，助长了希腊人的威风。希罗多德对雅典在希波战争中的表现产生出了非常浓厚的兴趣，他通过各种途径，收集到了大量极具价值的史料。公元前446年，希罗多德与部分雅典人一起搬到位于意大利南岸的城邦塔林敦湾沿岸居住。此后，他便开始着手进行《历史》的创作。他把大量精力投入到这项工作中，可是在没有将这部作品写完之前，就于公元前425年去世了。

希罗多德死后被埋在塔林敦海湾岸边高地上，他墓前的石碑上刻着这样一段文字："这座坟墓里埋葬着吕克瑟司的儿子希罗多德的骸骨。他是用伊奥尼亚方言写作的历史学家之中最优秀的，他是在多里亚人的国度里长大的，可是为了逃避无法忍受的流言蜚语，他使图里奥伊变成了自己的故乡。"

这段文字对希罗多德的一生进行了恰如其分的描述。希罗多德所著的《历史》一书，在希腊史学史上占据着非常重要的地位。《历史》这部作品由两部分组成。上半部分记录了希腊城邦、波斯帝国及西徐亚的地理历史和风土人情，并将希波战争爆发的原因指了出来。下半部分主要记录了希波战争的经过和结果。这部作品还非常形象地讲述了北非、西亚、希腊等地的地理、历史、政治、经济、文化、宗教等方面的内容，将古代近20个国家和地区的民族情况栩栩如生地展现在世人面前。

除了历史价值外，这部作品的文学价值也非常高。希罗多德把小故事放在作品之中，使得作品的形式变化多端，增强了可读性。此外，他刻画的人物形象生动传神，性格迥然不同。因此，这部作品也被看作是西方第一部有名的散文作品。

当然，由于受到所处时代的局限性，这部作品存在着一些宿命论的观点，还有很多毫无根据的传说，作者的观点也有些自相矛盾。但是，希罗多德是开创历史著作体裁的第一人，还将大量珍贵的史料保存下来，让后世有所了解。仅凭这一点，他就配得上"伟大的历史学家"这个称号。

伟大的教育家苏格拉底

公元前399年6月的一天，雅典监狱将要处决一个犯人。他已经70岁了，穿着一身破破烂烂的衣服，头发披散，脚下没有穿鞋。他已经知道了自己将要被处决，可是，他并没有因此而慌乱，仍然镇定如常。他把妻子和家人打发走，之后悠然地与几个朋友闲聊。这时，狱卒端着一杯毒酒走了进来。老人停止说话，接过酒杯，一下子将毒酒喝光了。之后，他躺了下来，面带微笑地对朋友们说，他曾偷过别人家里的一只鸡，希望朋友们能够帮他向鸡的主人赔礼道歉，并赔偿一笔钱。说完之后，他就平静地闭上双眼，等待死神的降临。

这个临死前还想着给人赔礼道歉的人是谁呢？他就是伟大的教育家苏格拉底。

苏格拉底是古希腊著名的哲学家、思想家和教育家，他奠定了西方哲学的基础，与柏拉图和亚里士多德一起被人称作"古希腊三贤"。

苏格拉底出生在雅典一个普通公民家里，生来就身材矮小，嘴唇肥厚，鼻子又扁又平，眼睛向外突出。他从小勤奋好学，主动向有学问的人请教。他曾跟随女智者狄俄蒂玛学习知识，也曾向有名的智者拉普罗第柯和普罗泰哥拉等人请教，与他们讨论各种哲学问题和社会问题。为了糊口，他跟随父亲学习过雕刻手艺。后来，他放弃了这门手艺，把精力主要放在读书上。他读了很多名人的著作，成为了一个学识渊博的人。

苏格拉底想让更多的人学到知识，就把传授知识当成了生计。在30多岁时，他成为了一个社会道德教师。他喜欢与别人讨论问题，认为那样做可以让他从其他人身上获得对自己有用的真理。

一天，苏格拉底在市场上散步，看到一个人向他走来。他将那个人拦住，问道："大家都说要做一个有道德的人，但是你能告诉我，究竟什么是道德吗？"

那个人回答说："道德就是诚实、正直、不欺骗别人。"

苏格拉底问道："你说道德是不欺骗别人，那么为什么两军对垒时，我方的将领要想尽办法去欺骗敌人呢？"

"欺骗自己人是不道德的行为，欺骗敌人就另当别论了。"

苏格拉底并不赞同那个人的话。他反问道："当敌军将我军包围起来的时候，我军将领为了激励将士们，就欺骗他们说，援军已经赶到，大家从敌人的包围圈突围出去，就可以与援军会合了。将士们倍受鼓舞，最后突出了敌人的包围圈。

这种欺骗是道德的行为，还是不道德的行为？"

那个人回答说："双方正在打仗，那个将军这样做也是无奈之举。如果他平时这样做，那就是不道德了。"

苏格拉底追问道："如果你的儿子生病了，可是他嫌药太苦，说什么也不肯吃。你为了让他吃药，欺骗他说，这是一种带有甜味的食物，并不是药，那你的行为也是不道德的吗？"

那个人无奈地回答说："这种欺骗是出于善意的，符合道德。"

苏格拉底继续追问："不欺骗别人是道德的，欺骗别人在某些情况下也属于道德范畴之内。也就是说，骗人与不骗人并不能当成衡量道德的标准。请你告诉我，究竟用什么来衡量道德呢？"

那个人想了一会儿，回答说："心里明白道德是什么，他的行为就是道德的，只有明白了道德，才能做出有道德的行为。"

苏格拉底听后笑了，那个人明白过来，拉着他的手说："您实在太聪明了，真不愧是一个伟大的哲学家。您把有关道德的知识讲给我听，解决了长期困扰我的问题，我实在太感谢您了！"

苏格拉底一生都在从事教育工作，他可以在广场、体育场、商店、街头、庙宇等任何地方教育别人。那些想向他学习知识的人，无论是有钱人还是穷困之人，无论是年轻人还是老年人，无论是平民还是贵族，他都一视同仁，把自己的知识毫无保留地传授给别人。

通过长久地教学实践，苏格拉底建立起了自己的教学思想。在他看出，每个人的天赋并不相同，如果想要取得令人瞩目的成就，就必须要付出努力，发愤学习。

苏格拉底认为，在把知识传授给学生之前，一定要先培养他的美德，把做人的道理教给他们，使他们成为有道德的人。他认为，只有掌握了渊博知识的人，才有资格成为一个国家的领导者。他还认为，拥有健康的身体非常重要，无论是平时还是战时，健康的身体都是思维活动和体力活动的保障。因此，他经常教导自己的学生，要加强身体锻炼，通过锻炼使身体变得强壮。

苏格拉底根据自己多年的教学实践，总结出了一套与众不同的教学方法。这种方法被人们称为"苏格拉底方法"，也被称作"问答法"，也就是用问答的形式来教育学生。苏格想要将某个概念教给学生时，并不是直接向学生讲述这种概念，而是让学生回答问题。如果学生回答得不正确，他也不会立即把答案讲出来。他提出另外一个问题来问学生，让学生思考。那个问题看似与上一个问题并无关联，实际上却有着某种联系。就这样，他通过旁敲侧击的方式，慢慢地推导出正确的结论。当学生们请教他时，他也会用这种方式来回答他们。

一天，苏格拉底的学生向他请教坚持真理的方法。苏格拉底手里拿着一个苹果，缓慢地从每一

苏格拉底之死
苏格拉底因坚持自己的信念将被判处鸩刑，但他神色安然，面无惧色。他的手指向更高的天国，表明那是他的最终归宿。

个学生身边走过去，一边走一边对他们说："现在，请大家把精力集中起来，仔细地闻闻空气中的气味。"

在走过一圈后，他高举着手里的苹果，在空中晃动几下，之后问："你们谁闻到了苹果的气味？"

有一个学生将手举了起来。苏格拉底请他回答。那个学生说："我闻到了苹果的香味。"

苏格拉底请他坐下，之后又问："除了这位同学之外，还有哪位同学闻到了苹果的香味？"

学生们面面相觑，谁也没有回答。

苏格拉底再次拿着苹果缓慢地从每个学生身边走过，一边走一边说："请同学们一定要将精力集中起来，仔细地闻一下空气中的气味。"

他之后再次问道："请问哪个同学闻到了苹果的味道？"这一次，很多学生都把手举了起来。

苏格拉底没说什么，再次拿着苹果走了一圈。之后，他又问道："这一次你们有没有闻到苹果的气味？"

这一次，除了一个学生外，其他学生立即将手举了起来。那个没有举手的学生看到大家全都举起了手，也将手举了起来。

苏格拉底问道："大家都把手举了起来，那你们能告诉我你们闻到什么气味了吗？"

学生们齐声答道："香味儿！"

苏格拉底面色凝重，举起苹果说："其实，这是一个假苹果，你们根本闻不到

任何气味！"

　　还有一天，学生们请教苏格拉底，用什么方法才能够成为像他那样具有丰富知识的学者。苏格拉底笑着对学生们说："今天我们不做别的，只做一件事。这件事非常简单，一学就会。现在请你们大家把胳膊伸出来，尽量向前甩，之后再尽量向后甩。"苏格拉底给大家做了一次示范，继续说道："从今天开始，大家每天都要做，而且要做三百下，你们能做到吗？"学生们觉得这件事非常容易，所以都笑了起来。

　　一个月之后，苏格拉底问道："现在还有哪些同学在坚持做甩手那人动作？"绝大多数学生都把手举了起来。过了一年后，苏格拉底问学生们："现在还有哪些同学在做最简单的甩手动作？"这个时候，只有一个学生把手举了起来。他就是柏拉图，若干年后他成了古希腊著名的哲学家。

　　苏格拉底将毕生精力都投入到了教育上，为雅典培养了很多具有治国之能的人才。可是，他耿直的性格，坚持真理的态度使得很多人对他恨之入骨。有三个宵小之徒诬告他反对民主、藐视传统宗教，导致他被判死刑。他的朋友和学生劝说他逃亡，他拒绝了这个建议，慨然赴死，终年 70 岁。

古希腊哲学

　　古希腊哲学是公元前 6 世纪到公元前 5 世纪出现在希腊半岛及地中海沿岸的哲学学说。古希腊哲学是西方哲学的起源，也被称作古希腊罗马哲学。

　　古希腊哲学可以分为自然哲学时期、希腊化和罗马哲学时期以及古罗马哲学时期这三个阶段。公元前 6 世纪之前的人们都认为，这个世界是由神灵创造的。可是，东方伊奥尼亚的某些科学家却不这样认为。他们将世界的本原问题当成重要的课题，进行了深入的研究，之后得出结论：一些物质性的元素才是世界的本原。他们就是西方最早的唯物主义哲学家。在同一时期，以巴门尼德为代表的爱利亚学派和毕达哥拉斯学派认为某些抽象的原则才是世界的本原，他们促进了唯心主义哲学的出现。

　　公元前 5 世纪，雅典在率领希腊各城邦将波斯大军赶出希腊半岛后，又在伯里克利的领导下，进行了民主改革，一跃成为古希腊的政治、经济、文化中心。为了促进民主政治的发展，一大批以教授辩论术为生的哲学家应运而生。他们放弃自然的本原问题，把注意力集中到人类社会的政治方面，普罗泰戈拉是最著名的代表人物。在他看来，个人的利益和感觉才是判断善恶的标准。他的思想为当时的民主制度提供了理论依据，是以对传统奴隶主贵族统治进行反对为出发点的，因此也就出现了不承认客观真理存在这样的错误。

苏格拉底是古希腊非常有名的哲学家，他认为普罗泰戈拉等人的相对主义并不正确。在他看来，客观真理是客观存在的，并不会根据人的意志而转移。他认为把知识灌输到年轻人脑中的方法并不正确，应该通过启发的方式，让年轻人认识到自己的错误，并进行改正。苏格拉底并未著书立说，他的思想主要保存在他的学生柏拉图所写的文章中。在苏格拉底之后，柏拉图和亚里士多德成为了古希腊最著名的哲学家。柏拉图的哲学思想是唯心主义的，他认为我们能够感觉到的具体事情并不是真实存在的，而是虚幻的现象。柏拉图的学生亚里士多德并不赞同这个观点。亚里士多德认为，事物是由理念和形式组成的，因此形式，也就是物质并不是独立存在的，它只有与理念相结合，才能够存在。亚里士多德为古希腊哲学作出了卓越的贡献，把哲学与其他学科区分开来，使哲学成为一门独立的学科。

亚历山大成为马其顿国王后，励精图治，建立起一个横跨欧、亚、非三大洲的帝国。这个庞大的帝国虽然并没有存在太长时间，但是它极大地促进了希腊文化的传播。这一时期，古希腊哲学也得到了发展，进入到希腊化和罗马哲学时期。伊壁鸠鲁继承了德谟克利特的原子论，对物理学、天文学等自然学科进行了哲学总结。

这一时期，由于受到战乱的影响，寻求人生的目的和幸福的真谛成为了哲学讨论的重点问题。伊壁鸠鲁学派、斯多阿多学派和以皮浪为代表的怀疑论者都对这些问题做出了解答。

此后，古罗马哲学继承了古希腊哲学，产生出了一大批哲学家。当时奴隶制已经逐渐走向衰落，在这样的社会背景下，出现了一批唯心主义哲学家。以普罗提诺为代表的新柏拉图学派是古罗马时期最大的唯心主义哲学学派。以琉善和卢克莱修为代表的唯物主义哲学坚决反对唯心主义哲学，他们尊崇德谟克利特和伊壁鸠鲁的原子论学说，还对伊壁鸠鲁的哲学进行系统地阐述。除了唯心主义哲学和唯物主义哲学外，神秘主义哲学也在这一时期兴起。神秘主义哲学的一大特征就是将柏拉图哲学中的神秘主义思想发挥到极致。随着基督教的兴起，"教父哲学"也随之产生，哲学逐渐被宗教神学所取代，古希腊哲学也划上了句号。

古希腊哲学是西方哲学的开端，为西方现代哲学的建立奠定了基础，同时也促进了西方现代科学的发展。

古希腊三大悲剧作家

埃斯库罗斯、索福克勒斯、欧里庇德斯并称为古希腊三大悲剧作家。

古希腊百姓崇尚神灵，经常举行祭祀神灵的活动。古希腊悲剧就是由祭祀酒神狄奥尼索斯的活动中演变而来的。

被称为"戏剧之父"的忒斯庇斯和最先将面具引入戏剧之中的科里洛斯等人是最早的悲剧作家。但是，古希腊时期最为著名的悲剧作家非埃斯库罗斯、索福克勒斯和欧里庇得斯三个人莫属。

埃斯库罗斯出身于贵族家庭，从小就接受了良好的教育。他对文学作品很感兴趣，很早就开始喜欢戏剧，还阅读了很多阿波罗多及阿加索克利斯的诗作。他经常利用闲暇时间写诗，并参加了雅典的诗人比赛。后来，波斯大军来到希腊半岛，逼迫各城邦成为波斯的殖民地，导致希波战争爆发。埃斯库罗斯非常热爱自己的祖国，他积极报名参军，在公元前490年参加了马拉松战役，后来又参加了萨拉米海战，与战友们一起将波斯侵略者赶出了自己的国家。公元前472年，埃斯库罗斯从西西里岛回到雅典，并把自己的作品《波斯人》搬上了舞台。此后，他再次前往西西里岛。在那里，他被一只从天而降的乌龟砸死。

埃斯库罗斯生活在战争年代，从战争中搜集了大量素材进行创作，一生共创作了90部作品，流传下来的作品有79部。《被缚的普罗米修斯》、《阿伽门农》、《波斯人》、《七将攻忒拜》等都是他的代表作。

埃斯库罗斯的悲剧作品大部分取材于希腊神话，语言优美，风格高雅，结构完整。他生活在希腊悲剧的开始阶段，当时悲剧作品中只有一个演员，他大胆革新，把演员增加到两个，从而使对话出现在悲剧作品中。正是这个原因，他才被人称作古希腊悲剧的创始人。

与埃斯库罗斯一样，索福克勒斯也出身于贵族家庭，自幼受到良好的教育。公元前480年，希腊人与波斯人在萨拉米海湾交战，希腊人给予波斯人造成沉重的打击，逼迫波斯人撤出希腊半岛，希波战争以希腊人的胜利而宣告结束。为了庆祝这场胜利，希腊人招募了一支朗诵队进行表演，容貌出众同时又具备音乐天赋的索福克勒斯被选为朗诵队队长。此后，他开始步入政坛，先后担任"德利亚联盟"的财政总管和将军。公元前440年，索福克勒斯当选为雅典将军，成为雅典最高领导者之一。以斯巴达为首的伯罗奔尼撒同盟与以雅典为首的提洛同盟之间的战争爆发后，萨摩斯人企图背叛提洛同盟。索福克勒斯与雅典著名政治家伯里克利一起指挥雅典海军镇压萨摩斯人。此后，索福克勒斯还担任过雅典的祭司，后来又当选为雅典"十人委员会"的委员。索福克勒斯政绩卓越，受到希腊各城邦的好评。

索福克勒斯一生共写过 120 多部悲剧作品，流传后世的完整作品共有《俄狄浦斯王》《埃勒克特拉》《埃阿斯》《特拉基斯少女》《安提戈涅》《奥狄浦斯在科洛诺斯》等七部。

索福克勒斯最初写作时，曾把埃斯库罗斯当成模仿的对象。后来，他对戏剧进行改革，形成了自己鲜明的风格。为了能够将剧中人物的冲突更加充分地表现出来，他在埃斯库罗斯的基础上，把戏剧中的演员增加到三名。此外，他的作品降低了合唱队的重要性，大幅度增加了对话和动作，使得人物形象更加生动传神。

在索福克勒斯的众多作品中，《俄狄浦斯王》和《安提戈涅》的艺术成就最高。

欧里庇得斯出生在阿卡提的一个贵族家庭里，从小系统地学习过各类艺术。他非常喜欢哲学和诗歌，还利用一笔遗产建立了一个私人藏书馆。他对悲剧很感兴趣，很早就开始了悲剧创作，还参加过比赛。不过，他在那次比赛中的成绩糟糕至极，不但没有获奖，反而得了倒数第一。这件事对他造成了沉重的打击，使得他的创作热情跌到谷底，在此后的近 20 年里很少创作。不过，他并没有虚度这段时光。他通过阅读和自省，更多了解自己，也更加了解悲剧这门艺术了。公元前441 年，欧里庇得斯再次参加悲剧比赛，获得了第一名。

悲剧在欧里庇得斯所处的时代已经获得了很大发展，形式逐步完善。但是，欧里庇得斯仍然对悲剧进行了革新。他的悲剧作品取材于日常生活，在作品之中增加了普通人的形象，打破了过去以希腊为主人公的传统格局。他还使用平民化的语言来写作，使得作品更加通俗易懂。

俄狄浦斯与斯芬克斯

这是《俄狄浦斯王》中经典的一幕。斯芬克斯以狮身人面的形象出现，显出一种扭曲的美，与俄狄浦斯健壮的身体和英雄的举动形成了鲜明的对比。

欧里庇得斯一生共创作了 90 多部作品，但只有 18 部流传下来。他的代表作为《美狄亚》《特洛伊妇女》《埃勒克拉特》等。

"西方医学奠基人" 希波克拉底

希波克拉底是古希腊著名的医学家，被誉为西方医学奠基人。

他出生于小亚细亚的科斯岛，父亲是一名医生。按照古希腊的传统，医生这份职业是子承父业的，因此希波克拉底的命运早已注定。希波克拉底自幼跟随父亲学习医术，很快成为了一名合格的医生。他的父亲有 260 多种治病的药方，他把这些药方全部记了下来，之后用它们来治病救人。

父母去世之后，希波克拉底觉得自己的医术还有待提高，就离开家乡，边行医边游历。他为很多人解除了病痛，还接触到了很多名声显赫的哲学家，受到了很大的启发。

在希波克拉底生活的时代，古希腊的医学还非常落后。人们宁愿相信宗教迷信，也不相信医学。如果有人生病，就一定会去找巫师。那些巫师除了施魔法、念咒语之外，什么都不会，很多病人就是因为请巫师医治，耽误了最佳治疗时机而丧命的。希波克拉底也意识到了这个严重的问题，所以他总是想用自己医术告诉人们，得病之后就要及时请医生治疗，而不是请巫师做法。

一天，一个人突然倒在了市场上。只见他口吐白沫，浑身抽搐，脸色非常难看，好像丧失了神志。市场上的人看到他的样子后，都非常害怕，大声喊道："这个人一定是中邪了！赶紧把巫师请来救他！"

一个僧人正好从那里经过。有人看到他后，立即拉着他来到倒在地上的那个人身边，请他治病。僧人的目光在病人身上扫了一遍，之后面色凝重地说："大家马上把他抬到神庙里去。他得了神病，需要到神灵面前乞求神灵的宽恕。"

"等一下！"希波克拉底喊道，"这个人得了癫痫症，根本不是神病。就算你们把他抬到神庙里，又怎么能够把他治好呢？"

僧人觉得希波克拉底的话诬蔑了神灵，于是瞪了希波克拉底一眼，并气势汹汹地说："什么癫痫病，简直是胡说八道。他的病是山神引起的，想要痊愈，就必须要向山神祷告才行。你什么也不懂，竟然敢在这里大放厥词，难道你不怕激怒了山神吗？如果山神发怒，那你也一定会得病的。"

希波克拉底反驳道："与其他疾病相比，这种癫痫症一点儿也不神秘。其实，癫痫症与其他疾病具有相似的起因，同样具有相同的性质。只有那些骗子、招摇撞骗的法师才会把它说成神病。"

那个僧人气急败坏地说："在众目睽睽之下，你竟敢公然咒骂山神，实在是太过分了！既然你说他的病不是山神引起的，那你能告诉我它的起因吗？"

"这种病是由大脑引起的，大脑出了问题才会引发这种疾病。"希波克拉底非常干脆地回答说。

希波克拉底是第一个提出"癫痫病"这个疾病名称的人，现代医学认为，希波克拉底指出的癫痫病的原因是正确的。为了纪念这位伟大的医学家，后世便一直沿用"癫痫病"这个名称。

公元前 430 年，一场瘟疫袭击了雅典。很多人感染上瘟疫，上吐下泻，浑身长满脓疮，痛苦地死去。瘟疫爆发前天后，雅典城中出现了大量尸体。那些尸体因为来不及掩埋，只好堆在路边。随着瘟疫的蔓延，越来越多的人死去。希波克拉底看着同胞们接连不断地死去，心里非常痛苦。他在雅典城中展开细致调查，寻找瘟疫发生的原因和扑灭瘟疫的方法。经过一段时间的调查，他发现城中所有的铁匠全都安然无恙。希波克拉底想到，铁匠整天与火打交道，便推断出火就是瘟疫的克星。于是，他命人在城中各处点起火堆，将因瘟疫而死的尸体焚烧。这个办法果然奏效，没过多久，雅典的瘟疫就消失了。

希波克拉底对人的肌体和疾病的成因进行积极的探索和研究，希望以此来证明"疾病是由神灵引起的"这个当时大肆盛行的理论并不正确。经过不断地探索，他提出了有名的"体液学说"。他认为，人的体内共有黄胆、黑胆、黏液、血液这四种体液，每个人的气质迥然不同，就是因为这四种体液在每个人体内占据的比例不同。虽然现代医学证明，希波克拉底对人的气质的形成所做出的解释并不正确，但是直到现在，医学界仍然在使用他提出的气质类型的名称。希波克拉底还提出，人的先天性格，会受到后天环境的影响，甚至会因为后天环境而改变。这一理论，为现代医学心理疗法奠定了基础。

希波克拉底始终以治病救人为宗旨，不仅救治了很多病人，还提出了大量医学理论，促进了西方

医学之父

希波克拉底是最伟大的古希腊医生，他的影响一直持续到了今天。据说他写下了超过 70 本的有关医学的书。希波克拉底概括出了医生应该对病人和社会所担当的责任，到今天依然是医生们所追求的目标。

医学的发展。因此，人们称他为"西方医学的奠基人"。

"第一个百科全书式的学者"德谟克利特

德谟克利特是古希腊伟大的唯物主义哲学家，是原子唯物论学说的创始人之一，在哲学、天文学、物理学、教育学、伦理学、逻辑学、医学等很多方面都取得了很大成就，被后世誉为古希腊"第一个百科全书式的学者"。

阿布德拉是希腊东北方的一个工业城市，经济发达，文化繁荣。德谟克利特就出生在那里。他的父亲是一名富商，他从小就接受到了良好的教育。他跟随星象家和波斯术士学习了天文学和神学方面的知识。很多时候，他都会躲在花园里的一间小屋里，专心致志地学习。有一次，父亲走进小屋，将拴在小屋里的一头牛拉走，他竟然没有察觉。为了激发想象力，他会跑到非常偏僻的地方去，甚至独自一个人跑到墓地里去。

成年后，德谟克利特产生出获得更多知识的想法，不想继续埋首在小小的书房里虚度年华。为了实现这个目标，满足自己强烈的求知欲，他决定外出游学。为此，他和兄弟将祖先留下来的财产进行分配，他得到了100塔伦特现金。在拿到这笔钱后，他前往雅典学习哲学。此后，他又去了埃及，向埃及的数学家学习几何，还去巴比伦向僧侣学习推算日食发生的时间和观察星象的方法。他还去过埃塞俄比亚、印度等地，不断从有学问的人身上汲取知识。除了学习之外，他每天还会花大量的时间写文章，做实验。

后来，德谟克利特回到了自己的故乡阿布德拉。可是，刚刚回到故乡的他就遭到了指控。有些人打算趁他长期外出的机会将他剩下的财产强行占有，因此便以"挥霍财产罪"指控他，说他不仅浪费祖产，还不理会家族中的事，把一块园子搁置起来。

在法庭之上，德谟克利特为自己辩解道："我去过这个世界上的很多国家，踏上过很多不同的土地，还对最遥远的东方进行过探索；我听过最渊博的人的讲演，能够画出几何图形并加以证明。所有这一切，都是我同辈的人无法做到的，与他们相比，我是最厉害的……"说完后，他把他的著名作品《宇宙大系统》拿了出来，并在众人面前阅读起来。他的雄辩，他那渊博的知识，使得在场的人无不赞叹。最后，法官不但没有定他的罪，还赏赐给他500塔伦特作为《宇宙大系统》的奖励，并给他建立起铜像。

德谟克利特是一个非常乐观的人，他心里一直想着寻求知识，根本没有把权势与财富放在心上。

曾有人这样问他："你身上一直洋溢着幸福感，可是，你既没有权势，也没有多少财富，这到底是为什么呢？"

德谟克利特回答说："在人的一生中，我们总是不断地将心灵的大门打开，可是，我们总会有这样一种感觉：我们的灵魂是僵硬的，一点儿也不活跃；我们在人生的舞台上只扮演着一个微不足道的小角色，我们想要改变这种状态，却一直徒劳。在很长一段时间里，我们都在为寻找完美的自我这个问题所困扰。这种困扰让我们无法坦然面对真实的自己。到底是我们无法正视我们自身的不完美，还是总是被完美的梦所迷惑呢？其实，人生的自然与和谐正是生活中不完美的表现，而我们的处事态度，人性的优点和缺点，我们在现实中的种种努力，就包含在人生的自然与和谐之中。幸福其实就在我们的心里，一点儿也不遥远。"

正是这种淡泊名利、率真自然的态度使得德谟克利特能够在诸多领域有所建树。

在自然科学方面，德谟克利特继承了留基柏的原子论，并进一步发展了原子论。留基柏是德谟克利特的老师，也是古希腊爱奥尼亚学派中的非常有名的学者。他是原子学说的创始人，第一个提出物质是由原子构成的这一理论。德谟克利特继承了他的学说，指出原子是构成宇宙的最基本物质，原子并不是创造出来的，也不能被消灭，原子的结合与分离孕育了世间万物。德谟克利特还在原子学说的基础上，提出了天体演化学说。

除此之外，德谟克利特在逻辑学了很有造诣，促进了逻辑学的发展。他还提出了球体、棱锥体、圆锥体等几何图形计算体积的方法。

德谟克利特的研究范围非常广，作品共涉及到50多种学科，是名副其实的古希腊"第一个百科全书式的学者"。

伟大的科学家阿基米德

阿基米德是古希腊著名的数学家和力学家，有"力学之父"的美誉。

阿基米德出生于古希腊的叙拉古城，他的父亲是一名天文学家和数学家。在父亲的熏陶下，阿基米德从小就对数学非常感兴趣。为了让儿子能受到更好的教育，阿基米德小小年纪就被父亲送到文化名城亚历山大读书。在那里，阿基米德一度拜著名的几何学家欧几里得为师，获益匪浅。阿基米德非常勤奋好学，除了几何学以外，他还对物理学、天文学等学科进行了深入研究。

有一回，阿基米德来到尼罗河畔散步，看到当地百姓正提着水桶，从尼罗河中取水灌溉。要浇完一块地，往往需要往返好多次，既费时又费力。为了帮助百姓减轻工作负担，阿基米德便开始苦思冥想一种提水的新方法。最终，他发明了在水管中安装螺旋装置，通过螺旋作用把水吸上来，直接浇注到农田中的灌溉工具，这就是"阿基米德螺旋提水器"。直到今天，埃及地区还有许多百姓在使用这种工具灌溉农田。

叙拉古城的国王曾经吩咐一名能工巧匠帮助自己打造了一顶纯金的王冠。尽管最后的王冠成品与国王交给工匠的黄金重量相等，但是国王在将王冠仔细查看了一番之后，还是忍不住怀疑工匠私吞了部分黄金，在其中掺入了其他金属，打造了这顶王冠。

国王越想越觉得不舒服，只是在当时的条件下，要想在不毁坏王冠的前提下检验王冠是否由纯金制成简直难于登天。无计可施的国王随即召来群臣，商议对策。这时，有一名大臣就国王推荐了阿基米德。

收到这个艰巨的任务以后，阿基米德接连思考了多日，却始终没有想到合适的方法。这天，阿基米德正在洗澡，因为浴盆中的水过多，他一进入其中，水便开始向外溢出。阿基米德出神地望着这一幕，忽然之间豁然开朗，马上欢呼着跑出浴室。

之后，他便在国王面前做了一个实验。他事先准备好了两个一模一样的水盆，并在其中装满水，还准备了跟王冠重量相等的纯金。然后，他将王冠和纯金分别放入两个水盆之中，结果发现从放置王冠的水盆里溢出来的水明显要多过另外一盆，这就证明王冠的体积要大过同等重量的纯金的体积，进一步证明王冠的密度要小于纯金，也就是说工匠其中掺入了其他密度不及纯金大的金属。

真相大白之后，国王对阿基米德大加赞赏，并严惩了那个贪婪的工匠。阿基米德就此发现了浮力定律，又称为阿基米德原理：浸在液体里的物体受到向上的浮力，浮力大小等于物体排开液体的重量。

除了浮力定律之外，阿基米德对物理学最突出的贡献当属"杠杆原理"。他曾经说："给我一个支点和一根足够长的杠杆，我就能撬动整个地球。"后来这句话传到了国王耳中，国王觉得很不可思议，便将阿基米德召入宫中，对他说："我最近刚刚造了一艘大船，不过因为这艘船实在太重了，根本就没办法将它放到海里去。但我想这件事对你来说应该不难，连撬动地球都难不倒你，不是吗？"

阿基米德随即就利用杠杆、滑轮等机械制造了一个庞大的工具。接着，他又让国王牵住工具上的一根绳索，国王稍一用力，就将体型庞大的船移进了海中。围观者见状全都欢呼起来。国王望望稳稳当当地停泊在海里的大船，又瞧瞧自己手中这根纤细的绳索，不由得又惊又喜，对阿基米德更是佩服得五体投地。国王当场就宣布："我规定，从今往后，大家要相信从阿基米德口中说出来的任何话！"

后来，古罗马军队入侵叙拉古城，阿基米德又利用自己掌握的物理学知识制造了很多威力强大的新武器。例如，他曾利用杠杆原理制造出了大量投石机，让叙拉古城的军民将巨石源源不断地投入敌方阵营。被巨石击中的罗马士兵非死即伤，一时间罗马军心大乱，人人自危。

阿基米德还制造了大量凹面镜，让城内百姓排成扇形，每人手中都拿着一面凹面镜，将阳光聚焦到罗马的战舰上。没过多长时间，战舰就冒出烟来，进而引发了一场大火，罗马的很多战舰都是这样被烧毁的。至于战舰为什么会无端失火，罗马人自始至终都没有想明白。实际上，这正是阿基米德对太阳能的有效利用。后世曾有人按照阿基米德方法进行了实验，结果竟将数十米开外的一块木头点燃了。

除了投石机和凹面镜之外，阿基米德还制造了体型庞大的起重机。利用起重机可以把罗马人的战舰高高吊起，再重重摔下，最终将战舰毁坏殆尽。

阿基米德制造的这些武器叫罗马人头痛异常，他们甚至称这场战争是罗马人和阿基米德一个人之间的对抗。

尽管叙拉古城的军民在这些先进武器的帮助下重创了罗马军队，但他们到底还是没能抵挡住罗马军队的强势进攻。最后，罗马军队攻破了叙拉古城的城门。在入城之前，罗马军的统帅马塞拉斯本着一颗爱才之心，下

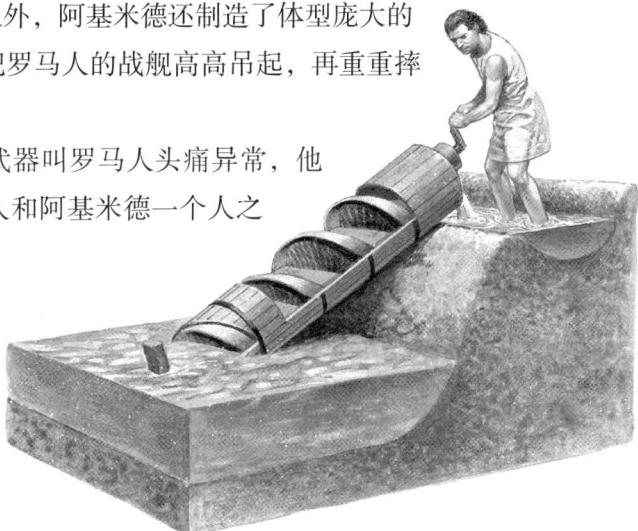

阿基米德式提水机
阿基米德式提水机是一种特别简单但是十分有效的水泵。在螺旋里有管道，当人在顶端操作的时侯，管道就会把水吸上来。这种简易水泵在 2000 年后的一些中东地区依然被使用。他们从运河或者河流中抽水灌溉干旱的土地。

令任何人都不能伤害才华横溢的阿基米德。只可惜，马塞拉斯的命令最终还是没能保住阿基米德。

罗马军队入城以后，有一名士兵进入了阿基米德家，当时阿基米德正在地上画几何图形。这名士兵并不知道眼前这个老头儿就是大名鼎鼎的阿基米德，还上前将他画的图踩得一塌糊涂。阿基米德愤怒地说："走开！不要碰我的图！"士兵闻言大怒，竟然拔刀就将阿基米德刺死了。马塞拉斯听闻这件事后又惊又怒，马上就将行凶的士兵处决了，并厚葬了阿基米德。

"喜剧之父"阿里斯托芬

阿里斯托芬是古希腊著名的喜剧作家，被人称作"喜剧之父"。

阿里斯托芬出生于阿提卡的库达特奈昂，在雅典度过了一生中的大部分时光。他从小受到过良好的戏剧教育，长大后开始戏剧创作，并发表了多部戏剧作品。

阿里斯托芬的戏剧作品充分地反映出他的政治主张。他在《吕西斯特拉忒》、《和平》等作品中热烈地对马拉松时代希腊人抗击波斯侵略者的精神进行了讴歌，这表明他主张和平的思想。希腊内战期内，雅典的民主政治受到沉重打击，政治家克瑞翁通过各种手段谋求利益，气焰极其嚣张。阿里斯托芬十分厌恶他，便在《骑士》中把克瑞翁描绘成一个欺骗雅典公民的大骗子，还在剧中提到了代表人民利益的德谟斯，让他变成年轻时的样子，并让他将马拉松时代的精神重现。希腊内战结束后，雅典的经济受到严重打击，彻底崩溃了，财富都转移到贵族手中，普通公民的生活更加穷困。因此，普通公民要求获得更多的财富。阿里斯托芬在《财神》和《公民大会妇女》等作品中反映了普通公民的这种诉求。

在阿里斯托芬的作品中，也经常能够看到作者对妇女问题的关注。在《吕西斯特拉忒》中，他指出妇女同样具有强大的力量，既能够参与政治，同时也能够保家卫国。可是，他又不主张妇女彻底解放。这也正是阿里斯托芬矛盾思想的体现。

《鸟》是阿里斯托芬的代表作之一，它主要讲述了这样一个故事：雅典公民欧埃尔庇得斯和佩斯特泰罗斯因为无法忍受雅典城里无休无止的诉讼，决定寻找一个清静自在，不受打扰的地方生活。就在他们悄悄地谈论这件事的时候，乌鸦和喜鹊听到了他们的对话，并带领他们找到了传说中的鸟国。那里的国王名叫戴胜，原本是利亚国王特柔斯。他因为与妻子的妹妹通奸，受到了他妻子姐妹二人的报复。他的妻子及其妹妹变成了鸟，他也变成了头上长有三簇羽毛的戴胜鸟。

鸟国的成员都非常愚笨。欧埃尔庇得斯和佩斯特泰罗斯说了一些好话，就将它们的敌意化解。欧埃尔庇得斯和佩斯特泰罗斯还提出建立一个"空中鹁鸪国"的方案，并得到了戴胜的同意。他们指出：鸟国处于天与地之间，如果能够建立围墙，将人类向天神献祭时所发出的香气阻断，那么宙斯就会受到威胁，鸟国就可以利用这个机会向宙斯讨回王权；如果宙斯拒绝交还王权，鸟国就向众神宣战，禁止众神从鸟国国境通过。

"空中鹁鸪国"的城墙很快就被建好了。它的效果非常明显，天神普罗米修斯悄悄地来到那里，为鸟国与宙斯对抗提供帮助。人类城邦里的巡视官、诗人、诉讼官等很多人，听说鸟类将成为世界的统治者后，无耻地跑来谋求利益，最后全都被揭穿了真实面目，并被赶跑。

最后，宙斯向鸟国妥协，并让巴西娅代表自己的王权，嫁给了鸟国的国师佩斯特泰罗斯。

《阿卡奈人》是阿里斯托芬创作出的第一部成功的喜剧。它主要讲了这样一个故事：狄开俄波利斯是一个农民，他在雅典公民大会上看到一个提倡议和的人想到发言，却遭到了拒绝。此后，狄开俄波利斯拿着八块钱去找那个人，想请那个人帮助自己一家与斯巴达人议和。雅典附近的阿卡奈人是受到战争影响最为严重的人，他们知道狄开俄波利斯的所作所为后，便指责狄开俄波利斯背叛自己的国家，还拿石头砸他。狄开俄波利斯招架不住，只得逃命。阿卡奈人十分气愤，追在他后面穷追不舍。狄开俄波利斯解释说，他本人也受到过斯巴达人的压迫，根本不想投靠斯巴达人，可是，除了斯巴达人之外，雅典人也需要为战争负责。部分阿卡奈人认为他在胡说八道，所以就请主战派将领拉马科斯裁决。拉马科斯与狄开俄波利斯扭打在一起，最后被狄开俄波利斯打败。狄开俄波利斯离开了雅典，前往伯罗奔尼撒，并与那里的人做生意。拉马科斯继续率领部队与斯巴达人交战。他在战斗中受了伤，非常痛苦。而狄开俄波利斯却成了一个非常富有的商人。

阿里斯托芬想要通过这部作品让雅典公民放弃与斯巴达交战的想法。他在作品中指出，波斯侵略者对希腊虎视眈眈，希腊各城邦应该团结起来，抛弃私利，共同对付希腊侵略者。

除了《鸟》与《阿卡奈人》外，阿里斯托芬还写过40多部喜剧作品，但遗憾的是其中大部分均已亡佚。

奴隶出身的寓言作家伊索

伊索是古希腊著名的寓言家，约于公元前 600 年出生在希腊。他生来相貌奇丑，也不会说话，只能发出奇怪的声音。邻居们都把他当成一个疯子看待。他的母亲并没有因为他相貌丑陋、不会说话而嫌弃他，反而更加爱他，经常讲故事给他听。他的舅舅非常厌恶他，经常逼迫他干地里最累的活。伊索的母亲去世后，一位曾经照顾过伊索的老人带着他离开家乡，到各地去游览。这段经历对伊索来说非常重要，使他听到了很多关于动物的故事。

在度过了一段愉快的时光后，伊索遭到了命运的捉弄。一个牧羊人把他给卖了，此后，他就成了一个奴隶，失去了人身自由。一天夜里，伊索做了一个奇怪的梦，梦到幸运之神出现在他的面前，并冲他笑了笑，还把手指放进他的口中，摸了摸他的舌头。伊索从梦中醒来后，并没有在意那个梦，可是他却发现自己可以说话了。

一天，伊索的主人打算去浴室洗澡，可他又担心人太多排不上队，就派伊索去浴室看一下。伊索接到命令后，很快就来到了浴室。他看到浴室人来人往，就想回去向主人复命。就在他刚转过身来时，他意外地看到浴室门前被人放了一块石头，导致人们进出很不方便，有些人甚至还被石头绊倒了。可是，那些被绊倒的人全都对着石头大骂一句，之后就离开了，没有一个人把那块石头搬开，为别人提供方便。

就在伊索对那些人的行为嗤之以鼻时，一个将要走进浴室的人又被石头绊倒了。那个人非常生气，恶狠狠地骂道："是谁把石头放在这里的？实在太可恶了。要是被我知道是谁干的，我一定要好好地收拾他一顿。"说着，他从地上爬起来，把那块石头搬到一旁，之后才走进浴室。

这一幕给伊索留下了深刻的印象。他想起了主人交给他的任务，就回去告诉主人："我去浴室看过了，那里只有一个人。"

主人听后非常高兴，说："那可实在太好了，我可以好好地洗浴了！"

说完后，他命令伊索立即帮他收拾衣物，之后陪他一起去浴室。

主人非常高兴地来到浴室，但当他看到浴室里人满为患后，立即转喜为怒，斥责伊索道："你告诉我，浴室只有一个人，那为什么现在有这么多人？"

伊索把他在浴室门口看到的事情讲给主人听，还对主人说："很多人都被那块石头绊倒了，但是他们除了咒骂外，什么事也不做。只一个人例外。他被石头绊倒后，为了防止别人继续被那块石头绊倒，就把石头搬到一边去了。所以，在我看来，这里只有他算得上是人，我根本就没有骗您。"

伊索非常聪明，他曾凭借他的智慧帮助过他的主人和朋友，也曾凭借智慧使自己重获自由。他还经常向人们讲述寓言故事，深受人们喜爱。可是，他得罪了德尔菲人，最后被他们给害死了。

《伊索寓言》并不完全是伊索的著作，而是后人根据古希腊的史料和拜占庭僧侣普拉努德斯收集的寓言编撰而成。这部作品大多以动物作为主人公，使用轻松幽默的语言，讲述了为人处事之道。其中《田鼠与家鼠》、《狐狸和刺猬》就是很好的例子。

《田鼠与家鼠》讲了这样一个故事：田鼠和家鼠是一对非常要好的朋友。一天，田鼠邀请家鼠到乡下吃饭。它拿出谷子与大麦招待家鼠。

家鼠一边吃着食物一边对田鼠说："你过的是什么样的生活啊！实在是太差了！我那里有大量好吃的东西，走吧，和我一起去享受美食吧。"田鼠觉得这个主意不错，就与家鼠一起进城了。

来到城里后，家鼠带着田鼠看了很多好吃的食物，豆子、蜂蜜、干酪、红枣……各种美食应有尽有。田鼠看得双眼发直，对家鼠的生活羡慕不已。就在它们准备饱餐一顿时，门被打开了，家鼠听到动静后，立即跑回它的洞穴。过了一会儿，它想去拿干酪，这时又听到动静，就再次躲回洞里。

田鼠对家鼠说："朋友，你还是自己忐忑不安地去享受这种可口的食物吧！我回去吃我的谷子和大麦了。虽然我吃的没有你好，但起码我不用担惊受怕。"

这个故事告诉人们，与那种充满危险，朝不保夕的幸福生活相比，人们更愿意过平凡而安全的普通生活。

《狐狸和刺猬》的内容是：有一条水流湍急的小河阻挡住了一只狐狸的去路。它想要从水中渡过去，却被冲到了一个幽深的山谷里。它伤得很重，躺在地上无法移动。很快，一群苍蝇和蚊子就飞到它身上，吸它的血。一会儿，一只刺猬来到山谷里。它发现狐狸非常痛苦，就想帮忙将狐狸身上的苍蝇和蚊子赶走。没想到，狐狸却制止它说："谢谢你的好意，不过，你还是让它们继续叮咬我吧！"

刺猬听后大惑不解，就问狐狸为什么这样做。

狐狸对它说："我身上的这些苍蝇和蚊子喝饱了我的血，已经不再叮我了。如果你帮我把它们赶走，那么马上就会有其他饥饿的苍蝇和蚊子来叮咬我，直到把我身上的血吸干为止。"

这个寓言告诉人们，有些时候，将一次折磨忍受到底，要强于忍受两次折磨。

柏拉图与《理想国》

柏拉图是古希腊伟大的哲学家，与苏格拉底、亚里士多德并称为古希腊三大哲学家。

柏拉图的原名叫做阿里斯托勒斯，从小身体就非常魁梧，胸宽背阔。他的体育老师根据他的体型特点，为他取名为"柏拉图"（希腊语"宽阔"的意思）。

他出生在一个雅典贵族家庭里，年轻时跟随古希腊著名的哲学家苏格拉底学习，从苏格拉底身上学到了很多宝贵的知识。柏拉图本打算像父亲那样从政，但是，雅典被斯巴达打败，斯巴达国王吕西斯特拉图不但占领了雅典，还派傀儡组建新的政府，断绝了柏拉图从政的道路。

公元前399年，苏格拉底被处死，柏拉图对当时雅典的政治体制彻底绝望，就开始四处游历，学习新的知识。他去过西西里岛、意大利、昔兰尼、埃及等很多地方。公元前387年，柏拉图返回雅典，并在雅典城外西北郊的地方开办了阿卡德米学院。这所学院培养了大批优秀的人才，其中的佼佼者当属亚里士多德。

柏拉图创建了西方客观唯心主义，他的哲学体系广博高深，对他的教学思想有着非常重要的影响。

在柏拉图看来，不管是哪一种哲学，只有包含宇宙与自然的学说，才具有普遍性。柏拉图想要探索大自然和个人，想从它们身上获得永远都不会改变的真理。正是这一点，使得他创立了一种与他的神学见解和政治见解息息相关的自然哲学。

柏拉图认为，我们不可能真正认识那些处于动态的事物，只能够对它们产生看法，或形成自己的意见，只有那些我们用理智来了解的"理念"或者"形式"，才是我们唯一能够真正了解的。由此，柏拉图得出结论：知识是不会变的，更不会出错，但是意见就有出错的可能。

柏拉图还认为，自然界中有形的东西不是静止的，但是，组成这些物质的"概念"或者"形式"，是无论何时都不会改变的。他以马为例，指出：当我们提及"马"时，并没有特指某一匹马，指的是随便某一种马。"马"的含义与各种马并没有直接的关系，它既不存在于时间之中，也不存在于空间之中，因此它是永恒的。但是，具体到这个世界上的某一匹马，它会死掉，会从这个世界上消失，所以说它是"流动"的。

柏拉图既是一位伟大的哲学家，也是一位伟大的教育家。他是西方教育史上非常重要的人物，是提出完整的学前教育思想的第一人，也是建立完整的教育体系的第一人。他认为，理性的锻炼具有非常重要的作用。在他看来，3到6岁的儿童都应该在保姆的监护下，集中到村庄的神庙里做游戏、听童话和故事；长到7岁，儿童就应该开始学习骑马、射箭、投枪、读、写等军人所需要的各种技能；在20岁到30岁这个年龄段，如果某些学生对抽象思维特别感兴趣，为了锻炼他们的思考能力，使他们成为科学家，教育工作者就要让学习几何、算术、声学、天文学等学科。柏拉图还指出，那些未来的统治者，在30岁之后要进一步学习辩证法，以便了解和熟悉理念世界；经过5年的学习，他的哲学水平就非常高了，因此也就具备了统治国家的能力。

柏拉图学识渊博，对很多领域进行过研究，写出了40多部作品。其中，最具影响力的当属《理想国》。

《理想国》共分10卷，是一部以苏格拉底为主角，用对话体写成的著作。通过这部作品，他不仅概括和总结了自己的哲学思想，还探讨了政治、文艺、教育、伦理道德等方面的问题。不过，探讨理想国家的问题才是这部作品的主要内容。

在柏拉图看来，理想国家共分为平民阶层、守卫疆土的武士阶层和接受过系

雅典学院
此壁画是拉斐尔为梵蒂冈教皇宫殿所绘。图中柏拉图和亚里士多德师徒正在门厅闲谈，其他不同地域和不同学派的著名学者在自由地讨论。画面以柏拉图与亚里士多德为中心，而这师生二人同是历史上最伟大的思想家。

统哲学教育的统治阶层等三个阶层。他强调城邦的整体和"正义"，无视个人的幸福。他认为统治者应该具有至高无上的权力，有些时候，统治者可以用欺骗公民或敌人的手段来保护国家利益。

柏拉图在这部作品中，设想出了一个可以达到公平公正的理想国。柏拉图认为，当时的政治非常糟糕，只有哲学家掌握政权后，人类才能够寻找到真正的出路，也只有哲学家才能够把雅典从困境中拯救出来。由此他得出结论：只有哲学家才能成为理想国的统治者。其实，柏拉图眼里的哲学家有着特殊的含义。他把哲学家看作是学识最为渊博，品德最为高尚的人，因此，最好的政体就是由哲学家统治的政体。

除了《理想国》外，柏拉图还写了《苏格拉底的申辩》、《伊壁鸠鲁篇》、《斐德罗篇》等很多著作。

伯罗奔尼撒战争

伯罗奔尼撒战争是以雅典为首的提洛同盟，与以斯巴达为首的伯罗奔尼撒联盟，为争夺古希腊统治权而在伯罗奔尼撒半岛进行的战争。

希波战争的爆发，使得雅典及希腊的一些自由城市结成了提洛同盟。希波战争结束后，雅典的实力不断提升，为了控制和强化在爱琴海的霸权，雅典逐渐把提洛同盟改造成自己的武装力量。除此之外，雅典人还修建城墙，把雅典城与海港比雷埃夫斯连在一起，使得敌人无法从陆路轻易地向雅典城发动进攻。雅典人的这些举动，让打算与雅典争夺希腊半岛统治权的斯巴达人非常不安。斯巴达人决定借助其领导下的伯罗奔尼撒联盟的力量与雅典对抗。

公元前460年，原本已经加入伯罗奔尼撒联盟的米加腊决定退出，加入提洛同盟，与雅典联合。这件事导致提洛同盟和伯罗奔尼撒联盟之间发生了战争。这场战争共进行了六年之久，成为了伯罗奔尼撒战争的前奏。后来，双方因为实力相当，没有战胜对手的绝对把握，就停止了战争，并提出，以后双方发生冲突，就找一些中立的城邦来对双方的对错进行判断。但是，这个办法并没有能够解决双方在意识形态、政治结构等方面存在的不可调和的矛盾，因此更大规模的战争爆发也就所难免了。

公元前431年初，分属于提洛同盟和伯罗奔尼撒联盟的底比斯与普提亚爆发了战争。从此之后，雅典与斯巴达彻底撕毁了双方签订的和约，为争夺希腊半岛

的统治权而展开了战争。斯巴达
命令伯罗奔尼撒各同盟国派遣全
国三分之二的兵力赶到地峡，在
那里集结后，向雅典进发。当各
国大军都赶到地峡后，斯巴达国
王阿基达马斯对各国将军说，敌
人十分强大，一定要高度重视，
同时也要注定自身的安全。为了
了解雅典的情况，阿基达马斯派
了一名使者前往雅典。可是，雅

伯罗奔尼撒战争绘画
几乎所有希腊的城邦都参加了这场战争，其战场涉及了当时整个希腊语世界。这场战争结束了雅典的黄金时代，结束了希腊的民主时代，强烈地改变了希腊国家的命运。

典人察觉到了阿基达马斯的意图，坚决禁止使者进入雅典城。使者走到雅典边境时，十分不屑地说："从今天开始，雅典就要遭受沉重的打击了。"

阿基达马斯没有达到目的，就命令斯巴达骑兵和步兵，共 3.5 万人，在阿提卡集结。此后爆发了阿姆菲波利斯之战。

阿姆菲波利斯之战后，无论是雅典人，还是斯巴达人，都不想再继续战斗下去。为此，雅典将军尼西阿斯与斯巴达国王普雷斯托安那克斯展开了和谈。经过旷日持久的谈判，最后双方达成一致，同意将在战争中争夺到的土地物归原主，并把战俘还给对方。双方签订了《尼西阿斯和约》，规定双方保持 50 年和平。

在此后的几年里，双方因为不甘心没有击败对手而不断地扩充军备，准备发动更大规模的战争。公元前 415 年，雅典将军阿尔基比阿德斯、拉马科斯及尼基阿斯率领雅典大军向西西里岛进发。阿尔基比阿德斯由于被怀疑与雅典城内发生的赫尔墨斯神雕像被毁事件有关，被命令返回雅典，接受审判。此后，尼基阿斯与拉马科斯共同指挥雅典军队与斯巴达军队作战。拉马科斯在作战中壮烈牺牲，尼基阿斯成为了雅典大军唯一的指挥官。公元前 413 年，由于尼基阿斯指挥失误，雅典大军陷入被动，后来全部被歼灭。

西西里战争结束后，雅典海上实力受到严重削弱，斯巴达人看到胜利在望，成为希腊霸主的梦想即将实现，便加紧了军事行动。公元前 413 年，斯巴达大军将德凯利亚占领，不断地消耗着雅典的力量。雅典的经济发展受到严重影响，粮食供给严重不足。雅典人知道，战争的形势对自己越来越不利，为了能够反败为胜，他们决定用所有的财富打造一支海军舰队，与斯巴达进行最后的决战。公元前 411 年，雅典海军在阿拜多斯击败了斯巴达海军，第二年又在基齐库斯取得了胜利。

斯巴达人意识到，要想彻底击败雅典，必须要建立起一支强大的海军。于是，他们在波斯人的帮助下，打造了大量战舰，海上实力得到了大幅度提升。

公元前405年，斯巴达海军统帅莱山德听说赫勒斯滂海峡沿岸毫无防备，认为这是一个大好时机，便率领大军从海路赶到雅典的同盟拉姆普萨科斯城，并兵不血刃地将那里占领。雅典人收到消息后非常吃惊，立即派出一支由180艘战船组成的舰队，向羊河口进发。羊河口位于拉姆普萨科斯城的对岸，就在雅典舰队赶到那里时，斯巴达大军早就摆开了阵势。可是，斯巴达人并没有向雅典人发动进攻。雅典人不知道怎么回事，就主动向斯巴达人挑战。莱山德看着雅典人大呼小叫的样子就觉得可笑，他命令手下士兵原地待命，不要与雅典人交战。雅典人喊得嗓子都哑了，也没有成功逼迫斯巴达人迎战。他们无计可施，只好回到羊河口，并上岸休息。在此后的几天里，雅典人每天都向斯巴达人挑战，但是每次都无功而返。如此一来，雅典人的士气有些低落了，同时也产生了轻敌的思想。第五天，雅典人再次发出挑战，仍然没有成功。雅典士兵个个无精打采地回到了驻地。莱山德派人乘船跟在雅典舰队的后面，他们看到雅典士兵登上了陆地，就立刻发出进攻的信号。莱山德看到信号后，立即命令所有战舰以最快的速度向敌人阵地冲去。

雅典将军科农看到斯巴达的船舰飞快地向己方阵地驶来，立即让士兵上船，与敌人交战。可是，雅典士兵根本没有想到斯巴达人会在这个时候发动进攻，他们乱作一团，根本无法登船迎敌。斯巴达人非常轻松地夺得了大量雅典人的战船，瓦解了雅典海军。

这场关键的战役奠定了斯巴达最后取得胜利的基础。此后，斯巴达海军率领大军从海陆两方面将雅典城包围起来。围困几个月之后，雅典城中的粮食全都被吃光了，雅典人再也无法继续忍受下去，只得选择投降。斯巴达人希望借助雅典来抑制麦加拉和科林斯等城邦的发展，所以并没有将雅典人彻底消灭。不过，他们提出了非常苛刻的条件：服从斯巴达的领导；除了保留12只船担任警戒任务外，其余船只全部交给斯巴达；将雅典城到港口的城墙毁掉，等等。雅典人虽然知道这是一份屈辱的和约，但是为求自保，他们也不得不接受。

公元前404年，斯巴达与雅典正式签订和约，伯罗奔尼撒战争宣告结束。

伯罗奔尼撒战争对希腊世界造成了深远影响。它使得大量手工业者和小农经济破产，大量土地被大土地所有者吞并，大量财富聚积到大商人手中，以大手工业作坊主为代表的大奴隶主经济逐渐取代中小奴隶制经济。

伯罗奔尼撒战争还宣告了雅典霸主地位的终结，而且还结束了整个希腊的奴隶制城邦制度。

西西里争夺战

西西里争夺战是伯罗奔尼撒战争中的一场关键战役，也是古希腊历史上最大的一次军事行动。

伯罗奔尼撒战争爆发后，雅典人和斯巴达人经过多年的交战，双方都受到严重损失。为了减少损失，保护自身利益，双方签订了《尼西阿斯和约》。这份和约规定，双方保持50年和平。可是，无论是雅典人还是斯巴达人，都没有放弃成为希腊半岛统治者这一目标。为此，这两个城邦表面上风平浪静，其实都在悄悄地积蓄力量，希望能够一举击败对方。

在《尼西阿斯和约》签订的第二年，年轻的阿尔基比阿德斯当选为雅典将军。他是主战派，希望雅典能够与斯巴达重新开战，还提出远征西西里。西西里是雅典和斯巴达都想占领的军事要地，距离雅典城很远。雅典将军尼西阿斯指出，西西里与雅典相隔太远，如果雅典贸然出兵，无法将其占领，那么雅典大军就有全军覆没的危险。可是，阿尔基比阿德斯却坚决主张向西西里发兵。为了实现这个目的，他发表了深情的演说，打动了很多人的心。最后，他的远征计划得到了雅典公民大会的批准。此外，雅典公民大会还任命他和拉马科斯、尼基阿斯为统帅，共同率领雅典海军远征。

公元前415年的一天，一支由130艘运输船和134艘战船组成的雅典舰队，集结在雅典的海港，等待着阿尔基比阿德斯下达出发的命令。阿尔基比阿德斯登上一艘指挥舰，向前来送行的雅典公民和即将出发的雅典士兵发表演说："雅典的勇士们，雅典的公民！今天，我们将前往美丽的西西里，因为我们要把它征服。那是一个非常富有的地方，贮存着大量财富。斯巴达人早就对它虎视眈眈了，如果我们不去，斯巴达就会轻而易举地占有它。这是我们绝对不想看到的结果。现在，让我们向伟大的神灵祈祷吧，希望神灵能够保佑我们顺利抵达西西里，并完成我们的使命。"

阿尔基比阿德斯讲完后，就下达了出发的命令。雅典舰队排成纵队，慢慢地向西西里岛进发了。

其实，在雅典舰队出发前，雅典城中发生了一件大事。希腊人把赫尔墨斯看作是商业、手工业、航海和旅行的神，雅典城中矗立着很多赫尔墨斯神的塑像。可是，有人竟然胆大包天，在某一天夜里捣毁了很多赫尔墨斯神像。很多雅典人认为，这件事暗示着雅典大军远征西西里并不会一帆风顺。阿尔基比阿德斯知道这件事后非常生气，他要求把这件事彻底调查清楚。可是，出征的日期早就已经确定下来了，根本不可能更改，于是他还是按时率领雅典海军出发了。

雅典海军很快就来到了西西里岛，之后舰队在西西里岛的东部靠岸。雅典士兵登陆后，立即与斯巴达的盟友叙拉古的骑兵展开了激烈的战斗。阿尔基比阿德斯准备好好地教训一下对手，从而震慑一下斯巴达人。可是，就在这个时候，他却收到了一个坏消息。一位使者带着公民大会的命令，要求他立即返回雅典。原来，雅典公民大会怀疑他与赫尔墨斯神像被毁案有关，要求他返回雅典，接受公民大会的审问。阿尔基比阿德斯非常无奈，只好将军队的指挥权交出，坐船返回雅典。但阿尔基比阿德斯并没有返回雅典，而是逃到了斯巴达。雅典公民知道这个消息后都非常气愤，公民大会宣布判处他的死刑，并将其全部财产没收。阿尔基比阿德斯一怒之下真的投靠了斯巴达，并向斯巴达提出了两条击败雅典海军的建议。斯巴达人觉得他的建议非常好，便欣然接受了。

此后，雅典军队在拉马科斯和尼基阿斯的率领下，准备向叙拉古发动进攻。斯巴达人依照阿尔基比阿德斯的建议，迅速派兵支持叙拉古。另外，科林斯也派舰队赶来支援叙拉古。获得支援的叙拉古人士气高涨，从海上和陆路同时发动反击。在这个生死攸关的时刻，尼基阿斯没有迅速率领雅典大军与叙拉古人作战，而是派人在叙拉古城外修建一道城墙，打算从陆地上把支援叙拉古的军队的道路切断。叙拉古人并没有坐以待毙，他们很快也修建了一道城墙，把希腊大军包围起来。

没过多久，雅典舰队的饮水和柴火都快用光了。尼基阿斯看到形势对己方不利，立即给国内写信，请求雅典派大军赶来增援，或者允许他立即撤兵。雅典人不希望撤兵，就派兵前往西西里岛增援。

就在雅典大军在西西里岛骑虎难下之际，斯巴达国王阿基斯按照阿尔基比阿德斯的建议，占领了狄西里亚。狄西里亚距离雅典城非常近，雅典城面临着严重的威胁。阿基斯经常率领斯巴达大军到雅典的郊外骚扰、抢夺雅典百姓的财物。此后，雅典所有的农村土地都落入到斯巴达人手中，粮食供应也受到很大影响。除此之外，雅典城中的大量奴隶都逃走了，雅典的财政收入也深受影响。

雅典大军在叙拉古战场上的形势也在不断恶化。大量西西里的城邦联合起来支持叙拉古，使得雅典大军在海上作战时失利。叙拉古人赢取海战胜利后，他们对彻底击败雅典海军的信心有很大提升，同时也不再像过去那样害怕雅典的陆军了。

就在叙拉古人集结大军，准备从海陆两方面向雅典人发动进攻时，攸利密顿和德莫斯提尼率领雅典援军及时赶到。他们打算在夜里将厄庇波利攻下，让敌人知道他们的厉害。他们很快就将叙拉古人的城墙占领了，并认为敌人已经被彻底击败。因此，他们放松了戒备。就在这个时候，叙拉古人出其不意地发动反击，将雅典人打得落荒而逃。由于当时是深夜，雅典人不辨敌我，误伤了很多自己人。最后，叙拉古将大量雅典人包围起来杀害，只有一小部分雅典人逃脱了。

这次失利使得雅典军队的士气受到很大打击。德莫斯提尼主张从西西里撤退，保存雅典海军实力，返回雅典与包围雅典城的斯巴达人决战。可是，尼基阿斯认为雅典大军一定能够击败叙拉古人，因此不愿意撤退。由于双方的意见没有达成一致，雅典人仍然留在西西里。就在这时，叙拉古人又组织军队，准备从海陆两方面向雅典人进攻。尼基阿斯看到形势对雅典人越来越不利，开始为没有能够早些撤退感到后悔。就在他们准备撤退时，突然发生了月食。尼基阿斯是一个迷信的人，他按照预言家的指示，准备在 27 天后领兵撤退。尼基阿斯的错误决定导致雅典人失去了撤退的大好时机。叙拉古人从陆地和海上大举进攻，并把港口封锁起来，让雅典人无路可退。

不久后，雅典人又遭到了严重打击——他们的粮食全部吃完了。尼基阿斯心急如焚，他与其他将军商量后决定，利用雅典海军的优势与叙拉古人决一死战。

尼基阿斯激励雅典将士们说："如果我们无法在这里击败敌人，那么他们就会向雅典城发动进攻。到那时，雅典城将面临斯巴达人与叙拉古人的联合进攻，形势将非常危急。因此，为了你们的同胞，你们一定要奋勇杀敌，尽可能地击退敌人。"

很快，双方就展开了决斗。双方驾驶着战船，不断地向敌人的战船猛烈地撞击，发出剧烈的声响。士兵们都站在甲板上，不停地向对方的战船投射标枪和石头。如果双方的战船撞到一起，双方的士兵就会奋不顾身地冲向对方的战船，与敌人展开殊死搏斗。战斗持续了很长时间，最终，雅典人被叙拉古人及其联盟击败，叙拉古人只损失了 26 艘战船，就击沉了雅典 50 艘战船。

海上作战失利后，雅典人把撤退的希望全都寄托在了陆路上。可是，叙拉古人并不想轻易放走他们。叙拉古人派出骑兵和步兵追击，不断地拖延雅典大军前进。雅典大军一边抵挡叙拉古人的追击，一边向前逃命，行进速度非常缓慢。走了两天后，他们来到一个由叙拉古人防守的隘口，血战了几天，后来只剩下了7000人。德莫斯提尼知道继续与叙拉古人作战，所有人都会牺牲。因此，他主动率领部队投降了。

西西里争夺战以雅典人的彻底失败而告终，这次惨败使得雅典失去了几乎所有的舰队以及装备精良的陆军，对雅典造成了沉重的打击，并最终导致雅典在伯罗奔尼撒战争中的失利。

底比斯最伟大的领袖

在古希腊时代，雅典、斯巴达和底比斯并称为希腊最主要的三大城邦。其中，斯巴达的实力最强，是希腊世界的霸主。公元前4世纪初期，底比斯人击败了斯巴达人，使得底比斯成为希腊最为强大的城邦。

底比斯人之所以能够击败强大的斯巴达人，一个人发挥了至关重要的作用。他就是底比斯最伟大的领导者伊巴密浓达。

伊巴密浓达年轻时接受到了非常良好的教育，同时他也非常注重锻炼身体、强健体魄，希望以后能够在战场上有一番作为。他的愿望很快就变成了现实。

伯罗奔尼撒战争结束后，斯巴达和底比斯的实力都得到了很大提升，为了在希腊世界建立霸权统治，斯巴达与底比斯发生了冲突。经过8年的苦战，底比斯最终失败，斯巴达派遣军队占领了底比斯，并把反对斯巴达的力量从底斯比赶了出去。伊巴密浓达虽然同样反对斯巴达，却被当成了一个贫困的哲学家，没有被赶走。

那些被赶出底斯比的人们在雅典重新组织起来，希望将斯巴达人赶出自己的家园。在雅典人的支持下，他们的力量有了明显提升。公元前379年，一些被赶出底比斯的人们在派洛皮德的率领下，悄无声息地返回底比斯城，将斯巴达扶植的政府领袖杀死。伊巴密浓达为了配合他们的行动，率领一群年轻人将兵工厂占领，抢夺武器把驻守在底比斯卫城的斯巴达军队包围起来。第二天，伊巴密浓达与派洛皮德等人出现在众人面前，号召大家为自由与斯巴达作战。占领底比斯要塞的斯巴达军队看到反对者声势浩大，只好退出了底比斯，返回斯巴达。

斯巴达国王阿格西劳斯二世不甘心失去对底比斯的控制权，便亲自率领大军攻打底比斯。底比斯人占据城外的要塞，顽强地抵挡斯巴达军队的进攻。斯巴达军队无法攻入城中，只好破坏底比斯的城郊后撤退。

斯巴达军队撤走了，底比斯建立起民主的维奥蒂亚同盟。在此后的7年里，斯巴达人3次大举进攻底比斯，但最后全都无功而返。此后，伊巴密浓达率领维奥蒂亚代表团与斯巴达进行和平谈判。谈判进展得相当顺利，双方很快就达到了一致。但是，当双方代表签字时，意外发生了。伊巴密浓达想要代表全维奥蒂亚，不想只代表底比斯签字。斯巴达国王阿格西劳斯二世希望奥维蒂亚各城邦保持独立，因此坚决不同意伊巴密浓达的做法。双方各执己见，最后导致谈判破裂。为了防止对方的进攻，维奥蒂亚代表团返回后就做好了战争的准备，而斯巴达同样也做好了准备。双方的战役很快就打响了。

斯巴达国王按照传统的排兵部阵方法，将斯巴达的部队一字排开，把精锐部队放在右翼，把实力不济的伯罗奔尼撒同盟军放在左翼。伊巴密浓达把自己率领的底比斯大军和由派洛皮德率领的圣队放在左翼，之后也将部队像斯巴达部队那样一字排开。战役打响后，伊巴密浓达和派洛皮德率领的左翼迅速地冲向斯巴达部队，用实力弱一些的右翼拖延时间，最终凭借着这个战术击败了斯巴达大军。

一年后，伊巴密浓达已经将维奥蒂亚同盟全面控制，奥尔霍迈诺斯城邦以前是斯巴达的同盟，结果被伊巴密浓达拉拢过来。公元前370年左右，曼蒂尼亚城邦加入斯巴达后，根本不听阿格西劳斯二世的调遣，使得阿格西劳斯二世非常生气。他开始调集军队，打算教训一下曼蒂尼亚。伊巴密浓达认为这是一个粉碎斯巴达霸权的大好时机，就决定率领大军攻入伯罗奔尼撒半岛。他一方面率领大军向斯巴达挺进，一方面派部队向斯巴达的前盟友出兵。

底比斯军队非常顺利地进入了斯巴达境内。斯巴达兵力不足，只得踞城坚守。底比斯大军攻下了斯巴达附近的拉科尼亚，之后又向被斯巴达控制了200多年的麦西方尼亚发动进攻。仅用了几个月时间，伊巴密浓达就率领底比斯大军破坏了斯巴达的经济根基，使得斯巴达的威信大大降低。此后，伊巴密浓达率领大军胜利凯旋。

回国之后，伊巴密浓达因为掌权的时间超过了法定期限，受到了政敌的审问。由于他的巨大功绩，法官们撤销了对他的指控，他也再次当选为维奥蒂亚代表。

公元前369年，伊巴密浓达再次率领大军攻入伯罗奔尼撒半岛，并获得大胜，促使西锡安与底比斯结为同盟。

公元前366年，伊巴密浓达第三次率领底比斯大军攻入伯罗奔尼撒半岛。这一次，伊巴密浓达的目的是逼迫亚该亚人向底比斯效忠，并在那里建立起政权。他的目的达到了，可是他建立起来的政权很快就灭亡了，一个前斯巴达贵族来到那里，成为那里的统治者，之后与斯巴达结盟了。

此后数年，众多底比斯的同盟叛变，并与斯巴达结盟，伊巴密浓达不断领兵与各地的起义军交战。公元前 364 年，派洛皮德在一场战争中殒命，这导致伊巴密浓达失去了一个重要的政治盟友。

公元前 362 年，伊巴密浓达又一次攻入伯罗奔尼撒半岛，以便消灭不断增多的敌对力量。经过一番激烈的战斗，底比斯大军战胜斯巴达军，但是伊巴密浓达却在战斗中负伤，并于不久后去世。

随着伊巴密浓达的去世，底比斯的实力受到了严重的削弱。公元前 325 年，底比斯被马其顿国王亚历山大消灭。

"古代最博学的人"亚里士多德

亚里士多德是古希腊著名的哲学家、教育家和思想家，被誉为"古代最博学的人"。

公元前 384 年，亚里士多德出生于希腊的一个殖民地——色雷斯的斯塔基拉。他的父亲是马其顿国王腓力二世的御医。公元前 367 年，他搬到雅典居住。第二年，18 岁的他被送到了柏拉图学院学习。亚里士多德跟随著名的哲学家柏拉图学习了 20 年哲学，这段学习对他的整个人生都有着非常重要的影响。在柏拉图学院里，亚里士多德的成绩非常优秀，并因此受到柏拉图的嘉奖，被柏拉图称为"学院之灵"。他是一个勤奋好学的人，经常收集各种图书资料，不断地钻研。随着学到的知识越来越多，亚里士多德对柏拉图的哲学提出了疑问，并与柏拉图产生了分歧。后来，他们的分歧不断增大，经常为此而发生激烈的争吵。

柏拉图去世后，亚里士多德开始了游历生活。小亚细亚沿岸的密细亚统治者赫米阿斯曾与亚里士多德一起在柏拉图学院学习过，他听说亚里士多德的事情后，就主动邀请亚里士多德到小亚细亚访问。亚里士多德接受了他的邀请，并娶了赫米阿斯的侄女。公元前 344 年，赫米阿斯遭到谋杀，亚里士多德无法继续在小亚细亚待下去了，只好带着家人去了米提利尼。

公元前 343 年，亚里士多德接受马其顿国王腓力二世的邀请，担任太子亚历山大的老师。亚里士多德向亚历山大传授了很多哲学、政治、道德等方面的知识，使得亚历山大成为一个尊重知识、重视科学的人。公元前 336 年，腓力二世遇刺身亡，亚历山大成为马其顿的国王。

后来，为了建立自己的学院教授哲学，亚里士多德离开了亚历山大，回到雅典。亚里士多德在雅典建立自己的学校后，一边给学生们讲课，一边写作。在这段时间里，他写出了很多关于哲学和自然科学的著作。他的著作大多以讲课的笔记为基础，因此被看作是西方第一个教科书作者。

就在亚里士多德在学校教书期间，亚历山大率领部队击败了波斯大军，将古老的波斯帝国摧毁，建立起空前强大的帝国。后来，亚历山大因病去世，他的帝国也分裂成几个独立的王国，雅典人也开始反对马其顿的统治。亚里士多德与亚历山大有着密切的关系，因此雅典人打算报复他，指责他对神灵不敬。为了避难，亚里士多德将学院交给别人掌管，之后逃到了加而西斯。公元 322 年，亚里士多德因为积劳成疾而去世。

亚里士多德是一个非常博学的人，他的研究范围非常广泛，涉及到政治学、经济学、逻辑学、物理学、心理学、教育学、博物学、美学等。此外，他还写了400 到 1000 部作品，其中比较有名的作品有《诗学》、《政治学》、《伦理学》、《形而上学》、《工具论》等。

在柏拉图看来，理念是实物的原型，它是独立存在的，不需要借助实物做载体。他还认为，感觉是知识的起源。亚里士多德创立了形式逻辑这个哲学上的重要分支，在他的科学研究中，他一直贯彻的就是这种思维方式。

在教育学方面，亚里士多德认为，教育的最终目的是让学生获得理性的发展。他提出，国家不应该忽略对奴隶家的孩子的教育，他们也需要在身体和智慧方面获得发展的机会。他还对实践与练习的作用非常重视，经常为学生积极创造这样的机会。此外，他还提出了"吾爱吾师，吾更爱真理"的名言，鼓舞学生们勇于思考，敢于向威权挑战。

在天文学方面，亚里士多德认为，地球是圆形的，是宇宙的中心；地球和其他天体是由不同的物质组成的。

在生物学方面，亚里士多德以实践为基础，为了得出更为精准的结论，至少解剖了 50 多种动物，还对 500 多种动植物进行了分类。

当然，在亚里士多德的思想中，也存在着某些极端的倾向，比如他认为女性本来就应该受到不平的待遇等。不过，这并不能影响他的思想和著作在西方学术界的地位。他的思想几乎对所有西方的哲学家都有影响，他的著作更是古代的百科全书。因此，亚里士多德不愧被称为"古代最博学的人"。

雄辩家德摩斯梯尼

德摩斯梯尼是古希腊著名的雄辩家和民主派政治家。他出生在雅典的一个富裕家庭里，在他7岁那年，他的父亲就去世了，他的监护人将属于他的财产私吞掉。为了取回这笔财产，德摩斯梯尼开始跟随雅典著名的演说家伊塞学习演说术。追回财产后，德摩斯梯尼成为了一个非常有名的律师。但是，律师这个职业并不是他的梦想，他更加渴望成为一名优秀的政治家。在30岁那年，德摩斯梯尼结束了自己的律师生涯，开始正式从政。

不过，政治家需要拥有非常出色的演说和雄辩能力，而德摩斯梯尼天生口吃，说话时声音很小，而且还不时地耸肩，让人看了非常不舒服。那时雅典经常举行辩论，听众对演说者有着非常高的要求，如果演说者无法达到他们的要求，就是遭到他们无情地嘲笑。

德摩斯梯尼特别想成为一名优秀的政治演说家，为了实现这个理想，他付出了远远超过常人的努力。

德摩斯梯尼首先要改掉口吃这个坏习惯。有一次，因为演讲遭到听众嘲笑而伤心难过的德摩斯梯尼跑到了海边，对着辽阔的大海呼喊道："为什么……我……我不能……成为一个……好的……？"

就在这时，巨大的浪花向他扑来，淋湿了他的衣服，还灌入他因为口吃而没有来得及闭起来的嘴里。海浪里含着一些泥沙和小石子，德摩斯梯尼被的嘴都被灌满了。这时，他非但没有生气，还想到："由于我口吃时嘴巴没有闭起来，因此小石子才被跑到我的嘴里。只要能将这个毛病改掉，那么我以后就不会再口吃了。"

此后，为了改掉口吃的坏毛病，德摩斯梯尼特意找来一块干净的小石子，放进自己的嘴里。如果他说话时口吃了，小石子就会由他的嘴跑到他的肚子里去。德摩斯梯尼吃进了好几块小石子，每次吃下去时都会非常难受。不过，这并没有让他打退堂鼓，他仍然坚持运用这个方法来改掉口吃。随着时间的推移，德摩斯梯尼说话越来越流畅，很快，他就不再口吃了。

后来，为了能够把话说清楚，他又开始使用小石子锻炼舌头和嘴巴的使用方法。他经常去海边，捡起小石子放进嘴里，之后不停地对着大海演讲。经过不断的努力，他嘴里含着小石子都能够把话说得一清二楚了。

治好了口吃后，德摩斯梯尼还要改掉耸肩的坏习惯。一天，德摩斯梯尼一边走路一边思考问题，由于过于投入，他与迎面走过来的一个人撞到了一起，把那个人撞倒在地。他才意识到自己犯了错，由于不知道该说什么好，他只好像平时那样耸耸肩，表示他的歉意。他的做法无可厚非，但是他耸肩的动作实在太难看了。被他撞倒在地的那个人怒气冲冲地说："你那动作难看极了，你应该把你的肩膀砍下来！"

这件事让德摩斯梯尼受到很大的触动。他回到家后，难过的心情还没有平复下来。最后，他发誓说，一定要将耸肩的坏毛病改掉，否则就真的把肩膀砍掉。

为了改掉耸肩的坏毛病，他找来两把宝剑，挂在屋里，每次练习学说时，都要站在剑下，两个肩膀对着剑尖，只要肩膀稍微动一下，锋利的宝剑就在扎在上面。刚开始的时候，德摩斯梯尼吃了不少苦头，肩膀总会扎伤。后来，他受伤的情况越来越少，最后果然改掉了耸肩的坏毛病。

从此以后，德摩斯梯尼坚信自己能够获得成功，于是准备再次参加演讲，让听众对自己刮目相看。可是，事实与他的愿望相差甚远。一天，德摩斯梯尼与对手辩论，他的论据非常充足，似乎很轻松就能够获胜。可是，由于他底气不足，说话时断时续，论据一下子失去了力量。他的对手经常一下子说出几十句话，使得他根本无法反驳。最后，听众向他的对手报以热烈的掌声。

这次失败让德摩斯梯尼认识到，气短是影响他进一步提高的最大问题。在回家的路上，他不停地思考着如何解决这个问题。突然，他看到两个樵夫挑着柴从对面走来。樵夫身上的柴很重，可是他们一边走一边轻松地在聊天。德摩斯梯尼非常想知道他们为什么背着这么重的柴还能谈笑风生，就虚心地向他们求教。

一个樵夫对他说："上山打柴是我们每天都要做的事。我们刚开始背柴时，总觉得柴非常重，所以就用最快的速度走到山下的市场。久而久之，我们就觉得柴不像以前那样重了，因此就能轻松地聊天了。"

那个樵夫的话使得德摩斯梯尼深受启发。此后，他每天一大早就起床，之后跑步去山上，一边跑一边大声地朗读。经过一段时间的锻炼，气短的毛病消失了，他讲话时底气十足。

此后，德摩斯梯尼的演说技巧越来越高超，听众也越来越喜欢他。他有些志得意满，听说柏拉图是最著名的演讲大师后，就打算向柏拉图发出挑战。为了挑战柏拉图，德摩斯梯尼听了一次柏拉图公开演讲。观摩到柏拉图的演讲后，德摩斯梯尼意识到自己与柏拉图还存在着很大的差距，自己还有很多需要提高的地方。于是，他把自己关在家里，全心全意地苦练演讲。

就在德摩斯梯尼的名声越来越响亮时，马其顿国王腓力二世不断向外扩张，并对希腊虎视眈眈。德摩斯梯尼强烈地反对马其顿的扩张，他曾多次在公民大会上进行演讲，号召希腊人抵制马其顿的扩张。公元前341年，德摩斯梯尼发表了一篇著名的演讲。他说："当雅典的船还没有被淹没的时候，船上的每个人都应该尽自己那份力，共同拯救这条船。一旦狂风掀起巨浪，打在船舷上，那么这条船上的人都要灭亡。到那时再想补救，一切都为时过晚了。"

腓力二世读过德摩斯梯尼的这篇演讲词后，说："德摩斯梯尼的演讲实在太精彩了。如果能亲自听到他的演讲，我也会投票推举他做反对我的同盟的领袖。"

德摩斯梯尼声情并茂，有理有据的演讲打动了所有人。雅典公民大会决定联合其他城邦，共同反对马其顿。公元前340年，希腊城邦建立起反马其顿同盟。

公元前336年，腓力二世遭人杀害，他的儿子亚历山大成为了马其顿国王。公元前322年，马其顿打败了反马其顿同盟，并要求将德摩斯梯尼交出来。德摩斯梯尼为求自保，逃到了国外。后来，他在一个小岛上服毒自杀而死。

亚历山大东征

亚历山大东征是马其顿国王亚历山大在公元前334年到公元前324年发动的征服波斯等东方国家的战争。

伯罗奔尼撒战争结束后，无论是失败的雅典，还是战胜的斯巴达，以及其他参战的城邦，实力都受到了很大影响。就在这个时候，北方的马其顿在国王腓力二世的带领下，正逐步强大起来。腓力二世看到，希腊各城邦由于受到伯罗奔尼撒战争的影响，实力受到严重削弱，便利用马其顿强大的军事实力，逐个占领希腊城邦。公元前338年，马其顿大军在喀罗尼亚击败了希腊联军，使得希腊成为马其顿的附属国。腓力二世踌躇满志，准备向东方的波斯及其他国家发动战争。可是，公元前336年，腓力二世在参加女儿的婚礼时意外遇害身亡，他征服东方的美梦破灭了。

腓力二世死后，他的儿子亚历山大成为了马其顿的国王。亚历山大自幼跟随古希腊著名的哲学家亚里士多德学习希腊文化。除了学习希腊文化外，亚历山大还接受了军事训练，从16岁起就开始跟随父亲到处征战，在战场学到了很多军事知识，也积累了很多作战经验。

　　亚历山大成为马其顿的国王后，立即按照希腊的制度，对马其顿的政治和军事进行了改革，加强了君主的权力，建立起包括骑兵、步兵和海军的马其顿常备军，使马其顿成为军事强国。

　　此后，亚历山大率领马其顿大军来到巴尔干半岛北部，讨伐被腓力二世征服，后利用腓力二世去世，马其顿动荡不安的机会宣布独立的希腊各城邦和伊利里亚、色雷斯等地的部落。亚历山大非常顺利地击败了色雷斯人，并逼迫他们逃往多瑙河沿岸，还征服了伊利里亚各部落。就在这个时候，底比斯人散布消息，说亚历山大在战斗中牺牲，并鼓动希腊其他城邦联合起来反对马其顿。底比斯是希腊一个较大的城邦，很多城邦都会受到它的影响。亚历山大非常清楚这一点，因此决定立即率领大军前往底比斯，逼迫底比斯人不再与马其顿为敌。当马其顿大军赶到底比斯城下的时候，底比斯人根本没有想到马其顿军队的行动会如此迅速。他们仓皇应战，很快就被马其顿人打败了。亚历山大下令放火烧掉底比斯城，把所有底比斯人变卖为奴隶。

　　底比斯的灭亡让希腊各城邦对马其顿大军闻风丧胆，纷纷表示愿意臣服。很快，亚历山大就统一了希腊各城邦。解决了后顾之忧后，亚历山大决定远征东方，以完成父亲征服东方的遗愿。

　　公元前335年，亚历山大组织了一支以马其顿军为主，以希腊各城邦军队和雇佣军为辅的部队。这支部队共有骑兵5000人，步兵3万人，战舰160艘。公元前334年，亚历山大把马其顿政权交给安提帕特将军暂时掌管，亲自率领大军

这是一幅表现不戴头盔的亚历山大大帝追击大流士战马的图画。

渡过达达尼尔海峡，向波斯进军。波斯帝国的国王是大流士三世，他是一个昏庸无道，毫无治国之才的皇帝。在他的统治下，波斯帝国面临着各种问题。亚历山大率领远征军先后将吕底亚、卡里来、吕基亚、安哥拉、卡帕多细亚、奇里乞亚等地占领。公元前333年，大流士三流率领十几万波斯大军在西利西亚东部的伊苏斯迎战马其顿远征军，但很快就被打败。这次战役使得马其顿远征军前往叙利亚、腓尼基的道路变得畅通无阻。大流士三世逃到幼发拉底河，之后收拾残余部队，同时派出使者向亚历山大求和。马其顿远征军一向所向披靡，气势正盛，因此亚历山大非常干脆地拒绝了大流士三世的请求。此后，亚历山大又率领远征军南下腓尼基，将波斯海军据点摧毁，保证了远征军与希腊之间的海路联系。

公元前332年，亚历山大率领远征军来到了提尔（今黎巴嫩苏尔）。提尔是滨海要塞，占据着地利优势，同时有重兵把守。因此，远征军在那里遭到了前所未有的抵抗。亚历山大利用海军和陆军联合攻打提尔城，经过7个月的苦战，终于将其攻下。此后，亚历山大又率领远征军前往加沙，又经过两个月的苦战，最终成功地攻占加沙。如此一来，亚历山大就彻底摧毁了波斯的海军基地，将波斯人的海陆联系切断，将地中海的制海权控制在自己手中。

此后，亚历山大率领远征军向南进发，沿着地中海东岸前进，将叙利亚攻占，之后进入埃及境内。为了继续东征，亚历山大派人在尼罗河口修建亚历山大城，将其作为提供物资的基地。

公元前331年，亚历山大率领远征军离开埃及，经过腓尼基，向波斯腹地进发，打算寻找波斯军队的主力决战。经过几个月的寻找，远征军终于找到了波斯军主力，并在底格里斯河东岸的高加米拉以西与其交战。大流士三世集结了一支号称百万的军队，同时还拥有15只战象和200辆刀轮战车，而亚历山大的远征军只有7000名骑兵和4万步军，双方实力相差悬殊。可是，这并没有影响到亚历山大击败敌人的决心。战斗开始后，亚历山大命令骑兵主力纵队利用波斯大军的缺口，迅速地冲向大流士三世的军营。波斯军队虽然人数众多，但是这支部队是临时拼凑起来的，根本就毫无战斗力。大流士三世看到自己的军队难以抵挡远征军的骑兵，就丢下军队，带领一支小部队逃走了。没过多久，失去了主帅的波斯大军就被远征军击败。此后，亚历山大率领远征军攻占了巴比伦、苏萨、波斯波利斯、埃克巴坦那等地，彻底将大流士三世的政权摧毁，并抢夺了不计其数的财宝。

公元前330年，亚历山大派兵追捕大流士三世。大流士三世被手下将领杀害，波斯帝国彻底宣告灭亡。

亚历山大并没有停止远征。在此后的两年里，亚历山大率领远征军在中亚细亚征战。公元前 327 年，亚历山大对美丽富饶的印度河流域产生出浓厚的兴趣，就率领远征军来到希达斯佩斯河。在那里，远征军与波鲁斯王国的军队交战多次，最后打败了敌人，迫使波鲁斯王国投降。亚历山大本打算将恒河流域占领，但是由于长期征战使得将士们产生了厌战情绪，加上疟疾在军队中流传，亚历山大不得不下令停止远征。

公元前 324 年，亚历山大率领远征军返回巴比，结束了历时 10 年之久的东征。

亚历山大东征是一场以侵略为目的的不义战争，给被征服地区的百姓造成了沉重的灾难。不过，亚历山大通过东征建立起版图辽阔的帝国，打通了亚欧大陆的交通，客观上促进了东西文化的交流与发展。

欧几里得与《几何原本》

欧几里得是古希腊著名的数学家，也是几何学的奠基人，有着"几何之父"的美誉。他的著作《几何原本》是欧洲数学的基础，也是历史上最为优秀的数学教科书。

欧几里得出生在雅典，年轻时就受到了雅典文化的熏陶。十几岁时，他听说"柏拉图学园"是雅典最有名的学校，就非常想去那里学习各种知识。

一天，欧几里得与几个朋友一起来到"柏拉图学园"。他们看到，学校大门被关了起来，门口挂着一块木牌。欧几里得等人走到木牌下，看到木牌上写着这样一行字："对几何一窍不通的人，没有资格进入这所学校。"这群年轻人不知道，"柏拉图学园"之所以会树起这样一块木牌，完全是出自柏拉图的主意。柏拉图想要通过这种方式告诉人们，他非常重视数学。那些年轻人都是想要进入"柏拉图学园"来学习数学的，根本就不懂数学，因此他们看到那行字后都一筹莫展了。这个时候，欧几里得看了一眼木牌，整理一下衣服，然后迈着稳健的步伐，向"柏拉图学园"的大门走去。就在他的朋友目瞪口呆之际，他又把学园的大门推开，径直走了进去。

柏拉图对数学非常重视，他甚至说："神明就是几何学家。"因此，"柏拉图学园"特别重视对数学的教育。欧几里得进入学园后，也逐渐地喜欢上了数学。他把继承柏拉图的学术作为志向，一门心思扑在学习上。他经常找来柏拉图的手稿

亚历山大城位于埃及北部的地中海沿岸，它是希腊化时代最主要的文化中心之一。在希腊化时代，随着亚历山大的征战，希腊文化传播到近东和中东。上图是一幅作于 19 世纪的绘画，描绘了亚历山大城的图书馆。这个图书馆是当时世界上最好的图书馆，一些著名的学者如数学家欧几里得、科学家阿基米德都曾在此做过研究。

或者著作，通宵达旦地翻阅和研究。经过长时间的用功苦读，他对柏拉图的学术思想和数学理论有了深刻的认识，并得出这样一个结论：用图形可以表达所有现象的逻辑规律，因此，要想进行智慧训练，就应该把几何学作为开端，因为几何学是以图形作为主要研究对象的。从此之后，欧几里得便把主要精力放在几何学的研究上。

此后，欧几里得对柏拉图的数学思想，特别是几何学理论进行了深入的研究。他发现，几何学自公元前 7 世纪在古埃及兴起，到他所生活的那个年代，出现了很多问题：自从几何学从古埃及传到希腊后，经过几个世纪的发展，人们已经积累起大量几何学的知识。可是，这些知识大多是片面而琐碎的，并没有形成系统；此外，证明与证明之间，公理与公理之间，没有什么联系性，同时缺乏对定理和公式进行严格的说明和论证。这些问题随着经济的发展显得越来越突出，已经无法与社会的发展相适应了。欧几里得意识到了这个问题的严重性，因此决定对前人留下的几何学知识进行系统整理，使几何学成为一个完备的科学体系。

为了实现自己的理想，欧几里得离开雅典，踏上了前往埃及的道路。经过漫长的跋涉，他终于来到了亚历山大城。此后，他开始收集前辈数学家留下的著作，并积极地向那里的学者请教。当积累起丰富的理论知识后，他开始撰写著作，把自己对几何学的认识和理解阐述出来。这部著作就是流传千古的《几何原本》。它具有划时代的意义，就是因为有了它，几何学才能够成为一个完备的科学体系，此外，它还催生出欧几里得几何学这个全新的研究领域。

《几何原理》全书共有 13 卷，主要讨论了立体图形、平面图形、分数、整数等内容，提出了数论、比例、比率等问题。这部作品由简到难，方便阅读。在叙述方式上，它也与众不同，先提出定义、公设和公理，之后再证明它们。

这本书概括了公元前 7 世纪至公元前 4 世纪 400 年的数学发展历史，使得那些古老的数学思想得以流传下来。

欧洲人认为，《几何原理》中的公式及由此产生的定理就都是非常客观的，于是把这本书作为数学知识的基础，并一直把它当做教科书来学习。

这本书所倡导的逻辑方式，同样对西方的科学家有着深远的影响，许多数学家和哲学家都从中吸取了丰富的营养。

欧几里得之所以能够写出《几何原理》这样伟大的作品，与他刻苦钻研，矢志不渝的精神有着密切的关系。因此，他也非常看不起那些想要投机取巧的人。

一次，托勒密国王问他，除了《几何原理》之外，还有没有其他学习几何的捷径。欧几里得非常不客气地说："陛下！就像学习其他科学那样，想要学好数学，根本没有捷径。这就像种庄稼一样，只有通过辛勤的耕耘，才能够取得好的收成。在学习数学方面，无论是普通百姓，还是一国之君，都需要付出同样的努力才行。"

欧几里得对数学，特别是几何学的发展作出了卓越的贡献，人们尊称他为"几何学之父"。

罗德斯岛的太阳神巨像

古希腊罗德斯岛上的太阳神巨像是古代七大世界奇迹之一，坐落于罗德斯岛港口的入港处。这座巨大的青铜铸像不仅是当时高超工艺的代表，更是罗德斯岛历史的见证。

罗德斯岛是一座位于爱琴海东南端的小岛，古希腊时期，岛上有三个城邦国，分别是卡米诺斯、莫诺利索斯和林佐斯。据说这三个城邦国的名字都是以太阳神阿波罗的儿子的名字来命名的。太阳神阿波罗当时是罗德斯岛最受敬仰的神。在古希腊的神话中，宙斯成为万神之神后，论功行赏，唯独忘记了外出巡逻的太阳神阿波罗，出于愧疚，他从海中变出了一座岛赏赐给了阿波罗，这座岛就是罗德斯岛。

当然，神话终归是神话。公元前408年，岛上的三个城邦合并。罗德斯岛身处爱琴海通往地中海的交通要道，船只往来频繁，经济逐渐繁荣起来，成为当时的商业中心。当时的很多名人都到罗德斯岛定居，来经商、讲学的更是多如牛毛，著名大哲学家亚里士多德就曾经到罗德斯岛上讲学、招生。

公元前4世纪，罗德斯岛卷入了战争。当时波斯进攻希腊，而罗德斯岛又是希腊世界的一部分，当然不能袖手旁观，他们积极参与希腊联军，抵抗波斯入侵。希腊与波斯战争结束之后，希腊又爆发了内战，也就是伯罗奔尼撒战争。内战大大消耗了希腊的国力，最终希腊被亚历山大征服。罗德斯面对强大的敌人，竟然奇迹般地维持了独立，不过它的富庶始终被人垂涎，危机很快就会到来。

亚历山大去世之后，帝国分裂，安提柯、塞琉古和托勒密三人割据一方。托勒密一世与罗德斯之间关系良好，是罗德斯的保护伞。但安提柯一世对罗德斯垂涎已久，并于公元前305年派自己的儿子率领4万大军进攻罗德斯。罗德斯岛的居民全部集合在一处三面环海的城堡中，背水一战，最终击退了来犯的敌人。

公元前304年，双方签订和平协约。为了纪念这次胜利，罗德斯岛的居民决定修建一座巨大的阿波罗太阳神雕像，感谢太阳神保佑罗德斯岛。这座巨大雕像的设计者和修建者是当时著名的雕塑家哈列塔斯。因为这座雕像后来被毁掉，没有人知道它具体的样子，所以人们关于这座雕像的描述，都是来自推测。据说哈列塔斯先是用石头和铁制作了一个骨架，然后在骨架外面包上青铜外壳，这些青铜是将敌人丢弃的武器收集到一起融化得到的。公元前282年，这座巨大的太阳神雕像竣工，前后历时十多年。雕像高达33米，手指比人还要高，光是青铜就用了十几吨。据说这座雕像横跨罗德港的入口，船只需要从他的胯下穿过。至于太阳神的造型，人们推测他头戴太阳光芒的王冠，左手提着神鞭，右手高举火炬。

罗德斯岛的太阳神巨像建成之后，凡是见过的人无不被它震撼。当时的罗马哲学家安蒂培见过一次之后，便把它称为"世界七大奇迹之一"。但是好景不长，在太阳神巨像建成56年之后，罗德斯岛连续遭遇大地震，神像的膝盖处最先破裂，之后倒塌，只留下两节小腿站立在原地。古罗马著名的自然学家普林尼曾经在《自然史》一书中写道："即使躺在地上，它也仍是个奇迹。"

公元653年，阿拉伯人入侵罗德斯岛，他们发现了躺在地上的太阳神巨像残骸。后来他们将这些残骸运往叙利亚，卖给了一个商人，据说这名商人用了880头骆驼才运完这些残骸。之后巨像便在人们的视线里消失了，不知去向。也有一种说法，说有人从这名商人那里偷走了神像残骸，并且想装船运走，可惜船在海上遭遇风暴，神像残骸同船一起沉到海底，但是没有人知道具体沉在了哪里。

中世纪

欧　洲

神学集大成者奥古斯丁

奥古斯丁是欧洲中世纪基督教神学的代表人物，是著名的基督教思想家。他在罗马天主教系统中享有崇高的地位，被尊称为"圣人"和"圣师"。

公元354年，奥古斯丁出生于北非河马城南的塔加斯特城。他的父亲追求世俗的享受，直到临死前才受洗，他的母亲莫尼加则是一个非常虔诚的基督教徒。也许是父母双方的性格基因都遗传到了奥古斯丁身上，因此，他既渴望追求真理，同时又希望享受世俗的欢乐。这使得他经常承受来自内心深处的折磨。

奥古斯丁自幼聪慧，16岁那年就离开出生地，赶到迦太基学习。他在那里很快就找了一个情妇，那个情妇还给他生下一个私生子。奥古斯丁并没有因为这个情妇而荒废学业，他在19岁那年读了古罗马政治家、哲学家西塞罗的著作，之后便决定追求真理，并以此作为人生的唯一价值。此后，他开始信仰摩尼教。他之所以选择摩尼教而没有选择基督教，是因为他觉得摩尼教的哲学深奥难懂，而基督教非常简单。在此后的9年里，奥古斯丁一面教书，一面研究学问。随着对摩尼教的认识不断加深，他逐渐对摩尼教感到失望了。他拜访了摩尼教的首领，由于那个人在教理上无法自圆其说，他便不再信仰摩尼教。

公元383年，29岁的奥古斯丁去了罗马，不久后又前往米兰教授修辞学。在米兰时，他听了米兰主教圣·恩布路斯的讲道，对基督教有了更加深刻的认识。后来，他读了新柏拉图派的威克多林的传记，看到威克多林在老迈年高后归依基督教，受到了非常大的触动。直到那时，他才明白，上帝才是一切真实的源头，也是一切良善的源头。他听过很多次圣·恩布路斯讲道，所以对教会的权威更加了解。此外，埃及修道士崇高的品德，让他感到非常惭愧。他认识到，自己虽然是一个知识分子，但无法摆脱情欲的束缚，这让他深感自责。他无法抵制住自己的情绪，就跑到花园里，趴到一棵树上哭了起来。

突然，他感觉到，好像有一个孩子对他说："把它拿起来，仔细地阅读吧！"

奥古斯丁大吃一惊，随即拿出一本读过的书信集，随手一翻，看到了下面这段经文："不可好色奸淫；不可酗酒；不可嫉妒别人；不可争胜。不要受到肉体欲望的支配，为满足私欲而为所欲为。"

读过这段话后，奥古斯丁觉得内心平静下来了。他觉得，上帝赐予了他力量，使得他战胜了罪恶。从此以后，他逐渐对基督教有了好感，并决心对自己以前犯下的罪行进行忏悔。

后来，他辞去了教书的职务，离开了情妇，隐居起来，与朋友们一起研究哲学，写出了大量论文。第二年，奥古斯丁与儿子及好友一起接受了基督教的洗礼，之后返回家乡塔加斯特。

公元 391 年，奥古斯丁去希波做了神父。那里的主教去世后，奥古斯丁继任为希波的新主教。

奥古斯丁写了《忏悔录》、《论自由意志》、《上帝之城》、《论美与适合》、《论三位一体》等著作。其中，《忏悔录》是非常有名的一部作品，他的美学思想大部分集中在这部作品里。

奥古斯丁是欧洲黑暗时代结束之前最后一位伟大的基督教神学家。他的原罪、性、拯救等思想也都对当时或者后世的人们有着很大的影响。后来新教领袖加尔文和马丁·路德的很多思想都与奥古斯丁的思想有着密切的联系。

公元 430 年，奥古斯丁在希波去世。

西罗马帝国灭亡

从公元 1 世纪开始，罗马帝国便停止了大规模对外扩张，也不再抢夺人口，这就导致奴隶主无法获得他们所需要的奴隶。奴隶主为了追求更多的利益，只好加重对奴隶的剥削。那些奴隶本来就活得非常艰辛，奴隶主的大肆剥削使得他们根本无法继续生存下去。因此，他们就逃亡或者举行起义，公开与奴隶主作对。后来，不甘忍受奴隶主剥削的隶农和贫苦农民也加入了起义的队伍，扩大了起义者的声势。

当时，罗马帝国奴隶制的生产关系严重制约了生产力的发展，贫民的负担越来越重。罗马帝国的统治者为了维护其统治，供养着庞大的军队，官僚机构也没有缩减。此外，罗马皇帝还经常到处游乐，奴隶主们过着穷奢极欲的生活。罗马帝国的腐败程度已经远远超出了正常范围。可是，罗马的统治阶级只顾着争权夺

罗马的末日

绘画表现的是公元 410 年，西哥特人劫掠罗马城的惊恐场面。

利，互相残杀，皇帝的废立也非常随意。

罗马帝国这种混乱不堪的局面，直到公元 284 年才有所改善。那一年，戴克里先成为罗马帝国的统治者，他推行了一系列改革，在一定程度上缓解了日益紧张的社会矛盾。

君士坦丁在戴克里先之后成为了罗马帝国的统治者。公元 330 年，他将罗马帝国的首都由罗马迁到了拜占庭，并将拜占庭改名为君士坦丁堡。公元 395 年，罗马皇帝狄奥多西死前留下遗嘱，把罗马帝国分为东西两部，分别由他的两个儿子统治。从此之后，罗马帝国就正式分裂为东罗马帝国和西罗马帝国。

东罗马帝国包括小亚细亚、叙利亚、巴尔干半岛、米索不达米亚、埃及、巴勒斯坦以及外高加索的一部分等，首都为君士坦丁堡。后来，人们把这个国家称为拜占庭帝国。西罗马帝国包括现在的意大利、西班牙、法国、奥地利、比利时、匈牙利、地中海西部地区，以及突尼斯、摩洛哥、阿尔及利亚等，仍然以罗马为首都。

当罗马帝国还处于一片混乱的时候，日耳曼民族请求移民到罗马帝国境内。原来，匈奴人自从公元 89 年被东汉车骑将军窦宪率领大军击败后，便向西逃去。到公元 374 年，他们侵占了西哥特人和东哥特人的领土，并以匈牙利为中心，建立起匈奴帝国。匈奴人的侵犯，使得包括西哥特人、东哥特人、撒克逊人、法兰克人在内的大量日耳曼人失去了家园，生命受到威胁。

公元 408 年，罗马帝国的皇帝杀死了权臣，使得国家陷入一片混乱，数万名罗马士兵投靠了西哥特人。西哥特人在首领阿拉里克的带领下，利用罗马内乱的大好时机，将罗马城包围起来。罗马人看到形势对己方不利，只得主动提出求和。西哥特人答应停战，但提出了非常苛刻的条件。罗马人被逼无奈，只好答应下来。可是，这场战争刚刚结束两年，西哥特人又一次把罗马城包围起来。这次，他们杀进了罗马城，烧杀抢掠无所不做。此后，西哥特人扶植了一个傀儡做了皇帝。

西哥特人是为了抢夺罗马的财富而来的，当他们实现目的后，就前往意大利南部，准备向西西里发动进攻，之后再去非洲。可是，他们的首领阿拉里克突然病逝，打乱了他们的计划。此后，他们在西罗马帝国的西南建立起西哥特国。

日耳曼民族的汪达尔人、苏维汇人及非日耳曼民族的阿兰人，在西哥特人之后，来到了罗马帝国，并于公元 409 年进入伊比利亚半岛，并在那里建立起苏维汇王国。阿兰人和汪达尔人渡海去了北非，他们在公元 439 年将迦太基占领，并在那里建立起汪达尔—阿兰王国。汪达尔人并没停止扩张的脚步，他们又将科西嘉岛、巴利阿利群岛、撒丁岛、西西里西部征服。公元 455 年，他们向罗马城发动了猛烈的攻势，并将罗马城攻下。

公元 4 世纪末 5 世纪初，日耳曼民族的法兰克人和勃艮第人来到了罗马帝国。大约在公元 457 年，勃艮第人在高卢东南部建立起勃艮第王国，并把里昂作为他们的首都。公元 486 年，克洛维率领法兰克人在高卢北部建立起法兰克王国。

公元 5 世纪中期，匈奴王阿提拉率领大军将西罗马的奥尔良城团团围住，并不断发动进攻。西罗马帝国收到消息后，立即与西哥特人联合起来，共同支援奥尔良城。双方展开了激战，伤亡都非常惨重。阿提拉看到无法立即获胜，只好暂时撤军。公元 452 年，阿提拉再次率领匈奴大军进犯西罗马帝国，一直杀到了罗马城下。罗马城中的军队无法抵挡匈奴大军，最后只能与阿提拉签订屈辱的条约。西罗马帝国本来就已经摇摇欲坠了，匈奴大军又把它向深渊推进了一步。

公元 476 年，西罗马帝国最后一个皇帝罗慕路·奥古斯都被日耳曼雇佣军统帅奥多亚克废黜，西罗马帝国宣告灭亡。

法兰克王国建立

在罗马帝国北部，一直存在着很多日耳曼人的部落。日耳曼人在语言和习俗方面基本保持一致，但是他们并没有形成一个统一的民族，而是分散成很多独立的小民族，法兰克民族就是这些小民族中的一个。

最初，莱茵河下游一带是法兰克人的定居地。公元 3 世纪，法兰克人分为滨河法兰克人和滨海法兰克人两大支。滨河法兰克人居住在莱茵河中游，又称为里普阿尔法兰克人。滨海居住在北海附近，又称为萨利克法兰克人。当时法兰克人正处于原始社会末期，他们需要罗马人的财富和高卢肥沃的土地来满足发展需求。于是，从那时开始，法兰克人经常向高卢地区发动进攻，抢夺那里的财富。

罗马帝国的衰落使得大量日耳曼人进入帝国境内，他们纷纷建立起自己的国家。法兰克人觉得这是一个扩大地盘的大好时机，因此在公元 420 年越过莱茵河，向高卢的东北部发动进攻。经过一番激烈的战斗，法兰克人最终获得了胜利。这场胜利对他们来说有着非常重要的意义，因为他们终于在罗马帝国境内占有了一块土地，以后不用再到处流浪了。

此后，法兰克人积极地向罗马人学习先进的生产技术，使得生产力有了大幅度提高。生产力水平的提高，必然会导致生产关系发生变化，促进部落的发展和进步。但是，法兰克人并没有因此而满足，他们仍然非常渴望抢夺更多的土地和财富。

公元 476 年，西罗马帝国灭亡，日耳曼人纷纷在高卢周边地区建立起王国，占据高卢的西阿格留斯王国被孤立起来。法兰克人觉得这是一个抢占高卢的大好时机，便不断出兵向西阿格留斯王国进攻，慢慢地吞噬着西阿格留斯王国的土地。

公元 481 年，克洛维成为萨利克法兰克部落的军事首领。他立志消灭西阿格留斯王国，扩大法兰克部落的地盘，于是联合滨河法兰克人一起向西阿格留斯王国进攻。公元 486 年，克洛维率领族人击败了阿格留斯王国大军，将法兰克人的地盘扩大到卢瓦尔河以北地区。这场胜利让克洛维受到了法兰克人的热烈拥护。克洛维看到时机已经成熟，便正式建立起法兰克王国。他的祖父名叫墨洛温，是一位深受萨利克法兰克人尊敬的部落酋长，因此，克洛维用祖父的名字把法兰克王国命名为墨洛温王朝。

克洛维在建立克洛维王朝后，急需巩固自己的地位。为此，他不断地带兵征战，扩大法兰克王国的版图，并通过其他措施树立自己的权威。

有一次，克洛维率领手下抢到了一个非常珍贵的花瓶。原主人非常重视这个花瓶，再三请求克洛维将花瓶物归原主。克洛维不想继续被他纠缠，就答应了他。根据法兰克人的习俗，战利品是通过抽签来决定归哪个人所有的，无论普通的战士还是国王，都要遵守这个习俗。在抽签之前，克洛维对战士们说："那个花瓶是教堂的，我已经答应主教，要把它物归原主。无论是我，还是你们中间的哪个人抽到这个花瓶，我都希望那个人能够把花瓶归还给教堂。"

还没等克洛维的话说完，一名战士就大声反驳道："谁抽签得到这个花瓶，他也就成了花瓶的主人。他要怎么处理花瓶是他自己的事情，别人无权干涉。现在有人逼迫我们抽签后将花瓶物归原主，那我们抽签还有什么意义？"说完后，他怒气冲冲地举起斧头向花瓶砸去，一下子就把花瓶砸得粉碎。

克洛维非常生气，想要杀死那名战士以泄心头之恨。但是他转念一想，觉得这样做不太合适，于是强忍住怒火，打算以后找机会再处置那名战士。

不久后，克洛维发现那名战士的战斧没有擦干净，就把那把战斧扔到了地上。那名战士弯身要把战斧捡起来，但他没有想到，克洛维利用这个机会高高地举起战斧，恶狠狠地向他劈来，还对他说："我现在就用你对待花瓶的方式来对待你。"从此之后，他们再也不敢轻易违抗克洛维的命令了。

后来，克洛维受到妻子的影响，接受了基督教的洗礼。这一举措巩固了他在法兰克人心中的地位，又使得他获得了基督教会的支持，可谓一举两得。

西哥特国王戈迪吉塞尔是克洛维的岳父。戈迪吉塞尔在宫廷斗争中败下阵来，将王国拱手让给别人。他很不甘心这样的结局，就请克洛维领兵帮他重夺王位，并答应给克洛维一大块肥沃的土地作为回报。克洛维认为这是扩大法兰克版图的良机，便欣然应允，于公元500年派兵攻入西哥特。克洛维还接受戈迪吉塞尔的建议，向勃艮第王国发动了进攻。虽然没有将勃艮第王国彻底征服，但是仍然使得勃艮第王国向法兰克称臣。

公元507年，克洛维联合滨河法兰克人及阿摩里卡人，再次向西哥特王国发动进攻，占领了西哥特人片土地。

此后，克洛维不断完善权力机构，以巩固自己的统治。他在王宫里设立了处理宫廷事务的"宫相"，在中央设置了决定国家大事的"御前会议"。同时，他还把征服来的土地分配给教会、达官贵人及亲兵，作为他们的永久私产。到了晚年后，他还颁布了《萨利克法典》。

公元511年，克洛维去世。他建立起来的法兰克王国在他死后，被他的儿子分成苏瓦松、巴黎、奥尔良和梅斯四个行政区。直到公元588年，法兰克王国才再次统一起来。

查士丁尼收复西罗马故地

查士丁尼是拜占庭帝国的皇帝，他在位期间，立志收复西罗马帝国的失地，并因此而发动了一系列战争，重振了罗马帝国的余威，开创了拜占庭帝国的第一黄金时代。

拜占庭帝国也就是东罗马帝国。公元395年，罗马皇帝狄奥多西死前留下遗嘱，把罗马帝国分为东西两部，分别由他的两个儿子统治。从此之后，罗马帝国

查士丁尼大帝及廷臣
这是拜占庭时期最著名的镶嵌画之一，描绘的是查士丁尼大帝在大主教的陪伴下主持教堂奉献礼的情景。

就正式分裂为东罗马帝国和西罗马帝国，东罗马帝国也被称为拜占庭帝国。

公元483年，查士丁尼出生于托莱索。他的叔父查士丁一世本来是一个普通农民，后来成为了拜占庭帝国的皇帝。查士丁一世非常喜欢查士丁尼，从小就让他接受了良好的教育，还指定他为唯一继承人。公元527年，查士丁一世赐予查士丁尼"奥古斯都"称号，让他与自己一起治理国家。查士丁一世去世后，查士丁尼顺理成章地成为了拜占庭帝国的皇帝。

当时拜占庭帝国的疆土包括小亚细亚、巴勒斯坦、埃及、叙利亚、巴尔干半岛等地。而西罗马帝国早已经没落，其境内被日耳曼人建立的西哥特王国、东哥特王国、法兰克王国、汪达尔王国等所占据。

过去那个强大的罗马帝国让查士丁尼非常向往。因此，从成为拜占庭帝国皇帝的那一刻起，他就希望能够收复西罗马帝国的故地。他很清楚，只有通过战争的手段，才能实现自己的理想。因此，他上台之后就立即通过各种手段敛取财富，为发动对外战争做准备。公元528年，查士丁尼命人编纂了《查士丁尼法典》、《法令新编》、《法理汇要》、《法学总纲》等四部法典，来加强皇帝的专制权力。此外，他还进行了内政改革，把行政权力和军事权力交给行省长官全权处理，这就使得中央集权得以加强。这些举措为查士丁尼收复西罗马故地奠定了良好的基础，但是，发动战争的时机尚不成熟。因为，东方新兴起的萨珊波斯帝国对拜占庭帝国构成严重的威胁，查士丁尼想要放心地发动战争，就必须先妥善解决这个问题。

公元532年，查士丁尼以上万磅黄金为代价，与萨珊波斯国王科斯洛兹签订了一份"永久和约"。解决了后顾之忧后，查士丁尼便可以放心地发动战争了。

查士丁尼把第一个进攻的目标选定为北非的汪达尔王国。公元533年，查士丁尼率领拜占庭大军向汪达尔王国进发。汪达尔王国之所以会成为查士丁尼的第一个攻击目标，是因为汪达尔以前的国王希尔得利克与查士丁尼是很好的朋友，希尔得利克之前的国王全都镇压境内的罗马人，希尔得利克上台后，停止了对罗马人的迫害。公元530年，希尔得利克遭到了贵族盖利麦废黜。盖利麦上台后，仍然像以前那样迫害罗马人。因此，查士丁尼对盖利麦恨之入骨，加上各方面条件都已经成熟，便率领攻打汪达尔王国了。

查士丁尼率领大军攻打汪达尔王国，让盖利麦猝不及防，汪达尔王国的军队很快就被击败了，盖利麦逃到了努米比亚避难。

公元535年，查士丁尼命令贝利撒留率领大军攻打东哥特王国。贝利撒留率领近万人的军队进入东哥特王国，非常顺利地占领了西西里岛和那不勒斯。此后，拜占庭大军又将罗马城包围起来，并不断发动进攻，将罗马城攻下。东哥特人决心奋起反击，他们集中起15万人的骑兵，在维提却斯的率领下将罗马城包围起来，打算把贝利撒留大军困死在罗马城内。双方僵持了整整一年，仍然没有分出胜负。后来，贝利撒留向查士丁尼求援，查士丁尼立即派遣援兵前往罗马城。维提却斯收到消息后，考虑到粮草已经无法继续支持下去，而且由于长时间作战，将士们都已经疲惫不堪了，就做出了撤退的决定。

公元539年，贝利撒留率领拜占庭大军攻下了东哥特王国的首都拉文那，又将东哥特国王托提拉率领的反罗马大军消灭。至此，查士丁尼实现了征服意大利的梦想。

公元554年，西哥特王国爆发了内战。查士丁尼利用这个机会，派兵将西班牙东南部及地中海上的撒丁岛、利阿里群岛、科西嘉岛占领。

至此，查士丁尼消灭了汪达尔王国、东哥特王国，征服了北非与意大利，他收复西罗马故地的梦想基本上变成了现实。可是，这次征服持续的时间并不长，很快西罗马的土地再次四分五裂。

北欧海盗维京人

维京人生活在斯堪的那维亚半岛地区，是日耳曼人的一支。他们人口虽然不多，但对欧洲的历史进程却有着很大的影响。他们非常具有开拓精神，到处闯荡，向东抵达过北美洲东北部，向西抵达过爱尔兰和不列颠，向北抵达过冰岛、格陵兰和俄罗斯腹地，向南抵达过耶路撒冷和亚历山大港。

维京人的社会分为头领、自由人和奴隶三个阶层。随着生产力的发展，社会分工越来越细，新的专业工匠阶层随之出现。维京人有自己的议会，名叫"厅格"，负责处理维京人生活中的各种事情，甚至连头领和国王也都是由"厅格"选举产生的。

维京人有着强烈的家庭观念，对家庭非常重视，他们大多以家庭为单位，居住在公共庭院或农庄里。他们对彼此都非常忠诚，如果家族中有人被别人欺负了，全家人就会一起去部落大会为家人讨回公道。如果一个家庭里的男成员被杀，其家庭成员大部分都会要求得到赔偿。如果部落大会答应了他们的请求，而凶手的家族按照公民大会的裁决，对他们进行了赔偿，他们就不再闹事。如果请求没有被批准，他们就会暗中将对方家族的一名成员杀死。

维京人大多数平时以种田为生，居住在乡下的农场里。他们的农场都非常相似，以长方形的屋子作为农场的核心，在屋子旁边建造一些当做手工作坊或牲口棚的小屋子。农夫在自家的作坊内制造工具，有时也制造武器。

维京人从小就对各种竞争激烈的游戏情有独钟，他们比赛划船、游泳、举重、马术，部落大会每年都会组织运动会。在众多项目中，他们最喜欢摔跤。这些运动不仅使维京人变得更加勇猛好斗，同时也为部落提供了更加强壮的战士。作战时，维京人非常英勇，有时候表现得近乎疯狂，不怕死。成为他们的对手，着实是一件非常痛苦的事情。

随着时代的发展，为了抢夺更多的贸易市场，从公元780年开始，维京人开始出海抢夺其他地方的财富和谷物。他们乘坐快船，迅速出击，抢到财物后迅速撤离。随着这种活动越来越频繁，维京人也就成为了著名的北欧海盗。

维京海盗之所以每次都能成功，主要是因为他们拥有吃水浅、速度快的战船。这种战船能够让他们从海上和河道上快速地前往目的地。此外，他们登陆的速度也非常迅速，在对方组织起武力进行反击之前，他们早就逃之夭夭了。

这些海盗经常抢夺日耳曼、英国和法国靠近海岸线的居民，使得这些地方的居民非常惧怕他们。很多地方政府也曾组织武装力量打击维京海盗，但是收效甚微。

到了公元9世纪，维京人不再像过去那样由少数人组成队伍去抢夺财物，而是很多人集中起来，向周边国家发动侵略战争。卢昂、乌特勒克、汉堡等大城市都遭到了他们的侵略。他们还侵略了格陵兰岛、冰岛、爱尔兰的部分地区及不列颠以外的岛屿，并在那里定居下来。曾经有维京人来到巴黎，把巴黎包围了整整两年，直到法王支付了一大笔赎金，并封最大的海盗首领罗勒封为诺曼底大公后，他们才撤出。此外，有些维京人还从黑海向君士坦丁堡发动进攻。

值得一提的是，维京海盗并不是四肢发达、头脑简单的莽夫。他们都非常聪明，有着丰富的学识，爱读传奇故事，对美术和工艺品也情有独钟。就连他们的战船和长剑，也会被他们装饰得非常美观。在他们眼里，一个作战勇猛，战无不胜的勇士与一个天赋过人、出口成章的诗人同样光荣。正是因为维京人在崇尚武力的同时同样崇尚知识和智慧，才能够不断获得胜利。

到了 10 世纪，维京人不再像过去那样侵略其他国家和地方了，斯堪的那维亚半岛上出现几个王国，那些新的统治者获得了土地后，便把管理土地当成了最重要的任务。

查理大帝

公元 800 年的圣诞夜，罗马圣彼得大教堂灯光通明，庄严肃穆的音乐声在教堂上空飘荡。教堂里坐着很多身份高贵、表情严肃的人。在这些人的注视下，一位身强体壮，表面看上去十分肃穆的国王迈着稳健的步伐，慢慢地向圣坛走去。走上圣坛后，他开始低头祷告。

就在这时，站在他身边的教皇出其不意地把一顶金冠戴到了他的头上，并大声说："上帝为查理大帝加冕，祝愿他身体健康，长命百岁，在战场上勇猛无敌，战无不胜。"

台上的教士和其他人全都跟着教皇高呼起来。

这位查理大帝是谁呢？他获得了什么功勋，能够得到教皇的加冕？

查理大帝是法兰克国王，他建立了包括西欧大部分地区的庞大帝国，奠定了神圣罗马帝国的基础。此外，他还在军事制度、司法、行政等方面有所建树，被后世尊称为"欧洲之父"。

公元 741 年，查理出生于亚琛附近，他的祖父查理·马特是

公元 800 年圣诞日，教皇利奥三世在罗马圣彼得教堂为查理加冕称帝，宣称这个外族首领为"伟大的罗马人皇帝"，标志着西欧基督教化即罗马和日耳曼的融合基本完成。有人认为查理大帝的加冕标志着神圣罗马帝国的开端，然而大多数人还是认为那时的帝国应该叫做法兰克帝国。

伟大的法兰克领袖，曾经将阿拉伯人征服法兰西的计划彻底粉碎，赢得了法兰克人民的广泛称赞。他的父亲是矮子丕平，曾经灭亡了昏庸无道的墨洛温王朝，建立起加洛林王朝。公元768年，丕平去世，查理和他的哥哥卡洛曼将法兰克王国瓜分。三年后，卡洛曼死去，查理便将法兰克王国重新统一起来。

当时法兰克王国的版图十分辽阔，主要包括今天的瑞士、比利时、法国以及德国、荷兰的大部分地区。但是，这显然无法让志向远大的查理感到满足，他在统一法兰克王国后就展开了大规模的军事行动，不断地向周边国家进攻，以此来扩大法兰克王国的版图。

公元774年，查理指挥军队进攻意大利北部，将伦巴第人打败，吞并了意大利北部地区。

公元778年，查理将西班牙境内由阿拉伯人建立的哥尔多瓦王国作为进攻目标，亲自率领大军翻过比利牛斯山脉，向那里进攻。哥尔多瓦调兵遣将，顽强地抵抗法兰克军队的进攻。经过一番苦战，查理终于率领法兰克大军击败了哥尔多瓦军队。不过，法兰克大军也付出了惨重的代价，大量士兵在战斗中壮烈牺牲。哥尔多瓦国王派人去见查理，提出议和的请求。法兰克军中一些将领认为，法兰克军队经过此前的激战，已经疲惫不堪了，而且损失也比较惨重，如果继续与哥尔多瓦交战，损失将会更大。因此，他们建议查理与哥尔多瓦议和。查理的侄子罗兰却坚决不同意议和。查理经过仔细分析，认为形势对法兰克军队并不是十分有利，因此没有接受罗兰的意见，派遣使者盖内隆与哥尔多瓦人议和。

盖内隆很快就与哥尔多瓦人谈妥了议和的条件。但是，他对罗兰怀恨在心，因为罗兰曾劝说查理不要派他去议和。为了报复罗兰，他与哥尔多瓦人串通，打算暗中加害罗兰。

议和成功让查理放下心来。在休整了几天后，他就率领法兰克大军回国了。为了防止敌人追击，查理命令罗兰领兵担任后卫。

一天夜里，当法兰克大军的先行部队通过比利牛斯山朗塞瓦尔峡谷后，罗兰率领的后卫部队也来到了这里。由于是深夜，所以他们的警惕性不高。就在这个时候，接到盖内隆的情报，提前埋伏在山顶的哥尔多瓦人迅速地冲了下来，将罗兰的部队团团围住。双方实力相差悬殊，罗兰的部队很快就被全部消灭了。

这件事让查理气愤不已，他发誓一定要为罗兰报仇。后来，他再一次率领大军翻过比利牛斯山脉，消灭了哥尔多瓦王国。

此后，查理又多次向法兰克周边国家发动战争，并不断获得胜利，使得西欧大部分地区都受到他的控制，法兰克王国的版图扩大了很多。法兰克王国也成为罗马帝国灭亡后，领土面积最辽阔的国家。随着国土面积的不断扩大，国王的称号已经无法让查理感到满足了。

罗马教皇利奥三世看到查理的实力异常强大，法兰克王国对整个西欧地区都有着巨大的影响，为了便于与查理一起控制西欧，他便在公元 800 年为查理举行了加冕仪式，封查理为"罗马人的皇帝"。

查理非常高兴地接受了这个称号，此后，他就正式成为了"查理大帝"，法兰克王国也成为了"查理帝国"。

英格兰统一

公元 865 年，北欧海盗开始进入不列颠抢夺财物。他们先后占领了英国边境的一些城镇，并以此为依托，不停地在周边地区抢夺财物。到了公元 870 年左右，英格兰东部和北部的大部分地区均落入到北欧海盗手中。可是，北欧海盗的野心并没有得到满足，他们还打起了位于英格兰南部的韦塞克斯王国的主意，企图将那里占领。不过，他们的阴谋并没有得逞，因为韦塞克斯王国的阿尔弗烈德大帝粉碎了他们的阴谋。

阿尔弗烈德是韦塞克斯国王埃塞乌尔夫的第四个儿子，在他年轻的时候，他的父亲先后两次把他送到罗马学习、朝圣。罗马教皇利奥四世十分喜欢他，把他册封为罗马的名誉执政官。这段难忘的经历使得他学习到了很多实用的知识，同时也开阔了他的眼界。韦塞克斯国王埃塞乌尔夫去世后，阿尔弗烈德的哥哥埃塞烈德继承了王位。就在这时，北欧海盗打算侵略韦塞克斯王国，抢夺更多的财物。公元 867 年，阿尔弗烈德率领大军在麦西加与北欧海盗交战，给予北欧海盗沉重的打击。三年后，不甘心失败的北欧海盗再次入侵韦塞克斯王国。在丹麦国王的亲自率领下，北欧海盗气焰十分嚣张，甚至扬言要吞并韦塞克斯王国。阿尔弗烈德再次领兵出战，在他的指挥下，韦塞克斯王国的将士们同仇敌忾，将北欧海盗打得惨败而逃，还杀死了丹麦国王和五个公爵。

这场大胜增长了韦塞克斯人打击北欧海盗的信心，也使得阿尔弗烈德获得了很高的威望。埃塞烈德去世后，阿尔弗烈德被贤人会议推举为韦塞克斯的新国王。此后，赶跑剽悍的北欧海盗，保障韦塞克斯王国的领土不被侵犯，成为了阿尔弗烈德最重要的任务。为了完成这个艰巨的任务，阿尔弗烈德对军事制度、政

随着公元 407 年罗马军队的撤出，英格兰的城市生活开始衰落。到公元 7 世纪，英格兰的秩序得到一定恢复，但领土不再像罗马人统治时期那样被统一起来，而是分裂成多个由盎格鲁 - 撒克逊国王（本图显示的是一位国王与他的廷臣在一起）统治的国家。外来人与当地人融合在一起，但凯尔特人却在英格兰西南部和威尔士保持着独立。

治制度进行了革新。

在政治方面，阿尔弗烈德完善了"国王和贤人会议"制度。这一制度也奠定了后来英国议会制度的基础。在军事方面，在阿尔弗烈德执政前，韦塞克斯王国和英格兰其他王国一直依赖征集公社成员打仗。阿尔弗烈德认为，这种制度已经非常落后了。他决心进行变革，建立起一支名为"塞恩"的常备军，赐予士兵土地，并允许世袭，使军人成为一种职业。

公元 877 年，丹麦国王古斯仑率领大批北欧海盗向韦塞克斯王国进攻。由于敌人的攻势太猛，阿尔弗烈德一度被逼到了韦塞克斯王国的西部边境。第二年，阿尔弗烈德率领"塞恩"在爱丁顿战役中大获全胜，狠狠地教训了北欧海盗。为了保存实力，双方签订了一份和平协定。这个协定规定丹麦和韦塞克斯在英格兰西北部以伦敦为界，双方互不侵犯。

公元 886 年，阿尔弗烈德击溃了丹麦在伦敦的驻军，将伦敦占领。他的行为惹恼了丹麦人，公元 893 年，丹麦军队从泰晤士河河口登陆，进入英格兰，开始大肆抢夺财物。面对着丹麦人近乎疯狂的举动，阿尔弗烈德一面加强边界的防御，一边建立起一支比北欧海盗还要强大的舰队。阿尔弗烈德的举措粉碎了丹麦人的阴谋。但是，丹麦人也没有立即离开，当时丹麦人已经占领了英格兰东部和北部一些地区，他们在那里继续向韦塞克斯王国进攻。

阿尔弗烈德去世后，他的大儿子爱德华成为了韦塞克斯王国的国王。爱德华是一位非常优秀的军事统帅，他即位后不但抵御了北欧海盗的进攻，还在公元 918 年率领韦塞克斯大军将丹麦区整个南部攻占，之后又接连收复了诺丁汉、斯坦福德、林肯等地。他还将丹麦人的法令取消，重新恢复撒克逊法。丹麦人节节败退，不断从占领的地区撤离。

爱德华死后，他的儿子埃塞维尔德继承了王位。埃塞维尔德登基后 16 天就死掉了，他的兄弟阿瑟尔斯坦成为了韦塞克斯的新国王。

当时，在北欧海盗中，挪威人的势力不断增强，逐渐取代丹麦成为北欧海盗的王者。因此，挪威人也成为了阿瑟尔斯坦最大的敌人。挪威人多次与阿瑟尔斯坦交战，但很难占到便宜，有时甚至会损失惨重。在阿瑟尔斯坦的统治下，韦塞克斯王国蒸蒸日上，使得周边很多国家都来朝拜。

在阿瑟尔斯坦之后成为韦塞克斯国王的是其同父异母的弟弟的埃德蒙一世。埃德蒙一世即位后，挪威人在都柏林国王奥拉夫的率领下，再次入侵英格兰，并向约克镇发起猛烈的进攻。由于敌人实力强大，埃德蒙一世只得承认约克归挪威人所有。丢掉了约克镇让他寝食不安，他时刻都想要收回约克镇。在此后的十几年里，他率领韦塞克斯大军多次与挪威人交战，终于在公元954年收复了约克镇。

埃德蒙一世死后，他的弟弟埃德里德继位成为了韦塞克斯王国的国王。在他统治时期，韦塞克斯人终于将挪威人赶出了英格兰。

此后，韦塞克斯王国的王位传到了埃德里德的侄子埃德维手里。埃德维是埃德蒙一世的长子。他的弟弟埃德加受到了诺森伯利亚和麦西亚领主们的拥护，发动叛乱，打算抢夺王位。公元957年，双方进行了格罗斯特战役，埃德维战败，只好把韦塞克斯王国以泰晤士河为界，为了南北两部分，将北方的领土让给埃德加。

埃德加在埃德维死后，将英格兰统一起来。他把英格兰划分成很多郡，并在每个郡设置郡首，在郡下面设区，又在区下面设市。此外，他还建立规范的税收制度。公元973年，埃德加在巴斯举行了加冕典礼，这标志着英格兰王国彻底统一起来。

巴西尔一世创建马其顿王朝

巴西尔一世是拜占庭帝国马其顿王朝的创建者，也是拜占庭历史上最伟大的皇帝之一。

在拜占庭帝国中，存在着一个马其顿军区。巴西尔一世就出生在那里。公元813年，保加尔汗的克鲁姆入侵马其顿，并将几岁大的巴西尔一世抢走，带到了保加利亚。公元836年，巴西尔一世逃了出来，历经磨难后逃到了拜占庭境内的色雷斯。此后，他当上了马夫。他的主人是拜占庭皇帝米海尔三世的一个亲戚。米海尔三世举行了一场摔跤比赛，他参加了这次比赛，并取得了优异的成绩。米海尔三世很欣赏他，便让他担任自己的护卫。

巴西尔一世是一个非常有野心的人，他并不甘心只做皇帝身边的一名护卫。他想拥有更大的权力。为此，他时刻都在等待着机会降临。

米海尔三世虽然是拜占庭的国王，但是朝政一直控制在他的母亲狄奥多拉及大臣狄奥克提斯托斯手中。这使得他无法忍受。为了夺回朝权大权，他越来越信任他的叔叔巴尔达斯，还把巴尔达斯封为恺撒。公元855年，巴尔达斯在米海尔三世的支持下，将狄奥克提斯托斯杀死。第二年，米海尔三世掌握了政权，把自己的母亲和姐姐放逐到修道院里。巴尔达斯因为立下汗马功劳而变得飞扬跋扈，越来越不把米海尔三世放在眼里，使得米海尔三世产生出了除掉他的想法。

巴西尔一世揣测出了米海尔三世的心意，便在阅兵仪式上将巴尔达斯杀死。此后，巴西尔一世深得米海尔三世的宠信，权势也越来越大。可是，他的野心仍然没有得到满足。公元867年，逐渐失去信任的巴西尔一世恼羞成怒，趁着米海尔三世熟睡之际将其杀死。此后，巴西尔一世成为了拜占庭的皇帝，由于他是马其顿人，因此他建立起来的王朝被称为马其顿王朝。

巴西尔一世登基后，打算按照拜占庭著名皇帝查士丁尼颁布的《查士丁尼法典》，编纂一部名为《古法纯净》的希腊语法律文集。可是，由于种种原因，这部作品并没有问世。

拜占庭帝国的领土经常遭受阿拉伯人的侵犯。这件事让巴西尔一世非常苦恼。为了保障拜占庭帝国的安全，他一面派兵加强边境的防卫，一面派兵打击阿拉伯人。公元867年，巴西尔一世派出一支强大的舰队远征亚得里亚海，将那里的阿拉伯人赶跑。此外，他还与法兰克国王路易二世合作，以抵御阿拉伯人向南意大利发动进攻。

在西西里方面，巴西尔一世同样做好了防御工作。但是，阿拉伯人还是占领了叙拉古，它是西西里最为重要的城市。没过多久，阿拉伯人几乎占领了西西里全境。

为了集中所有力量抵挡阿拉伯人的进攻，巴西尔一世一直与西方的天主教会保持着良好的关系。公元869年至870年，巴西尔一世在君士坦丁堡召开了宗教大会。为了向西方教会献媚，他宣布把主张拜占庭脱离罗马教皇控制的君士坦丁堡牧首细阿斯的教籍废除。不过，他非常清楚，过度屈服教皇会对拜占庭帝国的利益造成损失，所以他并没有向教皇做过多让步。

巴西尔一世对皇位的传承非常重视，他希望自己的子孙能够一直做皇帝。为了达到这个目的，他把自己的长子君士坦丁和次子利奥立为共治皇帝。君士坦丁在公元879年死掉了，他又把自己的小儿子亚历山大立为共治皇帝。

公元886年，巴西尔一世外出打猎时意外受到重伤。一名侍卫救了他，可是他却怀疑那名侍卫想要刺杀他，并下令处死了那名侍卫。由于伤势过于严重，巴西尔一世不久后就死了。

巴西尔一世死后，马其顿王朝又延续了100多年，于1057年灭亡。

西欧的封建庄园

从公元9世纪开始，一种新型的农业经济组织形式开始在西欧社会流行起来，这种经济组织形式就是封建庄园。封建主通过占有土地，以及经济强制等权力，使封建庄园成为剥削农民的一种实体。

典型的封建庄园就是一个村子。庄园的土地分成两部分：农民份地和领主自营地。

农民的份地面积基本上保持一致，分布在不同的位置，土地的贫瘠程度也大体相同，而且几乎全是狭长的条田。领主的自营地有两种类型，一种是肥沃的大块田地，另一种是分布在不同地方的条田，而且面积都比较大。领主的自营地一般由封建农奴或者依附于领主的农民耕种。封建领主在庄园上修建了马厩、仓库、磨坊等生产设备，还提供了耕种的牲畜和农具。为了保障农奴更加卖力地干活，封建领主还专门派管家去监视他们。农奴依靠自己耕种的份地维持生活，自营地上的所有收入完全归封建领主所有。封建领主还享有农奴份地的所有权，农奴的后代继承份地时，需要向封建领主缴纳一定的财物当作继承金。一般情况下，封建领主的自营地和农奴的份地交织在一起。因此，农奴根本没有自主权，只能按照封建领主的耕种方式耕种。在完成耕种后，农奴把田地用栅栏围起来，防止牛羊等动物进入田地，破坏庄稼。当田地里的庄稼被收割完毕后，农奴再把栅栏撤去，让耕地成为公用牧场。

封建领主之所以要组织庄园生产，主要是为了得到足够的农产品和手工业品，从而满足自身消费。这也决定了封建庄园的性质为自然经济。它只是用多余的产品去换一些封建领主无法生产的生活必需品和奢侈品，并不具备商品经济的属性。到13世纪时，随着商品经济的发展，封建庄园受到了很大的冲击。一些大的庄园的产量提高了，出售农牧产品的数量也随之提高。因此，这些封建庄园就需要雇佣更多的工人，同时需要为工人支付更多的报酬。这就促使这些大庄园主只能把更多的精力投入到庄园的经营及改良农业技术上来。为了获得更多的回报，他们也必须要加强对农奴的剥削。

典型的封建庄园主要分布在英格兰的中南部和卢瓦尔河以北的法国。在意大利、德国及法国南部，情况则有所不同。有的地方，部分农民以自由的身份耕种封建庄园的耕地，他们不受封建令主的制约，只需要向封建领主缴纳货币或实物来代替地租。而有些封建庄园没有农奴的份地，封建领主只需要逼迫奴隶耕种自营地。另外，在某些远离封建庄园的地方，农民自己拥有小块土地。在意大利和德国，典型的封建庄园很少，意大利的自由农民较多。

封建领主的剥削形态决定了依附于封建庄园的农民的负担。在那些拥有大量封建庄园的地区，农民特别是农奴最主要的负担便是繁重的劳作。封建领主为了获得更大的收益，便逼迫农奴增加劳作的天数。作为农奴，当然极力反对封建领主这种做法。斗争之后的结果，使得尽管封建领主的欲望是无穷的，但是他们也会把农奴的劳作控制在一定的范围之内，使得农奴有时间经营自己的份地。公元9世纪时，农奴每周需要为封建庄园劳动3天。到了11世纪至12世纪时，农奴的劳役有所减轻，一年只需要为封建庄园耕作几天到两个月。到了12世纪，货币地租代替劳役地租的形式已经发展起来，封建领主把自营地租给农奴耕种，只向农奴收取一定数目的货币地租。到了13世纪，货币地租更加流行，据统计，当时在英国，货币地租已经成为最主要的地租形式。

14世纪到15世纪，西欧的商品经济已经有了很大发展，以自然经济为主的封建庄园已经无法与商品经济相适应了。1348年到1349年，欧洲大面积爆发黑死病，很多人因此而丧命，这也造成了劳动力明显不足的局面。封建领主按照过去的形式已经无法经营下去了，他们只好实行租佃制。至此，封建庄园经济也逐渐衰落下去。

西欧的骑士制度

骑士制度在西欧中世纪占据着重要地位，对西欧历史发展进程产生了重大影响。

公元800年的圣诞夜，法兰克王国的查理大帝因为建立了包括西欧大部分地区的庞大帝国，奠定了神圣罗马帝国的基础，在圣彼得大教堂受到了教皇的加冕。教皇还表彰了跟随查理大帝四处征战的十二名勇士，并把他们封为"神的侍卫"。人们把他们称为"帕拉丁"，也就是圣骑士。这也被看作是骑士的起源。

骑士本来是保护贵族财产和人身安全的士兵，当国王需要他们为国效力时，他们必须要挺身而出。当然，他们不会无偿地为国王打仗，国王需要分给一些农田让他们管理，保证他们可以收取地租。如此一来，一种雇佣关系就在贵族与骑士之间形成了。随着时代的发展，具有地主身份的骑士逐渐形成了一个专门为统治者和贵族服务的阶级。

骑士制度伴随着十字军东侵而进入黄金时代。教会为了征集更多的骑士成为十字军，便承诺给予骑士很多宗教特权，并向他们提供大量宗教财产。这使得骑士与教会结合起来，他们也就成为了基督教的忠诚卫士，受到人们的尊重。

骑士制度兴起于公元 8 世纪，当时的统治者有足够财富可以向骑士们提供战马、武器与盔甲，以使他们在战争中效忠法兰克王国。

不过，成为骑士有着很苛刻的条件，不是每个人都有资格成为骑士的。在整个中世纪，骑士的数量都是非常有限的。据资料记载，在 1346 年英法百年战争期间的克里塞会战中，参战的骑士数量最多，但那时骑士占所有参战人员的比例也非常低。

骑士制度规定，要想受封为骑士，必须要经过复杂的程序。这个程序一般分为三种类型：宗教型、世俗型以及世俗与宗教混合型。宗教型一般在教堂举行，主持者一般为神职人员，多为主教或者教皇。世俗型经常在城堡或者王宫里举行，主持者多为世俗贵族和君主。世俗与宗教混合型一般在教堂或者城堡、宫廷举行，主持者一般为世俗贵族或者君主，神职人员也会参与，他们负责各种宗教活动。授剑仪式在整个仪式中最为隆重，同时也是整个仪式的核心。在举行仪式前，那些即将成为骑士的人需要洗浴、斋戒、忏悔自己的罪过、穿上铠甲、戴上头盔，之后接受仪式的主持者赐予的象征骑士职能的宝剑。主持者还要在受封者的肩膀或者脖子上轻轻拍几下，同时将骑士的基本准则庄重地讲述给受封者。最后，受封的骑士骑上战马，拿起长矛向靶子刺去，或与其他骑士即兴比武，以展示他们的武艺。

14 世纪之后，欧洲统治者为了扩充兵源，就简化了骑士晋封仪式。这也使得很多不是贵族出身的人受封为骑士。此外，一些人还因为战功，或者通过钱财购买的方式成为骑士。

骑士们通常都具备以下八项美德。骑士的第一个美德是谦虚。骑士虽然大部分出身于贵族，也像其他贵族那样具有骄傲的一面，但是在对待身份显赫的贵族、年轻漂亮的女士，以及普通百姓时都会显得彬彬有礼。骑士的第二个美德是牺牲。作为一名骑士，必须时刻做好牺牲的准备。有时候，为了完成使命，他们会不顾自己的家庭，甚至要求家人同样做出牺牲。骑士的第三个美德是英勇。这是骑士必备的品德。当面对邪恶时，他们要无所畏惧，当社会需要他们的时候，他们要挺身而出。在战场上，他们同样需要勇敢地与敌人交战，无论敌人有多么强大，他们也不能畏缩不前。骑士的第四个美德是诚实。只有具有诚实的美德，才能够受到别人的尊重，获得别人的支持。

除此之外，骑士还需要具备荣誉、怜悯、公正、信仰纯正等四种美德。

在封建体系中，骑士受到封建义务的驱使，需要为封建大贵族效忠，同时作为领地的主人，需要保护依附于他们封地的农民。

诺曼征服

诺曼征服是 11 世纪中叶以诺曼底公爵威廉为首的法国封建主对英国的征服。

英国位于欧洲大陆西北岸的大西洋中，由不列颠群岛组成。公元 5 世纪中叶，日耳曼部落中的盎格鲁人和撒克逊人入侵不列颠群岛，并在那里建立起很多小的国家。此后，这些国家为争夺地盘，不断进行战争。到公元 7 世纪初，只剩下 7 个较大的国家。从公元 9 世纪开始，位于不列颠西南部韦塞克斯逐渐征服了其余 6 个国家，建立起英格兰王国。

后来，大批以丹麦人为主的诺曼底人向英国的伦敦发动进攻，俘虏了英格兰国王，并用箭将其射死。这对英格兰人来说简直就是莫大的耻辱。此后，英格兰人在韦塞克斯国王阿尔弗烈德的率领下，击败了不可一世的丹麦人，并把他们赶回到泰晤士河以北的丹麦区。公元 973 年，阿尔弗烈德的孙子埃德加将英格兰东北部的丹麦人赶走，统一了英格兰。

1002 年，丹麦国王斯文将整个英国征服。英格兰国王埃塞尔雷德为求自保，逃到了诺曼底避难。他之所以逃到诺曼底，是因为他的妻子埃玛是诺曼底公爵的妹妹。丹麦人在英格兰的统治很快就土崩瓦解了，英格兰贵族便推举流亡在诺曼底的爱德华王子为新一任英格兰国王。爱德华性格懦弱，毫无能力，他即位之后娶了英格兰大贵族戈德温的女儿为妻。为了巩固自己的地位，他重用了很多诺曼底人，并与诺曼底公爵威廉结盟。

爱德华这样做，无非是为了对抗英格兰强大的贵族势力，使自己的地位得以巩固。但是，他的做法却导致了以戈德温为代表的英格兰贵族势力，与以诺曼人以代表的外来势力之间的矛盾逐渐激化。

1051年，爱德华将戈德温赶出了英格兰。此后，他又邀请诺曼底公爵威廉到伦敦做客。威廉知道爱德华没有儿子，因此他希望爱德华死后能够把王位传给自己。爱德华觉得，威廉与自己是表兄弟，自己又没有儿子，把王位传给他也合乎情理，就一口答应下来。

1066年春，爱德华因病去世，正当威廉准备接任英格兰王位时，却发生了一件让他深感震惊的事情：英格兰大贵族哈罗德当选为英格兰国王。

原来，戈德温被赶出英格兰的第二年，就组织一支军队返回到英格兰。英国民众都很支持他，爱德华迫于压力，只得将戈德温家族的权位予以恢复。就在此时，戈德温去世了，他的大儿子哈罗德成为了他的继承人。按照英格兰的法律，国王死后，贵族代表大会负责解决王位继承问题。哈罗德由于受到贵族阶级的广泛支持，顺利当选为国王。

在爱德华死后不久，哈罗德便在威斯敏斯特教堂加冕，成为了英格兰的新国王。威廉知道这件事后，异常气愤，他认为英格兰的王位应该是自己的，因此决定以武力将英格兰王位从哈罗德手里夺回来。

哈罗德虽然受到了英格兰贵族势力的支持，但是他的地位并不稳固。他并没有王室血统，宫廷贵族根本没有把他放在眼里。此外，英格兰东北部和中部的贵族虽然表面上承认他是英格兰的国王，但其实并不拥护他。

这大大增强了威廉击败哈罗德的信心。此后，威廉开始紧锣密鼓地策划对付哈罗德。当时在欧洲最具影响力的是神圣罗马帝国皇帝亨利四世和罗马教皇亚历山大二世。威廉派遣使者去找他们，向他们申诉说，哈罗德曾发誓承认他的继承权，后来又违背誓言，自己做了国王。此外，威廉还派使者前往欧洲其他国家，让欧洲各国君主知道，他以武力攻打哈德罗，是为了洗雪前耻。威廉的做法获得了舆论的广泛支持，很多国家都答应出兵帮助他，教皇还赐予他一面"圣旗"，并祝福他获得成功。

就在威廉向英格兰发动进攻前夕，哈罗德遇到了很大的麻烦。他的弟弟托斯蒂格的伯爵因不满领地被他占领，就背叛了他，联合挪威国王哈德拉达攻打英格兰。哈罗德知道这件事后，根本没有考虑威廉给英格兰所造成的威胁，立即调集所有海陆军队迎战。他自己也率领军队迅速前往北方。哈罗德虽然击败了挪威国王哈尔德拉达的军队，但是他也付出了相当大的代价，他的精兵损失惨重。此外，此次战争使得哈罗德花光了为迎战威廉而筹备到的所有金钱和粮食，他无法继续供给民兵和舰队，只得将其解散，这也大大削弱了军队的战斗力。

就在哈罗德击败他的弟弟和挪威国王的第二天，威廉的远征军已经向英格兰驶来，并非常顺利地在佩文西湾登陆。那时哈罗德正在约克为自己获得胜利而庆祝，因此，英格兰沿海地区根本就无人防守，伦敦的守兵也很少。哈罗德听说威廉率领大军向伦敦挺进后，立即率领还没有得到充分休整的 5000 人赶回伦敦。双方在距离伦敦不远的黑斯廷斯附近，双方当即展开激战。战斗中，哈德罗被射死，英格兰军队大乱，最终被诺曼底大军打败。

在获得黑斯廷斯战役的胜利后，威廉率领诺曼底大军向英格兰腹地挺进，先后将坎特伯雷、韦斯特汉姆、西尔等地占领，此后又夺取了英格兰北部地区。英格兰人无力抵抗诺曼底人的进攻，最后只能同意由威廉担任英格兰的国王。

1066 年的圣诞节，英格兰人在威斯敏斯特教堂为威廉举行了加冕仪式。此后，威廉便正式成为了英格兰的国王。

诺曼征服对英格兰产生了重要的影响。它宣告英格兰进入诺曼王朝时代，也宣告了盎格鲁—撒克逊时代的终结。威廉即位后，把西欧大陆先进的封建制度带入英格兰，使得英格兰在政治、经济、军事、文化等方面都得到了发展。

黑斯廷斯战役

黑斯廷斯战役是英国历史上一次重要战役，发生于 1066 年 10 月 14 日，战役双方是哈罗德国王和诺曼底公爵威廉。

1066 年 9 月，在因为飓风推迟了几天之后，威廉率领自己的军队在英格兰南部的一个村庄登陆。他们这次出征最主要的敌人是英格兰国王哈罗德二世率领的盎格鲁—撒克逊军队。但是他们登陆的时候没有遭到阻击，因为当时哈罗德二世刚刚率领军队打败了挪威国王哈拉尔三世的入侵，没来得及南下。在得知威廉已经登陆之后，哈罗德二世连忙组织军队南下御敌。

最终，两军在黑斯廷斯地区相遇，随即展开大战。战场位于黑斯廷斯附近的森拉克地区，那里地形复杂，哈罗德二世占据了一个非常有优势的阵地，那里前面是山谷，后面是森林，易守难攻，并且森林可以用来掩护撤退。威廉率领的诺曼军分成三个军团依次排开，分别是左边的布列塔尼军团，中间的诺曼军团，以及右边的佛兰德军团。虽然地理位置上不占优势，但是威廉军队的士兵更具战斗力，武器装备也更先进。

哈罗德二世的军队总共有8000多人，但是全部是步兵，没有骑兵，这些士兵中既有专业的士兵，比如王家卫队，也有临时拉拢来的农民军，作战能力很不均衡。他们使用的武器主要有长枪、剑、丹麦斧和防护用的盾牌，而且他们刚刚结束北方的作战，匆忙南下，旅途疲惫。再看威廉公爵手下的诺曼军，他们既有步兵，又有弓兵，更关键的是有骑兵。作战的时候，往往是弓兵在前，先向敌人射箭，然后骑兵冲击敌人阵线，最后是步兵进行厮杀。与对手刚刚经历了长途奔波不同，威廉公爵的军队以逸待劳，并且他们还得到了法国贵族的鼎力支持，财力充足。这些贵族都想赌威廉公爵获胜，那样他们就能在英格兰得到土地和封爵。为了鼓舞士兵的斗志，威廉公爵更是规定士兵的薪水现场发放，表现优异者可以得到封地。

哈罗德得知威廉率领诺曼底大军已经逼近的消息后，立即命令手持斧头和长矛的步兵聚拢在一起，组成严密的方阵，以抵挡诺曼底人的进攻。威廉把军队分成左中右三路，第一路再分成三个方阵，并把弓箭手、重装步兵和骑兵分成三个梯队。

战斗很快就打响了。威廉命令诺曼底人排成一排，向哈罗德所在的山坡推进。当双方接近后，他命令第一梯队投入战斗。哈罗德二世占据有利地势，他排兵布阵，让士兵用盾牌连接成一面盾墙，并且沿着山脊列好，建起了一道人体长城。威廉公爵先是派出了弓箭手，向敌人的阵营射箭。弓箭手沿着大路向英格兰军队的中央阵线冲去，并展开射击。由于他们处在山坡下，需要向上射击，因而很难射中目标。而英格兰军队则居高临下，向对方投掷石块、战斧、长矛和标枪，不断地击中敌人。可是，这并没有让诺曼底人畏缩。他们不顾性命地向前冲，当接近英格兰人时，立即与对方展开了肉搏战。双方奋力厮杀，兵器撞击声和人们的喊杀声惊天动地。英格兰人拥有地利优势，而且队形保持得很好，因此他们最后击败了诺曼底的弓箭手。

英军右翼军队利用诺曼底弓箭手败退的有利时机，向诺曼底人的左翼阵地发起攻击。由于地形不利，诺曼底人被逼得只能向后退，这也导致第二梯队的步兵和第三梯队的骑兵无法前进。诺曼底人的中央阵地在左翼受到压制后，也只能后退。

正在诺曼底人陷入一片混乱之时，在中央阵地指挥作战的威廉不小心从马上摔了下来。威廉知道，自己作为统帅，一定要保持镇定才行。因此，他立即骑上另外一匹战马，大声喊道："大家不用担心，我很安全，一点儿事都没有。上帝会保佑我们击败英格兰人的。"之后，他骑着马冲到前面去。诺曼底士兵看到他的举动后，立即镇定下来，不再盲目地向后退。

此后，威廉调整了作战策略。他下令让骑兵上阵，步兵在后，向英格兰人进攻。可是，这一次他们遭遇了守军的丹麦斧，丹麦斧适合劈砍，杀伤力极大。最终，诺曼军的骑军也无功而返，并且损伤很大，牺牲了很多骑兵和战马。一时间，守军士气大振，而威廉公爵则不知该如何是好。威廉明白，若想击败英格兰人，必须让他们离开有利的阵地才行，他发现敌人很冲动，取胜后喜欢追击。于是，他命令左翼的布列塔尼军团攻击敌人的盾墙，然后假装失败，向山谷逃去。英格兰人果然中计，当布列塔尼军团战败撤退的时候，敌军盲目追击。等他们走出盾墙阵列，从山脊下到平原上，优势便荡然无存。布列塔尼军团很轻松地就将这些贸然出击的敌军消灭掉了。

于是，威廉公爵下令用这种方法不断冲击敌军，然后假装失败后逃走。结果这套战术很成功，每一次都能引出一部分敌人追击，然后轻松地将他们消灭掉。不过付出的代价也很惨重，不少诺曼军士兵死在了敌人的盾墙前面。经过轮番诱敌出阵之后，敌人的警觉性已经非常高，威廉公爵下令集结队伍，大规模冲击敌人阵营，几番冲击之后，守军的实力越来越薄弱。原本组成盾墙的都是哈德罗二世手下的正规军，随着这些正规军的不断伤亡，大批没有作战经验的农民军顶在

黑斯廷斯战役挂毯画
威廉一世在这场战役后实现了"诺曼征服"，建立了诺曼王朝。

了第一线。

当时天色已晚，两军战斗了一整天都非常疲惫，但是威廉公爵知道，如果今天不打败敌人，那么晚上就有可能受到他们的攻击。所以，他集结部队，决定背水一战。他再次派弓兵打头阵，然后让骑兵冲击敌军阵线，步兵紧随其后。哈罗德二世不幸被射中眼睛，然后被随即赶来的骑兵砍死。哈罗德二世一死，他手下的将士军心大乱，很快就被威廉公爵率领的诺曼军攻破阵线，并占领了山脊。唯有哈罗德二世的近卫军忠心耿耿，围在哈罗德二世的尸体周围，战死至最后一人。一天的战争终于结束，威廉公爵取得了黑斯廷斯战役的胜利。

胜利之后的威廉公爵安排军队进行了短暂的休整，然后向伦敦进军，而就在这时，英格兰各部落之间出现了内讧，没有对他形成太大的阻挠。最终，威廉攻克伦敦，在圣诞节那天加冕成为英格兰国王。

诺曼征服使得英法两国之间的关系变得非常复杂，威廉公爵本身既是法国贵族，又是英格兰国王。古法语开始成为英格兰的官方语言，这一现象长达300年，产生的影响至今仍旧存在。不过，英格兰此次统一之后实力逐渐强大，此后再也没有外族从海上入侵大不列颠岛。

巴黎圣母院

巴黎圣母院是一座基督教的教堂，"圣母"指的是耶稣的母亲圣母玛利亚。它建成后就成为了法国巴黎标志性的建筑物。

公元4世纪时，法国人在巴黎修建了一座基督教教堂，用来祭拜圣史蒂芬。到了公元6世纪，这座教堂被改建为罗马式教堂。到了12世纪，这座教堂已经变得残破不堪了。1160年，莫里斯·德·苏利当选为巴黎主教，他决定对教堂进行重建，这项计划得到了教皇亚历山大三世的大力支持。亚历山大三世在1163年亲自为教堂奠基，正式开启了巴黎圣母院的建造工作。

巴黎圣母院的修建速度非常快，工匠们只用了不到一年时间，就使得它具备了基本的功能。为了修建一个广场，以供人们游行之用，新建的圣母院在原建筑物的基础上向东移动了一些。可是，西岱岛面积有限，无法提供足够的土地。为了解决这个问题，昂熙斯主教派人将西岱岛东面的一个小岛与西贷岛联结起来，用填土的方式获得了足够多的土地。为了修建一条六米宽的街道"新圣母院路"，昂熙斯主教还派人拆除了大量房屋。

巴黎圣母院

宏伟的基督教教堂大多建于中世纪的欧洲，其中最宏伟壮丽的教堂是始建于 1163 年的巴黎圣母院。它有 3 个著名的彩色窗。

1208 年，人们修建了圣母院的中殿。从 1225 年开始，人们开始修建圣母院西侧正面和后面的尖塔，并于 1250 年顺利完工。1235 年到 1250 年，人们又在中殿内修建了很多礼拜堂。从 1250 年开始，建筑师皮耶·德·蒙行厄依和尚·德·谢耶开始修建教堂的十字交叉耳堂。这项工作共进行了十几年，直到 1267 年才完工。1296 年至 1330 年，他们又修好了半圆形的后殿。直到 13 世纪，第三任建筑师尚·哈维才开始着手修建教堂双塔型的正面。1220 年，第四位建筑师维优雷·勒·杜克修好了舱顶，并完成了与正面的接合。经过法国几代优秀的建筑师及工匠的努力，直到 1345 年，巴黎圣母院才正式落成。

巴黎圣母院是一座典型的哥特式建筑。它完全是用石头建造而成的，高耸挺拔，美轮美奂，给人一种庄严肃穆的感觉。

巴黎圣母院坐东朝西，正面高达 69 米，壁柱把它纵向分为三部分，三条装饰带又把它划分为三层。其中，底层有三个桃形拱门，门上雕刻着大量浮雕。在拱门的右边，坐落着教堂最古老的雕像，雕刻的内容是路易七世受洗的画面。最下面有一个被称为"国王长廊"的壁龛，犹太和以色列的二十八位国王的雕像被陈列在那里。

"国王长廊"上面第二层中间是彩色的玻璃窗，两个巨大的石质中棂窗户分布在玻璃窗两侧。彩色玻璃窗上画着很多圣经故事，以前它们被神职人员用来传道。

一排又细又长的雕花拱形石栏杆位于第三层。石栏杆上雕刻了很多面目狰狞的怪物，它们正在俯瞰着脚下的城市。

从正门进入圣母院后，人们可以看到长方形的大教堂。一座高达 90 米的尖塔耸立在屋脊上。高塔的顶端有一个细长的十字架。大教堂长 130 米，宽 50 米，高 35 米，共有 1500 个座位，9000 人同时在这里做礼拜也不会显得拥挤。描述耶稣殉难的大理石浮雕《最后的审判》被供奉在教堂前的祭坛上。此外，取自于

《圣经》的绘画和雕塑，布满了门窗、墙壁及回廊。

巴黎圣母院所有的塔楼、扶壁和屋顶的上部都装饰着尖塔，这使得拱顶显得挺拔，让人感觉到空间变得更大了。

巴黎圣母院是集宗教、建筑艺术、文化于一身的建筑物，以高直为主的哥特式建筑特征在它身上得到了充分的体现。因此，它的出现，也成为了欧洲建筑史上划时代的标志。受到巴黎圣母院的影响，哥特式建筑风格很快就在欧洲浒流行开来。

"狮心王"理查一世

理查一世是英格兰历代国王中最富传奇色彩一位。

理查一世出生于 1157 年，是金雀花王朝的创始人亨利二世的儿子。亨利二世统治着英国和法国西部幅员辽阔的"安茹帝国"，在欧洲有着巨大的影响力。理查自幼便接受到了良好的教育，学会了法语、拉丁语、普罗旺斯语。除了学习之外，他对骑士训练也很感兴趣，并经常参加这种训练。在 11 岁那年，理查被封为阿奎丹公爵。四年之后，他去了阿奎丹住职。

不久后，理查卷入到金雀花王朝内部争权夺利的斗争之中。他与亨利、杰弗里三兄弟帮助母亲反对自己的父亲。亨利二世凭借着强大的实力，很快就打败了他们母子，并把他们的母亲囚禁起来。不过，亨利二世赦免了他们三兄弟。此后，理查把所有的精力都投入到整治阿奎丹上。他在那里进行了严格的骑士训练，变成了一名优秀的骑士。

后来，亨利和杰弗里先后死去，理查也就毫无争议地成为了英国王位的继承人。同时，诺曼底公爵领地也归他所有。亨利二世希望他把阿奎丹让给弟弟约翰，理查非但没有同意，还决定以武力逼迫父亲下台，从而尽快登上王位。为了实现这个目标，他极力拉拢安茹叛军，又向法国国王腓力二世求援。1189 年，他打败了亨利二世，逼迫其签订了带有侮辱性质的条约。不久后，亨利二世含恨而终，理查便成为了英国的国王。此后，他改称为理查一世。

理查一世的疆域主要在法国，在英国只统治着英格兰。他一共在位 10 年，但是 10 年之中只在英格兰待过 6 个月，其余大部分时间全都在征战中度过。

十字军第二次东侵失败后，萨拉丁在将叙利亚、埃及、美索不达米亚统一后，又消灭了耶路撒冷王国，并将地中海东岸的很多城市占领。罗马教皇克雷芒三世知道耶路撒冷又被阿拉伯人夺去后非常震惊，他立即组织起第三次十字军东侵。理查一世与法国国王腓力二世、德国皇帝腓特烈一世都参加了此次东征。为了稳定住英国的政局，理查一世把英国的事务交给坎特伯雷大主教兼监督长休伯特·沃尔特管理，自己则全力以赴组织远征军。

为了筹措远征军的军费，理查一世在英国征收什一税，还卖了大量城堡和村庄。他甚至扬言说：如果有人愿意出足够多的钱，就是让他把伦敦卖掉，他也决不会犹豫。经过大肆搜刮，他终于组织起一支兵力充足、装备精良的军队。一切准备就绪后，他便率领英国十字军正式出发了。

法国国王腓力二世与他同时出征，但他们并没有结伴而行。这是因为他们之间的关系非常复杂，理查一世的母亲阿基坦的埃莉诺原本是法国的王后，后来又嫁给了英国国王亨利二世，并生下理查兄弟。法国国王后来又娶了一个妻子，生下腓力二世。因此，理查一世与腓力二世是天生的敌人。

腓力二世率领法国十字军向中东挺进，于1191年4月赶到阿克城。理查一世先将西欧与中东之间的塞浦路斯岛攻下，使其成为战略后方，之后才赶到阿克城与法军会合。英法十字军经过一番苦战，终于将阿克城攻下。但是，理查一世却以德国十字军在战争中没有出力为由，侮辱了代表德国皇帝参战的奥地利公爵利奥波尔德，造成德国军队退出了战争。此外，他还屠杀了数千名手无寸铁的阿拉伯人，点燃了阿拉伯军队的怒火。

理查一世在腓力二世面前也非常狂妄。腓力二世忍不下这口气，就以生病为由，率领法军回国了。这样一来，此次东侵的十字军只剩总共不到两万人了。不过，这并没有影响到理查一世取胜的决心。此后，他率领英军率领向雅法海岸挺进。为了阻击英军，萨拉丁不断地派部队进行骚扰。但是，在理查一世的指挥下，英军不但没有受损，反而还在阿尔萨夫附近沉重地打击了萨拉丁的军队。英军两次来到距离耶路撒冷不远的地方，却都没有将耶路撒冷夺回。就在理查一世准备再次向耶路撒冷发动进攻时，他收到了一个坏消息——他的弟弟约翰与腓力二世勾结起来，打算推翻他的统治。这让他乱了阵脚，为了保住王位，他立即与萨拉丁签订和约，之后率领军队返回欧洲。这份和约规定：阿拉伯人仍然继续占有耶路撒冷，但是基督徒可以去那里朝圣；将阿斯卡隆交给萨拉丁，其余十字军在海岸地带建立的城镇仍然归基督徒所有。此前十字军曾几次东侵，但都无功而返，这个条约是十字军自东侵之后所取得的最大胜利。

法国国王腓力二世、德国皇帝亨利六世、奥地利公爵利奥波尔德都非常痛恨理查一世，想把他除掉，因此，理查一世的归途危机四伏。1192 年秋天，归心似箭的理查一世在维也纳附近被利奥波尔德的手下逮捕。利奥波尔德把他押送到德国，使得他成为了德国皇帝亨利六世的俘虏。亨利六世把他关押起来，向英国索要高额赎金。

在理查一世被关押的这段时间，发生了一件耸人听闻的事情，正是这件事使得理查一世获得了"狮心王"的名号。

亨利六世有一个妹妹对理查一世一见钟情。有一次，她与理查一世幽会，正好被亨利六世撞上了。亨利六世异常气愤，他想把理查一世处死，但又担心这样做会招致舆论的声讨。可是，他又不甘心放过理查一世。最后，他把一头好几天没有吃过的狮子放进监狱里，打算让狮子将理查一世吃掉。饥肠辘辘的狮子看到理查一世后，立即张开大嘴向其扑去。就在这千钧一发之际，理查一世把手伸进狮子的嘴里，一直插进它的胸膛，之后掏出了它的心脏。之后理查一世若无其事地走进宴会厅，把狮子的心放在盘子上，慢慢地吃起来。在场的人都被他的举止吓得面如死灰，亨利六世听说这件事后再也不敢谋害他了。从此之后，人们便称他为"狮心王"。

在被关押了近两年后，理查一世被英国人赎了回来。他回到英国后，再次向广大百姓征税，以组织军队抵挡法军对诺曼底的进攻。可是，英国人手里的财富早就在上次十字军东侵时被榨干了，因此这次征税结果让他十分不满。这时，他听说有人在一个城堡发现了一张金桌和十二个黄金铸造的骑士，就率领大军将那个城堡包围起来，还说要把城堡里的居民全部杀光。双方在交战时，理查一世被箭射中，不久后就死去了。

理查一世拥有着卓越的军事才能，作战英勇无比。与萨拉丁交战时取得的重大胜利更是让他的名声达到了顶点。

基辅罗斯盛衰史

公元 9 世纪，第一个以东斯拉夫人为主体的国家基辅罗斯在东欧平原上崛起。奥列格王公是基辅罗斯的建立者，他也是第一位"罗斯大公"。基辅罗斯的疆域非常广阔，北抵波罗的海南岸，南至黑海北岸，东到喀尔巴什山东，西至顿河。奥列格还制定了一部《罗斯法令和法律》，用以加强统治。这部法律规定，基辅罗斯公民分为奴隶和自由人，自由人又分为穷人和富人。另外，这部法律保障了富人的权利，规定如果穷人胆敢抢劫富人的财产，就将受到严厉的惩罚。奥列格的野心极大，他希望能够征服整个欧洲。可是，在实现这个梦想之前，他就离开了人世。

奥列格死后，伊戈尔继位为罗斯大公。他也像奥列格那样，喜欢四处掠夺财富。为了扩大地盘，他不断地发动战争，使得基辅罗斯的百姓苦不堪言。

公元945年冬季的一天，伊戈尔又像往常那样，带领着亲兵去抢夺财物了。他去的是德列夫安人居住的村庄。在抢夺了大量腊肉、蜂蜜、毛皮后，他仍然觉得意犹未尽，便对亲兵说："这些东西实在太少了，我再去弄些来，你们先把这些东西运回去吧！"

说完后，他又带着几个亲兵来到了德列夫安人居住的村庄，打算再搜刮一些财物。他的行为彻底惹恼了本来就已经十分愤怒的村民。

一个老人激动地对众人说："如果豺狼知道了畜群所在的位置，去过那里之后，以后就还会再去，而且会去很多次。在没有把所有的动物吃光前，它是不会善罢甘休的。乡亲们，现在就有一群狼来到了我们这里，大家说该怎么办？"

一个身材魁梧的年轻人高声喊道："把狼杀掉！让那些披着人皮的狼再也不敢来屠杀我们。"他的话彻底点燃了村民们的怒火。他们杀气腾腾地向伊戈尔大公及其亲兵冲去。亲兵们看到形势不妙，立即逃走了。伊戈尔自以为身份高贵，没有人敢对他不敬，就理直气壮地把双手叉在腰上，说："你们这些人要做什么？……"

愤怒至极的村民们根本没有等他把话说完，就挥舞着木棒向他头上打去。当他们停下来休息时，伊戈尔已经被打得不成人形了。

那个老人这时又说："乡亲们，太好了！我们将那头狼杀死了。不过，公狼死了，母狼和狼崽子还活着，他们一定会来找我们报仇的，我们该怎么办？"

人群中有人高喊："冲进狼窝，把所有的狼都杀掉，以绝后患。""对，对，就这样办。"村民们纷纷附和。此后，德列夫安人发动起义，杀向贵族们居住的城堡。可是，他们都是淳朴的农民，战斗力很弱，根本无法与大公的军队抗衡，所以很快就被镇压下去了。

伊戈尔大公死后，他的小儿子斯维亚托斯拉夫成为了新一任罗斯大公。斯维亚托斯拉夫深受父亲被杀一事影响，他认为要想掠夺更多的财富，占有更多的土地，必须要比别人更凶猛。于是，他把头发剃光，戴上一只耳环，开始率领军队不断地征战。

斯维亚托斯拉夫首先出兵攻打可萨汗国，并轻而易举地获胜，将可萨汗国的首都萨克尔占领。此后，他又联合拜占庭帝国，一起出兵攻打保加利亚。公元971 年，他占领了保加利亚的首都，这场胜利使得他做起了成为欧洲霸主的美梦，但他没有想到，他的美梦很快就破灭了。

拜占庭帝国同样想成为欧洲的霸主。拜占庭皇帝担心斯维亚托斯拉夫的实力过于强大，会对自身的发展不利，就决定先下手为强，除掉斯维亚托斯拉夫这个竞争对手。拜占庭帝国突然出兵攻打罗斯军队，斯维亚托斯拉夫还沉浸在胜利的喜悦中，根本没有做好防备，因此很快就被打败了。这次失败使得他只得放弃对克里米亚与保加利亚的主权要求，在返回基辅的途中，他中了拜占庭人的埋伏，在战斗中被杀害。

斯维亚托斯拉夫死后，他的儿子弗拉基米尔成为了基辅罗斯的统治者。在弗拉基米尔统治时期，基辅罗斯发展到了顶峰，成为东欧强国。弗拉基米尔把基督教奉为国教，巩固了大公政权，还娶了拜占庭的安娜公主为妻。通过他的努力，基辅罗斯的文字和教育得到了发展，与强大的拜占庭帝国建立起良好的关系，基辅罗斯的国际地位也得到了提高。

随着封建势力的不断加强，大公政权到了 12 世纪已经基本瓦解。莫诺马赫在成为大公后，希望能够将各地独立的公国重新统一起来，但没有成功。12 世纪30 年代后，罗斯帝国进入封建割据时期。13 世纪初，罗斯遭到了蒙古人的入侵。罗斯人与东欧其他民族联合起来，共同抵抗蒙古人，但没有成功。此后，基辅罗斯分裂为西南罗斯和东北罗斯两部分。东北罗斯建立起莫斯科公国，继续与蒙古人对抗，西南罗斯投靠了实力强大的立陶宛公国。

1480 年，莫斯科公国军队将蒙古军队击败，获得了独立。1505 年，瓦西里三世继位，在他的努力下，东北罗斯被统一起来，基本形成了今天俄罗斯的基础。

约翰王签署《自由大宪章》

约翰王是英国金雀花王朝创始人亨利二世的第五个儿子，是"狮心王"理查一世的弟弟。他的父亲把领地全部分给了他的几个哥哥，使得他没有获得任何领地。因此，他也被称为"无地王"。

亨利二世死后，理查一世成为了英格兰的国王。他在即位不久后就参加了第三次十字军东侵。在出征前，他最担心的就是约翰会夺走他的王位。为了巩固自己的统治地位，他把约翰封为摩坦伯爵，并把兰开斯特、德比、多塞特、康沃尔、索默塞特、德文等大量领地封给约翰。当然，他也担心约翰获得这些领地后会发动叛乱，为了防止约翰这样做，他又把这些地方的要塞控制在自己手中，使得约翰没有足够的政治权势和军力发动叛乱。约翰向理查一世做出承诺，三年不踏入英格兰一步。埃莉诺太后看到他们兄弟俩为此而生隙，就找到理查一世，劝说他允许约翰进入英格兰。理查一世同意了，并让约翰在他出征期间管理英格兰的事务。

理查一世没有儿子，约翰认为，理查一世退位后，一定会把王位传给自己，所以也就一直没有行动。后来，理查一世在塞浦路斯结婚了，约翰觉得自己成为英国国王的希望变得越来越渺茫，就决定发动政变，夺取王位。

为此，约翰寻求法国国王腓力二世的帮助。他希望腓力二世帮他夺取理查一世在诺曼底和安茹的领地。埃莉诺太后知道这件事后，劝说约翰不要这样做。理查一世在从中东返回英国的途中被奥地利公爵利奥波尔德逮捕，后被送到神圣罗马帝国亨利六手世手中。亨利六世与理查一世有仇，但为了向英国索取高额赎金，他并没有将其杀死，而是关押起来。

在理查一世被关押的那段时间里，约翰与腓力二世结盟，并发动军队与支持理查的军队交战。约翰的军队实力不济，很快就败下阵来。

在被关押近两年后，理查一世于1194年回到了英国。约翰的手下知道这件事后，立即向其不战而降，约翰则逃往诺曼底避难。后来，理查一世找到了他，除了没收他一些封地外，并没有杀死他。

此后，约翰成为了理查一世最忠心的拥护者，领兵四处征战。理查一世十分信任他，再次把他封为摩坦伯爵，还把没收的封地重新赏赐给他。

1199年，年仅42岁的理查一世受伤去世。他并没有留下子嗣，所以英国的王位由谁来继承引发了争端。按照安茹的继承法，理查一世的弟弟吉弗雷的儿子亚瑟拥有继承权，因此安茹、曼恩和列塔尼的贵族都支持亚瑟。可是，按照诺曼底的继承法，约翰才是王位的继承人，而约翰也得到了大部分英格兰和诺曼底贵族的支持。法国国王腓力二世担心约翰成为英国国王后，会对法国不利，就力挺亚瑟继位。为此，他还专门派遣使者要求约翰放弃王位。

约翰早就对王位虎视眈眈了，此时他又怎么会轻易放弃呢？腓力二世的使者对他说，如果他不这样做，法国就要出兵干涉此事。约翰对此毫不理会，他说，如果法国出兵，他就会组织军队迎战。

约翰决定先发制人。他率领大军很快就来到了法国境内。他的母亲埃莉诺也跟随他一起来了。腓力二世和亚瑟母子坐在城头上，注视着约翰和埃莉诺太后。亚瑟的母亲故意说道："亚瑟，你看，你的祖母来看你了，或许她为你准备了水果呢！你叔叔约翰也来了，他会亲自把王冠戴到你的头上。"

双方很快就展开了激战。法军被击败，弃城而逃。亚瑟母子全都被抓了起来。约翰把亚瑟交给侍从长赫伯特看管。他对赫伯特说："亚瑟虽然还是一个小孩子，但是他是挡在我路上的一条蛇。不管我走到哪里，他总会挡住我的去路。所以，你必须给我好好地看管他。"

腓力二世并不甘心失败，他很快就派兵把诺曼底东侧的要塞盖亚德城堡包围起来。约翰派兵前去救援，但是遭到了法军的阻击。约翰只好先撤到布列塔尼，之后再将法军从东诺曼底赶走。可是，他并没有达到目的，而且处境变得越来越差。他逐渐失去了在安茹帝国的势力，诺曼底东部也投靠了腓力二世。无奈之下，约翰只好撤回英格兰。他原计划在盖亚德城堡西面建立新的防线，但是法军很快就攻下了盖亚德。不久后，埃莉诺太后去世了。这对处境已经十分不利的约翰来说，无疑是雪上加霜。腓力二世毫不费力地占领了诺曼底、安茹和普瓦图等地，约翰在大陆的领地只剩下阿基坦公国了。

为了从腓力二世手中夺回诺曼底，约翰与弗兰德伯爵斐迪南、布洛涅伯爵瑞诺及神圣罗马帝国皇帝奥托四世结成了同盟。有了强援，再加上拥有足够多的物资给养，使得约翰对收复诺曼底信心十足。

约翰很快就收复了安茹，此后又将穆瓦讷的罗歇包围起来。后来，腓力二世击败了他的盟友，彻底粉碎了他收复诺曼底的希望。

而约翰在英格兰的统治已经招致大量英国封建贵族的不满。他们在英格兰东部和北部组织军队，打算以武力推翻其统治。1215 年，英国的封建贵族在北安普顿集结，他们宣布不再臣服于约翰，并选伯罗特·菲茨沃尔特担任他们的军事统帅。在伯罗特·菲茨沃尔特的率领下，他们将伦敦、埃克塞特、林肯等重镇占领。

英国国王约翰像

不久后，约翰与叛军首领在兰尼米德举行了会晤。双方进行了谈判，约翰见形势对自己不利，只好签署了《自由大宪章》。

《自由大宪章》的主要内容为：骑士和贵族的领地继承权受到保护，国王不得征收领地继承税；国王不得干涉教会选举教职人员的自由；封建主法庭拥有审判权，国王不得干涉；没有经过由骑士、贵族、教士组成的"王国大会议"的同意，国王不得征收盾牌钱和补助金；在没有经过同级贵族判决的情况下，国王不得随意没有任何自由人的财产，也不得监禁任何自由人。

《自由大宪章》具有重大意义，它成为了近代资产阶级建立法治的重要依据，催生出了英国宪法。不过，对于约翰来说，这部法律对王权进行了限定，让他失去了很多权利。而这也正是他后来毁约的主要原因。

约翰的毁约行为使得英国贵族极为不满，这直接导致了英国大规模内战的爆发。约翰在作战时染上了疾病，不久后就离开了人世，他的儿子亨利三世继承了他的王位。

"天使圣师"托马斯·阿奎纳

托马斯·阿奎纳是中世纪著名的神学家与哲学家。他首先将理性引入神学，用自然法则来证明君权神授的学说，是自然神学最早的提倡者之一。在历史上，他是被公认的最伟大的神学家之一。在他去世之后，天主教会将"天使圣师"的名衔授予了他。

托马斯·阿奎纳是意大利人，他的父母都是贵族，尤其是他的母亲，身上流淌着皇族的血液。当时有很多意大利贵族青年毕生的理想就是成为修道院的院长，这个职位待遇优厚，又非常受人尊敬。在托马斯·阿奎纳还是个幼稚孩童时，他的父母就为他选择了这条路。同时，因为他的叔叔就是一家修道院的院长，可以为他提供很多经验借鉴，阿奎纳走这条路就显得更加理所当然了。然而，让家人意想不到的是，阿奎纳居然在那不勒斯大学读书期间加入了多明我会。

阿奎纳16岁进入那不勒斯大学攻读文学，在学校附近有一座多明我会修道院。阿奎纳时常光顾这所修道院，在那里，他结识了院长和众多修士，在与他们交流的过程中产生了加入他们的念头。加入多明我会其实就相当于出家，会中成员不允许结婚。当时，院长认为阿奎纳年纪太小，担心他只是一时冲动、好奇，假若当即就允许他出家入会，难保他日后不会后悔。于是，院长便叫他再等几年也不迟。

　　阿奎纳耐着性子由 16 岁一直等到了 17 岁。院长见他的心意始终未变，终于被他的诚心打动了，批准他加入了多明我会。这段时期，多明我会公然反对欧洲的神职阶层，被很多人视为异类。阿奎纳加入多明我会的消息传到家中时，家人们全都大吃一惊。为了阻止他走上"不归路"，他的兄弟们决定对他使用暴力。

　　当时，阿奎纳刚好要去罗马，他的兄弟们便趁这个机会，在路上抓住了他。随后，他们将阿奎纳送到一座城堡中，囚禁了他两年。期间，他们威胁他说，若是他不退出多明我会，就要一辈子被囚禁在这里。阿奎纳没有屈服，他利用这段时间研读《圣经》，还阅读了著名的神学家伯多禄龙伯的作品。

　　兄弟们眼见威逼对阿奎纳一点效果都起不到，就转而想到了利诱。他们雇了一名美貌的妓女，让她到阿奎纳的房间去，用尽浑身解数色诱他。阿奎纳见到那妖媚风流的妓女，非但没有脸红心跳，反而勃然大怒。他看见壁炉中的炭火正在熊熊燃烧，便伸手摸出一块烧红的炭朝妓女脚下扔过去。妓女大受惊吓，慌忙逃出门去。

　　阿奎纳软硬不吃，这让他的父母和兄弟彻底没了辙。过了两年，家人们见阿奎纳始终没有要屈服的迹象，再加上教皇又不断向他们施压，要求他们释放阿奎纳，家人们终于死心了，将阿奎纳送回了多明我会修道院。没过多久，修士们又将他送到了科隆的多明我神学院学习神学与哲学。

　　神学院中人才济济，阿奎纳混在其中，一开始并不显眼。同学们见他身强体壮，又不爱讲话，便戏称他为"哑牛"，后来在相处的过程中才逐渐发觉这头"哑牛"确实不同凡响。有一位德高望重的老师名叫阿尔伯特，他在看过阿奎纳的笔记后对他大加赞赏，并大胆预言这头"哑牛"日后必将震惊世界。事实证明，阿尔伯特果然非常有先见之明。

　　阿奎纳 20 岁那年因为学习成绩优异，被送到巴黎大学进修。在此期间，天主教会与多明我会在教学自由这个问题上产生了巨大的分歧，双方相持不下。为了解决他们之间的矛盾，教皇便组织了一场辩论会。阿奎纳代表多明我会出战，他的对手是著名的大学校长圣阿穆尔。阿奎纳初生牛犊不怕虎，一举击败了圣阿穆尔，在巴黎名声大振。

　　毕业之后，阿奎纳回到科隆的多明我神学会做了一名讲师。他从这时开始著书立说，到处讲学。阿奎纳的巨著《神学大全》从 34 岁一直写到去世之前依旧未能完成。阿奎纳曾说："与我所见到的和所受到的启示相比较，我过去所写的一切犹如草芥。"正因为如此，他才打消了写完《神学大全》的念头。

阿奎纳是将理性引入神学的第一人，神学被他视作一种科学。在他看来，信仰与理性这两种截然不同的事物其实有着密切的关联。他将这二者结合起来，论证了君权神授的学说：自然界最终只有一个权力主宰，这是最大的前提，在此基础上，又形成了一个较小的前提，那就是上帝是宇宙的主宰者，君主是俗世的主宰者，由此归纳出最后的结论，就是君权是神授的。

阿奎纳借助《圣经》中记录的亚当与夏娃的故事描绘了人类的原罪，即人类与生俱来的、洗脱不掉的"罪行"将会给人类社会造成的危害。他指出，耶稣化身为人就是为了帮助人类消除身上的原罪，恢复人类的本质，最终使人类获得救赎。

阿奎纳将毕生的心血全部倾注于传教与著述，对名利丝毫不感兴趣。他拒绝担任那不勒斯的大主教，也拒绝担任卡西诺山修道院的院长。1274 年 3 月 7 日，阿奎纳因病去世。阿奎纳死后被赐予"天使圣师"的名衔，并于 1323 年被册封为天主教的圣人。

马可·波罗游历中国

马可·波罗是 13 世纪意大利著名的旅行家。他曾在中国游历了 17 年，并将自己在中国的所见所闻全都记录在了《马可·波罗游记》中。这本游记在欧洲引发了巨大的反响，欧洲人因此对东方充满了向往，后来更在这种向往的驱使下开辟了新航路。

1254 年，马可·波罗出生于意大利著名的水城威尼斯。他的父亲和叔叔都是威尼斯商人，他们曾经远赴东方做生意，并抵达了元朝的都城大都。元朝皇帝忽必烈亲自接见了他们，还写了一封信，让他们带回来交给罗马教皇。

父亲和叔叔回到威尼斯后，经常提及当日在中国的所见所闻。彼时的马可·波罗还只是个小男孩，听到这些忍不住心痒难耐，一心想要亲自到中国游历一番。父亲和叔叔便对他许下承诺："等你长大以后，我们一定会带你去中国！"

年幼的马可·波罗盼了一年又一年，一直盼到了 1271 年。这一年，他已年满 17 岁，是父亲和叔叔眼中的大人了。他急不可耐地恳请他们带自己去中国，父亲和叔叔终于答应了他的请求。

他们一路上穿过了伊朗沙漠、帕米尔高原，忍受着干渴与饥饿的痛苦折磨，强盗与猛兽的围追堵截，马可·波罗和父亲、叔叔长途跋涉了 4 年，共计 1000

多个日日夜夜，终于见到了忽必烈。

忽必烈亲自接见了远道而来的马可·波罗一行人。他非常赏识马可·波罗，还让他在朝中做官，到中国各地游历。马可·波罗借着这个机会游遍了中国的大江南北，欣赏各地的自然风光，了解各地的风土民情。

威尼斯
意大利的威尼斯是 13 世纪欧洲最富庶的城市。它控制了地中海的很多贸易。正是从这里出发，波罗兄弟开始旅行。

马可·波罗非常勤奋好学，来到中国没多久便学会了汉语和蒙古语，这样一来，外出游历时就更加方便了。忽必烈见他在中国生活得越来越游刃有余，便任命他为使臣，远赴东南亚各国进行友好访问。

马可·波罗在中国游历了 17 年，他曾到过西北部的新疆、甘肃、内蒙古等地，华北的山东、河北，江南的江浙等地，也曾到过东南沿海的福建，西南地区的云南和四川等地。17 年后的马可·波罗已经成了一个地地道道的中国通，他觉得是时候返回家乡了。于是，他便告别了忽必烈和元朝臣民，重返意大利威尼斯。

后来，威尼斯人和热那亚人爆发了一场战争，马可·波罗也参与其中，不幸沦为热那亚人的战俘。

被热那亚人关押在监狱的那段日子，马可·波罗忽然萌生了撰写一部中国游记的念头。为了打发牢中枯燥乏味的生活，他马上就将这个念头付诸了实践，与一个作家配合，最终写成了举世闻名的《马可·波罗游记》。

这本游记问世之后，在意大利乃至全欧洲都引起了巨大的轰动，一股中国热潮迅速席卷了欧洲各地。当时在意大利极少有人没看过这本书。此前欧洲人贫乏的地理知识因为这本游记变得充实起来。欧洲最早出现的世界地图就是地理学家依据这本游记的相关内容绘制而成的。到了 15 世纪末 16 世纪初，欧洲各国的航海探险家们怀着对东方古国的无限向往之情，开始了全新的航海探险之旅，欧洲通往美洲、印度等地的新航线就开辟于这段时期。

曾有西方学者指出，《马可·波罗游记》不单单只是一部游记，它是一部启蒙式作品，它将一个全新的领域呈现在了当时闭塞的欧洲人面前，其效果简直令人惊叹。

阿维农之囚

阿维农是法国的一个地区，梵高曾画过一幅名画，以《阿维农的少女们》为题。13世纪末，罗马的天主教皇卜尼法斯八世与法国国王腓力四世相争，最终败在腓力四世手上，此后罗马教皇便屈居于法国国王之下，接连七代罗马教皇都是法国人，他们被迫滞留在法国阿维农，被历史学家称为"阿维农之囚"。

1294年，卜尼法斯八世荣登罗马教皇之位。他的本名叫加塔尼，此前是天主教的红衣主教。自从1292年教皇尼古拉四世去世之后，加塔尼就处心积虑想要成为下一任教皇。这段时期，罗马两大家族为争夺教皇之位争斗得相当激烈。加塔尼一直在冷眼旁观，只盼着两大家族鹬蚌相争，能叫他这个渔翁得利。

几个月过后，两大家族都已争斗得疲惫不堪。众主教也为找不出继任的教皇满腹愁苦，就在这时，一名主教的一句玩笑话让大家豁然开朗。只听这名主教说："不如就让隐居山野的彼得修士做我们的教皇吧！"其余主教纷纷颔首表示同意，他们觉得，与其让两大家族继续争斗下去，倒不如找个局外人来平息这场纷争。他们马上赶赴偏僻的山野找到了彼得，向他宣布了这个消息。

彼得大吃一惊，但他认为这件离奇的事情之所以会发生，必然是因为上帝的指示。短暂的惊讶过后，他便欣然接受了。彼得当上了教皇，两大家族的人固然十分沮丧，但最不甘心的却是加塔尼。他偷偷在彼得的卧室墙壁上挖了一个小洞，每晚彼得睡觉时，他便通过小洞不断地絮叨："彼得，辞去教皇之位吧，辞去教皇之位吧！"

彼得只闻其声不见其人，心中暗自惊奇，他认定这是来自上帝的声音，这是上帝给自己的最新指示。彼得原本就对权位毫无兴趣，他最喜欢的还是在山野中隐居修道。没过多久，他就辞掉了教皇之位，重新过上了与世无争的隐居生活。

他走后，加塔尼终于如愿以偿，成了教皇卜尼法斯八世。这时彼得虽然已经退位了，但依旧深受众人的拥护。卜尼法斯八世感受到了来自彼得的强烈威胁，他立誓一定要除去彼得，以确保彼得不会卷土重来，抢夺教皇之位。他命人悄悄逮捕了彼得，将他关押在牢狱中折磨至死。彼得在临死前看穿了卜尼法斯八世的真面目，并预言道："你像狐狸一样溜进来，你将像狮子一样统治，最后像狗一样死去。"后来，彼得的预言果然一一应验了。

彼得死后，卜尼法斯八世终于安下心来，开始了像狮子一样的统治。他为人贪婪、残暴、好色，众主教都对他相当不齿。他在位期间，经常声称："要获得救赎就必须要臣服于罗马教皇。"

为了获取更多的财富，满足自己的贪欲，卜尼法斯八世与当时在位的法国国王腓力四世发生了一系列冲突。腓力四世是个非常有野心的君主，在位期间不断对外扩张。当时，罗马教廷凌驾于欧洲各国的国王之上，这对腓力四世的扩张造成了极大的阻碍。

腓力四世想从法国的教会那里掠夺财富，以帮助自己扩张。他思来想去，最终想到了征收财产税这个方法。卜尼法斯八世自然不会允许他将敛财的魔爪伸到自己的地盘上，双方因此产生了矛盾。为了要挟卜尼法斯八世，腓力四世随即下令严禁法国教会再向罗马教廷进贡。卜尼法斯八世被逼无奈，只好允许他向法国教会征收财产税。

不过，腓力四世并没有就此罢休。1301年，他打算拟定一个限制教皇权力的法案。这个消息传到罗马，卜尼法斯八世怒不可遏，命令法国的大主教前去干扰腓力四世。有了教皇撑腰，本就对腓力四世十分不满的大主教便抓住这个机会，将他狠狠痛斥了一番。

腓力四世马上命人将大主教抓起来，并交给法国的法庭审判。卜尼法斯八世气得火冒三丈，接连向腓力四世发出了三道诏谕，勒令其马上停止对法国教会征收财产税，不仅如此，卜尼法斯八世还向腓力四世做出了严正声明，如果法国大主教真的犯了错，那么有资格审判他的只有罗马教廷。最后，卜尼法斯八世还威胁腓力四世说："此前的罗马教皇已经废黜了三位法国国王。若是你还不知悔改，任由这件事继续恶化下去，那就别怪我把你贬为一个马夫。"

腓力四世看过这三道诏谕，当着满朝文武百官的面将它们全部烧毁，并宣布能叫法

教皇格列高利一世的象牙雕像
公元590~604年，作为教皇，他的严厉施行宗教信条与政治上的敏锐极大地加强了罗马教皇的权力，他的传教热情使基督教信仰传遍西方文明世界的最远边界。其后的每一位教皇都力图使教权的影响力高于王权，在中世纪的欧洲，教权与王权从未停止过斗争。

国国王臣服的永远都只有上帝，罗马教皇又如何？照样不能干涉法国的内政。接下来，腓力四世又在巴黎圣母院召开了由贵族、教士和市民三个等级参与的会议，重申罗马教皇无权干涉法国的内政，法国国王只对上帝臣服。

卜尼法斯八世在一怒之下开除了腓力四世的教籍，勒令其必须要臣服于教皇脚下。腓力四世毫不畏怯，他将卜尼法斯八世犯下的罪行一一列举出来，并派出大军前往罗马抓捕教皇，要以法国国王的名义审讯他。

法军赶到罗马后，迅速抓捕了卜尼法斯八世。昔日高高在上的教皇就这样沦为了法国的阶下囚。法军不给他提供水和食物，叫他在饥渴难耐中苦撑了三天。后来，卜尼法斯八世好不容易才被救了出来，但他始终不能忘却自己在法国人那里遭受的屈辱。没过多久，卜尼法斯八世就郁郁而终了，正如彼得所言："最后像狗一样死去。"

腓力四世就此掌控了罗马教廷。1305年，他扶持法国大主教登上了教皇之位，却不允许新任教皇前去罗马。从这时开始，一直到1378年，七位罗马教皇都是法国人，他们居住在法国阿维农地区，屈居于法国国王之下，被其任意支配，成为"阿维农之囚"。

胡斯战争

胡斯战争也叫做捷克农民战争，是欧洲历史上持续时间较长，影响较为深远的一次农民战争。胡斯战争的领导者是胡斯党人，他们的领袖就是捷克的宗教改革先锋胡斯。

胡斯出身贫苦，自幼就勤奋好学，对宗教兴趣浓厚。从布拉格大学毕业后，胡斯又进入神学院深造。之后，他成了一名教士，兼任布拉格大学校长。

中世纪欧洲教会的势力已经到达了顶峰。权势对人心的腐蚀力量是极为强大的，当时捷克境内的天主教会就是其中的典型，教会内部异常腐败，神职人员一味追逐名利，压榨百姓。面对这样的情况，胡斯挺身而出，决定在国内实施宗教改革。

11世纪到12世纪，捷克境内涌现出大批手工业和商业城市。这段时期，捷克的对外贸易迅速发展，牛、马、粮食、皮革、布匹等从捷克源源不断地运送到意大利、匈牙利等国。捷克首都布拉格很快就发展成了全国的政治和经济中心。

到了14世纪初期，捷克国王去世，由于国王没有留下子嗣，国内很多贵族便开始为了争夺王位大打出手。德意志的卢森堡王朝乘机掌控了捷克。实际上，早在 12 世纪，德国人就已经看中了拥有丰厚的土地和矿产资源的捷克，并不断向捷克移民。最早的德国移民主要是教士与僧侣，在移民的过程中，捷克众多的教会与寺院都成了他们的地盘。他们以此为据点，开始在捷克大肆兼并土地。

在被卢森堡王朝统治的这些年间，捷克的经济发展得更加迅猛了，但是捷克人民的日子却越来越不好过了。当时，捷克聚集了大批来自德国的教士、僧侣、地主和贵族，他们与捷克的封建地主勾结起来，不断压榨捷克人民，其中尤以天主教会对捷克人民的压榨最为严重。由于这段时期，捷克的天主教会完全由德国人把持了。于是，捷克人民便将自己对教会，对德国人的仇恨全都发泄到了天主教会身上。

14 世纪末期，捷克境内爆发了一场轰轰烈烈的反教会斗争，这就是捷克历史上的胡斯革命运动，其领导者就是教士胡斯。胡斯革命运动的性质就是捷克民族为了反对德国贵族和德意志皇帝的最高权力进行的带有宗教色彩的农民战争。

胡斯战争发生于胡斯革命运动的后期，此次战争从 1419 年开始，直到 1434 年才结束。不过，胡斯并没有参与这场战争。在胡斯战争爆发前四年，胡斯就已经英勇殉道了。

在胡斯革命运动的前期，捷克国王站在了胡斯这边，他希望能通过这场宗教改革运动激发捷克人民的爱国热情，摆脱德国人对捷克的控制。为了打击布拉格的德国人，捷克国王规定在布拉格大学会议等机构中，德国教师只能占据四分之一的席位，余下的四分之三都归捷克人。这一举措迫使很多德国人离开了布拉格，捷克人顺利收回了布拉格大学等教育机构的管理权。被德国人把持的捷克天主教会因此对胡斯充满了怨恨。

就在同一时期，罗马教皇为了敛财，命人到捷克兜售所谓的赎罪券，并大肆宣扬，无论一个人生前犯下了多么严重的罪行，只要购买了这种赎罪券，死后就可以跟所有善良的人一起升入天堂。胡斯马上在布拉格大学揭露了教皇的骗局，捷克的天主教会对胡斯愈发恨得咬牙切齿。他们处心积虑迫害胡斯，1411 年，胡斯被开除教籍，并于第二年被逼离开布拉格，远赴捷克南方的贫苦乡村暂居。

胡斯没有就此屈服于教会的淫威，他继续宣传自己的宗教改革主张，对教皇和教会的丑陋嘴脸给予无情的揭露与批判。天主教会忍无可忍，欲对胡斯除之而后快。1414 年，胡斯收到天主教会的邀请，让他前往康斯坦茨参加宗教会议。胡斯明知此行凶多吉少，但是他不愿向天主教会示弱，便铤而走险，前去赴约。

1414 年 11 月，胡斯抵达了康斯坦茨，百姓们夹道欢迎他的到来。随后，天主教会将胡斯抓捕入狱，送到法庭接受审讯。教会为胡斯编造了一大堆罪名，尽管胡斯拒不承认，但法庭还是判处了他死刑。

在行刑之前，胡斯大无畏地说："为了捍卫《圣经》向我揭示的真理，我宁愿选择死亡。"他做了生命中的最后一次演讲，再次向世人表明自己是无辜的，但教会并没有因此收回成命。

1415 年 7 月 6 日，胡斯在康斯坦茨广场的火刑柱上被活活烧死，连骨灰都被扔进莱茵河中。在胡斯赶赴康斯坦茨之前，德意志皇帝曾经承诺一定会保障他的安全，但是在教会逮捕胡斯并对其进行审讯的这段时间，德意志皇帝却连面都没露过。

胡斯死后，捷克人民简直愤怒到了顶点，他们在布拉格集会示威，对罗马教皇和德意志皇帝提出了严正的抗议。这场声势浩大的抗议活动一直持续到了 1419 年，最终发展成为一场轰轰烈烈的农民战争——胡斯战争。

胡斯战争中的起义军分为两个派别：一派是以南部的塔波尔城为中心的塔波尔派，一派是以布拉格为中心的圣杯派。塔波尔派是胡斯战争的主力军，主要由捷克的下层劳动人民组成，他们在战争中表现得相当激进。圣杯派主要由中产阶级和层次较低的贵族组成，他们的表现比较温和。

胡斯战争爆发后没多久，捷克国王就因受惊过度，离开了人世。德意志皇帝索性身兼二职，当上了捷克国王。为了镇压捷克的起义军，德意志皇帝先后组织了五次十字军。

从 1420 年到 1424 年，起义军在首领约翰·杰式卡的领导下多次击败了十字军。约翰·杰式卡是捷克的民族英雄，他的父亲是一名骑士，在父亲的影响下，杰式卡从小就对军事非常感兴趣。成年后，杰式卡服过兵役，上过战场，指挥作战的经验非常丰富。胡斯战争爆发后，他加入了起义军，并被推选为首领。他采用的"战车堡垒"战术，让十字军心惊胆寒，一听到捷克战车行驶的声音就不由自主地仓皇逃窜。只可惜这位"永远的胜利者"也没能抵挡得住死神的召唤。

杰式卡从小就盲了一目，"杰式卡"在捷克语中的就是"一只眼睛"的意思。1421 年，杰式卡仅余的一只眼睛也在战场上被射瞎了。接下来，他坚持指挥作战，直至 1424 年 10 月因病去世。

杰式卡去世后，起义军因为阶级的差别逐渐分裂开来。1433 年，圣杯派背弃了塔波尔派，向德国人投降。1434 年 5 月 30 日，圣杯派与德国人联合起来，击败了塔波尔派。上万名塔波尔派战士沦为德国人的俘虏，惨遭杀害。胡斯战争就此宣告失败。

胡斯战争比同时期的英国、法国等国的农民战争规模更大，尽管最后以失败告终，但是其影响力仍是不可小觑的。经此一役，德国在捷克的势力遭到了沉重的打击，德意志皇帝从此不再插手捷克的宗教事务，并准许胡斯教会在捷克独立自主地发展下去。胡斯战争不仅对捷克本国影响深远，对其他国家同样具有重要的意义。后来在欧洲进行的大范围的宗教改革就始于胡斯战争时期。16世纪的宗教改革倡导者马丁·路德经常自诩为胡斯的继承者，胡斯的宗教改革著作也成了他在实践活动中的重要指导思想。

黑死病侵袭欧洲

14世纪中期，一场具有毁灭性的瘟疫入侵欧洲。人在感染了这种瘟疫后，皮肤就会因皮下出血而变黑，所以这种传染病便被称为黑死病。

黑死病实际上就是鼠疫，是一种由鼠疫杆菌引起的烈性传染病。在世界历史上曾经爆发过三次大规模的黑死病：第一次发生于公元6世纪的欧洲，共有将近1亿人死于这场瘟疫；第二次发生于14世纪，其影响范围遍布欧洲、亚洲和非洲；第三次发生于18世纪，其影响范围遍及32个国家和地区。

1338年，黑死病最早爆发于中亚一座不起眼的小城市。大约在1340年，黑死病蔓延到了印度。在印度人与俄罗斯人进行商贸往来的过程中，这种可怕的疾病又传到了俄罗斯。1345年，蒙古人对卡法发起了进攻，为了迫使卡法城中的居民投降，蒙古人把因患黑死病而死的人的尸体扔进了城中。没过多久，就有大批卡法居民染上了这种可怕的疫病，他们之中的幸存者逃亡到了地中海，也将黑死病带到了那里。

1346年，黑死病由亚洲传播到欧洲。在接下来的两年时间内，西班牙、英国、爱尔兰、瑞典等国陆续受到感染。这段时期，全球大约有7500万人死于黑死病，其中欧洲人就有2500万，这占了当时欧洲总人数的三分之一。

从1347年开始，黑死病在欧洲迅速蔓延开来。法国的港口城市马赛城有5.6万人死于黑死病，东南部的阿维尼翁城几乎被黑死病变成了一座空城。人们每天过着朝不保夕的日子，越来越多的人涌到教堂办理遗嘱。

这段时期，俄罗斯、比利时等国的主教都死在了黑死病的魔爪之下，德国有

感染瘟疫的人随时随地寻求救助，这个不幸的家庭寄希望于牧师的祈祷。

三分之一的神职人员都在这场瘟疫中丧生，以至于国内很多教堂因人手不足，难以为继。奥地利维也纳曾创下了一天死亡960人的纪录，这样的数字简直令人触目惊心。

黑死病如烈火一样在欧洲大陆熊熊燃烧起来，就连远离欧洲大陆的英国也未能幸免于难。黑死病传到英国以后，起初只是在乡村地区小范围传播，直到1665年传入伦敦市区，引发了伦敦大瘟疫。

当时英国的德比郡有个"瘟疫之村"。1665年9月，村里的裁缝收到了一个包裹，里面装着一些布料，这是别人从伦敦寄给他的。寄包裹的人和收包裹的人都没有发觉，这个包裹中竟然含带着几只感染了黑死病的跳蚤。裁缝在接触到这个包裹后，仅仅过了四天就离开了人世。没过几天，几个跟他有过密切接触过的村民也死掉了。到了这时，村民们才发觉黑死病已经蔓延到了本村。他们不想祸及周围的村子，便主动将本村隔离了，一直隔离到第二年，黑死病的威胁才解除了。村子里原本有350多个村民，后来仅剩了90人。

在此期间，伦敦的总人口也在短短三个月间锐减了十分之一。城内居民纷纷外逃，就连王室成员也不得不从伦敦逃到牛津暂作躲避。后来，伦敦的一场大火终于让这场瘟疫走到了终点。

1666年9月，伦敦一位面包师在烤面包的过程中不慎引发了一场火灾。因为这家面包店正处于伦敦的平民聚居区，周围全都是拥挤的房屋，还有一个巨大的垃圾场，所以火灾很快就在附近蔓延开来，最后演变到了难以控制的地步。在短短数日内，伦敦就有上千座住宅，近百座教堂被焚毁。不过也是因祸得福，这场大火将藏身于伦敦的无数只带有黑死病菌老鼠都烧成了灰烬。大火过后，黑死病便逐渐在伦敦销声匿迹了。

为了治疗黑死病，欧洲人曾做出了各种各样的尝试。医生们为感染黑死病的病人放血，用烟熏房子，将病人肿大的淋巴用火烧烫，让病人用尿液沐浴等，但这些方法根本就收不到任何效果。绝望的人们只好求助于宗教，他们对上帝祈祷，用鞭子互相鞭笞，希望神明能宽恕他们的罪过，帮助他们摆脱这场浩劫。

当这些尝试统统宣告失败后，人们终于崩溃了，他们开始寻找泄愤的对象。有人觉得动物可能是引发这场瘟疫的罪魁祸首，于是，他们就将家里饲养的动物全都杀掉，然后丢弃到大街上。有人认为犹太人是此次灾难的始作俑者，就以此名义捕杀犹太人。

此次瘟疫从14世纪一直延续到17世纪，其规模之大，影响之广，都是前所未有的，就连英法百年战争也因此休战。在后来很多的文艺作品中都能看到有关这场瘟疫的描述。意大利文艺复兴运动的杰出代表薄伽丘的著作《十日谈》就写于此次瘟疫盛行期间，书中多次提到意大利佛罗伦萨城的疫情：染病的人要么在路上走着走着就忽然倒地身亡，要么就在家里一声不响地离开了人世，邻居们对此一无所知，等到死者的尸体腐烂变臭时，那熏人的臭味儿才向人们揭示了他的死讯。越来越多的人默默死去，农田荒芜，酒窖大开，无人喂养的牲畜只好走上街头，四处游荡。从外地赶来的游客见到这离奇的景象，想找个当地人问个清楚，却惊觉附近连半点人迹都找不到。

时至今日，人类已经掌握了控制和治疗黑死病的方法，几个世纪以前令人闻风丧胆的黑死病终于逐渐淡出了人们的视线。

意大利战争

1494年至1559年，西班牙和法国为了争夺意大利而进行了一场封建战争，这场战争就是意大利战争。

意大利位于欧洲大陆南端，三面与地中海相临，地理位置十分优越。凭借着这个优势，意大利的贸易和商业非常发达。十字军东侵后，东西方来往的贸易几乎完全被意大利垄断了。资本主义萌芽最早出现在佛罗伦萨、热那亚、威尼斯等城市。经历文艺复兴的洗礼后，意大利的经济更加繁荣，文化也更加绚丽多彩。可是，在政治方面，意大利面临着四分五裂的局面。在意大利的土地上，共存在着五个实力较强的国家，它们是米兰、那不勒斯、佛罗伦萨、威尼斯和罗马教廷。这五个国家的实力不分伯仲，互相独立，维持着政治上的均势。此外，意大利还存在着曼托瓦、费拉拉、波洛尼亚、锡耶那、佩鲁贾等实力相对较弱的国家。这些国家各具特色，使得意大利文明变得丰富多彩。可是，这些国家的存在，也为意大利的统一制造了诸多困难。当意大利境内的国家产生矛盾时，总会寻求西欧列强的援助。如此一来，西欧列强，特别是意大利的近邻西班牙和法国，都知道了意大利是一块美丽富庶的地方，军事实力非常薄弱。因此，西班牙和法国等西欧列强便打起了意大利的主意。

那不勒斯国王斐迪南一世在 1491 年 1 月离开了人世。法国国王查理八世早就对那不勒斯垂涎已久，他认为这是占领那不勒斯的大好时机，就公然对外宣称，他是法兰西安茹王朝的继承人，因此，占领斐迪南一世的领地是他的权力。几个月过后，查理八世为了占领那不勒斯，就率领大军翻过阿尔卑斯山脉，向那不勒斯挺进。这也标志着意大利战争正式拉开了序幕。

意大利战争共分为三个阶段，其中 1494 年至 1504 年为第一阶段。

查理八世率领大军出发后，在阿斯蒂地域与皮埃蒙特军队会合。如此一来，法国的陆军就达到了 6 万人。另外，查理八世还命令法国舰队配合陆军作战。他率领大军在意大利北部和中部几乎没有遇到有效的抵抗，非常顺利地穿过了罗马教皇国全境。1495 年 2 月，法国军队成功地占领了那不勒斯。此后，查理八世下令征收新的捐税，还纵容法国士兵抢夺财富。意大利百姓知道法国人的暴行后，都十分愤怒。看到民怨沸腾，米兰、威尼斯、罗马教皇、神圣罗马帝国及西班牙为了把法国军队赶出意大利，建立起"神圣同盟"。1495 年 7 月，"神圣同盟"军队在帕尔马附近的福尔诺沃与法军展开激战，法国军队招架不住，损失惨重，后来还被包围起来。在"神圣同盟"强大的军事压力下，查理八世于 1496 年 12 月率领法国军队从那不勒斯撤退。

路易十二成为法国国王后，也像查理八世那样觊觎美丽富饶的意大利。他在 1499 年率领大军远征米兰公国，并连续打了几场胜仗，将米兰和伦巴第占领。1503 年，法国和西班牙为瓜分那不勒斯王国而爆发战争。双方在加里利亚诺河畔进行了一场大战，最后西班牙军队打败了法国军队，法国人只得放弃那不勒斯。此后，西班牙正式占领了那不勒斯。

从 1509 年开始，意大利战争进入第二个阶段。1508 年底，西班牙、法国、神圣罗马帝国、罗马教皇建立起康布雷同盟，之后向威尼斯共和国发动了战争。曼图亚、费拉拉、佛罗伦萨及其他一些意大利国家也都加入到康布雷同盟中，希望从中获得利益。1509 年，法国派兵攻打威尼斯，将威尼斯在伦巴第的领地占领。此后，法国军队又在米兰附近的阿尼亚代洛将威尼斯军队击败。

　　法国在意大利西北部的势力与日俱增，这引起了意大利国家的担忧。为了将法国军队从意大利赶走，1511 年，罗马教皇、西班牙、威尼斯、英国和瑞士建立起新的同盟。路易十二收到消息后，立即命令法军统帅向拉文纳发动进攻。西班牙军队马上赶到拉文纳增援，并与法军交战，但是没能取得胜利。此后，法国招募的瑞士雇佣军投靠了威尼斯军队，德国雇佣军被神圣罗马帝国皇帝瓦解。这使得法军的实力受到了严重的削弱，他们只能撤退，并将占领的伦巴第放弃。

　　1515 年，法兰西斯一世成为了新一任法国国王，他上台后重新点燃了战火。当年 9 月，法国军队在马里尼亚诺附近将米兰公爵的瑞士雇佣兵击败。1516 年，法国与西班牙签订和约，规定西班牙占领那不勒斯，法国占领米兰公国。

　　从 1521 年开始，意大利战争进入第三个阶段。西班牙国王查理一世于 1519 年当选为神圣罗马帝国的皇帝，此后他改称为查理五世，法国周边的荷兰、弗郎什孔泰、那不勒斯等地都归西班牙所有。法兰西斯一世深感不安，便在 1521 年再次发动战争。1522 年，法军在比科卡与西班牙军队交战。西班牙军队虽然击败了法国军队，但是自身也损失惨重。1525 年，法西两国军队在帕维亚交战。法国的旧式骑兵被西班牙军队编有火枪的矛枪方阵击溃，法军惨败，连法兰西斯一世也被活捉。查理五世逼迫法兰西斯一世签订和约，宣布法军不再抢夺意大利的领土。

　　法兰西斯为了保全性命，无奈地签订了这份和约。可是，他被释放后立即宣布和约无效。此后，法国军队又与西班牙军队多次交战。为了增加军事实力，法兰西斯一世将瑞典、丹麦和奥斯曼帝国拉入自己的阵营。法军先后将马里尼亚诺和威尼斯占领，但是西班牙军队却攻进了法国境内。1544 年，法西两国签订了《克雷普和约》，宣布停战。不过，几年之后，法国和西班牙再度爆发战争，双方都打了几场胜仗，也都受到了一定程度的损失。1559 年，法国与西班牙签订了《卡托-康布雷西和约》，法国宣布放弃在意大利占领的土地，并承认那不勒斯王国、米兰公国、撒丁和西西里归西班牙所有。至此，意大利战争宣告结束。

　　意大利战争是法国和西班牙等封建王国为了争夺领土而进行的战争，给意大利人民带来了沉重的灾难，使得意大利的经济，特别是手工业逐渐走向衰落。这场战争还拉开了近代欧洲各国霸权战争的序幕，客观上促进了欧洲政治经济中心由地中海向大西洋的转移。

扎克雷起义

1358 年，法国农民为了反抗国内的封建贵族，爆发了一次大规模的起义。因为当时的法国贵族习惯称呼农民为"扎克雷"即"乡下佬"，所以此次农民起义便被称为扎克雷起义。

1337 年 11 月，英法百年战争爆发。在此之前，法国农民为了支付封建贵族强加在自己身上的高额地租，已经忙得焦头烂额了，这场战争又为他们增加了沉重的军费负担，让本就处于水深火热之中的法国农民处境更加艰难。

1356 年，英国王子爱德华远征法国，法国国王约翰二世一味防守，不敢出去迎战。直到 1357 年 9 月，爱德华带着从法国抢劫回来的大批财物准备回国时，约翰二世才终于在国内舆论的压力下，被逼带兵前来追击英军。在接下来的普瓦捷会战中，法军输得一败涂地，约翰二世也沦为英国的战俘，被爱德华掳回了伦敦。

随后，法国太子查理恳请英国人释放自己的父亲，英国国王便借着这个机会，要求法国支付大笔赎金。查理太子只好在巴黎横征暴敛，迫使巴黎市民不得不群起反抗。1358 年 2 月，愤怒的巴黎市民在巴黎商会会长艾田·马赛的领导下发动了武装起义。查理太子遭到驱逐，狼狈地逃出了巴黎。

为了平息巴黎的武装起义，查理太子下令，让居住在巴黎周边地区的农民集中所有精力筹措军饷，修筑城堡防御工事，进攻巴黎。这时正值 1358 年 5 月，是法国的农忙时节，农民们根本无暇分身去理会战事，但是查理太子却步步紧逼，不由得他们不服从命令。

就在这时，一个名叫吉约姆·卡勒的农民跳出来，提出了"消灭一切贵族"的口号。1358 年 5 月 25 日，农民们在吉约姆·卡勒的统领下剿灭了一支效忠于太子的政府军队，扎克雷起义就此拉开了序幕。附近的农民、手工业者、小商人等云起响应，没过多久，就组成了一支规模庞大的农民起义军，总人数超过了 10 万。吉约姆·卡勒虽然只是一个农民，却拥有常人难以企及的军事才能。为了方便起义军的指挥、管理，他将起义军编成了若干小队和中队，每十人为一支小队，每十支小队为一支中队，统一指挥，集中管理。

在接下来的战斗中，吉约姆·卡勒领导起义军捣毁了许多贵族居住的城堡，杀死了大批贵族，并烧毁了他们的账簿与田契。他们沿途不断高呼："消灭一切贵族，一个不留！"许多贫苦的百姓纷纷加入他们，起义军的力量因此变得越来越强大。但吉约姆·卡勒心中明白,自己率领的这支起义军力量分散,又没有优良的武器装备,要想在与贵族交战的过程中始终立于不败之地,就必须找到一个强有力的合作伙伴。就在这时,巴黎的市民起义军闯入了吉约姆·卡勒的视线。偏巧巴黎起义的领袖艾田·马赛也有着同样的想法,双方一拍即合,马上结为同盟。

然而,让吉约姆·卡勒没有想到的是,艾田·马赛会在接下来的战斗中背弃农民起义军。结盟之初,艾田·马赛派出了一支300人左右的队伍支援农民军,当然他这样做是有条件的,那就是农民军必须帮助市民起义军往巴黎城中运送军粮,让查理太子试图阻挠粮食入城的计划破产。

很快,城外的粮食就在农民起义军的帮助下顺利地运到了城内。艾田·马赛随即过河拆桥,将派往农民起义军那边的援军调回来,并切断了与农民起义军的所有联系。当时,吉约姆·卡勒正率领起义军主力准备与绰号"恶人"的查理决战。这个查理并非查理太子,他是纳瓦拉的国王,前来支援查理太子。艾田·马赛的背弃并没有让吉约姆·卡勒的斗志减弱。当时,卡勒统领的起义军共计7000多人,而查理统帅的军队却只有1000多人。面对如此悬殊的力量对比,查理自知如果正面交锋,己方绝无获胜的把握,便决定用计。

查理主动向卡勒示弱,邀请他过来进行和谈。卡勒不疑有他,很快便来到了查理的军营中。查理命人囚禁了他,并对他施以酷刑,卡勒最终死在了狱中。他这一死,农民起义军群龙无首,很快就被查理的军队击溃了。

接下来,法国贵族又派出军队,残酷镇压各地的农民起义军,有两万多名农民因此丧命。6月24日,贵族们终于停止了对农民的镇压,因为再镇压下去,在即将到来的收获季节,就没有人帮助他们收庄稼了。法国历史上规模最大的农民起义扎克雷起义就这样宣告失败。

"羊吃人"的圈地运动

空想社会主义的创始人托马斯·莫尔曾在自己的名著《乌托邦》中这样批判英国人:"你们的绵羊原本那么驯服,只吃一点东西就能饱了,但是听说它们现在变得非常贪婪、野蛮,甚至还要吃人。"这里的"羊吃人"就是指14、15世纪发生在英国的圈地运动。

当时新航路刚刚开辟不久,英国的出口业和纺织业迅速发展,尤其是毛纺织业空前繁荣,急需大量的羊毛。市场上的羊毛渐渐变得供不应求,价格飞涨。于

圈地运动造成了"羊吃人"的悲惨结局。英格兰沿海的大亚茅斯周遭环绕着农田和牧场，这里是英国"圈地运动"的盛行地区。

是，英国国内新兴的资产阶级和新贵族便通过暴力把农民从土地上赶走，剥夺了他们的土地所有权和使用权，强占了他们的份地和公有地。这些强占的土地之后便被圈起来，发展成了大牧场。英国农民赖以生存的土地就这样被羊占据了。

圈地现象此前也曾在英国出现过，不过那是一种完全自愿的行为，与这种暴力的圈地运动是截然不同的。中世纪的英国在国内实行敞田制。由于每块耕地的地理位置和肥沃程度有所不同，为了公平起见，政府便将不同质量的耕地切割成很多小块，平均分配给农民，每家每户分得一块肥沃的土地，一块贫瘠的土地，一块交通方便的土地，一块位置偏僻的土地。这样分配固然实现了公平，但是在具体耕作的过程中却十分麻烦。于是，农民们就在私底下达成协议，彼此交换耕地，让自家的耕地相对集中起来。这便是发生在彼时的圈地现象。

15世纪，西欧各国原本想探寻通往东方的航线，却在航海探险的过程中误打误撞，开辟了通往印度和美洲等地的新航路。在这样的条件下，西欧各国的对外贸易迅速发展起来。英国国内的生产此前一直以农业为主，从这时开始转向了以纺织业为主。在当时的条件下，养羊业显然要比农业的收益更高。金钱利益驱使着英国新兴的资产阶级和新贵族开始将越来越多的资金投资到养羊业中。

英国当时的养羊业规模根本无法满足英国贵族的贪欲，他们需要更多的土地，喂养更多的羊，产出更多的羊毛，获取更多的收益。然而，这段时期，英国大部分的土地都已分配给了国内的百姓，唯独少数公有土地是个例外。为了扩大养羊业的规模，贵族们首先将魔爪伸向了森林、湿地、草原、荒漠这些公有土地。他们强占了这些土地，在其中喂养了很多羊。没过多久，国内的公有土地就被侵占殆尽了。可是贵族们并没有就此满足，他们又将目光投向了农民的耕地。

耕地是农民养家糊口的最大保障，强占耕地就是断了农民的生路。但利欲熏心的贵族又岂会理会农民的死活？他们将农民们从耕地上赶走，更有甚者，直接将村庄和周围的耕地全都圈占起来，在其中种上牧草，并在周围竖起篱笆或是围墙，严禁农民再踏入其中半步。

在这种情况下，如何安置大批流浪的农民成了摆在英国统治者面前的一大难题。正好英国新兴的工场需要大量廉价的劳动力，英国国王遂下令，要求这些流民必须在规定时间内找到工作，如若不然，就要受到极为严厉的惩罚，情节最严重者甚至要被处死。这实际上就是逼迫流民们投身于那些新兴的工场，接受资产阶级的压榨。英国国会随后又颁布法令，规定流民们若是在一个月内未能找到工作，就要被卖身为奴。很多流民实在没有办法了，只能到工场从事最艰苦的工作，领取最低廉的工资。

英国的圈地运动一直持续了几个世纪，在此期间，英国二分之一以上的土地都变成了牧场。1845 年以后，圈地运动渐渐走向了终点。1876 年，英国国会颁布了法案，严禁再圈占公用土地。至此，圈地运动终于宣告结束。

油画的创始人凡·艾克兄弟

凡·艾克兄弟是指生活在 14 与 15 世纪之交的尼德兰画家胡伯特·凡·艾克和扬·凡·艾克两兄弟。1415 年，哥哥胡伯特·凡·艾克应根特市市长之邀，开始为圣贝文教堂创作大型的祭坛画。1426 年，胡伯特·凡·艾克尚未完成这一整套祭坛画，就离开了人世。他的弟弟扬·凡·艾克继承他的遗志，终于在 1432 年完成了这件作品。这便是世界绘画史上鼎鼎大名的《根特祭坛画》。

《根特祭坛画》堪称全世界第一件真正的油画作品，它开创了欧洲绘画的新纪元。凡·艾克兄弟也因此成为了欧洲油画的创始人。

油画的前身是欧洲中世纪出现的蛋彩画。当时，画师们为了避免颜料在晾干后出现裂缝，便在颜料中加入了一些蛋清。不过，蛋清很容易就会变干，在绘画时使用起来相当不便，这迫使画师们不断寻找更好的绘画材料。凡·艾克兄弟也为此做出了很多尝试，最后他们发现用亚麻油和核桃油来调和颜料，最后取得的效果是最好的，不仅色彩鲜艳，富有层次感，而且在使用的过程中也十分方便。其后，凡·艾克兄弟创造的这种全新的油画颜料便在欧洲各国迅速流传开来。

《根特祭坛画》距今已有将近700年的历史了，但是现在看来依旧光鲜如初，这正是历久弥新的油画颜料产生的神奇功效。

兄弟二人总共花费了漫长的18年时间才完成了规模宏大的《根特祭坛画》。这件作品是由12幅画、20个画面共同组成的，每幅画都镶嵌在木框中，体积比一扇屏风还要大。12幅画分为上下两层，其中上层由7幅画组成，下层则由其余的5幅画组成。

历代的美术考古学家一直为两兄弟分别创作了油画的哪部分争论不休。不过，这种争论现在已经有了比较确切的结论。胡伯特·凡·艾克和扬·凡·艾克虽为志同道合的同胞兄弟，但是在绘画的手法和技巧上却存在比较明显的差异。在经过深入观察之后，很容易就能将他们的作品区分开来。众人普遍认为，弟弟扬·凡·艾克的技巧要更胜一筹。

扬·凡·艾克擅长画各种类型的画，不过流传至今的却只剩了肖像画和宗教画。《阿尔诺芬尼夫妇像》是扬·凡·艾克最出名的作品。阿尔诺芬尼在历史上确有其人，1420年他被菲利普公爵册封为骑士。《阿尔诺芬尼夫妇像》中描绘的正是他与新婚妻子在房中准备迎接贵客的情景。这幅画的高明之处在于其描绘的重点不是夫妻二人的外貌，而是房间里的陈设与环境。

在画的上半部分悬挂着一盏吊灯，其中点燃了一根蜡烛，这象征着通往天堂的道路一片光明。在画的左下角摆放着一双拖鞋，这象征着男女主人公的婚姻。他们脚下有一只小狗，这表明他们要对彼此忠诚。两人的背后是一张大床，床上摆放着红色的床褥，这表明他们的夫妻生活非常和谐。房中摆放了扫帚，这象征着纯洁。窗台上有一个苹果，这代表平安的意思。墙上挂着一串念珠，这表明夫妻二人对宗教的虔诚。两夫妻背后的墙壁上还悬挂着一面圆形的镜子，正好从两人的身体间隙中露出来，这象征着天堂。镜子的边缘有10个方形的装饰物，每个方形装饰中又有一幅圆形的图画，每幅画都讲述了耶稣的一个故事。同时，镜中清晰地映照出房间里的情景，如此精致的描绘，简直令当代的摄影家都自叹弗如。

再看这幅画的主人公，阿尔诺芬尼夫妇。阿尔诺芬尼太太头上戴着白色的头巾，这象征着她的贞洁。她身上穿着绿色的衣服，这象征着生育。两夫妻的衣饰都非常华丽，这表明他们生活优越。阿尔诺芬尼先生举起了右手，这表明他将对自己的爱情矢志不渝。与此同时，他又伸出左手托住了妻子的右手，这表明他将永远养活自己的妻子。阿尔诺芬尼太太将自己的右手放在丈夫的左手上，这表明她会对自己的丈夫永远忠贞不二。

《阿尔诺芬尼夫妇像》作为新兴油画深入表现生活细节的最早尝试，对于欧洲日后兴起的风俗画与室内画都产生了巨大的影响。

在凡·艾克兄弟创立并不断改进油画的过程中，这种全新的画种开始流传到欧洲各国，画师们纷纷向他们学习借鉴。时至今日，油画俨然已成了全世界最主要的画种。

圣女贞德

圣女贞德是英法百年战争期间法国的民族英雄，她率领法国军队抵抗入侵的英军，为保卫法国作出了巨大的贡献。

1412 年，贞德出生于法国乡村。她的父亲是一名农场主，家境还算优越。贞德 16 岁那年，有一次去教堂做祷告，忽然听到了上帝对她的召唤。当时英军大举入侵法国诺曼底，眼见这片区域就要沦为英国的殖民地了，贞德听到上帝吩咐她做法军的统帅，前去抵御诺曼底的英军。

数百年前，有位预言家曾经预言，法国终有一日会被一个女子毁灭，又被另一个女子拯救。法国人民相信，毁灭法国的这个女子就是伊莎贝拉王后。法国此前的国王是查理六世，他在位期间得了精神病，朝中大权旁落。为了争权夺势，法国的王公贵族逐渐分裂为两个派别，日日争斗不休。屋漏偏逢连夜雨，王后伊莎贝拉又背弃了查理六世，与别的男子偷情，朝中的局面愈发显得混乱不堪。两派的贵族趁乱大打出手，国内的权势斗争到达了最顶峰。王后伊莎贝拉也成了众人眼中的红颜祸水，祸国殃民。然而，拯救法国的那个女子又在哪里呢？法国人民殷切地盼望着，终于盼来了他们的圣女贞德。

离开教堂后，贞德将上帝对自己的召唤告诉了一位名叫孔德的爵士，她说："上帝命令天使长向我传达他的旨意，他要求我担当起拯救法兰西的重任！"

孔德爵士闻言大吃一惊，马上追问贞德："这究竟是怎么一回事？"

贞德答道："上帝决定在自己的臣民中选择一个最不起眼的人来担当起拯救法兰西的重任，而我就是他选中的那个人。我将在上帝的庇佑下带领法兰西军队拥立太子登上王位！"

孔德爵士凝神望着贞德的眼睛，他相信贞德所言非虚。此后，他便开始到处宣扬贞德就是那个著名的预言中提及的法兰西的救星。

为了完成上帝交给自己的任务，贞德恳请孔德爵士安排自己与总督会面。孔德欣然应允。总督得知有个少女要见自己，不由得满心疑惑。在见到贞德以后，他便开门见山地问："你因为何事要见我？"

贞德说："我希望您能帮我告诉太子，上帝很快就会派出援军前来支援他了，而我就是那支援军的首领。在此之前，他只要耐心等待即可，不要急于出兵对抗英军。另外，您见到太子以后，就请他马上拨一支军队给我，我会带着这支军队把英国人从诺曼底赶出去。到了明年，我就能帮助太子登上王位了。"

总督听后哭笑不得，他觉得眼前这个少女简直太狂妄自大了，从她口中说出来的话简直就如同天方夜谭一般。贞德的话音未落，他已气愤地拂袖而去，旋即就将贞德说的这番话抛到九霄云外去了。

贞德并没有就此放弃，到了第二年初，她又恳请孔德爵士安排自己再度与总督会面。这一次，总督还是不愿相信她。眼见无法说服总督，贞德便决定从总督身边的人入手。她将上帝对自己的召唤告诉了总督的邻居们，很快这个消息就一传十，十传百，成了全城百姓谈论的焦点。大家奔走相告，法国的大救星终于现身了！

到了这时，总督也不得不屈服于舆论的压力，向太子引荐了贞德。太子让贞德率兵到前线抵御来势汹汹的英国军队。这一年，贞德刚满 17 岁。

有历史学家分析，当时法国政府已经走投无路了，接连不断的失败让王室彻底失去了信心。在极度的绝望下，他们才会决定放手一搏，让贞德这个从未上过战场的乡村少女担当法军的统帅。然而，就是这个在旁人眼中荒谬透顶的决定，最后却取得了匪夷所思的神奇效果。

1429 年 4 月 29 日，贞德抵达了英法两军交战的战场，并迅速投身到激烈的战斗中。在贞德强有力的领导指挥下，法军逐渐转败为胜。当年 7 月，贞德终于粉碎了英国对法国的围攻。7 月 17 日，太子如愿登上了王位，史称查理七世。贞德此前对太子的承诺果然变为了现实。

在与英军交战的过程中，贞德多次负伤，但是她一直谨记自己的使命，坚持奋战到最后一刻。她曾经在一次战役中被英军射中了肩膀，下属们恳求她回去疗伤，她却自己咬着牙拔出了那支箭，草草包扎了一下，然后又开始指挥作战。后来在另外一场战役中，贞德率领士兵们攻城，并身先士卒爬上了云梯，结果爬到中间就被城墙上的英军用石块击中了头部。若不是她头上戴着坚硬的头盔，后果必将不堪设想。随后在攻打巴黎的过程中，贞德的腿部又中了一箭。然而，不管自己受了多重的伤，只要神智还是清醒的，贞德就会坚持留在战场上，与全体将士共存亡。

1430 年 5 月，贞德在一场小型战役中被勃艮第人俘虏。贞德的家人想用钱将贞德赎回去，但遭到了勃艮第人的拒绝。在此期间，贞德也曾将获救的希望寄托于查理七世身上，可惜查理七世并没有尽心尽力去救她。

没过多久，贞德被出卖给了英国人。1431 年 1 月，贞德被送往法国鲁昂，开始上庭接受审讯。主导这次审讯的是英国政府，他们买通了法官和证人，极力想要证明贞德是有罪之人。

查理七世的加冕礼　油画
画面中央便是率领军队于奥尔良大败英军的"圣女贞德"。

作为拯救法国于危难之中的大英雄，贞德却被法庭上那些无耻的家伙诬蔑为宗教异端和女巫，最后被判处火刑。

贞德死后，曾有传言声称死的只是替身，真正的贞德依旧存活于世。5 年后，又有人说见到了贞德。然而，经过调查，这种传言纯属子虚乌有。不过这也反映了法国人民希望他们的女英雄依旧在生的美好愿望。

1456 年 7 月 7 日，在贞德被处死 25 年后，法庭终于推翻了此前的判决，宣布贞德无罪。1920 年 5 月 16 日，罗马教皇将贞德册封为圣女，并将每年的 5 月 30 日定为贞德的纪念日，这就是圣女贞德节。

拿破仑曾盛赞贞德是法国的救世主。莎士比亚、伏尔泰等伟大的文学家和柴科夫斯基、萧伯纳等伟大的音乐家也对贞德推崇备至，创作了很多文学和音乐作品以纪念这位法国女英雄。

哥特式建筑

哥特式建筑是一种盛行于中世纪的建筑风格，它起源于 12 世纪的法国，一直延续到 16 世纪。哥特式建筑外表高耸瘦削，自然而然地营造出一种高贵、神秘而哀伤的氛围，其最显著的建筑特点就是尖形拱门、肋状拱顶、飞拱，以及绘

从 12 世纪 30 年代起，哥特式的教堂建筑开始在欧洲盛行，这是中世纪伟大辉煌的表现之一。圆形的拱门、高耸的天花板由飞扶壁支撑，人们抬眼望去，仿佛能直接看到上帝。阳光透过着色绚丽的玻璃窗，使教堂内部充满了庄严的气氛。教堂高大的空间是为了制造一种氛围，以使崇拜者对神充满神秘和敬畏的情感。

有圣经故事的花窗玻璃等。巴黎圣母院、英国威斯敏斯特大教堂、德国科隆大教堂等都是哥特式建筑的典型代表。这种建筑风格对后世产生了极为深远的影响。

1143 年，圣丹尼斯教堂在法国巴黎建造完成，这也是全世界第一座哥特式建筑。1144 年，圣丹尼斯教堂的落成仪式吸引了欧洲各国的多名主教前来参与。当他们看到教堂的肋状拱顶和大面积的花窗玻璃时，全都惊艳至极。此后，在他们的推动下，他们本国也陆续出现了这种哥特式教堂。

从 12 世纪开始，哥特式建筑在欧洲蓬勃发展，后期还出现了辐射状哥特式和火焰哥特式建筑。直到 16 世纪，文艺复兴风格的建筑开始在欧洲占据主导地位，哥特式建筑风格逐渐式微。

哥特式建筑最早出现于法国，是由罗马式建筑发展而来的。哥特式建筑的尖肋拱顶就是由罗马式建筑的圆筒拱顶改造而成的。尖肋拱顶由四个拱底石支撑，非常牢固，无论是高度还是宽度都能做到随心所欲，从而使整座建筑看上去愈发气势恢宏。

在哥特式建筑中首度出现了飞扶壁。实际上，扶壁在罗马式建筑中就已应用得相当广泛了。扶壁作为一种辅助性的建筑设施，可以用来减轻主墙的承重压力。扶壁原本是隐藏在屋顶下面的，但哥特式建筑却将其完全暴露在了空气中，形成了一种崭新的飞扶壁。飞扶壁上一般都会雕刻十分精美的装饰，使其在实用的同时又增加了观赏性。

今人所熟悉的花窗玻璃同样是哥特式建筑的首创。这些巨大的花窗玻璃主要以红色和蓝色为主，蓝色是天国的象征，红色则是基督鲜血的象征。这些五光十色的玻璃窗中描绘了很多宗教故事，就算是那些大字不识、看不懂教义的人也可以从这些图画故事中受到宗教的感染。罗马式建筑的一大缺憾就是采光不足，哥特式建筑采用体积庞大的花窗玻璃，不仅成功弥补了这一缺憾，还使教堂的外观大大增色。

在哥特式建筑出现之前，世界各地的柱子基本上都呈现圆柱形，但哥特式建筑打破了这一常规，创造了"束柱"。束柱就是将几根较为细小的柱子紧贴在一根较为粗壮的圆柱上，形成一束的效果。束柱的应用从视觉上拉长了建筑的高度，使整座建筑的线条更加简洁、流畅。

另外，哥特式建筑的门也非常有特色，层层向内推进，上面还雕刻着很多精美的浮雕，充满了神秘感与吸引力。令人打眼一看，就不由自主地想要进去一探究竟。

进入 12 世纪以后，哥特式建筑在法国盛极一时。随后，英国也出现了哥特式教堂。接下来，德国也建造了哥特式建筑的代表之一科隆大教堂。科隆大教堂异常雄伟壮观，内部的中厅高度达到了 46 米，西侧还建有高达 152 米的高塔。当时，德国的一些哥特式教堂会在正面修建一座极高的钟塔。其中最典型的莫过于乌尔姆主教堂，教堂的主建筑就是一座高达 161 米的钟塔。就在同一时期，意大利的建筑风格也受到了哥特式建筑的影响。不过，意大利基本上没有出现纯粹的哥特式建筑，人们只是将部分哥特式风格引入了罗马古典风格的建筑中。当然也不排除例外的情况，米兰大教堂就是其中一个例子。

在中国近代史上，一些外国传教士也曾在中国境内修建了一些哥特式建筑，例如天津的望海楼教堂，上海的徐家汇天主教堂等。

时至今日，哥特式风格已经蔓延至艺术的各个领域，建筑、装修、音乐、文学等领域都能见到哥特式风格大行其道。

英法百年战争

英法百年战争是指 1337 年至 1453 年爆发于英法两国之间的长达 116 年的战争，这同时也是世界历史上持续时间最长的战争之一。

1328 年，法国国王去世，却没有留下任何子嗣。法国贵族腓力和英国国王爱德华三世都想继承王位。最终，腓力在法国贵族的支持下，成功击败了爱德华三世，登上了王位，他便是法国历史上的腓力六世。爱德华三世感到十分沮丧，但是大局既定，他也只好接受了这个现实。

爱德华三世原本在法国拥有一块领地，可到了 1337 年，这块领地却被腓力六世吞并了。爱德华对此很是气愤，新仇旧怨一起爆发，他决定与法国开战，夺

"百年战争"中的大规模海战

回本应该属于自己的法国王位。不久之后，英法百年战争便正式开始了。

在开战之前，爱德华三世取得了佛兰芒人和神圣罗马帝国的支持。不过，腓力六世也不是孤军奋战，向来就与英格兰人不和的苏格兰人选择了站在他这边，另外，他还获得了罗马教皇的支持。

英法百年战争总共分为四个阶段：

第一个阶段从 1337 年一直延续到 1360 年，在此期间，战场上的优势地位一直被英国牢牢占据。英军先后在斯鲁伊斯海战、克雷西会战、普瓦捷战役等多次重大战役中获胜。尤其是在普瓦捷战役中，连法国国王约翰二世都沦为了英国的俘虏。

1360 年，法国被逼签署了不平等条约，向英国割让了大片领土。值得一提的是，14 世纪在欧洲盛行的黑死病就爆发于这段时期，欧洲各地都未能幸免于难。英法两国一度无暇分身再顾及战事，英法百年战争也因此休战十年。

第二个阶段从 1360 年延续到 1400 年，在这段时期，法国逐渐开始转败为胜。约翰二世被俘后，他的儿子查理五世成了法国的新任统治者。在查理五世统治法国期间，法国国内政局动荡，先是巴黎商会会长艾田·马赛领导巴黎市民起义，其后，法国历史上规模最大的农民起义扎克雷起义也爆发了。

面对内忧外患的局势，查理五世表现出了一位君主应有的魄力。他先是镇压了国内的两次起义，之后又开始改革内政，重整军队。很快，法国社会和军队的面貌就焕然一新了。在随后进行的多次战争中，法军不断击败英军，最终将英军逼迫到沿海一带。英国国王明白再强行抵抗下去只会丧失更多的领地，便主动与法国签署了停战协定。

只可惜，查理五世的改革治标不治本。自从 1381 年他去世之后，法国国内的矛盾便再次突显出来。英国乘机卷土重来，英法百年战争由此进入了第三个阶段。

第三个阶段从 1415 年一直延续到 1429 年，当时法国在位的国王是查理六世。查理六世是查理五世之子，但他的治国才略却完全不能于父亲同日而语。更糟糕的是，查理六世在位期间患了精神病，导致法国政局再度变得混乱不堪。王公贵族们分裂为奥尔良派和勃艮第派两大派系，为争夺摄政大权不断发生混战。政局动荡，最受苦的是百姓，为了谋求一条生路，法国的市民和农民先后举行了多次起义。

1415 年，英国国王亨利五世看准时机，又对法国发起了进攻。到了 1420 年，英军已经侵占了法国北部的大部分领土。当年 5 月，查理六世被迫与英国政府签订了丧权辱国的《特鲁瓦条约》，条约规定：法国成为英法联合王国的一部分，英王亨利五世担任法国摄政王，查理六世死后，将由亨利五世继承法国的王位。

不过，亨利五世并没有如愿以偿，他与查理六世在同一年相继离开了人世。他们的继位者亨利六世与查理七世随即为争夺法国的王位展开了激烈交锋，英法百年战争的最后一个阶段就此拉开了序幕。

1429 年至 1453 年是百年战争的第四个阶段，被拿破仑盛赞为"法国救世主"的圣女贞德就出现于这个阶段。贞德率领法军解除了英军对法国的围困，并扶持查理七世登上了王位。可惜好景不长，贞德就被英军俘虏并处死了。法军继承了贞德的遗志，对英军发起了猛烈的进攻。截止到 1453 年，法国已经收复了除加莱以外的所有领土。同年，英军宣布投降。英法百年战争就此结束。

伴随着英法百年战争的结束，欧洲的中世纪也走到了终点。此次战争对后世影响深远：由于英国在战争中几乎颗粒无收，被迫转向海外发展，后来成了举世瞩目的海上帝国；法国却在战争中完成了民族统一，为日后在欧洲大陆扩张，登上欧洲大陆的霸主地位奠定了坚实的基础。

拜占庭帝国的覆灭

拜占庭帝国又叫东罗马帝国，从公元 395 年开始，一直延续到 1453 年，这也是欧洲中世纪的开始与结束。最后，拜占庭帝国被奥斯曼土耳其人所灭。

公元 330 年，罗马皇帝君士坦丁一世在连接黑海与爱琴海的博斯普鲁斯海峡

君士坦丁堡的陷落

沿岸修建了一座海滨城市，并为其取名为君士坦丁堡。君士坦丁堡三面环水，地理位置显要，易守难攻，交通也十分便利。君士坦丁一世在位时，将其作为罗马帝国的陪都。

公元 395 年，罗马帝国分裂为东西两个国家，其中东罗马帝国的都城就是君士坦丁堡。公元 476 年，西罗马帝国灭亡，东罗马帝国即拜占庭帝国留存并发展。

拜占庭帝国历代的皇帝都非常重视君士坦丁堡的防御工事。到了 15 世纪，君士坦丁堡已经发展成为一座固若金汤的铁城。这段时期，奥斯曼帝国逐渐强盛起来，并开始对拜占庭帝国发起进攻。

拜占庭帝国后期的统治者昏庸无能，导致国力不断衰退，在强大的奥斯曼帝国面前根本就不堪一击。很快，拜占庭的大部分领土都被奥斯曼帝国侵占了，唯独首都君士坦丁堡和少数几座港口城市除外。

随着时间的推移，奥斯曼帝国已经占领了拜占庭除伊士坦丁堡以外的所有地区，苏丹终于下定决心要将其攻破。1453 年，奥斯曼与拜占庭之间的决战爆发了。

在此之前，君士坦丁堡的臣民在他们的皇帝君士坦丁十一世的带领下，在本就固若金汤的防御工程中又加筑了护城墙和堡垒，还挖掘了护城壕，并用铁锁将入城的水路全都格挡得严严实实。

4 月 6 日，奥斯曼苏丹率领 20 万大军和 300 艘军舰对君士坦丁堡发起了猛攻。他们一面炮轰城内的军民，一面冲到城外的护城壕边，打算用粗壮的树干填平护城壕，进一步攻入城中。然而，他们的计划很快就在城内猛烈的回击中落空了。不断有炮弹降落在他们身边，炮声轰鸣，弹片飞溅，逼迫着他们不得不仓皇地撤回军中。

首战失利的奥斯曼苏丹自然不能善罢甘休，他命令部下开始偷偷挖掘通往城内的地道。然而，他们的行动很快就被城内的百姓发现了，他们已经挖好的地道也被百姓们用火药炸塌了。

　　再度失利的奥斯曼苏丹决定用改良的云梯攻城。城内的士兵见状，便从城墙上向云梯投掷火把，云梯上的土耳其士兵大惊失色，纷纷跌落在地。就这样，第三次攻城也以失败告终。

　　既然从陆路攻不进去，奥斯曼苏丹便转而考虑起了水路。如何越过横在水面上的铁锁，成了摆在他面前的最大的难题。奥斯曼苏丹考虑良久，终于想出了一个好法子。他用结实的木板在君士坦丁堡城外建造了一道可供船在陆地上行进的轨道，只要将船放在上面，就可以推动其前行。为了减小摩擦力，奥斯曼苏丹还命人在轨道上涂抹了厚厚的一层动物油脂。

　　随后，土耳其士兵便推动着他们的战舰，从铁锁这边的地面一直推到了铁锁那边的地面。这样一来，他们就顺利地逾越了罗马人设下的铁锁阵。接下来，他们将船推入水中，开始向不远处的君士坦丁堡进军。

　　城内军民万万没有想到土耳其人居然还有这一招，当土耳其的大炮打进城中时，他们才意识到敌人已经兵临城下。一番激战过后，土耳其人终于在牢不可破的城墙上开辟出一个缺口。1453 年 5 月 29 日，君士坦丁堡终于被攻陷了。

　　拜占庭帝国就这样灭亡在了奥斯曼帝国手上。

亚非拉国家

玛雅文化

玛雅文明是古代印第安人在拉丁美洲地区创造的文明，得名于印第安玛雅人，是美洲地区印第安人创造的诸多文明中最具代表性，最有影响力的一个，其他较有影响力的还有阿兹特克文明和印加文明等。

据说美洲大陆原先没有人居住，印第安人是当初从白令海峡来到美洲的亚洲人，他们在美洲生活，并创造出了灿烂的文明。公元前 2500 年左右，在墨西哥南部、危地马拉、巴西、伯利兹以及洪都拉斯和萨尔瓦多西部地区，玛雅人开始建立玛雅文明，并在公元 3 世纪到 4 世纪的时候达到鼎盛。但是，直到 15 世纪末哥伦布发现美洲大陆，人们才知道美洲的存在。而那时，玛雅文明已经消失，所以人们对玛雅文明的了解都是基于遗址和科考的基础之上的。

等人们了解玛雅文明之后，完全被玛雅文明所达到的高度惊呆了，无论是在建筑、天文、数学，还是其他方面，玛雅文明都达到了当时世界上最先进的水平。

玛雅人的建筑水平非常高，其中比较有代表性的位于洪都拉斯地区的玛雅古城遗址。这座古城修建在一处深山峡谷中，占地约 15 公顷，不仅有广场、神庙、祭坛，还修建有金字塔。玛雅古城的建筑大都非常宏伟，并且雕刻着生动形象的图案，有人的图案，动物的图案，以及神的图案。在古城遗址的广场上，有两座高大的神庙，每座占地 300 平米，神庙上都雕刻着图案，并且两座神庙中间还有一个球场。通过人们发现的记录来看，这座古城最后一次被记载是在公元 805 年。

另外一处著名的玛雅建筑便是外形酷似埃及金字塔的"库库尔坎"，在当地语言中，库库尔坎的意思是"长有羽毛的神蛇"。这座玛雅金字塔高 30 米，上下九层，最高处有一座祭坛，祭坛高 6 米。金字塔四周各有 91 级台阶，加起来寓意一年有 365 天。金字塔背面有一米多高的蛇头雕像，每年到了春分、秋分这两天，太阳光会折射到蛇头上，让人觉得这条蛇仿佛活了一样。玛雅人信奉太阳神，带羽毛的蛇被他们看作是太阳神的化身。

玛雅人最让人惊讶的还要数他们的天文历法。玛雅人使用的历法被称为太阳历，太阳历中一年有 18 个月，每个月 25 天，此外还有 5 天的禁忌日，一年总共365 天。玛雅人是当时对地球自转时间计算最准确的人，他们计算的地球自转时间误差仅有 17 秒，相当于每 5000 天会误差 1 天，让人不敢相信。此外，他们根据观测和记录，计算出金星上一年的长度，误差只有 7 秒，至于他们是如何做到的，至今仍旧是一个谜。

他们还发明了自己的计数方式，不过不是人们熟知的十进位制，而是二十进位制，据说这和人的手指、脚指数量有关。还有一点，0 这个数字玛雅人也有使用。

当时的玛雅人也发明了文字，这种文字属于象形文字，总共有 800 多个字，3 万多个词，多被发现在祭坛和石柱，以及陶器的内壁上，还有一部分被写在兽皮上。当时他们的墨水也是五颜六色，所以写在兽皮上非常有观赏性。后来这些文字中的一部分被人解读，人们得以了解到当时的一些社会状况。其中记录比较多的涉及到天文、婚礼、农耕、狩猎等活动，还介绍了一些当时的宗教礼仪，以及如何观察星象，如何播种植物，等等。

玛雅人在绘画方面的技巧也非常高超，当时的文字中便夹杂着很多图画，还有画在神庙墙壁上更大的壁画。考古学家曾经在墨西哥一处玛雅时期的神庙墙壁上，发现了一幅巨型壁画。画的是一位玛雅人首领正在听取两名将领的汇报，首领带着高帽，身披兽衣，脖子上戴着金项链，手里握着金权杖，威风凛凛。两位将军也是尽显英雄之气，铠甲上还有兽形装饰。

此外，玛雅人在农业方面的成就也非常出色，很多人们今天生活中常见的，甚至可以说已经离不开的农产品都是玛雅人率先种植的，包括玉米、马铃薯、西红柿、向日葵、烟草等。考古学家还发现了玛雅人在公元前 500 年就开始种植可可，制作巧克力。

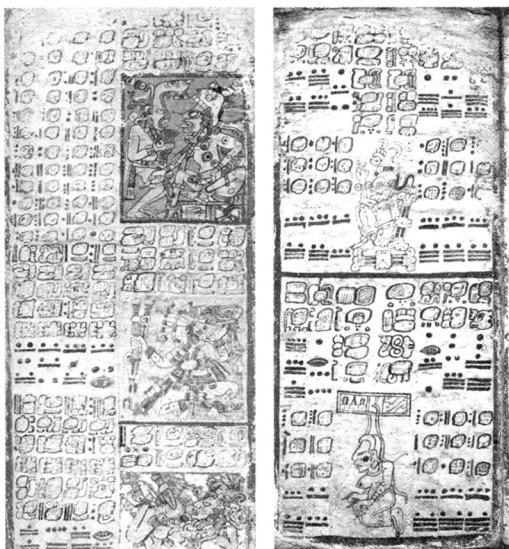

玛雅手稿

玛雅人的算术图谱

材料为树皮，以黑红两种颜色写成，其中方中带圆的符号即为玛雅人的象形文字。

到了公元 8 世纪，玛雅人突然放弃了自己发达的城市，开始大规模迁徙，任由家园被丛林埋没，没有人知道这是为什么。此后，玛雅人每迁徙到一个地方，就会在那里立起石柱，刻上大事记，这也是人们今天能够了解他们的重要渠道。这种迁徙一直持续到公元 9 世纪末，之后突然中断了。

1492 年，哥伦布发现美洲大陆。欧洲人开始与当地的印第安人打交道，并从他们手中买过一些古董，有的卖主会说这些东西来自"玛雅"，就这样，这个名字第一次被人们所知。

18 世纪 30 年代，美国人约翰·斯蒂芬斯在洪都拉斯的丛林中首次发现了玛雅遗址，从而吸引来了更多的考古学家，更多的玛雅遗址被发现。人们开始惊叹，地球上曾经存在过一个文明程度如此之高的国家，很快，研究玛雅文化便形成了一门学问，名为玛雅学。

奇琴伊察古城

奇琴伊察古城位于墨西哥尤卡坦州南部，是美洲最发达的古代文明玛雅文明的遗址。

奇琴伊察古城修建于公元 5 世纪，从那时开始到 10 世纪，它一直是玛雅非常重要的一座城市。在玛雅中南方的城市衰落后，奇琴伊察获得了更大的发展，影响力也不断扩大。

"奇琴"是"井口"的意思，"奇琴伊察"在玛雅语中为"伊察人的井口"之意。这座城市以此为名，是因为它所在的尤卡坦半岛属于石灰岩地层，没有河流，也没有湖泊，只存在着很多因为岩层塌陷而形成的天然水井或地下水池。玛雅人的伊察部落来到这里后，发现了这些地下水池，并依靠这些地下水池建立起奇琴伊察城。

大约在公元 987 年，托尔特克国王率领军队来到奇琴伊察城，并与那里的玛雅人一起将那里当作首都。因此，奇琴伊察城的建筑和艺术也受到了托尔特克人的影响，带着一些托尔特克人的特色。

1221 年，规模庞大的起义和内战在玛雅爆发。此后，玛雅的统治中心逐渐转移到玛雅潘，奇琴伊察逐步走向衰落。

奇琴伊察古城东西宽 2 公里，南北长 3 公里，城市中的主要建筑物有城堡金字塔、武士神庙、圣井、厅殿、球场、石柱等。

城堡金字塔和塔顶上的"羽蛇神庙"是奇琴伊察古城中最大的建筑物。城堡金字塔高达 30 米，共有 9 层平台，塔身呈现梯形，越往上面积越小。底座呈四方形，周长为 59 米。塔的四周都有与塔顶相连的台阶，而且同为 91 级，这些台阶与通到神庙的台阶相加，正好为 365 级，这个数字与一年的天数相对应。石阶两边都砌着栏杆，栏杆上雕刻着巨蛇形的图案。台阶最下面的栏杆是一对长 1.87 米，宽 1.07 米，高 1.43 米的大蛇头。巨大的舌头从蛇口内伸出，从远处望去，犹如两条体型庞大的蛇正在从塔顶向下游动。羽蛇神庙位于金字塔的顶端，高为 6 米，里面的石柱全都雕刻着羽蛇开头的图案。庙门上有雕刻着装饰图案和象形文字的圆形浮雕。

玛雅士兵雕像

奇琴伊察的"武士神庙"是仿照托尔特克首都图拉的神庙建成的，是一个金字塔顶阶梯状的建筑物。神庙内部的支柱被雕刻成武士的形状。查克莫天使的祭坛雕像被雕刻在神庙的入口处。

奇琴伊察共有 7 个球场，其中最有吸引力的无疑是位于城堡金字塔西北 150 米处的球场。它长 166 米，宽 68 米，是中美洲最大的球场。雕刻着球员形象的石板被摆放在球场内部两侧。在球场的一面外墙上，修建了一座美洲虎神庙。球场的侧面装饰着一个骷髅浮雕，一个露天天台位于球场一侧。

在城堡金字塔的南面，有一座天文观象台。它是一座圆形建筑，高 22.5 米，坐落在一个方形台基的中央。在它的内部建有螺旋形的楼梯，将每一层连接起来。有 8 个设计独特的小窗口位于最上层，通过这些窗口，人们可以观察到春分、秋分日落时的情况。天文观察受到了玛雅人的高度重视，他们的天文学水平也相当发达。他们能够测量出金星的公转周期，也能够准确地预测出月食和日食出现的时间。此外，他们还根据天文观察，制定了非常精确的太阳历。玛雅太阳历年平均长度与现代天文学所测算的年平均长度非常接近，这不得不令人钦佩。

在奇琴伊察有一眼圣井。它是一座非常大的地下泉水池，为奇琴伊察城提供水源。圣井水深 21 米，它通过一个石砌的阶梯与地上相连。奇琴伊察有一个祭井仪式，那里的居民会把年轻的男女投入井里祭祀，祈求圣井保佑他们一直有水吃。

在城堡金字塔的东面，有一座由石柱群、金字塔及院落组成的"千柱城"。

由于受到地震影响，这些建筑几乎全被毁坏了。

奇琴伊察的建筑无不显示出高超的技艺，这些建筑也正是玛雅人的聪明才智的集中体现。

迦梨陀娑与《沙恭达罗》

迦梨陀娑是古印度著名的诗人、剧作家，出生年月不详，但不晚于公元5世纪。他的作品《沙恭达罗》是梵语文学作品的最高成就，具有高度的艺术价值和社会价值，千百年来，深受世界各国人民的喜爱。

关于迦梨陀娑的身世，一般有两种说法。流传最广的一种说法是，迦梨陀娑出生于一个婆罗门家庭，婆罗门在古代印度是高贵的种姓，由于父亲在他不到一岁的时候就去世了，他成为孤儿，后来被一位牧人收养。长大之后的迦梨陀娑长相英俊，但是没有学问，举止粗鲁。一位公主误打误撞，被骗和迦梨陀娑结了婚，婚后才发现他是个没有学识的人。公主劝他去森林里的迦梨女神庙祈祷，迦梨陀娑按照她说的去做了，最终感动了女神，被女神赐予了智慧，成为一位大诗人、剧作家。迦梨陀娑在梵语中的意思就是"迦梨的奴仆"，所以这个传说有很大的可能性是迦梨女神的信徒们编造的。

另外一种说法是：迦梨陀娑晚年的时候前往锡兰（今天的斯里兰卡），正好遇上国王鸠摩罗陀在悬赏对诗。国王鸠摩罗陀写了一首诗的前半部分，张贴出来，要求能人贤士对出下半部分，第一名会得到一笔赏金。迦梨陀娑写出了下半首，并且获胜，但是在他前去领奖金的前一夜，被一名贪财的妓女杀害，这名妓女想要冒领这笔奖金。后来鸠摩罗陀查明了事实真相，为迦梨陀娑举行了隆重的葬礼，出于对迦梨陀娑的敬仰，也是对迦梨陀娑的愧疚，葬礼最后，鸠摩罗陀纵身投入火中。

迦梨陀娑去世之后，很多后人喜欢模仿他的风格，作品也署上他的名字。迄今为止，总共有40部梵语作品都是署名迦梨陀娑，但真正被公认的迦梨陀娑作品只有7部：抒情短诗集《时令之环》，抒情长诗《云使》，叙事诗《鸠摩罗出世》和《罗怙世系》，剧本《摩罗维迦与火友王》、《优哩婆湿》和《沙恭达罗》。其中名声最大，影响最广的便是戏剧《沙恭达罗》。

《沙恭达罗》是一出七幕喜剧，主要讲了国王豆扇陀和沙恭达罗之间悲欢离合的爱情故事。国王豆扇陀英俊潇洒，善于骑射，一次外出打猎的时候，因为追赶一只梅花鹿，误入净修林，结识了年轻貌美的净修女沙恭达罗，两人一见钟情，私定终身。国王豆扇陀临走前发誓回去后立马派人来接她，并留下一枚戒指作为定情信物。但是沙恭达罗等了很长时间，也没有等到国王豆扇陀回来接自己。沙恭达罗陷入了相思之苦中，时常精神恍惚，这惹怒了脾气暴躁的仙人罗婆婆。罗婆婆对国王施咒语，让他失去了记忆，只有在见到送给沙恭达罗的定情信物的时候，才能恢复记忆。沙恭达罗发现自己怀孕了，便去城里寻找丈夫，也就是国王豆扇陀，可是路上不小心，把豆扇陀送给自己的戒指掉入河中。到了王宫之后，国王豆扇陀果然失忆了，他不认识沙恭达罗，还让人把她赶了出去。沙恭达罗走投无路，这时天空闪过金光，天女尼诺伽把她救到了天上。不久之后，有一位渔民捕到了一条红鲤鱼，并在这条鱼的肚子里发现了一枚戒指，看到戒指上面刻有国王的名字，渔民便把这枚戒指献给了国王。国王见到戒指之后，恢复了记忆，懊悔自己拒绝了沙恭达罗。他找人画了一幅沙恭达罗的肖像，天天看着这幅画流泪叹息。天神十分同情豆扇陀，让他去征战恶魔阿修罗，等他胜利归来之后，带他前往天国，与妻子和儿子一家人团聚。而他们的儿子后来成为了印度民族的祖先。

《沙恭达罗》是一部伟大的作品，语言优美、流畅，情节跌宕起伏，扣人心弦，人物刻画得非常生动鲜明，让人过目不忘。无论是豆扇陀还是沙恭达罗，都已经成为印度家喻户晓的经典形象。这部作品中有亲情、友情，还有爱情，也有对自由、真诚、无私的赞美，从文学角度上来讲，具有非凡的艺术价值。

除了艺术价值之外，《沙恭达罗》还有非常高的社会价值。这出戏剧真实再现了当时印度社会的生活状况，对于人们了解当时的历史非常有帮助。比如，当时的婚姻制度，当时的男权主义，当时等级森严的种姓制度，以及当时统治阶层与被统治阶层之间的压迫关系，这些虽然不是这出戏剧的主题，但是作为社会背景不可避免地被提到，或者无意间表露出来。

《沙恭达罗》在印度已经流传了千百年，在梵语的基础上被翻译成各种印度方言，所以版本众多。外界的人们也有很多是通过《沙恭达罗》认识迦梨陀娑，认识古老的印度文化的。早在800多年前，《沙恭达罗》就随着佛经一起传入了中国，后来这本书又传到了欧洲，引起不小的轰动，迦梨陀娑甚至被称为是"印度的莎士比亚"。欧洲大文豪歌德读过《沙恭达罗》之后非常震撼，赞扬说："若想说出春天的花朵和秋天的果实，若想说出人心中的所有爱慕和喜悦，若想说出高天和大地，只用一个词，沙恭达罗啊！只要提你的名字便说尽了一切。"

匈奴帝国

匈奴是古代生活在中国北方的游牧民族，长期活跃在长城以北的广大沙漠地区。没有人知道匈奴人的来历，有一种传说，当初夏朝亡国之君桀被商汤打败之后，桀的妻子和儿子们为了免遭迫害，背井离乡，向北逃去，后来四处漂泊，放牧为生，人员不断壮大，成为匈奴人的祖先。

东北亚地区的草原上原本生活着很多的部落和氏族，匈奴人只是其中的一支，部落之间分分合合，常常发生战争。后来匈奴人把其他的部落全部征服，建立起了自己的国家。匈奴人称自己的首领为单于。

游牧生活需要四处流浪，这也造就了匈奴人的尚武之风。匈奴人从小便学习骑射，长大后成为骑兵，他们平时放牧，一旦有了攻击目标，便会立刻投入战斗。他们擅长远距离攻击敌人，因为没有城池需要镇守，所以他们作战非常灵活，往往是打了就跑，让对手无可奈何。

秦始皇统一天下之后，着手应对匈奴的威胁。公元前214年，秦始皇派大将军蒙恬率领30万大军征讨匈奴，收回河套地区，并且屯兵上郡（今陕西榆林地区）。同时，秦始皇下令在北部边界修筑长城，防范匈奴入侵。

到了汉朝，匈奴再次入侵中原。汉高祖刘邦亲自率领32万大军迎敌，结果被冒顿单于率领的骑兵困在白登七天七夜，后来被迫对匈奴采取和亲政策，将汉朝公主嫁到西域，并且每年送上一定财物，这种政策一直延续到汉武帝时期。到了汉武帝时期，汉朝已经休养生息70年，国力大增，对匈奴开始由防御转为进攻。汉武帝派出卫青、霍去病、李广等大将，率兵征讨匈奴，经过漠南之战、河西之战、漠北之战几次大战之后，最终打败匈奴军。

被西汉打败之后，匈奴一蹶不振，再加上连年的自然灾害，内部争权夺利，最终于公元48年一分为二，分为北匈奴和南匈奴。南匈奴归顺汉朝，屯聚在今天内蒙古一带。北匈奴仍旧驻守西北大漠，偶尔骚扰北方边境。

公元65年至72年，北匈奴频繁入侵东汉北部边塞。当时东汉政治稳定，经济发达，国力强盛，于是决定出兵征讨北匈奴。公元73年，东汉派窦固、班超率领四路大军，出征西域。经过近二十年的征战，最终打败北匈奴。北匈奴被迫在单于的带领下西迁，他们逃至当时的乌孙国，并在天山南北立足。但是等他们恢复生息之后，又开始攻击汉朝驻军。公元124年和126年，汉朝将领班勇两次率军击败北匈奴军，在此后的 30 年间，北匈奴军节节败退，最终不得不再次西迁。至于他们西迁去了哪里，没有人知道，中国的史料中也没有记载。

原本人们以为匈奴人从此退出了历史的舞台，但是到了公元 4 世纪，这支消失了 300 年的神秘民族再次现身，不过这次是在欧洲。

匈奴人现身于里海北岸的顿河草原，依旧是靠游牧为生，但是好战尚武的精神并没有改。公元 375 年，匈奴人开始扩张领土。他们先是向西进攻，打败了阿兰人和东哥特人，占领了这些人在多瑙河沿岸建立的国家；之后又向南进攻，攻占了亚美尼亚，并一直向南进攻到波斯和叙利亚。在攻占了匈牙利草原之后，匈奴人开始稳定下来并且建立自己的国家。

公元 433 年，匈奴单于阿提拉成为各部落首领，建立起了一个强有力的中央集权国家，也被称为匈奴帝国，建都布达城，匈奴帝国也逐渐兴盛起来。

公元 450 年，阿提拉集结 50 万大军进攻高卢地区，节节取胜，一直攻打到军事要塞奥尔良。西罗马帝国已经意识到，单凭自己的力量无法抗衡匈奴大军，所以四处游说，将欧洲各个部族联合起来，共同抵抗匈奴。一些原先一直与西罗马帝国为敌的部族，如高卢、日耳曼等，都与西罗马冰释前嫌，同仇敌忾。

公元 451 年 9 月 20 日，两军加起来超过 100 万的兵力在沙隆地区展开决战。起初匈奴占据优势，很快便消灭了 16 万敌人。但是后来西罗马帝国联军扭转局势，将匈奴联军击溃。阿提拉甚至做好了自杀的准备，但在最后时刻，阿契斯下令西罗马帝国联军撤退。阿契斯不希望匈奴帝国就此灭亡，只要匈奴帝国不灭亡，高卢人和日耳曼人就必须同西罗马帝国合作。相反，如果匈奴帝国灭亡，高卢人和日耳曼人将继续同西罗马帝国作战。

侥幸逃过一死的阿提拉，不再打西罗马帝国的主意，而掉过头来进攻东罗马帝国，但并未占得什么便宜。公元 453 年，阿提拉娶了一位日耳曼姑娘，第二天人们就发现阿提拉死在了洞房里。有人认为他死于血管爆裂，也有人认为是新娘杀了他，没有定论。阿提拉的儿子们为他举行了隆重的葬礼，据说棺材有三层，最外面是铁的，第二层是银的，最里面一层是金的。

阿拉提死后，他的几个儿子为了争夺王位，大打出手，匈奴帝国随即衰落。461年，阿拉提的一个儿子想重

匈奴士兵使用的铃首青铜短剑

新振兴匈奴帝国，可没有成功，并最终于公元 468 年被东罗马帝国击败。至此，匈奴帝国消失在了历史舞台上。

祖冲之与圆周率

祖冲之是中国古代杰出的数学家、科学家，一生最大的成是将圆周率推算到小数点后七位数。

祖冲之是南北朝时期人，公元 429 年出生于范阳郡（今河北境内），他的祖父曾经担任南北朝时期宋朝的"大匠卿"一职，掌管朝廷的建筑、土木，他的父亲当时也在朝中为官，可以说祖冲之出生在一个官宦人家。祖冲之的父亲对他管教很严，从小便让他读书经，希望以后能进入仕途。但是祖冲之对这些东西没有兴趣，反而是对天文历法的事情特别着迷。祖冲之的父亲便顺着儿子，给他讲了不少天文历法的知识，有时候祖孙三代一起探讨天文历法知识，为他后来成为一名伟大的科学家打下了良好的基础。

青年时期的祖冲之就已经凭借着自己的博学赢得了一定的名气，后来还出任过地方官，35 岁那年被调往江苏做县令。这段时间他的生活并不安定，但是他没有放弃科学研究。他一方面充分吸取古人的知识精华，另一发方面不盲目崇拜古人，寻求突破，并最终取得了伟大的成就，其中最出名的便是将圆周率准确推算到小数点后七位数，这也是当时世界上最精确的。

圆周率是指圆的周长与直径之间的比值，无论在天文历法上，还是生产生活中，只要涉及到圆基本上都与圆周率有关，所以圆周率非常重要。圆周率是个常数，无论这个圆多大，或者多小，圆周率都是固定不变的。但圆周率不是一个整数，是一个无穷无尽的小数。这就为圆周率的计算带来了很大的难度，尤其是在古代。

在祖冲之之前，很多古代的数学家都计算过圆周率。在比较早的数学典籍《周髀算经》和《九章算术》中，认为圆的周长和直径之间的关系是"径一周三"，也即是认为圆周率为 3。后来，人们越来越发现这个数值与实际情况差距太大，又有人说圆周率应该为"径一周三余"，只是用了一个"余"，但谁也不知道这个"余"是多少。西汉末年，刘歆计算出圆周率的数值为 3.1547，东汉著名科学家、数学家张衡计算出的圆周率为 3.162，三国时期数学家王蕃计算出的圆周率数值为 3.155，魏晋之际，著名数学家刘徽在为《九章算术》作注释的时候，发现了一种新的计算圆周率的方法："割圆术"，简单来说，就是在圆内做内接多边形，多边形的边越多，边长之和就越接近圆的周长，并用这种方法推算出圆周率约为 3.14。这已经是当时世界上最精确的圆周率数值。但是祖冲之在刘徽的基础上继续研究，取得了更伟大的成就。

《隋书·律历志》上记载，祖冲之计算圆周率得到了两个数值，一个是盈数，也就是超过近似值的数，为 3.1415927，另外一个为胸数，也就是小于近似值的数，为 3.1415926，也就是说，祖冲之计算出圆周率的数值应该位于 3.1415926 和 3.1415927 之间。直到 1000 多年后，一位阿拉伯数学家才打破了祖冲之保持的纪录，将圆周率准确推算到小数点后 16 位。

此外，祖冲之还计算出了与圆周率比较接近的分数，一个是 22/7，约等于 3.14，由于这个数值相对粗泛，所以祖冲之称之为"约率"，另一个是 355/113，约等于 3.1415927，这个数值相对精确，祖冲之称之为"密率"。直到 1000 多年后，欧洲两位数学家才计算出 355/113 这个与圆周率接近的数值。由于祖冲之是最先计算出"密率"数值的，所以一些外国科学家会把"密率"称之为"祖率"，以此纪念这位千百年前伟大的人物。

关于祖冲之是如何计算圆周率的，这一点没有人知道，史书上只记载了他计算出的结果，并没有记载计算过程。而他所写的数学专著《缀术》已经失传，但是人们普遍猜测他用的仍旧是刘徽的割圆术，如果真是如此的话，那就意味着祖冲之在计算圆周率的时候付出了巨大的劳动。在科技不算发达的当时，祖冲之需要做无数次的加减乘除和开方运算，如果没有清醒的头脑以及坚强的毅力，是很难做到这一点的。

祖冲之是伟大的数学家，他自己编写的数学专著《缀术》在唐朝的时候被定为教科书。此外，他还是一位了不起的天文学家和机械专家，他曾经根据自己的观察，制定一种新的历法《大明历》，并根据这种历法推算出一年有 365.24281481 天，误差为 50 秒，精确程度让人惊讶，是中国历法历史上的重大进步。此外，他还用《大明历》成功预测了四次月食，并且推测出木星的公转周期。

在机械制造方面，祖冲之也有重要的贡献。他重新造出已经失传的指南车，还研制出了水碓磨以及能够日行百里的"千里船"，等等。

此外，他对文学、音乐都有研究，著作有《释论语》、《释孝经》、《易义》、《老子义》、《庄子义》及小说《述异记》等，但早已失传。祖冲之的儿子祖暅也是一位数学家，他继承父亲的研究，发现了计算圆球体积的公式，这个公式至今还在应用。

公元 500 年，博学多才的祖冲之去世，享年 71 岁。后人为了纪念这位伟大的人物，将月球背面上的一座环形山命名为"祖冲之环形山"，把小行星 1888 命名为"祖冲之小行星"。

推古天皇遣使节入隋

推古天皇是日本第一任女天皇，也是第一个正式采用"天皇"称号的日本君主（在她之前，日本的君主称为"大王"）。她原名叫额田部皇女，在位时间为是公元 592~628 年，相当于中国的隋末唐初。推古天皇在任期间，领导日本大力改革，对日本和东亚地区影响很大。她还曾多次派遣使臣出使中国，开创中日交流的先河。

女性成为国君这种事情历来都是少数，但是在男尊女卑思想非常严重的古代日本，竟然先后有 8 位女性天皇登基，有些出乎人们的意料。其中从公元 592 年到 770 年之间，在短短的 178 年间，就有 6 位女天皇继位，执政时间加起来超过 90 年。这段时间也是日本历史上非常特殊的一段女皇时期。

公元 592 年，推古天皇继位。在她继位之初，就对国家着手进行改革。为了更好地行使权力，推古女皇将兄长的儿子立为太子，也就是著名的圣德太子。改革的核心是加强中央集权，主要措施有：

第一，加强对佛教的支持。当时佛教已经由中国传入日本，但是规模并不大，也谈不上什么影响力，推古天皇之所以支持佛教，是想利用佛教加强自己的统治，把它变成一种统治手段。

第二，公元 603 年颁布实施新的官制——冠位十二阶制。这在当时的日本是非常先进的，这种官制着重强调两点，第一，是授予官职的权力在朝廷；第二，授予官职的唯一依据是学识和能力，唯才是用，与出身无关。这条措施一方面削弱了那些靠世袭获得官职的贵族的实力，另外一方面为国家选取了大量人才，也为日后日本众多革新奠定了基础。

第三，圣德太子依据中国儒家思想，制定了《十七条宪法》。这部《十七条宪法》同中国古代的律法非常相像，但并不是法律，而是一种约束官员行为的行为规范，也成为了日本最早用来管理国家的统一守则。主旨思想是天皇拥有绝对权威，官员必须效忠，不得损害百姓。

最后一条，加强同中国之间的关系，向中国学习。其实中日之间的交往源远流长，从汉朝开始，中日之间就有往来，关于这一点《汉书》、《后汉书》、《三国志》、《晋书》中都有记载。但真正开始密切加强联系，还是从推古天皇时期开始。

公元607年，推古天皇任命小野妹子为使节，率领使团前往中国。这成为中日交往历史上的一件大事。这一次小野妹子出使中国，携带了国书，正式向隋炀帝提出两国之间平等外交。此前日本使节到中国之后，都会向中国表示臣服，但这一次日本明显是想取得同中国平等的地位。当时隋炀帝看到小野妹子递交的国书中"日出处天子"、"东天皇"等字眼非常恼怒，但是无奈与日本隔着大海，鞭长莫及。

圣德太子少年时期的雕像

小野妹子回国以后，第二年便派出留学生和僧侣来中国学习，积极吸取中国先进的文化。日本由此开始大批向中国派遣留学生，仅在隋朝短短几十年的时间里，就曾派出4批留学生。进入唐朝之后，交往更加频繁。这期间大量的汉字传入日本，也造就了日语中夹杂大量汉字的现象。日本正是凭借这段时期大量汉文化输入，迎来了历史上第一个文化繁荣时代。

公元628年4月15日，推古天皇去世，享年75岁。是她主导改革，并引领了公元6世纪日本多次改革的浪潮。日本也正是在这个时期由落后的部民制国家，发展成为一个封建国家。推古天皇发起的改革是最有意义的，因为她迈出了第一步，也是最重要的一步。

正是推古天皇在日本国内大力推行改革，使日本国内有条件接受外来文明，才会派出使节向中国学习；而向中国学习反过来又促进了日本国内的改革，也揭开了此后中日之间长达300年的频繁交往时期。

李春修建赵州桥

赵州桥是中国桥梁建筑史上的一个奇迹，也是世界桥梁建筑史上的开创制作。历经千面风雨，至今仍旧立在洨河上。它是中国古代建筑水平的杰出代表。

赵州桥又名安济桥，因为桥身全部用石料修建而成，也被称为大石桥。赵州

赵州桥

桥修建于隋朝大业年间，迄今为止已经有 1400 多年，它是世界上最早的敞肩石拱桥，由著名桥梁匠师李春设计和建造。

隋朝的时候，赵县是南北交通运输的要道，从这里北上，可以到达当时的重镇涿郡（今河北涿州），南下可以到达东都洛阳，每天车马繁多。但就是这样一条交通要道，却被一条洨河阻断，平时还好说，要是到了洪汛期，便不能通行。为了解决人们的需要，朝廷决定在洨河上面建造一座桥，并且选定李春来设计和建造。

当时中国的建筑业已经非常发达，能工巧匠很多，李春是其中杰出的代表，但是关于他的身份史料中记载的并不多。唐代中书令张嘉贞为赵州桥写过一段铭文，其中写道："赵郡洨河石桥，李春之迹也。"李春接受了朝廷派遣的任务之后，组织工匠到洨河两岸实地考察。在总结前人建桥的经验基础之上，又根据实际情况，设计出了赵州桥，并且出色地完成了赵州桥的建设。

关于赵州桥的建设，在当地还流传着一个传说，传说中建桥的不是李春，而是工匠的祖师爷鲁班。说鲁班见到洨河两岸的百姓出行不便，便将一群羊变为石头，建起了一座石桥，方便百姓。后来张果老和柴王爷一起来试桥，为了检验这座桥是否结实，张果老在自己的口袋里装了日月星辰，柴王爷则在自己的车里装上了五岳名山。当他们两位走上桥身，桥体开始摇晃，鲁班急中生智，跳入河中用手将桥托住，巧妙化险为夷。直至今天，人们仍旧能在桥面上找到清晰的驴蹄印、车道印，以及桥底下的手印。

赵州桥全长 64.4 米，宽 9 米，是用 1000 多块石料筑成的，这些石料每块重达 1 吨，整个桥身总重量达到 2800 吨。就是这样一座桥，建成 1400 多年，历经 10 次大水灾，无数次小水灾，以及数次地震，依旧屹立不倒。其中一个重要原因便是赵州桥本身科学性的设计，这些设计在当时很多都是具有开创性的。

首先，桥身采用了大跨度的拱式结构。这种结构有几个好处，一是节省石料，这种结构为赵州桥节省了 40% 的石料，大大减轻了桥身的重量。二是大跨度使得桥面比较平坦，一改往常拱桥都是半圆形拱的特点，使得出行更加方便，尤其是马车通行的时候。三是跨度长能保证桥拱足够高，保证船舶顺利通行。

其次，独创敞肩拱。敞肩拱是指在桥身两端的桥墩上再开小拱门，赵州桥的桥身两端便各开了两个小拱门，大一点的跨度 3.8 米，小一点的跨度 2.8 米。李春的这一独特创举为桥身建造节省了 200 多立方米的用料，减轻了桥身重量的五分之一。最关键的是，当遇到洪水的时候，小拱门可以分担泄洪的任务，加大泄洪量，同时减轻洪水对桥身的冲击。这种设计从力学的角度上讲非常科学，保证了赵州桥抵御住无数次洪灾之后，依旧安然无恙。敞肩拱的设计不仅具有实用性，还大大增加了赵州桥的观赏性。

最后，赵州桥的伟大之处，也可以说是李春的伟大之处不仅仅在于人们能看到的桥本身，很多不在人们视线范围之内的工作也非常了不起。李春首先考虑的是桥两岸要平直，另外对地层的要求也非常高，最好是经过河水长时间冲积过的那种，因此赵州桥的基址特别牢固。此外，为了保护桥台和桥基不受经年累月水流的冲击、侵蚀，李春还在桥边的河岸修建了一道墙，被称为金刚墙。

赵州桥桥面上的石雕装饰非常精美，顶端雕有吸水兽，祈祷此地不受水灾侵害；桥板和望柱上则雕刻着各式装饰纹，有蛟龙、兽面，也有花、草、竹、松。其中最有代表性的还是雕刻的蛟龙，各式各样，千姿百态，或吐水，或戏珠，非常生动。很久之前人们就在赞扬赵州桥的美观，其中最出名的是唐朝文人的诗句中称赞它"初云出月"、"长虹饮涧"。

赵州桥是中国桥梁史上的创举，是中国古代建筑智慧的代表，欧洲直到 14 世纪才出现单孔长拱桥，比中国晚了 600 多年；而赵州桥的敞肩拱技术，欧洲更是直到 19 世纪才出现。

日本遣唐使团

中国与日本之间的文化交流源远流长，最早可以追溯到西汉时期，到了唐朝达到了高潮。自公元 630 年至 895 年，在长达两个半世纪的时间里，日本十几次派出遣唐使团，学习唐朝先进的文化与制度。这些遣唐使后来回到日本，极大推动了日本的社会改革和发展。

隋朝时期，中国得到统一，经济、文化出现繁荣景象。此时，日本推古天皇正在实行改革，为了学习中国的先进文化，她先后四次派出使团出使隋朝，这为之后派遣唐使打下了良好的基础。

唐朝于公元618年建立，唐朝的文化、经济更为发达，不仅仅在亚洲，甚至在世界上都是数一数二的强盛国家。当初出使中国的日本使节、留学生、留学僧回国后纷纷建议天皇再次派遣使节，出使大唐。其中，公元623年从大唐回国的日本留学僧在上书天皇的时候就直接说：唐朝是法制最完备的国家，应该常常派使团前去学习。于是，日本决定向唐朝大规模派遣使团，加速引进更先进的文化和制度。

公元630年，即唐贞观四年，日本舒明天皇派出第一批遣唐使，由两名出使过隋朝的使节率领，于公元631年抵达唐朝首都长安。唐太宗亲自接见了这批使节，第二年他们回国的时候，唐太宗又派新州刺史高表仁亲自护送他们回国，同时回访日本，一同回日本的还有隋朝时出使中国的一些日本留学生和留学僧。

最初的遣唐使规模并不大，每次一两百人，一两艘船。他们沿着朝鲜半岛沿岸行驶到辽东半岛，然后再沿着渤海湾行驶至山东半岛，在山东登州登陆，最后由陆路前往长安。最早的遣唐使主要任务是学习唐朝制度。

随着交流的深入，日本派出的遣唐使规模越来越大，人员增加到五六百人，分乘四艘大船。此时日本改变了最初的路线，改为从九州岛南下，横跨东海，在扬州登陆。这条路线要比最初的路线危险很多，如果遇到风暴，船只会被吹到台湾岛甚至更远的地方去。这段时间两国之间的交流是全方面的，日本派出了大量的留学生和留学僧，竭尽所能地将唐朝的文明传播回日本本土。

公元838年，日本派出的遣唐使多达651人，是历次中人数最多的一次。此时的使团中不仅有使节、留学生和留学僧，还有医生、翻译、画师、乐师，甚至泥瓦工，可见日本当时对唐朝文化的学习已经蔓延到方方面面，与其说是引进，不如说是移植。

此外，使团中的每一个成员都经过了层层选拔，有的通晓经史，有的精通汉语，有的熟悉大唐文化，即便是普通的船上工作人员，也要求至少要会一门手艺，总之不能空手而归。而对于留学生的选拔更为严格，他们大多是在各行各业里面有所建树的年轻人，可以说是日本社会中的青年才俊，未来的精英。日本的很多高僧当年都是被派往中国的留学僧，其中最著名的是道昭，他在长安拜玄奘为师，学习佛教的经、律、论，回到日本后成为一代高僧。

这些不远万里、跋山涉水出使大唐的遣唐使、留学生身上肩负着日本的未来，所以他们在日本国内待遇很高。每次遣唐使回到国内，天皇都要为他们举行盛大的迎接仪式，然后为他们加官进爵，论功行赏。

当时唐朝也比较注重对外交往，所以对日本来的遣唐使竭尽所能提供便利，尽显大国风范。日本的使船一靠岸，会有当地官员接待，同时派人禀报朝廷。日本遣唐使会在地方专员的护送下，前往长安。到了长安，遣唐使中的负责人会受到皇帝接见，其中的部分 使节还会被赐官。当他们学有所成，返回日本的时候，朝廷还会为他们饯行，并赠送大量财物，有时候还会派人护送他们回国，顺便一并回访。

唐朝的文化、制度经由遣唐使传回日本之后，极大地推动了日本的改革和发展。很多遣唐使回到日本之后，担任要职，他们模仿唐朝的律法，效法唐朝的制度，对日本社会制度进行革新。

此外，唐朝的文化影响到了日本社会的方方面面。日本各地普遍开设汉语课程，传授汉语，日后逐渐演变、融合到了日本的文字中，这一点影响至今；唐诗一度风靡日本，深受欢迎，白居易成为当时日本最受欢迎的诗人；书法作为一门可以欣赏的文字艺术，原本是汉语所特有的，唐朝时期也传到了日本；相扑本是唐朝的一项体育活动，传入日本之后，经过多年发展，如今已经成为日本的国粹；围棋起源于中国，也是在唐朝时期传入日本。此外，在绘画、雕塑、音乐、舞蹈等方面，日本都深受唐朝影响。甚至，日本天皇曾经下令"男女衣服皆依唐制"，日本的传统服饰和服便是由唐朝的服饰演变而来。可见，唐朝对日本社会发展和文化的影响是多么巨大。

"安史之乱"之后，唐朝由盛转衰，并且政局不稳。此时的唐朝对于日本来讲，吸引力已经大不如前。再加上派遣唐使花费巨大，路程遥远，途中多有意外发生，人们对于出使大唐的兴趣不再那么强烈。综合这些因素，日本开始逐渐减少遣唐使的规模，到公元 895 年，日本宇多天皇决定停止派遣唐使。

玄奘西行取经

佛教起源于印度，于东汉年间传入中国。后来很多高僧为了研究佛学真谛，不畏艰险，前往西域和印度取经，一方面传播了佛学，另一方面加深了文化的交流。其中最出名的当属唐朝高僧玄奘法师。

玄奘本名陈祎，出生于公元 602 年，自幼对佛教感兴趣，到了 24 岁时，他更是得到了三藏法师的称号，要知道这可是佛教里最高级的称谓，只有精通佛法经律的人才能得到。

玄奘一边游历，一边拜访高僧，学习佛法，随着水平越来越高，他发现当时中原流传的佛经并不全，这也是导致佛门各派之间经常出现争执的原因。他越来越坚定了一个决心，那就是到天竺去一探究竟，那里是佛教的发源地，他想去那里取经，以弥补中原佛经中缺失的部分。

当时出境需要先向朝廷申请，公元626年，玄奘上书朝廷，要求出境前往天竺，学习佛法，但是这一请求被驳回。玄奘心意已决，无论冒多大的危险都要前往。因为当时唐朝封锁西边边境，老百姓不允许私自出关，出关的人必须有出关文书。玄奘自然没有文书，他只好铤而走险，选择"偷渡"。

偷渡也就是私自出关，这在当时是非常危险的。恰逢当时遇到自然灾害，朝廷允许流民出关谋生，玄奘就混在一群难民中出了玉门关。为了躲避检查，他东躲西藏，一天夜里还差点被唐朝守军当做敌人射死。一天，玄奘实在是太渴了，便到烽火台去找水喝，不料被守军抓住。玄奘原本以为这次西行无望，谁知守军的将领是一位佛教信徒，他被玄奘的作为感动，主动将他放出关外，还为他准备了许多粮食和衣物。

玄奘像

玄奘曾经在回国之后写了一本书，名叫《大唐西域记》，专门记录自己在取经途中的见闻。他是这样描述西域的沙漠戈壁的："是时，四顾茫然，人鸟俱绝……夜则妖魑举火，灿若繁星，昼则惊风拥沙，散如时雨。虽遇如是，心无所惧。但苦水尽，渴不能前。"

玄奘不畏艰险，孤身一人走进茫茫戈壁，又不幸失手将装水的皮囊弄翻在地，里面的水全部流进了沙漠。在茫茫大漠中，前不着村，后不着店，但是偏偏祸不单行，饥渴难耐的玄奘发现自己迷路了。他三四天滴水未进，几次晕倒在沙漠中，不过天无绝人之路，一匹老马最终帮他找到了绿洲，救了他一命。

没过多久，玄奘便来到了高昌国。高昌国是一个佛教国家，上至国王，下至百姓，全是虔诚的佛教徒。自然而然，玄奘在这里受到了热烈欢迎，国王不仅请他给臣民们讲佛法，还想把他留在高昌国。玄奘拒绝了国王的好意，继续西行。高昌国王对他的精神十分敬佩，派出 25 个人和 30 匹马护送他西天取经，还为他写了给沿途各国国王的介绍信。

之后玄奘又经历了各种艰难险阻，最终在公元 630 年到达了目的地天竺，此时他身边的随从人员已经只剩两名。

玄奘到达天竺之后，便开始潜心研究佛法，这也是他此行的目的。没用多长时间，就有人说大唐来的高僧佛法高明，很多人不服，要求与他进行辩法。当地国王邀请了周边十八个国家的国王前来，还组织了各门派僧人 3000 名，百姓 2000 名，专门参加为玄奘举行的辩法大会。由于人数众多，玄奘不可能与他们一一辩论，他写出论仪，张贴在显眼的位置，并分发给参加辩法的人。人们可以提出任何问题，但没有一个问题能难倒玄奘。他也因此在天竺成为家喻户晓的名人。后来他还参加了每五年一届的佛教盛会，并且开坛讲法。

玄奘在天竺边游历，边学习佛法，前后共待了 10 年。公元 641 年，他觉得自己已经完成了当初的目标，决定启程回国。

公元 645 年，玄奘回到了阔别十多年的长安。唐太宗接见了他，并且劝他还俗为官，不过被玄奘婉言拒绝，他表示自己打算专心翻译带回来的佛经，唐太宗给他配备了助手，协助他工作。

玄奘开始埋头工作，不仅在弟子的协助下完成了《大唐西域记》，这是一部记录自己西行经历的游记，记载了大量域外的风土人情，向人们展示了外面的世界，甚至一些中亚和南亚的历史学家都要从这本书中研究自己国家当时的历史；还翻译出了上百部多部佛经，例如"色不异空，空不异色，色即是空，空即是色"的名句便是出自他的翻译，这些佛经对中国佛教的发展影响巨大。另外，他的传奇经历被人们口口相传，最终被明代小说家吴承恩写成了《西游记》，成为中国古典文学的四大名著之一。

公元 664 年玄奘去世，整个长安的人都到大街上为他送行。

日本大化革新

公元 645 年，日本开始推行改革，因为这一年是日本大化元年，所以这次改革也被称为"大化革新"。这次改革加上同时期派遣唐使，引入先进的外来文化，促进了日本社会的发展，对日本历史影响深远。

推古天皇与圣德太子当初曾经积极推行改革，逐步确立中央集权制，大大削弱了贵族奴隶主的势力，但是当时的改革并不彻底，贵族势力依旧很强大。皇极天皇在位的时候，大权旁落到大贵族苏我虾夷手中。

苏我虾夷当时权势极大，甚至连天皇都不放在眼中。他不仅自己独揽朝政，还把自己的儿子苏我入鹿提拔为官职最高的大臣。苏我入鹿蛮横无理，无恶不作，甚至将圣德太子的儿子杀死，另立天皇。苏我父子二人就这样把持着朝政，伺机篡位。

很多人对苏我父子的专横敢怒不敢言，其中就有中大兄皇子和中臣镰足，两人一位是皇子，一位是出身名门的贵族。这两人偶然结识，很快成为好朋友，并发誓一定要铲除贼子，杀掉苏我父子。

苏我父子专横无理，同时狡猾多端，因此中大兄皇子和中臣镰足一时找不到机会，两人只有耐心等待，同时暗中招兵买马，壮大势力，宫廷侍卫连子麻吕也加入了他们的队伍。功夫不负有心人，机会终于来了。

公元645年，外国使臣向天皇献礼。献礼仪式被安排在皇宫的大殿中举行，文武百官都到场，苏我虾夷没有出现，但是苏我入鹿在场。中大兄皇子、中臣镰足、连子麻吕拿着武器，躲在大殿两侧的帷幔后面，伺机动手。

皇极天皇进入大殿中，文武百官分列两边，苏我入鹿站在百官最前面，昂头挺胸，举止傲慢。一名官员出来宣读使臣进献礼品的礼单，礼单实在太长，念了半天还没念完，百官都有些疲倦和懈怠。按计划，连子麻吕应该趁苏我入鹿不注意，出来将他杀死。但是，连子麻吕临场胆怯，几次跃跃欲试，都没敢动手，反而引起了苏我入鹿的警觉。眼看再不动手就迟了，中大兄皇子一跃而出，用手中的剑刺伤苏我入鹿的肩膀，中臣镰足也趁机冲出，砍断了苏我入鹿一只脚。

满朝文武都不知道发生了什么事情，惊恐不安，就连皇极天皇也非常惊诧。苏我入鹿赶忙跪倒在地，向皇极天皇求饶。皇极天皇问中大兄皇子为什么要这样做，中大兄皇子回答说："苏我父子独揽朝纲，妄图谋反，是为贼子，大逆不道，死有余辜。"皇极天皇原本就对苏我父子十分不满，但是一直没有能力反抗，只能逆来顺受做傀儡，现在看到眼前的情景，她什么都没说，转身离开了大殿。

得到了天皇的默许之后，中大兄皇子、中臣镰足、连子麻吕三人一起上前，将苏我入鹿刺死。苏我虾夷听说儿子在大殿上被杀，气急败坏，起兵造反。他平时造孽太多，手下将士多有不满，现在纷纷倒戈。苏我虾夷知道自己大势已去，

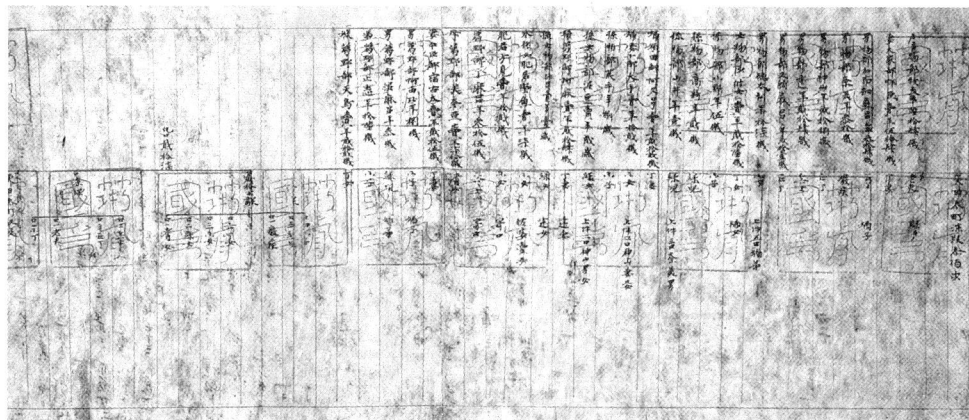

为了筹措资金，天皇对新的土地所有者征收赋税。此文件登记着筑前国的物部家族的 27 个成员的姓名、年龄以及每个人的纳税等级。

难逃一死，于是赶在中大兄皇子率兵赶来之前，自己在家中自尽，这一事件也被称为乙巳之变。

乙巳之变之后，皇极天皇主动退位，革新派拥护中大兄皇子的叔叔登基，也就是孝德天皇。当时日本派出的遣隋使、遣唐使带回来先进的制度和文化，孝德天皇效仿唐朝，建立年号"大化"，同时迁都难波（今大阪）。他还任命中大兄皇子为皇太子、中臣镰足为内大臣，共同辅佐朝政。

第二年伊始，即公元 646 年元旦，孝德天皇发布《改新之诏》，宣布将进行改革。这项改革历经几任天皇，持续了将近半个世纪，改革的纲领不断修改和完善，主要方向是向唐朝学习。

在政治方面，建立一个以皇权为中心的中央集权国家，废除贵族奴隶主的世袭特权，官员不再世袭，而是改为由国家任免；将中央划分为京师、畿内两区域，将地方按国、郡、里进行行政划分。

经济方面，将土地从奴隶主手中收归国有，建立起封建土地国有制，天皇是全国土地的所有者，过去拥有土地的贵族不再拥有土地，他们可以做官，靠俸禄生活，不过官员不得世袭；原本被称为部民的奴隶得到解放，不再属于哪个贵族，改称为公民；效仿唐朝均田制，实行"班田收授法"，年满六岁的公民可以分得土地，公民死后土地归国家，不允许私自买卖土地，而公民种地必须纳税；颁布施行新税法。

军事方面，实行征兵制；在京师设立五卫府，在地方设军团；军队指挥权全部归中央。

通过半个世纪的革新，日本将土地收归国有，官员任命权被收归国有，军队指挥权被收归国有，大大加强了中央集权，削弱了贵族势力，统治制度得到完善。同时，结束了奴隶制，生产力得到了解放，经济上面突飞猛进。大化革新是日本由奴隶社会进入封建社会的标志。

印度古典文化的集大成者戒日王

戒日王是印度戒日王朝的建立者，印度古典文化的集大成者，是对印度历史最有影响力的国王之一。当初唐朝高僧玄奘来到印度，就曾受过他的接见，他还为玄奘举行过辩法大会。

戒日王原名诗罗逸多，出生于公元589年。当时印度正处于四分五裂的局面，北印度分裂为四个国家，分别是坦尼沙王国、穆里克王国、高达王国和摩腊婆王国。这四个国家势均力敌，经过多年征战之后，坦尼沙王国和穆里克王国结为同盟，高达王国和摩腊婆王国结为同盟，双方互不相让，都想消灭对方。

坦尼沙国王有两个儿子，一个女儿。长子名为罗贾伐弹那，是坦尼沙国王位的继承人；女儿名为拉芝修黎，被嫁给了穆里克国王格拉巴伐尔曼，是政治联姻；戒日王是最小的幼子。

戒日王从小便跟随军队出征，越来越勇猛善战。公元604年，这年戒日王15岁，他跟随兄长出征，征讨印度北部的匈奴人。就在兄弟二人出征的时候，他们的父王生病暴毙，他们的母后伤心过度，选择与丈夫同归于尽。这场突如其来的变故让他们的敌人高达王国和摩腊婆王国看到了机会，他们迅速出兵，攻打穆里克王国，杀死了穆里克王国的国王，并俘虏了王后，也就是戒日王的姐姐。之后，他们又准备攻打群龙无首的坦尼沙王国。戒日王同自己的兄长连忙赶回国内，他的兄长在众臣的辅佐下继位，成为新的国王。新国王可以说是在战马的马背上上任的，一上任，他就留下戒日王率军留守国内，而他则带兵援助穆里克王国。不幸的是，他在正面战场上连连取胜的时候，却被敌人暗杀身亡，坦尼沙王国军队节节败退。

兄长死后，戒日王继位，此时已经是公元606年。戒日王继位之后，立即组织军队，前往穆里克王国，为兄长和姐姐报仇。戒日王勇猛无敌，率军连连取胜，同时还打探到原来姐姐并没有死，而是隐匿在深山某处。他一边率军攻打敌人，一边派人寻找自己的姐姐，并最终找到。坦尼沙大军在他的带领下，重新夺回了穆里克王国。戒日王让自己的姐姐担任穆里克王国的国王，实际上在背后掌权的是他。公元 612 年，坦尼沙王国与穆里克王国正式合并，定都曲女城，戒日王朝正式建立。

戒日王信心大增，他重新组建部队，东征西讨，希望能够完成印度的统一大业。一些王国看到戒日王实力不凡，主动表示愿意归顺，比如东北印度地区的迦摩缕波王国和西印度地区的伐腊比王国。但也有一些国家选择了抵抗，其中就有老冤家高达王国。公元 637 年，戒日王彻底战胜对手，统一了北印度地区。遗憾的是，直至他死去，一直没有战胜南印度的国家。尽管如此，戒日王朝的版图还是几乎占据了整个北印度地区，能够与孔雀王朝、笈多王朝相媲美。

戒日王在位 40 年，他主政期间推行的一些举措对印度历史的发展影响深远。比如，作为国家土地的所有者，他自己占有大量土地，同时向寺院、贵族、官员赏赐了大量土地，这些赏赐的土地成为王公贵族的私有财产，而没有土地的人被迫租种土地，并交租纳税，封建制度就这样得到了确立。但这也为日后政权稳定埋下了隐患，那些拥有土地的王公贵族一步步削弱了国家的权力，摆脱国家的控制。

宗教信仰方面，戒日王本人信仰婆罗门教，但他并不打压佛教信徒。公元 631 年，来自大唐的玄奘游历到印度，一路上边学习，边宣讲佛法，名气越来越大。戒日王特意为玄奘举行了一场辩法大会，组织上千名僧侣与玄奘辩法，最终玄奘获胜，名震印度，戒日王还专门给玄奘准备了一头大象当坐骑。正是因为戒日王对佛教如此扶持，佛教徒才会将他与阿育王、迦腻色迦齐名相提并论，称其为护法名王。

此外，借着玄奘掀起的唐朝热，戒日王先后多次派遣使节前往唐朝。作为礼尚往来，唐朝也四次派出使节，回访印度。

除了征战沙场，礼贤下士之外，戒日王还是一位文人，他不但积极支持印度文化发展，自己本身也创作诗歌、戏剧等，他创作的很多作品流传至今，比如《妙容传》、《璎珞传》、《龙喜记》、《八大灵塔梵赞》、《野朝赞》等。

公元 647 年，戒日王去世，享年 58 岁。戒日王死后，宰相谋反，戒日王朝终结，戒日王朝下的附属国纷纷脱离统治，印度重新陷入分裂状态，并且这种无序的混乱状态一直持续了 500 多年，直到 12 世纪末德里苏丹国的建立，才得以终止。

一代女皇武则天

武则天是唐朝开国功臣武士彟的二女儿，公元624年出生在长安。她67岁登基为帝，是登基时年龄最大的中国皇帝，也是中国历史上唯一一位女皇帝。

武则天12岁时父亲去世，与寡母相依生活。公元637年，唐太宗听说她相貌妩媚、身材丰盈、个性刚烈，就把她召到宫中，赐名"武媚"，封为才人。入宫前，母亲杨氏不忍。武则天劝告说："被天子征召，说不定是福气到了，为什么要像个女孩一样啼哭不止呢？"武则天入宫后，一度得唐太宗宠爱。但好景不长，她很快失宠。她在宫中做了12年五品才人，始终没找到改变地位的机会。直到唐太宗病重，她才得以和太子李治相交，建立感情。

公元649年，唐太宗病逝。按宫规，已逝皇帝没有生育的嫔妃都要出家为尼。武则天入感业寺，但一直和李治保持着联络。李治继位，成为唐高宗，独宠萧淑妃。王皇后为平衡后宫势力，召武则天入宫。26岁的武则天蓄发回宫，迅速取代萧淑妃，成为后宫宠妃，次年，被封为二品昭仪，生下长子李弘。后宫武则天一人独大，引起其他嫔妃的嫉妒。王皇后和萧淑妃联手，共同对付武则天。

武则天33岁时，生下大女儿。女儿出生一个月后，王皇后来看望。皇后一走，武则天就杀死女儿，诬陷女儿是王皇后所杀。高宗听后大怒，把皇后打进冷宫。不久，皇后被废。国不能无后，唐高宗欲立武则天为后。

当时的李唐朝廷，长孙无忌、褚遂良等开国元老有极高威望，限制高宗权力。他们反对高宗立武则天为后，唐高宗意图借立后之机整顿朝廷势力，总揽皇权。在反"立武"声潮中，五品官李义府逆流而行，支持"立武"，获重赏。中层很多官员见风使舵，转而成了"拥武派"。官员分为两派，局势有了扭转。这时，开国元老李勣说："立谁为后是皇上您的家务事，何必向外人讨意见呢？"高宗听后，豁然开朗，公元655年，正式立武则天为后。

唐高宗年事渐长，体弱多病，于是将军政处理权交给武则天。公元660年十月，高宗风疾发作，武则天代君掌权，两人朝政意见开始出现分歧。公元664年，高宗让宰相上官仪起草诏书，准备废后。诏书刚写完，武则天就出其不意来到朝堂，软磨硬泡，使高宗收回了废后成命。成命收回后，武则天借机建议，与高宗一同上朝，处理政事，高宗应允。武则天的政治势力越来越大，但武则天的野心不止于此，她又提议，与高宗一起去泰山封禅。当时的封禅，祭天时先皇配祭，祭地时太后配祭，由皇帝做祭祀初献，公卿做亚献。但武则天说，祭地时配祭的人是太后，男女有别，公卿做亚献太不合适，不如自己做亚献，孝敬婆婆。高宗听后，答应了。公元 665 年正月初一，高宗封禅泰山，武则天为亚献。借此机会，武则天封赏百官，为他们加官进爵，赢得众官员的感念。

公元 674 年，武则天上书唐高宗，提出十二条政治改革措施。措施可归结为四大内容：一，减轻徭役，发展农业，对外停战，富国强民；二，广开言路，善用人才，笼络官员；三，提高妇女地位，母亲去世后，在世的父亲要为母守孝。同时，武则天提倡节俭，要求为宫廷提供手工制品的作坊不再生产奢侈品。提出十二条改革纲领后，武则天声望大增。

公元 683 年十二月，高宗病逝，留遗诏：太子李显继位，武则天辅政。四天后，李显登基，尊武则天为皇太后。公元 684 年二月，中宗李显不听大臣劝谏，想封岳父做侍中。武则天借机废李显，立四子李旦为皇帝，自己把持朝政。

公元 688 年，武则天命僧侣建明堂。一年后，明堂落成。建筑分三层，高二百九十四尺，宽三百尺，圆顶，饰有九龙与一丈高的贴金铁凤，金碧辉煌，被称为"万象神宫"。同时，武则天的侄子命人在白石上刻字："圣母临人，永昌帝业。"他把白石献给武则天，称这是在洛水中发现的。武则大看到石头，很高兴，为它取名为"宝图"。公元 690 年九月，武则天在则天门称帝，改国号为"周"，自称"圣神皇帝"，成了中国有史以来的第一个女皇帝。

公元 697 年，武则天杀掉酷吏来俊臣，从此不再使用酷吏巩固政权。她广纳贤臣，招揽人才，改革科举制，让很多寒门子弟有了入仕的机会，被《资治通鉴》评价为"明察善断"。武周王朝出现了很多贤臣，如狄仁杰、娄师德、姚崇、宋璟等。

称帝后，武则天立四子李旦为皇嗣。"皇嗣"身份像太子，但不是太子。按中国传统，皇位是沿家族姓氏传递的，这成了武则天的难题：如果传位给儿子，是沿家族传递，但不是沿姓氏传递；如果传位给侄子，是沿姓氏传递，但不是沿家族传递。武则天左思右想，见武家子弟均不成器，百姓人心仍以李唐皇室为尊，于是重立废皇帝李显为太子。太子问题解决后，武则天心满意足，开始享乐。

此时武则天年事已高，卧病在床，不再把持朝政大权。她重用男宠，致使男宠干涉朝政，激起民怨。公元 705 年年初，宰相与几名大臣率军攻入宫廷，杀掉男宠，强迫武则天让位给太子李显。李显登基，尊武则天为"则天大圣皇帝"。武周朝代结束，江山再次成为李唐天下。

不久，武则天病逝，享年82岁，留遗诏：去帝号，改称"则天大圣皇后"。武则天与唐高宗合葬在乾陵，墓碑无字。

鉴真东渡日本

唐朝繁荣，吸引周边国家派使节前来学习。当时日本体制落后，佛教戒律不齐全，于是向中国派遣僧侣和留学生，学习盛唐文化，并请高僧前往日本，传播佛教。公元742年，日本僧人荣睿、普照来到中国，邀请中国僧人东渡日本，讲佛授戒。他们访察十年，最终选定了和尚鉴真。

鉴真是扬州人，原姓淳于，14岁出家。公元708年在长安受戒，取得僧籍。5年后，他开始讲佛经、建佛寺、造佛像，传播佛教文化。有4万多名僧侣曾在他门下受戒，其中不少成了高僧。他学识渊博，公元733年时已经是江淮地区的佛教宗师，在佛教徒中享有很高的声望。

荣睿、普照来到扬州大明寺，找到鉴真。他们提出邀约后，大明寺的僧人都沉默不应答：漂洋过海，路途险恶，他们不愿让鉴真冒此风险。鉴真见状，说："弘扬佛法，传播佛道，哪能惜命？"弟子见他决意前往，拼命劝阻。但鉴真不为所动，仍执意东渡。这时，他已经55岁了。

当年冬天，鉴真带着20名弟子，同4位日本僧人一道来到扬州附近的既济寺，建造船只，准备上路。日本僧人手握唐朝宰相的公函，所以扬州地方官也前来援助。这时，鉴真的一个弟子道航同另一个弟子如海开玩笑："今去日本，为的是传戒法。前行的人都德高望重，是行业中的翘楚。如海等人，学道不久，是不是应该暂留国内，不要上路了呢？"没想到，玩笑弄假成真。如海很生气，向官府诬告说鉴真等人造船是因为同海盗有勾结，为攻打扬州做准备的。官府听到消息很吃惊，派人扣押了所有的僧侣。误会很快解开。官府释放了僧侣，但仍下令，将日本僧侣遣返回国。第一次东渡夭折。

荣睿、普照不甘心两手空空地回去，于是潜藏在扬州，静等时机。鉴真东渡意决，公元744年，他购买军船，雇佣了85名雕刻碑文的技师，采买好佛具、经卷、药品、香料等，带上弟子，准备再次出行。没想到，船刚出长江口就遇到风浪，被击毁。他们修好船，刚出海，又遇大风。船飘到舟山群岛，停靠在一个小岛。五天后，鉴真等人才获救，被送到浙江阿育王寺。不久，春天来到，各地寺庙纷纷邀请鉴真前去讲佛。第二次东渡遂告流产。

鉴真讲佛结束后，回到阿育王寺，为第三次东渡做准备。越州僧人听说后，赶来劝阻。劝阻不成，他们想借官府之力阻拦鉴真，于是前去告发：有日本僧人非法藏匿，"诱使"中国高僧鉴真前往日本。日僧荣睿被捕，押入牢狱，送往杭州。遣送途中，荣睿假装生病死亡，侥幸逃脱。东渡计划再告失败。

江浙出海不易，鉴真想到了从福州出海。他带着 30 多人离开阿育王寺，前往福州，不想，刚到温州就被拦下。原来是大明寺的弟子不放心师父远行，请扬州官府赶来阻止。鉴真一行被强送回扬州。

鉴真愈挫愈勇，不成行不罢休，公元 748 年六月，在荣睿、普照的恳请下，鉴真率 14 名僧侣，20 多名船员工匠，离开崇福寺，再次东渡。船出长江，到达舟山群岛。为等西风，他们在舟山一带停留到十一月。船再前行，至东海，遇强北风。船顺风漂流，他们吃生米、喝海水，14 天后才望见陆地，16 天后才抵达岸边。他们上岸后，发现风把船吹到了海南三亚。鉴真落脚大云寺，在海南传经布道，把中土的医学和文化知识带到了海岛。到现在，海南三亚仍然保留着鉴真时的"晒经坡"等旧迹。

一年后，鉴真北上，抵达桂林，在开元寺讲经布道。又一年后，鉴真受邀，前往广东讲佛。荣睿随行，途径肇庆时，在龙兴寺病逝。鉴真到达广州后，曾起念去天竺，被劝阻。夏天，鉴真离开广州，到韶州，这时普照请辞。两人分别前，鉴真指天发誓："不到日本，余愿不遂。"但旅途劳累，鉴真长途跋涉，水土不服，病倒后双目失明。到江西吉安后，鉴真的大弟子圆寂。鉴真强忍悲伤，一路北上，公元 751 年，回到扬州。几经辗转，第五次东渡铩羽而归。

日本奈良法隆寺内的五重塔

五次东渡，让鉴真游历了近半个中国。他且行且布道，声名远播。公元 753 年，日本又遣使来唐，请鉴真东渡讲佛。十二月，鉴真船终于抵达日本。东渡成功。

公元 754 年二月四日，鉴真一行来到京都奈良，天皇命重臣前去迎接。欢迎仪式盛大，轰动日本全国。鉴真此次东渡，携带了很多佛具、佛经和佛像，虽然双目失明，但能靠嗅觉辨别草药，并协助修订佛经。同行的弟子中，有善于建筑、雕塑和绘画的人，他们将唐朝文化带到日本，传播了盛唐的雕塑艺术，设计了寺庙等建筑，并主持修建了唐招提寺。弟子为鉴真制作的坐像至今仍供奉寺中，成了日本的"国宝"。

鉴真留日十年，不吝所学，积极讲授佛理，主持佛教仪式，传播中国文化，为中日交流和日本文化的发展作出了巨大贡献，被天皇封为"传灯大法师"，被人们尊为"大和尚"。公元763年，鉴真在日本圆寂，终年76岁。

婆罗浮屠

婆罗浮屠位于印度尼西亚的爪哇岛，是一座佛塔的遗址。公元9世纪时，它曾是世界上最大的佛教建筑。有人说，"婆罗浮屠"的意思是"山顶上的佛寺"。

婆罗浮屠的位置的确在一片高地的岩石山上，高地在日惹西北方。神话传说中，这个地区是爪哇的圣地，土质肥沃，被称作"爪哇花园"。岩石山海拔265米，四周是湖，湖面干涸，露出湖床。婆罗浮屠的底基比河床高十五米。1931年，一位荷兰学者说，婆罗浮屠原本是漂在湖中的一朵莲花。在佛教建筑中，莲花随处可见，很多宝塔的塔基做成莲花的形状，佛陀也常坐在莲花上。但婆罗浮屠不同，它的整幢建筑，造型似乎就是一朵大莲花。

有关婆罗浮屠的建造，没有文字记录，所有至今没有人知道，它是谁下令建造，又是为谁而造的。有人推测，这座建筑应该是完成公元八九世纪建造的，历时75年，约于835年完工。那时夏连特拉王国统治着爪哇岛，王国兴盛，允许宗教自由发展。

有研究者说，公元8世纪末9世纪初，夏连特拉国王为了收藏释迦牟尼舍利，征用几十万人建佛塔，于是婆罗浮屠诞生了。婆罗浮屠有个正方形塔基，边长123米，高4米。塔身分9层，一到六层是正方形，正方形逐步缩小：第一层边缘到塔基边缘的距离是7米，之后，每层两米递减；七到九层是圆形，每层建有一圈舍利塔，舍利塔呈圆形，多孔。塔顶正中有座圆形佛塔，身边环绕72座钟形舍利塔。每座舍利塔塔表都有孔，塔内都有佛陀坐像。中心佛塔的顶端是婆罗浮屠建筑的制高点，35米高。

由于建筑看上去像座金字塔，所以婆罗浮屠被发现之初，曾被人当成一座舍利塔。舍利塔是供奉佛陀舍利用的，而庙宇则是供信徒参拜用的。人们了解了塔身的设计和建造之后才明白，这是一座庙宇。塔内有台阶和走廊，信徒可登阶而上，每一层都代表着一个修炼境界。塔基、方形塔身和圆塔三个部分，代表着佛教的三个境界：欲界、色界和无色界。塔基是欲界，方塔身是色界，而圆塔是无色界。方塔身外有装饰，而圆塔外无装饰，象征着人们越来越不受色相的束缚，慢慢过渡到无色界的状态。

婆罗浮屠由 5.5 万立方米石料建成。石料被切割整齐，从附近的河流运到建筑工地。因为当地常下暴雨，所以塔身有完善的排水系统：佛塔的每个边角都有排水孔，排水孔被做成滴水嘴兽的形状，塔身上下共有 100 多个。婆罗浮屠有四个入口，东西南北各一个，每个入

爪哇岛上婆罗浮屠中的一尊坐佛

口都有石狮看守，石狮共 32 只。从任何一个方向都能进入婆罗浮屠，每个入口内都有台阶延伸到塔顶，塔外又有台阶通往山下平原。

塔身筑完后，工人们在石块上雕刻浮雕。整座建筑共有 2670 块浮雕，1460 块用以叙事，1112 块用以装饰。叙事浮雕有 11 组，从东边的主入口进塔，能看到浮雕故事的开头。沿石阶顺时针走，浮雕故事会一个个地展现出来，这些图案描绘出了佛教中的大千世界：第一层浮雕分两栏，上下各 120 块石板，讲述了佛陀的生平，其余浮雕都是些修成正果的故事。到第四层塔身，十组浮雕陈列完毕，故事终结。

塔基下面也有浮雕，这是叙事浮雕的最后一组。浮雕上有 160 幅画，画面逼真地展现了欲界中的场景，以及佛教中的因果报应。有些浮雕上还刻有简短的文字，文字用以描绘画面场景。这些浮雕被隐藏在塔基下面，到 1885 年才被人发现。有人说，隐藏的部分其实是一个设计失误，于是在这层塔基上面又建了一层塔基，取而代之。

一到四层的墙壁上刻着浮雕，五到九层的壁龛内则供着佛像。建筑中有很多佛像，双腿交叉，端坐莲花台。塔身越往上，面积越小，佛像的数目也越少。乍一看，这些佛像没什么不同，但细看会发现，它们的手势和印堂处有细微差别。印相分五种，指代五个方位：东、西、南、北、中。每种印相代表一种佛，五种

印相分别代表东方不动佛、西方阿弥陀佛、南方宝生佛、北方不空成就佛和中央的毗卢遮那佛。塔中共有 504 尊佛，其中有 300 多尊头部被毁掉，43 尊不知去向。

19 世纪，爪哇成了英国的殖民地。殖民地长官对爪哇历史很感兴趣，1814 年，他听说一座村庄附近的森林深处有座佛塔，名叫婆罗浮屠，于是派工程师前去勘察。工程师率领部下，花费了两个月的时间，找到了这座佛塔。但当时佛塔已塌，他们没能看到佛塔的全貌。1835 年，又一位行政长官来到爪哇，继续发掘，最终发现了整座佛塔。

朝鲜古典名著《春香传》

《春香传》是一部朝鲜古典名著，在朝鲜文学史上占有重要地位。

这部作品最早产生于 14 世纪，直到 18 世纪末 19 世纪初才最终成为一部完整的作品。

《春香传》主要讲述了这样一个故事：

某一年端午节，已经从良的妓女月梅的女儿春香前往广寒楼游玩，并在那里与李梦龙不期而遇。李梦龙是南原府使李翰林的儿子，身份高贵，但是他并没有瞧不起春香，反而对春香一见钟情。春香也很喜欢李梦龙，但她担心李梦龙并不是真心对她，所以就提醒李梦龙：他们身份相差悬殊，一个是名门子弟，一个是贫苦的百姓；她还说，她喜欢李梦龙决不是为了贪图富贵，而是因为她爱他。李梦龙考虑了一番后，决定与春香继续交往下去。于是，他们二人便私自结为夫妇。可是，在等级分明的封建社会里，贵族公子与艺妓的女儿结婚是一件大逆不道的事情。

不久之后，李翰林被召入京城，他命令李梦龙先走一步。李翰林还让李梦龙明白，春香是艺妓之女，如果李梦龙娶了春香，不但玷辱了家门，还会断送前程。李梦龙相信了李翰林向他灌输的封建思想，所以就向封建传统观念屈服了，主动向春香提出分手。

春香性格强烈，对爱情忠贞不渝。她没有想到李梦龙会这样对待自己，因此斥责李梦龙，不应该因为她是一个地位低下的女子，就可以随意将她抛弃。她还对不合理的封建等级制度表达了强烈的不满，希望人们为了追求真爱而打破封建思想的束缚。不过，无论她说什么，也无法改变李梦龙离开她的事实了。

春香在李梦龙离开后非常伤心。后来，新任南原使道卞学道到任之后，贪恋春香的美貌，逼迫春香做他的小妾。春香誓死不从，并指责卞学道不为百姓谋利，反而利用手中的权力任意毒打无辜的百姓。她还义愤填膺地指出，封建士大夫除了徇情枉法之外，根本不去理会百姓的死活。她希望，有朝一日，所有的贪官都受到应有的惩罚。

卞学道利用自己手中的权势，用残酷的刑罚毒打春香，将春香判为死罪，之后押入监牢。就在春香被关押在监狱之时，李梦龙参加了科举考试，并考中了状元。国王任命他为全罗御史，派他暗中前往南原调查。李梦龙经过明察暗访，将卞学道的种种恶行调查得一清二楚。此后，他微服前去参加卞学道的寿宴，丢下一首揭露卞学道残酷剥削百姓的讽刺诗："金樽美酒千人血，玉盘佳肴万姓膏，烛泪落时民泪落，歌声高处怨声高。"

不久后，朝廷就罢免了卞学道的官职，春香被无罪释放。她与李梦龙重归于好，并陪同李梦龙去了京师。

《春香传》是一部强烈的民族特色的中篇小说。整部作品结构完整，故事性强，在人物的形象塑造方面也可圈可点。在这部作品中，人物的心理、外貌及环境描写都十分到位，与故事的发展相辅相成，很好地刻画出了春香、李梦龙、卞学道等人物形象，突出了这部作品抨击封建礼教、鼓励人们追求自由的主题。

这部作品还引用了大量成语、警句、俚语、民谣，使得作品更具民族特色，同时也增强了作品的可读性。同时，这部作品还具有"说唱文学"的特色，"唱"的部分采用韵文的形式，而"说"的部分采用的是散文的形式，既有韵文的优美典雅，又兼具散文的随意和通俗，使得作品更容易被大众读者接受。

《春香传》是朝鲜人尽皆知的一部古典名著。这部作品还被改编为电影、电视剧、歌剧，并被翻译成日、德、英、俄等多国文字，深受世界各国人民的喜爱。

紫式部与《源氏物语》

紫式部出身于日本中等贵族家庭，原姓藤原。年幼时，母亲去世，她跟随父兄生活。紫式部的父亲是位地方官，喜读中国文学，擅长和歌；哥哥曾任式部丞，也是位有名的歌人。当时妇女地位低下，没有自己的名字，常以父兄的官职为名，证明身份。紫式部原被称为藤式部，她写下《源氏物语》后，主人公紫姬的名字广为流传，她也被改称紫式部。

在父兄的影响下，紫式部从小学习汉诗，阅读汉文典籍，很小的时候就能看懂汉语作品。紫式部曾深入研究白居易的诗，还熟悉佛经，阅读过《史记》，擅长音乐和绘画，被人们称为才女。紫式部长大后，家道中落。公元998年，她22岁，嫁给年长自己20多岁的藤原宣孝，做了他的继室。次年，女儿藤原贤子出生。两年后，藤原宣孝去世，紫式部回到父兄身边，开始寡居生活。寡居中，紫式部创作了《源氏物语》。

当时，日本出现了《竹取物语》、《落洼物语》等作品。紫式部以这些作品为鉴，结合散文与诗歌，开始《源氏物语》的写作。"源氏"是小说中主人公的姓氏，"物语"的意思是"故事"。紫式部以源氏为中心展开叙述，描述了源氏的生平、政治沉浮和情色生活。小说手法细腻，描绘真实，将宫廷贵族中的权力斗争，门第之间的聚散，贵族间混乱的男女关系全都淋漓尽致地表现了出来。

紫式部出身中层贵族，中层贵族既可以接触到上层贵族，又得以同上层贵族保持距离，所以她得以冷静地看，理智地想，对上层贵族的生活有较别人更深刻的认识。同时，紫式部又有过一段不幸的婚姻，所以对婚姻状态下贵族妇女的生活深有感触，并对这些贵族妇女饱含同情。

那时，日本社会婚姻结构松散，男女结合后，并不组建家庭，女方仍留在自己家中。贵族利用婚姻体制中的漏洞，把妇女当成政治交易的手段，玩乐的工具。表面看，贵族妇女被养在家中，从小就被教导贵族的礼节和技艺，华服裹身，被婢女环绕，但实际上，不过是高级些的女奴隶。

作品中描写了十多位贵族妇女，她们都没有命运自主权：有的被父母用作政治结盟的工具，有的不得不接受一夫多妻的婚姻体制下男方的朝三暮四。每当遭遇不幸时，她们总会发出同一句叹息："前世造了孽，今生才会为妇女。"当痛苦令她们难以忍受时，她们也只能想到一个解决之道：出家为尼。这些女性人物，每个人都个性鲜明：有的温柔，有的冷清，有的高贵，有的如平民般安详。但无一例外，她们都走向了悲剧的结局。小说像一幅长画卷，最终以毁灭收场，象征妇女的绝望处境，也暗示了贵族的没落。

紫式部写作《源氏物语》的年代，正值日本贵族阶级没落的时期。藤原氏摄政，搜刮财富，生活奢靡。所以有人说，这个时期是"藤原氏富贵绝顶"的时期。这个时期，天皇与藤原家族矛盾加重，中层和下层贵族也不满藤原专政。但藤原家族仿佛无知无觉，仍然声色犬马，纸醉金迷。为了巩固政治地位，他们把女儿献给天皇，做天皇的后妃。女儿一旦生下皇子，他们就逼迫天皇让位给小皇子，挟小天皇以揽权。即使在藤原家族内部，各派别之间，为了让自己的女儿能得到天皇宠爱，诞下皇子，也使尽手段。为使女儿打败其他妃嫔，留住君宠，家族各派别成员竞相招纳有才德的贵族妇女，随女入宫。所以，这时很多贵族妇女都饱读诗书，颇有才华，紫式部就是其中之一。

藤原家族的掌权者藤原道长看到《源氏物语》，深为赏识，1005年召紫式部入宫，做自己的女儿、皇后藤原彰子的侍读女官。紫式部结束了十年的寡居生活，入宫为皇后讲授汉书和佛经。在宫中，她继续修改《源氏物语》，将宫中的所见所闻都写进书中，对上层社会中贵族腐朽、妇女苦闷的刻画更加细腻精准。

书中有大量的和歌，和歌韵律优美，与故事交相辉映，相得益彰。除了讲述故事，紫式部还借书中人物之口表达了自己的文学见解："物语虽然记录事实，但不应该原封不动地堆砌事实。应该选取那些最有价值，最可能流传于世的情节，加上作者的感受表达出来，这样才能实现艺术上的真实。"

紫式部去世前，《源氏物语》终于成书了。问世后，被誉为"集歌物语和传奇物语的大成"，是日本古典文学中不可超越的高峰。

张咏发明交子

交子是北宋时期发行的货币，也是世界上最早出现的纸币。

宋朝经济发展迅速，商品流通需要大量的铜钱，但铜钱紧缺，不足以满足流通需求，于是四川改用铁钱做货币。但铁钱价值低，分量重，携带不便：一枚铜钱价值等于十枚铁钱，每一千枚铁钱重二十五斤，一匹布价值两万枚铁钱，钱重五百斤，要用车运载——人们开始想办法，使货币变得轻便易携带。

约公元993年，成都钱庄的老板开始印制代金券。代金券是存款的信用凭证，存款人把金属货币交给钱庄，钱庄会把货币数额写在桑叶纸面上，交给存款人为凭。存款人凭代金券提取货币，每提一贯货币，要付三十文利息。这就是最早的交子。"交子"是四川地区的方言，意思是票证，票券。这时的交子还只是一种存款凭证，没有作为货币在市场上流通。

伴随经济发展，交子开始出现不同的功用。一些商人成立了交子铺，专为身携巨额货币的商人保管现钱，发行和兑换交子。他们的业务越来越大，把交子分铺开设到了全国各地。这些交子铺商人信誉良好，印制的交子难伪造。很多人怕麻烦，不想搬运金属货币，于是直接用交子从事贸易。为了方便使用，商人们还印制了有相同面额和格式的交子——交子开始被当做货币，在市场上流通。交子虽然进入市场，但并没有得到政府的承认，只能私下流通，被称作"私交子"。

交子之所以能取代铸币，成为流通货币，是因为印制交子的商家信用很高。持交子去钱庄，肯定能兑换到同等价值的铸币——交子的价值，是建立在它背后铸币的价值基础上的。人们信任交子，是因为交子能代表实际的金属货币。但不是所有钱庄始终都能保持良好的信用，有些钱庄经营不善，无力兑换交子，致使交子变成一张毫无价值的废纸；有些钱庄见利忘义，开始钻信用漏洞，致使很多交子无法兑换铸币。私人的信用难以保证，交子的发行开始出现问题。

四川官员张咏察觉到交子的影响力，于是靠官方力量，整顿交子的发行。1004 到 1007 年，张咏亲自任命了十六户信誉良好的富商，专营交子发行——"私交子"的流通得到政府的承认。宋朝政府弄清楚交子的运作方法后，1023 年，成立交子务，次年二月，准备了 36 万贯钱，发行了 126 万贯"官交子"。从此，政府掌握了交子的发行权。为了保证交子顺利发行，宋廷还派京官专门监管交子的印制，并出台了相关的管理措施。

在措施中，交子发行后，可流通两到三年，到期后，必须兑换为新一代交子，才能继续使用。之所以设定交子的使用期限，是因为当时的交子都用楮纸制成，纸质易烂，易伪造。措施还规定了交子的最高发行额和通行面额，并规定，交子发行时，必须备好准备金，使交子可以随时兑换。根据管理措施，私人印制交子要被判刑，如果有人明知他人在私印饺子却知情不报，也要被判刑。最开始，交子只在四川发行，后来使用范围慢慢扩大，发展到全国通行。

官交子具有货币的流通职能，成了现代纸币的雏形。官交子最初发行时，是按照民间"私交子"的流通方法，加盖州印，填写金额而成的。金额数字可随意填写，一贯到十贯不等。宋仁宗时，将发行金额一律改为五贯和十贯；宋神宗时，又改作一贯和五百文，并规定，伪造交子与伪造官方文书同罪。

交子发行初期，政府对交子的性质还没有足够的认识。宋仁宗时，曾不预备准备金就凭空发行交子；需要大量财政支出时，宋廷还曾扩大交子的发行量，超额发行交子，致使交子的信用丧

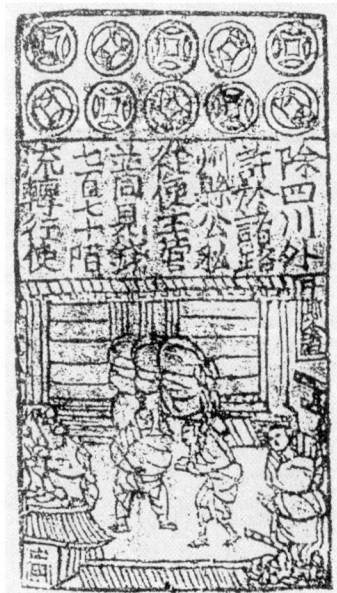

北宋交子

失，最终变成了废纸。后来，宋朝政府借交子换代的机会敛财：每次新交子发行后，都要规定新旧交子的兑换价值比。1098 年发行的交子，一缗新交子要用五缗旧交子换。

1107 年，宋廷改"交子"名为"钱引"。钱引的制作更精良，但不用预备准备金，也不准兑换铸币，可随意发行——钱引滥发，致使纸券贬值。到南宋时，每缗交子只值一百文钱。通货膨胀，政府的金融体系面临崩溃。到元朝，交子的管理才得以完善。1298 年，意大利人马可·波罗来到中国，发现元朝以纸币为流通货币，于是把纸币的印制和发行情况写在《马可·波罗游记》中。那以后，欧洲人才知道，纸币可以流通。

交子的发明影响了世界，为了纪念这一发明，英国伦敦的英格兰银行在中央天井中种了一棵中国桑树——桑树叶就是交子最初发行时，使用的主要材料。

"四百万宝塔之城"蒲甘

缅甸中部有个小城市，名叫蒲甘，古代曾是缅甸都城。城市虽小，名气很大——不是因为城市历史悠久，而是因为城中有很多佛教建筑。旭日东升的时候，能看到城中红色的佛寺和黄色的佛塔交相辉映，让城市看上去与众不同。

城中有寺的地方一定有塔，有塔的地方通常也会有寺。但这座城市中到底有多少座佛塔，多少座寺庙，谁也说不清。有传言说，城中佛塔最多时达四百万座。这个数字或许有浮夸之嫌，但蒲甘城大寺中有小寺，大塔中有小塔，林林总总，数目肯定过万。研究者说，很难弄清楚蒲甘城历史上曾有过多少座塔，但现在，城中塔的总数目是 2231 座。蒲甘面积 80 平方公里，以此推算，每平方公里要建 27 座佛塔和 27 座佛寺——土地上寺塔云集，恐怕全世界都难找出哪个城市能匹敌。

公元二三世纪时，缅甸境内有几个小国家，蒲甘地区的国家名叫蒲甘王国。公元 849 年，蒲甘国王挖护城河，筑城墙，修城门，把蒲甘建成了一个小城堡。1044 年，阿奴律陀王子继位。这位王子立志要把蒲甘建成一个富强的国家，于是兴修水利，发展农业，把蒲甘东部变成了粮食产地；他东征西伐，把周边国家的领土全都收归己有。1057 年，他终于统一缅甸。

阿奴律陀以武力征服其他民族，但他不只崇尚武力，还注重文化的统一，思想的控制。公元 8 世纪，印度佛教传入蒲甘，经过发展演化，变成了一个新的教种——阿利教。阿奴律陀上台后，自创缅文字母，下令解散阿利教，定佛教为蒲甘国教，并四处收集佛教典籍。

此外，阿奴律陀拨款，派劳工，兴土木，在蒲甘城中广建佛塔、寺庙和藏经楼。蒲甘原本是个微不足道的小城市，经建设，很快成了缅甸的政治和佛教文化中心。

1077年，阿奴律陀逝世，继任国王跟随他的脚步，仍然推崇佛教，大力发展佛教文化，广修佛教建筑。蒲甘王朝有242年的历史，没人知道这些年共修了多少佛寺和佛塔，有人说7000多座，也有人说4000多座。

广修佛塔，广建佛寺，让蒲甘成了东南亚重要的佛教国家，但也使国家经济发展一度停滞。佛教建筑耗费了大量的人力物力，人民负担加重，苦不堪言，心生不满。王室内斗，成员为争夺权力不择手段。距离政治中心较远的小国家见势，开始谋求独立。1271年，忽必烈派使臣前来，要求蒲甘归附元朝，蒲甘王不从。1284年，元军发兵攻打，蒲甘分裂。之后，蒲甘内战不断，国势渐衰，无力维护原有的佛塔和佛寺，更无力再建新佛塔、新佛寺。战乱加上风雨侵蚀，使蒲甘佛塔近半毁坏。

蒲甘城中名气最大的塔寺是瑞喜贡塔和阿难陀寺。瑞喜贡塔1059年开建，到1090年才完工。塔底有个方形塔基，塔基层层叠叠，建筑精美。塔体高40多米，实心，尖顶，通体闪光，装饰豪华。主塔四周围有小塔，建有亭台，结构完善，齐整浑然。这座塔之所以备受尊崇，是因为民间传说，塔藏古锡兰王所赠佛牙和中国所赠玉佛像。

阿难陀寺建于1091年，以佛祖大弟子阿难陀为名，寺中佛塔众多。最大的一座塔也有个方形基座，塔身圆，高50多米。基座内为佛窟，置有一尊站佛。佛高十米，神情诡秘：远看它在笑，近看像在严肃劝导。之所以观感奇妙，是因为远近光线不同，光线投影导致视觉差产生。除了站佛，窟内墙壁上还雕刻了很多动物、怪兽，大小不一的佛像、塔像，还有几十幅彩色浮雕，浮雕内容多描绘佛祖的生平和教导。塔基上方为塔的下半部分，精雕细琢，闪着金光，像个塔楼；再往上是塔的上半部分，状如葫芦，闪着银光。

人们称阿难陀寺是缅甸建筑艺术的"精华"，但蒲甘城内建筑水平和历史价值最高的寺庙却是古雅克伊寺。寺庙位于城北，1122年由江喜陀王下令修建。寺内有一座佛塔，塔高16米。塔前立有一根石柱，柱形四方，刻有碑文。碑文以多种文字写成，有缅文、孟文、巴利文和骠文。文字不同，但内容相同，记载着历代蒲甘王的在位日期和江喜陀的生平。

漫步城中，数千座佛塔散布在大街小巷，真能称作"出门见佛塔，步步遇菩萨"。这些佛塔，有的素白典雅，有的金碧辉煌，大小不一，形状各异；塔内的佛像也有大有小，姿态万千，神情逼真；浮雕和壁画更是佛教艺术中的精品。

人们说起蒲甘，总是把它称作"东方佛教艺术的宝库"，"宗教艺术的荟萃地"。

毕昇发明活字印刷术

活字印刷术是继雕版印刷之后，产生的一种新型印刷方式。

汉朝出现了纸，人们不再需要将文字刻在龟甲、写在竹简上，阅读方便了很多；也不再需要购买昂贵的缣帛记录文字，经济上实惠了很多。但书籍只有一本，其他人想阅读，还要靠传抄，费时费力。东汉末年，人们开始用拓印石碑的方法拓印文字。600年后，隋朝人又用刻印章的方法印刷书籍，发明了雕版印刷。

雕版印刷是把木板做成书版而后印刷文字的方法。先把抄写整齐的书稿贴在平木板上，稿纸很薄，木板略厚，两者相贴，木板上就出现了笔画清晰的反向文字。雕刻工匠拿出刻刀，把没有文字的部分削掉，字就会在木板上凸显出来。印刷时，将墨汁涂在凸字上，字上覆纸，轻扫纸面，纸上就出现了字迹。在中国，雕版印刷盛行一时，一版可以印刷几百、几千次，为文化传播作出了巨大贡献。

但伴随社会发展，雕版印刷的缺陷也开始显露：刻版费时费力，如果是几十万字的大书，单刻版就要花费几年，而且耗费大量木料；刻成版的木料过于笨重，又容易扭曲、腐蚀或被虫蛀，存放不便；有些书刻成版后，印量很少并且不再加印，版就成了废品；刻版时如果出现错字，难以更改，只好换版重刻。

宋仁宗时，平民毕昇尝试把整块木板分开，做成单个木字。但由于木料有纹理，木质有疏密，刻字困难；沾水后，木料膨胀，字易变形，拆除困难，不便使用，所以他放弃木料，改以胶泥做字。

他先把胶泥做成方块泥坯，泥坯大小一致，形状统一；之后，在泥坯一面上刻反字，字划凸起，高如铜钱边缘，一字一坯。刻好后，用火烧，使胶泥变成硬陶质——胶泥单字就做成了。然后排版。版是一块铁板，铁板外围铁框，内置松香、蜡、纸灰等的混合物。先把要印刷的胶泥单字拣出来，排满铁框；之后烘烤铁框，将混合物烤化，使之与胶泥字融为一体。趁热拿平板压一下胶泥字，压平字面。等混合物冷却凝固，版就做成，可以印刷了。

印刷流程和雕版印刷相同，先在版上覆墨，之后覆纸，轻压纸面。为了提高印刷速度，工匠们常备两块铁板，印第一块时，排第二块的版。等第一块印完，第二块的版已经排好了。两版交替使用，节省了时间，提高了效率。有些常用字，如"之"、"也"等，通常会制作二十多个胶泥单字，因为一版内常出现多个。如果遇到生僻字，没有准备胶泥单字，可以随时做坯，随时刻字，制成即用。

一版用完，再上火烤，混合药剂融化，陶质单字分开，轻轻一抖，单字就会从铁板上自动脱落。单字拆下后，按韵分类，放入木格，留待下次使用。木格外贴纸标签，标明字韵，方便检索。

活字呈小块，比大块雕版占地小，易保存，使用也更方便。胶泥活字印刷和雕版印刷相比，如果只印两三册书，效率没有太大提升，但如果印几百、几千册书，差异就显著了。胶泥活字随时可以拼成书版，用完后拆掉，能一而再、再而三地使用——省掉了刻版的时间，印刷速度大大加快。

虽然发明了活字印刷，但毕昇不过是一介平民，影响有限，发明并没有得到社会的重视，他制作的胶泥活字也都佚失了。正因为《梦溪笔谈》记录了活字印刷的方法，所以活字印刷才得以流传。宋朝有一位官员，名叫周必大，官至济国公。他晚年读到沈括的著作《梦溪笔谈》，学到了活字印刷的方法，于是把制版用的铁板改成铜板，尝试印刷。铜板价格比铁板昂贵，但传热性好，易于混合药剂融化。

活字印刷流传开后，很多人尝试使用或改进毕昇的方法。元朝农学家王祯改进毕昇的方法，请工匠刻了三万多个木活字，用木活字印刷，不到一个月就印成了六万多字的《旌德县志》。为了方便排版，王祯还发明了转轮排字盘。转轮排字盘是一个大圆盘，用轻木制成，直径七尺。轮盘有轮轴支撑，可自由旋转，轴高三尺。他做了两副排字盘，将字按韵分开，装在盘中的木格内。工人坐在两盘之间，转动轮盘就能找字，更快捷方便，不仅节省了工人体力，而且提高了工作效率。王祯说，这是"以字就人，按韵取字"。

清朝，政府鼓励木活字印刷，木字印刷术得到极大发展。乾隆为发行《英武殿聚珍版丛书》，以枣木刻活字二十五万三千多个，印书两千三百多卷。清朝有位官员，以制青瓷的瓷土为材料，做成青瓷活字，印了一部《易经》。还有人尝试用锡、铜做字——活字印刷逐步发展起来。

毕昇发明活字印刷，功劳不可磨灭，但有关他的生平，我们却几乎一无所知。活字印刷的发明，使书籍的传播更加方便。其后 400 年，德国人才首次使用活字印书。

司马光编著《资治通鉴》

司马光是北宋官员司马池的儿子。司马池曾做皇帝藏书阁顾问，官位四品。司马光肖父，清正廉明，个性仁厚，性情温良，有"儒家典范"之名，为人称道。

1019 年，司马光出生在光州光山。此时司马池正任光山县令，于是为儿子取名"光"。司马光自幼聪慧，"手不释书，至不知饥渴寒暑"，七岁便"凛然如成人，闻讲《左氏春秋》，即能了其大旨"。

1038 年，司马光中进士，在河南做地方官。后经推荐，入京为官。宋英宗命令司马光编写历代君臣事迹，希望能以史为镜，"鉴前世之兴衰，考当今之得失"，安邦治国。

1066 年，司马光写成前八卷，战国到秦朝的部分，上奏宋英宗。宋英宗见书后，下令设书局，拨款，增派人员，支持司马光续修。宋神宗上台后，觉得这套书"有鉴于往事，以资于治道"，于是赐名《资治通鉴》，并亲笔写了序言。但他支持王安石变法，政治上不再重用司马光。1070 年，司马光主动上书，请辞离京，次年，到洛阳任西京留守御史台。与他同到洛阳的还有参与编书的学者刘恕、刘攽、范祖禹等。

司马光闲居洛阳 15 年，不问政事，埋头编书。闲居的日子里，司马光的寓所名流往来不休，聚会不止，俨然成了一个学术中心。

编书时，司马光曾写《进资治通鉴表》，上书宋神宗说："我常有心愿，修整史书，去其糟粕，取其精华，专收有关国家兴衰、人民悲欢的事件，可以为法的善和可以为戒的恶，以时间为序，编一部编年体史书。现在没有重大事件要处理，于是尽心尽力编纂此书。白天时间不够，就拿夜晚来补。为了

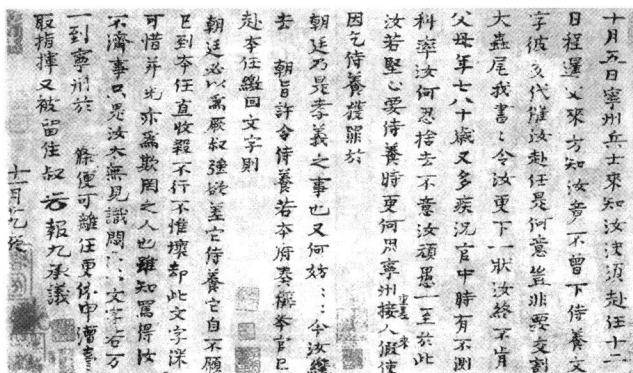

宁州帖卷　北宋　司马光

编书，我们翻遍了正史、野史和书信等文件，材料堆积得像大海，写下的每一个字都要反复校对，力求在最隐秘处发现历史的真相。"

为了编写《资治通鉴》，司马光付出了一生的精力，他上书时说："我现在面容憔悴，视力衰退，牙齿几乎全掉光，整天没精打采，只剩下一把枯骨了。眼下做的事转眼就忘，仅剩的一点精力也全耗在书上。只希望您闲暇时能顺手翻看，鉴古之兴衰，查今之得失，带领国家走进前所未有的太平盛世，让人民受益，天下得福，那么我就算命丧黄泉，心里也觉得一切都值得。"

《资治通鉴》从确定目录到最终定稿，司马光全部亲自动笔。《资治通鉴》以时间为经，以事件为纬，记录了公元前403年到959年，共1362年的历史；按朝代分纪，共十六纪，主讲各朝的政治、军事和民族关系，涉及文化、经济和对历史人物的评价，希望让后人看到历朝兴衰、民族兴亡，心生警醒。为编《资治通鉴》，司马光积劳成疾。1086年，《资治通鉴》成书两年不到，他就逝世了。

清朝学者顾炎武看到《资治通鉴》，说："这是后世不能没有的书。"王鸣盛也说："这是天地间不能没有的书，也是学者不能不读的书。"

《资治通鉴》是中国历史上的第一部编年体通史，规模宏大，"体例严谨，脉络清晰，叙事详明，繁简得宜"，被梁启超评价："司马温公《资治通鉴》，亦天地一大文也。其结构之宏伟，其取材之丰赡，使后世有欲著通史者，势不能不据以为蓝本，而至今卒未有能愈之者焉。温公亦伟人哉！"司马光去世后，京城千万名民众涌到街巷，为他哀悼。宋哲宗将他葬在高陵，追封为太师、温国公，称他"忠清粹德"。

"中国古代的百科全书"《梦溪笔谈》

《梦溪笔谈》是北宋科学家沈括在1086到1093年间，以笔记的形式写成的，记录了沈括一生的见闻，被西方学者誉为"中国古代的百科全书"。

1031年，沈括出生在一个官宦家庭，父亲曾任福建、河南、江苏、四川等地的知府。沈括从小就跟随父亲走过很多地方，开阔了眼界，增长了学识。和一般官家子弟一样，沈括也读儒家经典，但他不只读书，还喜欢深入研究，勤学好问，每到一个地方都要观察当地的自然景象，对天文地理等自然现象和劳动人民的创造兴趣强烈。

1063年，沈括中进士，入仕后曾参与王安石变法。1073年，他前往浙江考察水利；1075 年，出使辽国。1082 年，宋军与西夏对战永乐城，兵败。沈括遭牵连，被贬。被贬官后，沈括隐居在福建尤溪一带，将自己一生的所见所闻所学记录下来，写出了《梦溪笔谈》。有史学家评价沈括："博学善文，于天文、方志、律历、音乐、医药、卜算无所不通，皆有所论著。"沈括一生游历南北，晚年著述，内容庞杂，包罗万象。

据《梦溪笔谈》记载，沈括是第一个命名石油的人。1080 年，他在陕西为官，发现地下有一种褐色液体，产量丰富，"生于地中无穷"，被当地人称为"石漆"、"石脂"，可燃，能烧火做饭、点灯、取暖。他为这种液体命名为"石油"，并把自己的发现写在《梦溪笔谈》中：

"人们口中的'脂水'就是石油。石油依水而生，和砂石、泉水混杂在一起，断断续续地流出来。这里的居民用野鸡尾毛沾取它，把它收集到瓦罐里。这种油状如清漆，燃如火炬，冒浓烟。油烟沾到帐篷上，会把帐篷染成黑色。我觉得这种烟可以用，就把它做成墨。墨色光亮如黑漆，就连松墨都比不上。我做了很多墨，并给它取名叫'延川石液'。这种墨将来必定流行，不过是我第一个用它罢了。"

看到石油燃起后浓烟滚滚的景象，沈括还作了一首诗："二郎山下雪纷纷，旋卓穹庐学塞人。化尽素衣冬未老，石油多似洛阳尘。"他笔下"石油多似洛阳尘"的延州，现在已经成了中国著名的石油开采基地，而他提出的"石油"之名，也被人们沿用至今。

除了石油，沈括还研究过矿石，并发现江西铅山水中有胆矾，能炼铜。那时沈括随父住在福建泉州，听人说附近有一处泉水，不但不甘甜，反而苦涩。当地的居民把泉水放进锅中，熬干后，锅里会出现黄铜。沈括的好奇心被激发起来，亲自跑到铅山去看村民"胆水炼铜"。原来，铅山有几条小溪，溪水不清透，颜色青绿，味苦，这就是村民口中的"胆水"。水色之所以青绿，是因为水中含亚硫酸。亚硫酸在铁锅中煎熬，就生成了亚硫酸铜；亚硫酸铜再被煎熬，就和铁锅起了化学反应，分解出了铁和铜。

那时沈括还不了解"胆水炼铜"的科学依据，但他在《梦溪笔谈》中把这个事件如实地记录了下来，并说，在铅山附近有个颇有规模的铜矿。

沈括对地质的研究，不只局限在石油和矿石上，他还发现，冲积平原之所以形成，是因为流水对地面的侵蚀作用。《梦溪笔谈》中还有关于磁偏角的最早记录。沈括发现，指南针的指针"常微偏东，不全南也"，据此推测，地球上的南北极和地磁场中的南北极应该并不重合，而是有一个极小的差角。他称这个差角为"磁偏角"，这是世界上有关磁偏角的最早记录。地磁偏角，西方直到400年后，哥伦布航海时才发现。为了让指南针的指针方位精确，沈括提出了四种放置指南针的方法：用灯芯架磁针、用碗沿架磁针、用指甲架磁针，以及用丝线悬挂磁针。他说，最好的方法是用丝线悬挂磁针。

除了地磁偏角，沈括对声学也很有研究，《梦溪笔谈》中记录，他曾剪过一个小纸人，把它贴在一根琴弦上。当他拨动这根琴弦时，纸人会跳；而拨动其他的琴弦时，纸人则纹丝不动。沈括说，这叫"应声"。用这种方法证明声音共振，也是沈括的发明。西方直到15世纪才开始做类似的共振实验。到现在，中学物理课上，还有很多老师用这个方法向学生讲解声音共振。

声音以外，沈括还研究过光，并发现了光沿直线传播。他曾在纸窗上钻过一个小孔，发现窗外塔楼、飞鸟的影子能透过小孔，投到室内的纸壁上。沈括用这个生动的实验证明了，物、孔和像三者之间是一条直线。用光线直线传播的原理，沈括解释了为什么月亮有圆有缺，为什么会产生日食和月食，为什么凹凸镜成像会变形。

沈括观察日月天象，《梦溪笔谈》中也提到了有关天文学的知识。他曾制作浑天仪，用来观测天象。为了测量出北极星的准确方位，沈括曾接连三个月，每天上半夜、午夜和下半夜用浑天仪观测北极星，把方位画在图上，记录下来，最终得出结论：北极星的位置不在北极，而在北极三度以外。除了浑天仪，他还制作了漏刻、圭表和用来测量太阳影子的景表等天文仪器。

根据对天象的观察，对天体运行规律的了解，沈括大胆地提出了"十二气历"。这种历法类似于如今的阳历，把一年分成四季，每季三个月，小月三十天，大月三十一天。这种划分方法让月份、年份中的天数更齐整，更有利于从事农耕活动。但当时人们保守，认为这是"怪谈"，不准实行。沈括相信，将来一定有人使用他发明的历法。

除了天文、物理、地质、声学和光学，《梦溪笔谈》中还涉及了数学和生物医学。沈括发展了《九章算术》中有关堆砌物体积的计算方法，为它命名为"隙积数"；提出了计算弓弦和弧长的新方法，称这种新方法为"会圆术"。这两种计算方法，让日本数学家三上义夫赞叹不已。在《梦溪笔谈》中，沈括还提到，可以用熔蜡和木屑制作立体地图——这种制作地图的方法，西方直到700多年后才出现。

《梦溪笔谈》涉及了自然科学和人文科学领域几乎所有的学科，真实反映了北宋时期的科学发展水平，成了中国科技史上的重要文献。英国科学史家评价《梦溪笔谈》说，这是"中国科学史上的坐标"，"中国科技史上的里程碑"。为了纪念沈括，1979 年 7 月 1 日，中国科学院以他的名字为一颗小行星命名。

世界上最大的庙宇吴哥窟

吴哥窟又名吴哥寺，意为"毗湿奴的神殿"，是吴哥保存最完好的古寺庙，也是全世界最大的一座寺庙，因建筑雄伟、浮雕精致而出名。寺庙位于柬埔寨西北部，是吴哥国王苏耶跋摩二世花 35 年时间建造的。

12 世纪中期，苏耶跋摩二世定都吴哥。他信奉毗湿奴，想在都城兴建一座雄伟的石窟寺庙，做吴哥王朝的国寺，为修建吴哥窟，苏耶跋摩大兴土木，征用了全国的人力物力。

很多人说吴哥窟是皇陵，因为中国古代有相关的史料记载。1296 年，元成宗派使者出使吴哥。使者在吴哥呆了一年，回去后写了一篇报告《真腊风土记》。报告中描写了吴哥的风土人情，还提到了吴哥窟，称它为"鲁班墓"，说这是国王死后埋葬的地方。

称吴哥窟是皇陵，还因为其他寺庙多面东，朝向太阳升起的方向，但吴哥窟正门面西，朝向日落的方向——有考古学家说，东南亚风俗，用于祭祀的寺庙面朝东，而墓地则一律面西；吴哥窟画廊中的浮雕是按逆时针方向排列的，这正是葬礼中巡行的方向；画廊中的毗湿奴像，相貌神似苏耶跋摩二世，有人说，画中的意思是国王升天后化身毗湿奴，常驻神殿。

不久，暹罗攻打吴哥，吴哥迁都金边，遗弃吴哥窟。吴哥人烟越来越稀少，渐渐长出丛林——吴哥窟被森林掩盖。

后来，一些猎人进森林打猎，无意中发现森林里有雄伟的寺庙，于是当地一些佛教徒在庙旁搭屋居住，时常进庙朝拜。但吴哥森林中庙宇的遗迹仍未为人所知。直到 1586 年，一位旅行家来到吴哥，回去报告游历见闻时说："建筑独特，难以言喻。"但世人以为这是怪谈，都不予理睬。

1861 年 1 月，一位法国生物学家寻找热带动物时，闯进森林，偶然发现了掩埋在森林中的寺庙遗址。他回国后，在旅行记中大肆宣传这座古寺庙，说："这座庙宇的雄伟程度，远远超过古希腊和罗马留给我们的一切。从寺庙中走出来，回

吴哥窟

到人间，一刹那，好像从光辉的文明世界落入荒原。"旅行记出版后，吴哥才引起人们的重视。

相比其他吴哥古迹，吴哥窟并未受太大损害，因为四周有一道护城河，把原始森林挡在了寺庙的外围。20世纪30年代，人们开始着手恢复吴哥窟的旧貌。

复原后，吴哥窟被河环绕。河呈长方形，状如文字"口"，宽190米，东西长1500米，南北长1350米，外围砂岩矮围栏。河内一道围墙，距河30米，围绕吴哥窟，高4.5米，东西长1025米，南北长802米，由红土石筑成。围墙中部有条柱廊，廊长230米，正中竖着三座塔门，塔门西向，中门是吴哥窟山门。三门间有画廊相连，廊外饰有花卉图案和人物浮雕，花为莲花和玫瑰花，人物为飞天女神和骑兽武士。

每个塔门四面都交叉着纵横通道，通道呈十字形，纵道可出入寺庙，横道可参观画廊。不只西侧有塔门，围墙的东、南、北三向都有塔门。但相比西侧塔门，其他塔门较小，设计也较简单。南塔门下有尊毗湿奴像，佛像原本供在寺庙顶层，吴哥窟改成佛寺后，才被移至南大门，用以守护寺庙。南大门的飞天女神浮雕，是寺庙中唯一微笑着，露出牙齿的飞天女神雕像。

围墙东西两侧各有路通向寺庙，路面高出地面，呈堤状。寺庙西向，东西各一道门，东门外长路为土筑，西路上铺砂岩。古时候，西路曾裹金。西路长350米，宽9.5米，高1.5米，左右各排7条眼镜蛇神。路的南北两端各有一座藏经阁，阁可穿行。北阁内侧有阳台，阳台呈十字，左右有石狮，人称"王台"。穿过阳台即是寺庙山门。南北阁两侧各有池塘，北阁北池塘为荷塘，内有荷花；南阁南池塘则是清水塘。阳台和池塘不是吴哥窟原有设施，而是后人整修时添加的布置。

阳台内部就是吴哥窟的中心建筑，建筑分里外三层，被三个大小不一的长方形回廊环绕。建筑中央立有5座宝塔，是建筑制高点。回廊由砂岩石筑成，高3

米，形如"口"。回廊四周各有一座塔门，东西塔门处各建 3 座廊门，南北塔门处各建一座廊门。门里外各有石阶，通往寺庙内外。回廊内墙为巨型画廊，画廊也是寺庙的外墙。廊上有拱形廊顶，用以保护画廊；廊外有方石柱，用以支撑画廊。

画廊内排有 8 幅巨型浮雕，每幅浮雕都有近百米长，两米多高。8 幅浮雕可绕庙一周，长 700 多米。浮雕内容有吴哥王朝历史，也有印度史诗《罗摩衍那》和《摩诃婆罗多》中的故事，故事起于西北角，逆时针排列。这些浮雕生动逼真，手法纯熟，已经开始用层叠的方法来表示空间远近了，堪称艺术史上的杰作。浮雕中，每尊仙女的衣着、神情和样貌都不相同，栩栩如生，呼之欲出。有人说，这些仙女是浪花变成的，浮雕象征着仙女下凡。

除了浮雕，沿长廊走进寺庙，还能看见精美的绘画，这些浮雕、绘画等艺术装饰全部集中在建筑的外部。吴哥窟全都建筑都以砂石为材料，外部富丽堂皇，看上去庄重典雅，但内部却截然不同。因为工匠技术有限，吴哥窟内部没有大殿，所有的石室、石门、通道都狭小逼仄。人们在吴哥窟 40 公里外的山中找到了采石场遗迹，古时候，工匠们就是靠水力、人力和大象，把石料运到建筑工地的。

1992 年，吴哥窟被定为世界文化遗产之一。为了保护这份文化遗产，100 多年中，人们花了大量的时间和资金用以维护建筑。

成吉思汗西征

成吉思汗生于 1162 年，1184 年被推荐为蒙古可汗。上台后，成吉思汗广征兵，成立护卫军，开始大规模征战。1190 年，成吉思汗亲率部队，攻打金朝。为了提高行军速度，蒙古人发挥骑兵之长，以骑兵传信，开创了"箭速传骑"的通信方法。军令的传递速度加快了，军队的调遣速度也随之加快。

1219 年，蒙古军队夺金中都，攻汴京，眼看灭金。这时，成吉思汗却下令停军，班师回朝，准备西征。

成吉思汗西征是为了灭花剌子模。1210 年，花剌子模国王摩诃末灭西辽，意图东扩。1215 年，摩诃末派使者觐见成吉思汗，成吉思汗礼待使者，并派使团回访。1218 年，蒙古使者到达花剌子模，向摩诃末递交国书：两国为邻，应友爱互助，遇事协商解决，友谊为重；如果一方遭遇事故，另一方应伸手支援；两国荒废已久的往来通道应重新开放，使商人平安通过，不受约束。

国书上交后，使团还未返回蒙古，便有蒙古商人前往花剌子模经商。商队载

成吉思汗

着大量财货，途径花剌子模边境的讹答剌城，被守城将军看见。将军一时眼热，诬陷商队是蒙古间谍，扣留商队，上报摩诃末。摩诃末接报，下令处死商队所有人员，没收财物。一名驼夫侥幸逃回蒙古，送信给成吉思汗。

成吉思汗收信大怒，但仍决定冷静处理。他又派使团出使花剌子模，质问商队事件。摩诃末无言以对，恼羞成怒，竟将使臣全部杀掉。摩诃末得寸进尺，成吉思汗决定不再退让，亲率20万大军西进，攻打花剌子模。

当时的花剌子模，国势强大，领土西北至阿塞拜疆，西南抵波斯湾，东南接印度河，东北临哈萨克斯坦锡尔河。摩诃末自称可以征服世界，常侵扰周边诸国。他对外狂妄，对内只忌惮母后。他对蒙古人一无所知，以为他们不过是一群野蛮人，坐在兔子一样的矮马上，一触即溃。直到第一次和蒙古人有了正面冲突，他才真正领略到蒙古的实力。

1219年9月，成吉思汗率军进攻，半年打下8座城池。花剌子模表面嚣张，其实外强中干：国土虽大但疏于整治；人口虽多但广兴杀戮；土地虽肥沃但苛捐杂税繁重；境内有40万精兵，但军令从来不统一；朝中大臣分两派，贵族争斗，意图伺机夺权。蒙古商队事件，摩诃末本不赞成，但母后的兄弟、国舅海尔汗爱财，又得太后支持，他只好妥协退让。摩诃末理屈心慌，无以应对，只好求签问卦，向神灵寻护佑。

进军花剌子模时，成吉思汗采取了"先扫清边界，再突破中间"的战略。国王摩诃末驻扎在新都撒马耳干，太后驻扎在旧都玉龙杰赤，两都分别位于不花剌的东方和西北方。成吉思汗先率军攻打花剌子模的边境城市讹答剌，之后进军不花剌，切断两都之间的联络。讹答剌战争打得格外激烈，成吉思汗活捉了守将海尔汗，将汞水灌进他的双眼，为被杀的商人和使臣报仇。

1220年底，蒙古军队又攻下10多座城池，接着，兵分三路前进。有将领建议摩诃末，集中兵力，决一死战。但摩诃末不予理睬，坚持分散兵力，各城池分头作战。兵力分散，军队抵抗力减弱，致使蒙古军队长驱直入，三天拿下首都撒马耳干。撒马耳干驻军10万，但不堪一击。摩诃末无以为抗，率臣下弃都逃亡。成吉思汗下令乘胜追击，摩诃末逃往里海，病死在海岛。蒙古军队北上，转攻玉龙杰赤。王子札兰丁率兵抵抗，不敌，西逃，被围困在印度河。王子跳河突围，逃往印度。花剌子模亡国。

成吉思汗将花剌子模国土内的钦察草原封给长子术赤，这片土地日后成了钦察汗国。攻下花剌子模后，成吉思汗继续西征，横渡里海，进入黑海，到达高加索山脉，1223 年，打下罗斯。1225 年，成吉思汗凯旋东返，将新征服的领土分给儿子们。这些被分封的土地同钦察草原一道，日后发展成四大汗国。

1225 年秋，西夏违背盟约，成吉思汗率 10 万大军亲征西夏。这时，他已经 64 岁了。行军中途，成吉思汗围猎受伤，发起高烧，一病不起。但他仍全力攻夏，不肯撤兵，1227 年 8 月 25 日，在甘肃六盘山病逝。

1235 年，拔都再次西征，率军直捣欧洲腹地。1241 年，蒙古军队攻陷波兰，破日耳曼军，入匈牙利，威胁威尼斯，欧洲震动。这时，窝阔台驾崩，拔都班师回朝。1251 年，蒙哥即位，发起第三次西征。西征军一举侵占巴格达，抵达埃及。这时，蒙哥阵亡，蒙古人西征结束。

一位英国史学家说："蒙古人的征服故事是历史上最出色的故事之一。"蒙古人从小在马背上长大，成吉思汗作为蒙古首领，也在马背上为自己和子孙打下了更大的江山。他曾说："在战场冲锋时要像雄鹰，高兴时要像三岁的牛犊，明亮的白天要深沉细心，黑暗的晚上要坚韧顽强。"

"尼姑将军"北条政子

北条政子在伊豆国出生，是日本平安时代武将北条时政的大女儿，镰仓幕府开创者源赖朝的正妻。她之所以被称作"尼姑将军"，是因为丈夫病逝后，她曾出家为尼。当时日本国乱，为保住丈夫留下的基业，她果断回朝平乱，赢得了这样的美誉。

源赖朝的父亲源义朝是源氏家族的首领。1159 年，他为天皇平乱，立了大功，但地位却在平氏家族首领的平清盛之下。源义朝心生不满，趁平氏家族离京拜神时，拘禁日本天皇。平清盛得知后，回京杀死源义朝，把他的儿子源赖朝流放到伊豆，自己总揽朝政大权。

源赖朝被流放伊豆后，北条政子的父亲北条时政奉命监管他的言行——政子与源赖朝相识。当时，源赖朝正处于人生低谷期，前景渺茫。政子与他扯上关系，不仅自己将来的安逸生活得不到保障，而且整个家族的政治前景都可能遭到牵连。1177 年，恋情被政子的父亲得知了。北条时政希望在政场大展宏图，害怕女儿与流放犯结合，引起掌权者平氏的不满。北条时政前思后想，最终决定把女儿许配给伊豆代官山木兼隆。婚事一定，两天后，政子就出嫁了。

但政子个性坚贞，不愿甘受摆布。结婚当晚，她用棍子打晕新郎，翻窗逃跑。她翻过一座山，一口气跑了十多里，来到源赖朝家中。两人躲进伊豆山神社。代官追到山神社，见社外有僧兵守卫，不敢贸然动武。婚事不了了之。

没多久，两人的长女大姬出世了。北条时政见木已成舟，只好妥协。那以后，北条家族与源赖朝结盟，备受倚重，成了开创镰仓幕府的重要政治力量。北条氏与源赖朝齐心，征战南北，势力越来越大，不久，横扫关东，实现了关东统一。源赖朝征战的根据地在镰仓，被人们称作"镰仓殿"。源赖朝统一关东后，身为正妻的政子就成了"御台所"。20 多年后，源赖朝势力压过天皇，建立镰仓幕府，成了统帅全国的大将军。期间，政子如影随形，1182 年生下长子赖家，1186 年生下幼女三藩，1192 年生下幼子实朝。

1197 年，长女大姬病故。两年后，源赖朝病逝。不久，幼女三藩病死。政子悲痛欲绝，甚至想与夫共赴黄泉。两个儿子极力相劝，才让她断了死念。政子让长子赖家继承幕府，之后削发出家，准备在青灯下度过余生。

但源赖家年幼，能力不足，重用外戚，引发大权旁落。部下心生不满，群起作乱，意欲夺权。反幕府事件时有发生，幕府统治不稳，陷入困境。政子见状，不忍丈夫辛苦开创的事业付之东流，于是从寺庙回到朝堂，挑起重担，一心平乱。政子手腕凌厉：软禁赖家，灭外戚家族，建立集体合议制度，稳定政局，只用三个月就平了乱。乱党有 4000 多名被斩，8000 多名被流放。

长子无能，于是政子立幼子源实朝为将军。源赖家不甘心将位被夺，联手父亲生前的对头，发动叛乱，欲推翻镰仓幕府。政子与父亲北条时政召集 10 万兵马，讨伐逆军。激战后，源赖家败退被俘。政子亲审长子，狱中，源赖家痛哭流涕，表示悔过，请求宽恕。政子硬下心肠，命令长子服毒自尽。1199 年 1 月，源赖家服毒，叛乱平息。

政子父亲北条时政伐逆有功，被封为政所别当，执掌政权。面对权力，北条时政起了贪念，意图派人暗杀外孙源实朝，妄图建立北条家族政权。政子得知，怒不可遏，立即号令讨伐父亲北条时政。不久，北条军队被剿。政子把北条时政赶回伊豆岛，勒令他不准再从政，不然，性命难保。这场仗打得干脆利落，战后，政子声望大增。

北条时政引退，儿子北条义时代父掌权。1219 年 1 月，北条义时派人暗杀了外甥源实朝。源实朝一死，源家后继无人，北条家族掌握了镰仓幕府的最高执政权。将军位不能闲置，于是政子想在皇族中选拔一名继任者。朝廷反对，政子遂改立藤原赖京为将军。藤原赖京与源氏家族有血缘关系，时仅两岁。政子立他为将军，自己执政。

幕府新将军上任，政局不稳。源赖朝生前力压天皇，皇族与幕府关系一直紧张。天皇看准时机，意图复兴皇室。他召集贵族作乱，命令武士攻打镰仓幕府。1221 年，1 万多名武士在京都发动战乱。

北条家族率兵分三路逼近京都。行军路上，沿途武士纷纷响应，加入幕府。军队来到京都时，士兵已达 19 万。朝廷军队死守防线，毁坏桥梁，意图阻拦幕府军的进攻。幕府士兵群情激昂，纷纷跳入河中，游水过河，仅用半天时间就打败了天皇部队。历时一个月的贵族叛乱被平息。

政子行事干脆利落，但不是只懂得讨伐追杀。源赖朝征战时，曾与兄弟源义经反目。他俘虏源义经的侧室静御前后，命令她在宫中跳舞。静御前腹中怀着源义经的孩子，诵歌表达对源义经的思念。源赖朝大怒，政子为静御前解围，说："如果我是她，或许我也会像她这样。"

史学家说，政子虽然手腕强硬，但对丈夫一往情深，终其一生都在维护丈夫的功业。在她的治理下，镰仓幕府不但没有衰败的迹象，反而蒸蒸日上。1225 年7 月，北条政子 69 岁，因劳累过度病逝，与幼子实朝葬在一起。

蒙古帝国

蒙古帝国是历史上最大的帝国之一，横跨欧亚大陆，面积最大时曾达到 4000多万平方公里，占了世界土地面积的五分之一还多。

横跨欧亚大陆的蒙古帝国是从蒙古草原扩张而来的。13 世纪，蒙古人居住在亚洲北部的高原上，游牧为生。成吉思汗成为民族首领后，成立蒙古国，发动西征，讨西夏，攻乌克兰，把疆土扩展到了高加索山脉。那以后，蒙古人东攻西伐，开始了领土扩张的生涯。1227 年，成吉思汗在六盘山病逝。那时，蒙古帝国的领土已经把中亚和西亚的大部分，中国的东北、西北和华北都囊括其中了。

成吉思汗去世后，儿子窝阔台继承汗位。1235 年，蒙古出兵罗斯，占领莫斯科。1240 年，蒙古军队占基辅。1241 年，成吉思汗孙子拔都率军，攻入波兰、匈牙利、斯洛伐克和捷克。军队长驱直入，抵达奥地利维也纳——这是蒙古军队到过最西的地方。一年后，窝阔台去世，拔都率军回国，继承汗位，停止了对奥地利的进攻。

1230到1234年，窝阔台率蒙古兵几经征战，灭了金。1231年，蒙古军队打高丽，把高丽王室逼到了江华岛。此后，蒙古军队忙于西伐，暂时中止东部扩张。1258年，蒙古军队兵分三路，攻打南宋。1259年，军队抵达四川合州，在钓鱼城遭遇顽强抵抗。战斗中，蒙古军队大汗蒙哥中箭身亡。蒙哥弟弟忽必烈听到消息，班师回朝，自立为大汗。此时，忽必烈的弟弟阿里不哥也自立为大汗。忽必烈战胜阿里不哥，1267年，定都中都，改都名为大都。1271年，忽必烈将国号改为大元，元朝开始。这时的中原，大元居北，南宋偏居一隅。1267到1279年，经过多年征战，大元终于灭掉南宋，统一中原。1275年，高丽归顺，向元称臣。

1287年，元军进入缅甸北部，横扫中部和东部，遭遇抵抗，1303年，从缅甸南部撤出。1292到1293年，元军越过海洋，远征爪哇岛，未见成效。

1274年，忽必烈派将领攻打日本，攻下对马岛。1281年，忽必烈又派阿刺罕为总司令，范文虎为副总司令，兵分两路前往对马岛。元军到达对马岛后，阿刺罕忽然死亡，忽必烈派阿塔海前往接任。但范文虎想居功，不等阿塔海到达，就命令十几万军队登陆平湖岛，驻扎在山下。岛上刮起台风，风雨交加很多天。风停后，范文虎知道自己无力应对眼下的局面，于是抛弃士兵，带着几位高级将领，乘残存的几艘战舰偷偷溜走了。蒙古人在东亚的扩张受阻，停滞不前。

1252年，蒙古大汗蒙哥派弟弟旭烈兀率军西征。1258年，蒙古军队攻下巴格达。次年，远征军来到叙利亚。1260年，蒙古军队攻下大马士革。此时，蒙哥

正在安营扎寨的蒙古人

攻打南宋，在四川身亡。旭烈兀率大部队回朝，争夺汗位，只留少数军队驻守巴勒斯坦。不久，这支军队被埃及人打退。蒙古帝国被挡了在非洲以外。在中东领土上，蒙古人建立了伊尔汗国。

这样，蒙古帝国的领土上就有了四个汗国：钦察汗国、伊尔汗国、窝阔台汗国和察合台汗国。窝阔台汗国是窝阔台的封地，位于新疆、中亚一带。1229 年，窝阔台成为蒙古大汗，把封地赐给长子。1246 年，窝阔台逝，长子即位，两年后，也病逝。1251 年，蒙哥成为蒙古新大汗。蒙哥上任后，对窝阔台地区原有的封王大肆打压。旧有王公被处死、贬谪、迁徙后，他又把国土分配给新的王公，意图削弱窝阔台系王公的势力。

忽必烈即位后，建立元朝，重用汉人，重视中原文化，引起蒙古王公们的不满。在窝阔台长孙海都的带领下，蒙古王公数次发动叛乱，威胁元朝。1301 年，蒙古王公再次发动叛乱，忽必烈派兵镇压，叛军兵败，海都病死。1310 年，察合台汗国派兵攻打窝阔台汗国，窝阔台汗国覆灭。

察合台汗国是成吉思汗分封给二儿子察合台的领地，位置在天山两侧。1310 年，察合台汗国吞并了窝阔台汗国的大部分领土，国力越来越强，疆界北起塔尔巴哈台山，南到兴都库什山，东及吐鲁番，西至阿姆河。14 世纪中叶，察合台汗国分成了东西两部分。东察合台汗国在窝阔台汗国的旧土地上建立起来，16 世纪被明朝所灭。西察合台汗国占领了河中土地，1370 年被帖木儿帝国吞并。

钦察汗国地域面积很广，东西贯穿了叶尼塞河和多瑙河，南北连接了高加索和罗斯。钦察汗国大汗使用金黄色帐篷，所以被欧洲人称作金帐汗国。后来，拔都把咸海东北部和西北部的土地分封出去，建立了白帐汗国和蓝帐汗国。这两个汗国都附属于金帐汗国。金帐汗国的国土分为明显的两部分，一部分在钦察草原上，居民游牧为生；另一部分在罗斯，居民从事农耕业。建国初期的 100 年间，钦察汗国国力强盛。到 15 世纪，汗国内部分裂，最终被俄罗斯公国占领。

伊尔汗国是旭烈兀在西亚建立的汗国。1264 年，忽必烈正式把旭烈兀封为伊尔汗。汗国国土东西从阿姆河到地中海，南北从高加索到印度洋。1295 年，合赞汗上台。他召集了很多文人学者进宫，还让宰相编了一本历史著作《史集》。1304 年，合赞汗逝世。伊尔汗国内部分裂，外敌借机入侵，1388 年，被帖木儿帝国吞并。

蒙古人从蒙古高原出发，一统中原，纵横欧亚，打破了洲与洲之间的界限，突破了民族与民族之间的障碍，不仅统一了地域，还推动了文化交流，这样的伟大功绩，古往今来，独一无二。

有学者说："13世纪是蒙古人的世纪。"蒙古人真正的历史，是从13世纪初开始的，是他们让地球上第一次出现了"世界"这个概念。

奴隶兵"马穆鲁克"

马穆鲁克原本是一群奴隶骑兵。在阿拉伯语中，马穆鲁克的意思就是奴隶。但这里的"奴隶"和干粗活的低级奴隶完全不同。这些奴兵被统治者直接管辖，是军队中的精锐，比自由人俸禄还高，待遇还好。因为受过严苛的训练，所以奴兵中人才辈出。

最早的马穆鲁克是古拉姆骑兵。那时巴格达发生叛乱，阿拉伯君主便把突厥奴隶编成部队，平定动乱。突厥人擅长骑马，屡战屡胜，很快成为部队精锐。但这批外来奴隶并不可靠，几十年后发动叛乱，杀掉了四位君主，引发了一场政治灾难。君主明白，古拉姆骑兵的存在不再是保障，已经成了威胁，于是对骑兵做了改进。"马穆鲁克"出现了。

改进后的骑兵，不再使用已经成年的奴隶——成年后的奴隶很难全心忠于君主。君主开始购买突厥儿童，从小训练他们，给他们灌输宗教观念。由于从小生活在军营中，马穆鲁克长大后几乎没办法融入外界社会——没有其他方法养活自己，他们只好做职业军人。这样一来，"奴隶兵"马穆鲁克既有作战实力，又不能对手握实权的统治者造成威胁。

马穆鲁克的军事训练强度很大，除了常规训练，他们的日常消遣也和战斗息息相关：比赛骑射、马术、刺枪，还有马球。所以他们骑在马上的时间一点儿都不少于游牧民族。马穆鲁克不仅要善于骑马作战，而且要对信仰虔诚，扶弱济贫，惩恶扬善，豪爽大方——马穆鲁克的影响力越来越大，身居高位的马穆鲁克越来越多，马穆鲁克开始干预高层的决策。

1249年，埃及国王艾尤布病逝。马穆鲁克杀掉艾尤布的子嗣，拥立他的妻子珊扎为新国王。但女国王不被其他国家承认，于是珊扎嫁给马穆鲁克出身的将军艾伯克——艾伯克成了埃及第一个马穆鲁克国王。后来艾伯克遭人暗杀，马穆鲁克将军古突兹在政治斗争中崭露头角，建立了马穆鲁克王朝。

1252年，蒙古人入侵阿拉伯，古突兹率马穆鲁克抵抗。1260年9月3日，两军在艾因贾鲁展开决斗。马穆鲁克对蒙古军队发起突然袭击，用刀斧同他们展开近距离搏斗。蒙古军队伤亡惨重，几近全军覆没，首领被俘，遭斩决。回国路上，古突兹被暗杀，在战争中立下大功的拜伯尔斯上台，成为新国王。拜伯尔斯即位后，对蒙古军队展开反击，使蒙古军队再受重挫，不得不撤回东部。拜伯尔斯气势日盛，却突然死亡——1277 年，他错喝了自己准备赐给别人的毒马奶酒，中毒身亡。

拜伯尔斯死后，蒙古人卷土重来。1299 年，10 万蒙古士兵和 2 万马穆鲁克在叙利亚卡萨德山谷发生激战。马穆鲁克以弱胜强。战后，蒙古军队死伤近 1 万人，马穆鲁克却只损失了 200 人。长期的军事训练，让马穆鲁克在近距离肉搏战中能以一当十；在竞争环境中长大，又让马穆鲁克将领一代比一代更有能力——登上王位的人如果无能，那么他一定会被暗杀。很少有人登上王位后能活过五年。拜伯尔斯死后，国王王位上，主人更迭不断。

马穆鲁克体制有个最大的不足：每个马穆鲁克都要从小被训练，训练费用高昂，所以马穆鲁克扩军的可能性不大。因人力不足，打败蒙古人后，马穆鲁克也没办法追击他们。1323 年，马穆鲁克王朝决定与蒙古议和。

15 世纪后，奥斯曼帝国兴起了。对马穆鲁克来说，奥斯曼人是个崭新的敌人，他们手中有种新型武器——火器。火器的出现，让骑兵的地位直线下滑。1516 年，双方宣战。马穆鲁克国王以为从前击退蒙古人的光辉岁月能重现，行军时大肆张扬，甚至在行军路线上铺满地毯。8 月 24 日，两军在叙利亚的达比克草原交战。从战役开始，就几乎胜负已定。马穆鲁克不但人少，而且主力都是骑兵，余下的全是临时招募的志愿者。奥斯曼军队却不同，不仅有骑兵，还有炮兵和数量庞大的民兵。激战到中途，马穆鲁克的临时志愿者开始四处逃窜，国王也被捉住，处以斩刑。

战败的消息传回埃及，引起了开罗社会的动荡。动荡中，新国王突曼仓促即位。1517 年，15 万奥斯曼士兵开进开罗，突曼带着少数忠诚的马穆鲁克迎战。战斗中，突曼带亲卫冲破奥斯曼士兵的火枪防线，冲进敌军大本营，差点见到奥斯曼苏丹。但寡不敌众，身边的亲卫一个个倒下，突曼孤军奋战，难以支撑，

一位马穆鲁克勇士在展示其坚不可摧的盾牌

拼死突破重围。这一战，马穆鲁克军队几乎全部被消灭。突曼返回埃及后，组织民兵打游击战，但遭到背叛，行踪泄露。奥斯曼帝国派大军来剿。突曼率残军同敌人奋战两昼夜，不敌被俘。马穆鲁克王朝倾覆了。

王朝虽然不在了，但马穆鲁克仍然有残存势力。奥斯曼帝国派来统治埃及的官员不了解埃及形势，所以对埃及的管制力度不大，始终不能触及埃及政治的实质——马穆鲁克又崛起了，他们成了埃及实际上的统治阶级。这时的埃及，百废待兴，人民生活困苦，还要承受奥斯曼帝国和马穆鲁克的双重压迫。曾经被称作"捍卫者"的马穆鲁克，这时为人咒骂，成了腐败的象征。

1798 年 7 月 21 日，拿破仑进攻开罗北面村庄的艾巴贝。守卫艾巴贝的几乎全是农民，他们手持棍棒，根本没有抵御能力，只有几千名马穆鲁克守在村庄的东侧。这场战役对驰骋战场近千年的马穆鲁克骑兵来说，堪称最为惨重的一场。拿破仑军队带着 40 门火炮，步兵组成坚不可摧的方队。炮火加子弹，使马穆鲁克骑兵根本不可能靠近。马穆鲁克士兵的尸体越积越多。骑兵们很快明白了，冲锋无异于自杀。马穆鲁克军心涣散，一路撤退，撤到尼罗河岸边时，终于无路可退，只好跳下河。尼罗河又深又宽，溺死了五分之一以上的马穆鲁克。经此一役，马穆鲁克辉煌不再——传奇的马穆鲁克就此没落。

地跨亚非欧的奥斯曼帝国

奥斯曼帝国是土耳其人建立的。土耳其人原本居住在中亚，游牧为生。14 世纪，蒙古人西征，他们不得不迁移。最开始，他们依附罗姆苏丹国，在拜占庭附近得到一块封地，成立了自己的部落。部落首领埃尔托格鲁尔去世后，儿子奥斯曼即位。1299 年，罗姆苏丹国内部分裂，奥斯曼看准时机，宣布独立——奥斯曼部落正式成了一个国家。

1326 年，奥斯曼的儿子奥尔汗继位，率军攻打罗姆苏丹国，占领了罗姆苏丹国的大部分领土。1331 年，军队攻到东罗马帝国，迁都尼西亚。1354 年，奥斯曼军队攻下加里波利半岛，站稳脚跟后，转而攻打巴尔干半岛。奥尔汗当任时，确立了国家行政机构，任命了大臣，统一了货币。在他的经营下，奥斯曼帝国的国家体制越来越完善了。

1360 年，新国王穆拉德一世上台，大举进攻东南欧。1362 年，迁都埃迪尔。1389 年起，军队战胜塞尔维亚、保加利亚和匈牙利联军，威胁拜占庭帝国。欧洲各国震惊了，纷纷派兵赶来支援拜占庭。1396 年，欧洲联军与奥斯曼军队在尼科堡对抗，联军士兵中，有近 1 万名成了奥斯曼的俘虏。其中只有 300 名贵族骑士被政府用巨额金钱换回，没被换回来的士兵全被杀害。欧洲各国再也没有力量抵御奥斯曼帝国的扩张——拜占庭帝国眼看就要灭亡了。

这时，中亚有个叫帖木儿的突厥民族，发展势头劲猛。1402 年，帖木儿军和奥斯曼军对阵安卡拉。奥斯曼大败，国王被俘。军队受挫，奥斯曼国内大乱：国王的儿子为争夺王位掀起内战；奥斯曼新征服的领土上，人民借机反抗，叛乱此起彼伏。奥斯曼国乱，无暇扩张，让拜占庭帝国有了喘息的机会。

几年后，奥斯曼新国王平定了国内叛乱，收回了被帖木儿占领的土地。1444 年，欧洲的基督教国家在瓦尔纳发起反击，奥斯曼苏丹打退了这次反击。1453 年，奥斯曼苏丹率军攻打东罗马帝国首都君士坦丁堡。君士坦丁堡不敌，沦陷，东罗马帝国灭亡。苏丹迁都君士坦丁堡，改都名为伊斯坦布尔。打败东罗马帝国后，奥斯曼帝国成了欧洲东南部和地中海东部地区的霸主。

1514 年，奥斯曼国王塞利姆一世打败萨非王朝，帝国继续向东南扩张。1517 年，奥斯曼军灭埃及马穆鲁克王朝，帝国势力延伸到红海。奥斯曼帝国国力越来越强盛，领土越来越大，从亚洲直抵北非。

但奥斯曼国王并没有因此而满足，1521 年，奥斯曼军攻下匈牙利——匈牙利成了奥斯曼帝国的属国。1529 年，奥斯曼军围困维也纳。但因冬季到来，奥斯曼军不得不撤退。1532 年，奥斯曼帝国发兵 10 万，再次进攻维也纳，被击退。奥斯曼帝国受挫，但不肯罢休，仍然东征西伐，发展势头锐不可当。到苏莱曼一世统治时期，奥斯曼帝国向东已经扩展到美索不达米亚平原，直抵波斯湾。

在对外扩张的过程中，奥斯曼海军控制了地中海的大部分地区，多次打败基督教国家海军，使奥斯曼在黑海、爱琴海、地中海、红海和印度洋上的航线保持畅通。同时，陆地上扩张也使奥斯曼帝国掌握了欧洲大陆和亚洲之间的主要贸易干线——奥斯曼帝国垄断了欧亚之间的贸易，经济迅速发展。

1543 年，因为奥斯曼帝国和法国都遭到了欧洲中南部国家的抵制，于是两国结交，建立了经济和军事上的联盟。为了加强两国之间的经济交流，奥斯曼帝国允许法国人在帝国国土内自由贸易，并免掉了他们的贸易税。这时的奥斯曼帝国实力雄厚，不只吸引了法国前来相交，军事同盟国还包括英国和荷兰。

奥斯曼帝国垄断贸易干线，邻近小国要想同亚洲贸易往来，就不得不途径奥斯曼。奥斯曼国力强大，又虎视眈眈亟待扩张，对于邻近小国来说，陆路太危险了。

16世纪，西欧势力崛起，葡萄牙成了海上霸主，威胁奥斯曼帝国的海上力量。同时，哥伦布发现了通往亚洲的新航线，欧洲国家建立了去亚洲的新航道，发展贸易不必再途径奥斯曼。奥斯曼的经济发展遭到严重影响，不得不放慢领土扩张的步伐，着力挽救经济。

奥斯曼帝国扩张不断，征战连年，需要大量的步兵，于是放低了征兵门槛。士兵数量多了，但素质却明显下滑，军队的纪律出现了问题，士兵哄闹造反的情况时有发生。这时，欧洲其他国家走上了近代化道路，革新军事，军事战略和军事装备远远超过了保守的奥斯曼帝国。1683年，奥斯曼帝国再次围困维也纳。波兰、奥地利、德意志三国组成联军，大败奥斯曼军，阻止了奥斯曼帝国的扩张。面对内外双重的冲击，奥斯曼帝国不得不放弃扩张，转而进入防守状态。直到20世纪初，第一次世界大战爆发，奥斯曼军队对阵协约国，兵败，国土分裂，帝国覆灭。

奥斯曼帝国的极盛时期，国土一度横跨亚欧非，东起中亚波斯湾，西达北非摩洛哥，北及奥地利，南抵苏丹，掌握东西方的陆路交通600年之久。在奥斯曼，东西方文明交汇融合，对世界产生了举足轻重的影响。

大津巴布韦文化

非洲南部有个内陆国家，叫津巴布韦。在班图语中，津巴布韦的意思是"石头城"。津巴布韦之所以名叫"石头城"，是因为津巴布韦古城中发现了一个重要遗址——遗址全部都是用巨石建起来的。

1871年，一位德国地理学家卡尔·莫赫来到非洲探险。在非洲中南部的高原上，他发现了一处古文明的遗迹。这片遗址分三个部分：山顶是一些中心建筑，外围有石廊卫城，再往下，山谷中又是一个建筑群。这些建筑全用花岗石砌成，巨石之间没用任何物质粘连，被发现时，仍然坚固宏伟。

这片遗址中最古老的部分就是山顶建筑群。山顶海拔100多米，坡地上，遗址星罗棋布。建筑中既有堡垒也有围墙，围墙高大，围在建筑群外围。建筑群中还能看见用花岗岩雕出来的石鸟。有人说，这是统治者住的地方，石鸟是为了证明统治者的权力为神所授。还有人说，这里是供王族和巫师住的，石鸟是活着的统治者和死去的统治者之间联系的纽带。

石廊卫城是遗址中最壮观的建筑。卫城呈卵形，用11米高、244米长的石墙围起来。石墙分两层，为内墙和外墙，墙壁用石板砌成，中间填满石块。这些石板切割得细致准确，拼贴到一起后，组合严密，不漏缝隙。墙体向内倾斜，使墙更加稳固。墙上某些地方，用不同颜色和质地的石块组成了不同的图案。卫城最宽处有 106 米，中间竖着一个锥形石塔。石塔底部直径有 6 米，高 11 米，是大津巴韦布文化的标志建筑。

谷地上的建筑群没有其他建筑宏伟，但能看得出来，这里是中世纪津巴布韦的政治和经济中心。遗迹建筑呈圆形，像小屋，多用混合土建造。这种混合土是白蚁堆中的湿粘土和沙子的混合。遗迹中还有熔铸黄金的器具，设施良好的排水系统，以及像石廓卫城那样的石造房屋。种种迹象表示，这里曾经繁华过。建筑中明显能看出住宅是地位的象征，考古学家认为，混合土屋是平民的住所，石屋则是大臣和重要人士的居所。后来，这里还出土了很多著名的文物，例如"津巴布韦鸟"石雕。

卡尔发现这片遗迹后，心里有个谜团，不知道这些建筑是非洲人自己的创造，还是外来人的作品。他说："建筑聚在一起，有好大一片，全都没有屋顶，用灰色花岗石筑成。建筑技术巧妙，有些石块还曾被雕琢过。看这些建筑中石墙的风格，明显是欧洲式的。"在他看来，建造这座石头城的人不可能是非洲人，更不可能是当地人的祖先。

卡尔做了一份报告，报告出版后，很多学者和探险家对这座石头城产生了兴趣，纷纷前来考察。1899 年，一队英国人来到这里，对这片遗址做了详细研究。

津巴布韦的大围墙

最开始，他们觉得这片遗址不过是非洲本土的文化遗迹，一点都不古老。后来，一个科学家挖到了四只石雕鸟。这些鸟是用皂石雕刻成的，站在高高的石雕柱上。科学家看到这些石雕，变了口气。在他看来，这是真正值得珍藏的艺术品。这些艺术品背后的古文化，不输古希腊，但一定不是非洲文化。这片废墟这么神圣壮观，和周围未开化的自然景象根本格格不入。另一位科学家也觉得，这些建筑应该是从阿拉伯或者东方来的人建造的。

在那时的欧洲人看来，非洲是原始人的聚居区，这里的人还没有接触过文明，更别提拥有自己的古文化了。在他们眼里，非洲居民永远居住在泥土筑成的茅草屋中，矮人一截，需要接受文明的指引。在非洲发现这么富有创造性、结构合理、组织严谨的建筑，简直令人难以置信。他们编造了很多神奇的传说，有人说这是古埃及的流放者建造的，有人说这是《圣经》中失踪以色列人的部落群，还有人说这是遇到海上风暴的北欧海盗建立起来的。最荒谬的一种说法是，这是犹太所罗门王的藏宝地。欧洲人不愿承认，非洲黑人有过先进的古代文化。

为了证明这座石头城是外来文明的产物，欧洲人在遗迹上做了野蛮的挖掘。欧洲人想找到证据，证明南非黑人早就是白种人的奴隶了。他们挖出来的文物，只要不能证明石头城是外来文明产物，就全被扔掉了。还有人挖掘这座石头城，只为了寻找黄金和宝石。在多年的野蛮挖掘后，很多遗迹和建筑被毁坏了，所以有关这段文明的历史，流传下来的很少。

1905 年，一个名叫大卫的考古学家来到这座石头城。他对遗址做了细致考察后说："不管从哪个细节看，大津巴布韦都是非洲的遗产。"这个结论英国科学促进会不接受，让另一位考古学家再去考察。这位考古学家经过彻底分析后，1929年宣布，大卫说对了，这就是非洲古文明的遗址。结论出来后，英国人不得不承认，大津巴布韦的确是非洲古文化的遗迹。

现在，几乎没有人质疑，这座石头城就是非洲人建立的了。随着文物一件件出土，考古学家的发现越来越多。他们发现，大津巴布韦曾经隶属于一个强大的非洲国家，这个国家统治着整个津巴布韦高原。这片高原适合居住，人民靠畜牧为生，出口铜铁和黄金，生活富裕。公元 9 世纪时，这个国家已经和周边国家构成了独立的贸易体系，用黄金换生活用品。他们的黄金甚至流通到了阿拉伯。在这片遗址中，考古学家发现了东非的古币、中国的陶器、印度珍珠，还有伊朗地毯——黄金贸易让这里的经济得到快速发展。人民手里的财富有多有少，阶级出现了。

生活富裕的人成了贵族，用石墙围绕自己的房屋。这些石墙不是用来防盗的，而是用来彰显身份，和普通百姓保持距离的。这里的居民掌握着一流的花岗石加工工艺：他们利用昼夜产生的温差，让花岗石裂开。为了让石头裂得更快些，他们先在石上生火，然后往上面浇冷水。大块的石头很快分裂成了小块的薄片，石片一层一层，光滑平整。

有了平整的花岗石片，人民又发明了适用于这种石片的建筑：用一层层石片砌成厚厚的墙。石片之间贴合紧密，根本不需要靠黏性物质黏合。有考古学家说，从 10 或 11 世纪开始，大津巴布韦有了常住民。13 世纪，大津巴布韦发展到了最繁华的阶段，占据着高原上的统治地位达 200 年之久。现在人们能看到的石头城遗迹，就是那时建立起来的。1970 年后，又有科学家搜集到证据：大津巴布韦的山顶上居住了 1.8 万多名居民，这里的生活俨然已经是都市生活了。

16 世纪后，葡萄牙人开始在港口进行贸易，影响了大津巴布韦的黄金贸易。大津巴布韦衰落下去，人民迁居到别的地方——大津巴布韦被遗忘了。直到"石头城"被发现，这段文明被挖掘出来，人们才知道，撒哈拉以南原来有过一个显赫的帝国，这个帝国有过杰出的文化，在非洲文明史上取得过杰出的成就。

富有的马里国王曼萨·穆萨

1324 年，马里国王曼萨·穆萨和他的随从骑着骆驼，装束豪华，浩浩荡荡地开向东北方——他们要到麦加去朝圣。队伍前面有 500 名奴隶，每名奴隶身上带着 6 磅黄金。奴隶们组成声势浩大的仪仗队，手持金杖，为国王开路。队伍后面跟了 100 头骆驼，每头骆驼背上驮了满满一驮黄金，每驮黄金都重 300 磅。后面又跟了 1000 头骆驼，这些骆驼驮着食物和礼物。再往后，是身着华服的国王妻妾、侍从，总共 8000 多名。队伍里还有 6 万多名搬运工，专门负责搬运货物。

这支队伍途经埃及，到达开罗的时候，开罗人看到这么铺张的场面，不禁目瞪口呆。国王一路走，一路用黄金赏赐沿途的官吏、选购物品、施舍平民，挥霍掉的黄金不计其数。他离开埃及后，埃及金价暴跌。这次朝圣之旅让曼萨·穆萨声名远扬。不只埃及，连欧洲和阿拉伯地区都受到震动，从此知道了非洲有个马里帝国，国力强盛，财富惊人。

马里位于尼日尔河的支流桑卡拉尼河畔，原本是个小酋长国，11 世纪前是加纳的属国。后来加纳衰败，索索人强盛起来，马里又成了索索人的附属国。马里盛产黄金，11世纪中期开始变得富强。1235年，马里王子松迪亚打败索索人，吞并加纳，成立了马里王国，定都尼亚尼。在松迪亚的带领下，马里王国从建国之初就打下了良好的经济基础：人民砍伐树林，把森林变成耕地，种植棉花和粮食。国内粮食自给自足，棉织品大量出口，黄金源源不断地运往北非。马里国力日盛。

曼萨·穆萨是马里的第九位国王。他即位时，马里经过前几位国王的治理，经济发展，领土扩大，已达到极盛时期。曼萨·穆萨朝圣时，他手下的一位将军率兵攻打撒哈拉，征服了那里的游牧民。那时马里的领土，东起铜矿产地和商队聚集地塔凯达；西至大西洋；北入撒哈拉沙漠，掌握了陶德尼产盐区；南接赤道热带森林。曼萨·穆萨访问开罗时，曾对一位法学家说，马里的领土长度"走路要走一年"。

曼萨·穆萨上台后，着力扩展马里与其他国家的贸易，用本国资源交换其他国家的物资。那时，马里有6条商道通往地中海，专门发展贸易。商道上商人往来，仅过境税就是一笔丰厚的收入。14世纪中期，有一位旅行家来到马里，记录下了他看到的景象：每隔一段时间，马里都有商队到开罗从事贸易活动。埃及等阿拉伯地区也会派商队来马里。在曼萨·穆萨的治理下，马里同北非国家贸易往来频繁，输出黄金、奴隶和食盐，输入马匹、服装和纺织品，几乎成了周边所有国家的黄金和食盐供给国。贸易频繁的直接结果是城市繁荣起来，那时马里有很多繁华的城市，如廷巴克图、瓦拉塔、加奥。廷巴克图是马里的文化中心，那里有很多外国人从事商品贸易，城内还有一个专供外国商人居住的街区。

曼萨·穆萨重视文化的发展，对人才和知识格外尊重。他在廷巴克图建立的桑科尔大学，是世界有名的高等学府。学校邀请了很多外国学者前来讲学，图书馆中藏书众多，书籍种类丰富。学校有数千名学生，所有学生都可以免费受教育，其中还有很多慕名而来的欧洲留学生。

曼萨·穆萨不仅重视文化，还重视权力的扩展。他成立了一支10万人的军队，军队中有一万名骑兵。在尼日尔河上，他还有自己的水军。他派军队四处征战，俘虏了大量的奴隶——奴隶买卖也是市场上常见的贸易手段。马里王室和贵族家庭拥有很多奴隶。这些奴隶为他们挖金矿、做苦役，从事家庭劳动，有些奴隶还被送进军队充了军。军队征战中，很多部落沦陷，成了"奴隶部落"。曼萨·穆萨命令他们上缴赋税和贡品，还派官吏监管他们。曼萨·穆萨亲自任命了马里所有地区的行政长官，这些长官效忠于他，向他缴纳贡品，称他为"众王之王"。

由于马里的土地扩张主要靠武力征服，所以马里国内出现了很多矛盾冲突剧烈的部落或集团。征服过程中，不同的种族融合进来，不同的阶层出现了，致使种族与种族之间、阶层与阶层之间摩擦不断，纷争不断。马里国内的社会关系越来越复杂，权力争夺越来越激烈。曼萨·穆萨去世后，马里统治阶级为了争夺王位，内战不断，国力式微，辉煌不再。

阿兹特克文化

阿兹特克文化是由居住在墨西哥西部的阿兹特克人建立的。阿兹特克人是墨西哥人数最多的印第安部落，原本居住在墨西哥西北部一个叫阿斯特兰的海岛上，打渔为生。1164 年，他们被敌人追击，在酋长的带领下，迁移到墨西哥中部谷地，进入墨西哥盆地。墨西哥盆地已经被丘尔华人占领，他们被迫撤退。在特斯科科湖西岸的沼泽中，他们找到两个无人居住的荒岛，于是定居下来。1325 年，他们在岛上建立了特诺奇蒂特兰城。

有关特诺奇蒂特兰城的建立，有个流传很久的神话传说。传说中，阿兹特克人被敌人追击，四处寻找立足地。战神对他们说："有一只鹰，口里叼着一条蛇，站在一棵仙人掌上。你们去找到它。这只鹰在的地方就是能让你们立足的地方。"阿兹特克人得到指引，一路寻找，在特斯科科湖边的一座小岛上，真的发现了一只鹰，口衔一条蛇，站在仙人掌上。他们在岛上定居，建立了自己的城市特诺奇蒂特兰，并把这片居住地称作墨西哥。阿兹特克人使用纳华特语，在纳华特语中，特诺奇蒂特兰的意思是"仙人掌之城"，墨西哥的意思是"战神指定的地方"。到现在，墨西哥还用一只口衔蛇的鹰做国徽。

阿兹特克人以绘画代替文字传情达意，对自然神格外崇拜。他们擅长打仗，崇拜战神威济罗波特利。就是这位战神，指引他们找到了定居地，被他们尊为守护神。除了战神，他们还崇拜太阳神、月亮神、春神，以及能呼风唤雨、传播学问的蛇神。

在阿兹特克人的历法中，根据日升月落，把一年分成了 18 个月，每个月 20 天，另有 5 天禁忌日，共 365 天。每一天都有自己的名称，如这一天是猴日，那一天是雨日等。阿兹特克人使用太阳石计算历法。太阳石是一块圆形历石，20 多吨重，上面刻着精细的刻度，用来计时。由于每天日升月落不在同一个时刻，太阳石上的指针，每年年终停留的位置总会不同。但每隔 52 年，计时刻度旋转 52

圈后，总会回到同一个标记。所以阿兹特克人把 52 年看做一轮，每轮终结时，总要举行盛大的仪式。除了计算太阳历用的太阳石，阿兹特克人还制造了 10 吨重的月亮石。

阿兹特克人按太阳历作息，也按太阳历从事农业活动。为了扩大活动范围，他们在岛外的湖面上打起木桩、扎起木筏，填土，铺河泥；在沼泽地带，筑起土墙，在墙间堆满芦苇，再把从湖底挖来的沃土铺到芦苇上，修了很多人工岛。为了防止泥土被湖水冲散，他们还在人工岛的角落和边缘地带种了很多柳树。

人工岛建好后，阿兹特克人在上面种植蔬菜、玉米、番茄、甘薯、棉花、烟草和豆类。他们懂得灌溉，懂得施肥，还能分辨 1200 多种植物，农耕总有不错的收成。阿兹特克人懂得利用植物，发现了草药，医学成就很高。他们能用草药治疗疾病，还制造了麻醉剂。那时的墨西哥，人口有 600 多万。都城特诺奇蒂特兰人口占 30 万，繁华度在全世界都名列前茅。

除了耕地，阿兹特克人还制造铜器、陶器、金器，从事手工业。阿兹特克人的手工业技艺高超，懂得铸造和压制技术，还能镶嵌羽毛和宝石，制作装饰品。阿兹特克能工巧匠很多，工匠们制作的金鸟，头舌和四肢都能活动。

首都特诺奇蒂特兰有 4 个大市场，供人们交换物品，从事贸易。每隔 5 天，人们会带着自己种植的粮食、香草，制作的陶器、毛织品、装饰品，酿造的蜂蜜，到市场中以物换物。他们没有货币做流通媒介，有时会用可可豆、装满细金沙的鹅毛杆作媒介，换取物品。每次贸易，市场中都能汇集 3 万到 5 万人。城中最大的市场叫特拉尔特洛尔科大市场，在这里，每次都汇集 6 万人前来换物，从事贸易。

从 1325 到 1487 年，他们用了 100 多年，把首都特诺奇蒂特兰建成了一座恢弘的城市。特诺奇蒂特兰是一座水上城市，占地 13 平方公里，建筑 6000 多座。阿兹特克人在城市中心建了一座神庙。神庙周围有 20 多座大小庙宇，构成城市的主建筑群，供国王和贵族居住——这里是城市的制高点。以神庙为界，阿兹特克人修了两条交叉路，一条横贯东西，一条纵跨南北——两条路把城市分成了 4 个区域。

有人把这些庙宇称作美洲金字塔。这些庙宇也用石块筑成，但外观和埃及金字塔截然不同，平顶，有四面墙，墙壁是等腰梯形。中心神庙为战神而建，是城中最大的一座庙。庙身高 46 米，占地 8000 多平方米，四面砌有石阶，从庙底到庙顶共 114 阶。塔身有 4 层，每层有个"回"字形平台。平台环绕塔身，将石阶连在一起。塔顶平台上修了两个庙堂，堂中供着神像，摆着祭台和祭器。阿兹特克人习惯以活人作祭，出征前和凯旋后都要将人押上祭台，挖出心脏，供奉战神。

战神庙周围，国王和贵族的宅邸中，多装饰着羽蛇浮雕，建有亭台，修有花园。国王的宫殿最令人惊叹：四壁装饰豪华，浮雕生动；房中挂满华丽的壁毯、彩色的布帘，连木柱上都刻满花鸟。国王餐厅中，餐桌前挡了一道金制屏风，目的是不让人看见国王进餐时的姿态。宫中还有座大园林，专供国王一人使用。园中栽满珍奇花草，大量饲养着獏和美洲豹，坛里还有响尾蛇，几乎囊括了中南美洲所有的动植物。传说中，国王宫殿里有100多个房间，1000多个奴婢；国王每餐要吃30多种菜，边吃饭边观赏歌舞和杂技表演。

阿兹特克人不只重视城市外观，还重视自己的衣着打扮。男人多披斗篷、佩绶带，女人则长袍曳地。有人身穿棉布衣，但更多人把野鸡、蜂鸟等鸟类的羽毛编织成衣服。不论男女，都戴着金银、珠玉制作的头饰、手脚镯和耳鼻环。他们用珠玉和贝壳做成项圈，以金环作连结，外围排24只小金铃。聚会时，饰品纷繁，让人应接不暇。

阿兹特克人住在岛上，为了防止发生水患，他们在岛东建了一条长11公里的防汛堤；为了连接岛屿，他们修了3条10米宽的石坝路；为了保障居民饮水，他们建了两条引水渠。每隔一段距离，他们就挖一条沟渠、修一架吊桥，用沟渠代替街道、吊桥连接陆地，使水路、陆路交通通畅。如果外敌入侵，他们还可以拉起吊桥，阻隔敌军。

经过连年征战，15世纪时，阿兹特克人统一了岛屿四周的部落。16世纪，他们发展到全盛期，领土东抵墨西哥湾，西达太平洋，成了拉丁美洲的大国。1519年，西班牙人入侵，烧毁首都特诺奇蒂特兰，屠杀阿兹特克人。阿兹特克文明就此终结。

印加文化

印加文化是印第安文化的一种，由居住在南美安第斯地区的印加人开创。"印加"的意思是"太阳之子"。印加人的文字并不发达，通常使用结绳记事，所以有关印加文化的开创，并没有留下文字记录。只有一个传说：印加族原本居住在秘鲁南部的高原上，公元1000年左右，最早的印加统治者带领部落来到库斯科谷地定居下来。部落慢慢扩展，15世纪，发展成了印加帝国，有了自己的文化。

印加社会井然有序，每个印加人都非常清楚自己在社会中的地位：社会金字塔中，塔顶是国王和王后——王后也是国王的姐妹，他们是同一个家族的成员，统治着整个帝国；国王以下是高等牧师、军队和官员，他们是帝国的特权阶级；之后是地方官员；再往下，手工业者；金字塔的最底层是渔人和农民。

人们都相信，印加国王是太阳的儿子。国王即位时，会同自己最大的姐妹结婚——他们的儿子将是下一任的印加国王。印加国王可以娶很多妻子，有很多孩子，但只有他和姐妹生的孩子能继承王位。印加国王有至高无上的权力，他可以四处旅行，建造宫殿。每一任印加国王都在库斯科城中心建了自己的宫殿。宫殿很大，房间很多，仆人们的居所环绕着国王和王后的住宅。宫殿中很多房间是为客人准备的，还有些房间是用来关押战俘和存放物资的。宫殿中有很多珍贵的物品，专供国王使用。

宫殿里有个特别的地方，住了一些年轻女孩。这些女孩经过精挑细选，履行女祭司的职责。她们地位很高，学习很多东西，如宗教、烹饪、纺织等。她们长到十三四岁时，会被带到供奉太阳神的典礼上，等待国王决定她们的命运走向。一些女孩会变成国王的妻子，另一些女孩则变成国王的家族成员。

印加人崇拜太阳，把黄金看是太阳的象征，称它为"太阳的汗珠"。为了观察太阳，他们在库斯科城的东西两侧建了四座圆塔，以确定冬至和春分的到来；还在城中的广场上立了一根石柱，用日影确定时间。通过研究太阳，印加人制定了自己的历法：把冬至日作为一年的开始，将一年分为 12 个月，每月 30 天；10天一星期，每月三星期。根据历法，他们制定了自己的宗教日。宗教日那天，他们举行盛大的宗教仪式，接受神谕，向神灵献祭品，全民忏悔。宗教日一年一度，每一个宗教日过去，就等于一个农业年过去。

农业在印加帝国倍受重视。印加地处沿海沙漠带，水源不足，所以灌溉系统尤为重要。印加人在坡地上开梯田，修水渠，最长的水渠有 113 公里长。梯田的顶部，印加人种植土豆、谷类等耐寒作物；中部，种玉米和豆类；梯田底部，种胡椒和水果。在印加，玉米和马铃薯是最常见的农作物。印加人把玉米当作主要食物，他们喜欢玉米的形象，还创造了和玉米形象类似的神灵。

由于有良好的灌溉系统，人们又因地制宜，所以粮食产量很高。粮食产量高了，很多农民就不再需要靠耕地为生，他们开创副业，变成了手工劳动者，从事纺织、制陶和金属加工业。

印加人的纺织技术一流。女孩从小就知道怎么把羊毛纺成衣物，她们不只纺织，还用植物给羊毛上色。羊毛变成纺织品后，轻薄柔软，图案精美。印加人不看重金银，在他们眼里，纺织品才是最贵重的东西。有时，他们还把制作精美的纺织品当货币使用。羊毛纺织品是印加人最常使用的衣料。印加男人穿草鞋或皮鞋；束腰上衣，衣服仅及膝盖；外披宽斗篷。女人把头发编成辫子，发辫中夹着布条，头戴帽子；长裙，束着腰带，裙及脚踝。不同地位的人穿着不同，但不管身处哪个阶层，着装风格都简约朴素。

在印加，手工业是被尊敬的行业，有些专业手艺人制作的祭祀用具和精美物品可以呈给国王使用。手艺人靠手工制作彩陶，他们把黏土捏成的陶胚放进炉子，烧结实，然后取出上色，常用的颜色有红、紫、黑、奶油等。做出来的陶器，造型优美，颜色鲜艳，绘有动物和几何图案。常见的陶器有单柄浅碟、敞口直筒杯等。有时木雕家也用木头雕杯子。

除了木雕和彩陶，印加人还用金属制作容器。他们用金、银、铜做成的器皿、首饰和工具，样子精巧，质地坚韧。库斯科太阳神庙中有个人面像，用黄金制成，镶嵌在巨大的太阳盘上，是印加金属制造业的杰作。

印加还有建造宫殿和神庙的建筑工匠。建筑前，建筑师们通常先做一个建筑模型，带着模型去工地，把自己的想法讲给工人们听。工人按照建筑帅的想法，去寻找大石块，在石块上钻孔，钻掉有瑕疵的部分，然后把石块装进滚筒或背架，带回工地。在工地，他们用石球撞击石块，撞掉突兀的部分，把石块变得规则，再拿硬石头摩擦石块表面，让石块变得光滑。这是一项繁重的工作，要由几百个工人一起完成。

把石块运到工地后，工人在工地上筑起土坡，在土坡上拉石头，把石头送上高墙。通常，最大的石头放在最下面。最上层是建筑最重要的部分，要放一些矩形石块，石块要经过熟练工匠的砍凿加工才能使用。建筑建好后，坚固实用，石块堆砌整齐，拼接严密，石缝中就连最薄的刀片都插不进去。

印加房屋通常是单层结构，简朴端正，设计独特。印加人设计房屋时，总不忘记考虑环境和地势。房屋与环境相融合，建筑水准非同一般。除了门会选择鲜亮些的颜色，印加建筑几乎不加缀饰。不管衣着还是建筑，印加人都喜欢简单朴素。

建筑物分布在小街道上，小街道纵横交错，连接起乡村和城镇。印加土地多为沙质，所以路面粗糙，只铺着原木。印加没有车轮，路面不适合走车，人们不管去哪儿都徒步而行。步行者牵着骆驼，骆驼驮着货物。为了方便旅人歇脚，每隔几公里，路边就会建一座驿站。在驿站中，路人可以休息，做饭。有时路面穿过沼泽，印加人就在水面上修建桥梁。小街道横贯东西，被印加帝国的两条主干线连到一起。干线纵穿南北，一条在海岸边，另一条在高地上。这些道路组成了印加帝国的交通网，沿路设有管理中心和服务中心，某些地方甚至有行政中心，国王可以通过这些道路游览全国。

15 世纪是印加帝国的全盛期，那时的印加帝国，领土北抵南哥伦比亚，南达智利东部，南北长 4000 公里；国力强盛，民族众多，统治着大半个南美洲。1530 年，印加发生王位之争，国力大减。1532 年，西班牙人入侵，杀死了印加国王，印加灭亡。

郑和下西洋

明朝初年，国力雄厚，皇帝朱棣想把明朝建成一个四方来朝的大国，于是派郑和出使西洋，炫耀国力，拉拢西洋诸国。从 1405 年到 1433 年，郑和七次远航。

1405 年 7 月 11 日，郑和带着由 240 多艘船、27400 多名随从组成的船队，从刘家港出发，顺风而下。随从有船员有士兵，队伍一路南行，来到爪哇。爪哇是个人口众多，经济发达的海岛。郑和抵达时，岛上的东王和西王正在打仗。东王败阵，西王占领了东王的土地。郑和船队的队员上了海岛，来到集市买卖物品，被西王的士兵当成东王的援军，170 多名随从被错杀。随队军官听说后，向郑和请命，要求开战，说，一定要复仇，不能让自己的人白白牺牲。

西王听说误杀了明朝使节，格外惊慌，忙派人前来请罪，称要赔偿黄金 6 万两，弥补明朝损失。郑和出洋前，被明帝朱棣委以重任。每到一个国家，他要做的第一件事就是宣读明帝诏书："明朝皇帝是奉天命治理天下的君主，皇帝的旨意四方诸国都要听从。国家间不能以多欺少，以强欺弱。天下太平，有福同享。如果愿意前来朝贡，天朝会有优厚封赏。"之后赠送礼品，同各国建交。船队停驻后，船员上岸，同各国贸易往来，用中国丝绸、瓷器等手工业品换取各国特产，目的是用精致的手工制品打动四方诸国，使它们前来称臣。东南亚很多国家对明朝强盛早有耳闻，一直想同明朝建交，发展贸易。

郑和知道，一旦开战，贸易往来就会被传成出兵侵略，引起东南亚国家的畏惧和抵抗。见西王诚恳谢罪，郑和上书明帝，讲明误会，奏请和平处理。西王见状，深表折服，从此与明朝建交，互助友好。

1407 年 10 月 13 日，郑和回国。第一次远航，很多国家派使节跟随船队，意

图一睹明朝雄威。回国后，郑和马不停
蹄，准备二下西洋。第二次出洋，郑和
到了文莱、锡兰、越南和苏门答腊等地。

途经锡兰时，郑和向锡兰佛寺捐赠
了很多金银、丝绸和香油，并立碑记录
了赠送的物品。锡兰国王对船队热情款
待，拿出很多礼物，向明朝示好。没想
到看见船队中的金银珍宝后，国王起了
贪念，向郑和索要金银不成，决定出兵
强抢。他表面在宫廷设宴，热情招待，
暗中派兵劫持船队。郑和不动声色，知
道锡兰的主要兵力都被派去进攻船队了，
城中防备虚弱，果断下令，让 2000 多

郑和像

名士兵攻打锡兰首都，俘获了锡兰国王和他的妻儿下属。攻打船队的锡兰将领听
说明军攻城，匆忙赶回。郑和的士兵乘胜追击，将他们打得落荒而逃。锡兰军投
降。郑和将投降士兵当场释放，只扣留了锡兰国王和重要官员。之后，郑和在船
队中分出一部分船只，从另一条航线出航，拜访不同的国家。船队继续前行。

船队来到苏门答腊的港口旧港，遭遇海盗袭击。海盗首领是中国人，来到南
洋后，招兵买马，占领旧港，做了海盗。他们经常打劫货船，成了一方祸害。郑
和船队抵达后，他们见船队人多，又有士兵护送，不敢轻率行事，于是假意言
和，意图暗度陈仓。不想阴谋败露，他们动手打劫时，郑和船队已经做好了迎战
准备。在郑和指挥下，士兵们杀死 5000 多名海盗，击沉 7 艘海盗船，俘虏 7 艘
海盗船，活捉了海盗首领。

船队到达索马里港口木古都束时，索马里国王亲自前来迎接。迎接宴上，郑
和把中国丝绸、陶器和茶叶送给国王，国王回赠了一头非洲长颈鹿。在马六甲附
近，郑和建了一座仓库，存放金银货物，以备不时之需。1409 年夏，郑和回国。
回航时，船队不仅带回了很多珍奇动物，如金钱豹、长角兽、狮子、骆驼、鸵
鸟、大西马等，还带回了 17 个国家的使节，其中不乏王室成员。这些王子王叔
王弟们纷纷前往明朝，慕名相交。

一年后，朱棣命令郑和第三次出洋。船队出港时，海上刚好刮着东北风。郑
和率船队顺风而行，很快到达苏门答腊。

1412 年 12 月 18 日，明帝命郑和第四次出洋。船队冬季开航，先后到了爪哇、旧港、阿鲁和苏门答腊。到苏门答腊后，郑和又分出船队，前往马尔代夫。主船队从苏门答腊来到锡兰。在锡兰，郑和分派船队前往印度半岛南端的加异勒。主船队直行，抵达波斯湾。那时的波斯湾，已经是东西方商业往来的聚集地了。郑和率船队从波斯湾返航，途径马尔代夫，于 1415 年 8 月 12 日回到祖国。这次航行，人数达 27670 多名，郑和领队横跨了整个印度洋。

1416 年 12 月 28 日，前往明朝朝贡的 19 国使臣即将回国，明帝命郑和护送。1417 年 5 月，船队起航，南行至印度洋，绕道印度半岛，抵达非洲东海岸。在锡兰和古里，郑和分别派支队前往阿拉伯半岛和伊朗。1419 年 8 月 8 日，航行结束，郑和回国。

1421 年 3 月 3 日，又有 16 国使臣要回国，郑和再次护送。1422 年 9 月 3 日，郑和回国，带回了暹罗、苏门答腊等国的使臣。1431 年 1 月 19 日，郑和第七次出航。这次出航，访问了 20 多个国家，比前六次多，航程也远得多，到 1433 年才返航。船队航至古里，郑和体力不支，病逝，时 63 岁。1433 年 7 月 22 日，船队回到南京。

郑和下西洋，抵达过爪哇、苏门答腊、天方、暹罗等 30 多个国家和地区，最远到过非洲东岸、红海和麦加，甚至可能抵达过澳大利亚，开辟了从太平洋西岸到印度洋的海上航线。七次出洋，不管规模、人数、持续时间还是航海范围，在当时都堪称世界之最。有学者说："在郑和时代，中国真正承担起了一个文明大国应负的责任：国力强盛却不称霸，礼尚往来，广播仁爱。"

文艺复兴时期

南 欧

文坛三杰

在文艺复兴前期，意大利出现了"文坛三杰"，他们是但丁、彼特拉克和薄伽丘。

说起但丁，大家自然会想起他的一句名言：走自己的路，让别人去说吧！但丁的一生确实是这样走过来的。他坎坷的生活经历造就了旷世奇诗《神曲》，这也使得他的名字流传千古。

1265 年，但丁出生在意大利佛罗伦萨的一个没落贵族家庭。他的父亲是当地的一个小商人，母亲在他很小的时候就过世了。后来，父亲再婚。在继母冷漠的态度下，年幼的但丁度过了童年。成年后的但丁，由于参与政党斗争，被流放外地，终生没有回到佛罗伦萨。

1315 年，一部分军人控制了佛罗伦萨，他们向但丁提出了极为苛刻的条件。如果但丁答应这些条件，就可以返回故乡。但丁知道后，用异常坚定的口气说道："这种方法显然不是我返国的道路！如果要损害我但丁的名誉，那么我宁愿终生不踏上佛罗伦萨的土地！真理就在眼前，难道我不向你们卑躬屈膝就永远接触不到真理吗？……有一点我要明确地告诉你们，我从来就不愁没有面包吃！"

但丁始终漂泊在外，过着孤苦伶仃的生活。但正是这种特殊的生活磨难，才使得他完成了长诗《神曲》。在作品中，但丁用意大利方言将他所爱的人和所恨的人，都一一写进其中。在他之前，意大利的所有文学作品都是用拉丁语写成的，因此他的作品对意大利文学语言的形成发挥了不可替代的作用。尽管他通过神话题材写成了《神曲》，但是作品中却高度肯定和赞扬了世俗的人性和人的力量，充溢着强烈的人文主义色彩。当时的意大利已经产生了资本主义萌芽，封建社会开始解体。在但丁之后，欧洲兴起文艺复兴运动，更是加速了中世纪封建社会的瓦解。所以，恩格斯说他是"中世纪的最后一位诗人，同时也是新时代的最初一位诗人"。

比但丁稍后的彼特拉克，凭借过人的智慧和细腻的情感，在文学创作上也有着惊人的造诣。他敢于冲破旧观念的束缚，用新的眼光审视古希腊和罗马的文学著作。他擅长写诗。经过长期的创作，他发明了一种新的诗体即"彼特拉克诗体"。他的抒情诗，特别是十四行诗，深刻影响了乔叟和莎士比亚的创作风格，为欧洲诗歌的发展指明了道路。因此，他被后世人称为"诗圣"。他最富盛名的作品是十四行诗《歌集》，描写了他对恋人的思念之情。在这部优美的诗篇中，彼特拉克歌颂了爱情的伟大，号召人们大胆地追求现世的人生幸福。这些无疑都体现出他强烈的人文主义者关怀。

1349 年，彼特拉克与薄伽丘相识。两人一见如故，很快建立了深厚的友谊。薄伽丘比彼特拉克小九岁。对于彼特拉克的诗作，薄伽丘非常崇拜。与彼特拉克相同，薄伽丘也喜欢钻研古希腊古典文学。经过长期的不懈努力，他将《荷马史诗》翻译成意大利语。不过，他最喜欢的是写小说。他的作品大多批判宗教的腐败、保守，提倡世俗的爱情，主张男女平等。代表作有《亚洛柯洛》、《爱情的幻影》、《但丁传》等，其中以《十日谈》最为有名，提出了"幸福在人间"的主张，被视为文艺复兴的宣言。

《十日谈》讲述 1348 年意大利的佛罗伦萨流传瘟疫病时，10 个青年男女逃到郊外别墅居住，他们终日游玩欢宴，每人每天轮着讲一个故事作为消遣。他们在那里一连住了 10 天，共讲了 100 个故事。生动的语言，俏皮的人物，流畅的行文，精炼的文字，无疑是这部伟大作品的典型特征。薄伽丘在作品中刻画了几百个不同的人物形象，这些人来自不同的社会阶层，各自表现出丰富多彩的个性和特征。在他的笔下，读者可以尽情地领略一幅广阔的社会画卷和世间人生百态。另外，薄伽丘在作品中采用特殊的叙事结构，将 100 个不同的故事巧妙地连成一体。后世欧洲的许多作家都竞相模仿他的这种写作风格，更有不少人从他的故事情节中汲取素材。

手持《神曲》的但丁像

欧洲绘画之父乔托

在意大利佛罗伦萨的附近，有个叫维斯皮亚诺的村庄。一天，有个八九岁的少年在村头的田野上放羊。听话的羊群簇拥在不远处的一个地方，悠闲自在地啃着青草。少年闲来无事，顺手捡起身边的一块石头，蹲在那里，一动不动地在石头上画起绵羊来。只见他手中拿着一块黑色的煤块，不一会儿，石头上就赫然浮现出一只绵羊的轮廓。

恰在此时，大画家契马布埃从少年的身旁路过。

少年的一笔一画都被看在这位画家的眼里。他不禁怦然心动："这孩子的禀赋真是不错啊！"

"不错，画得真好！"契马布埃故意在少年的身旁称赞道。

这时，沉浸其中的少年才知道背后有个人，并且夸他画得好。顿时，少年站起身来，回头一望，脸上显出羞愧的神色。

"先生，谢谢您的夸奖！只不过，我画得确实不怎么样！"少年的声音越来越低，说到最后几个字，居然连头都低了下去。

"你画得确实不错啊！不用紧张，告诉我，你学了多长时间，谁在教你啊？"契马布埃用关切的眼神望着少年。

"我家里穷，哪里有钱专门学画画啊！我只是喜欢画画，就一个人自学的。"少年低声说道。

听到这里，契马布埃大吃一惊，更加坚定了收他为徒的念头。

"原来这样啊！那你更加了不起了！想不想跟我学画画啊？免费收你为徒！"契马布埃微笑着冲他说道。

直到此时，少年才意识到眼前的这位先生原来是个大画家。他当即高兴地答应下来。

多年后，一个响亮的名字脱颖而出。他不但敢于描绘个性鲜明的人物形象，打破了中世纪严格的绘画传统，还在平面上创造出再现三维空间的各种形态，为近代写实主义绘画开辟了道路。他就是被后世誉为"欧洲绘画之父"的乔托。

乔托·迪·邦多纳，1267年生于佛罗伦萨的维斯皮亚诺。父母都是当地贫困的农民，懂事的乔托很早就出外谋生，帮助父母维系生活。他曾经给画坊做帮工，在那里，他逐渐喜欢上了绘画，并暗地里慢慢自学。很快，他的绘画天赋就显露无疑。后来，他遇到了自己的启蒙教师契马布埃，从此走上了一条为绘画艺术终生奋斗的道路。

乔托跟随老师契马布埃来到佛罗伦萨，在老师的指导下如饥似渴地学习各种绘画技巧。正如契马布埃预料的那样，乔托的进步速度很快，甚至超乎了一般人的想象。没过几年，乔托的绘画技艺已经达到精湛的程度。他谦虚好学，不断地从前人的名作中汲取有益的元素，并巧妙地结合当下画家的作品特色，创造出自己的独特绘画风格。在这期间，他观看了许多宗教绘画，认为当时的宗教画像缺少鲜活的生命力。在他看来，那高高在上的圣母和耶稣，应该具备亲切的面容，鲜活的神态，这样才能更好地将神圣的大爱赋予人间。因此，他一改过去画面上的平板背景，直接将画中的人物置于一片具有空间感的自然风景之中。尤其重要的是，他将画中人物的神情表现得惟妙惟肖。1305 年，乔托在巴多瓦阿累那教堂开始创作一组壁画，题材是圣母和基督的生平大事。三年后，这幅具有 37 块连环画的巨作终于完成。它占据了教堂的左、中、右三面的墙壁。其中最著名的四幅是：《金门之会》、《逃亡埃及》、《犹大之吻》和《哀悼基督》，尤其是后两幅堪称乔托的杰作。

乔托不仅是一个画家，还是一个建筑师和雕塑家。1334 年 6 月，乔托接受佛罗伦萨当局的邀请，为佛罗伦萨大教堂设计一个钟楼。当钟楼工程即将结尾的时候，乔托又应邀为钟楼设计了浮雕。那个时候，佛罗伦萨不乏有名的设计师，但是佛罗伦萨人认为："在这样的事业中，世界上再不能找到比他更胜任的人。"由此可见，乔托在当时意大利的影响。

乔托在绘画艺术上开创了人文主义的先河，为欧洲绘画的发展奠定了基础。他被誉为中世纪艺术星空中的"第一道曙光"，连后来举世闻名的达·芬奇也由衷地赞叹，称他"不仅超过了当代的画家，也超过了过去几个世纪以来所有的画家"。

达·芬奇与《蒙娜丽莎》

1466 年的一天，在意大利佛罗伦萨的一间画室里，有个 14 岁的少年正在认真听老师讲课。

"今天是你的第一堂课，从今天开始，你先学着画鸡蛋！"老师微笑着朝他说道。

"画鸡蛋？嗯，好的！今天学习的内容就这些吗？"这少年心中有些不解，

蒙娜丽莎 达·芬奇
现藏于巴黎卢浮宫。

觉得学习内容太简单了。

"嗯。不光是今天，以后天天如此！"老师望着他，继续说道。

"啊！为什么呢？小小的鸡蛋有什么好画的？"这少年更加疑惑了。

"就像天下没有两片相同的树叶一样，鸡蛋也没有两个完全相同的。即便是同一个鸡蛋，由于观察的角度不同，画出来也是不一样的。"老师一边说着，一边顺手在桌子上拿起一个鸡蛋，"千万不可小看它！通过画鸡蛋，可以训练你的基本功。只有把握它们之间的微小差别，将来画起东西来才会得心应手。"老师的话意味深长，深深地触动了少年的心灵。

从此以后，那少年天天对着鸡蛋画。时间一天天过去，他掌握了各种绘画技巧，为以后的艺术生涯奠定了扎实的实践基础。

这个少年不是别人，正是举世闻名的艺术大师达·芬奇。他的成名作《蒙娜丽莎》运用透视法等多种绘画方法，这无疑与他早期的绘画基本功有着密切的关系。

列奥纳多·达·芬奇，1452年出生在佛罗伦萨附近一个叫安奇亚诺的小村庄。他的父亲是当地的公证人，家庭经济条件很好。达·芬奇从小就表现出过人的天分，他不仅能唱歌作曲，还会演奏各种乐器。不过，最让人赞叹的是他的绘画天赋。有一次，父亲有个朋友想要一幅凶恶的怪物画像，父亲便把这个任务交给了小达·芬奇。经过一个多月的时间，小达·芬奇完成画作，并邀请父亲前来观看。毫无思想准备的父亲看到那幅画作之后，被吓得惊慌失措。

1503年，达·芬奇受银行家佐贡之邀，给他的妻子丽莎画一幅肖像。那一年，丽莎正好24岁。当达·芬奇第一眼看到这位年轻的贵妇人时，不禁想起了自己的后母阿格琵耶娜。

在之后的作画过程中，达芬奇时不时地向丽莎讲起他后母的故事。说到母亲在24岁的时候不幸去世时，达·芬奇的声音充满了无限的悲伤与凄凉。连那位向来冷漠的丽莎夫人都为之动容，总是不好意思地说道："我也是24岁，是我让你想起了她！"

在达·芬奇的眼中，丽莎俨然就是母亲的化身。正是由于存在这份特殊的感情，达·芬奇在作画的过程中，倾注了满腔的热情和关切。

开始作画了。夫人坐在画家对面不远处的椅子上，身穿华丽的服饰，红润的脸颊上面，露出一双含情脉脉的眼睛。就像大多数贵族一样，夫人的身材丰满，体态动人。按照达·芬奇的指示，夫人随意表现出几种微笑的神情。达·芬奇认真地观看着眼前变化的表情。突然，夫人的脸上闪现出一种发自内心的微笑，顿时攫住了达·芬奇的眼睛。那瞬间的感觉让画家心驰神往。"我知道该画夫人的哪一种微笑的表情了！"达·芬奇激动地说道。

为了重现和维持夫人那摄人魂魄的微笑，达·芬奇想尽了一切办法。刚开始的时候，为了博得美人一笑，画家绞尽脑汁，亲自为少妇绘声绘色地讲解扣人心弦但又幽默滑稽的故事。静坐在那里的少妇，起初还能保持新鲜的笑容。但是，时间一长她却有些昏昏欲睡的感觉。因此，脸上的表情显得有些呆滞和僵硬。无奈之下，达·芬奇又请来各种各样的街头艺人为夫人表演，这样一来才保持住夫人脸上的微笑。

值得一说的是，丽莎很自然地坐在那里，一只手轻轻地搭在另一只手上面。达·芬奇在作画的时候，发现夫人的双手和脖颈被华丽的金银首饰所遮盖。于是，画家对她说道："夫人，如果愿意的话，请您将身上的首饰取下来。您所拥有的纯真远比那些美丽多了！"听到这句话，丽莎将那些首饰一一拿去。

经过五年的不懈努力，这幅画像于 1507 年顺利完成。画上的少妇似笑非笑，神情含蓄，具有一种超凡脱俗的魅力。《蒙娜丽莎》的问世，使得达·芬奇当之无愧地成为文艺复兴时期最伟大的画家。同时这幅画作成为永恒的艺术经典，一直流传到现在。

雕塑大师米开朗琪罗

1489 年的一天，在佛罗伦萨某个著名画家的工作室里，一个 14 岁的少年与他的老师发生了严重的争执。

"为什么你不按照我的意思来构图呢？"老师指着眼前的一幅画作，恶狠狠地冲他的学生说道。

其实，学生的这幅画作远比老师原来的设计构图更加完美。但是，这位心胸狭窄的老师哪里能容忍学生超过他啊!

"可是,您难道不觉得这样构图比原先的更好吗?"学生坚定地说道,语气中明显含有不服气的意味。

自从一年之前来到这个画室,少年的绘画技艺取得了惊人的进步。在每一次作业中,他都力求在老师要求的基础之上有所突破。这一次,他显然将这种突破发挥到了淋漓尽致的地步。

"既然你这样执迷不悟,那从明天起,你就不要在我这里学习了!"老师直截了当地对他说道,丝毫没有一点商量的余地。

第二天,那个少年便没有来这里学习。不久之后,他转到了另一所雕塑学校,后来成长为文艺复兴时期的雕塑大家。他就是米开朗琪罗。

米开朗琪罗·迪·洛多维科,1475年出生于意大利的佛罗伦萨。他的父亲是一名法官,由于母亲过早去世,教育他的责任全落在父亲一个人身上。然而,米开朗琪罗深深地迷恋上了绘画和雕刻,这对于父亲来说是无法容忍的。几年之后,父亲便把他寄养在一个石匠家里。13岁的时候,米开朗琪罗就进入梅尼科·吉兰达伊奥的工作室。梅尼科·吉兰达伊奥是当时佛罗伦萨的著名画家,但是为人心胸极其狭窄。由于米开朗琪罗的绘画技艺超群,作为老师的梅尼科不免心生嫉妒。一年之后,米开朗琪罗就与他不欢而散。

离开梅尼科的画室后,米开朗琪罗进入了佛罗伦萨的一所雕塑学校。这所学校由当时的统治者罗伦佐·梅第奇开办,号称"自由美术学校"。学校中陈列了大量的艺术品,这对于求知若渴的米开朗琪罗来说,简直就是一个艺术天堂。此外,学校里还设置了一个"柏拉图学院",那里不仅汇集了各种学者的学问,还开创了一种新式的人文主义思想风气。在这样的学习氛围中,米开朗琪罗经常聆听人文主义诗人和艺术家的演讲,为他今后的艺术创作奠定了深刻的理论基础。但是,这美好的时光仅仅维持了4年。4年之后,罗伦佐死去,佛罗伦萨陷入一片混乱之中,"自由美术学校"也随之解散。面对由宗教信仰引起的冲突叛乱,米开朗琪罗决定离开佛罗伦萨,远赴威尼斯、罗马等名城。尤其是他来到罗马,被那里高大林立的雕像所征服。经过长时间的切磋琢磨,他的雕塑水平得到进一步提高。

23岁的时候,年轻的米开朗琪罗接受红衣主教的委托,为圣彼得教堂制作一尊《哀悼基督》的雕像。雕塑家巧妙地设计雕塑的人物布局,更将人物的神情雕刻得出神入化。只见悲伤的圣母低头望着眼前死去的基督,脸上露出无限的哀恸。死去的儿子趴在母亲的双膝上，安详地躺在那里，一动也不动。就在这凝神一望的瞬间，雕像透露出凄美的伤痛之感。这件作品完成后一经展出，就立刻轰动了整个罗马城。当得知这件作品出自一位 23 岁的年轻人之手时，人们简直无法相信。

三年之后，米开朗琪罗回到故乡佛罗伦萨，开始了《大卫》雕像的创作。这件雕塑的创作灵感来自一个广为流传的神话故事。大卫是圣经中的一个少年英雄。为了保护本民族的安危，大卫杀死了来犯者巨人歌利亚。其实早在米开朗琪罗之前，已经有很多艺术家创作过关于大卫的雕像。只是那些作品无一例外地表现了大卫战胜敌人后，将敌人的头颅踩在脚下的场景。米开朗琪罗一反过去的常态，准备塑造大卫迎接战斗时的状态。在这件作品中，米开朗琪罗将大卫雕塑成一个体格健壮的青年。只见他肌肉发达，充满自信地站在那里，左手拿着投石带，右手自然垂下，头稍微左转，目不转睛地凝视着前方的敌人，随时准备作战。整个作品神情饱满，动作富有张力，将男性内在与外在的美集于一瞬间，具有较高的艺术感染力。《大卫》雕像倾注了米开朗琪罗三年的心血，堪称他的成名之作。作品完成后，被陈列在佛罗伦萨市政厅前的广场上。

后来，米开朗琪罗又接连不断地创作了许多作品。值得一提的是，1505 年，米开朗琪罗应教皇的邀请，在西斯廷教堂完成了世界上最大的壁画《创世记》。

1562 年 2 月，89 岁的雕塑大师在自己的工作室里与世长辞。米开朗琪罗的艺术作品，不管是雕塑还是绘画，其人物形象都显示出不凡的气势和雄壮的力量，就连他画中的女子形象也有卓尔不凡的阳刚气质。由于他在雕塑上的杰出成就，他与达·芬奇和拉斐尔并称为"意大利文艺复兴三杰"。

新航路的开辟

1492 年 8 月 3 日的早上，在西班牙南端的巴罗士港口，一艘名叫"圣玛利亚"的巨大船只停泊在那里。只见船头上站着一个人，望着远方的大海，似乎在思索着什么。过了一会儿，船头的那个人一声令下，那只大船就离开港口，浩浩荡荡地向西驶去。

站在船头上的那个人，正是船长。受西班牙王室的派遣，这次出海，他带领船只向西进发。虽然这是他向往已久的事情，但此时的心情却十分复杂。他既憧憬着美好的未来，又觉得希望十分渺茫。不过，他心头萦绕的更多是恐惧。根据传说，在大海的边际是魔鬼出没的地方。到达那里的船只，没有一个能够幸免。船已经开了好久，船长一直站在船头上，久久地望着远方。

这个凝视远方、思绪万千的船长正是航海家哥伦布。克里斯托弗·哥伦布，1451 年出生于意大利海港城市热那亚。他从小就喜欢航海冒险。有一次，他无意中得到了一本《马可·波罗游记》，便如获珍宝地阅读起来。书中描述了一个物产富饶、黄金遍地的东方，给他留下了深刻的印象。从那时起，他就期盼着有一天，能够到中国和印度一游。哥伦布生活的那个年代，欧洲文艺复兴运动逐渐兴起。人文主义学者接触到古希腊的"地圆学说"，并将其介绍到欧洲。尽管当时的大部分人对"地圆学说"嗤之以鼻，但是哥伦布等探险家们则深信不疑。哥伦布怀揣着梦想，曾经三番五次向西班牙、英国和法国等国王请求资助，但是最后的结果都不了了之。

1492 年，哥伦布的坚持和赤诚打动了西班牙女王伊莎贝拉。她说服了国王支持哥伦布的航海计划。这一年的 8 月 3 日，哥伦布带领船队启程了。

船队一直向西航行，走了大概有 70 多天的时间，还是没有看到一片陆地。1492 年 10 月 12 日的半夜，眼看船上的食物和淡水所剩不多，船上有一部分船员终于忍耐不住了。是啊，对于他们来说，一望无际的大海，不知道什么时候是个尽头。为了夺取指挥权并调转船头返航，那部分人试图发动暴乱。就在双方争执不下，马上就要采取暴力动手的时候，甲板上的船员突然大声喊道："快来啊！陆地，我看到了陆地！"船舱里的人听到这个消息，纷纷跑向甲板，顺着刚才那个船员所指的方向望去。果不其然，在月光的照耀下，人们模糊不清地看到远处漆黑的一团矗立在那里。天快要亮的时候，船队慢慢靠近，发现那是一个岛屿。这一下，船员们不禁喜出望外。

此时，哥伦布激动的心情更是无法言说。他迫不及待地第一个踏上岛屿。面对茂密的丛林，肥沃的大地，他兴奋地喊叫起来。随即，他宣布这个岛屿是西班牙的土地，并将之命名为圣萨尔瓦多岛。哥伦布一直以为他到达了东方的印度，并将那里居住的土著人称为印第安人。后经其他探险者证实，哥伦布登上的这块土地其实是中美洲加勒比海上的巴哈马群岛。稍后的几天里，哥伦布发现这里并不是他所想象得那样美好。既没有黄金，又没有香料。但是即便如此，他凭借从欧洲带来的大量工业小制品，同当地的印第安人进行交易，换取了他们许多珍贵的宝物。后来哥伦布的船队由此向南航行，来到了古巴和海地等地。在那里，船队建立基地，开始用火枪和大炮进行赤裸裸的掠夺和镇压。

1493 年 3 月 15 日，哥伦布带领着船队，连同掠夺来的财富，顺利返回到西班牙巴罗士港口。一上岸，哥伦布便宣布他找到了通往印度的新航路。这件事情传出，震惊了当时整个欧洲。

后来，哥伦布又三次出海，到达了美洲其他很多海岸，但是始终没有找到那片遍布黄金的神奇土地。1506 年 5 月 20 日，哥伦布在西班牙去世。直到去世的那一刻，他始终认为自己到达了印度。

就在西班牙派哥伦布向西航行的同时，葡萄牙人也向南航行，试图寻找到达东方的航路。其实，早在 1487 年，葡萄牙人迪亚士就已经到达了非洲的好望角。紧接着，葡萄牙人达·伽马绕过好望角，向北航行到达莫桑比克，并在那里建立了军事据点。慢慢地，葡萄牙人打败了印度洋周围的各种反对势力，控制了这条航线。

哥伦布死后，西班牙人并不满于他们所发现的美洲，想继续向西边航行，以求到达印度。1519 年 9 月 20 日，葡萄牙人麦哲伦在西班牙王室的支持下，开始一次全球航行。他们沿着哥伦布的航线到达美洲后，南下继续向前航行。1521 年 3 月，麦哲伦领导的船队到达菲律宾群岛。后来由于参与岛上的内部斗争，麦哲伦被当地人杀害。之后，船队进入印度洋，沿着葡萄牙人发现的航线返回西班牙。麦哲伦船队的顺利回归，有力地证明了"地圆学说"。

随着新航路的开辟，欧洲的贸易范围空前扩大，西欧与世界各地的联系进一步加强，世界市场初步形成。这些无疑都促进了欧洲资本主义生产关系的产生和发展。此外，早期的殖民活动随着探险家们的出海而慢慢开始，后来变得日益猖獗，这给亚非拉国家的人民带来了沉重的灾难。

"圣玛利亚"号
哥伦布的旗舰叫做"圣玛利亚"号，这是一艘有着三个桅杆和一面方形帆组成的载货船，能够容纳 40 个人。另外两艘小一点的船分别叫"尼娜"号和"品塔"号。

拉斐尔与《西斯廷圣母》

1502 年的一天，在意大利佩鲁吉亚城的一个画室里，老师佩鲁基诺和心爱的学生在休息的时候闲聊。佩鲁基诺的这个学生今年 19 岁，年纪虽小，但是已经从他那里学会了色彩感觉与透视原理，绘画技艺日臻成熟，甚至已经超过了他。

"你来这里学习，已经有三年的时间了！"佩鲁基诺深切地望着眼前的年轻人。

"是的，老师！那时候我刚来到这里，几乎什么也不知道。"年轻人说话的声音极其温和。

"但是，你现在可不一样了啊！你的作品其实早就超过了老师！"佩鲁基诺笑着继续说道，同时一副赞叹和无奈的神情赫然显露在脸上。

"啊，老师，您千万别这么说！如果没有您的辛勤培育，我哪里能有今天啊！"年轻人用一种极为诚挚的语气说道，同时脸上现出一副窘迫的样子。

其实，他说得一点也不错。三年来，师徒二人朝夕相处，建立了深厚的感情。在旁人看来，他们两个简直就像父子一般。更为重要的是，在此期间老师对他的教导颇为用心。

"哈哈，没什么的。徒弟比师父强，这才显得师父有能耐嘛！"佩鲁基诺连忙安慰他道。

年轻人没有说话，听到老师这么夸奖他，惭愧地低下了头。

"今天和你谈话，我是想告诉你，从今往后你可以自立门户了！还有，老师不想拖累你，其实你早应该去佛罗伦萨了，那里才是高人云集的地方！"佩鲁基诺终于说出心中早已产生的想法。

听到这话，年轻人心头一震。一来，他早就想到外面的世界闯荡一番；二来，他确实不想这么快离开老师，心中割舍不下这几年的深情厚谊。

"不是老师不留你，你迟早是要出去的。"佩鲁基诺看到他不答话，立刻明白了学生的心思。

听到这些，年轻人终于点头答应了。

后来，佩鲁基诺的这个学生来到佛罗伦萨，成长为一名杰出的绘画大师，并与达·芬奇、米开朗琪罗合称为"意大利文艺复兴三杰"。他就是拉斐尔·圣齐奥。

拉斐尔，1483 年生于意大利马尔凯省的一个小镇乌尔比诺。父亲乔万尼·桑迪是宫廷的画师，也是拉斐尔的启蒙教师。在父亲的感染下，拉斐尔从小就对绘画产生了浓厚的兴趣。他是父母的第三个孩子，在他出生之前，曾经有两个哥哥，但都不幸夭折了。因此，父母对他格外疼惜。拉斐尔在意大利语中是天使的意思，为了期盼儿子能够茁壮成长，父母便用"天使"的名字为他命名。

拉斐尔从 8 岁起就在父亲的教导下开始作画。两年后，天资聪颖的他就学会了父亲的所有绘画技巧。以后，为了进一步提高儿子的绘画水平，父亲带着儿子到处拜师学艺。父亲不止一次地鼓励他勇于创造自己的艺术风格，这对年幼的拉斐尔产生了深刻的影响。

父亲去世后，拉斐尔便跟随佩鲁基诺学习绘画。在老师的影响下，拉斐尔很快走上了独立创作的道路。后来，在佩鲁基诺的鼓励下，拉斐尔又去了佛罗伦萨，接着创作了大量的圣母画像，深受罗马教廷和广大人民的喜爱。

拉斐尔由于受到良好的家庭教育，举止文雅，性情温和。即便他成名以后，也从来没有与任何权威人士发生过冲突或不和。就连当时最难伺候的罗马教皇，也对他赞赏不已。他不但为人谦虚谨慎，温文儒雅，还极其富有爱心。据说不管他走到哪里，只要停留五分钟，就会有人走过来求画。对于这样的要求，这位热心的年轻画家几乎从不拒绝。因此，他的人缘非常好，无论走到哪里，总会受到热烈的欢迎。他的绘画就像他的性格一样，以端庄秀丽、清新洒脱著称。笔下的人物形象个个优雅和谐，画面的背景透露出一种祥和凝重的氛围，给每一个看画的人一种超凡脱俗的感觉。他所画的大型油画《西斯廷圣母》，是最为成功的一幅画作。

在以往拉斐尔的圣母画像创作中，更多地体现了圣母作为人母的温情和美丽，具有强烈的人文主义气息。而《西斯廷圣母》在张扬人性的基础之上，塑造了一位人类救世主的光辉形象。但是，这种形象却又与一般的救世主形象不同，她是那么平易近人，丝毫没有脱离民众、高高在上的感觉。画面上的圣母怀中抱着孩子，踏着祥云徐徐走来。她决心牺牲自己的孩子，来拯救受苦受难的世界。圣母的脚边，跪着年迈的教皇西斯廷二世和美丽的圣女瓦尔瓦拉。前者代表人间权威的统治者，后者代表平民百姓前来迎驾。教皇早就将皇冠取下，一只手抚在胸前，另一只手指引圣母前去的方向。圣女侧头低下，脸上显出些许羞怯的神色，充满了恭敬之情。同时，她又望着不远处的两个小天使，似乎在思索着什么。那两个天真烂漫的小天使淘气、可爱，睁着圆圆的眼睛，看着圣母从天而降。跟随小天使的目光向上看去，人们的眼神与圣母不期而遇。

正如 13 世纪意大利诗人但丁所唱的赞歌那样，这位圣母"她走着，一边在倾听颂扬，身上放射着福祉的温和之光；仿佛天上的精灵，化身出现于尘壤"。

惊世之作《君主论》

这是一部欧洲历代君主的案头书，路易十四每晚必读，拿破仑曾经写满批注。书中所阐发的思想，成为后世统治者的治国原则和政治家的行动指南。

他的墓志铭：这位伟人的名字使任何墓志铭都显得多余。

——这正是马基雅维利和他的惊世之作《君主论》。

1469 年，尼克罗·马基雅维利生于意大利的佛罗伦萨。他出身贵族家庭，但是家道日益衰败。到他出生的时候，家里除了满屋子的书本之外，一无所有。父亲是当地的一名律师，全家仅靠他一个人维持生计。马基雅维利从小聪明伶俐，虽然没有接受多少正规的教育，但是他整日沉浸在家里的书本之中，自学成才。

1494 年，统治佛罗伦萨的美第奇家族被推翻，很快新任政府在佛罗伦萨成立了共和国。由于马基雅维利的杰出政治才能，共和国首席执行官任命他为佛罗伦萨共和国第二国务厅长官。与此同时，他还担任共和国执政委员会秘书，总理国家外交事务。在此期间，马基雅维利经常去其他国家出使，耳闻目睹了很多重要的执政人物。当时各个国家的治国思想和外交策略，无疑对他产生了不可小觑的影响。这为他以后写作政治论著提供了重要的思想来源。

在长期的外交过程中，马基雅维利深刻地认识到，强大的军事力量对于一个国家的生死存亡起着至关重要的作用。他经常反思佛罗伦萨共和国的军事现状，认为当时共和国的军事制度十分不妥。在他眼中，雇佣军制度并不是长久之计，而且这种制度下的军队军纪涣散，真的打起仗来，恐怕难以应对。鉴于此，马基雅维利强烈要求佛罗伦萨共和国建立自己的国民军队。在他的再三建议下，1505年佛罗伦萨用立法的形式确认建立国民军的军事制度，并成立了国民军指挥委员会。事实证明，马基雅维利的提议富有政治远见性。在后来的军事战争中，佛罗伦萨轻易地打败了比萨。此后，在神圣罗马帝国皇帝和教皇的斗争中，马基雅维利不断斡旋，试图避免将佛罗伦萨卷进战争。但不幸的是，当1511年马基雅维利前往比萨的途中时，教皇的军队突然侵犯佛罗伦萨。由于城内的美第奇家族闻讯接应，很快佛罗伦萨共和国在内外交攻之下沦陷。

重新执政后的美第奇家族选任洛伦佐为佛罗伦萨大公。由于对共和国怀有深深的恨意，洛伦佐上台不久，就下令处决共和国执行官，并逮捕了马基雅维利。

在牢狱中，马基雅维利受尽非人的虐待和折磨。他失去了与外界的一切联系，整日在暗无天日的牢房中度过。不过，也就是这个时候，马基雅维利更加强烈地认识到君主如何进行统治和维护生存，是一个国家无可回避的问题。他沉痛反思了共和国的成败之处，并结合亲身经历，总结了政治家们为人处世的经验教训。每天他都期盼着，如果有出狱的那一天，一定要将自己的想法写成一本书。

就像他期盼的那样，这一天来了。不知道为什么，统治者没有杀害马基雅维利，最终释放了他。出狱后的马基雅维利来到农村，过着与世无争的隐居生活。按照狱中的想法，很快他就开始写作。尽管贫困交加，但是这种生活丝毫没有消减他的创作热情。他夜以继日趴在书桌上，将头脑中一切想法付诸于纸上。1513年12月，他终于将所有的想法整理成册，这就是后来震惊世人的《君主论》。

在《君主论》中，马基雅维利论述了一个国家的执政者应该怎样进行统治和维护政权。他认为，军队是一个国家最为重要的基础，而君主必须掌握军队的绝对领导权。同时他还强调，君主必须体察民情，真正地了解国家的各个方面，与人民保持良好的沟通关系。不过他还认为，如果君主想要达到一个自认为合理的目的，就要不惜一切手段地去实现。

《君主论》自从面世以来，书中的观点就引起了巨大的争议。有的人认为，马基雅维利的政治经验对后世历代国家的领导人都具有深刻的启示。另一部分人认为，建立在"人性本恶"的基础之上的马基雅维利主义，极易形成君主专制的残暴政治。而马基雅维利本人，也被冠之以"暴君的导师"或者"民族主义国家的理论先驱"等称号。由此可见，他和他的《君主论》对后世的影响之大。

在烈火中永生的布鲁诺

1600年2月17日的凌晨，一声悲壮的钟声突然划过沉寂的夜空。这钟声连绵不绝，响彻云霄，震醒了还在睡眠中的罗马市民。在一座教堂的塔楼上，有个教士拼命地撞击着大钟。这是当地教堂对犯人施行火刑的信号。很快，被惊醒的人们怀着强烈的好奇心，从屋内走了出来。不一会儿，大街上身影攒动，人声鼎沸。尤其是在通往鲜花广场的街道上，黑压压地，到处挤满了人。

押赴犯人的囚车过来了！人群中一阵骚动，人群不断向前涌来。这时候，教廷的亲卫军分开两排为囚车开道。他们走在囚车的前面，手中拿着一杆长矛，横在胸前，用以拦截人群。囚车拉着一个面容憔悴，浑身是血的人缓缓前进。车上这个人正是即将被执行火刑的布鲁诺。

布鲁诺，一个罗马人民并不陌生的名字，1548年出生于意大利诺拉镇的一个贫苦家庭。他的原名叫菲利普·布鲁诺，父亲乔万尼·布鲁诺是当地的一名军人。幼年时代的布鲁诺生活并不幸福，父母过早地离开人世，由当地教堂的神甫负责养育。早年的生活经历铸就了布鲁诺坚强的性格，他不仅聪颖过人，还勤奋好学，并决心一生为追求真理而奋斗。

15岁那一年，布鲁诺进入多米尼修道院，从此开始了人生的求知旅途。在修道院学校，他攻读神学，同时还研究了古希腊罗马语言文学和东方哲学。十年之后，布鲁诺不仅获得了神学博士学位，还得到了一份供奉修道院的职业。然而，布鲁诺从来没有停止探索真理的行程。在强烈的求知欲望推动下，他偷偷地阅读了当时被教廷列为禁书的大量著作，其中对他影响最大的是哥白尼的《天体运行论》。

这位年轻的神甫接触到哥白尼的著作后，立即就成为"日心说"的忠实信徒。由于批判经院哲学，摒弃宗教思想，他很快就被罗马教廷视为"异端分子"。接着，布鲁诺被迫离开修道院，相继在英、法、德等国过着漂泊不定的生活。尽管如此，他仍然以坚强的毅力完成了他的主要著作《论无限宇宙和世界》。在这本书中，布鲁诺进一步丰富和发展了哥白尼的"日心说"，提出了宇宙无限的思想。布鲁诺认为，宇宙不仅是统一的、物质的，更是无限的和永恒的。宇宙中除了太阳系外，还有不计其数的天体世界。相对于广袤的宇宙世界来说，地球只不过是其中的一粒尘埃而已。

后来，他因为坚持真理，生命即将走到尽头。快到鲜花广场中央的时候，布鲁诺从囚车上被自卫军中的两个人押了下来。他的手脚都被铁链锁着，每走一步，沉重的链条在广场的地板上摩挲着，发出"哗啦哗啦"的声响。此时，旁边有两个侍卫引领着他走路。他走得很慢，身上明显有被拷打过的血迹。

"我一定要利用生命的最后一刻向人民宣告真理！"布鲁诺一边走，一边想着，"是啊，今天比以往任何时候的听众都要多，这是我的最后一次机会！"

终于到了广场的中央。那里立着一根火刑柱子，周围早已摆满了柴火。只听见站在旁边高台上的教皇一声令下，刽子手就将布鲁诺紧紧地绑缚在柱子上。

"你知罪吗？如果你现在勇于认错，就可以免受火刑！"教皇尝试着给他最后一次机会。

"我不知道究竟犯了何罪？难道宣传真理是一种罪行吗？"布鲁诺还是不改往日的强硬态度。

"你宣说'日心说'，污蔑'地心说'，这就已经违背了上帝的意志。你无视教会的尊严，还到处宣传邪说，煽动人心。难道这还不够吗？"教皇愤愤地说道，"只要你肯认错，教会可以既往不咎！"教皇又添加了一句。

"真理是不容置疑的。同样，为了真理献出一切，乃至我的生命，是我这一生最大的乐趣！"布鲁诺对着人群慷慨激昂地说道，声音越来越高。接着，人群中传来阵阵的骚动。

"你……你怎么到死还执迷不悟！"教皇的声音有些发慌。

"黑暗就要过去，黎明一定将会来临。我相信，真理终将显现于世！你们……"布鲁诺的神情更加激动。

"来啊，快点火，不要听他妖言惑众！"教皇料到他会继续说些什么，不等他把话说完，就下了点火令。

"火，不能征服我，未来的世界会了解我，知道我的价值。"布鲁诺望着高高在上的教皇，平静地矗立在火堆中。不一会儿，熊熊大火吞没了他的整个身躯。布鲁诺英勇就义。

若干年后，随着科学技术的发展，人们发现布鲁诺的说法是正确的。最终，时间给了他最公正的审判。

《堂·吉诃德》

1571年，一位勇猛的西班牙战士和其他战友们刚刚结束驱逐土耳其人舰队的海战。在回来的路上，他们不幸遇到了一艘土耳其海盗船。由于在战争中已经严重受伤，碰到这群来势汹汹的海盗，他们几乎没有任何反抗的能力。后来，那位西班牙战士被当做奴隶卖到了阿尔及利亚。此后数年间，他一次又一次地逃跑，但是始终没有成功。1580年，在西班牙国内亲友的帮助下，他终于获得自由，返回了西班牙。这个时候，他已经34岁了。

但是谁也不会想到，回国后的他尽管生活贫困，甚至连温饱问题都难以解决，但是他仍然以坚强的毅力写就了一部旷世奇书《堂·吉诃德》。这位饱经风霜的西班牙战士正是塞万提斯。

塞万提斯·萨维德拉，1547年生于西班牙一个贫困的家庭。父亲是个江湖郎中，早年迫于生计，跟着父亲到处流浪。其间，他只接受过中学教育。塞万提斯从小就对文学怀有特殊的爱好，阅读了大量的拉丁文经典著作和其他名著。他还特别喜欢听别人讲故事，到处搜集一些逸闻趣事。19岁的时候，全家在马德里定居下来。23岁的时候，他只身一人来到意大利，为当时的红衣主教胡里奥效命。没过多久，他又入伍参军，加入了勒班多海战。之后，在归国的途中被海盗掳去。

从阿尔及利亚回到西班牙后，塞万提斯靠写文字维持生计。他给很多商人的产品写过广告语，还发表了一些抒情诗和讽喻诗。有个剧院邀请他写几个剧本，他也欣然答应。不过，那些发表的诗歌和上演的戏剧，并没有引起人们的过多关注。50岁的时候，塞万提斯开始写作小说《堂·吉诃德》，花费了将近14年的时间才完成。

《堂·吉诃德》的全名为《奇情异想的绅士堂·吉诃德·台·拉·曼却》，全书共有两卷，通过一系列荒诞不羁但又发人深省的故事，描绘了16世纪末17世纪初西班牙社会的方方面面。小说的主人公堂·吉诃德是一个没落的贵族骑士，整日在家想入非非。为了博取他心爱的"贵妇人"——一个丑陋的牧场养猪女的欢心，堂·吉诃德穿上破烂的盔甲，骑着一匹老掉牙的马，去周游全国，试图干出一番惩奸除恶的侠义事业。他身边还跟着一个随从桑丘·潘，一个又愚笨又喜欢享乐的人。这主仆二人结伴而行，开始了游侠生活。岂料这一路上到处受人刁难排斥，着实闹出了不少笑话。在周游各地的过程中，表面上看堂·吉诃德的头脑还算清晰，对于骑士的信仰十分坚定，但实际上他总是无中生有，给别人制造麻烦。尽管他一再遇挫，但是一点反悔的心思都没有，反而认为这是"魔术家在捣鬼"。让人不禁觉得既好笑又可气。而他的仆人桑丘·潘，是一个典型的乡下农民，见识短浅，只顾贪图一时的享受，要不是堂·吉诃德答应给他那么多好处，他才不愿意出来受苦呢。这主仆二人疯疯癫癫地四处转了个够，最后被打成重伤，无奈之下回到了家乡。

《堂·吉诃德》第一卷面世后，立即受到西班牙读者的青睐，不管是男女老少，人人都喜欢看。不仅如此，作品还迅速传遍了整个欧洲。在很短的时间内，仅西班牙国内就出现了三个不同的盗版

画家笔下的堂·吉诃德

印本。有些盗版书籍故意曲解塞万提斯的意思，在已经出版的第二卷书中专门丑化主人公堂·吉诃德的形象。为此塞万提斯奋笔疾书，连忙将第二卷小说写完出版，并在书中特地向读者声明了这一问题。

尽管这部作品大受欢迎，但它并没有给作者带来多大的经济利益。不过凭借此书，塞万提斯在生前和死后获得了巨大的声誉。作者曾经一再强调，他写这部作品只是为了讽刺当时欧洲流行的骑士小说，他想"把骑士小说的那一套扫除干净"。但是，这部伟大作品的影响却远远超出他最初的目的。透过《堂·吉诃德》所描写的西班牙封建社会的种种世态风貌，塞万提斯向人们揭示了封建社会的黑暗与腐朽，同时也展示了底层社会民众的凄惨生活景象。这些都充分地反映出，该作品具有强烈的反封建意味和人文主义倾向。这就是为什么《堂·吉诃德》至今为人所喜爱的深层次原因。

圣彼得大教堂

去过梵蒂冈的朋友都知道，那里有座世界上最大的教堂。这就是位于梵蒂冈圣彼得广场西边的圣彼得大教堂。

这座教堂最初由君士坦丁大帝修建，公元 326 年开始动土，经过 8 年的时间完工。由于教堂建立在圣彼得的墓地上，因此它被称作圣彼得大教堂。相传，圣彼得死后就埋在那里。圣彼得的原名叫西门，是耶稣十二个门徒之一。他跟随耶稣后，一心修道，始终不离不弃，被视为耶稣最忠诚的信徒。耶稣收下这个爱徒后，将他的名字改为彼得，意思是"磐石"，希望他将来能够成为教会的中流砥柱。

耶稣归天以后，彼得就以耶稣继承人的身份继续传道。公元 1 世纪中期的时候，基督教已经由巴勒斯坦传到了罗马，并且日渐盛行。看到这种情况后，当时罗马的统治者大为不安。为了更好地稳定民心和巩固政权，公元 64 年，罗马皇帝尼禄下令，开始大规模地清除国内的基督教教徒。在肆无忌惮的大屠杀中，彼得丝毫没有恐慌，更没有逃跑，而是安然地准备受死。在一次大搜捕中，彼得不幸被抓。后来，罗马皇帝就将他钉死在十字架上。那个时候，圣彼得大教堂还没有兴建，那里还是尼禄的跑马场。十字架早早地安插在马场的空地上，成了彼得欣然赴死的地方。

等到了君士坦丁大帝当政的时候，基督教的影响已经如日中天。早就想拉拢基督教会势力的君士坦丁大帝，便正式承认了基督教的合法地位。后来，君士坦丁大帝还为彼得平冤昭雪，恢复了他生前的荣誉和地位。为了表示纪念，君士坦丁大帝在彼得死去的地方建立了一座教堂。

在之后的几百年间，出于政治上的需要，历代执政者不断扩建圣彼得大教堂。不过，在一次又一次的扩建或改建过程中，出现了一个有意思的现象。尽管从最初的希腊神庙式建筑风格，到后来的古罗马式，期间不知演变或反复了多少种具体的建筑风格，但是建筑的中心却一直是彼得的坟墓。

现在人们看到的圣彼得大教堂，是教皇朱里奥二世时期建造的。工程从 1506 年开始，到 1626 年才结束，其间经历了 100 多年。其中，拉斐尔、米开朗琪罗等杰出建筑师或画家先后受教皇的邀请，承担了这项巨大工程中的一部分。建筑的最初方案是由布拉曼特设计的。但是开工动土后，不到 10 年，这位设计师就去世了。接着，教皇朱里奥二世也去世了。新上任的教皇为了继续这一工程，请来了拉斐尔前来主持。这位天才的艺术家虽然不负众望，担任了将近 6 年的总建筑师，但是天妒英才，他过早地离开了人世。之后短暂的一段时间里，由于没有合适的建筑师人选，工程没有什么实质性的进展。直到 1547 年，年迈的米开朗琪罗临危授命，才得以将这项工程继续下去。1564 年，米开朗琪罗不幸逝世。幸运的是，他已经做好了剩余工程的设计图案，以后的建筑师只要遵照他的设计图案就可以了。现在人们看到的圣彼得大教堂，就是按照米开朗琪罗的设计方案建成的。

1626 年 11 月 18 日，圣彼得大教堂终于宣告完工了。来自世界各地的基督教徒欢聚一堂，在教皇乌尔班八世的主持下，参加了庆典仪式。自此以后，这座气势恢宏、华贵壮丽的圣殿一直矗立在全世界基督教徒的心中，也成为世界各地人民争相参观的名胜古迹之一。

巴洛克艺术兴起

巴洛克是指起源于 16 世纪的欧洲文艺复兴运动，稍后获得长足发展，并在 17 世纪变得十分流行的一种艺术风格。它以绚丽多彩的动感色调、激情挥洒的艺术形象而风靡于欧洲的建筑、绘画、音乐等诸多领域。

早在文艺复兴运动兴起的时候，巴洛克艺术就有了萌芽。那个时候，人文主义者将个人的情感和艺术风格汇入到宗教艺术的创作中，无疑给旧式的宗教艺术注入了新鲜的血液。同时，欧洲许多封建国家的统治阶级利用重商主义，聚拢了大量的货币财富。他们大多过着一种骄奢淫逸的生活，极其需要满足日益膨胀的欲望和外部感官享受。因此，高度世俗化并带有强烈刺激性的巴洛克艺术形式便应运而生了。所以到了18世纪，怀念文艺复兴时代古典艺术的人们对这种艺术风格感到厌倦，并用一个极具讽刺意味的词汇"Baroque"来指代它。这个词汇来源于西班牙语以及葡萄牙语的"失去原样的珍珠"（barroco），意思是指虚华不实，凌乱不堪。还有一种说法认为，"巴洛克"这种名称出自意大利语，意思是奇思怪想、荒诞不经的东西。总之，这种称呼开始流行的时候，仅仅代表18世纪艺术理论家对这种艺术风格一种带有偏见的称呼。

巴洛克艺术风格产生以后，一直遭到18世纪以及稍后时代艺术家们的不断指责。他们声称它缺乏一种古典性的平衡，专为取悦于人而作。实际上，巴洛克艺术家们与文艺复兴时代大师们的追求，在一定程度上是相同的。他们同样喜欢艺术效果的整体性和统一性，并想方设法地予以表现。"运动"和"转变"是巴洛克艺术家们首要考虑的两个元素，正是由于艺术家们巧妙地将这两个元素运用到作品中，才唤起了观众视觉或情绪上的反应。这不正是设计思想与实际效果的和谐统一吗？除此之外，巴洛克艺术还具有浓郁的享乐主义色彩，艺术家们将激情和想象力融为一体，赋予豪华的艺术作品以摄人心魄的魅力，使人久久沉迷其中，可谓一场感觉器官的盛宴。为了最大限度地发挥这种艺术效果，艺术家们总是竭尽全力地搜索各种表现手法，将绘画、雕刻、建筑等艺术形式融为一炉，甚至有时候还汲取文学、戏剧等领域中的一些元素。因此，它的综合性也是不言而喻的。

值得一提的是，并非所有的巴洛克艺术家们都一味地追求华丽和刺激的可观性，比如弗兰德斯画家鲁本斯、意大利艺术大师贝尼尼等人的作品，人们从中可以明显地感受到它们与现实理性生活的联系。

巴洛克艺术风格有它存在的理由，自从它产生那天起，不仅打破了古罗马时期单调、机械的艺术风格，为高高在上的宗教艺术注入了新鲜的生活元素，还超越了文艺复兴时代古典主义者们所恪守的种种古板原则，将追求自由艺术形式的思想发挥到了极致。因此，它对于后世艺术风格的发展有着不可磨灭的影响。

"近代科学之父"伽利略

1590年的一天，一位26岁的年轻人拿着两个大小相同但重量悬殊的铁球，来到比萨斜塔。他准备做一次落体实验，来验证他的结论。不一会儿他登上斜塔，下面的草地上早就站满了人。只听见人群中议论纷纷，有的人冲他喊道："小伙子，你赶紧下来吧！亚里士多德的理论是不会错的。"还有的人说："这个人简直疯了，真不知道天高地厚！""看着吧，一会儿他就心服口服了！"

年轻人的实验开始了。他举起两只手，分别拿着那两个铁球，对着下面的人大声喊道："喂，大家看清楚啊，这两个铁球就要落下去了！"说完这句话，他的两只手同时一松。就在这个时候，人们惊讶地看到，两个铁球几乎同时着地。刚才还人声鼎沸的现场，紧接着到处是一片惊叹声。有的人简直不能相信自己的眼睛，又把那两个铁球拿到塔顶，重新扔了一次，结果还是刚才那样。人们终于信服了。

这就是发生在比萨斜塔的自由落体实验，推翻了长达1700多年控制人们头脑的亚里士多德学说，具有划时代的重大意义。那位从高空中抛下铁球的年轻人正是伽利略。他是近代实验物理学的开创者，被后世誉为"近代科学之父"。

伽利略·伽利雷，1564年2月15日出生于意大利的比萨城。他的祖父曾经是当地的名医，但是到了父亲伽利略·凡山杜这一代时，家境日趋衰败。父亲是个有才华的人，精通数学和音乐，但是这些并不能给家庭带来良好的收入。为了维持生计，父亲在小伽利略出生不久，就在距离比萨城不远的佛罗伦萨开了一个小卖铺，专卖毛纺织品。小伽利略天资聪颖，总是喜欢问这问那，学起东西来也很快。父亲满心欢喜，并早早地给儿子做好了职业规划。

17岁的时候，在父亲的再三劝说下，伽利略来到比萨大学，成为医学系的一名学生。比萨大学的图书馆对于求知若渴的伽利略来说，简直就是个天堂。然而，伽利略对医科并不感兴趣，时常逃课去图书馆翻看自己喜欢的读物。慢慢地，他对数学、物理等学科产生了浓厚的兴趣，并获取了大量相关的知识。为了应付差事，他偶尔也去一两次医学课堂。不过，不安分的他总是提出一些稀奇古怪的问题，搞得医学教授难以回答。在医学系的老师和同学眼里，伽利略就是一个不学无术的坏学生。

一天，比萨城里来了一个宫廷数学家玛窦·利奇。他应邀给公众讲解数学的时候，伽利略也混杂在听众席中。数学家的知识非常渊博，旁征博引，用浅显易懂的语言，将深刻复杂的公式定理讲得清晰透彻。然而讲完之后，底下的听众却没有什么反应。突然，伽利略站起身来，提出了一系列非常有意思并值得认真思考的问题，不禁使得数学家眼前一亮。

"啊，年轻人，你的想法和见解非常独特，真是不简单啊！"玛窦·利奇从来没有遇到过这样的听众，有些激动不已。

"我只是在自学数学的过程中想到这些的，今天有幸听了您的讲课，顿时豁然开朗！"伽利略也觉得自己遇到了一位感兴趣的老师。

"一个人自学竟能思考到这样的深度，年轻人，你真是一个天才。好好努力，你一定会在数学方面大有作为的！"数学家听到他的回答震惊不已，同时对眼前的这个年轻人颇为赞赏。

接着，伽利略与数学家聊了起来，谈到了自己被迫学医的情况。

"不用担心，只要你不放弃就可以。今后在自学的过程中，遇到什么问题都可以随时找我！"

从此以后，伽利略更加努力地学习数学和物理。他从数学家那里借了许多数学专著，并在学习中得到了有效的指导。由于伽利略在数学方面的造诣，经由玛窦·利奇的推荐，在比萨大学担任数学教授。期间他进行了自由落体实验，令他声名大震。不过，由于得罪了当地的权贵和亚里士多德派的信徒，伽利略很快离开了比萨大学。1592 年，经玛窦·利奇和贵族盖特保图侯爵的力荐，28 岁的伽利略在帕多瓦大学担任数学和天文学教授。

在帕多瓦大学工作期间，伽利略的研究方向从数学和物理，过渡到天文学方向。不过，这其中还有一个小故事。1609 年 6 月，伽利略偶然间获悉了一个消息，说是荷兰的眼镜商利帕希制作了一个镜片。通过这种镜片，人可以看到远处望不到的事物。"这不正是我所想要的东西吗？"伽利略十分兴奋。很快，一个学生写信给伽利略，证实了那个消息。在信中，学生大致告诉他说，那种仪器是一个

管子，里面放着镜片之类的东西。伽利略忽然明白了怎么一回事，跑到实验室疯狂地忙碌起来。折腾了整整一个晚上，伽利略利用凸透镜和凹透镜制作出了一个简单的望远镜。之后，经过不断的调试，望远镜可以看到几千里之外的东西。

审判伽利略

伽利略于 1632 年出版了《关于托勒密和哥白尼两大世界体系的对话》，提出了全新的宇宙论。结果宗教裁判所命令伽利略说清楚自己为什么质疑传统的观念。最终伽利略被迫宣称地球是宇宙中静止不动的中心。

通过望远镜，伽利略观察到了很多天体。他纠正了人们关于月亮的普遍

认识。接着，他又发现了银河系的一些星座和行星。经过几年的观测，《星际使者》一书在 1603 年出版，立刻在欧洲引起轰动。然而，正是这些天文学上的发现，无意中有力地证实了哥白尼的学说。关于这一点，罗马教廷自然是无法容忍的。他们先后几次审判并迫害伽利略。但是，勇于捍卫真理的伽利略并没有屈服，暗中不断地进行科学著述。

1642 年 1 月 8 日，饱经风霜的伽利略去世。他的许多学说随着时间的推移，都被一一证实。不管是在物理学领域，还是在天文学领域，伽利略的成就和影响都非常巨大，直接为后世的牛顿理论体系奠定了基础。那时候的人们惊叹道："哥伦布发现了新大陆，而伽利略发现了新宇宙。"这句话一点也不为过。

康帕内拉与《太阳城》

1601 年 6 月 4 日，在西班牙当局的一间牢狱中，一位 31 岁的革命战士面临一场凶残的审讯。

"是谁指使你们这么干的？背后是不是还另有支持者？"审判席上的一个军官恶狠狠地说道。

"你们横向霸道，到处滥杀无辜，南意大利的人民哪一个不对你们咬牙切齿，恨之入骨。"这位革命战士对着身边的刽子手呵斥道。

"死到临头，你还敢嘴硬吗？难道你不怕死吗"刽子手中另一个人不怀好意地笑着说道。

"死，有什么可怕的？"革命战士大气凛然地说道，"我们的人民备受你们的压迫和摧残，过着生不如死的生活，那才是最可怕的！"

"你当真不怕死吗？只要你说出还有什么起义计划，我们可以免你一死！"军官继续以死相威胁。

"死是根本没有的，它只是由一种物质转化成另一种物质，自然界永远存在着！"革命战士镇静地答道，语气中颇有轻蔑的意味，"不管周围有多少像你们这样的刽子手，生命始终不会停止，并且一定会取得胜利！"

这位在牢狱中宁死不屈的革命战士正是康帕内拉。1599 年 9 月，他准备领导南意大利人民发动一场武装起义，反对西班牙哈布斯堡王朝的残暴统治。但是由于叛徒的出卖，9 月 6 日他不幸被西班牙当局逮捕。从此，他在暗无天日的牢狱中煎熬了 27 年。

托马斯·康帕内拉，原名乔万尼·多米尼格·康帕内拉，1568 年 9 月 5 日出生于南意大利卡拉布里亚省的一个鞋匠家庭。后来加入多米尼克会，成为一名教士，便改名为托马斯·康帕内拉。康帕内拉智慧过人，善于思考，他在修道院学习的过程中，逐渐对经院式的亚里士多德理论产生怀疑，并逐步形成自己的思想体系。

1591 年，康帕内拉经过长期的思考和积累，花费了 7 个月的时间，写出了第一部哲学著作《感官哲学》，书中直言不讳地批判了经院哲学的狭隘和人们盲目崇拜权威的行为，指出人的认知来源于感觉经验，大自然这部"活书"才是真正的权威和真理的来源。因此，人的认知不应该以权威人士的先验论为依据。这些观点和理论成为康帕内拉后来哲学体系的雏形。1591 年，《感官哲学》出版。不久，康帕内拉便遭到宗教裁判所的逮捕和审讯。

此后，由于言论和著述的观点与罗马教廷不符，康帕内拉先后几次遭到逮捕，并被开除教籍，认定为"异端分子"。1597 年 12 月，在罗马囚禁 10 个月后，康帕内拉获得释放，并被罗马教廷勒令返回故乡卡拉布里亚。几个月后，由于领导那里的人民起义，他遭到西班牙当局的逮捕。

面对残酷的社会现实和宗教舆论的压迫，康帕内拉一直致力于改造社会的计划，长年累月地思索如何拯救人类。在长期的牢狱生活中，他从不懈怠，以惊人的毅力于 1622 年写成了一部对后世影响深远的著作《太阳城》。这是一部伟大的空想共产主义著作，作者在书中构建了一个和谐、幸福的理想社会。

在康帕内拉看来，阻碍人类社会不断向前发展和进步的最大弊端是私有制的存在。他认为，要使人类获得真正的解放，必须废除私有制，建立一个人人平等、不存在私有财产的新社会。这种想法和观点在《太阳城》中得到了淋漓尽致地体现。

在《太阳城》中，康帕内拉假借一个游历者与"太阳城"中不同青年的对话，描述了一个新型的理想社会。同时，他对意大利以及其他欧洲各国的现实社会制度作了无情的批判。

在太阳城中，"阳光不仅照亮了大地"，还照亮了生活在那里每一个人的心，太阳城中所有财产都是公共所有，个人没有自己的私有财产。那里的人们每天都要劳动，劳动的产品由社会统一安排和管理，并按照每一个人的需要进行分配。除了规定的劳动时间外，个人可以自由地安排自己的活动，可以搞学术研讨，可以出外游玩，还可以坐下来看看书，写点什么东西。太阳城的最高领袖是由人民选举出来的，如果他不能胜任，人民有权进行撤换。因为这里的每一个成员都是社会的主人。如果有人犯了错误，领袖就用开明的思想教导他，从不使用暴力。

但是，如果有外人侵犯太阳城的话，这里的人们会随时做好战斗的准备。此外，由于儿童是社会的未来，太阳城中的每一个孩子都可以接受教育。在培养孩子的过程中，教育理论与生活实践紧密结合，从而为未来社会造就优秀的劳动者。

1626 年，康帕内拉出狱，随后逃亡到法国巴黎。在那里，康帕内拉整理和出版了自己的著作。1637 年，他的《太阳城》和《实在哲学》合编成一本书出版，不仅对在当时的意大利文艺复兴中产生了不小的影响，还为后来的空想社会主义者提供了丰富的思想来源。

托里拆利发明水银柱气压计

1638 年，在朋友的帮助下，伽利略的一部著作《关于两门新科学的讨论》在荷兰顺利出版。几年之后，经过朋友的介绍，伽利略读到一本《论重物的运动》的著述。这本书对伽利略的著作做了深入的探讨和分析。它是由一位不到 30 岁的青年所写。伽利略发现这位年轻人有着卓尔不凡的才华，书中阐述的新见解给了他很多启示。于是，伽利略连忙给这位年轻人写信，邀请他过来当自己的助手。很快，这位年轻人回信，答应了他的请求。

这位被伽利略邀请当助手的年轻人，正是著名物理学家、大气压力的发现者托里拆利。

埃万杰利斯塔·托里拆利，1608 年 10 月出生于意大利的法恩扎。托里拆利从小就被父母抛弃，由他的一个叔叔照顾和教育。16 岁的时候，作为僧侣的叔叔把他送进耶稣会学习。在那里，托里拆利接触到了数学和哲学。三年之后，托里拆利来到罗马，跟随罗马大学数学教授卡斯特利学习。由于卡斯特利是伽利略的好友，在学习的过程中，托里拆利逐渐接触了伽利略的许多著作，并喜欢上了物理学的实验方法。后来，托里拆利成为伽利略的助手，在三年的朝夕相处中，他从伽利略那里学到了许多。1642 年伽利略逝世，34 岁的托里拆利担任佛罗伦萨学院的物理学兼数学教授。

作为托里拆利的老师和前辈，伽利略一生孜孜不倦地从事科研工作，著书立说，产生了深远的影响。但是，这位伟大的巨人也有失误的时候。在关于亚里士多德的"自然厌恶真空"这一问题上，伽利略显然同意了亚里士多德的观点。伽利略认为，正是因为自然界里不可能存在真空，水泵里的水才跟着活塞一起运动。这样一来，水就随着活塞上升，继而被抽吸上来。按照伽利略的说法，只要你愿意，就可以将水抽取到任何高度。但是事实却并非如此，水泵只能将水抽到距离水面约 10 米高的地方。面对理论和现实的矛盾，伽利略又认为，自然界允许一定程度的真空存在。但是，为什么会出现这种情况，这个"一定程度"到底是多少呢？伽利略并没有做出回答。

伽利略死后，托里拆利进行了长时间的思考和研究。托里拆利亲自去水泵现场观察，他认为，空气也是有一定重量的。水泵之所以将水抽到 10 米左右，而无法继续上升，是因为 10 米高的水柱与大气的压强相平衡。所以，问题的关键在于大气的压强。

为了验证他的猜想和测试大气压强，托里拆利决定采用水银做实验。如果采用水做实验的话，就得需要制造 10 米长的试管，这显然是不可能的。由于水银具有较大的密度，所以按照推算，只需要 1 米多长的试管就可以。1643 年的一天，托里拆利开始了他早就设想好的实验。

首先，他拿起一只 1 米多长的玻璃管，将水银倒入其中，直至完全倒满。这样一来，玻璃管中就没有一点空气。然后，他用另一只手的食指仅仅堵住玻璃管的开口，慢慢地将玻璃管移到预先准备好的水银槽上。水银槽里倒满了水银，他将玻璃管倒插在里面。等玻璃管的开口完全浸入水银槽后，他慢慢地将食指挪开。这个时候，他惊奇地发现，玻璃管内的水银柱开始下降，不过，等下降到大约 760 毫米的时候，水银柱就停止不动了。这说明水银柱的压强与大气的压强相持平。人们后来把 760 毫米的水银柱产生的压强，作为 1 个标准的大气压值。玻璃管上部的一部分空间，除了微乎其微的水银蒸汽外，就是真空。这是人类用人工方法获取的最早的真空，后来人们把它称之为托里拆利真空。

除此之外，托里拆利还发现，在不同的地方重复这个实验，由于地面的高度和气温等不同，水银柱的高度也随之变化。于是，他得出大气压强随着高度和气温等变化而发生变化。他的这一重大结论彻底打破了亚里士多德的"自然厌恶真空"的说法，并且也修正了伽利略的观点。后来，托里拆利利用自己的实验结论，成功地发明出水银柱气压计，可以直接用水银柱的高度测量出大气的压强。

托里拆利的实验不但解答了人们心中的困惑，扫除了亚里士多德"自然厌恶真空"的误区，更是将人类对自然界的认识大大推进一步，为后世自然科学的顺利发展铺垫了道路。由于他的杰出贡献，人们将真空的测量单位命名为托。

西 欧

红白玫瑰之战

英国在 1154 年至 1485 年之间，有一个金雀花王朝，这个王朝是由亨利二世建立的。王朝建立后的第 200 个年头，英国和法国拉开了百年战争的序幕，随着战争的持续，金雀花王朝没落了。之后王朝分裂为两个家族，一个是兰开斯特家族，一个是约克家族。这两个家族为了继承金雀花王朝的王位，发动了红白玫瑰之战。

金雀花王朝日渐没落，这个王朝的统治者也跟着昏庸起来。于是以红玫瑰为徽章的兰开斯特家族篡夺了王位，大臣们都厌倦了金雀花王朝的统治，就承认了兰开斯特家族的王位继承权。兰克斯特家族的王位传到第三代亨利六世的时候，大臣中出现了不和谐的声音。亨利六世不会管理朝政，而且患有间发性精神疾病，身体十分虚弱。于是他把朝政大权都交给了摄政王埃德蒙·蒲福。这个蒲福老迈昏庸，除了排挤约克家族什么也不会。他摄政期间，英国丧失了"百年战争"中夺来的全部土地。早就觊觎王位，而且比兰开斯特家族更有继承权的约克家族，趁机发动了争夺王位的玫瑰战争。

以白玫瑰为徽章的约克家族曾发动过好多次政变，但是都被兰开斯特以前的优秀统治者镇压了。不过亨利六世没有继承父辈镇压政变的能力，玫瑰战争开始了。

其实这场战争的导火线纯粹是个巧合。1455 年 5 月 22 日，约克公爵查理打着清君侧的旗帜，带领一支小部队前往伦敦，不巧正好在一个叫做圣艾班斯的地方碰到了亨利六世的军队，双方狭路相逢，但打着打着就双方就握手言和了。摄政王埃德蒙·蒲福由于不得民心，被查理杀了。之后，查理也没有篡位，只是要求做摄政王这个位子，大臣们都表示同意。不过，亨利六世的王妃玛格丽特却不喜欢这位新的摄政王，总是暗暗给他下绊子。

查理当上摄政王后，大权独揽。他发现亨利六世一发病就要治疗很长时间，觉得他肯定命不长久，于是找来大臣们召开了国会，议定亨利六世死后由他来做王位继承人。玛格丽特王妃知道这个消息后，坚决不同意，因为她和亨利六世已经有了儿子，她认为她的儿子才是王位的合法继承人。不过，查理当时手中握有重兵，玛格丽特王妃不敢公然反对，只能通过给亨利六世吹枕边风的方式，兵不血刃地撤掉了摄政王的职位。查理只好回到自己以前的根据地。这次狼狈逃回让他意识到，不篡位是不行的了，于是他开始集结部队。战争之初，查理的军队被打得大败，但是转机马上出现了。在一个教士的帮助下，查理在伦敦建立了据点，并联系到了兰开斯特家族内部的反叛者，然后里应外合，抓住了亨利六世，不过玛格丽特和她的儿子却跑了。

抓住亨利六世后，查理志得意满，大摇大摆地进了王宫，然后一下子坐在了王位上。满朝大臣包括查理自己的手下都吃了一惊。原来这些大臣包括自己手下的将领都只想清君侧，并没有协助查理篡位的意思。查理知道自己并不是众望所归，只好召开国会制定了调解法案。法案规定查理是亨利六世的继任者，玛格丽特和她的儿子被逐出伦敦。之后，查理担任摄政王一职。

玛格丽特和她的儿子被逐出伦敦后，开始了流亡生涯。玛格丽特并不甘心失败，她一边流亡一边募兵，不久就招募了一支声势浩大的军队。但玛格丽特没有军饷发给这些人，于是她同意这些人在查理的统治区抢劫财物。这支"土匪"军一路就靠抢来的财物作支持，打回了伦敦。"土匪军"人数众多，查埋贸然以少击多，最终被玛格丽特所杀，一同被杀的还有手下的一员大将和他17岁的儿子。

查理死后，根据调节法案，他的长子爱德华伯爵将继任为英国国王。玛格丽特杀死查理后，继续追杀爱德华。爱德华只好仓皇逃跑，一路上遇到了很多残兵败将。经过上次的战争，王后的"土匪"军也遭受了重创，玛格丽特只好又向苏格兰女王借来一支正规军，条件是英国答应向苏格兰割地赔款。当然，这支军队的军饷还是通过抢劫获得的，军队一边烧杀抢掠一边追击爱德华王子，最后终于追到了伦敦。不过这支部队太不得

1471年4月14日的巴尼特战役中，约克家族的国王爱德华四世打败了兰开斯特家族的亨利六世的军队。

民心了，伦敦的居民一看是玛格丽特王妃回来了，家家户户的门上都上了锁。

王后无奈只好从伦敦撤军。这时，逃回伦敦的爱德华王子等来了沃里克的生力军。有了这支军队，爱德华王子决定和玛格丽特王妃决一死战。但在打仗前他还需要做一件事情，这个爱德华深谙"君权神授"的道理。正式开战前，他先派人散布谣言，说自己在回伦敦的途中看到了三个太阳，这三个太阳就是他和他的两个兄弟，这三个太阳的出现预示着爱德华的这支军队战无不胜。士兵们听到这个传言后军心大振，都想跟玛格丽特王后决一死战。爱德华王子见时机已经成熟，趁玛格丽特王后带领着自己的部队找"军饷"的时候，爱德华王子发动了进攻。

这次战争胜利后，爱德华辗转找到了逃往苏格兰的玛格丽特和亨利六世。他抓到了亨利六世，并把他幽禁起来，但玛格丽特逃跑了。之后，爱德华加冕称王，史称亨利七世。不过好景不长，爱德华的一名老部下背叛了他。

这名老部下就是来伦敦与爱德华王子会师的沃里克，他在与玛格丽特王后军队作战时，屡立战功，不免有些骄傲，最后甚至管起了国王的婚事。沃里克想让亨利七世和法国联姻，但是爱德华却喜欢上了一位勃艮第姑娘。沃里克很生气，于是组织了一支军队想推翻亨利七世，不过他的军队很快被打垮了，沃里克只好流亡到了法国。在法国他遇到了同样流亡在外的玛格丽特王妃，二人达成联盟想再次打回英国。为了实现他们的计划，他俩找到了当时法国的国王路易十一。路易十一表示支持，二人在法国的支持下打回了英国。爱德华被赶了出来，一度流亡在外，后来在勃艮第人的帮助下，打败了法国扶植的沃里克和玛格丽特联军。这次他没有手下留情，他很快杀死了亨利六世和玛格丽特的儿子，但是玛格丽特本人不知所踪。

爱德华重新回到英国后，不久就身染重病一命呜呼了，他留下了一个 12 岁的儿子继承了王位，这下英国又乱了。约克家族的残余势力又死灰复燃，并且出了一个叫做亨利·都铎的人。他很快组织了一支军队，结束了兰开斯特家族的统治，至此红白玫瑰大战才算结束。亨利·都铎成了亨利七世，建立了都铎王朝。

托马斯·莫尔与《乌托邦》

如果有一天，世界上所有的人都穿同样的衣服，吃同样的饭，开一样的车，住一样的房那会是什么样子呢？这样能不能算的上彻底的公平呢？英国古代一位伟大的社会主义空想家在脑中构建了一个朴素的、绝对公平的国家，并将这个国家写进了书里，由于这个国家并不存在，所以他把这个国家命名为"乌托邦"，即"乌有之邦"。这个伟大的空想家就是托马斯·莫尔。

任何一个人，做的任何一件事，都不可能逃出他生存的那个时代，即使是空想也是一样。托马斯·莫尔笔下的乌托邦虽然过于超前，但是它依然是植根于当时英国的社会现状的。

14、15世纪的英国，农奴制度开始瓦解，资本主义开始萌芽，这些新兴的资本家们发起了"圈地运动"，即用暴力手段从农奴的手里掠夺土地占为己有。就是在这个时候，托马斯·莫尔出生了。托马斯·莫尔出生在一个家道中落的富有家族，母亲在他出生后不久就死了，莫尔由父亲抚养成人。莫尔的父亲曾做过英国高等法院的法官，由于他清正廉洁，刚直不阿，受到当时权贵们的排解，提前"告老还乡"了。莫尔懂事后，这位曾经的大法官就用自己的做人准则要求莫尔，所以莫尔受父亲的影响很深。

莫尔的父亲一心想把儿子培养成自己的接班人，所以拉丁文是莫尔必须要掌握的。为了能让莫尔安心学习拉丁文，他的父亲把他送到了伦敦的圣安东尼学校，这里的拉丁文教学是全英国最好的。莫尔很快就能熟练运用拉丁文了，他的父亲很高兴，同时也更加对莫尔寄予厚望。英国当时有一位首屈一指的大政治家叫做莫顿，他早年也当过英国的大法官，后来当上了红衣大主教。莫尔的父亲在当大法官时就与莫顿相识，利用这层关系他让小莫尔寄宿到了莫顿的家中。这位谈吐优雅、学富五车的大主教给了莫顿很多有益的影响。

14岁时，托马斯·莫尔就进入了牛津大学，并选择了攻读古典文学。在这期间，他接触到了很多希腊名人的著作，但他最感兴趣的还是柏拉图的《理想国》。后来，他又接触到了许多人文主义学科，并交了很多好朋友。在这些朋友的人文思想影响下，他对社会的框架有了初步的概念。

16岁时，莫尔离开牛津，到新法学院开始攻读法律，但是人文思想已经在他的心里扎下了根。在攻读了两年法律后，莫尔进入了林肯法律协会，但他还是保留着阅读文学作品的爱好，有时候自己也写点话剧或小说自娱。

律师可以说是莫尔毕业后的第一份"工作"，离开校园后，他踏上了现实的社会。在现实中，他接的案子不再是"理论情况下"的了，每一个案子都是血淋淋的现实。在他接的案子中，"圈地运动"的受害者占了多半。当莫尔知道这些受害者大多成为强盗土匪后，对"圈地运动"背后隐藏的私有制度产生了强烈的厌恶。他一度想靠自己一己之力，多多地为老百姓争取权利，却无济于事。不过，当律师时的见闻给他后来写作《乌托邦》提供了很多素材。

莫尔在他 26 岁那年当选为议员，莫尔本想靠这个职务实现自己的抱负，为英国的富强贡献自己的一份力量。可惜，他错了，他过于正直的性格成了他的绊脚石，当上议员不久，他就因得罪了国王亨利七世被革职了。莫尔只好回家，在回家的这段日子里他结了婚，过起了恬淡的田园生活。在这段时间里，莫尔结识了欧洲著名人文主义学者鹿特丹，两人互相勉励，共同翻译了很多古希腊的名著，大大提高了写作能力。

1509 年，亨利八世即位。31 岁的莫尔重新被起用。亨利八世给了莫尔一个外交官的职务，这个官职主要负责英国和别国的贸易问题。莫尔欣然接受，并很快胜任了这项工作。《乌托邦》就是在他出使欧洲时写成的。小说是借一位航海家的见闻展开的，可以说这份外交家的工作促成了《乌托邦》的完成。

《乌托邦》发表后，莫尔名声大噪。亨利八世很喜欢人文类的作品，而且莫尔和亨利八世都反对英国新教，所以在莫尔担任了近十年的外交官后，亨利八世将他召回了宫廷。但是伴君如伴虎，莫尔在回到宫廷后，最终走上了断头路。莫尔回宫后和亨利八世相处得很好，他的官运自然是直线飙升，不久就做到了英国大法官的职位。

可是，月盈即亏，物极必反。正当莫尔一门心思的要报效朝廷时，亨利八世有外遇了，他爱上了一名宫女，并打算和她结婚。但是，当时的英国国王的婚丧嫁娶都是受天主教会控制着的，而天主教会有规定不准擅自离婚。这让亨利八世很是恼火，于是他背弃了反对成立新教的初衷，承认新教在英国的合法地位，因为新教是允许离婚的。莫尔是天主教的忠实拥护者，所以他坚决反对亨利八世的离婚行为，并辞去了大法官的职位。亨利八世很生气，他杀死了莫尔，并把莫尔的头颅挂在伦敦桥上示众。至此，一位伟大的社会空想家就这么与世长辞。

这本书用"羊吃人"的说法揭露了"圈地运动"的可怕，并首次提出了"私有制是万恶之源"的说法。作者在这本书中提出了"公有制"概念，对后世产生了无比深远的影响。

加尔文创立新教

1509 年 7 月 10 日，加尔文在巴黎的瓦兹省出世，这个刚出生的小男孩和别人没有任何的差异。但是谁也没想到，就是这样一个普普通通的孩子，将来会成为对后世影响极其深远的新教的"教皇"。加尔文的父亲是一位律师，兼职是给瓦兹省的一位主教做助理，所以他能接触到很多的社会名流。这些人的谈吐大大开阔了加尔文父亲的眼界，他认为如果加尔文将来能够出人头地的话，就必须要好好读书。于是，等加尔文懂事后，他的父亲就把他送到了巴黎最好的学校学习。1923 年，年仅 14 岁的加尔文进入了巴黎大学学习法律。在大学期间，加尔文读了很多人文主义的书，还参加了以马丁·路德为领袖的新教。在看到天主教会的腐败后，他有了改革的念头。加尔文 21 岁时就顺利获得了文学硕士学位和法学博士学位，这时他的知识已经远远超过了他的同辈人，不过他的社会经验还是太少了。

法国宗教改革家约翰·加尔文主张严格的新教教义，清教徒遵循了这一点。加尔文在瑞士的日内瓦获得机会将自己的思想付诸实施，加尔文在这里担任首牧达 28 年之久。

加尔文加入新教后并没有退出天主教，而是天真地想在天主教内部进行改革。但是这种天方夜谭般的幻想根本是行不通的，不过加尔文还是想到了方法，那就是利用演讲的形式获得教众的支持。加尔文很快就等到了一次机会，他有一位比较有身份的朋友，这位朋友叫做尼克拉·科普，是一位御医的儿子。这位尼克拉·科普在 1533 年 10 月被选为了巴黎大学的校长，并要在 11 月 1 日的万圣节舞会上发表就职演说。加尔文意识到他的机会来了，于是他主动要求帮尼克拉·科普写演讲稿，当然演讲稿是根据新约写成的，不仅如此，加尔文还利用演讲稿严厉地批判了当时基督教的神学家们，说他们根本就不懂什么是福音。

演讲的当天就有人告了密，教会的领导们一听就火了，马上悬赏 300 银元，通缉尼克拉·科普。尼克拉·科普校长丢了巴黎校长的职位，还成了全国通缉犯，无奈之下只好去投奔巴塞尔的亲戚去了。加尔文也没好到哪儿去，当他知道自己惹下大麻烦时，抓捕他的人已经堵住他的门口了。他只好用床单当绳子从楼上缒了下来，法国已经没有他的容身之地了，于是他一口气逃到了瑞士。那些为加尔文鸣不平的人就惨了，教会为了杀一儆百，找来 24 个加尔文的拥护者，把他们活活烧死在了街市上，剩下的全部收监下狱。

加尔文在流亡过程中，并没有放弃对旧教的改革，只不过是换了一种形式。他在流亡途中写了一本叫做《基督教要义》的书，这本书对基督教的教义做了重新的定义。这本书主要是告诉人们，并不是谁死后都能进入天堂，如果想进入天堂，就要进行后天的努力。这一观点与当时的基督教是完全相反的，因为当时天主教的神父们正在向人们兜售"赎罪券"，并告诉人们，只要有这个券，不管是谁死后都能上天堂。

《基督教要义》的发表在新教教徒间引起了强烈的反响，加尔文的名字也迅速传遍了欧洲。大家都知道了有一个叫加尔文的人可以解释教义，而且解释得非常好。虽然加尔文的声望达到了顶峰，但是他似乎并不想与天主教正面冲突了。上次天主教的屠杀让他心有余悸，他现在只想借书籍，慢慢地推行改革。但是，已经站在改革风口浪尖上的加尔文注定要干一番大事业，日内瓦这座城市正在期待着他的到来。

加尔文来到日内瓦只是想歇歇脚，明天继续他的流亡生涯。但是他的巨大声誉招来了一个人，这个人就是日内瓦改革派领袖法热尔。法热尔清楚认识到，日内瓦的宗教改革已经到了生死存亡的关头，如果没有一支"生力军"来帮助他的话，那么孰胜孰败还未可知。当他知道加尔文来到日内瓦时，他看到了胜利的曙光，他甚至将加尔文的来临说成是上帝的恩赐。他是来请求加尔文出面支持日内瓦新教改革的，他知道，凭借加尔文一呼百应的声望，日内瓦的新教改革一定能成功。于是，加尔文决定帮法热尔改革，担任日内瓦的首牧，日内瓦则被称为"新教的罗马"。

弗兰德乐派

欧洲早期的古典音乐一直受天主教会的控制，所以这些音乐有很强的宗教色彩。教会为了让老百姓看到自己庄严的一面，是不会允许古典音乐的技法多变与花哨的，所以那时候的古典音乐是枯燥与纯净的。不过，时代在发展社会在进步，一切事物都是在发展变化的，古典音乐也一样。

公元6世纪，罗马教皇格里高利一世对教会中的音乐进行了统一，收集了3000多首歌曲，并将这些歌曲取名为"格里高利圣咏"。这种圣咏只用人声，不用乐器伴奏，人人听到那悠扬舒缓的曲调后就会瞌睡不止，以达到"无欲则刚"的境界。不过格里高利圣咏实在是太单调了，人们在听了将近400年后终于听烦了，于是有人进行了改革，在圣咏中加入了一些民歌的旋律，这样圣咏听起来比以前好听多了，但还是比较单调的。后来一个意大利的音乐家发明了合唱，并将其运用到圣咏上，他称这种合唱的方式被称为"奥加农"，即在圣咏的基础上加上和声。改革的步伐一开始迈进就不容易停止，这之后，宗教音乐又出现了伴奏，后来加入了复调，最后，宗教音乐的改革终于被文艺复兴时期的弗兰德乐派发扬光大了。

15世纪中叶的弗兰德地区，出现了一批才华横溢的音乐家，他们在前人的基础上，进一步发展了古典音乐，由于这些音乐家风格相似，且都出生在弗兰德地区，所以人们管这个乐派叫弗兰德派。

弗兰德乐派的创始人是约翰·奥克冈。奥克冈早年在安特卫普大教堂和穆兰的波旁查理公爵宫廷做歌手，由于他对音乐的独到见解，很快就在音乐界成了风云人物。他的特点是喜欢用"长招"，即把无数的长乐句排山倒海般，连绵不绝地送入听众的耳朵里。听众还没仔细辨别上一个长乐句用的是什么技法时，下一个长乐句又起，听众只好不加分辨，任凭奥克冈把自己带到自己在现实中去不了的地方。另外奥克冈也很善用卡农技法，也叫华音技法，卡农技法的特点就是华丽。有人描述音乐的华丽时用过"大珠小珠落玉盘"这样的句子，但卡农技法则更加繁复些。这种技法初听似落英缤纷，继而如群蜂乱舞，最后是万剑齐发。听众的身心再也无法回避，只好随之而去。由于奥克冈大师出生的时间较早，再加上他是最早具有弗兰德乐派风格的人，所以音乐界将他尊为弗兰德乐派的创始人。

若斯坎·德·普雷相传是奥克冈的徒弟。早期的风格和师父相似，但是若斯坎如果仅仅模仿师父，就不会成为弗兰德乐派的代表人了。若斯坎也有自己擅长的领域，那就是弥撒曲。

弗兰德乐派的集大成者是奥兰多·迪·拉索。弗兰德乐派发展到拉索的手中时，已经有一个明显的趋势，那就是向世俗化发展。所谓的世俗并非庸俗、低俗、恶俗，而是古典音乐更加关注平常人的生活，更加平民化。在宗教音乐向世俗化的发展的贡献上，拉索功不可没。

拉索小时候唱歌就很好听，后来倒嗓后开始学习谱曲。为了能学到更多的音乐知识，拉索拜访名师，很小的时候就走遍了西西里、米兰、那不勒斯等地，音乐演奏技巧也有了质的提高。

拉索一生接触过很多的大人物，比如说查理九世、封他为"金马刺骑士"的罗马教皇和封他为贵族的神圣罗马帝国皇帝，但是拉索的音乐风格却没有纸醉金迷的气息。他很喜欢用民间曲调，他的音乐在抒情的同时还很有戏剧性，给人一种造型的效果。拉索的作品有 2000 多首，最受人推崇的是《我这穷人》和《回声》这两部作品。《我这穷人》幽默风趣，生活气息相当浓，而且词曲俱佳。有一段歌词是这样写的："我这穷人，做的什么事？取了个美女做婆娘，不娶该多好，一定有人说我们成天吵架从桌上到床上。"《回声》则是一首无伴奏合唱曲，没有了乐器伴奏，只用人的和声来表达音乐的意境，更加让人有种听天籁之音的感觉。那悠扬舒缓的曲调仿佛潺潺流动的清泉，让人恍惚置身幽谷，身心似乎都在受着涤荡。

弗兰德乐派是欧洲文艺复兴期间的重要乐派，虽然文艺复兴后这个乐派逐渐式微，但是，那些大师们的作品依然流传了下来，感染着后人。

热爱生命的蒙田

"我们的生命受到自然的厚赐，它是优越无比的。如果我们觉得不堪生之重压而白白虚度此生，那也只能怪我们自己。"这句话从蒙田的散文《热爱生命》中节选来的。从这句话中可以明显地看到，蒙田热爱生命的程度。即使是不堪生之重压也不能白白虚度生命，在蒙田的思想里"生命"何时何地都是美好的，都应该被热爱。

蒙田的父亲是个小贵族，生前是波尔多市的市长。蒙田出生时，法国是比较混乱的，当时法国出了一个新教派，叫做胡格诺派。这个教派反对君主专制，在法国制造了长达 30 多年的内战。所以，当时的贵族们都不怎么读书，而是喜欢习武。蒙田也受到了这样风气的影响，他没有潜心研究过怎么写文章，所以他的作品大多是随笔一类的小品文，很少有长篇大论。他也常对别人说，他不是学者，他只是把大脑中闪现的想法记录下来而已。

蒙田的青年时代早就被他的父亲规划好了。蒙田的父亲在蒙田不到 20 岁的时候，就给他在波尔多市挂了一个议员的名衔。但是蒙田懒得去管议员应该做些什么，他只是在家里看书而已。蒙田的父亲却一心想把他培养成一名政客，不久后，他就把蒙田弄上了波尔多市法官的职位。蒙田思想很坚强，但是言行很软弱，父亲安排好的事他只好照办，虽然接受了这个法官的职务，但是他还是花大部分的时间用来读书。

就这样过了些年，蒙田的父亲死了。他的遗产都留给了蒙田，包括一座古城堡，蒙田这下可高兴了，他谢绝了一切俗世的纷扰，到古堡三楼的藏书室里过起了隐居生活，那年他 37 岁。这是蒙田生命中最重要的阶段，他从 37 岁隐居到 59 岁死去，这 22 个年头里他几乎就没有离开过那间书房，著名的《蒙田随笔全集》就是在这段时间完成的。当时的法国人已遭受近 30 年宗教战争的荼毒，这本洋洋洒洒的百万言著作出版后，法国人争相购买，这本沁人心脾的随笔集俨然成了当时人们的"心灵鸡汤"。

韦达创设代数符号

对于现代人来说，张口就能说出 $3 \times 7 = 21$。但是在遥远的古代是不容易的，即使他们知道 3×7 只能等于 21。因为那时还没有数学符号这一说，人们要表达加减乘除这一类的运算只能用文字，比如"三乘以七等于二十一"，而且还有更麻烦的。

古时候人们最早接触的是几何学，因为几何毕竟是以实物为依据的，不像算术那么抽象。在当时，几何是"测量土地技术"的意思，几何学就是从古埃及人测量土地的技术上发展来的。几何学被确立为一门科学之后，人们有了先入为主的概念，认为无论什么样的算术问题都应该被归入几何学的范畴。这样一来，麻烦也就来了。比如"三乘以七等于二十一"的算式，这个对现代人来说简单之极的问题，对古代的数学家们却是很麻烦的，因为他们要用几何原理来证明。于是，他们只好在地上摆上三列盘子或其他的东西，然后每列摆七个，最后一数是二十一个，这个命题才算正确。所以在古代，教小学数学的老师们是很痛苦的，因为他们要随时用盘子来证明学生提出的算术问题，可以想象得出，那时候总问问题的好学生并不受老师的欢迎。不过，还有更麻烦的问题，那就是如果这个运算公式的得数非常大呢？即使用光了国家所有的盘子，也无算证明这个公式的正确性，那该怎么办呢？

丢番图是古希腊时候的数学家，他写了一本叫做《算术》的书。这本书就和几何学有很大的不同了，在这本书中丢番图写了 46 首和代数有关的短诗，大致相当于现在小学生做的应用题。更有意思的是，他死后的墓志铭都是用"应用题"写成的：

上帝给予的童年占六分之一，

又过十二分之一，两颊长胡，

再过七分之一，点燃起结婚的蜡烛。

五年之后天赐贵子，

可怜迟到的宁馨儿，享年仅及其父之半，便进入冰冷的墓。

悲伤只有用数论的研究去弥补，

又过四年，

他也走完了人生的旅途。

这是一道猜丢番图年龄的数学应用题。很显然，要解这道题就必须有一个代表丢番图年龄的"X"，而这个"X"的出现其实就是代数学的出现。如此一来，其实丢番图已经开了代数的先河。但是丢番图只是起到了抛砖引玉的作用，真正奠定了代数学基础的还是韦达。

韦达的全名是弗朗索瓦·韦达，1540年出生在法国的普瓦图。韦达的父亲是一名律师，就像所有父亲一样，韦达的父亲也想让他子承父业。所以韦达在上大学的时候学习的是法律，毕业后，他做了一名律师。虽然韦达不是一个数学家，但这并不妨碍他把自己大量的精力投入其中。他用做律师挣来的钱搞数学研究，并把这些研究成果写成书，自费出版。很快韦达就引起了法国国王的注意。

这位国王并不是想和韦达探讨数学问题，他是正为与西班牙的战争发愁呢。原来，在法国和西班牙的战争中，西班牙军队指东打西，神出鬼没，法国人就是摸不透他们的动向，所以在战争中连连失利。不过法国国王也敏锐的觉察到，西班牙军队是在利用某种密码在指挥军队。写有密码的书信法国军队已经截获了很多，但是跟没截获一样，因为大家都破译不了。这时，法国国王想到了已经在数学界小有名气的韦达，并让他破译这些密码，韦达不负众望，顺利地破译了密码。法国也从战争的劣势中走了出来，法国国王很高兴，但是韦达更高兴，他并不是为破译了密码而沾沾自喜，而是他从这些密码中得到了灵感——"代数"。西班牙军队利用特殊的字母代表特殊的意思，数学上不可以吗？他又想到了丢番图《算术》中的"应用题"，那不就是原始的"代数"吗？于是，韦达首次系统的将abc和xyz等字母运用到数学中。由于字母被运用到数学中，使得数学变得更加抽象，这样数学定义的使用范围就更广了。同时，一门新的学科也诞生了，那就是"代数学"。韦达将字母引入算术后，让算术的计算过程大大简化。

韦达奠定了"代数学"的基础后，名声大噪，但很多人不服气。最有名的就是一个叫做罗门的比利时数学家，他自认为解出了一个45次方的方程式所有的根，于是他拿着这个方程式到处炫耀。他听到韦达被数学界传得很神，就想和韦达比试，为了起到彻底羞辱韦达的作用，罗门让法国的国王当见证人。国王觉得会有好戏看就答应了。之后，国王召见了韦达和罗门，并把罗门的方程式给了韦达。韦达一看真是小菜一碟，运用代数原理很快得出了罗门的解，并比他多求出了22个解。罗门简直不敢相信自己的眼睛，同时也佩服得五体投地。

韦达还写了很多的书，比如《分析方法入门》、《分析五章》、《几何补编》等，由此看来，他作为现代"代数学之父"是当之无愧的。

女王伊丽莎白一世

伊丽莎白能当上女王是非常不容易的，因为她的前面有一个嫡出的姐姐，后面还有一个弟弟。在当时，不管是从立长不立幼的角度，还是重男轻女的角度看，伊丽莎白在王位争夺战中，没有丝毫优势可言。然而就是这么一个看似与王位无缘的女孩子，最终不仅成为了英国的女王，而且缔造了前任国王们无法企及的传奇。

亨利八世死后，他唯一的儿子爱德华即位，这就是爱德华六世。但是，这位当时年仅10岁的国王只统治了英国6年就死了。爱德华死后，王位被他的姐姐玛丽篡夺，这就是玛丽一世。这对于英国来说不一定是坏事，但是对于伊丽莎白来说，却极其凶险，从玛丽即位起，伊丽莎白随时可能会有杀身之祸，因为玛丽和伊丽莎白从小就有仇。

玛丽的母亲是亨利八世的原配夫人凯瑟琳，后来亨利八世移情别恋，爱上了伊丽莎白的母亲安妮。亨利八世和安妮结婚后，凯瑟琳就被打入了冷宫，玛丽也被自己的父亲疏远了。安妮生下伊丽莎白后，为了让女儿将来有成为国王的可能，剥夺了玛丽公主的地位，并不断地对亨利八世说玛丽的坏话。所以玛丽的童年过得是很惨的，由于长期受安妮王后的虐待，玛丽的幼小心灵里已经种下了仇恨的种子，她把仇恨都转移到了伊丽莎白的身上。后来，安妮王后由于生活作风问题，被亨利八世杀了。之后这位国王又娶了几位王妃，才有了爱德华六世。

1553年，爱德华六世英年早逝，玛丽篡位执掌生杀大权，她复仇的机会来了。那时的伊丽莎白虽然已经长大成人，但她从来不理政治，只是在自己的府邸看书，几乎是过着隐居的生活。玛丽找不到伊丽莎白的缺点，一时无法下手。不

和现代的政治家一样，伊丽莎白女王非常注意自己的公众形象，在这幅由尼古拉斯·希利亚德于1575年所画的肖像画中，42岁的女王身着盛装。

过，杀掉伊丽莎白的机会很快就来了。1554年，托马斯·怀亚特在肯特郡叛乱，玛丽以此为借口，指责伊丽莎白和这次叛乱有关，把她关进了伦敦塔。但是，叛乱很快被镇压了，反叛者的证词也没有提到伊丽莎白与这次叛乱有关，玛丽无奈，只好放了伊丽莎白。不过，玛丽总觉得伊丽莎白对自己有着巨大的威胁。她的这种感觉是很有根据的，当时英国的新教势力已经很强大了，而玛丽的信仰是天主教，伊丽莎白信仰的却是新教，无形之中，两个姐妹之间的关系已经剑拔弩张。虽然二人势同水火，玛丽却没有直接向伊丽莎白下手，她选择的是镇压新教教徒。为了起到震慑作用，她抓来300名新教领袖和教众，并将这些人全部活活烧死了，她也因为这次事件得到了"血腥玛丽"的称号。

玛丽为了解决她和伊丽莎白之间信仰差异问题，想到了一个想当然的办法，她要让伊丽莎白改信天主教。伊丽莎白虽然年纪不大，但是少年老成，她一下子就明白了这位玛丽姐姐的用意，所以表面上改信了天主教，内心依然是虔诚的新教教徒。这之后，玛丽对伊丽莎白的戒心才不那么大了。伊丽莎白靠着自己的智慧和谋略，终于等到了一个重要的消息——玛丽病重。也许是上天对伊丽莎白的垂青，玛丽不久就不治身亡了。

伊丽莎白的时代来临了。伊丽莎白有很多政绩，最有传奇性的当属利用海盗击败西班牙"无敌舰队"的故事。

海盗古已有之，但是能够被封为爵士，并且将"抢劫"合法化的却太少了，弗朗西斯·德雷克算是其中的一个。这位江洋大盗在被政府招安前，就已经在英国家喻户晓了。一般来说，这样的大盗在强势的伊丽莎白女王时代，是绝对要被征讨的，但是为什么德雷克不仅得到了女王的赏识，还成为了英国人民心目中的英雄了呢？原因有二：一是，当时英国的主要敌人是西班牙；二是，德雷克有极强的军事才能。

伊丽莎白一世在位期间，英国的资本家们已经逐渐登上了历史舞台。伊丽莎白对西班牙在海上掠夺来的财宝垂涎三尺，恨不能吞之而后快。但是，一个不得不面对的事实摆在眼前，那就是英国的军事实力不如西班牙，尤其是海上舰队的实力。这个问题已经困扰伊丽莎白女王很长时间了，直到她听到了弗朗西斯·德雷克这个名字。伊丽莎白知道，这些海盗都是出了名的亡命徒，他们敢在巨浪滔天的大海上干杀人越货的勾当，自然是极不好惹的，以英国海军的实力根本不是这些海盗的对手，征剿这条路走不通；不过伊丽莎白还想到了更深的一层，只要政府承认他们的合法权益，那么这支强大的海盗军团就能为英国所用。伊丽莎白当机立断，招安了弗朗西斯·德雷克等海盗船长们，并发给了他们一张"掠夺许可证"。不过得到这张许可证是有条件的，那就是要将掠夺财富的三分之一交给英国政府。海盗们一听都觉得这买卖合算，毕竟谁也不想总背着"海盗"的骂名，而且英国政府只要财富的三分之一，于是大家都同意了，弗朗西斯·德雷克也是其中之一。

海盗的地位被伊丽莎白合法化后，这些海盗们俨然就成了国家的正规军，在弗朗西斯·德雷克的带领下，开始与西班牙作战。弗朗西斯·德雷克有着丰富的作战经验，他考虑到西班牙海军的船都是大船，海盗们的船都是小船，硬拼的话海盗们并不占优势。弗朗西斯·德雷克最后制定了用小船围攻大船，靠小船的机动灵活取胜的作战计划。最后西班牙的舰队挨个儿被海盗们击沉了，西班牙的"无敌舰队"成为了历史，伊丽莎白统治下的英国也达到了顶峰。

伊丽莎白一世的时代被后世的英国人称为"黄金时代"，作为一个女王，她缔造了自己的传奇。

"无敌舰队"不敌英国

1587年4月19日晚上，一支英国舰队在海盗头子德雷克的指挥下，悄悄靠近了西班牙的加迪斯港。此时的西班牙人正在和英国谈判，他们认为英国一定会妥协的，因为西班牙有着强大的"无敌舰队"。对于英国舰队的"来访"，他们没有丝毫准备。在靠近西班牙的舰队之后，英国舰队的船上喷出了火舌，加迪斯港陷入炮火之中，一片混乱。这次偷袭，使得西班牙舰队损失了将近70艘战舰和补给船只，元气大伤，用了一年的时间才恢复过来。而英国舰队在归途中，还顺便干起老本行，打劫了西班牙国王腓力二世的私人运金船只。这次袭击虽然只是英国和西班牙海战的一个小序曲，但是改变了整个事件的进程。

被偷袭的这支西班牙舰队，被西班牙人骄傲地称为"最幸运的无敌舰队"，是西班牙国王腓力二世花重金打造，准备用来对付英国的。其实西班牙和英国很早就结下了仇恨。在哥伦布发现了美洲大陆之后，西班牙就开始在美洲大肆扩张，占领殖民地。到了16世纪的时候，西班牙靠着在殖民地的掠夺，已经成为欧洲最为强大的国家。而此时的英国，资本主义渐渐发展起来，也需要对外进行扩张，在殖民地的争夺中与西班牙逐渐产生了矛盾。当时西班牙已经组建了一支庞大的舰队，控制了麦哲伦海峡，成为海上的霸主。英国没有建立大规模的舰队和西班牙争雄，而是鼓励起走私和海盗行为。本来走私行为就已经对西班牙的贸易产生很大影响，海盗更是在海上对西班牙的商船进行大肆劫掠，德雷克就是海盗集团中非常有名的一员。西班牙曾经要求英国女王伊丽莎白抓捕海盗，但是伊丽莎白非但不抓，反而对海盗大加赞赏，并且把德雷克封为贵族。西班牙政府对此十分愤怒。

西班牙国王腓力二世也很早就对英国有想法。1568年，苏格兰发生了政变，苏格兰女王玛丽逃到了英国，向英格兰女王伊丽莎白求助。但是她刚一到英格兰，就被伊丽莎白囚禁起来。腓力二世趁机联络上了女王玛丽，并且和英国的天主教徒密谋，打算发动一次武力政变，推翻伊丽莎白，把玛丽扶上英国女王的宝座。但是这次密谋被伊丽莎白发现了，她立即镇压了政变，并且以此为借口处死了苏格兰女王玛丽。腓力二世并不打算放弃，他又多次派人去刺杀伊丽莎白，结果都没有成功。

由于玛丽信奉天主教，于是在她被处死后，罗马教皇发布了一道诏书，号召天主教国家对英国进行圣战。腓力二世看时机已到，便正式对英国宣战，打算用武力控制英国。他用了几个月的时间，组建了一支规模庞大的"无敌舰队"。

1588年5月，西班牙舰队终于从德雷克的那次突袭中恢复过来，完成了最后的集结。这次的舰队共有100多艘战舰，2000多门火炮，舰上载有6万多人。本来西班牙派的是海军名将科鲁兹侯爵指挥这次战斗，但是在舰队出发前他就去世了，于是腓力二世又指派西多尼亚公爵做舰队统领。不过可笑的是，这位西多尼亚公爵是位陆军将领，对于打海战一窍不通。更要命的是，这位公爵还晕船，直到开战的时候，他还一直在喊晕。

由于德雷克的那次突袭，英国获得了一年的准备时间。此时英国也组建了一支比较有规模的舰队，担任舰队指挥的正是德雷克。当"无敌舰队"向英国开来的消息传来时，德雷克正在司令部和别人打保龄球。一名军官气喘吁吁地对德雷克说道：

"无……无敌舰队……打过来了！"

跟德雷克一起打保龄球的人听到后，也显得十分紧张。而德雷克却一脸轻松，向窗外望了望，没有看到任何船只的影子。他随手抓起一个保龄球，对旁边有些惊慌的两个人说：

"哦，是吗？先不管它，打完这局再说。"

然后他又专心打起了保龄球，旁边的两个人面面相觑。直到打完最后一局保龄球，德雷克才穿上战服，向作战指挥部走去。

"无敌舰队"霉运缠身，出海不久，舰队就遇上了大西洋风暴，很多船只被风浪摧毁，船上带的淡水和食物也损失了大半，而船上的陆军步兵则因为不习惯海上环境而晕船。还没见到敌人的影子，舰队的战斗力就已经大打折扣了。

7月22日早晨，西班牙"无敌舰队"到达了英吉利海峡，与等待在此的英国舰队展开了一场激烈的海战。西班牙战舰上的火炮都位于甲板上，所以只能排成横队，分成小组出战。他们的作战理念是：先是用炮轰，然后利用战舰体积大的优势，撞击英国船只，而后步兵登上敌舰，展开近身作战。这一套下来，如果正面硬抗的话，估计英国很快就会被击败。但是英国抛弃了这种作战方法，他们采用了一种灵活的作战方式。英国的火炮没有安装在甲板上，而是装在了船舷上，这样就可以排成一列纵队，在侧面对敌人进行攻击。而且英国船只体积小，机动性好，作战灵活，根本不给西班牙战舰撞击和步兵登舰的机会。还有一点最大的

画中描绘了1588年侵入英国的西班牙"无敌舰队"，在英国舰队的炮火轰击下慌张撤退的情景。

区别，就是西班牙采用的是重炮，这种炮威力很大，可以一炮就摧毁一般的船只，但是射程不够远；而英国则使用了比较轻的长炮，这种炮虽然威力小，但是射程比重炮远得多。这样就导致了英国舰队可以打到西班牙舰队，而西班牙舰队够不着英国舰队，只能挨打。

在英国舰队的不断打击下，"无敌舰队"损失惨重。直到8月初，"无敌舰队"一直处于被动挨打的状态，遭受重创，已经无法再继续战斗。绝望的西班牙人放弃了战斗，决定趁着顺风，打道回府。但是，霉运似乎看上这支"最幸运的无敌舰队"了。在他们回程的时候，又遇到了两次风暴，许多已经在战争中遭到破坏的船只被彻底摧毁，沉入了海底。而一些士兵确实倒霉，被海浪冲到了爱尔兰岸边，不少人被英军抓住杀死了。

1588年10月，彻底体会了晕船感觉的西多尼亚公爵，带着残余的船只和士兵，回到了西班牙。此时的"无敌舰队"，只剩下了43艘残破不全的船只，几乎全军覆没。从此，西班牙在海上的地位被英国取代，英国成为了新一代的海上霸主。

培根创立近代实验科学

伊丽莎白一世统治时期，英国人才辈出，弗朗西斯·培根就是其中之一。培根的头上有很多的光环，比如大法官、廷臣、国务活动家、著名的哲学家、历史学家、法学家、教育学家、科学思想家等；他还是著名的散文家，和英国另一位大作家莎士比亚齐名，称为"双璧"。

1561年，培根出生在一个显赫的家庭，他的父亲是伊丽莎白一世的掌玺大臣，母亲是一位精通拉丁文和希腊文的才女。他的父母都是新教虔诚的信徒，所以，培根在小时候就接受了新教教育，这也为他后来的成就和行为打下了基础。

培根12岁时，进入了剑桥大学的三一学院。这所学院是玛丽一世时代建的，学院里还保留着天主教的很多繁琐礼仪，培根很反感，三年后他就辍学不念了。辍学后，培根在父亲的帮助下，有幸成为了英国驻法大使埃米阿斯·鲍莱男爵的随从，并游历了大半个法国，长了很多的见识。两年半后的1579年，噩耗传来，培根的父亲去世了，培根只好从巴黎赶回来，结束了自己的随从身份。培根的父亲并没给他留下什么遗产，小时候锦衣玉食的他很快花光了父亲留下的钱，从此18岁的培根开始了自己"创业"的日子。

没了父亲的支持，培根决定学习法律，他相信凭自己的聪明才智，一定能通过学习法律让自己飞黄腾达的。培根顺利拿到了律师资格证，成为律师后的培根很快进入了政界，做了一名国会议员。这时的他只有 23 岁，这个年龄对于那些在官场混迹多年的老油条们来说，太嫩了。培根才华横溢，一入政界就迫不及待地想要有一番作为，在国会和法院上，他锋芒毕露，毫不隐晦地发表自己的看法；他口若悬河，舌战群儒，极尽辩论之能事；对不如自己的人他寸步不让，力求让对方失败得越惨越好；这个小马乍行嫌路窄的青年，马上就要为自己的狂妄交一笔学费。1593 年，英国已经在与西班牙的战争中逐渐占了上风，这一年，伊丽莎白女王决定再对西班牙进行一次打击。但是培根却出来阻拦，女王一怒之下，免去了培根国会议员的职务。这时培根才知道后悔，但已经晚了，在他的一再求情下，女王让他做了书记出缺时的候补，但这个候补书记职务他一等就是 20 年。

培根被罢官之后经济更加拮据，几乎到了穷困潦倒的程度。不过，吉人自有天相，他得到了一位伯爵的帮助。这个人叫做埃塞克斯，他是伊丽莎白的宠臣之一。培根在当时英国的文坛已经小有名气，埃塞克斯伯爵也早有耳闻，于是他向培根伸出了援手，他曾多次向伊丽莎白女王求情，希望女王能让培根官复原职，但都被女王拒绝了。伯爵只好先解决了培根的生存问题，他赠给了培根两千英镑的田产。不过，培根却最终背叛了给他雪中送炭的朋友。原来，这位埃塞克斯伯爵在做了几年宠臣后做烦了，想做几天国王。他以前带兵打过仗，想来想去，想到了一条做国王的途径——造反。培根知道后，立即将这一情报告诉了伊丽莎白女王，女王顺利地平息了叛乱，抓住了埃塞克斯伯爵。女王将伯爵叛乱案交给培根审理，培根尽职尽责地审理了这个案子，但他并没有因此而得到赞扬，反而得到了大臣们的鄙视和出卖朋友的骂名，伊丽莎白女王也没有恢复他的官职。

心灰意冷的培根只好卷铺盖回家了，这些年的经历让培根变得非常理性，人情冷暖、宦海沉浮让他对哲学产生了强烈的兴趣。另外，他还对自然科学产生了浓厚的兴趣，因为自然科学是不涉及官场的勾心斗角和人世的世态炎凉的。赋闲的这段日子，培根写了很多的书，他很想把用科学实验认识自然的方法介绍给世人。

1603 年，伊丽莎白一世驾崩，詹姆斯一世即位，培根的机会来了。詹姆斯一世一向以学者自居，而且喜欢笼络文人，培根的名字他早就知道，他将培根封为了伯爵。此后，培根官运亨通，很快做到了他父亲的职位，即掌玺大臣。从 1605 年起，他相继出版了《学术的进步》、《论说文集》和《伟大的复兴》（前两部）等书，自然科学思想开始在英国传播。

但是，在审理一件案子时，作为法官的培根当众收受了 4 万英镑的贿赂。要知道，他在被封为伯爵的时候，国王只给了他 60 英镑的赏钱。这下培根的麻烦大了，大臣们纷纷向国王弹劾他，称培根仅贪污受贿就有 28 次之多。国王也救不了他了，只好下令对其进行 4 万英镑的罚款，并下令将他关进伦敦塔，且削去官职，永不录用。不过，罚款和监禁的处罚很快就被免了，但培根已身败名裂。之后培根告老还乡，远离了官场。这也不一定是一件坏事，在丢官后，培根又可以将全部的精力投入到写作中了。

1626 年的冬天，培根坐马车途径伦敦北郊，突然想做一次实验，验证在冷藏情况下，肉制品是否可以保存更长时间。但是这次实验让他的支气管炎复发，不久后死于寓所。虽说培根在生活作风上过于散漫，在政治斗争中失败，但在哲学和自然科学的贡献上，他是不折不扣的伟人。

一代文豪莎士比亚

莎士比亚是伊丽莎白时期的著名戏剧家。他的作品代表了英国文学的最高峰，四个世纪以来，莎士比亚的戏剧久演不衰。

莎士比亚生于 1564 年，出生地是伦敦附近的斯特拉福镇。莎士比亚并非生于官宦世家，他的父亲只是一位羊毛商人。也许是莎士比亚的父亲没有学问的原因，他很盼着自己的儿子能多认识几个字，将来即使做不了大官也能做个有学问的绅士。于是，莎士比亚 7 岁的时候，就被父亲送到了一家小有名气的学校上学，这家学校以教授文法出名。莎士比亚在这里主要学习了英语、拉丁语的修辞知识，以及一些古罗马的诗歌和戏剧，可谓初窥写作的门径。

但是好景不长，莎士比亚 13 岁的时候，他父亲的生意破产了。由于无法支付高额的学费，莎士比亚只好辍学，帮父亲打理生意。从此后，莎士比亚就一直混迹于羊毛之中，很少有机会读书了。但是，这正好成全了莎士比亚，因为他找到了另外一条学习的途径。当时的英国，戏剧是很盛行的，英国国内大大小小的戏剧团数不胜数。这些戏剧团经常巡回演出，斯特拉福镇更是剧团频繁光顾之地。只要有剧团来自己的家乡演出，莎士比亚一定会去看，而且一看就会留恋忘返。

有一天，莎士比亚对自己的父亲说他要去剧场工作了。父亲不相信，问他去剧场做什么工作，莎士比亚说："替别人看马！"父亲一愣，觉得这份工作太寒酸了，本不想答应，但是看到儿子喜气洋洋的笑脸时，只好同意了。原来莎士比亚发现，来剧场看戏的人大多是有钱人，这些人都是乘着马车来的，可是人能进到剧场里看戏，马车总不能跟进去吧，于是莎士比亚决定为剧场看马。虽然看马这个工作并不能让莎士比亚看到戏剧演出，不过，事情总是有转机的，莎士比亚做了马伕后，很快就和门卫混熟了，当他透过门缝观看演出时，门卫也不怎么管他。就这样，莎士比亚算是找到了一份免费看戏，白拿工资的"好"工作。工作稳定后，莎士比亚白天看戏，晚上模仿，还读了大量的剧本。几年后，他已经是一位出色的演员了。一位著名的演员发现了莎士比亚的表演才能，把他请来当了自己的配角。从此，莎士比亚开始了自己的演员生涯。26 岁时，莎士比亚正式踏上了戏剧创作之路，从 1590 年到 1612 年，他的戏剧创作大致分为三个时期。

第一时期是 1590 年到 1600 年。这段时间是伊丽莎白一世在位期间，英国处于全盛时期，到处是一片盛世景象。莎士比亚这一时期的作品主要是以历史剧和戏剧为主，主要作品有《亨利六世》上、中、下三篇，《理查三世》、《理查二世》、《亨利四世》上、下篇与《亨利五世》等。这些作品主要是写的是金雀花王朝时期的英国，作品除了全面介绍了当时英国的全貌外，重点写了这一时期的几位开明君主和暴君，作品中体现了莎士比亚强烈的人文气息。这一时期莎士比亚还写了 10 部喜剧，如《仲夏夜之梦》、《威尼斯商人》等。这些作品多描写的是纯真的友谊和忠贞的爱情，同时也对伊丽莎白一世以前，英国旧事物的衰朽丑陋做了批判，也揭露了教会中有些教徒的伪善。

第二时期是 1601 年到 1607 年，这段时间英国的政权交替，詹姆士一世接替了伊丽莎白国王的位子，英国国内的时局开始动荡。时局的动荡让英国国内的丑恶现象有所抬头，莎士比亚作为社会的底层，敏感地感觉到了这一点，并将其转化为戏剧，写出了著名的四大悲剧。这四大悲剧分别是《哈姆雷特》、《李尔王》、《麦克白》和《奥赛罗》，这里所说的"悲剧"，并不是指主人公没有自然死亡，或王子没有和公主幸福地生活在一起。而是指这些戏剧中的主人公全都没有实现自己

画家笔下的奥菲莉娅
奥菲莉娅是莎士比亚著名悲剧《哈姆雷特》中的一个不幸少女。

的抱负，最后在遗憾中死去。这几部悲剧是英国资本主义萌芽时期，王公贵族们和现实社会抗争的真实写照，具有高度的概括意义和现实意义，莎士比亚的悲剧也是他影响最为深远的作品。

最后一个时期是 1608 年到 1612 年，这一时期，莎士比亚已近天命之年，他也深刻地意识到，英国新兴的资本主义和现实社会之间的矛盾是不可调和的。作为一个作家，他没有偷天换日的手段，只好去自己的作品中发表感慨。所以，这一时期他的作品更趋向于幻想和传奇。他这一时期的作品主要有四部，即《泰尔亲王里克里斯》《辛白林》《冬天的故事》和《暴风雨》。这些作品也写了社会的丑恶和矛盾的存在，但解决这些矛盾的已经不仅仅是人了，而是魔法、幻想和巧合。

1612 年以后，莎士比亚告别自己钟爱的剧场，回到故乡斯特拉福镇，颐养天年。1616 年过生日时，他不幸去世。莎士比亚去世了，但他的作品永远流传了下来，让人们能够通过他的作品一睹英国强盛时的风采。

"护国主"克伦威尔

17 世纪中期，英国爆发了一场资产阶级革命，新兴的新贵族阶级推翻了原有的封建专制统治。在这次战争中，一位军事领袖脱颖而出，他就是后来被封为"护国主"的克伦威尔。

奥利弗·克伦威尔 1599 年出生，父亲是亨廷顿镇上的一个乡绅。亨廷顿镇是英国的一个小镇，镇上的居民大部分都是清教徒，也包括克伦威尔家。在这种环境中生活的克伦威尔，自小就信奉清教思想。17 岁的时候，克伦威尔考进了剑桥大学。不幸的是，他刚刚进入大学，父亲就去世了。无奈之下，克伦威尔回到了家里，担负起了家里的大小事务。1626 年，英国国王查理一世下令选举议会代表，其中亨廷顿有两个名额，克伦威尔最后竞选进入。

当时的国王与议会之间矛盾重重。其实在上一任国王詹姆士一世的时候，议会就已经对国王的统治不满。当初詹姆士一世想与西班牙结盟，但是遭到了议会的反对，詹姆士一世一气之下，将议会禁言了，不许议会人员讨论对外政策。后来，查理一世继位，他不但继承了詹姆士一世的王位，也继承了詹姆士一世的昏庸。他的格言就是："我是神授的国君，谁不服从我，我就可以抓谁。"查理一世不顾国家的发展，把许多行业垄断到了政府手里，严重阻碍了资本主义的发展。由于伯金汉外交政策失败，政府陷入财政困难，查理一世只好寻求议会的帮助。然后他开始要求全国各地选举议会代表，克伦威尔就这样进入了政治界。

进入议会后，克伦威尔学到了很多政治斗争的经验。1628 年，在一次议会的讨论中，谈到了宗教问题，其中涉及到清教。克伦威尔发表了一段简短的演说，怒斥天主教，维护了清教的权益。这次会议之后，很多议员开始反对执行国王的命令，并且公开反对天主教。查理一世闻讯后非常害怕，连忙下令解散议会。

1639 年，苏格兰发生起义，查理一世因为经费紧张，只好重新召开解散了11 年的议会。此时的克伦威尔已经搬到了伊里城，成为那里一位很知名的乡绅。当国王重开议会的消息传来后，他再次走进了议会。他进入各个议会委员会，提倡制定新的法案，反对专制统治。一时间，他成为了议会的思想领袖。

1642 年 8 月，国王查理一世与议会彻底决裂，公开宣战，英国内战爆发。议会的部队没经历过什么战争，根本打不过国王的军队。眼看局势变坏，克伦威尔自己出资组建了一小支骑兵部队。这些骑兵的成员本来都是一些耕地的农民，但是在克伦威尔的带领和管理下，他们很快变得骁勇善战，成为一支屡战屡胜的"铁骑军"。后来，不断有人加入"铁骑军"，又经过几次战役的洗礼，这支骑兵部队发展成为了"东部联盟"骑兵团。

1644 年 7 月，议会军与国王军在马斯顿草原展开会战，克伦威尔的骑兵团也在其中。他被分派到了左路，负责攻击国王军的骑兵。两方先是远距离进行炮击，炮声轰隆中，烟雾遮蔽了草原。当炮声渐止后，克伦威尔抓住机会，率领骑兵团向国王军的骑兵部队发起冲击。而此时的国王军正在招呼吃饭，根本没有料想到克伦威尔会在这个时候发动攻击。不过国王军骑兵的统领是个战场老手，他并没有惊慌，反而很快组织起部队，应付这次突袭。经过两轮的冲击，国王军骑兵终于被克伦威尔的部队冲垮，四散逃跑。

虽然克伦威尔取得了胜利，但是另两路军队的表现却乏善可陈。右路骑兵突击失利，而中路的步兵也与国王军队陷入胶着状态。关键时刻，还是克伦威尔的骑兵团发挥了作用。他带领骑兵在国王军步兵中大肆冲杀，很快将国王军冲垮。最后，议会军队取得了胜利。

不久，克伦威尔又以"铁骑军"为核心，建立了一支"新模范军"。在 1645 年的纳西比战役中，他率领"新模范军"一举击溃了国王军。之后，国王查理一世逃到了苏格兰。议会取得胜利以后，那些议会的元老们窃取了国家的权力。他们依然维持原来的政策，还拖欠部队的军饷，与部队不断发生冲突。后来，议会解散了"新模范军"，并在一次阅兵中镇压了部分士兵起义。1847 年，一些士兵和普通民众组织起了一个政党，叫做"平等派"。他们要求议会调整原来的人员制度，改为普选。而克伦威尔则在议会和"平等派"之间，居中调和。

议会元老们由于害怕"平等派"夺取权力，联系上逃到苏格兰的查理一世，又打起了国王的旗号，各地的国王派纷纷暴动。经过与"平等派"协商，克伦威尔成为了北方部队的首领。他率领军队，很快击败了各地暴动的国王派，并打败支持国王的苏格兰军队，擒获查理一世。1849 年 1 月 30 日，查理一世被推上了断头台。

推翻了封建制度之后，英国成立了共和国，但是议会权力却掌握在了乡绅和贵族手中，克伦威尔也成为其中一员。1649 年 8 月 1 日，克伦威尔被任命为爱尔兰中将和爱尔兰军团总司令，带兵攻打爱尔兰。结果到了第二年，爱尔兰的战争还没结束，他就被召回了，并且升职成为共和国总司令，改去攻打苏格兰。不久，克伦威尔的部队攻占了苏格兰。当他回国的时候，受到热烈欢迎，他的声望此时也如日中天。

手握军权的克伦威尔，此时暴露了他的野心。他利用军队逼迫议会交出了所有的权力，然后建立了军事独裁统治。他手下的将军制定了一部新宪法，这部宪法将国家的所有权力都集中在了克伦威尔身上。根据新宪法的规定，克伦威尔有了一个新的职务，那就是"英格兰、苏格兰、爱尔兰护国主"。

1654 年 2 月 16 日，在英国的威斯敏斯特宫，为克伦威尔举行了护国主就任仪式，而这更像是新皇登基仪式。从此，英国开始了护国主统治时期。克伦威尔总共做了 4 年的护国主，当政期间，他充分显示了自己的管理能力。他先是解散了约束他权力的议会，然后陆续镇压了国王派的暴动和"平等派"的起义，而后，他又颁布一系列政令，改善行政管理体系。在外交上，他先后和几个国家签订了有利于商业发展的协议。这些措施巩固了他的统治，同时也促进了英国的资本主义发展。

1656 年，因为财政危机，克伦威尔重新召开了议会。议会决定，将他推举为国王。1657 年 6 月 26 日，克伦威尔终于坐上了国王的位置。但是他的身体已经变得很差，做了仅一年多国王，便在 1658 年 9 月 3 日去世了。

克伦威尔对英国的资本主义发展有很大影响，虽然他后来走向了独裁统治，但是他带领资产阶级革命的功勋不会被抹煞。

光荣革命

1688 年，英国发生了一次非暴力政变，政变的发起者是英国的一些资产阶级贵族，这次革命没有发生流血冲突，因此被称作"光荣革命"。

当时的英国国王是詹姆斯二世，信奉天主教。在即位之初，他并没有施行独裁统治，也没有强迫人们信奉天主教，并且还拒绝了所有推行天主教的建议。但这不过是在掩盖他的企图。

詹姆斯二世即位之后不久，便爆发了两次起义，均被他镇压。在消弭了底层人民的威胁之后，詹姆斯二世开始加强独裁统治，并极力推行天主教。他先是保留了镇压起义所召集的军队，然后进行扩编，本来只有几千人的队伍被扩编到了 3 万多人。他打算利用武力来压制人民，但是他这一行为引起了英国上下的不满，因为英国人民普遍对军队抱有敌视态度。就在这时，法国发生了迫害胡格诺教徒的事情，许多胡格诺教徒逃到了英国。英国民众受到胡格诺教徒言论的影响，越发对天主教反感。

1686 年，发生了一起仆人控告主人的案件。赫尔斯是天主教徒，他没有遵守"宣誓条例"就当上了军队的军官，于是他的仆人高登向法院提起控诉。当时在审理这个案件时，大部分法官认为，国王是国家的统治者，有权力对一些天主教徒进行特赦，可以让他们在条例之外进行任职。这件事让詹姆斯二世意识到，他是有特权的，他可以利用这种特权推广天主教。然后，他建立了一个宗教委员会，致力于推行天主教。他让人到处去传道，大肆宣扬天主教，甚至他亲自找人交流，以达到推行天主教的目的。但是这些都收效甚微，只有极少数的人改信了天主教。

在推行天主教的过程中，他还发布了一本传教的小册子，要求所有传教的人都要根据这本小册子进行布道，而不许随意说一些不利于天主教的话。他的这个政策遭到了英国国教伦敦副主教夏普的抵制，夏普在布道时根本不理会什么小册子。詹姆斯二世随即下令，要求伦敦主教康普敦撤销夏普的布道权，但是遭到了康普敦的拒绝。詹姆斯二世感到自己的权威受到了挑战，不久就把康普敦停职了。而在与伦敦主教的斗争中，詹姆斯二世的威信受到了很大的影响。

得不到英国国教徒的支持，他把目光转向了新教徒。他接连颁布了一些对新教徒有利的政策，但是新教徒并不买账。接着，他又派人去见嫁到奥兰治的女儿玛丽，玛丽是信奉新教的，她与丈夫威廉也不满詹姆斯二世的做法，拒绝支持他取消"宣誓条例"和"市镇社团法"。

不久，一意孤行的詹姆斯二世取消了对国教有利的刑事法和"宣誓条例"，想要得到非国教徒的支持。但是人们已经认识到，这不过是他推行天主教的一个小把戏。为了加强自己在地方上的控制力，詹姆斯二世解散了议会，并且宣布延迟新议会选举。然后他开始在地方安插自己的势力，委任大量的天主教徒到地方担任长官。

看到詹姆斯二世如此大张旗鼓地推行天主教，辉格党人和托利党人渐渐坐不住了。他们决定联合起来，共同对抗詹姆斯二世。在原来的议会中，辉格党人和托利党人占了全部的席位，其中辉格党人占据绝大多数。此时虽然议会解散，但他们的势力仍然很强大。

1688 年 4 月 27 日，詹姆斯二世颁布了"赦免宣言"，再次期望获得非国教徒的支持，但是他的这份期望再次破灭。"宣言"刚一颁布，便受到了国教徒的抗议，他们说国王的这一行为是违法的。7 名主教联合签署了一份"请愿书"，指斥国王的行为违法。詹姆斯二世恼羞成怒，认为这 7 名主教犯了煽动罪，责令法庭对其进行审讯。虽然法庭里现在都已经是詹姆斯二世的亲信，但是这些亲信也并非都支持他，很多人都看不惯他的行为。詹姆斯二世下达命令不久，法庭就宣判 7 名主教无罪。

正当人们对詹姆斯二世的抗议之火越烧越旺时，国王的妻子玛丽又在上面浇了一桶油。1688 年 6 月 10 日，玛丽为詹姆斯二世生下了一个男婴。一石激起千层浪，这个男婴的出世带给整个英国极大的震动。本来人们寄希望于国王没有儿子，那么在他死后，便可以由新教徒玛丽公主或安妮公主继位。但是现在他有儿子了，那么他必将把儿子培养成为一名天主教徒，将来的王位还会是天主教徒的。这个男孩的降生，打破了人们的期望。不久，民间传出一条流言，说这个男孩并不是詹姆斯二世亲生的，因为王后已经多年没有生育了，这肯定是詹姆斯二世和天主教徒捣的鬼。

刚刚被释放的 7 名主教听到消息后，又聚集到了一起，他们决定写信给奥兰治的玛丽公主和威廉，请求他们派军队来英国，推翻詹姆斯二世，因为他们都是新教徒。他们在信中还说，在威廉进军的时候，他们会给予必要的协助，甚至分派好了各自的任务。他们的这封信引起了很大争议，许多人认为，现在还没有到推翻詹姆斯二世的地步。

收到信的威廉立马行动起来，打着"保护英国宗教"的旗号，率领军队向英国进发。威廉似乎运气特别好，他在进军英国的时候，法国去攻打德国了，使得他少了一项顾虑。而在英国登陆的时候，他的船队被东风吹到了德文郡的托尔湾登陆，英国的船队则因为逆风而无法驶出港口。登陆之后，威廉率军开始向伦敦进发。他这次带了1万多军队来英国，而英国的军队有4万多人，他并不占优势。

然而让人意外的是，詹姆斯二世在得知威廉进攻的消息后，非但不派军队抵抗，反而下令让部队撤回伦敦。他的撤退命令使得英国军队毫无战意，威廉没有遇到像样的抵抗。而威廉在向伦敦进军的时候，也采取了一些策略。他尽量避免与英国军队的正面冲突，以减少伤亡。

威廉的进军受到了很多人的欢迎，其中包括辉格党人和托利党人，还有一些地方官员。此时，詹姆斯二世陷入了众叛亲离的状态，连他的女儿玛丽都不支持他。绝望的詹姆斯二世决定逃往法国。他先把妻子和儿子送到了法国，然后自己准备坐船逃跑。但是在逃跑过程中，几个渔民发现了他，将他绑赴伦敦。威廉怕詹姆斯二世留在英国会生出事端，便故意放走了他。

成功推翻詹姆斯二世后，英国的上下议院在伦敦召开了议会，决定请玛丽公主和威廉共同担任英国的统治者。同时他们向玛丽和威廉提出了一些要求，以限制他们的权力。威廉夫妇同意了议会的要求，成为了英国的国王和王后。

这次革命的最成功之处，就在于过程之中没有发生任何伤亡，因此才被称为"光荣革命"。这次革命之后，英国逐渐确立起了君主立宪制度，因此，这次革命也被认作是君主立宪制的开端。

胡格诺战争

胡格诺战争是法国的胡格诺教与天主教之间发生的一系列战争，持续时间很长，对法国造成了很大的影响。

16世纪40年代的法国，王权占有主导地位，由新兴资产阶级演变而来的贵族集团为了发展资本主义，依附于国王，压制了封建贵族的势力。封建贵族为了维护自己的利益，不断向国王势力发起挑战。于是，法国的贵族阶级逐渐发展成为两个大的集团，一个是站在国王一边，以吉斯公爵和红衣主教查理为首的天主教派，一个是以波旁王朝家族为首的胡格诺派。

1572 年 8 月 23 日，法国国王下令展开圣巴托罗缪日大屠杀，这使南北矛盾更加尖锐。

胡格诺教原来叫加尔文教，传入法国之后，当地称之为胡格诺教。胡格诺教的教义与天主教的教义之间有很大的冲突。胡格诺教主张消除宗教等级，取消那些繁文缛节，建立简单的教会。这种教义受到了底层的小手工业者和农民的欢迎，大批人加入胡格诺教。由于当时的法国北部是天主教的天下，胡格诺教只在法国南部传播较广。法国南部的一些封建贵族，为了对抗王权，也开始支持胡格诺教。

后来，天主教会开始对胡格诺教实行清除政策，将胡格诺教定性为异端。国王亨利二世还设立了特别法庭，将许多胡格诺教徒判处了火刑，此举受到胡格诺教派的强烈反抗。1559 年，弗朗索瓦二世继位，法国的大权落在了天主教贵族吉斯公爵手中。两教派之间的战争，即由吉斯公爵而起。

1562 年 3 月 1 日，吉斯公爵从瓦西镇经过，发现一些胡格诺教徒在举行宗教仪式。这一行为明显违犯了国王所下的禁令，吉斯公爵感到非常愤怒。他命令自己所带的军队向这些胡格诺教徒发起进攻，最后造成瓦西镇镇民死伤了 100 多人。战争随即爆发。

胡格诺派的代表人物孔代亲王亲自率军队出征，先后攻占了奥尔良、里昂等地。天主教派也派出军队迎战，双方在德勒展开作战。在作战当中，胡格诺派的孔代亲王和天主教派的蒙莫朗西公爵都被对方所俘获，而胡格诺派领袖纳瓦尔国王和天主教的代表吉斯公爵，均在作战中死亡。1563 年 3 月，法国的太后凯瑟琳出面进行调停，使得两边首领坐下来进行谈判，最终达成了协议。胡格诺派经过斗争，获得了自由信仰的权利和在特定地方举行宗教仪式的权利。双方的第一次战争至此结束。

1567 年，双方又展开了一次战争。孔代亲王和科利尼率领胡格诺派军队围攻巴黎，想要劫持太后和查理九世。双方在巴黎北部的圣德尼开战，结果打成了平手。最后，德国的胡格诺教徒支援胡格诺派，天主教派才被迫认输，签订了《隆朱莫条约》。

1568 年，查理九世受天主教派的蛊惑，将之前承认胡格诺教权利的命令收回，再次禁止了胡格诺教，并且命令胡格诺教牧师在两周内离开法国。这一命令引起了胡格诺派的抗议，第三次战争爆发。第二年，双方在雅尔纳克展开作战，孔代亲王在作战中阵亡，科利尼也在蒙孔图尔战役中失败。1570 年 8 月，太后凯瑟琳颁布了圣日耳曼敕令，胡格诺教徒重新获得了宗教仪式和在几个安全区内自行委任总督的权力。

1572 年 8 月 23 日晚上，胡格诺派首领聚在一起，庆祝纳瓦尔新国王亨利的婚礼。到了后半夜，吉斯公爵的儿子亨利·吉斯率领军队，以巴黎教堂的钟声作为暗号，向婚礼中的胡格诺派发动突袭，杀死了 2000 多名胡格诺教徒，本来属于胡格诺派的亨利，也被强制皈依了天主教。这天正好是圣巴托罗缪节，因此，这一事件也被称作圣巴托罗缪惨案。惨案的发生迅速引起胡格诺派的反抗，他们在法国西南部成立了联邦，和国王公开对抗。

为了报复圣巴托罗缪屠杀，胡格诺派开始组织起义，鼓动全部教徒加入。1575 年，纳瓦尔国王亨利重新回到了胡格诺派，使得胡格诺派的实力迅速增长起来。迫于胡格诺派的压力，在 1576 年 5 月，法国国王亨利三世颁布了博利厄敕令，为圣巴托罗缪惨案的死者平反。同时敕令还扩大了胡格诺派的权利，允许他们在法国任何城市举行宗教仪式，并且承认了他们的占有地。

博利厄敕令的颁布引发了天主教徒的抗议，他们在法国北方成立了以亨利·吉斯为首领的"天主教神圣同盟"。之后又开始自行组建军队，要求建立一个以天主教为统一宗教的王国。双方再次发生战争。这次战争天主教派取得了部分胜利，占领了拉夏里戴和布鲁日。1577 年 9 月，双方签订了《贝日拉克和约》，在宣布"天主教神圣同盟"解散的同时，又将胡格诺派的权利范围缩小了。

1585 年，吉斯公爵亨利在西班牙的支持下，重新组建了"天主教神圣同盟"，打算篡夺王位。胡格诺派在纳瓦尔国王亨利的领导下，对"天主教神圣同盟"展开作战，双方在战争中互有胜负。1588 年 5 月，吉斯公爵亨利在内应的帮助下，顺利进入了巴黎，国王亨利三世逃跑。走投无路的亨利三世权衡之下，只得投靠胡格诺派。不久，吉斯公爵亨利遭到暗杀，巴黎政局陷入混乱。国王亨利三世也在八个月后遭到暗杀，纳瓦尔国王亨利是最合法的继承人，成为了法国国王亨利四世。但是天主教派并不承认这个国王，继续与胡格诺派进行对抗。虽然亨利四世在战争中不断取得胜利，但是法国的绝大多数人都信奉天主教，胡格诺派不可能获得彻底胜利。于是在 1593 年 7 月 25 日，亨利四世宣布改信天主教，暂时结束了战争。

国内局势稳定以后，为了不再发生宗教之间的战争，亨利四世颁布了南特救令。敕令规定，天主教为法国国教，胡格诺教在全法国享有和天主教同等的权利，法国成为两教并存的国家。至此，持续了30多年的胡格诺战争终于结束。

尼德兰资产阶级革命

尼德兰资产阶级革命是世界上第一次成功的资产阶级革命，同时带有明显的民族解放性质。这次革命直接导致了荷兰共和国的诞生。

在荷兰语中，"尼德兰"就是"低地"的意思，指的是莱茵河、马斯河、斯海尔德河下游以及北海沿岸附近地势低洼的地方。在16世纪初的时候，尼德兰地区是在西班牙王国的领土内。由于尼德兰地区靠海，经济发展十分快，当地的手工业和商业依靠这一地理优势，发展相当迅速，其中的纺织业和造船业最有名气。由于经济发展快，尼德兰有很多城市，因此被人们称作"多城市的国家"。阿姆斯特丹由于位于港口，成为了当时尼德兰的经济中心，和北海沿岸的多个国家以及俄罗斯等国家都有贸易交往，反而与它所隶属的西班牙王国来往甚少。尼德兰人对于本地贸易的发达很自豪，他们经常说，北欧就是他们家后边的伐木森林，莱茵河沿岸则是他们的葡萄园，德国、西班牙和爱尔兰为他们养羊，普鲁士和波兰为他们种粮。

由于经济发展迅速，资本主义在尼德兰起步也较早。在尼德兰的许多省份中，资本主义已经取代了农奴制。但是西班牙国王腓力二世不管这些，照旧施行他的专制政策，对尼德兰已经发展起来的资本主义制度大加破坏。同时他推行天主教，对其他教派实行压制。腓力二世的政策严重损害了资产阶级的利益，阻碍了尼德兰资本主义的发展。资产阶级与西班牙统治阶级的矛盾一步步加深，加尔文教与天主教的矛盾也在不断激化。

1565年，尼德兰的一些贵族不满腓力二世的政策，成立了以奥伦治威廉一世为首的"贵族同盟"。并向西班牙驻尼德兰总督玛格丽特递交了一份请愿书，要求召开三级会议、取消为迫害新教而成立的宗教裁判所。他们的请愿遭到了西班牙政府的拒绝。

请愿不成，一些人便开始组织起义。1566年8月11日，一些工业城市中的工场工人和农民发动了起义。他们的第一目标便是天主教的教堂和修道院，起义者在其中大肆进行破坏，看到什么砸什么，甚至毁掉了圣像，没收了教会的所有财产和契约。这次起义运动很快蔓延到尼德兰其他省市，整个尼德兰被毁掉的教堂不计其数。起义者还要求当地政府停止对新教徒的迫害，恢复人们信仰自由的权利，并且对天主教徒的行为加以限制。第二年，这次的圣像破坏运动遭到了西班牙政府的镇压。

虽然起义失败，但是圣像破坏运动掀起了尼德兰的革命浪潮，各地起义运动不断。1567 年 8 月，西班牙国王腓力二世派兵到尼德兰镇压起义。尼德兰人民将起义队伍化整为零，南方起义者组成"森林乞丐游击队"，在森林里打游击，北方起义者则组织了"海上乞丐游击队"，在海上打游击。

1572 年，尼德兰北方的多个城市掀起了大规模起义，起义者攻占了荷兰、泽兰两个省的大部分地区。到了 1573 年，北方的 7 个省份已经全部落入起义者手中，共同推举威廉一世为北方各省的领袖。

面对势头猛烈的起义，西班牙政府开始了疯狂镇压。当西班牙军队攻打到荷兰省的莱登城的时候，遭到了城里居民的顽强抵抗。在西班牙军队的围攻下，莱登城里的守兵坚持了半年多，即使到了弹尽粮绝的时候，也不肯投降。西班牙派人到莱登城下喊话，劝降城里的居民，希望他们放弃无谓的抵抗。听到劝降之人的喊话，城内守军站在城头上，昂首道："听见城里的动物叫声了吗？只要你们还听得见声音，莱登城就不会放弃抵抗。"后来，他们得到了莱登城郊区农民的帮助，形势才稍微有所缓解。不久，威廉一世率兵打到这里，放水淹了西班牙军队，莱登城之围才算解除。

之后的革命形势越发高涨，不少地区推翻了西班牙在当地的统治，南北各省的领导人物也达成意见统一，签订了"根特协定"，联合起来对抗西班牙政府。但是随着革命的发展，西南部的一些贵族发现革命已经危及了他们的利益，因为他们与西班牙有着密切的贸易往来，而且南方的天主教徒居多。于是他们开始反叛起义，并且联合成立了阿拉斯同盟，向腓力二世宣誓效忠。

面对南方几省的叛变，北方七省联合南部的一些城市，组成了乌得勒支同盟，并采取统一的领导，建立军队，订立政治和经济制度。1581 年，北方各省代表召开了一次三级会议，宣布脱离腓力二世的统治，成立了联省共和国。由于荷兰省在联省中的位置最为重要，因此这个共和国也叫荷兰共和国。

西班牙此时是屋漏偏逢连阴雨，派"无敌舰队"出征英国，结果惨遭失败；想在法国胡格诺战争中捞点好处，也被赶了出来。而荷兰共和国却因为这两件事，得到了英、法两国的支持。被战争拖得身心疲惫的西班牙已经无力再镇压尼德兰革命，只好决定让步。1609 年 4 月 9 日，西班牙与荷兰共和国订立了《十二年停战协定》，宣布双方停止交战。这份协定在事实上承认了荷兰共和国的独立。直到 1648 年，欧洲三十年战争结束，西班牙在战后签订的《威斯特伐利亚和约》中，才正式承认了荷兰共和国的独立。

尼德兰资产阶级革命最终取得了胜利，这次革命不但使得尼德兰北部脱离了西班牙的控制，并且成立了世界上第一个资产阶级共和国，为以后的资产阶级革命提供了有益的借鉴。

哲学和科学巨匠笛卡儿

笛卡儿是法国著名的科学家和数学家，他创立了解析几何学，将几何坐标体系转化为公式，并开创了"欧陆理性主义"哲学，为西方现代哲学奠定了基础。

1596 年 3 月 31 日，笛卡儿生于法国土伦省莱耳市，父亲是当地地方议会的一名议员。笛卡儿家很富裕，他从小就过着贵族生活。由于身体羸弱，在他上小学时，学校允许他躺在床上上早自习。长期的独自阅读，使他养成了喜欢安静，爱好思考的习惯。他经常对着身边的一些东西沉思，父亲看到后，就总是叫他"小哲学家"。

长大后的笛卡儿来到普瓦捷大学学习法律，四年后拿到了博士学位。但是毕业后的笛卡儿不想再从事父亲的职业，他决定游历欧洲，增长见识。于是拿着父亲赞助的资金，笛卡儿踏上了旅途。

1618 年，笛卡儿来到荷兰，并且在这里入伍当兵。就是在他当兵期间发生的一件事，使得他正式踏入了数学领域。

有一天，笛卡儿正在街上到处溜达，发现前边有一群人围在一起，不知道在干什么。他走上前去，看到墙上贴了一张告示，是用当地的佛莱芒语写的。笛卡儿找来他在当地的一名战友，帮他翻译之后才知道，原来并不是捉拿人犯的悬赏，而是为了解开几道数学难题。那名战友帮他翻译了数学题的内容，他把题记在一张纸上之后就回去了。第二天，他拿着一叠纸找到了贴告示的人，并且告诉那人，自己把那几道题解出来了。那人接过稿纸仔细看了一遍，发现笛卡儿解题所用的方法很巧妙，于是拉着笛卡儿的手说："你真是个数学天才啊！"后来那人自我介绍之后，笛卡儿才知道，原来他就是当时的著名学者皮克曼。笛卡儿和皮克曼在一起讨论了一些数学上的问题，皮克曼向他介绍了数学界目前的发展情况，然后又给了他一些当时还未解决的数学问题，让他自己去研究。从此之后，笛卡儿便把他的心放在了数学之上。

在笛卡儿进行数学研究的时代，几何学是数学当中的主流领域，而代数不过是一门新兴学科。笛卡儿经过对比发现，当时人们对几何学的研究，全部集中在图形上，很难再有大的突破；而代数则是全部采用公式和法则，太过于程式化，无法加入人的智力想象。于是他就想，是否可以把这两门学科的优点结合一下，创造一种全新的数学方法。经过长期研究，终于在 1637 年，笛卡儿发表了他的数学著作——《几何学》。在书中，他论述了一种新的数学方法，就是在一个平面上，把一个点的位置用坐标来描述，坐标就是这一点到垂直相交的两条直线的距离。并且他还利用运动的方法，将一条曲线描述成一点在平面上的运动轨迹。这样，平面上的几何图形就可以用代数方程来表达，从而把代数学和几何学统一了起来。这就是现在人们常用的解析几何方法。解析几何学的创立，对以后的数学思想产生了很大影响，使得数学领域由常量数学进入到了变量数学，也为后来的微积分打下了基础。

除了在数学方面的成就，他在物理学和天文学方面也作出了突出贡献。他将自己在数学方面的发现应用于光学，论证了折射定律，设计出了用于矫正视力的眼镜，并且他还第一次明确地论述了动量守恒定律。在天文学方面，他提出了旋涡说，比星云学说要早上 100 多年，在当时成为主流的宇宙学说。

1628 年，笛卡儿到荷兰定居，一待就是 20 多年。在荷兰的这段日子里，笛卡儿把全部精力都放到了哲学研究上，发表了《方法论》、《形而上学的沉思》和《哲学原理》等著作，逐渐形成他的哲学思想体系。

在笛卡儿的哲学体系里，有一个著名的论点，就是"我思，故我在"。关于这一论点的一个普遍解释是："我没有办法否认自己的存在，因为当我否认和怀疑时，我就已经可以证明我存在了！"这一论点，正是笛

"我思，故我在"是法国思想家勒内·笛卡儿写就的名句，它概括了理性主义世界观的第一步，正是这种理性主义世界观使他获得了"现代哲学之父"的美誉。

卡儿关于形而上学的出发点。他思想的开端便是对自己的怀疑，然后他将怀疑推广到了普遍的事物。假定外部的所有事物都是虚幻的，我们的感官都受到了欺骗，因为我们在实践活动中的感官感受在梦中也同样会出现，那么我们就无法分辨出，自己是真实的存在，还是只存在于虚幻中。这就是人们所说的"普遍怀疑"。

从自我存在的论点出发，笛卡儿证明了现实世界的存在。因为他认为，只要是人的理性能够清楚明白地认识一件事物，那么这件事物便是真实存在的，从而得出，人类所认识的世界也是真实存在的。推而广之，笛卡儿还证明了上帝的存在，人们都有着对于完美的概念，但是人又不可能从一个不完美的个体上得到完美的概念，那么，从而可以推断出，必定有一个完美的存在，也就是上帝。但是对于这一命题，笛卡儿的论断被后人推翻了，因为他的论断是有前提的，就是思想是一个自我意识，没有了这一前提，那么他的论断也就不存在了。但是笛卡儿的理性主义哲学思想，将唯物主义和唯心主义融为一体，对欧洲哲学产生了很大的影响。

1649 年，笛卡儿受到瑞典女王克里斯蒂娜的邀请，来到了瑞典，与女王在一起谈论一些哲学问题。关于笛卡儿和这位女王，在当地还有一个传说。当初笛卡儿为了躲避在法国蔓延的黑死病，来到了瑞典。正赶上国王为公主克里斯蒂娜招聘教师，笛卡儿应聘，成为了公主的数学老师。两人在一起待了一段时间以后，产生了感情，但是受到国王的反对。于是，国王将笛卡儿流放外地。笛卡儿遭到流放后，每天给公主写信，但是这些信都被国王拦截了。只有一封信通过国王的审查，被送到了公主手里。公主打开信，发现是一条方程。于是她利用笛卡儿教的解析几何，用曲线将那条方程表示了出来，结果发现那竟是一条心形曲线，也就是几何上有名的"心形线"。当然，这只是一个传说，因为当时笛卡儿并没有跟克里斯蒂娜谈论数学。

由于不适应瑞典的寒冷气候，笛卡儿患上了肺炎，于 1650 年 2 月去世了。

"乞丐"变成"海上马车夫"

1566 年 4 月，在西班牙驻尼德兰总督府的门前，站着三个身穿乞丐衣服的人，他们声称是来请愿的。总督听说这几个人要请愿，就来到门口，站在台阶上看着他们。这三个人递上了自己的请愿书，要求总督停止对新教徒的迫害，并将西班牙在此地的军队撤走，然后召开三级会议。总督愤怒地拒绝了他们，并顺口骂了句"乞丐"。这三个请愿的"乞丐"，并非真的乞丐，他们分别是奥兰治的威廉亲王、埃格蒙特伯爵和胡恩将军。他们三个都是尼德兰资产阶级革命运动中的领袖。

16世纪中期，还在西班牙控制之下的尼德兰爆发了资产阶级革命，想要推翻西班牙在当地的统治。革命前期，起义队伍遭到了西班牙军队的残酷镇压，许多人逃到森林里或者海上，继续组织游击战。三位"乞丐"请愿的事情传到了起义者的耳中，于是他们高呼起"乞丐万岁"的口号。后来，他们又将自己

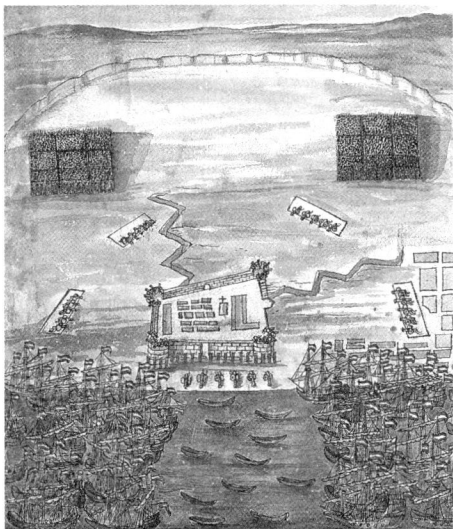

这是耶稣会传教士创作的一幅水彩画，表现的是荷兰围困庞迪遮里的情形。

的森林游击队叫做"森林乞丐"，海上游击队叫做"海上乞丐"。

经过长期的战争之后，尼德兰资产阶级革命终于胜利，建立了荷兰共和国。从西班牙的手中独立出来之后，荷兰的资本主义快速发展，海上贸易规模不断扩大，昔日的"海上乞丐"也改行搞起了运输。当时世界上的贸易运输大部分集中在海上，而荷兰在海上运输方面占据天然优势。荷兰政府也非常支持荷兰民间的运输业，通过降低关税和低价采购等方法，荷兰买进了大量的木材，然后开始大规模造船。当时搞海上运输的其他国家，如英国和西班牙，都是采用大型的商船，并且为了防止海盗抢劫，还在船上装有火炮等武器。而荷兰则不一样，他们造的船都比较简单，并且首创了不带武器的纯商用船，船上的所有空间都用来装载货物。这样荷兰在造船成本上要比其他国家低一半左右，在运输价格和所获利润上都比其他国家的船队占优。由于政策支持和成本较低，荷兰的船队很快抢占了海上大部分的运输市场。当时荷兰的船队有将近两万艘商船，几乎占据了欧洲百分之八十的海上运输量，于是当时的欧洲人就把荷兰船队称作"海上马车夫"。

荷兰人在造船方面还搞起了创新，他们设计了一种特殊的商船。由于当时的关税是按船的甲板面积来算的，甲板面积越大，那么所要缴纳的关税就越多。荷兰人抓住这一点，发明了一种大船肚的商船。这种船的甲板和普通船差不多大，但是船身采用了加宽设计，船肚里的空间明显要大出很多，能够装更多的货物，而不用多缴关税。这样他们就获得了更大的利润。

盛极一时的英国东印度公司

1600 年 12 月 31 日，一家股份公司成立了，并且获得了英国女王伊丽莎白颁发的为期 15 年的皇家特许状。这家公司的全名叫做"伦敦商人在东印度贸易的公司"，简称"东印度公司"。

英国东印度公司在成立之初，是为了对抗其他欧洲国家在印度的贸易势力的。在英国等欧洲列强到达印度之前，印度本身已经有了十分发达的对外贸易，但是自从英国、荷兰、葡萄牙等国的殖民者登上印度的土地，印度本土的商人便逐渐被挤出了印度的贸易市场。消除了印度本土的威胁之后，欧洲的几个国家之间展开了激烈的竞争。英国东印度公司的成立，更是加剧了几国的斗争，荷兰和葡萄牙开始共同排斥英国，而荷兰在不久之后也成立了一家公司，叫做"尼德兰联合东印度公司"，公开和英国东印度公司叫板。

英国东印度公司在开始的竞争中并不占据优势，很长时间也没在东印度找到一个合适的地点，来建立固定的贸易点。终于在 1608 年，公司在印度半岛的苏拉特建立了一个固定的贸易点，并开始向周围拓展贸易势力。之后，公司又从英王詹姆斯一世手里得到了一张不限期的特许状。在这张特许状上，东印度公司得到了几项比较夸张的特权，包括发行货币，拥有军队、结盟、宣战和讲和以及审理案件等权利，这更加快了东印度公司的扩张步伐。

随着贸易的发展，这几个国家之间的矛盾也在不断升级，时常有暴力冲突事件发生。在 1612 年的时候，英国东印度公司终于将葡萄牙人打败，在东印度站稳了脚跟。紧接着他们又请求英国政府予以政治协助，在外交上获得印度政府的支持。于是，英王詹姆斯一世派人与莫卧儿帝国的国王贾汗吉进行谈判，要求给予东印度公司在印度优先建厂和贸易的权利。贾汗吉占有印度的大部分领土，获得他的帮助，无疑是对公司大有好处的。英国人给贾汗吉带来了欧洲的珍奇货物，同时也达成了自己的目的。

看到英国东印度公司的发展势头很猛，荷兰觉得自己已经无法对其进行遏制，遂决定跟他们讲和。1623 年，荷兰和英国达成了协议，东印度群岛由荷兰控制，英国则垄断了印度次大陆的贸易。

在扫除了一切障碍后，英国东印度公司便开始疯狂地掠夺印度的资源。1698年，东印度公司买下了马德拉斯、加尔各答和孟买的税权，开始对这三个地方实行统治。东印度公司不仅可以在这三个地方收税，而且还分别设立管辖部门，相当于政府，并且雇佣军队，为他们的收税和管理做保障。东印度公司在加尔各答设立了一个贸易据点，把加尔各答本地的各种原材料，包括大米、黄麻等，运回了英国本土，并且从里面榨取了高额利润。

掠夺原材料的同时，东印度公司又把目光转向了鸦片贸易，他们发现这里面的利润比任何其他贸易都要丰厚。于是他们强制要求占领地孟加拉的农民们种植鸦片，然后他们再把鸦片贩运到中国，在这个过程中谋取暴利。自从英国东印度公司向中国贩运鸦片以来，中国就一直处于贸易劣势，大量白银和黄金流向了英国。清政府意识到这一点之后，开始禁烟，但是这么做就损害了东印度公司的利益，于是最终导致了鸦片战争的爆发。

东印度公司对印度的疯狂掠夺，也渐渐引起了印度统治者的不满。1757年，英国打败了在印度的强大对手法国，但是同时也使得英国与莫卧儿帝国的关系陷入了困境。由于莫卧儿帝国对多个地方都失去了控制，东印度公司也不断受到各地统治者的反抗。于是东印度公司开始组织军队，对各地的反抗和起义活动进行镇压，并不断取得胜利。此时的英国东印度公司，已经成了印度的实际统治者。

英国东印度公司在将殖民统治施加给印度的同时，也毁灭了印度一向强盛的传统手工业。东印度公司向印度输入了大量的工业品，使得印度的手工业受到沉重打击。许多手工业者失业，流落街头，直至最后饿死。而此时，东印度公司还囤积了印度的所有大米，只有出高昂的价格才能买到，这造成了印度的大规模饥荒。1770年，仅孟加拉一地，就因饥荒而死了1000万人。

到了18世纪60年代，英国政府逐步取消了东印度公司在印度和中国的特权，而由政府直接参与贸易，进行殖民统治。1858年，英国东印度公司宣布破产，将全部业务移交给了英国政府。

哈维提出血液循环理论

人类对事物的认识过程总是十分漫长的，而且其中充满了困难和曲折。对于血液循环理论也是这样，这个理论的最终确立，包含了很多科学家的艰辛探索，甚至有人为此付出生命。

血液循环理论最早的提出者是哈维，他本是一名医生，1578年4月1日出生于英国。哈维家里还算有钱，让他上了大学。16岁的时候，哈维进入剑桥大学攻

哈维发现血液循环的机理后，很多人并不相信。作为皇家医生的他经常给国王查理一世讲解有关血液循环的机理。

读医学专业，后来进入帕多瓦大学，跟随法布里修学习，对法布里修发现的静脉瓣非常感兴趣。之后，他又到意大利留学，在医学上继续深造。在意大利期间，他经常去听伽利略的演讲，伽利略的实验方法对哈维产生很大影响。在意大利获得医学博士学位之后，哈维成为了一名医生。行医过程中，他发现当时的医学著作里，没有一部能够明确讲述血液到底是如何运动的。于是，他决定自己进行研究。

在哈维之前，已经有一些人提出了自己对血液的认识，只不过不是很正确或者不够完善。在古时候，人们对于自己身体里到底有什么，没有任何认识。最早是亚里士多德发表了一些言论，他认为人的身体里充满了空气。亚里士多德的话，在当时就是权威，无人不信，于是他这一说法一直流传了几百年。后来，古罗马的一位名叫盖仑的神医否定了亚里士多德的话，他认为人体里存在的是血液，并且血液是由肝脏产生，像水一样流动，最后消失不见。由于盖仑的医术比较高明，他的话在当时也成为权威。他的理论被奉行了1000多年，人们不允许有任何的怀疑。16世纪欧洲文艺复兴之后，一些医学工作者开始了这方面的研究。先是比利时的医生维萨里，他在1543年对盖仑的理论提出了质疑。紧接着，他的同学塞尔维特也认为盖仑的说法是错误的，塞尔维特认为血液是在心脏和肺之间进行小规模循环的，先是由心脏流出，经过肺动脉进入肺，然后流到肺静脉，最后流回心脏。但是当时的教会为了维持统治，是不允许人们挑战权威的。结果维萨里被教会判处了死刑，塞尔维特逃到了日内瓦。不过塞尔维特终究没能逃脱厄运，他在日内瓦被人发现，然后被送到了教会。教会宣布塞尔维特为异教徒，将他烧死。

前人的理论，为哈维的工作打下了基础。他决定用实验的方法，来揭开血液循环之谜。

为了验证盖仑的理论，哈维做了大量实验。他认为动物的血液循环是与人类似的，于是决定先从动物下手。他解剖了很多动物，包括一些大型动物，终于发现，血液是由心脏流出来的，心脏能够把血液压向全身的血管。然后哈维又测量了血液的流量，发现心脏中一个小时可以流出 540 磅血液，大约相当于人的体重的三倍。这么多的血液，岂不是要把人体胀开了？这就足以证明盖仑的理论是错误的。

之后，哈维又开始研究血液的具体循环过程，用了一些小动物做实验。他把动物解剖之后，把连接心脏的动脉血管挑出来，用夹子夹住，然后开始观察血管有何变化。结果血管被夹子夹住之后，连接心脏的一边很快胀了起来，而另一边就迅速地瘪了下去。观察完动脉血管，哈维又找到静脉血管，挑出来之后用夹子夹住。结果发现，静脉血管和动脉血管正好相反，连接心脏的一边瘪了下去，另一边胀了起来。这说明，血液由心脏流出来，流向全身，然后由静脉返回心脏，完成整个血液循环。为了验证人体血液是否也遵循这一循环过程，哈维又找来一些比较瘦的人做实验，因为瘦人的血管很容易找到。他找到实验者胳膊上的静脉血管，然后用绷带把胳膊勒紧，发现远离心脏一边的血管胀了起来，离心脏近的一边瘪了下去。他又勒紧实验者的动脉血管一边，发现与静脉血管的表现相反。这就证明了，人体的血液循环也遵循着同样的原理。

做完实验，他把这一发现写进了《心血运动论》一书中，然后发表。这本书刚一出版，就受到了来自四面八方的攻击和责骂。许多医学界的都说他的理论是狗屁不通的，根本不能相信。本来照这种形势看，哈维也是要为此献身的，但是他当时有位靠山，就是英国国王查理一世。他当时是查理一世的医生，并且深受查理一世的信任，因此得以幸免。

后来，一位教授将望远镜改作显微镜，用来观察人体，发现了毛细血管的存在，从而证明哈维的理论是正确的。

1657 年 6 月 3 日，哈维在罗汉浦敦去世。他的《心血运动论》被认为是近代生理学诞生的标志，而他本人也被人们称作"近代生理学之父"。

牛顿发现万有引力定律

在科学史上，有一些科学发现并不是按部就班进行研究所得的，而是源于偶然事件或者一瞬间的灵感。

1643 年 1 月 4 日，牛顿出生在英格兰的一座庄园里。由于是早产，刚出生的牛顿个头非常小。据牛顿的母亲说，牛顿刚出生时，拿一个一夸脱的杯子就能把他装下。牛顿的父亲在牛顿出生前几个月就去世了，几年之后，母亲为牛顿找了个继父。牛顿五岁的时候进了公立学校读书，但是他的成绩并不好。他的爱好是做一些简单的小制作。牛顿的动手能力很强，并且喜欢对事物的原理进行摸索。他照着磨坊的样子做了一个带转轮的笼子，然后把一只老鼠放进笼子里，在老鼠的前面放了几粒粮食，却不让老鼠够到。老鼠看到有粮食吃，就不断拼命地跑，轮子也就跟着不断地转。他为了能够按时起床，还自己设计了一个小闹钟。这个闹钟是控制水的流动速度，使得水滴从闹钟滴下的时候，正好是牛顿早上要起床的时间。

小学毕业后，牛顿进了格兰瑟姆中学。但是时间不长，牛顿的继父去世了，母亲就让牛顿辍学回家，种地挣钱。牛顿对耕地的生活十分厌烦，经常趁着母亲不注意，偷偷躲在一边看书。母亲让他和家里的仆人一起到集市上卖东西，他就跟仆人商量，让仆人自己去卖，他则坐在旁边看书。后来有一次舅舅去集市，发现牛顿正在认真地看书，他觉得这孩子应该上学，就去劝牛顿的母亲。最后，母亲终于被说服，让牛顿回到了学校。

1661年6月，牛顿进入剑桥大学学习。那时的人们都信奉亚里士多德的学说，连学校的课程都是在讲亚里士多德的理论。不过牛顿并没有跟着潮流走，他喜欢上了笛卡儿、伽利略、哥白尼等人的数学及天文学理论。1665年的时候，他就发现了广义二项式定理，并以此为基础，发展出了微积分原理。但是在这一年，黑死病在伦敦蔓延，学校被迫封校了，牛顿只好回家。回家之后，牛顿继续研究微积分和天文学，并逐渐对天体的运行规律产生了兴趣。

牛顿

1666年的一天，牛顿来到屋子后面的苹果园里，找了个干净的地方，开始坐下看书。这个时节的苹果已经熟了，红通通的苹果在树枝上摇晃。此时牛顿正在看天文学方面的书籍，他一边看，一边思考月亮等天体到底是怎么运动的。微风吹过，一个已经熟透的苹果离开树枝，向着牛顿的脑袋砸了下来。受到突然袭击的牛顿，当时一激灵，手捂着头，咒骂起那个苹果。突然，脑海里好像出现了什么念头。牛顿盯着那只苹果，骂声渐渐听不见了，他陷入了思考。苹果为何会落向地面，而不是飞向天上呢？为什么月亮就不会掉到地上了呢？苹果落地会不会和月亮运行之间有什么关系呢？这些疑问紧紧萦绕在牛顿的脑子里，半夜里他还在思考这些问题。

第二天早上，牛顿到屋子外边散步，一边走还一边在思考前一天的问题。他的小外甥正在门前玩耍，手里拿着一根橡皮筋，橡皮筋的一端系着一个小球。牛顿站在一边，笑着看外甥玩。小外甥把小球抛了出去，然后拽着橡皮筋，让小球飞快地转动起来。转着转着，橡皮筋断了，失去依靠的小球飞了出去。牛顿看到这一幕，突然想到，月球是不是也是这么绕着地球转的？月球与地球之间有着某种作用力，使得彼此相互吸引，月球才不会在绕地球转动时飞出去。而苹果也是因为与地球有这种作用力，才会落向地面，而不是飞上天。有了这个想法，牛顿立即着手进行研究。

经过不断推导和论证，牛顿终于发现，宇宙万物之间普遍存在着一种吸引力，这种吸引力适用于宇宙天体，也适用于地球上的各种物质，包括苹果。这就是万有引力定律。这种理论是有革命性的，因为当时的人们普遍认为，地球上的物体运动是一个法则，而天上各种天体的运行又是另一个法则。牛顿的理论彻底推翻了这种看法。

虽然牛顿发现了万有引力定律，但是他没能给出万有引力的精确计算公式，因为以当时的科技水平而言，是无法测得公式中的系数的。

牛顿的万有引力定律，成为了以后物理学界的基础观点，为物理学的发展带来了革命性的变化。

荷兰哲学家斯宾诺莎

斯宾诺莎说："自由的人极少想到死亡；他的智慧，不是对于死的默念，而是关于生的思考。"

巴鲁克·斯宾诺莎是荷兰的著名哲学家，他的无神论和唯物主义思想，对欧洲的哲学有很大影响。

1632年11月24日，斯宾诺莎生于阿姆斯特丹，是一个犹太人，父亲在当地是个富商。但是斯宾诺莎从小对经商不感兴趣，经常跑到犹太教堂里，听长者为他讲述犹太教的历史和传统。长大一些后，斯宾诺莎进入了当地的犹太神学校，开始学习希伯来文、犹太法典和犹太哲学等。在学校里，他开始大量阅读书籍，在阅读书籍的同时，他的思想观念也有了一些改变。由于生活在犹太社区，他从小就接受了宇宙与上帝是同一实体的观念，但是随着阅读书籍的增多，他对这个说法渐渐产生了怀疑。为了找到答案，他开始涉猎一些基督教的书籍。

由于有些书籍是用拉丁文写成的，斯宾诺莎便开始跟随一位名叫弗朗西斯科的学者学习拉丁文。这位学者本来是个天主教徒，但是他并不苛求天主教的教义，反而对一些科学发现比较热衷，尤其喜欢布鲁诺的学说。斯宾诺莎在学习拉丁文期间，也学到了不少这位老师的思想。

学会了拉丁文的斯宾诺莎，慢慢接触到了笛卡儿等人的著作。笛卡儿的哲学思想给了斯宾诺莎很大影响，他开始成为一名唯物主义者。他对笛卡儿的纯粹理性哲学很赞赏，但是他也发现笛卡儿的哲学理论有漏洞。他坚信自由意志说，认为灵魂和肉体都是独立存在的，并且开始怀疑上帝的存在。

1656 年的一天，犹太教会的长老们找斯宾诺莎谈了一次话，说他的思想是属于异端言论，是对上帝的不恭。长老们向他承诺，只要以后不再发表对类似的言论，并且在外面表现出对犹太教会的忠诚，就可以不追究他的问题，并且答应每年给他五百英镑的年金。斯宾诺莎一直坚持自己的思想，没有答应长老们的要求。最终，愤怒的长老们将斯宾诺莎革出了犹太教。

遭到开除的斯宾诺莎表现得还和平常一样，该干什么干什么。当时有一个传闻，说是有一些人想要刺杀斯宾诺莎，以表现对犹太教会的忠诚，但是没有成功。斯宾诺莎的父亲着急起来，他让斯宾诺莎赶快离开家，到别的地方去。而斯宾诺莎的姐姐则想方设法地夺走了斯宾诺莎的继承权。不久，当地政府又向斯宾诺莎下达了驱逐令。不得已，斯宾诺莎只好离开家，搬到了阿姆斯特丹。他在这里找到了一个很暗的小阁楼，住了下来。他先是找到曾经教他拉丁文的弗朗西斯科，请求为他找一份工作，随后，他来到弗朗西斯科的学校开始当老师。不久，他跟随手工艺人学会了打磨光学镜片，便又改行以打磨镜片为生。斯宾诺莎在谋生之余，还用通信的方式组织了一个哲学小组，主要成员有麦也尔、耶勒斯、福利士等人。

就这样过了五年，他又搬到了莱茵斯堡，一边打磨镜片，一边进行哲学思考。他经常在屋子里一连待好几天，谁都不见。他住的这个屋子，后来成了斯宾诺莎纪念馆，而屋子所在的街道，也成了斯宾诺莎街。

在莱茵斯堡的这段时间里，斯宾诺莎写出了《知性改进论》、《用几何方法证明的伦理学》等多部著作。

斯宾诺莎生前出版的著作，只有《笛卡儿哲学原理》和《神学政治论》两本。1663 年，他的《笛卡儿哲学原理》在阿姆斯特丹出版了，麦也尔为这本书作了序，出版工作是由耶勒斯负责的。1665 年的时候，斯宾诺莎开始写作《神学政治论》。在他写作期间，他的哲学小组成员们给了他很大支持，福利士等人不断在经济上帮助他，但是他只接受了一部分。1670 年，《神学政治论》也出版了。但是这本书刚一出版，就被列为禁书。尽管如此，人们还是争相传阅这本书，有些书店甚至在书的外面包上了历史或者文学书籍的书皮来出售。当时，不接受斯宾诺莎思想的人们写了很多东西来骂他，批判他的理论，甚至有些在当时成为经典，但是经过历史长河的洗涤，这些批判的作品一部也没有留下。

斯宾诺莎的思想受到了很多批评，但是也赢得不少人的赞赏，赞赏的人当中就有法国的孔代亲王。1672 年，法国入侵荷兰。孔代亲王早就仰慕斯宾诺莎的学说，于是请他到军营里做客。斯宾诺莎认为这没有什么，就很自然地去了。结果当他回来之后，就被人骂做是出卖国家的叛徒。

1677 年，斯宾诺莎因肺病去世，许多人都说是因为他长期打磨镜片造成的。他的葬礼上来了很多人，包括犹太教徒、哲学家、政客以及各地的民众，他们一同来为这位伟大的哲学家送行。

黑格尔说："想要达到斯宾诺莎的哲学成就是非常困难的，而要达到斯宾诺莎的人格，那是不可能的。"

英荷战争

16 世纪末期，自从击溃了西班牙的"无敌舰队"之后，英国就成了大西洋上的霸主。为了扩张殖民主义，英国大力发展海上贸易。而在对外扩张的过程中，英国遇到了一个强劲的对手，就是荷兰。

当时的荷兰刚从西班牙手中独立出来，在独立之前，荷兰的资本主义经济就已经很发达了，政治上的独立更加刺激了资本主义的发展。摆脱了西班牙的控制之后，荷兰开始大力发展海上贸易，支持荷兰民间的海上运输业。当时荷兰的商船运输量大，运价低，在海上运输市场很有竞争力。荷兰的商船逐渐控制了欧洲的海上贸易，将欧洲总贸易量的百分之八十都握在手里。当时的人们把荷兰船队称作"海上马车夫"。

一山不容二虎，在一片海域上怎能存在两个霸主？于是英国和荷兰之间开始了激烈的斗争和冲突。一些荷兰人除了搞海上运输外，还做起水产品生意。他们公然在英国的领海打捞水产品，然后把打捞到的水产品拿到英国市场上，高价叫卖。荷兰人的这一行为令英国人十分愤怒，于是在1651年，英国颁布了新的《航海条例》。《航海条例》规定，所有进入英国的商品，只能由英国船只或者商品产地的船只运输，不允许其他国家的商船代运。这一规定明显是针对荷兰的，因为荷兰当时是欧洲的主要贸易中间国家，负责欧洲向全世界的商品输送。现在英国这么做，就是禁止荷兰插手英国的贸易。荷兰对此提出了抗议，要求英国废除新颁布的《航海条例》，英国表示拒绝。于是，两国之间的矛盾骤然升级，一场战争在所难免。

1652年5月的一天，英国海军的巡逻船在多佛尔海峡例行巡逻，遇到了一支荷兰的商船队伍，并且有荷兰海军护航。按照当时的惯例，任何国家的船只在经过多佛尔海峡时遇见了英国军舰，都要降下自己船上的军旗致敬，以示对英国领海权的尊重。但是当时正值荷兰与英国的矛盾尖锐期，当英国海军提出要荷兰军舰降下旗帜时，遭到了荷兰海军的拒绝。英国海军怒不可遏，向荷兰船队开炮射击，荷兰海军也立即反击。这次战斗持续了4个多小时，双方互有损伤。这次冲突成了英荷战争的导火索。7月28日，英国和荷兰正式宣战，开始了持续长达20余年，并进行了三次战争的海上贸易争夺战。

第一次战争的战役战场，主要是集中在多佛尔海峡。双方宣战之后，英国开始封锁多佛尔海峡和北海，对荷兰商船进行拦截。这样一来，英国海军就控制了荷兰的贸易通道。除了封锁海运航线外，英国还派出海军舰队远航，到北海和波罗的海袭击荷兰的运输船和渔船。面对这种情况，荷兰派出大量海军舰队，为来往的商船护航，以武力通过多佛尔海峡和北海。一个不让过，一个非要过，那就只好开打。

在两国进行的一系列海战中，多佛尔海峡和北海是主战场，在地中海也发生了几场比较大的战役，不过在战略上并不占主要地位。但是荷兰人在这个问题上犯了极其严重的错误，他们把大量的兵力投入到了地中海战场，在地中海占据了优势，而在多佛尔海峡和北海战场上，则显得人单势弱，让英国人抢占了先机。这个错误导致的结局就是，荷兰商船很难突破多佛尔海峡和北海的航线，这两条航线突破不了，荷兰的海上贸易就受到了沉重的打击。由于对外贸易是荷兰的支柱产业，这次战争就导致了荷兰的经济陷入极度困境，产业凋零，很多人流离失所。最后荷兰实在撑不住了，只好与英国和谈。1654年4月15日，荷兰与英国签订了《威斯敏斯特和约》，条约规定，荷兰承认英国在东印度的贸易权，将圣赫勒那岛割让给英国，赔付27万英镑的战争赔款，并且在英国领海遇到英国船只时行礼。

时隔十年，英荷两国再起争端，开始了第二次英荷战争。1664年，英国采取了一系列行动，侵占荷兰在海外的殖民地。先是攻占了荷兰在北美洲的新阿姆斯特丹，并将其改名为纽约，然后夺取了荷兰在非洲西岸的殖民

第一次英荷战争中，荷兰与英国的舰队正在交战。

地，从荷兰人手里抢走了象牙和黄金的贸易权。荷兰人早就想报当年之仇了，这次英国人的行为正好给了他们借口。1665年2月22日，荷兰正式向英国宣战。

此时的英国是在复辟的查理二世的统治之下，长期的战争加上英国国内的腐败，海军实力已经大不如前。而荷兰经过上一次战争之后，开始大力加强海军的建设，从海军装备到海战战术都焕然一新。双方宣战之后，并未立马开战，而是休整了一个冬天，因为冬天是不适合海战的。开春之后，两国正式交战。虽然英国海军实力大减，但是瘦死的骆驼比马大，它的战斗力还是不容小觑的。交战不久，英国海军在洛斯托夫特海战中大败荷兰海军，对其舰队造成重创。之后，荷兰与法国和丹麦结成了反英同盟，开始共同对抗英国。1666年9月10日，伦敦突然发生火灾，大火整整烧了四天，毁掉了大半个伦敦。这场大火使得英国经济遭受重创，无力再战荷兰，于是便寻求和谈。但是荷兰方面却不这么想，他们正想借此机会好好修理一下英国。

在进行谈判的同时，荷兰开始策划一次军事行动。荷兰海军窃取了英国的军事情报，然后制订了一项极为大胆的军事计划。1667年6月19日晚上，泰晤士河正值涨潮，英国人并未看出和平时有什么区别。黑夜之中，一支荷兰舰队开进了泰晤士河口。荷兰长官一声令下，瞬间炮声大作，泰晤士河上的英国船只纷纷中弹。荷兰舰队沿着泰晤士河一路炮击过去，占领英军炮台，并抢夺岸上贮存的

物资。荷兰军舰到处寻找英国船只，一般的船就地击毁，遇到好点的船就带走当战利品。他们还进入英国船坞，将英国储备的战舰摧毁殆尽。荷兰舰队在泰晤士河上横行了三天，英国根本无力反抗，无数战舰被摧毁。尽情毁灭和掠夺完后，荷兰舰队打道回府，未受任何损失。之后，荷兰派海军封锁了泰晤士河好几个月。

雪上加霜的英国无心再战，只好寻求迅速和谈。1667 年 7 月 31 日，两国签订了《布雷达和约》，在这份条约中，英荷两国重新划分了海外的殖民地。第二次英荷战争结束。

遭遇泰晤士河之辱的英国也记下了这笔仇恨，于 1672 年 5 月，与法国联合对荷兰宣战。这次战争并没有局限在海上，而是海陆并进，英国在海上与荷兰纠缠，法国则在陆上进攻荷兰本土。荷兰虽然海军很强，但是陆地上根本无法阻挡法军的进攻，被逼无奈之下，只好掘开了堤坝，用海水将法军逼退。1673 年 8 月，法军宣布推出战争。而此时荷兰和英国都已经被战争拖垮，无力再战，只好和谈。1674 年 2 月，两国签定了《威斯敏斯特和约》，第三次英荷战争草草结束，双方都没有获得很大的利益。

法王路易十四

路易十四是一位传奇式的君主，他是欧洲君主专制统治的典范。同时，他的个人事迹也很为人称道。

1638 年 9 月 5 日，路易十四出生在法国圣日耳曼，是路易十三的长子。他在四岁的时候就已经继承了法国的王位，由于年纪太小，由他的母亲安娜替他管理国务。不过当时法国的大权都掌握在红衣主教马扎然的手里，他才是法国的实际统治者。

路易十四在少年时，对管理国家不感兴趣，所以并没有急于夺取政权，而是迷上了芭蕾舞剧表演。13 岁的时候，他就开始了第一次登台演出，并且一演就是十几年。在整个表演生涯中，路易十四共担任了 26 部大型芭蕾舞剧的主角。由于排练舞蹈很辛苦，下面的大臣们经常劝他："陛下，休息一下吧，别把身体累坏了呀！" 1661 年，他在巴黎兴办了一所皇家舞蹈学校，供贵族子弟学习舞蹈，他本人也经常去学校亲自参与演出。直到 30 岁的时候，他才因为身体过于肥胖，正式告别舞台。

虽然路易十四早期沉迷于舞蹈，不理政事，但是当他一旦执政，便表现出了非同寻常的治国才干。1661 年，红衣主教马扎然死去，路易十四开始亲政。他认为皇权是至高无上的，曾经说过"朕就是天下"的话。首先要做的，就是把贵族的权力收到自己手中来。他先是取消了巴黎高等法院对国王敕令的指摘权，然后将地方贵族召进皇宫，让他们成为宫廷成员，对那些敢于对抗皇权的贵族，则一概镇压。

在此期间，他还修建了凡尔赛宫，用以控制贵族。这座富丽堂皇的凡尔赛宫建好之后，路易十四便搬了进去。他每天都要在宫里举行宴会，并且寻找由头举行各种庆祝活动。那些贵族们为了讨好国王，便一天到晚待在凡尔赛宫里，并且花费巨资来置办礼服。时间一久，有些贵族就感到厌烦了，经常不来参加宴会。不幸的是，这位国王的视力和脑力都非常好，如果这一天谁没来，他一到场就能看出来，并询问旁边的人，未到之人为何缺席。被发现缺席的人顿感无奈，只好乖乖地每次必到。由于每天都要参加国王的宴会，这些贵族就没有时间再去理会地方事务，于是他们在地方的权力便一步步被路易十四剥夺了。这样，路易十四就将全国的权力牢牢抓在自己手中，建立了一个君主专制的制度。

凡尔赛宫外景

那个时期的法国，已经成为世界上的大国，与世界上的很多国家都有来往。路易十四和清朝的康熙帝是同一时代的君主，两位帝王甚至还有一些相似的地方。他们都是幼年时期就已经即位，在政治上的作为也都是彪炳史册的，而且两人的执政时间也都很长。这两位君主之间还有过来往，他们曾互派使者，交流科技文化，法国使者带来的药治好了康熙的病。

为了加强自己的统治，路易十四还曾迫害新教徒，以使得法国人的信仰获得统一。1685年，路易十四颁布了枫丹白露敕令，将之前的法国国王颁布的南特敕令推翻了。然后开始封闭新教徒的学校，拆毁新教教堂。当时的很多胡格诺教徒都逃到了国外，使得法国完全成为一个天主教国家。但是新教徒的外逃也给法国带来了不利的影响，这些外逃的人中，有很多都是有一技之长的手工业者，他们把大量的科技带到了别的国家，同时也带去了自由劳动力。这样就加快了那些国家的发展，而使得法国流失了很多的财富。

路易十四在加强政治统治的同时，还非常重视商业的发展，命令各地长官实行重商主义。对于文化科技的发展，他也十分鼓励，甚至亲自参与其中。他曾研究过金属的各种特性，并且提倡使用金属线燃烧代替蜡烛，他的这个想法给了爱迪生很大启迪；他对蓄电也有过想法，曾经在海洋中寻找能产生电能的物质；他还研究过潮汐现象……甚至现在大街上随处可见的高跟鞋，也是源自路易十四。他的个头很矮，大约只有一米五几，由于身处帝王的位置，他对自己的身高很不满意。有一次鞋匠给他做鞋的时候，他产生了一个念头，让鞋匠在他的鞋子底部垫上很厚的一层鞋跟。这样，最早的高跟鞋就形成了。

路易十四的传奇之处，还在于他的继位者。路易十四是个长寿之人，他光做法国国王就做了72年，是法国在位时间最长的一位。而由于他是近亲结婚，他的子女寿命都不是很长，多半夭折，只有长子活到了50多岁。而这位长子的儿子也很短命，只活了30多年。这样一来，这位国王的儿子和孙子全都死在了他的前面。于是，在他临终前，只好把王位传给了他的重孙子路易十五。

欧洲其他国家

三角学确立

三角学是数学中应用比较广的一门学科，它从最初研究到最后的学说确立，经历了很长的时间。

三角学最初并不是独立发展的，它是在早期人们的天文、航海应用中逐渐形成的。最早研究三角学的是古希腊人，那时他们为了计算航海路线和根据天体运行来推演日历，开始研究三角形的边与角的关系。而根据实际需要，最先发展的是球面三角形的理论。那时的古希腊人就已经研究出了一些三角形定理，比如相等的两边对应的角相等、两边之和大于第三边等。在数学界，人们大都认为是希腊天文学家喜帕恰斯创立了三角学。他曾有 12 卷关于三角学的著作，并制作出了弦表。

在中国，三角学也出现得很早。大约在公元前 100 多年，《周髀算经》中说："平矩以正绳，偃矩以望高，复矩以测深，卧矩以知远。"这是利用了相似三角形的原理，大意是说，将两边互相垂直的曲尺放在不同的位置，就能测量出物体的外形和距离等尺寸。

印度的三角学发展很快，公元 6 世纪的时候，瓦拉哈米希拉的著作《太阳知识》当中，就列出了最早的正弦表。到了公元 10 世纪，阿拉伯也发展了一些三角学的理论，不过此时的三角学还是依附于天文学的。一直到 13 世纪，阿拉伯数学家纳西尔丁写成了《横截线原理书》，三角学才从天文学脱离出来，成为了一门独立的学科。15 世纪的德国数学家雷格蒙塔努斯，出版了《论三角形》一书，在欧洲率先将三角学从其他学科当中独立出来。这本书中不仅论述了平面三角学和球面三角学，还给出了比较精确的正弦表、余弦表等，形成了现代三角学的雏形，为三角学在欧洲的传播打下了基础。

为制作三角函数表贡献最大的，应该说是奥地利数学家雷蒂库斯。他 1514 年出生，长大后就读于维腾贝格大学。1536 年毕业后，雷蒂库斯留校任教，教授初等数学和几何学。1539年，他来到波兰弗劳恩贝格，跟随著名天文学家哥白尼学习。1542年的时候，雷蒂库斯受聘成为莱比锡大学的数学教授，开始致力于研究三角学。在同一年，他制作出了半弦表，并且首次给出了余弦。在1551年出版的《三角学准则》一书中，他第一次制作出了完整的六种三角函数表。其中他还利用三角形边边之比，重新对三角函数下了定义，并指出这种比值关系与角度有关，从而摆脱了对圆弧的依赖。在这之后，雷蒂库斯下决心编制一张更加精确的正弦、正切、正割表。但是由于计算量太大，他已经完不成这些三角函数表的最后制作，只好在临终前，交由他的学生来完成。在他死后的半个多世纪，人们发明了对数，将三角函数表的制作工作大大简化了，再也无需那么大的工作量。之后，人们渐渐把精力放到了三角学的其他方面的研究上。

欧洲文艺复兴带来了科学的快速发展，这个时期的三角学也取得了很大进步。法国数学家韦达在1579年发表了《应用于三角形的数学定律》，这本书系统地介绍了平面三角学和球面三角学，成为集前人之大成的作品。他在书中列出了六种三角函数表，并且以分和度为间隔，将三角函数值精确到了小数点后十位。在三角函数表的后面，他还给出了制表的方法。这些都是对以前的研究成果的总结，除此之外，他还在书中列出了自己研究发现的一些新定律和公式，其中包括正切定律、和差化积公式等。利用这些公式和定理，可以根据任意给出的已知参数，来计算未知参数。在直角三角形的研究基础之上，韦达又对斜三角形进行了分析，他将斜三角形转化为直角三角形，解决了计算问题。之后，韦达又接连发现了多倍角关系式和余弦定理。

18世纪的瑞士数学家欧拉，是近代三角学的开创者。他首先将三角函数和解析学结合在一起，利用直角坐标来表示三角函数，使得三角函数没有了在象限中的符号问题。1748年，他发表了著作《无穷分析引论》，在书中他提出了一个单位圆的概念，然后用函数线与圆的半径的比值来定义三角函数。其中还有利用拉丁字母表示三角形三个边与三个角的方法，使得计算三角函数的公式大为简化。之后，他又发表了著名的欧拉公式，将三角函数和指数函数结合在了一起，使得三角学的发展更加明朗化。由于欧拉的这些贡献，三角学成为一门完整的学科。

在欧拉之后，又经过了无数科学家的努力，才形成了现代完善的三角学理论。

"自画像之父" 丢勒

丢勒是德国文艺复兴时期的著名画家，他是欧洲第一个致力于为自己的容貌创作画像的画家，被称为"自画像之父"。

丢勒 1471 年出生在纽伦堡，他的父亲是当地的一名首饰匠人。在他 13 岁的时候，开始跟随父亲学习首饰打造工艺，以便继承这门手艺。在学艺期间，丢勒接触到了绘画艺术。打造首饰经常要画出首饰的模样，为了能够尽快入门，父亲让他从临摹一些画家的人物画开始。心灵手巧的丢勒很快对绘画产生了兴趣。在一次临摹之余，他对着镜子，用银针为自己刻了第一幅自画像，并且在画上写下了一行字："1484 年，我还是个孩子，我画下了镜子中的自己。"

学了一段时间绘画之后，丢勒对绘画技巧和对人体结构的安排着了迷，在他当学徒的第二年，就画出了钢笔画"宝座上的圣母玛丽亚和天使"。丢勒开始产生了做一名画家的愿望，于是他乞求父亲让他专门学习绘画。父亲答应了他的请求，并把他送到了当地的画家迈克尔·瓦尔盖默特的画室。在这里，丢勒从对老师作品的临摹中，学会了许多绘画方面的技巧，并且他开始研究周围的事物结构和色彩，试着独立进行创作。19 岁的时候，他为自己的父亲画了一幅肖像画。这幅画表现出了他相当纯熟的绘画技巧，人们都说他可以与达·芬奇相媲美。

学成之后，丢勒决定到一些大城市去走走。于是他背起画板，用四年的时间，沿着莱茵河一直走，游历了德国的多个城市。在这期间，他见到了贝里尼。两人在一起谈论了绘画的技巧经验，并互赠画笔作为纪念。另外他还拜访了拉斐尔，并将一幅自己创作的自画像送给拉斐尔，拉斐尔也回赠了丢勒一幅作品。这段时期的经历对丢勒的创作有很大的影响。

经过一番游历，丢勒已经成长为一个英俊的小伙子，此时他的画也开始有了名气。回到家之后，他与当地一位音乐家的女儿成了亲。之后他成立了自己的画室，开始为人画肖像画，闲暇的时候就自己进行创作。不久，丢勒创作了木刻组画"启示录"。这一组画共有 15 幅，其思想来源是基督教的幻想，描画了人们因为感到世界末日即将来临，所表现出的无奈和绝望。在这组作品里，丢勒将宗教幻想与当时社会的现实状态结合在了一起。当时的德国正是资本主义发展的时候，资产阶级和小手工业者、农民和封建势力之间的矛盾很激烈。丢勒将这些状况付诸画笔，在作品中讽刺了当时的统治阶级。"启示录"的创作，为丢勒赢来了声誉，很多人将他称作是那个时代的大艺术家。

1498 年，丢勒创作了一幅自画像。在这幅自画像中，丢勒把自己打扮成了一名年轻潇洒的骑士：头戴一顶黑白相间竖条纹的软帽；披了一件棕色的斗篷，斗篷只盖住左肩，一条缎带斜在右肩，扣住斗篷；里面穿了一件带黑边的外套；贴身穿着白色的紧身衣。丢勒留了一头棕色的卷曲长发，下巴处是一撮褐色的胡子。这个样子和装扮，在当时的德国是非常流行的。当时在欧洲，很少见到有人画自画像，而丢勒是唯一一个痴迷于此的。

在丢勒的作品中，最经典的应该说是那幅《祈祷之手》。画上是两只粗糙有力的手，合在一起，像是在祈祷。在这幅画的背后，还流传着一个故事。据说在德国的一个小村子里，有一名铁匠，他有 18 个孩子。他非常努力地工作，但是要养活这 18 个孩子仍然很困难。在这些孩子当中，有兄弟两个怀揣着同样的梦想，就是有一天能成为一名画家，但是父亲根本供不起他们上学。于是兄弟两人决定，其中一个人上学，另一个打工挣学费，等上学的学成归来后，就赚钱支持另一个学习。商量好之后，兄弟两人用抛铜钱的方法来决定谁先上学，最后弟弟成为了这个幸运儿。之后，哥哥便到村子里的矿场打工，弟弟则来到艺术学校学习绘画。四年过去了，弟弟学成归来，他已经成为一名优秀的画家。当他回到家之后，紧紧拥抱住了哥哥，说道：

"哥哥，我已经学成了。该你去完成你的梦想了，我来挣钱供你上学。"

但是哥哥却摸着弟弟的脸，微笑着说："不用了，你看，我的手，在矿场工作了四年，我的手已经变僵了，再也握不住画笔了。不过没关系，你学成了，我们兄弟总有一个达成了梦想。"

关于这个故事，有人说是丢勒本人的故事，也有人说是丢勒看到的，还有人说根本没这回事。但是不管怎么说，《祈祷之手》这幅画流传很广，也对不少人产生了很大的影响。

从 1500 年开始，丢勒转变了自己的创作思想，不再以追求写实为目标，转而研究事物造型的规律。在德国的艺术体系中，很少有表现人体美的艺术作品，而是更多地表现哲理性。意大利则不同，从雕像到绘画，意大利的作品都在向人展示人体的美感。丢勒此时便开始向意大利的艺术思想靠拢。他找到了一位以前结识的意大利朋友，弄到许多意大利关于人体绘画的资料和作品，然后自己开始闭门研究。经过了 10 年的苦苦探索之后，丢勒写出了著名的《比例论》。这部著作共有三卷，包括了他这些年来的绘画经验和思想总结。

之后，丢勒又为自己画了一些肖像。他把这些年的所得全部运用其中，将人体的结构美感和光线的感染能力表现得淋漓尽致。此后他又进行了许多裸体人物的素描，在其中探索人体结构的完美比例。

1528 年 4 月 6 日，丢勒因为疾病和疲劳去世了。丢勒的创作，开了欧洲自画像的先河，使得自画像逐渐在绘画界发展起来。

马丁·路德改革宗教

马丁·路德是 16 世纪欧洲宗教改革的领导者，他创立了路德教，改变了天主教在欧洲一家独大的地位。

马丁·路德出生在 1483 年的 11 月，家乡是日耳曼的艾斯里本。他的父母原本都是农民，当时的资本主义快速发展，很多地方都建起了矿场，他的父亲发现当矿工也挺挣钱的，就改行进了矿场。过了些年之后，他的父亲自己也办起了一个小矿场，并进入市里的议会，成为一名议员。少年时期，路德被父亲送到了大城市上学。在那里，他经常参加少年唱诗班，为一些富豪人家唱诗，然后拿到一点小费。之后，路德进入大学学习法律。本来他是想在毕业之后，能够进入皇家当一名法律顾问什么的，但是突然发生的一点小事情改变了他的一生。

有一天，他在学校念完书回家，走到半路，下起了暴雨。天空中电闪雷鸣，雨点狂暴地砸在路德身上。路德吓坏了，他不断祷告："神啊，请不要夺走我的生命，我愿意进入修道院来报答您的恩赐。"暴雨停了，路德果然没有死，他以为这是神饶恕他了。于是在两个礼拜后，他遵守自己的诺言，进入了奥斯定会修道院。父亲对此很生气，但是路德主意已定，父亲也没办法。

进入修道院的路德非常守规矩，不久就成为了神父。这个时期的他时常感到困惑，他经常在想，要怎么做才能得到上帝的恩典。后来，修道院的一位神父推荐他去修习神学。1508 年，路德来到了维滕贝格。在这里，他获得了神学博士的学位，并成为一名教授。在这段时间他经常忏悔，但是对于那个困惑他的问题，他一直找不到答案。

经过长时间的思索和寻求，路德的心里渐渐产生了一种新的思想，不同于传统教义的新思想。他认为，神对人类的恩赐，仅源于它对正义的慈悲。但是他并没有将这一观点大肆宣扬，即使在对赎罪券的争辩中也未引用。

1517 年，教皇为了聚敛钱财，派人到各地发售赎罪券，声称赎罪券可以赎清

1530 年，神圣罗马帝国皇帝试图与改革者和解的最后尝试，路德派教徒正在与罗马天主教教徒讨论一些有争议的论点。

人们的罪孽，让人免受下地狱的惩罚。那时的人们坚信，只有教会才能与上帝沟通，那他们发售的赎罪券当然也是有效的，于是争相购买。路德认为这种发售赎罪券的做法是与圣经相违背的，这样做只会助长邪恶，如果赎罪券真的有效，那岂不是人人都可以随便犯罪，然后再买一张赎罪券来赎罪？于是在 1517 年 10 月 31 日，他在教堂门口贴出了《九十五条论纲》，并以教授的身份欢迎神学学者来辩论。在这篇论纲中，路德指出：赎罪并不是靠身体上的修行、做善事和向神父认罪就能行得通的，必须内心之中真正悔过，才是赎罪的行为，教会只能是对上帝的恩赐进行散播。路德在写这篇论纲的时候，措辞并不激烈，而是尽量采用比较柔和的语调，指出教会现存的一些不合理的地方，也没对教会加以攻击，甚至还对教皇的某些权力加以肯定。并且这篇论纲是以学术辩论的形式写的，显然路德不想与教会发生冲突。但是有些事是路德无法左右的，他的论纲在各地都产生了很大的影响，购买赎罪券的人大量减少，在有些地方甚至出现无人购买的情况。路德的行为得到了很多人的支持，但是使得教皇大为恼火。

第二年的 8 月，教皇命令路德收回以前的言论，并且到罗马受审。但是路德拒绝了这项命令，并要求教皇说明理由。由于路德受到地方贵族的支持，教皇此举未能得逞。1519 年 7 月，路德与一名神学家在莱比锡展开了辩论。在这场辩论中，路德因为论据有限而处于劣势。路德虽然在神父的一些言论中找到了攻击点，但是神父却宣称找到了证据，将路德的学说划为异端。这场辩论之后，国王便宣布路德不再受到国家的保护。

在接下来的十个月里，路德接连发表了《关于教会特权制的改革致德意志基督教贵族公开信》、《论教会的巴比伦之囚》和《论基督徒的自由》等文章，斥责教会和教皇。他在这些文章里指出，教会是打着神圣旗号的盗贼，而教皇根本无权干涉世人生活，如果教会自身不做改变的话，那么就应该由政府强制进行改革。路德甚至还宣称《圣经》不是只有教皇才可以解释，人人都是上帝的子民，人人都可以与上帝交流。

1520 年 10 月，教皇宣布将路德开除教籍。路德在地方贵族和支持他的民众的鼓励下，发表了一篇《反对敌基督者的通谕》，并当众烧毁了教皇的谕令。而国会是支持教皇的，在路德做出这些动作之后，他们决定对路德予以治罪。但是在治罪的时候，国会遇到了困难，各地贵族纷纷反对，并且路德本人的言辞也很激烈。国会决定耍点小伎俩，他们先释放了路德，然后再下逮捕令，打算在路上将他偷偷逮捕。一些贵族得知了这个消息，他们抢在国会之前，制造了一起假绑架案，将路德送到瓦特堡保护起来。受到保护的路德开始致力于《圣经》的翻译，他将《圣经》全部翻译成为德文。

而此时在外界，那些支持路德的人已经掀起了轰轰烈烈的宗教改革运动，并且发展势头猛烈。各地都有人开始公开反对天主教会，推行路德的宗教思想。然而一些原本支持路德的贵族思想开始产生动摇，他们怕宗教改革会触及他们的利益。路德本人对暴力改革十分反对，他甚至冒着被逮捕的危险，离开瓦特堡去讲道。他还曾公开斥责农民起义，要求起义者解散起义队伍。尽管如此，他还是领导各地人民进行温和的宗教改革。

1546 年 2 月 28 日，路德在家乡病逝。

德意志农民战争领袖闵采尔

德意志农民战争是马丁·路德发起的宗教改革运动的继续，也是其运动的最高峰。这次战争的发起者和领导者是闵采尔，他在宗教改革运动中奉行激进主义。

1490 年，闵采尔生于德国的施托尔堡，父亲是一名普通工人。在闵采尔很小的时候，父亲死于当地贵族之手，于是闵采尔幼小的心灵里埋下了对贵族仇恨的种子。虽然童年经历了不幸，但是他以后的成长道路还是很顺利的，在中学接受了很好的教育，然后又先后到莱比锡大学和法兰克福大学学习，得到了莱比锡大学的神学博士学位。毕业之后，闵采尔成为一名神父。

闵采尔很早就崇奉马丁·路德的学说，并发起了一些反对天主教会组织。在他当神父的期间，他又致力于改革宗教的礼仪。和路德不同的是，闵采尔的思想较为激进，他主张暴力改革，曾呼吁萨克森贵族和当地民众使用武力来对抗罗马的僧侣。

1520 年，闵采尔通过路德的介绍，成为了茨维考的牧师。他在这里经常接触一些底层的民众，包括工人和农民。经过这段时期，闵采尔的思想逐渐发生了变化，从单一的宗教改革思想转化为包含宗教和政治两方面的理想。这个时候，他越来越偏向于革命。而路德的思想此时发生了变化，他便跟路德越走越远了。

1521 年，闵采尔发表了《布拉格宣言》，表示与教会和贵族的对立姿态，并倡议进行暴力革命。之后，他做了一次旅行，这次旅行的目的以宣传自己的思想为主。他沿途向当地民众说教，将宗教中的狂热情绪传达给有反抗意识的民众；同时，他还利用哲学和政治的理性说教方法，把自己的思想灌输给那些相对来说有知识的民众。由于当时的民众普遍抱有反抗情绪，因此闵采尔得到了很多人的支持。经过这次旅行，闵采尔初步造就了一批革命的精英力量。

1524 年，马丁·路德发表了一篇名为《为反对叛逆的妖精致萨克森诸侯书》的文章，他在其中指责闵采尔是"魔鬼的鹰爪"，并且呼吁贵族立即对他采取行动；此时的闵采尔和路德已经势同水火，他毫不客气地将路德斥为"维滕贝格的走狗"。经过这一场论战，闵采尔在广大的平民队伍中树立起了革命者的形象。他的理念开始被越来越多的人接受，许多的农民自发成立了秘密的协会或者组织，准备进行武装起义。

这一年的夏天，士瓦本南部的农民军首先发动了起义，最初只有 3000 多人。他们以闵采尔的思想作为指导，制定了革命的纲领。起义形势发展很快，迅速蔓延到了整个士瓦本，不到一年的时间里，有将近 4 万人加入了起义军。这时，士瓦本的贵族使起了阴谋诡计。他们哄骗农民起义军，说是要谈判，满足起义军的要求。起义军内部并不团结，有一部分起义军认为起义即将成功，便答应了贵族的请求，与他们达成了停战的协定，并拟出了"门明根十二条款"。但是到了第二年，当士瓦本的贵族准备充分以后，便撕毁了协议，开始疯狂镇压起义军。

1525 年 3 月，弗兰克尼地区也爆发了起义，这次的规模比士瓦本的更大，并攻下了海尔布朗城。起义军还制定了"海尔布朗纲领"，提出了建立统一的德意志君主国家的主张。但是由于起义队伍本身人员混杂，再加上封建贵族的镇压，起义最终遭到了失败。

同时，闵采尔也在萨克森和图林根地区组织了起义，起义者大多是当地的矿工和纺织工人，他们深受闵采尔思想的影响，意志力最为坚定。不久起义队伍占领了米尔豪森城，并建立起了一个革命政权，称作"永久议会"，闵采尔当选为议会的主席。建立起政权后，闵采尔宣布，取消教会原有的权力，并将教会财产没收。之后，起义者将城里的教堂烧毁，并抓捕了当地的一些贵族，对其进行惩罚或者处决。

由于起义的势力发展很快，贵族们也紧张起来，他们迅速调集军队，对起义队伍进行镇压。5月16日，闵采尔带领的一支有8000多人的起义队伍，在弗兰肯豪森附近的一个小山头上，遇到了前来镇压的贵族联军。他们被联军团团围住，双方展开了激烈的战斗。由于闵采尔的起义队伍武器装备落后，没有经历过军事训练，很快被贵族联队击溃。起义军在战斗中牺牲了5000多人，闵采尔本人也被贵族俘获。被俘后的闵采尔经受了贵族的严酷刑罚，最终被贵族处决。

这次起义虽然最终失败了，但是大大加快了宗教改革的步伐。

哥白尼创立"日心说"

一天，少年哥白尼去拜访他的老师沃德卡尔。中途，沃德卡尔因为有事出去了，哥白尼便独自在老师的书房里参观起来。他来到老师的书架前，随手拿出一本书来翻看。当他翻到一半时，发现老师在其中一页折了个角，并在折角处写下了一段话："圣诞之夜，土星与火星将处于特殊位置，这预言了匈牙利国王卡尔温的灾难。"这个时候，沃德卡尔回来了，他见哥白尼在看书，便问哥白尼在看什么。哥白尼合上书，将书递给老师，说道：

"老师，火星和土星都只不过是天上的星星罢了，它们怎么会和匈牙利国王扯上关系呢？"

沃德卡尔说道："命运之星决定了人的所有。"

"人都是有自己的思想的，这些思想难道也是天上的星星能决定的吗？"

对于哥白尼的问题，其实沃德卡尔也曾经思考过，但是他也没有弄清楚。沃德卡尔并不是一个固执的人，他对哥白尼说：

"你提的问题很好。我所研究的，不过是自古流传下来的一些东西。对于你的问题，我没有能力回答，如果你能坚持下去，那就自己去寻找答案吧。"

最终，哥白尼没有辜负老师的期望，他成功创立了"日心说"，将自古流传的"地心说"推翻。

1473 年 2 月 19 日，哥白尼出生于波兰的托伦市。18 岁的时候，哥白尼考入克莱考大学，开始学习医学。在这期间，他逐渐对天文学产生了兴趣。1496 年，哥白尼到意大利留学，先后在帕多瓦大学和博洛尼亚大学研习法律、医学和神学。在意大利期间，哥白尼接触到了当时的天文学家德·诺瓦拉，并在他那里学习到了天文学的一些知识和观测技巧。此时，哥白尼接触到了希腊哲学家阿里斯塔克斯关于天体的一些学说，阿里斯塔克斯认为地球和其他的行星都是绕太阳旋转的，但是这个说法只是他的一个猜想，他本人并未给出详细的论述和证明，从科学角度来说是没有用处的。不过这个说法给了哥白尼很大的影响，使得他对"地心说"产生了怀疑。

1499 年，哥白尼在博洛尼亚大学毕业后，成为了一名天主教会的教士。然后他回到波兰，跟随他的叔叔工作，他的叔叔是大教堂的主教。哥白尼被安排到教堂的顶楼，四面都有窗户，这对哥白尼的天文观测十分有利。就是在这里，哥白尼创立了"日心说"。

哥白尼第一个要证明的，就是地球是圆的这一说法，为此，他做了一个实验。他找到一艘即将出海的帆船，然后在他的请求下，船主允许他在桅杆顶挂一个能够发光的物体。帆船出海之后，哥白尼就一直在教堂顶楼注视着那个发光的物体。随着帆船越来越远，哥白尼发现，桅杆顶上的那个发光物体在逐渐地往下降，最后消失在了地平线的尽头。这就证明，不但陆地是圆的，就连海面也是圆的。

之后，哥白尼又开始研究天体的运行规律。当时占统治地位的"地心说"，运用的是托勒密所创建的宇宙运行模型。这个模型以地球为中心，认为其他星体都在绕地球旋转。而有些行星的运行轨道比太阳和月亮还要复杂一些，因为它们除了绕地球旋转以外，还要绕太阳旋转。这是人类历史上第一个行星运行模型。这个模型起初还能与观测的数据相符，但是由于托勒密建立这个模型所依据的资料有限，再加上模型本身的错误，便渐渐地与一些新的发现出现了偏差。不过信奉"地心说"的人并不认为这是模型的错误，而是根据观测的数据，不断对模型进行补充。到最后，模型已经变得很复杂了，仍然不能应付最新观测的数据。

哥白尼起初也想修补这个模型，打算通过一些当时比较先进的方法，使得模型变简单些。但是经过观测，结果始终和托勒密的模型相差不多。于是哥白尼转变了思路，他在设想：如果地球不是宇宙的中心，而是处在运动当中，结果会怎么样？哥白尼开始在不同时间和不同位置来观测天体，以期找到新发现。经过长期的观测，他发现太阳的运行周期变化很小，而其他行星的运行情况则各不相同。这也就意味着，太阳和地球的距离是几乎不变的，如果地球不是宇宙的中心，那么太阳就成为宇宙的中心。于是，一个新的宇宙模型在哥白尼脑中显现出来，以太阳为中心，所有的星星都在绕太阳旋转。这样一来，原本的模型就大大简化了。

哥白尼将他的这一发现写进了《天体运行论》一书。书虽然写成了，但是这一学说在当时可以说是十分危险的，如果书一旦发表，教会必然会对哥白尼加以迫害。哥白尼曾亲眼见到教会对胡斯分子所施的酷刑，他很害怕这种痛苦降临到自己身上。在他自己写的《天体运行论》的序言中，他也提到："在很长的时间里，我都处于犹豫之中。"

其实哥白尼在早期的一些活动，就已经受到了教会的严密监视。他的知己亚历山大·斯古尔捷特，是一名无神论者，两人交往甚密。教会知道后，就要求哥白尼远离斯古尔捷特，但是遭到了哥白尼的拒绝。不久后，斯古尔捷特就被教廷抓走了。哥白尼被教会取消了结婚的权利，不过一名叫安娜的女子还是坚决地爱上了他，并与他同居了近十年。教会强迫安娜离开哥白尼，遭到了哥白尼的强烈反抗，但是为了不使哥白尼的工作受到影响，安娜还是忍痛离开了。最后，安娜被驱逐出境。像这样的事情还有很多，教会不择手段地干扰哥白尼的工作，但是最终没能阻止哥白尼写出《天体运行论》。

终于，在1541年，哥白尼决定将《天体运行论》发表。他把这部著作的手稿交给了他的朋友铁德曼，让铁德曼找人出版，几经辗转之后，手稿落到了出版商塞安德尔的手中。塞安德尔曾经学过一些天文学，为了使这本书能够不触犯教会的规定，他对手稿做了修改和删减，使得出版后的《天体运行论》与哥白尼的原意不符。这本书出版的时候，已经是1543年5月了。此时的哥白尼已经处在弥留之际。出版社将样书送到哥白尼手中之后，哥白尼用手轻轻抚摸着书的封面，咽下了最后

有关哥白尼的《天体运行论》的描绘

一口气。

在哥白尼死后的半个多世纪，他的"日心说"终于得到了开普勒等人的证明，彻底推翻了"地心说"。而那部《天体运行论》的原稿，在 19 世纪的时候被人发现，完整的《天体运行论》，直到 20 世纪才得以出版。

俄罗斯首任沙皇伊凡四世

伊凡四世是俄罗斯的第一个沙皇，由于他所施行的恐怖统治，人们也叫他做"雷帝"。

伊凡四世的父亲是俄罗斯大公瓦西里三世，直到 50 岁了仍然没有子嗣。后来伊凡四世的母亲叶莲娜嫁给了他，才有了伊凡四世的诞生。1533 年，瓦西里三世死了，年仅 3 岁的伊凡四世即位。瓦西里三世在死前曾留下遗诏，要叶莲娜和 7 名贵族大臣共同辅政，等伊凡四世长大之后，再把政权还给他。在瓦西里三世死后不久，叶莲娜就与辅政的 7 名贵族大臣发生了矛盾。她下令取消了大臣的辅政权力，将所有权力都揽到了自己手里，并且把瓦西里三世的两个弟弟处死了。此时的伊凡四世虽然很小，但是长期处于宫廷斗争中的他，已经十分残忍好杀。他经常把抓来的动物慢慢地用刀杀死，或者是站在很高的地方，将手里的小动物摔死。13 岁的时候，他曾放出自己豢养的恶狗，将大臣伊斯基活活咬死了。

1538 年，叶莲娜突然去世，她的弟弟格林斯基打败了所有觊觎王位的人，夺取了政权。1547 年，格林斯基在一次农民暴动中被打死。伊凡四世获得正式加冕，成为俄罗斯大公，然后开始了他的恐怖统治。

在获得加冕的时候，伊凡四世刚刚 16 岁。执政之初，他发表了一次讲话，将自己封为俄罗斯沙皇。俄罗斯的贵族们对此都感到很震惊。在此之前，俄罗斯人最早是将拜占庭的君主称为沙皇的，因为他们认为拜占庭帝国是罗马帝国的继承者。后来，蒙古人用他们的铁蹄征服了欧洲大片领土，于是俄罗斯人又将蒙古大汗称为沙皇。当蒙古衰败时候，俄罗斯人也不愿意再将蒙古大汗称为沙皇，但是仍然没有人敢自称沙皇。伊凡四世此举，显然是出乎贵族意料的。从此，伊凡四世成为了俄罗斯第一位沙皇。

获得执政权力之后，伊凡四世加强了法制，改组行政机构，并大力强化军事。他建立了相当有效的军事指挥系统，并设立常备军，整顿全国各地的守备和后勤。并且他还颁布了军事条令《贵族会议关于屯扎和守备勤务决议》。

当实力具备之后，他开始了一系列的吞并和扩张。1552年，他首先率兵灭掉了喀山汗国。喀山汗国灭亡后，俄罗斯打通了去往西伯利亚的道路。之后的几年里，俄罗斯又先后吞并了阿斯特拉罕汗国、大诺盖汗国、巴什基尔亚以及北高加索的部分地区。到了1557年，西伯利亚汗国也向俄罗斯称臣了。

这一系列的政治措施和对外扩张，都显示了伊凡四世高超的治国能力。但是在1560年，伊凡四世发生了一些变化。这一年，他的妻子安娜塔西亚去世，之后他就开始变得不正常起来。

1564年冬天，伊凡四世做出了出人意料的举动。他带着自己比较亲近的人，悄悄离开了莫斯科，来到亚历山大罗夫村居住。此时莫斯科已经陷入慌乱之中，到处找他。他随后给大主教写了一封信，宣称是由于周围的人的背叛，使得他对这个国家心灰意冷，所以选择离开。大主教连忙向他承诺，允许他处死任何背叛者。得到大主教的承诺后，伊凡四世才回到莫斯科。

回到莫斯科之后，伊凡四世开始了他的血腥统治。他在整个俄罗斯推行"特辖制"，将俄罗斯分为两部分，一部分叫特辖区，主要是俄罗斯的中心地带，这部分归沙皇直接管辖；另一部分是普通区，主要是俄罗斯比较偏远和落后的地方，那里归俄罗斯贵族管理。经过这么一划分，大部分的王公贵族都被迫迁到了边远地区，实力也大为削减。伊凡四世还组建了一支归沙皇直接统治的特辖军，对不服从沙皇命令的人实行残酷镇压。这一措施大大加强了中央集权，但是也使很多人遭到了屠杀，尤其是一些贵族。在实行特辖制之后的7年时间里，有大约4000名贵族被屠杀，而这些贵族原本都是一些较有实力的人。通过这一番清洗，俄罗斯大贵族的势力大大地减弱了，而地方的一些小贵族逐渐显现出来。

1581年，伊凡四世做了一件自己也无法原谅的事情，他亲手将自己的儿子打死了。在一次交谈中，他与儿子发生了争执，本来他就脾气暴躁，儿子的顶撞更是使他怒不可遏。被愤怒埋没了理智的伊凡四世，挥舞手杖向儿子打去。手杖打在了儿子的太阳穴，儿子当时就瘫倒在地。被惊醒的伊凡四世扔掉手杖，抱着瘫软的儿子痛哭起来。后来，俄国画家列宾画了一幅画，叫做《伊凡四世和他的儿子》，描绘了当时的场景。

1584年3月18日，伊凡四世去世。他一手建立了强大的俄罗斯帝国，使得俄罗斯成为欧洲强国，为以后争霸欧洲打下了基础。

"天空的立法者" 开普勒

1600年，一本叫做《梦》的书出版了，这本书的作者叫做开普勒。在这本书中，到处都是奇妙的幻想，诸如喷气推进的飞船、人在失重下的状态、宇航服等。这在当时，根本就是不可思议的东西，而开普勒偏偏把这些东西描写出来了。直到现在，人们都没有弄清楚，开普勒到底是根据什么想象到的这些东西。

开普勒是德国著名的天文学家和数学家，他首先发现了行星运行的三大定律，证明了哥白尼的"日心说"，后人将他称为"天空的立法者"。

1571年，开普勒出生在德国的威尔德斯达特镇。他在很小的时候，就经常遭受病魔的侵扰。先是感染天花，变成了一个麻子，而后又患上了猩红热，眼睛也遭到了损伤。十七岁的时候，开普勒进入了蒂宾根大学，开始学习神学。在大学期间，他接触到了哥白尼的"日心说"，并且开始相信"日心说"是正确的。1891年，就在他取得神学硕士学位的时候，父亲因负债而无力再供他上学。无奈之下，他只好退学，来到格拉茨研究院当起了教授。

1600年，开普勒写成了自己的第一部天文学著作。他十分开心，便把这部著作给丹麦天文学家第谷寄去了，尽管他并不认识第谷。第谷收到开普勒的著作之后，仔细地看了一遍，虽然发现里面有很多错误，但是其中所表现出的数学才华却令第谷十分赞叹。第谷随即给开普勒写信，邀请他来当自己的助手。开普勒收到信后，高兴地答应了。但是十分不幸的是，开普勒刚刚做了第谷十个月的助手，第谷就去世了。不过第谷将自己的这些年来的研究资料留给了开普勒，这算是开普勒得到的最珍贵的礼物了。

在第谷死后，开普勒作为他的助手，继承了他的职位，成为一名皇家数学家。虽然这个职位很不错，但是他的那位皇帝主顾却是十分抠门儿的，给他的工资只有第谷的一半，而且经常拖着不发。开普勒家本来就不富裕，这一来生活更加困难。尽管如此，开普勒还是坚持进行天文学的研究。他利用第谷留下来的资料，开始认真地进行数学计算。

虽然第谷那时还没有望远镜，但是他所做的观察非常准确，记录也非常仔细，只不过没有做详细的数学分析。对于开普勒的研究，这份资料价值很大。开普勒想通过数学计算，来分析之前的学说到底哪个是对的。他要研究的，主要包括三种学说，一种是当时占统治地位的托勒密的地心说，一种是哥白尼的日心说，还有一种是第谷的学说。第谷也是属于地心论者，不过他的学说与托勒密不同，他认为所有的行星都在绕太阳旋转，而太阳则带着它们绕地球旋转。为了验证这三种思想到底哪个是正确的，开普勒做了大量计算。但是在计算之后他发现，这三种学说没有一个能与第谷的观测资料相符的，他的研究也因而遇到瓶颈。

开普勒陷入了沉思，他在思考问题的症结到底在哪。经过不断思索，他终于想到，这三种学说有一个共同点，那就是星体是绕圆形轨道运行的，如果它们的运行轨道不是圆形的，而是椭圆的，那会怎么样呢？想到此点，开普勒立即又投入了计算工作。经过几个月的复杂计算，他终于得出了结论。1609 年，他发表了著作——《新天文学》。在这部著作中，他提出了两个行星运行定律。第一个定律，就是行星都是按照椭圆轨道绕太阳运行的，太阳就位于椭圆的焦点上；第二个定律，行星在离太阳越近的地方，它的运行速度就越快，并且行星与太阳的连线，在相同时间内，扫过的面积也相同。

之后，为了方便观测天体，在 1611 年，他对伽利略的望远镜进行了改进。他使用两片双凸透镜，分别作为目镜和物镜，使得望远镜的放大倍数比原先提高了很多。后人将这种望远镜称作"开普勒式望远镜"。有了望远镜的帮助，开普勒的研究更是如虎添翼。与前两条定律的发表相隔十年之后，他又发表了他的第三条行星运行定律，就是行星离太阳越远，它的运行周期就越长，并且运行周期的平方，与其和太阳距离的立方成正比。

此时，针对太阳系的星体运行，才算是有了一个基本正确和完整的描述。不过，开普勒在当时并没能说明星体以这种方式运行的原因，直到后来，牛顿利用万有引力定律，并使用微积分方法，才将其证明出来。

欧洲三十年战争

1618 年 5 月 23 日，在波希米亚的首都布拉格，一群手拿棍棒和长枪的人，满脸杀气，向着王宫冲去。这些人都是新教徒，他们径直冲进王宫，找到了神圣罗马帝国皇帝派来的两名大臣。愤怒的人群将这两名大臣团团围住，有人高喊："把他们扔出去。"于是人们架起已经被吓呆的大臣，把他们从窗户扔出了王宫的大楼。不过这两名大臣命比较好，正好掉到地上的垃圾堆里，虽然命捡回来了，但是魂已经被吓没了。这些新教徒占领王宫，成立了一个临时政府，并宣布波希米亚独立。

这就是著名的"扔出窗外事件"，是由于神圣罗马帝国皇帝对波西米亚人民进行宗教压迫引起的。早在 1526 年，波西米亚就被并入了统治着德意志的神圣罗马帝国。神圣罗马帝国皇帝是信奉天主教的，而波西米亚信奉新教的人较多。为了迫使波西米亚人民信奉天主教，神圣罗马帝国皇帝曾派人到波西米亚宣传天主教，后来又将哈布斯堡皇室的斐迪南大公任命为波希米亚国王。这位斐迪南大公偏执于天主教，不接受任何其他教派，在他接管波西米亚后，便开始大肆迫害新教徒，强迫他们停止新教的宗教活动，将反抗的新教徒逮捕囚禁，并且拆掉新教的教堂。波西米亚人民饱受斐迪南大公的压迫，在愤怒之下，爆发了 1618 年的新教徒起义。这次起义直接的结果就是导致了欧洲三十年战争。

在最初的时候，波西米亚的起义军发展势头很猛，很快就打到了奥地利，并且进逼维也纳，而在奥地利的很多新教徒也加入起义队伍。此时，原来的神圣罗马帝国的皇帝已经死了，斐迪南大公继位成为新皇帝。听到起义军进逼维也纳的消息，斐迪南一下就慌了神，正在给贵族开会的他吓得浑身发抖。其中一位贵族给他出了个主意，让他派人去跟起义军谈判。起义军听说皇帝要谈判，领导起义的波西米亚贵族们就犹豫起来。他们本身的意志就不够坚定，经过利益的权衡之后，他们选择了谈判。

赢得了时间的斐迪南，立马向天主教联盟求救。这个天主教联盟包括德意志联邦的一些信奉天主教的邦国，是在与新教国家的不断斗争中形成的，信奉新教的国家则组成了新教联盟。当时的欧洲大形势是，奥地利、西班牙和德意志的天主教联盟组成了哈布斯堡集团，背后有罗马教皇和波兰的支持；法国、丹麦、瑞典、荷兰、德意志新教联盟则组成了反哈布斯堡集团，这个集团得到了英、俄两国的支持。在得到斐迪南的求救消息之后，天主教联盟的巴伐利亚选侯马克西米利安立刻派出了大将第里，命他率两万多人支援斐迪南。而西班牙在得到消息后，也派出了自己的军队进行支援。

1620 年 11 月 8 日，在布拉格附近的白山，起义军与第里所率的天主教联盟军展开了决战。起义军占据了地利，但是却输在了人的因素上，起义士兵明显缺乏军事训练，被第里的军队一打就散。结果，两方交战刚刚一个多小时，起义军便告失败。最终，波西米亚起义被镇压。

波西米亚起义被镇压后，天主教联盟的势力得到巩固，而此时的西班牙为了控制荷兰，也是蠢蠢欲动。反哈布斯堡集团开始有些紧张。于是在 1625 年，丹麦得到法国、荷兰等国的支持，开始向德意志进兵，理由当然是为了支援新教联盟。在丹麦出兵的同时，英国也开始向波西米亚西部进军。

听到消息的神圣罗马帝国皇帝再次慌了神，因为他自己并没有一支强有力的军队，而镇压了波西米亚起义的第里的军队也不是归他控制的。就在这个时候，一个名叫华伦斯坦的人出现了。华伦斯坦要求皇帝授予他招募军队的权力，资金由他自行筹措。有这么好的事情，皇帝当然是乐得答应了。不久，华伦斯坦招募了一支4万人的军队，军队中的人全部都受过军事训练。

华伦斯坦的军事策略是典型的以战养战方式，他每攻下一个地方，便纵容士兵到处抢劫，将抢来的钱物粮食等充做军需。1625年4月，华伦斯坦的军队在德绍取得了第一场胜利。之后，华伦斯坦越战越勇，一路之上势如破竹。此时，第里也开始率兵出

斐迪南
他对新教的镇压激起了人民的强烈反抗，直接导致了欧洲三十年战争的爆发。

击。1626年，在华伦斯坦和第里的联合打击下，丹麦和新教联盟宣告失败。丹麦国王与神圣罗马帝国皇帝签订了和约，保证不再侵犯德意志。

取得胜利之后，德意志在波罗的海建立了一支海军。瑞典怕这支海军会对自己产生威胁，于是在法国的支持下，于1630年7月出兵德意志。率领瑞典军队的是瑞典国王古斯塔夫二世，此人素有"北方雄狮"之称，作战勇猛。在他的带领下，瑞典军队连战连捷。而此时的华伦斯坦因为与天主教联盟的贵族发生矛盾，被皇帝免去了职务。看到古斯塔夫二世的攻势这么猛烈，天主教联盟连忙派出了第里。但是在瑞典军队的炮兵面前，第里也失去了锋芒。在莱希河战役中，第里战死。天主教联盟的贵族们已经无法可想，只好又请出了华伦斯坦。华伦斯坦率军阻挡了瑞典军队的攻势，并在诺德林根战役中大败瑞典军队。瑞典军队被迫撤退。

一直站在幕后的法国看形势不妙，也开始出兵参与作战。在1635年到1648年的这段时间里，哈布斯堡集团和反哈布斯堡集团的各国之间展开了混战，战场已经不再局限于德意志，而是蔓延到了西班牙、意大利等国。

经过长期混战，各国都已经被拖得乏力了。首先撑不住的是哈布斯堡集团，他们主动向反哈布斯堡集团求和。1644年，各参战国开始展开和谈。经过四年的

谈判，终于在 1648 年 10 月 24 日，各个参战国签订了《威斯特伐利亚和约》。

在这场持续了三十年的战争中，法国获得了最大的利益，葡萄牙、荷兰和瑞士正式取得了独立，瑞典也得到了一些利益。哈布斯堡集团的势力被削弱了，西班牙实力大减，而德国更惨，一直处于战争的中心，经济遭到严重破坏，曾经统治德意志的神圣罗马帝国，也已经名存实亡了。

杰出的军事家古斯塔夫二世

17 世纪初的时候，在欧洲北方的瑞典，出现了一头四处征战的雄狮，他就是瑞典国王古斯塔夫二世。

古斯塔夫出生于 1594 年，他的祖父是瑞典瓦萨王朝的建立者古斯塔夫·瓦萨。小时的古斯塔夫非常聪明，他对军事、政治、历史等知识都非常感兴趣，经常听瑞典的大臣们在一起商议国家大事，并且个性好动，喜欢一些冒险的游戏。17 岁的时候，他的父亲去世了，他继位成为瑞典国王。

古斯塔夫刚一即位，就获得了奥克森斯蒂耳的帮助，在两个人的共同努力下，才将瑞典的局面稳定下来。古斯塔夫即位的时候，所面临的国内和国际形势都很复杂。古斯塔夫有一位叫做西吉斯蒙德的堂兄，是波兰的国王。古斯塔夫的父亲在位的时候，曾经对瑞典内部一些拥护西吉斯蒙德的贵族进行过残酷的打压，使得那些贵族将仇恨转移到了他身上。而西吉斯蒙德在古斯塔夫二世即位的时候就宣称，自己才是正宗的瑞典国王继承人。而素来就与瑞典有仇的丹麦和俄国，更是不肯放过新国王登基的机会，对瑞典发动袭击。虽然形势比较严峻，不过好在古斯塔夫有很强的政治和军事能力，还有奥克森斯蒂耳这位能臣的协助。

为了安抚国内有反抗情绪的贵族，古斯塔夫二世与贵族签订了"古斯塔夫·阿道夫宪章"，其中的规定将国王对贵族的权力削减了不少。国内安定了之后，古斯塔夫便开始专心对付国外的敌对势力。经过一系列战争，他终于击退强敌，保证了瑞典的稳固。

当局面变得稳定了，古斯塔夫开始着手实施改革。当时的瑞典还只是个欧洲小国，既缺少资源又没有足够的劳动力，地理位置也不是很好。古斯塔夫先从商业改革做起，制定了一些优惠政策，吸引外国商人到瑞典开采矿产，兴办企业，并大力支持军事工业。然后，就是军事改革。古斯塔夫看到那些临时招聘的雇佣军战斗力很差，便开始实行义务兵役制，并为军队统一配备服装。最有创造性的改革，还是对于作战方式的创新。他将炮兵从步兵中独立出来，使得炮兵成为一个单独的兵种，并创造了适应炮兵作战的战术，改变以往集团作战的方式，让军队排成一线作战，这样有利于发挥火枪的威力。同时，他还加强了炮兵与步兵、骑兵协同作战的训练。由于这些军事改革，古斯塔夫被称作"现代军事之父"。

1621年，在对波兰的战争中，古斯塔夫的军事改革成果初步显现出来。他带领军队侵入波兰，对军事要塞里加进行围攻。在不到一个月的围攻中，瑞典军队击退了1万多人的波兰援军，最终攻下城池。在之后的战争中，古斯塔夫接连取得胜利。后来，两国签订了停战协议。

1625年，两国战事再起。波兰国王西吉斯蒙德亲自带兵出征，与堂弟古斯塔夫一争高低。瑞典军队驻守的一处军事要塞被波兰军队围困，于是古斯塔夫带领着3000名士兵，打算支援被围困的瑞典军，往城内送物资。他派出一名士兵，想要偷偷穿过波兰军的包围圈，通知城内的瑞典士兵接应支援部队。不幸的是，这名传递消息的士兵被波兰军抓获了，从他口中，西吉斯蒙德得知了古斯塔夫的计划。西吉斯蒙德打算派出大部队，将这支援军消灭掉，但是古斯塔夫却跟他玩起了声东击西的把戏。古斯塔夫先是让士兵们虚张声势，让西吉斯蒙德不敢妄进，然后又派出一小支队伍，向另一方向前进，吸引波兰军队的注意力。结果，西吉斯蒙德果然上当了，他出兵追击那支小队伍，却被古斯塔夫趁机冲破包围，将物资送到了城里。

瑞典与波兰的这次战争持续了好几年，虽然瑞典取得战役胜利较多，但是波兰得到了不少其他欧洲国家的支持，瑞典根本不能取得完全胜利。在这期间，欧洲三十年战争也在进行着。在这场战争的初期，法国并没有直接参战，而是等着坐收渔利。当敌对的哈布斯堡集团取得优势以后，法国怕失去一些利益，便鼓励同为反哈布斯堡集团的瑞典出战德意志。为此，法国也为瑞典做了一些工作，就是为瑞典和波兰调停。

和波兰停战之后，瑞典也怕自己失去在波罗的海的势力，于是古斯塔夫亲自率军向德意志出击。1630年，古斯塔夫率军进入德意志，开始正式与天主教联盟军队交战。他首先遇到的对手是联盟军队的总司令第里。双方开始接触的时候，古斯塔夫打得很稳健，利用炮兵的优势，并且采用一线式的作战方法，一步步推进。面对强大的炮兵火力，第里的军队所使用的长矛显得毫无用武之地，联盟军队不断败退。此时，德意志的新教联盟也在支援瑞典军队。

1631 年 9 月，瑞典军队和第里所率天主教联盟军队在布莱登菲尔德展开了一场大规模的战役。在双方的左侧军队都被冲垮的情况下，瑞典军队的应变能力显然更强，他们迅速补上了被冲垮的部分，并将第里的军队击溃，最终取得胜利。在这场战役之后，古斯塔夫获得了"北方雄狮"的称号。在 1632 年 4 月的莱希河战役中，联盟军总司令第里阵亡。古斯塔夫随即向巴伐利亚进发。

天主教联盟军队被击败后，德意志皇帝又让原先被撤职的华伦斯坦复出了。华伦斯坦带兵绕到瑞典军队的后面，攻打萨克森，打算切断瑞典军队的后路。古斯塔夫不得不回援萨克森。在莱比锡附近的吕岑，双方集结了主力军队，准备展开一场大决战。开战那天下起了大雾，战役开始的时候，战场上布满了浓雾。瑞典军队在初期进攻还算顺利，不过古斯塔夫从侧翼向中部主力支援的时候，被浓雾遮挡了视线，脱离了大部队。在与联盟军队的作战当中，古斯塔夫不幸负伤，最后由于伤势过重去世。不过瑞典军队最终还是取得了这场战役的胜利。

古斯塔夫去世之后，被瑞典国会授予"大帝"称号，成为瑞典唯一的一位大帝。

彼得大帝

彼得一世是俄罗斯历史上被称作"大帝"的两个沙皇之一，做出了伟大的功绩。

1672 年 6 月 9 日，彼得出生在莫斯科。他长得很英俊，而且身材高大，身高有两米多。在许多方面，他都十分感兴趣，而且精力旺盛。在他 3 岁的时候，他的父亲——沙皇阿列克谢·米哈伊洛维奇去世了。当时彼得还有 13 个同父异母的兄弟姐妹，他们之间为争夺沙皇的位置，斗争十分激烈，彼得有时候甚至要逃避兄弟姐妹的追杀。

1682 年，彼得同父异母的哥哥费多尔三世去世了，余下的孩子们又开始进行争斗。最后在俄国贵族的斗争和协调下，彼得和哥哥伊凡五世一同即位，他的姐姐索菲亚辅政。当时彼得年纪还小，伊凡五世又患有坏血病，不能管理政务，实际上掌权的是索菲亚。彼得从小喜欢玩一些战争游戏，他找来一些少年，组成两个兵团，练习作战。和康熙擒鳌拜一样，彼得实际上也是想用这两支少年兵团对付索菲亚。1689 年，索菲亚想要废掉彼得，但是被彼得先发制人。彼得用这两支兵团擒住了索菲亚，并将她关进修道院里。彼得终于掌控了实权，而那两支少年兵团，后来都成为他最得力的近卫军。到了 1696 年，伊凡五世去世了，彼得终于成为独一无二的沙皇。

成为真正的掌权者之后，彼得便开始了他的一系列行动。在 1697 年，彼得做了一件出人意料的事情。他带着 200 多人，组成一个考察团，到西欧去进行考察。他本人使用了鲁尤特尔·米海伊洛夫的名字，并且是以一个下士的身份出行。没有了沙皇身份的阻碍，他的考察便顺利多了。他先是在荷兰东印度公司工作，当了一段时间的船长，然后又来到英国，进入一家造船厂当学徒工，学习造船技术，后来又到了普鲁士，学了一段时间射击……在他考察的这段时间里，他调查了欧洲的工业、教育、军事、文化等等方面的情况，发现俄罗斯比起西欧要落后很多。当时的西欧国家经历了

图为彼得大帝剪须运动中的一个场面。由于公众对剪须存在抵触情绪，彼得大帝恩准付出高额税款的人可以不剪须。而那些做出这种选择的人要佩戴上题有"已付钱"字样的大纪念章。

文艺复兴，科技文艺飞速发展；经历了宗教改革，挣脱了宗教的禁锢，思想也不断开放。而反观俄罗斯，整个国家还是实行农奴制，经济制度落后，科技和文化基本没有什么发展，国内大部分人信奉东正教。这些都严重阻碍了俄罗斯的发展进步。于是他下定决心改革。

彼得同时从多个方面进行了改革。在政治方面，他对国家的行政体系做了很大调整。他设置了参议院，参议院又下设 11 个委员会，这个设置完全取代了原来的贵族杜马会议，将贵族的权力揽入到自己手中。然后又重新划定了全国的行政区域，将俄罗斯分为 50 个省。同时他还制定了官员晋升制度，取消了贵族直接成为高级官员的权力，规定所有人不论出身，全部从最低级的官员做起，有功绩方可升职。

在经济方面，彼得开始重视工商业的发展。他制定了优惠的政策，鼓励本国工商业，允许工厂从农村雇佣农奴，并鼓励外国商人到俄罗斯兴办企业。同时，他还派一些年轻学子到西欧去学习先进科技，吸引西欧的技术人员来俄罗斯工作，加强与西欧的技术交流。

在文化方面，彼得的改革非常严厉。在这方面他的第一项措施就是禁止人们留胡子。但是当时的俄罗斯人是将胡子视作宝物的，在俄罗斯的传统观念里，胡须是上帝赠与的礼物，代表着尊贵与庄重，怎么能随便剪掉呢？彼得的这项措施

受到了大多数俄罗斯人的反对。后来，彼得发现确实难以实行，便改变了措施。他修改了条令，允许人们留胡子，但是要缴纳大量费用，并且会发给留须之人一个铜牌作为收据。留须之人要将这块铜牌挂在脖子上，以应付官府人员的突击检查。从此以后，留胡须的人就逐渐减少了。为了改变俄罗斯人的生活习惯，他还专门编写了一部书，规定生活的各个方面，包括穿衣、吃饭、出行、交际等，从外貌到举止，进行了一次彻底的改变。起初一些人对此并不重视，他们认为这只是一些小事，不会有多大问题。但是彼得用实际行动告诉了他们，问题有多严重。他对一些不遵守规定的人处以极刑，以强迫人们改变行为。

除了对国内进行改革，彼得还大肆进行对外扩张。他先后带兵同土耳其和瑞典开战，攻占了大片领土，其中包括爱沙尼亚、拉脱维亚等地。这些地方的占领，打通了俄国进入波罗的海的道路，彼得实现了他的祖辈一直想要实现而未能实现的愿望。

1721年，彼得宣布将国号改为"俄罗斯帝国"，俄罗斯参议院授予了他"俄罗斯帝国皇帝"的称号。从此，俄罗斯开始了它的帝国生涯。

变革的世纪

苏莱曼大帝驰骋沙场

在奥斯曼帝国的历史上，苏莱曼大帝是在位时间最长的帝王。

苏莱曼是独生子，他的父亲是奥斯曼苏丹谢里姆一世。在 7 岁的时候，苏莱曼被送到了伊斯坦布尔的皇家学校，学习军事、科技、文学、神学等。长大之后，苏莱曼曾在地方上担任总督之职，学习管理。1520 年，他的父亲谢里姆一世去世，他继任成为苏丹，称为苏莱曼一世。谢里姆一世在位时，曾经立下了赫赫战功，将奥斯曼帝国的领土大为扩展。苏莱曼即位后，面对的首要问题就是做出功绩，证明自己的能力。

苏莱曼的第一个目标是匈牙利的贝尔格莱德。在奥斯曼帝国向欧洲大陆扩张的道路上，匈牙利是最大的障碍，而这座城市就是进入匈牙利的大门。找到目标以后，苏莱曼便开始组织军队进攻。他率军队包围了贝尔格莱德，并派人占领了位于多瑙河中不远处的一座岛屿，然后在岛上安置火炮，对贝尔格莱德城内进行炮轰。这座城的驻守军队并不多，只有 700 多人。由于得不到匈牙利的支援，贝尔格莱德城在 1521 年 8 月被攻陷。

占领了贝尔格莱德之后，苏莱曼又将目光转向了罗得岛。在这座地中海的岛屿上，驻扎着一个名叫罗得骑士团的组织，是奥斯曼帝国的一块心病，苏莱曼决定将它除掉。1522 年，苏莱曼组织起他父亲所留下的海军，开始向罗得岛进发。苏莱曼将队伍分成了两部分，一部分是由 400 余艘舰船组成的舰队，另一部分由苏莱曼亲自带领，有 10 万多人，从另一个方向向罗得岛进攻。奥斯曼大军包围了罗得岛，但是遭到罗得骑士团的反抗。这场战役打了有 5 个月左右，后来罗得骑士团撑不住了，便跟苏莱曼谈判。最后，罗得骑士团投降，离开了罗得岛。离开罗得岛的骑士团又来到了马耳他，建立了马耳他骑士团，不过苏莱曼已经不关心这些了。

在除掉了罗得岛这块心病之后，苏莱曼又回过头来，开始对付匈牙利。1526 年 8 月，苏莱曼率军进攻匈牙利。在摩哈赤战役中，奥斯曼军队打败了匈牙利人，并在战争中杀死了匈牙利国王拉约什二世。在拉约什二世死后，神圣罗马皇帝查理五世统治下的哈布斯堡王朝占领了布达和匈牙利。1529 年，苏莱曼率军向奥地利进攻。他先是拿下了布达，然后一直杀到了维也纳城下。这是奥斯曼帝国对奥地利最有威胁的一次进攻。在围攻维也纳的时候，苏莱曼遭到了维也纳守军的顽强抵抗，同时，苏莱曼的士兵也因为不适应当地的天气，而频频生病。最终，苏莱曼没能拿下维也纳。1532年，苏莱曼再次率军向维也纳进逼，不过中途就退军了，还是因为士兵不能适应气候的问题。

1540年，匈牙利的王位继承问题成了战争的起源。匈牙利的一些贵族站在现任国王亚诺什一边，并且亚诺什得到了苏莱曼的支持。而匈牙利的另一些贵族则认为，根据以前的规定，如果拉约什二世没有子女，那么应该由哈布斯堡的人继承王位，最合适的人选就是奥地利的斐迪南大公，如果他和拉约什家族成为姻亲，那么便是理所应当的王位继承人。两方在这个问题上争执不休。于是在1541年，奥斯曼帝国与哈布斯堡王朝再次爆发战争。哈布斯堡王朝派兵进攻布达，但是被奥斯曼人击退了。而苏莱曼又反过来向奥地利进攻，攻占了大片地域。最后，神圣罗马皇帝查理五世被逼无奈，与苏莱曼签订了协议，放弃了对匈牙利王位的干涉，并在以后每年都向奥斯曼进贡。在这份协议中，苏莱曼并未将查理五世称作神圣罗马皇帝，而是称他为"西班牙国王"，因为苏莱曼认为查理五世不配做神圣罗马帝国的皇帝。

苏莱曼在欧洲获得胜利的时候，在奥斯曼帝国东方的波斯却在不断向奥斯曼挑衅，此时统治波斯的是萨非王朝的塔赫玛斯普一世。巴格达的总督原本是向苏莱曼称臣的，但是被塔赫玛斯普一世给杀掉了，而原本归顺苏莱曼的比特利斯总督，也转头投靠了萨非王朝。苏莱曼非常生气，于是在1533年，他派大臣易卜拉欣向波斯进军。这位易卜拉欣原本是个奴隶，在小的时候和苏莱曼成为好朋友，后来成为了苏莱曼的得力助手。易卜拉欣很快就率军攻占了比特利斯，然后又占领了波斯原来的都城大不里士。1534年，苏莱曼又率军亲往，与易卜拉欣共同进攻波斯。

这是奥斯曼土耳其的一幅水彩画，表现的是1521年，苏莱曼的军队在贝尔格莱德城外列队的情形，经过数星期的战斗之后，贝尔格莱德陷落。

塔赫玛斯普一世是个很狡猾的人物，他让军队放弃了大片的领土，引诱奥斯曼军队深入波斯，打算与他们在冬季作战，因为奥斯曼军队不适应冬季作战。苏莱曼识破了他的诡计，于是改变计划，转头向伊拉克扑去。奥斯曼军队攻到巴格达后，塔赫玛斯普一世派任的巴格达总督立刻就投降了。

1548 年，苏莱曼再次发动对波斯的战争。而这次塔赫玛斯普一世又采用了避其锋芒的战略，让军队不断撤退。奥斯曼部队在夺取了大片领土之后，又遇上了寒冷的冬天，只好撤军过冬。奥斯曼撤军之后，波斯又派兵收回了部分领土。

1553 年，奥斯曼帝国与波斯的第三次战争爆发了。苏莱曼挥军直入，渡过幼发拉底河，再次攻占了波斯的大片领土。塔赫玛斯普一世沿袭了以前的战略，因为这种战略很有效，并且可以减少伤亡。1554 年，双方终于签订了协议，商定互不侵扰。在这份协议中，苏莱曼获得了包括巴格达在内的大片地区。

1566 年 9 月，苏莱曼打算再次进攻匈牙利，只不过此时的他已经老了，只能坐在轿子里。最后在军营中，苏莱曼因痛风病逝。

在长达 46 年的统治中，苏莱曼将奥斯曼帝国的领土大幅扩张，使其成为一个跨亚、欧、非三洲的大帝国，也将奥斯曼帝国带入了全盛时期。

皮泽洛征服印加帝国

法兰西斯克·皮泽洛是西班牙人，曾多次出海探险，而他一生当中最大的"成就"，就是带人征服了庞大的印加帝国。

印加帝国曾经是美洲最大的帝国，在灭亡之前，它的领土已经从南安第斯山脉的库斯科扩张到了哥伦比亚的帕斯托和阿根廷的图库曼一带。这个国家的早期历史已经无从得知，只知道它原本是南美的一个小国，传说中的缔造者是一名叫做曼可喀巴科的英雄。从 14 世纪末，印加帝国才开始扩张，但是扩张速度惊人。在灭亡之前，印加帝国已经差不多有 1000 多万人口了。印加人将自己的领土称作塔万廷苏约，意为"四洲之国"。这是一个多民族的国家，南美洲的许多小国家都受印加帝国的控制，

1492 年，哥伦布踏上了这片土地，从此将欧洲人的目光带向了拥有大量黄金资源的美洲，不断有人前来探险，其中有一个就是皮泽洛。

皮泽洛的家乡在西班牙的埃斯特雷马杜拉省，他是一个私生子，父亲是一名步兵上校。皮泽洛从小过着艰苦的生活，没念过书，后来加入了西班牙的探险船

队，开始了他的探险生涯。

1532 年 11 月 16 日，皮泽洛带着 160 多人的队伍来到了美洲。他们此行的目的便是夺占印加帝国的黄金。但是当时的印加帝国是一个庞大的国家，号称有 20 万军队，就这么 100 多人去进攻 20 万人，无异于以卵击石。于是皮泽洛打算用阴谋诡计。他派人拜见印加帝国的国王阿诺马帕，说是要请国王吃饭。阿诺马帕听说之后，也没多想，便欣然应允。得到

秘鲁印加文化遗迹——马丘比丘
"马丘比丘"的意思是"古老的山峰"，它坐落于安第斯山脉地区两座险峻的山峰之间，是印加帝国的都城遗址。这座建于西班牙人入侵前 100 年的城堡，现已成为传奇般的印加文明最著名的遗迹。

国王的回信之后，皮泽洛便开始布置。他将 100 多名步兵分成两个队伍，埋伏在驻扎地的周围；然后又把骑兵也分为两支队伍，分开埋伏；最后又安排了一尊轻型火炮。一切准备妥当之后，便恭候阿诺马帕的大驾光临。

中午的时候，阿诺马帕来了，不过不是他一个人，而是一大群人。前面是1000 多人为他开道，清除路障；中间有一群人脸上涂成彩色，头上插着羽毛，手里端着金银制成的礼物；后边是大批的印加士兵，手拿长矛，声势浩大。看到这个阵势，许多西班牙人吓得手脚哆嗦起来。

在吃饭之前，皮泽洛要求先向阿诺马帕传授基督教教义，要阿诺马帕皈依基督教。于是阿诺马帕站在传教士面前，听着传教士对他念了一大通他听不懂的东西，他对传教士手里的东西很好奇，于是拿过传教士手中的圣经打算研究一下。阿诺马帕没见过这种纸质的书，不知道怎么打开它，传教士见状就伸手想要去帮他打开。阿诺马帕认为这是对他的不尊重，一巴掌把传教士的手打开了。然后他把圣经打开了，翻来翻去，发现没什么特别的，便随手把圣经扔在了一边。皮泽洛看到这情况，认为时机来了，便大声呼喊："上帝的子女们，出来行使你们的正义吧，这个人对上帝不恭，不可饶恕！"一时间，炮声和喊杀声大作，还夹杂着很大的金属撞击声和喇叭声。原来在安排伏兵的时候，皮泽洛还让人带上喇叭，同时在骑兵的坐骑上弄了许多金属片，这样一来，在冲锋的时候就能发出很大的声响，造成人多势众的感觉。

印加的士兵都愣住了，等回过神来，西班牙人早已冲到了眼前。面对着西班牙人的火枪和大炮，印加士兵都吓坏了。他们一直以来都是使用木制或石头的器具，没有见过这么吓人的东西，他们都以为是天神降世，四散逃跑。西班牙人来回冲杀，将印加军队杀得七零八落。皮泽洛在混乱的人群中寻找阿诺马帕的影子，发现他还坐在轿子上，被人抬着往回跑。于是皮泽洛骑上一匹马，直穿过人群向阿诺马帕追去。他杀死了抬轿子的人，但是马上又有人过来补上空缺的位置。这时，西班牙的骑兵也冲了过来，将阿诺马帕的轿子冲翻在地。最后，西班牙人将这位印加帝国的国王活捉，带回了营里。

阿诺马帕请求皮泽洛不要杀他，他什么条件都可以答应。于是皮泽洛要他用黄金把住的这间屋子堆满，阿诺马帕连忙答应。阿诺马帕虽然被抓了起来，但是他在印加的权力还是有的，收到阿诺马帕的命令，印加人全部动员起来，为西班牙人运送黄金。不久，黄金堆满了整间屋子。但是皮泽洛并不打算放掉阿诺马帕，因为他知道，一旦放了阿诺马帕，自己这些人就会死在印加的士兵手下。于是他和西班牙人商量之后，将阿诺马帕处死了。

后来，皮泽洛又从巴拿马调来了一些援军，实力得到加强之后，西班牙人接连对印加帝国发起了进攻。不久，皮泽洛的部队攻下了印加帝国的都城——库斯科，印加帝国灭亡。

"傻瓜"大名织田信长

在日本历史上，有一位被称作"傻瓜"的大名，他就是日本战国时期的三英杰之一——织田信长。

1534年7月2日，织田信长出生于日本尾张国的那古野城。小时候名叫吉法师，他的父亲织田信秀是尾张守护代旗下的三奉行之一，他是父亲的嫡长子。小时候的织田信长行为放荡不羁，甚至有些怪异，他经常到大街上和年纪相仿的孩子们玩，他的行为在当地流传很广，人们都管他叫"尾张的大傻瓜"。在6岁的时候，织田信长就已经是那古野城的城主了。他的胆子也非常大，在他小时候，他的父亲受清洲织田家的管辖，织田信长就带着几个人，来到位于清洲织田家势力范围的清洲城，放了一把大火。他的父亲对他的所作所为感到很震惊。

织田信长对一些新鲜的事物都比较感兴趣，并且理解能力十分强。有一次，一名耶稣会的传教士给他们家送来了一些欧洲的东西，包括地球仪、钟表、地图等科技仪器。他们一家人围着这些东西看了又看，听传教士为他们讲解。当时的日本人还没接触到地球是圆形的这一说法，因此对于地球仪都感到很奇怪，传教士把地球仪给他们解释了半天，一家人都不理解是怎么回事，只有织田信长点着头说道："嗯，有道理。"他还对当时传入日本的火枪铁炮等兵器十分感兴趣，这为他以后在军事上应用火器打下了基础。

1548 年，织田信长的老师兼参谋平手政秀提出一个建议，要织田信长娶美浓国大名斋藤道三的长女斋藤归蝶为妻，实现政治上的联姻。第二年，斋藤道三在正德寺见了织田信长一面，他认为织田信长是个真正有才能的人，便开始全力支持织田信长。这位斋藤道三还曾对人说，他的后辈们也就配给织田信长牵马。

1551 年，织田信秀因中风死亡，织田信长继承了父亲的职位。但是在父亲的葬礼上，织田信长却表现得很怪异，竟然向父亲的牌位丢东西，引起了人们对他的议论。织田家的一些下属本来就对织田信长不满，这次他又做出这种事情，于是林秀贞、柴田胜家等人便开始密谋，打算废掉织田信长，扶持他的弟弟织田信行。织田信长知悉了他们的阴谋，将其他的一些家臣拉拢到自己身边，对抗林秀贞等人。

1556 年 4 月，斋藤道三的儿子斋藤义龙谋反，斋藤道三只得向织田信长求救。织田信长虽然立即就派出了援军，但终究还是晚了一步，斋藤道三被斋藤义龙的手下杀死。林秀贞等人看织田信长失去了斋藤道三这个大靠山，认为是发动叛变的好机会，于是在 8 月 24 日出兵攻击织田信长。结果织田信长没能让他们得逞，他打败了谋反的军队，并把织田信行等人围困在末盛城。后来，因为母亲的苦苦哀求，织田信长只好放了自己的弟弟。

一年之后，本来被赦免的织田信行打算再次谋反。此时的柴田胜家已经是织田信长的人了，他把这一消息告诉了织田信长。于是织田信长将计就计，将织田信行诱骗出城，派人把他刺杀了。

稳固了自己在家族中的地位以后，织田信长便开始考虑扩张自己的势力。在当时，尾张国的守护大名斯波氏的权力已经被严重削弱，实际掌权者是尾张下四郡的守护织田信友，与织田信长一家是宗亲。织田信秀死后，织田信友反对织田信长继位，而是支持织田信行。因此，织田信长继位之后便将织田信友视为敌人。织田信友为对付信长，曾策划了一次谋杀行动。但是尾张守护斯波义统有意挑拨他们两人的关系，于是将织田信友参与谋反一事告诉了织田信长。织田信友听说后大为恼火，在斯波义统的儿子斯波义银带兵出去打猎的时候，趁着斯波义统手边兵力空虚，将他杀死了。斯波家族听说消息后，连忙逃到了织田信长那里，请求他给予保护。信长马上对外宣布织田信友谋反，并派织田信光夺取了信友镇守的清州城。织田信友在城池失守后，剖腹自杀。于是清洲织田家的势力被织田信长取而代之。

取得尾张下四郡之后，信长又将目光转向了上四郡。当时上四郡的守护同样是信长家的宗亲，叫做织田信安。在浮野之战中，织田信长击败了织田信安，取得上四郡。此时刚刚成为尾张守护大名的斯波义银怕织田信长势力过大，便与吉良氏等人商量征讨信长。不过消息泄露，此事被织田信长知道，斯波义银被信长放逐到了京都。1559年，织田信长控制了整个尾张国。

夺得了尾张国之后，织田信长把眼光放到了全日本。1567年，信长率兵攻占了美浓国。当地有传言说："得美浓者得天下。"于是在取得美浓国后，织田信长开始使用"天下布武"印，并将原斋藤氏据守的"井之口"改名为岐阜。这里他采用了中国的一个典故：当初西伯昌在岐山立周，最终灭亡殷商，取得了天下。织田信长此意即是统一整个日本。

经过一系列征伐之后，织田信长取得了大片领土，为日后丰臣秀吉统一日本打好了基础。他的军队实力也不断扩大，成为日本首屈一指的军团。

1582年，织田信长派兵进攻四国的长宗我部元亲，此时德川家康因参加宴会到来，于是信长便派明智光秀接待德川家康。后来，攻打备中国高松城的羽柴秀吉因人手不足，派人向信长求援，织田信长便将明智光秀派了出去。5月29日，织田信长为出征做准备，来到了京都，之后留在本能寺之中。不过此时，本来应该前去援助羽柴秀吉的明智光秀，却突然出现在京都，并且在6月2日开始攻打本能寺。信长带领贴身的护卫与明智光秀军队奋战，最终不支，并且身受重伤。织田信长看已无希望，便回到屋子里自杀身亡。

丰臣秀吉统一日本

丰臣秀吉是日本战国时期的大名，在室町幕府瓦解之后，第一次统一了日本，成为日本的实际掌权者。

1537年3月26日，丰臣秀吉出生于尾张国。他家是普通农民家庭，在秀吉很小的时候，父亲就去世了，母亲改嫁他人。但是秀吉和他的继父关系很不好，不久之后就离家出走了。由于生活不好，丰臣秀吉从小就身材瘦小，被人们称作

"猴子"。

丰臣秀吉流浪到美浓国之后，认识了当地的土豪蜂须贺小六，并且两人成为很好的朋友。这位蜂须贺小六后来成为秀吉手下一名得力将领。后来，丰臣秀吉进了远江国的松下嘉兵卫家，当了一名仆人。他最开始的工作只是帮主人拿鞋子，但是他勤劳肯干，很快受到松下嘉兵卫的注意，松下嘉兵卫让他做了一名出纳。由于丰臣秀吉工作出色，嘉兵卫家的其他仆人对他充满敌意，总是在嘉兵卫面前说他的坏话。嘉兵卫其实明白是怎么回事，他也经常替丰臣秀吉说话，但是众人还是不断诬陷秀吉。嘉兵卫也很无奈，只好跟秀吉说明情况，将他解雇了。不过秀吉对嘉兵卫是很感激的，在后来还给嘉兵卫分封了土地。

1554 年，丰臣秀吉成为织田信长家的一名杂役。同样是由于工作出色，秀吉得到织田信长的赏识，由一名普通杂役升到了初级的武士，并随织田信长参加了桶狭间战役。丰臣秀吉在战斗中表现出色，织田信长为了表扬他，将浅野家的养女许配给了他。这名养女叫做宁宁，是个很贤惠的妻子，对后来秀吉的政治很有帮助。

在之后的时间里，丰臣秀吉跟随织田信长南征北战，立下了不少的战功。1582 年，秀吉奉织田信长的命令攻打备中国高松城。而信长手下的将领明智光秀趁机发动兵变，率兵攻击织田信长驻扎的本能寺，导致织田信长剖腹自杀。而由于消息传递之中出了差错，事情发生三天之后，丰臣秀吉才得到消息。秀吉感到很震惊，连忙与毛利氏讲和，而后又急行军赶往本能寺所在的京都。这次行军在历史上有一个称呼，叫做"中国大撤退"。秀吉的部队只用了四天多就赶到了京都，打了明智光秀一个措手不及。在山崎战役中，丰臣秀吉大败明智光秀，占领了京都，而明智光秀在逃跑时被人杀死。

之后，织田家族在清州城召开会议，参加者还有家族的一些家臣。丰臣秀吉在会议上建议立织田秀信为家督，得到了大多数人的支持；而在织田家有重要地位的柴田胜家则不同意，他主张拥立织田信长的三子织田信孝。第二年，双方公开对立，开始展开斗争。秀吉先是逼降了织田信孝，而后开始对柴田胜家作战。在贱岳一带，秀吉军队和胜家军队展开决战。柴田胜家由于实力较强，开

丰臣秀吉像

始时占据了很大优势，后来丰臣秀吉的一次带兵冲锋改变了形势，战局开始对丰臣秀吉有利。最终，秀吉取得了胜利。

1584 年，德川家康与织田信长的次子织田信雄联合起来，共同对抗丰臣秀吉，双方展开一系列战争，史称"小牧—长久手之战"。丰臣秀吉开始依仗着雄厚的实力，直杀入德川家康的领地，但是中途中了德川家康的埋伏，秀吉被迫撤退。而后他又改道攻击美浓国的织田信雄，迫使织田信雄开城投降。最终，德川家康被迫与丰臣秀吉和谈，并献出自己的儿子作为人质。

此时的丰臣秀吉实力大增，兵力雄厚，日本几乎已经没有人能和他对抗了。1585 年，秀吉派兵攻打四国的长宗我部氏。长宗我部氏自知实力不敌，只好乖乖投降。在攻打越中国佐佐成政的时候，成政也很有自知之明，及早投降了。在这一年，丰臣秀吉成为日本关白，掌握了日本的实际政权。

1586 年，为了收服德川家康，丰臣秀吉把自己的妹妹嫁给了德川家康，还把自己的母亲送过去当人质。此时的秀吉虽说已经实际掌控了日本，但是关白一职还是属于法律之外的官职，为了能够获得法律的认可，他在天皇的允许下，改姓丰臣，并升任理论上的最高官职——太政大臣。由此，丰臣秀吉真正成为日本的统治者。

1591 年，丰臣秀吉把关白的位置给了自己的外甥丰臣秀次，自己则成为太阁。同年，他派兵平定了九户政实之乱，日本实现全境统一。

德川家康建立江户幕府

在日本历史上，共有三个幕府，分别是镰仓幕府、室町幕府、江户幕府。江户幕府是日本的最后一个武家政治组织，它的建立者是德川家康。

1543 年 1 月 31 日，德川家康出生在名古屋附近的冈崎，他的父亲是冈崎的城主，名叫松平广忠。德川家康最初叫松平竹千代，在建立政权之后，才奉敕改姓德川，定名德川家康。他的童年是在人质生活中度过的。在德川四岁的时候，他的父亲为了获得今川义元的援助以对抗织田信秀，把他送到今川义元那里作为人质。后来，他又被户田康光抢走了，与其他人一起被送往织田氏的热田。松平广忠在作战的时候，被自己的手下给暗杀了。今川的部队俘获了织田信秀的儿子织田信广，于是双方商议，用德川家康来交换织田信广。德川回到了冈崎，但是没几天就又成为了今川义元的人质。做人质做到 13 岁的时候，德川结婚了，妻子是今川义元的外甥女濑名姬。

1560 年，德川家康的人质日子终于到头了。今川义元在与织田信长进行的桶狭间之战中失败，死于阵中，德川随即脱离了今川氏的控制。在与丰臣秀吉的对抗中，德川联合了织田信长的儿子织田信雄，因为他打丰臣秀吉需要一个借口，就是保护织田信雄。德川家康在与丰臣秀吉交战初期，获得了优势地位，但是丰臣秀吉转而攻击织田信雄，信雄投降。德川此时已经失去了同丰臣秀吉作战的借口，只好与秀吉议和。为了兑现议和的条件，德川家康把自己的儿子送到了丰臣秀吉那里做人质。

此时的丰臣秀吉势力庞大，德川这边又有人叛变，投奔了秀吉，于是丰臣秀吉就想要收服德川家康。经过商议后，丰臣秀吉把自己的妹妹嫁给了德川，然后又让自己的母亲到德川那里做人质，德川终于决定向丰臣秀吉臣服。之后，德川来到大阪城，成为了丰臣秀吉的家臣，而秀吉也对他十分优待。

1598 年，丰臣秀吉病逝，他只有六岁的小儿子丰臣秀赖继承了他的位置。但是当时的政权掌握在丰臣秀赖的母亲淀姬手里，石田三成是她的拥护者，他们组成了近江派；而丰臣秀吉的正室妻子北政所则带着福岛正则、加藤清正等一批武将，和近江派对抗，成为尾张派。丰臣秀吉在生前立下遗嘱，要设立五大老和五奉行，而德川家康就是五大老之首，他以此身份代管国政。

第二年，德川家康在大阪城发现了一次针对自己的刺杀行动，而主谋者正是与自己敌对的前田家族。于是德川开始调集军队，宣称要征讨前田家族。前田利长见势不妙，连忙把自己的母亲送到德川那里当人质，这才平息德川的怒火。征服了前田家族之后，德川又开始拉拢尾张派，并不断与尾张派的诸侯联结姻亲，以巩固自己在尾张派的地位。而尾张派也在讨好德川家康，以他为靠山，取得对近江派的优势。德川则利用自己的关系，不断挑拨两派之间的斗争，以借机削弱丰臣家族的实力。

不久之后，福岛正则、加藤清正等人策划了一次袭击，对象是石田三成，不过被石田三成提前得知消息，跑到了德川家康那里。虽然两人是处于对立状态的，但是石田三成也知道，目前这种情况下，只有德川家康能保护他了，因为他断定德川家康不会杀他。果然，德川并未为难他，将他隐藏了起来。德川思考了一下里面的利益关系，认为石田三成活着对自己是有好处的。将来可以用石田三成作为引子来挑起战争，从而判断各个大名对自己的态度，有利于排除异己；而且，只要石田三成还活着，尾张派就要依靠自己，从而保证自己对尾张派的支配地位。就这样，石田三成获得了德川家康的保护。

1600 年，德川收到消息说五大老之一的上杉景胜正在大量筹备军用物资，不知道要干什么。于是德川要求上杉景胜做出解释，但是没有得到上杉景胜的回复，并且其家臣还写了一封《直江状》来责备德川家康。德川决定抓住这个由头，灭掉上杉景胜。于是他召集尾张派的势力，征讨上杉景胜，向江户进发。而此时石田三成也抓住时机，集合了近江派的军队，在畿内地区秘密起兵。近江派接连攻下了伏见、大津两城，之后进逼美浓。德川得知消息后连忙派兵回援，与近江派在美浓对峙起来。之后，德川见上杉景胜已经被打得不行了，便率大军回师，进攻美浓。双方在关原展开了决战，起初近江派占据优势，但是他们的一名军官在德川的一次进攻中害怕起来，投降了德川。之后战局急剧变化，德川军队占据了优势，最终击败了近江派。

这次战争之后，德川家康便掌握了实际的政权。1603 年，德川家康被任命为征夷大将军。之后，他创建了江户幕府，开始了对日本的统治。至幕府将军德川庆喜把政权交还给天皇为止，江户幕府共统治了日本长达 260 多年。

阿克巴缔造莫卧儿帝国

莫卧儿王朝是印度的最后一个王朝，最初是由巴布尔建立的。阿克巴是莫卧儿的第三个皇帝，在他的手里，莫卧儿被打造成一个庞大的帝国。所以，后世都将阿克巴称作是莫卧儿帝国的缔造者。

1542 年 10 月 15 日，阿克巴在他的父亲胡马雍出战途中出生。胡马雍继位之时，莫卧儿还是一个并不稳定的王国，在创始人巴布尔死后，莫卧儿产生了分裂。到了后来，胡马雍被阿富汗人打败，并被放逐。阿克巴就是在这种情况下出生的，他小的时候由叔叔抚养，没有受到什么好的教育，但是身体非常好。1555 年的时候，胡马雍收回了德里王位。阿克巴成为王子，并被派任为旁遮普总督，大臣培拉姆汗等人是他的保护人。胡马雍第二年就死了，阿富汗人马上又侵占了德里，阿克巴只好跑到卡拉瑙尔。在那里，阿克巴在培拉姆汗等人扶持下，登基成为印度国王。但是当时印度北部的大部分领土在阿富汗人手里，阿克巴自己又没有掌握政权，大权都在培拉姆汗等人手里。

1556 年，阿克巴在培拉姆汗的支持下，开始进攻阿富汗军队，打算收复德里。但是当时阿克巴的军事实力非常弱，只有一万骑兵和一支弓箭队，而阿富汗则有 5 万骑兵，还有 50 多门大炮和将近 1000 头大象，不过阿克巴并不畏惧。1556 年 11 月 5 日，在离德里不远的帕尼帕特，双方开战。开始时，阿富汗的大象起了很大作用，扰乱了阿克巴军的阵脚。不过阿克巴很快改变了作战方法，他让弓箭队绕到侧翼，远程进攻阿富汗军，而骑兵的侧翼冲击也起了很大作用。最后，阿富汗军战败，阿富汗军队首领希穆被俘获。阿克巴本不想杀希穆，但是培拉姆汗执意将他杀掉，最后培拉姆汗不顾阿克巴的话，自己用剑杀死了希穆。

这个葫芦形状的白玉酒杯，雕工细腻精美。据说它是阿克巴的孙子沙贾汗皇帝用过的酒器。下面是一只镶嵌了各种宝石的金勺，两者的做工均十分细腻精美。

由于阿克巴的祖父巴布尔曾在这个地方打败了阿富汗人，所以阿克巴领导的这次战役被称作第二次帕尼帕特战役。这次战争的胜利，大大鼓舞了莫卧儿的士气。

此时培拉姆汗还是阿克巴的保护人，他十分支持阿克巴，对莫卧儿的贡献也很大。但是他本人脾气不好，恃权自骄，跟许多的大臣不和。随着阿克巴逐渐长大，培拉姆汗越来越成为阿克巴权力的阻碍。于是在 1560 年 3 月，阿克巴将培拉姆汗革职，把全部权力收回到自己手中。此时的莫卧儿势力还很小，虽然收回了德里，但是仍然只占有印度的小部分地区。另外，阿克巴继位时间不长，而且年纪不大，权力基础并不是十分稳固。在开除培拉姆汗的一段时期里，他仍然任用以前的一批大臣和贵族。阿克巴凭借自己的智慧，在这群大臣和贵族中间斡旋，渐渐稳固了自己的势力。到了 1562 年，的时候，阿克巴已经掌握了全部大权，建立了自己的独裁统治。在自己的统治势力稳定下之后，阿克巴又开始着力恢复和扩展莫卧儿的疆土。

他首先要对付的是印度西部的拉其普特人。阿克巴开始并没有用军事措施对付他们，而是开放莫卧儿的政策，宣布免除拉其普特人的一部分税收，并且尊重他们所信奉的印度教，同时还废除了一些对拉其普特人不利的规定。这个措施一实施，就吸引了大批的拉其普特人前来。很多拉其普特的地方长官都归顺了阿克巴，并且有些拉其普特人开始和阿克巴联结姻亲。不过也不是所有人都愿意归顺，一部分拉其普特人就对阿克巴持怀疑态度。对于这些人，阿克巴则采用了军事征服的策略。1567 年 10 月，阿克巴开始攻打那些不愿归顺的拉其普特人。首先攻占的是军事要塞齐图，这座城他用了 4 个月才打下来，守城的士兵全部阵

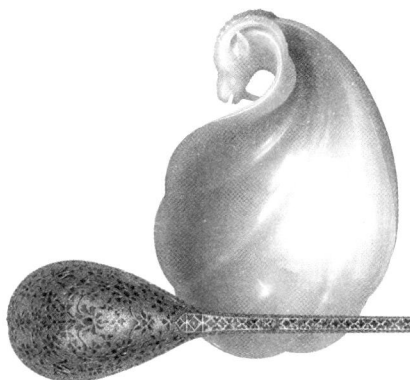

亡。之后，阿克巴又陆续攻克了拉其普特人占领的大部分地区，将拉其普特人收入到莫卧儿帝国当中。

经过一系列征伐之后，莫卧儿的统治逐渐稳定下来，阿克巴开始对国内各方面进行改革，以加强莫卧儿帝国的实力。他先是改革了税收制度，废除了原先实行的包税制。同时对全国的土地进行测量，按土地的肥沃程度进行来分级纳税，这样就减轻了农民的赋税负担，使得农业兴盛起来。在对经济进行改革的同时，他还对行政制度进行了改组。他改变了原来的行政方式，将所有的权力集中到自己手里，建立起君主集权制度。所有的政府官员都以军事编制的方式进行分阶，并通过人事调动、权力分担和缩短任期的手段来控制官员。经过这一系列改革，莫卧儿帝国的政治逐渐稳定下来，经济也快速发展。当时莫卧儿的首都亚格拉已经成为当时世界上最繁华的城市之一。

在国内逐步稳定之后，阿克巴又开始了对外扩张，打算将莫卧儿帝国的疆土进一步扩大。他先后征战克什米尔、阿富汗和波斯，占领了大片领土，将莫卧儿发展成为一个庞大的帝国，为莫卧儿帝国以后的兴盛打下了基础。

朝鲜"壬辰卫国战争"

经过 100 多年的战国时期，日本终于在 1590 年被丰臣秀吉统一了。但是在统一以后，国内的矛盾也越发尖锐，于是为了转移矛盾，丰臣秀吉决定对朝鲜发动战争。当时的朝鲜处于李氏王朝的统治之下，国王李昖不重视军事，致使国家防备松弛，加上朝鲜长期处于和平状态，致使"人不知兵二百余年"。

1592 年 3 月，丰臣秀吉派兵对朝鲜发动进攻。因为这一年是壬辰年，因此这次战争称为"朝鲜壬辰卫国战争"。日本总共调遣了 30 万大军，其中有 9 个军团共 15 万人的步兵，将近 1 万人的海军，还有 10 余万人作为预备队，留在日本。在战争初期，朝鲜的不少义士组织起民兵，对抗日军的入侵，也取得了不错的效果。但是这些民兵毕竟只是一些松散的武装组织，根本无法抵挡日军的攻势。到了 6 月份，朝鲜八道已经全部丢失，朝鲜国王李昖被迫逃到了中朝边境的义州。

面对亡国之危，李昖知道，只有靠明朝才能击退日本。于是他向明朝递交国书，并派大臣前去求救。万历皇帝与大臣商议之后，认为日本攻打朝鲜的目的，其实是要以此为基础攻打明朝，于是决定派兵援助朝鲜。不过在当时还有另外一种说法，说是朝鲜与日本勾结，要将明朝军队引入陷阱，然后歼灭。为此，当时的兵部尚书石星曾反复派人核实这一情况，确定朝鲜没有与日本勾结之后，方决定出兵。

在发兵之初，明朝决定自己发军饷，不过希望朝鲜能提供粮食。但是朝鲜国王和大臣们经过一番讨论发现，根本不知道地方上有多少粮食，因为他们基本不了解地方情况，而地方上的官员大部分已经逃跑了。明军就在这种不知就里的情况下出发了。

开始明朝总共派了 2000 多人出战，由副总兵祖承训带领。当时由于朝鲜官员的苦苦哀求，出兵人数又增加到了 5000 人。在第一次攻击平壤的时候，由于祖承训过于轻敌，且没有发挥出骑兵的优势，遭到了日本的伏击，死伤惨重。7月份的时候，再次进攻平壤，结果又遭大败。祖承训在给上司的报告中说，朝鲜提供的情报有误，首先是朝鲜根本无法提供足够的粮食；其次，朝鲜说平壤城内总共才 1000 名日军，结果交战之后才发现，敌军有 1 万多人；另外，随军作战的朝鲜人表现十分差劲，临阵脱逃。

经过这两次交战，明朝已经知道事情不是想象中的那么简单了。日本军队并不是只有朝鲜所说的几千人，而是大军入侵。朝鲜的粮食供应也是无法保障的，只好自己筹措军粮供应。为了拖延日军进攻的时间，明朝派出了游击沈惟敬去与日军进行谈判。在沈惟敬与日军代表小西行长周旋的时间里，明朝经过一番调遣，最后总共集结了 7 万余人的部队。在此期间，努尔哈赤曾提出帮助朝鲜攻打日本人，不过被朝鲜拒绝。

1593 年 1 月 5 日，明军渡过鸭绿江，抵达平壤城，这次明军的统领是总兵官李如松。在平壤驻守的是日军第一集团军，由小西行长率领。平壤城的东、西、南面各有两个城门，背面有一个城门，靠着牡丹峰，是一个易守难攻的地方。李如松调查完地形后，开始做出进攻安排，他派出骑兵和一部分步兵攻打北门，部队主力攻打西面两个城门，负责南面的是祖承训，他带领明军乔装成朝鲜人，混淆城南守军的判断，趁机拿下南门。经过一番激战，祖承训所率部队最先攻下了南门，不久，西门和北门也相继被攻破。小西行长看抵挡不住，带兵躲进了一座楼中，死守不出。到了晚上，日军趁明军不注意，逃向东门，不过路上中了李如松设下的埋伏，逃跑者所剩无几。

收复平壤之后，李如松打算乘胜追击，于是派遣查大受带领一支队伍先行侦查。不久，明军侦查兵与日军侦查兵在碧蹄馆附近遭遇，日军不敌败退。李如松误信了当地居民的话，以为日军已经放弃王京了，便亲自带着 2000 多名士兵前往。日军在砺石岭埋伏下了一支部队，然后派一小支部队引诱查大受前进。查大受在进入日军的包围圈后，受到了围攻。查大受带兵且战且退，向碧蹄馆方向运动。终于，李如松率部队赶到，加入战斗。到了中午，望客砚突然出现了大量日军，大约有两万多人。这支大部队将李如松部队团团围住，双方展开激战。一直打到黄昏时候，副总兵杨元终于率兵赶到，利用炮兵掩护明军撤退。而日军见明军的援兵已到，也退兵了。李如松部由于伤亡较多，退守平壤。

在明军与日军展开陆战的同时，朝鲜水师则在海上不断取得胜利。朝鲜水师在全罗道左水使李舜臣的带领下，驾驶龟甲船等船只开始了对日本海军的进攻。5月7日，朝鲜水师偷袭了日本海军，日本海军被击溃，损失惨重。李舜臣顺势追击，歼灭了大量日本海军。之后，日本海军只要见到李舜臣的龟甲船就逃跑。李舜臣命令假装撤退，引诱日军上船，结果日军果然中计。李舜臣迅速出击，将日本舰队击溃。经过一番海战，李舜臣占据了海上的主动形势。日本海军不甘心失败，在闲山岛海域与朝鲜水师展开决战，结果再次被朝鲜水师击败。自此，朝鲜水师全面控制了制海权。日本陆军无法得到海军运送的补给，也无法继续战斗。丰臣秀吉见军事手段无法奏效，便打算与明朝议和。

明朝见日本有意和谈，也爽快答应了，仍派沈惟敬作为谈判使者。由于语言问题，日本还是派小西行长作为代表。丰臣秀吉向明朝提出了七条条款，包括联姻、贸易、结盟等，并要求朝鲜割让八道中的四道给日本，发誓不背叛日本。沈惟敬一口答应了这些条款，但是在回报时，却谎称日本答应称臣，并要求封贡。而日本派出的小西如安来到北京后，也一口答应了明朝的条件：退出朝鲜、只封不贡、不再侵朝。经过沈惟敬和小西如安的连蒙带骗，双方达成和解。但是当1595年1月，沈惟敬随同明朝使者前往日本册封丰臣秀吉时，谎言再也无法掩盖，丰臣秀吉大怒，决定再次发动侵朝战争。

1597年初，日本调集16万军队再次侵入朝鲜。明朝第一批共派出了3万军队，由麻贵统领，进行第二次抗日援朝。日军初期的进攻十分顺利，后来麻贵率军进行了一番争夺，双方逐渐陷入胶着状态。后来，因遭人诬陷而被罢免的李舜臣又被重新起用，在鸣梁海一战中大败日军。此时，明军加上第二批进入朝鲜的部队，已经达到了8万人。在麻贵指挥下，明军又对日军进行了一系列攻击，日军只得死守沿海的各个城堡。

1598年8月18日，丰臣秀吉病逝于日本。在朝鲜的日军听到消息后失去了斗志，于是开始陆续撤退。11月，日军打算全军撤退。明朝水军和李舜臣的朝鲜水师在露梁海设下埋伏，重创了准备撤退的日军。12月，尚留在朝鲜的日本残余兵力也逃遁而去。朝鲜壬辰卫国战争至此结束。

汤若望来中国

汤若望，字道末，原名约翰·亚当·沙尔·冯·白尔，1592年5月1日出生于德国科隆的一个贵族之家。他以传教士的身份来到中国，并在中国生活了47年，经历了明、清二代。无论在中西方文化交流史，还是在中国科技史发展上，他都是一位了不起的人物。

汤若望出身名门望族，家中人都是虔诚的天主教信徒。他在当地的教会学校中接受教育，由于爆发瘟疫，他不得不转学去了罗马。在罗马德意志学院，他门门功课都很优秀，尤其是数学和天文学。

出于虔诚的信仰，1611年，19岁的汤若望加入天主教耶稣会，进入修道院学习。虽然修道士的生活清贫、朴素，但是他的精神生活却是异常丰富，除了研习宗教上的知识以外，他还拿出大量时间来研究数学和天文学。

他经常去图书馆翻阅资料，也会翻阅海外传教士寄回来的一些经历和报告，并从这些报告中认识了神秘而又美丽的东方世界。这其中给他最大震撼的正是在中国传教的利玛窦，他甚至幻想自己有一天也能踏上东方的土地。

经过两年的学习，他从修道院进入了罗马学院。除了接受神学教育之外，罗马学院还教授数学、物理学、天文学、医学等科目，伽利略就是在这所学校任教，他的每次讲座汤若望都会参加，尤其是关于望远镜和天文学的知识。

1617年汤若望从罗马学院毕业，成为一名神父。第二年，他接受了葡萄牙政府的派遣，同另外21名传教士一起，乘船前往他梦寐以求的神秘东方。1619年，他们抵达澳门，正式踏上了中国的大陆。为了更好地与当地民众交流，汤若望积极学习汉语和中国传统文化，并且研究中国的历史和儒学。他心中有一个目标，那就是北上进京，成为像利玛窦一样的人物。

当时正值明朝末期，天主教的传播在中国陷入低谷，原因是利玛窦死后，其余传教士一改利玛窦中西合璧的传教方式，不允许中国的教民祭祖、拜孔，这引起了人民的强烈反感，连续爆发了几次大规模的驱逐传教士事件。面对着这样的局势，汤若望北上的计划一直无法实现。但是，没过多久，事情便出现了转机。

当时明朝正忙于抗击北方努尔哈赤的入侵，他们从葡萄牙人手中买了一批大

南都繁会图
图卷描绘了明代中期南京城市商业繁荣的景象。

炮，汤若望以及其他传教士以军事专家的身份，跟着这批大炮一同北上。1623年终于到达了他梦寐以求的都城北京。

入乡随俗，他为自己取了"汤若望"这个名字，"汤"源自他的姓"亚当"，"若望"源自他名字中的"约翰"，都是采用的谐音。同时，他效仿利玛窦，将自己从欧洲带来的科学书籍和天文仪器介绍给当时的大臣。

来到北京的第一年，他就成功预测了一次月食，第二年又成功预测了一次月食。尽管介绍科学知识只是传教士的一项业余工作，但是汤若望一丝不苟。他还用业余时间写了一本介绍伽利略望远镜的书，成为第一个把望远镜传入中国的人，对中国天文事业的发展影响巨大。

后来他被派往西安，从事传教工作。因为西安是中国通往西亚和欧洲的必经之地，各国商人从这里经过，汤若望受到启发，对中西方的陆上交通产生了兴趣。他经常向那些商人询问行进路线和旅途经历，并且记录下来，汇总成报告，连同关于中国北方少数民族的研究报告一起寄回欧洲，帮助欧洲人认识中国和东方。

1630年，在礼部尚书徐光启的推荐下，汤若望回到北京，任职于钦天监，一边翻译西方科学书籍，一边传教。这段时间他同中国学者一起翻译了德国阿格里科拉所著的《矿冶全书》，这本书被皇上下命分发全国，依照书上所说寻找矿藏。之后他又奉命向中国传授西方大炮和火药的制作、使用、保存技术，根据他的口述整理成的《火攻挈要》和《火攻秘要》也成为当时火器方面的权威著作。后来，朝廷派他建造铸炮厂，并成功铸造了几十门大炮。

1644年明朝灭亡，清朝统治者知道汤若望非常有才华，所以仍旧给他官职，让他在天文历法方面发挥自己的才华。1644年，他成功预测了一次日食，并说服摄政王多尔衮，第二年起实行由他参与新修订的历法。他也被任命掌管钦天监事，还被封为太长寺少卿。

顺治八年，汤若望先后被封为太仆寺卿、太常寺卿，可以进出宫廷，上书议政，他先后 300 多次递交奏折，参与议政。值得一提的是，当初顺治皇帝得了天花，汤若望利用自己的知识极力劝告他说，天花是一种非常危险的疾病，但是得过天花没死的人就会对这种病产生免疫力，所以立皇太子的时候一定要找得过天花的皇子。孝庄太后听从了他的建议，便立了得过天花的玄烨为继位人，也就是后来的康熙皇帝。

康熙皇帝继位的时候只有 8 岁，鳌拜等大臣掌握实权，他们历来看不惯传教士，反对外来的科学，于是用"密谋造反、传播邪教"的罪名将汤若望等人逮捕。尽管当时的汤若望已经中风瘫痪，无法下床，还是被关进大牢。康熙三年，朝廷对汤若望和一部分崇尚西学的中国人进行了审判，最终全部被判处死刑。

为了验证汤若望的历法知识是荒谬的，朝廷还组织了一次历法比赛，用中国的观测法、阿拉伯人的观测法和西洋的观测法，分别计算下一次日食出现的时间，结果西洋历法最准确。但这并没有为汤若望带来赦免，相反，恼羞成怒的鳌拜等人将这些人原本的绞刑改为凌迟处死。

行刑的日子一天天到来，但就在这段时间内，不断出现异常现象，先是有彗星划过，在古代这是凶兆；接着京城地区接连出现地震，皇宫也没有避免。孝庄太皇太后认为这是老天爷在怪罪天子，于是决定大赦天下，释放了一批犯人，其中就有被判死刑的汤若望。

1666 年，汤若望在北京的家中病死，终年 74 岁。康熙皇帝长大之后，认识到了汤若望的价值，为他平反，还曾为他亲自写祭文。

殖民地之路

殖民地在很早的时候就出现了，古希腊人就曾在地中海地区建立大量殖民地。到了近代，殖民地则是随着资本主义的发展，一些国家为掠夺资源而兴起的。近代的第一个殖民地，是西班牙占领的休达。1415 年，西班牙为了控制西非的黄金和象牙贸易，占领了休达港。之后，西班牙人又沿着非洲海岸向南，占领了大量海岛。

15 世纪到 16 世纪，文艺复兴运动在欧洲兴盛起来，促进了欧洲一些地区的商业发展，欧洲国家对资源和贸易的需求越来越大。当时东方的贸易被威尼斯、热那亚垄断了，其他的欧洲国家只好另寻他路。葡萄牙和西班牙首先开始了对海上航线的探索。1498 年，葡萄牙人达·伽马发现了印欧航线，经过好望角到达了印度。1510 年，葡萄牙在果阿建立了第一个殖民地，并且在此处修建堡垒，驻扎军队。从此之后，葡萄牙便垄断了经由好望角到达东方的航线。

1492 年，哥伦布发现了美洲大陆，揭开了西班牙殖民美洲的序幕。西班牙人凭借比较先进的技术，很快几乎消灭了当地的印第安人，建立起范围广阔的殖民地。美洲向来盛产金、银等贵金属，西班牙建立起殖民地以后，掠夺了大量贵金属，输入欧洲各国，很大程度上刺激了欧洲的商业发展。

到了 16 世纪末期，英国人和法国人也相继来到美洲，从西班牙人手里夺取了加勒比海的部分岛屿。此时，美洲当地的特色作物传到欧洲，刺激了新的消费，于是美洲的作物经济也发展起来。这里的欧洲殖民者仿照葡萄牙的做法，建立了庄园农奴制度。之后，这个地区的劳动力需求大幅增加，但是当地的印第安人已经在西班牙建立殖民地时，被屠杀得所剩不多了，根本不能满足需求。于是，这些殖民者开始从非洲寻找劳动力。1502 年，西班牙人把一批非洲黑人奴隶运到美洲，卖给了当地的庄园主。从此，奴隶贸易兴盛起来，欧洲的资本主义国家纷纷在非洲设立贩卖黑奴的贸易站点。

随着欧洲—非洲—美洲这个三角贸易路线的建立，大西洋逐渐取代地中海，成为海上贸易的主要航道。而大西洋沿岸的国家也因此发展起来，包括英国、法国和荷兰等。这几个国家在 16 世纪和 17 世纪依靠大西洋迅速崛起，开始大力扩展海外殖民地。1588 年，英国击败西班牙的无敌舰队，夺取了海上霸权，并且开始对北美洲进行殖民统治。法国人也在不久后进入北美洲，建立了新法兰西殖民地。在 17 世纪初期，英国和荷兰先后成立了东印度公司，垄断了印度的贸易，同时对中国、日本等地的贸易有所控制。他们利用贸易手段，大肆掠夺殖民地的资源，并在非洲开展奴隶贸易，使得殖民地本土的经济遭受严重破坏。

随着工业的发展，到了 18 世纪后期，对蔗糖、烟草和奴隶等消费品的需求逐渐下降，而对燃料和矿物等工业原料的需求却在大幅上升。同时，这些欧洲国家的工业成品也需要海外市场。于是他们将殖民重点由美洲转向了印度，因为印度有着更加丰富的资源和更为广阔的市场。

19 世纪初期，由于人文主义传播等因素的影响，欧洲一些国家相继宣布禁止进行奴隶贸易。这样一来，非洲的奴隶贸易受到沉重打击。

到 20 世纪初的时候，殖民国家和殖民地的总面积已经占去地球陆地面积的百分之八十多。其中非洲已经被欧洲瓜分完毕，亚洲的大部分成为英国、俄国和法国的殖民地，其他大洲也分别控制在其他殖民国家手中，即使没有完全沦为殖

香料之路

自从罗马时代以来，香料作为食品的调料以及药剂的原料一直为欧洲人所看重，它们出产于热带地区，从陆地上运送到西亚的港口，威尼斯人控制着向欧洲进口香料的贸易。16世纪，欧洲人渴望直接获得香料，这刺激了他们在东方进行探险，葡萄牙开始从印度运走胡椒，从斯里兰卡运走肉桂，从摩鹿加群岛运走肉豆蔻和丁香，从中国运走姜。香料易于大规模运输且获利丰厚，为了更加降低运送到北欧的香料运输成本，葡萄牙人将主要的销售中心从里斯本转到了阿姆斯特丹与安特卫普，到1530年，安特卫普成为欧洲最为富庶的城市，其后进一步成为西班牙从秘鲁输入白银的中心。

民地，也已经成为半殖民地。由于各国的殖民地势力不均衡，很多国家为夺得殖民地，采取了极端的手段，导致殖民国家之间的矛盾越来越尖锐。

矛盾发展到最后，就成为战争。1914年，第一次世界大战爆发，各殖民国家纷纷参战。到了1918年，同盟国战败，德国的海外殖民地被其他国家夺走了，奥匈帝国也遭到瓦解。随着社会文明的发展，许多殖民国家对待殖民地的看法也在改变，认为不能单纯靠战争手段来获取殖民地。旧的殖民地形式也在悄悄发生着变化。

20世纪30年代，新的殖民主义思想兴起，使得军国主义大行其道。最终，德、意、日三国掀起了第二次世界大战。

第二次世界大战结束后，多个地区都爆发了独立运动。1945年8月17日，印度尼西亚宣布独立。这次独立大大鼓舞了殖民地国家，不久，亚洲多个国家掀起民族解放运动的浪潮。万隆会议之后，非洲也刮起了独立运动的狂潮。在1960年，仅一年的时间里，非洲先后有17个国家宣布独立，这一年被人们称作"非洲独立年"。虽然一些殖民国家曾对独立运动进行过镇压，但是无法阻挡殖民地独立的历史潮流，大部分国家都取得了民族独立的胜利。最终，旧的殖民体系被完全打破。

孟德斯鸠与《论法的精神》

在西方国家，对法律文化研究较早的人当中，有一个叫做孟德斯鸠，他是18世纪法国启蒙思想家，在法理方面最伟大的著作就是《论法的精神》。

1689年1月18日，孟德斯鸠出生在法国波尔多附近的拉布雷特庄园。由于出生在贵族家庭，孟德斯鸠从小就受到了很好的教育。19岁大学毕业之后，他成为了一名律师。之后又进入法院，担任法律顾问。1716年的时候，孟德斯鸠得到了一个好职务——波尔多法院庭长。由于他的祖父和伯父一直在这个位子上，他也很自然地继承了这个职位。同时，他成为了一名男爵。孟德斯鸠凭能力也完全能胜任法院庭长的职务，因为他在法学、哲学、历史方面都很有研究。

1721年，孟德斯鸠发表了他的唯一一部文学作品——《波斯人信札》。不过他是匿名发表的，用了"波尔·马多"这个假名。这部作品采用书信体形式，描写了两名波斯贵族到法国旅游时的所见所闻。通过他们与波斯国内人的通信、他们两人之间的通信等，将当时法国社会的状况深深地刻画出来。他在书中批判了当时法国的各色人等，还表达出对法王路易十四的不满，指责路易的专制统治。这部书刚一出版就受到人们的欢迎，当人们知道书的作者是孟德斯鸠后，孟德斯鸠便由此成名。

1726年，孟德斯鸠把法院庭长的职务卖掉了，他本人获得一笔很大的资金。他拿着这笔钱开始在欧洲各国游历，考察各国政治情况。光在英国他就待了两年多，对英国的政治和启蒙思想等各方面做了深入了解，并且被选入了英国皇家学会。

一番游历过后，孟德斯鸠于1731年回到了法国，开始专心写作。三年之后，他发表了《罗马盛衰原因论》一书。在书中他对古罗马兴盛和衰落的原因进行了讨论，从而认定政治制度的好坏和本国的风俗习惯决定了一个国家的发展。在1748年，他发表了自己作品当中影响最大的一部书——《论法的精神》。

《论法的精神》是一部伟大的政治学巨著，它对整个世界的资产阶级革命都产生了很大的影响。这部书共分为三卷，其中第一卷是论述法律的概念和法律与政治之间的关系，第二卷说的是法律和政权之间的关系，第三卷讲了法律和地域的关系。

孟德斯鸠以英国哲学家洛克的分权理论为基础，在书中提出了三权分立的思想。他把世界上的所有政体分成了三种：共和政体、君主宪政和专制制度。他认为在专制政体中，没有法律可言，国家的统治靠的是统治者的个人思想和随时可能变化的性情。而君主宪政和共和政体，都是以法律为基础的，是值得赞扬的。他对英国的君主立宪制评价很高，认为应该在此基础上实行三权分立：由国会掌握立法权和监督权，君主掌握行政权和立法否决权，司法机构则独立执行司法权。这样将国家的权力分散开来，使得各权力部门之间相互监督和制约，杜绝了那种绝对权力造就绝对腐败的现象。

孟德斯鸠还是西方第一个将中国纳入世界某一种模式的人，他将中国的政治制度归为专制制度，改变了以往西方世界对中国的印象。在过去，西方人一直将中国想象成人间净土，但是孟德斯鸠在《论法的精神》一书中，却对中国当时的政治制度做了一番批判。同时他还认为，亚洲的所有国家都存在着专制。

孟德斯鸠十分注重法律的功能，认为法律才代表了理性。他把法律分为了自然法和人为法两种，自然法就是自然界的规则，而人为法则是为人类自由和平等而存在的法律。孟德斯鸠在书中还提出，一名公民没有绝对的自由，只有在法律允许范围之内的自由，才是真正的自由。

在书中，孟德斯鸠还提出，地理坏境对一个民族的各个方面都有着十分重要的影响，而民族的性格和风俗等又决定了政治制度的建立。因此，一个国家的政治制度与其所处的环境是紧密相关的。

行政、立法和司法分立的思想，为许多国家的政治制度建立提供了借鉴。其中美国是第一个将孟德斯鸠的三权分立理论付诸实施的，并将其写入了《独立宣言》当中。在 1789 年的法国资产阶级革命中，《人权宣言》也采用了三权分立的思想，认为没有三权分立就没有宪法。

1755 年初，孟德斯鸠在旅途当中染病，不幸去世。他在法理方面的思想，对社会发展有着巨大的贡献。

"法兰西思想之父" 伏尔泰

伏尔泰是法国著名的启蒙思想家，他被称为"法兰西思想之父"。雨果曾经说："伏尔泰这个名字不是代表着一个人，而是代表了一个时代。"

伏尔泰的原名叫做弗朗索瓦—马利·阿鲁埃，伏尔泰是他的笔名。他在自己的第一部剧本《俄狄浦斯王》中，第一次使用了伏尔泰这个笔名，名字来源于他家乡的一座城堡。《俄狄浦斯王》的演出在巴黎引起巨大反响，伏尔泰本人也因此获得"法兰西最优秀诗人"的称号。

1694 年 11 月 21 日，伏尔泰出生在巴黎。他的父亲是一名法律公证人，母亲出身贵族，家里十分富有。伏尔泰从小就接受了良好的教育，加上他本人比较聪明，很早就会写诗了。伏尔泰的父亲希望他能从事法律行业，但是他一心从文。于是他跟父亲说在一家律师事务所当助理，其实把大量时间都用在了诗歌创作上。他的父亲发现后，便把他强行送到一所学校，学习法律。毕业之后，他当了一段时间的法国驻荷兰大使的秘书。期间他爱上了一名法国姑娘，正在他们两人决定私奔之时，伏尔泰的父亲知道了这件事，勒令伏尔泰回国了。

30 多岁的时候，伏尔泰来到英国，对政治、哲学等方面进行了一系列考察。回国之后，他发表了《英国通信》一书，书中对英国资产阶级革命的成就进行了赞扬，同时大肆抨击了当时法国的专制制度。这部书刚一出版，就遭到了查禁，伏尔泰也遭到了法国政府的通缉。不过幸亏他跑得快，逃到了他的女友爱特莱夫人那里。在爱特莱的庄园里，他躲了 15 年。1750 年，伏尔泰应普鲁士国王之邀，来到了普鲁士。本来他想要施展自己在政治方面的抱负，但是普鲁士国王只关心他的文学，从不让他参与政治。伏尔泰从此对国王灰心了，发誓再也不同这些封建君主们往来。

伏尔泰提倡天赋人权，认为人生来就是平等的，每个人都有自己的自由，主张法律面前人人平等。他曾多次为下层平民伸冤，以维护司法公证。

1775 年，在法国一贵妇人的沙龙上，客人正在宣读伏尔泰的作品，启蒙思想已深入人心。

1761 年 10 月 13 日，图卢兹市的一名商人家里发生了一幕惨剧。这名商人名叫让·卡拉，这天夜里，他发现自己的儿子安东尼竟然上吊自杀了。卡拉的妻子看到儿子死了，大声痛哭起来。周围的邻居听到哭声，都跑过来看发生了什么事。在围观的人当中，突然有人说道："是他们夫妻两人杀死了安东尼，因为安东尼信奉天主教。"当时的天主教和新教的胡格诺派对立是十分严重的，而卡拉和他的妻子都是信奉胡格诺教的。

闻讯而来的法官听到人们的议论，便信以为真，也不做调查，直接将卡拉夫妇抓走了。一名检察官认为此事过于草率，便出庭为卡拉辩护，结果受到停职的处分。那位法官已经偏执于一念，根本听不进任何人的话。一名律师想要向他说明自己的调查，他却对律师不理不睬。不久，法庭在没有证据的情况下，将卡拉判处死刑，处决了。

伏尔泰听说这件事后，感到非常愤怒，他决定用自己的努力来为卡拉伸冤。伏尔泰通过多方调查，亲自搜罗证据，还找到卡拉的另外两个被流放的儿子，记下了他们的陈述。通过多个方面的证据，伏尔泰基本了解了事情的经过。原来安东尼想要当一名律师，但是得不到天主教徒的证明，才不得不跟随父亲学习经商。他想要自己做生意，便跟父亲借钱，不过被父亲拒绝了。安东尼逐渐感到心灰意冷，觉得人生已无意义，便悬梁自尽了。伏尔泰后来将他记录的卡拉两个儿子的话发表了，然后写了一本陈述事情经过的小册子，同时，为了引起人们对这件事的关注，他还自费将卡拉的妻子接到了巴黎。

这件事情传开以后，伏尔泰决定上诉，他在上诉书中写道："我敢保证，卡拉是无辜的。"枢密院也听到了消息，下令对整个案件重新审查。最终，卡拉得到了平反。此事之后，伏尔泰越发认识到宗教压迫所带来的灾难。为此，他还专门写了一部书，叫做《论宗教宽容》，书中对教会的专制和宗教压迫进行了猛烈的抨击。

伏尔泰是一名自然神论者，他认为人类需要宗教信仰，曾经说过，就算没有上帝，也要创造一个上帝来信仰。但是同时他也痛恨教会，曾经怒斥天主教会和教皇。在他的一生中，他也不断和教会做斗争。

1778 年 2 月，老迈的伏尔泰回到了巴黎。巴黎市民听到消息后，蜂拥而来，都想去见一见这位智者。当时伏尔泰住的地方差点被人挤爆，就连附近的街道都拥挤不堪。回来后不久，伏尔泰就病倒了。

1791 年，伏尔泰的遗体被运回巴黎，安葬在了巴黎先贤祠中，法国为他举行了国葬。

启蒙运动的卓越代表卢梭

卢梭是启蒙运动最具有代表性的人物之一，他的思想为法国大革命奠定了基础，他被人们称作"自由的奠基人"。

卢梭出生在瑞士的日内瓦，但是祖籍是法国，他的祖上从法国流亡到了瑞士。他的父亲是一名钟表匠，母亲在生他的时候，因难产而去世。卢梭本来还有一个哥哥的，但是在卢梭很小的时候，哥哥就离家出走了，从此再也没出现过。卢梭小时候受父亲影响，十分喜欢读书，经常一读就是一夜，连他的父亲也自叹不如。在7岁那年，卢梭就已经将家里的书全部读完了。他在读书之余，还经常模仿书里的一些伟人。有一次，他给客人们讲述斯契瓦拉的故事，边说边走到炉子旁边，把手放到炉火上面，模仿斯契瓦拉的举动。客人们都觉得很吃惊，纷纷赞叹小卢梭聪明。

1742年，卢梭搬到了巴黎居住。在这里，他认识了狄德罗等人，并开始参与编写《百科全书》。卢梭由于曾经学习过音乐，便负责其中的音乐部分。不久，狄德罗被捕了，《百科全书》的编写工作也因此而暂停。一次，《法兰西信使》杂志上面有一则征文启事。征文的是第戎科学院，征文主题为"科学和艺术的进步对改善风气有没有好处"。看到这个题目，卢梭顿觉眼前一亮，他之前所积累的那些知识和思想瞬间在脑海里浮现出来。他觉得这个主题简直就是为自己设计的。

回到家里，卢梭便开始进行写作。不久，一篇论文出炉了，题目是《论艺术和科学》。他在文章中表述了自己的观点，认为艺术和科学对社会风气的发展并无好处。同时，他在文章中还揭露了当时社会的种种弊端。论文写好后，他让狄德罗进行审阅，然后根据狄德罗的意见又进行了多次修改。他将论文寄出后不久，评选结果出来了，他的论文获得了一等奖。从此，卢梭一跃成为巴黎名人。

不久，卢梭因为与狄德罗等人的意见不合，与其越走越远，最终关系破裂了。1756年，卢梭的一个朋友赠送给他一所位于农村的房子，正好卢梭也厌倦了城市的生活，便搬到农村来住了。在此后的几年里，卢梭专心著述，写出了很多有名的作品。

卢梭像

其中包括政治学名著《民约论》、教育学名著《爱弥儿》、小说《新爱洛绮丝》等。《爱弥儿》一书虽然给卢梭带来了很大的荣誉，但是在当时却给他制造了不少麻烦。

《爱弥儿》是专为儿童教育而写的，卢梭在书中表述了其独具特色的教育方法，他本人也认为这部书是一部造福人类的书。他这么想，但是有些人不这么认为。在当时的法国，一部书在出版前，先要经过一些名人的阅读。《爱弥儿》也依循此例，在名人当中传阅了一下。但是不久，就有人将卢梭的学说斥为异端，法庭也封禁了这部书。尽管遭到通缉，卢梭还是很受读者的喜爱，很多人都来信表达对卢梭的敬仰。

后来，卢梭改换姓名，重新回到了法国。1778 年 7 月 2 日，卢梭在阿蒙农维拉去世。在他死后，人们将他安葬在巴黎先贤祠。后来，卢梭的思想渐渐成为那个时代的潮流，《爱弥儿》也被人们争相传诵。

奥地利王位继承战争

1740 年 10 月 20 日，神圣罗马帝国皇帝查理六世去世了。由于他没有儿子，所以他的长女玛利亚·特蕾莎，就依照查理六世在 1713 年颁布的《国事诏书》，继承了奥地利王位。而玛利亚的丈夫弗朗茨一世，成为了神圣罗马帝国的皇帝。由于王位继承问题牵涉到了其他国家的一些利益，于是在玛利亚即位之初，普鲁士、法国、巴伐利亚等国就相继表示反对，拒不承认这位新国王，而西里西亚、俄国、荷兰等国也因为自己的利益所在，对玛利亚表示支持，双方就这样对峙起来。

就在两方僵持不下的时候，普鲁士国王腓特烈二世派人告诉玛利亚，只要她愿意把西里西亚的一部分领土让给普鲁士，腓特烈二世就会派兵保护她。这位普鲁士国王曾经在《国事诏书》上签了字，并且还是玛利亚的堂兄。不过他也预料到玛利亚会拒绝他，在派人向玛利亚说明自己意思的同时，他还派遣军队向西里西亚进发。玛利亚理所当然地拒绝了腓特烈，但是普鲁士的军队在两天前就已经进入西里西亚了。作为奥地利王位继承战争组成部分的第一次西里西亚战争，就此揭开了序幕。

普鲁士军队在进军的时候并未遇到抵抗，因为在西里西亚，大部分人都是新教徒，他们已经受够了奥地利哈布斯堡王朝的宗教迫害。对于普鲁士军队的到来，他们反而是十分欢迎的。腓特烈也向西里西亚人保证，在进军途中，军队不会伤害到居民，也不会进行宗教迫害，这一切都将以和平的方式完成。他就用这种方式，在没有发生冲突的情况下，占领了布雷斯勒。

玛利亚在得知普鲁士进军西里西亚的消息后，立马组织了一支军队，由奈伯格元帅带领，进军西里西亚。1741年4月10日，两支军队在离布雷斯勒不远的莫尔维茨相遇了，双方展开激战。开始时，由于奈伯格的骑兵在数量上占据优势，很快就冲垮了普鲁士骑兵。腓特烈在大臣的劝说下，转头逃走了。但是普鲁士的步兵在失去领导的情况下，竟然抵挡住了奈伯格的骑兵和步兵的攻击。而普鲁士的炮兵此时也发挥了威力，60门大炮进行了一连串的轰击，最后将奈伯格的部队打得陷入混乱。奈伯格见形势不利，便下令撤军了。值得一提的是，腓特烈回到战场之后，深刻认识到了自己的错误。一是自己没有合理运用战术，二是自己临阵脱逃，这是懦弱的表现。经过这次检讨之后，腓特烈再没犯过类似的错误。

当玛利亚听到军队失败的消息之后，也开始着急起来。此时她刚生完孩子，无法出行，而国内的实力又十分薄弱，于是她只好向其他国家求助。她给多个当初在《国事诏书》上签字的国家发去了求援信，但是各国的态度却不一样。英国当时正在跟西班牙打仗，兵力上有些吃紧，而且如果向普鲁士宣战的话，自己能否打赢还是个未知数。于是英国国会打算给玛利亚一笔钱了事，同时向玛利亚提议，要她把西里西亚送给腓特烈，以换来普鲁士撤军。腓特烈十分赞同这个提议，但是玛利亚果断拒绝了。其他的一些国家收到求援信后，虽然答应出兵援助，但是出兵的过程却很慢，根本起不到什么作用。

法国此时估量了一下情况，觉得如果英国和奥地利站在一边的话，对自己没有好处，于是就打算和巴伐利亚、普鲁士以及西班牙联合。法国的提议得到了支持，这几个国家签订了协议，以保障自己在奥地利的利益，同时还保证，相互之间不单独签约。

玛利亚眼看敌对的国家已经结成联盟，而自己还是孤家寡人，根本难以对抗，便决定向匈牙利求援。不过匈牙利一直以来是对哈布斯堡王朝不满的，因为哈布斯堡家族曾经剥夺了匈牙利人的很多权利。玛利亚为了不引起匈牙利人的反感，而获得他们的同情，穿上了匈牙利的民族服装，在匈牙利国会进行了一次动情的演说。匈牙利人都被她打动了，发誓为女王而死。虽说这次求援很成功，但是玛利亚仍为此在政治上做出很大牺牲。

此时，由三支部队组成的联军已经开始向波西米亚进军，其中包括巴伐利亚军队、法国军队和后来加入的萨克森部队。而腓特烈怕法国在这次战争中坐大，对自己不利，于是偷偷和玛利亚签订了和约。玛利亚面对如此严峻的形势，也没有其他办法，只好把西里西亚暂时划给了普鲁士。三支部队的联军很快攻克了波西米亚，但是由于巴伐利亚军队大多被派出，导致国内兵力空虚。玛利亚不守反攻，派军直捣巴伐利亚，快速攻占了巴伐利亚首府慕尼黑。

　　本来已经退出的腓特烈此时又介入战争，声称是因为玛利亚把签订和约的事情告诉了法国。普鲁士再次与奥地利开战之后，腓特烈轻而易举地击败了奥地利军队。玛利亚对这种四面楚歌的情况已经疲于应付，只好答应腓特烈的要求。1742 年 7 月 28 日，奥地利和普鲁士公开签订《柏林和约》，普鲁

玛利亚·特蕾莎

士获得了几乎整个西里西亚。第一次西里西亚战争就此结束。

　　玛利亚并不甘心就这样失败，于是和英国、荷兰等国结盟，开始向除普鲁士以外的反对她的国家进攻。奥地利军队很快占领了波西米亚和巴伐利亚，在意大利又和西班牙军队打得难分难解。1743 年 6 月，英奥联军在德廷根战役中，打败了法国军队，开始向法国进逼。而此时萨克森也倒戈了，和奥地利结成了同盟。奥地利的形势一片大好。

　　普鲁士怕奥地利得势以后，会把矛头对准自己，于是也重新参战。1744 年 8 月 17 日，腓特烈运用突袭策略，将大军分为三路进攻。这就是第二次西里西亚战争。从西里西亚出发以后，普鲁士大军势如破竹，很快击败了萨克森人，并攻克了波西米亚首都布拉格。奥军无法和普鲁士军队正面对抗，只好打起消耗战，把目标转向了普军的供给。这个战略很有效，普军不久就陷入了困境。但是腓特烈运用其出色的军事谋略，在霍亨弗里德堡伏击战中，成功击溃奥地利和萨克森的联军，扭转了局面。

　　1745 年 9 月 30 日，奥萨联军再次败于普军之手。玛利亚意识到无法打败腓特烈，想要绕开他，直接攻击勃兰登堡，结果又吃败仗。一连串的败仗使得玛利亚丧失了信心，于是她决定和腓特烈议和。1745 年 12 月 25 日，双方签订《德雷斯顿和约》，普鲁士正式得到了整个西里西亚，同时也答应承认玛利亚和她丈夫

的王位。第二次西里西亚战争结束。

之后，奥地利开始与法国在多个战场展开作战，双方都没有什么大的胜利。不过此时奥地利已经与俄国结盟，俄国也派出了军队。法国知道后，也不愿将战争再继续下去，于是决定和奥地利等国议和。1748 年 10 月 18 日，奥地利、法国、英国、荷兰四国签订了《亚琛和约》，玛利亚和她的丈夫获得了正式承认，但是割了不少领地给其他国家。至此，奥地利王位战争结束。

英法七年战争

18 世纪中期，欧洲各国之间的关系渐趋复杂。英国自从打败西班牙和荷兰，夺得海上霸主和殖民地强国的地位之后，便成了法国最主要的对手。奥地利和普鲁士之间的矛盾，因奥地利王位继承战争而更加尖锐。俄国的不断发展壮大，也使得俄普之间矛盾重重。在这种复杂的情况下，欧洲各国之间开始结盟，逐渐形成两大军事集团。双方展开了长达七年的混战，称为七年战争。其作战地域包括欧洲、北美、印度等地，涉及到殖民地和海上战争，因此英国首相丘吉尔曾称，这场战争才是真正的第一次世界大战。

1756 年 1 月 16 日，英国和普鲁士签订了《白厅条约》，以保证双方在德意志联邦的利益。不久，俄国撕毁之前与英国签订的盟约，转而和奥地利结成了同盟。奥地利女王玛利亚为了收复在王位继承战争中丢失的西里西亚，觉得这些还不够，又把法国拉了进来。双方联盟初步成形之后，又有一些利益相关国家不断加入。其中汉诺威、黑森、葡萄牙等国加入了英普同盟，萨克森、德意志联邦的多数国家、瑞典、西班牙等国加入了俄奥法联盟。

1756 年 8 月 29 日，普鲁士国王腓特烈二世带领将近 10 万人的军队，突然进入萨克森，将萨克森军队包围。七年战争就此揭开序幕。经过一个月的围困，萨克森军队投降，普鲁士成功占领萨克森首府德累斯顿。

1756 年 10 月 1 日，普鲁士和奥地利展开作战，在罗布西茨战役中，普鲁士获胜。之后普鲁士开始进攻波西米亚，想要用快速突袭的方法，逼迫奥地利投降。1757 年 5 月 6 日，普鲁士进攻布拉格。奥地利军队经过一番激战，结果不敌败退，守在布拉格城中。此时，奥地利的援军到来，与普军在科林发生激战。这次奥军的统领是道恩元帅，他是位军事天才，军事能力不在腓特烈之下。最终，奥军在道恩的带领下，打败了普鲁士军队，布拉格之围总算解除。而普鲁士攻势受阻，已经无法达成原先的战略企图。

就在奥地利和普鲁士僵持不下的时候，法国也出兵进入德意志境内。法军首先攻打了英国王子坎伯兰公爵所率领的汉诺威军队，结果坎伯兰公爵被迫投降，并解散了自己的军队。之后，法军联合德意志联邦的军队，开始向普鲁士本土进攻。俄国也调集了8万军队，开始向东普鲁士进逼。普鲁士已陷入三个国家的包围之中。

此时，腓特烈发挥了他优秀的军事才能，采用了各个击破的方法。他先是调集主力，迎战法国军队，在罗斯巴赫会战中，大败法军。之后普军主力又一路向东，拦截了已经进入西里西亚的奥地利军队，在洛伊滕会战中取得胜利。1758年1月，腓特烈又率军抗击俄国，此时俄国已经占领了东普鲁士。在初次交战中，俄军失利，之后俄军开始联合奥地利一起进攻。1759年8月，在库勒斯道夫战役中，俄奥联军击败了普鲁士军队。而此时的法国，却在另一条战线上败给了英国。

俄奥联军在大好形势下，并未争取进一步成果。奥地利从势力平衡角度考虑，觉得如果普鲁士被彻底打倒的话，俄国的势力就会大大加强，从而对自己产生威胁，于是放弃了对普鲁士的进攻。法国此时也怕俄国势力壮大，不愿意让俄国占领东普鲁士。而且法国准备停止与英国的战争，与其签订和约，结果双方没有谈成。普鲁士借助这个形势，开始补充自己的实力。到1760年的时候，普鲁士已经有10多万军队。实力增长之后的普军接连出击，在西里西亚打败了俄奥联军，一个月之后又在利格尼茨打败了奥地利军队，之后在托尔高战役再次击败奥地利。此时的战局较之以前没有发生多大变化。

1761年12月，俄军的一次进攻使得战局进入了关键点。俄军统帅鲁缅采夫将军率领军队，采用水陆并进的方式，攻克了普鲁士要塞科尔贝格。之后，俄国又与瑞典联合起来，打算一起进攻柏林。此时的普鲁士已经危在旦夕。不过就在这关键时刻，戏剧性的一幕发生了。1762年1月5日，俄国女沙皇伊丽莎白·彼得罗芙娜去世了，由彼得三世继承了王位。这位彼得三世十分崇拜腓特烈，他命令俄军全部撤回，并交还所有占领的普鲁士领土。绝望中的腓特烈此时终于盼来了希望。而瑞典在俄国撤兵后，也宣布退出战争。俄国和瑞典的相继退出，使得法国和奥地利陷入尴尬境地。

虽然双方在陆地上的战争一直处于胶着状态，但是海上和殖民地战场却发生了翻天覆地的变化，其战争主要在英、法两国之间发生。英国先是在海上被法国击败，其在北美的占领地梅卡诺岛被法国夺取。之后英国接连打败法国，占领了路易斯堡和魁北克，到 1760 年，英国已经占领了整个受法国殖民的加拿大地区。1761 年的时候，英国又攻占了法国在印度的殖民地。

俄奥法联盟的破裂，使得各国都无心再继续战争。到了 1763 年，各方都已经停战，相互之间开始订立和约。2 月 10 日，英国和法国签订了《巴黎和约》。这份和约中，英国强迫法国交出了整个加拿大和印度。2 月 15 日，奥地利和普鲁士签订了《胡贝尔图斯堡和约》。奥地利承认了普鲁士对西里西亚的占有，同时普鲁士也同意从萨克森撤兵。持续了七年的混战就此结束。

工业革命时期

西 欧

珍妮纺纱机问世

1764 年的一天，一对夫妻坐在屋里。女主人珍妮正在纺纱，不时地腾出一只手来，拍打酸痛的肩膀。男主人哈格瑞夫斯此时则坐在一旁看着珍妮，双眼仿佛要喷出火来，就盼着妻子能再纺快点。他是负责用飞梭织机织布的，这种织机织布很快。而珍妮用的是手摇纺车，纺纱速度根本跟不上丈夫织布的要求。

在 18 世纪，随着英国殖民地的不断增多，英国对出口商品的需求也在急剧增长。生产技术虽然有了很大突破，但当时的纺织业还是以手工纺织为主。本来纺纱和织布的速度都是非常慢的，后来有人发明了一种飞梭织机，使得织布速度大幅提升，而纺纱还是使用手摇纺车，纺纱速度依然很慢。于是人们就希望能有一种加快纺纱速度的方法。

哈格瑞夫斯和珍妮两口子住在英国的一个小镇上，以手工纺织为生。但是这个职业的收入很微薄，只够糊口的。哈格瑞夫斯的织布速度倒是很快，但是珍妮的纺纱速度就不行了。于是哈格瑞夫斯就总是闲着没事干，干瞪眼看着珍妮纺纱。久而久之，哈格瑞夫斯就憋了一肚子火。他在织布之余，也经常去外面揽一些木匠活来做，但这不是长久之计，木匠活并不是随时都有的。

这一天上午，哈格瑞夫斯织完了布，看了那慢得出奇的手摇纺车一眼，又拿起斧子，到外面去找木匠活干了。离中午还有一段时间，哈格瑞夫斯回来了，耷拉着脸，一句话也不说。他把斧子往旁边一扔，冲珍妮嚷道："纱呢？"珍妮知道，丈夫这是又没找到活干。她也不说话，把一上午织出的纱抱给了丈夫。哈格瑞夫斯拿起纱就织了起来，结果不一会功夫，这一大团纱就织完了。哈格瑞夫斯又嚷了一声："没纱了。"见妻子不答话，他走过去看，见纺车上刚刚有一薄层纱线。这都中午了，织出来的布连午饭钱都不够。哈格瑞夫斯此时已经饿得肚子咕咕叫了，不禁向妻子嚷道："我都饿了半天啦，纺得这么慢，还让不让人吃饭了。"珍妮也不搭理他，继续纺自己的纱。哈格瑞夫斯见妻子没反应，又大声喊道："这日子没法过了，挣点钱还不够吃饭的。"珍妮此时也来气了，她放开手中的纺车，哽咽着道："你以为我想啊，嫌我纺得慢，你来啊，我看你能纺多快！"然后坐到一边哭了起来。

哈格瑞夫斯看妻子生气了，也不再出声。突然，他冲到一边，拿起了做木匠活用的斧子，奔纺车就来了。珍妮见他满脸怒气，心里一惊，连忙喊道："你干什么？"哈格瑞夫斯吼道："破纺车，织得这么慢，还要它干吗，干脆劈了当柴火烧。"珍妮赶忙冲上来拉住他，哭喊道："你劈了它我们还拿什么挣钱啊，这日子还过不过了？"珍妮死命地拉着哈格瑞夫斯，不让他砍纺车。哈格瑞夫斯也是真生气了，飞起一脚，将纺车踹出老远，然后愤怒地瞪着纺车。

珍妮见丈夫不再劈纺车了，又坐到一边哭起来，嘴里说道："我知道你难受，但是这也没办法啊，咱又干不了别的。"她边说边看了一眼丈夫，却发现哈格瑞夫斯脸上的怒容消失了，反而现出高兴的神色。珍妮感到有些奇怪，就问丈夫："你怎么了？这会儿怎么又高兴起来了？"哈格瑞夫斯过来拉着她的手说："来，你过来看。"两人来到纺车前边，哈格瑞夫斯指着纱锭让珍妮看。原来此时纺车被哈格瑞夫斯踹了一脚，已经立起来了，纱锭也跟着竖了起来，还在不停地转着。哈格瑞夫斯说："我有个想法，我们可以把这个纺车改造一下，让纱锭竖起来，这样就可以在纺车上多放几个纱锭了。这就相当于几辆纺车同时纺纱，肯定能比以前快不少。"珍妮听他这么一说，也高兴起来，擦干眼泪说："好主意，我去给你做饭。"然后就欢快地跑到厨房去了。哈格瑞夫斯也来了精神，拿起斧子就开干。

哈格瑞夫斯本来就会木匠活，这种改造对他来说根本不在话下。也亏他心思灵活，把纺车稍加改动，就在上面加了8个纱锭，然后用线试了一下，还真好使。珍妮在用这纺车的时候，速度明显快了很多，她也不再整天愁眉苦脸了。后来，哈格瑞夫斯对纺车进行了好几次改进，又把纱锭增加了很多。此时纺纱的珍妮倒是轻松了，不过哈格瑞夫斯的织布机旁边，经常放着一堆织不完的纱线。

哈格瑞夫斯不敢忘记妻子的功劳，把这种纺纱机命名为"珍妮纺纱机"。之后，他把珍妮纺纱机介绍给了朋友，两人合作开了一家纺织工厂。珍妮纺纱机逐渐流传开来，很快就在英国的纺织业掀起了一场革命。

瓦特改良蒸汽机

在工业史上，原动力一直是人们思考的一个主要问题。在早期，生产上只有人力、畜力等原始动力。后来，有人根据蒸汽的推动原理，发明了蒸汽机水泵，使得蒸汽也成为了一种动力，蒸汽的使用逐渐受到人们重视。1712年，英国人汤姆斯·纽柯门对初期的蒸汽机进行了一些改进，从而获得了改进之后的蒸汽机的专利。不过这种蒸汽机效率很低，并且只能作为直线运动装置的动力，应用范围十分有限。在蒸汽机的发展中，迈出关键一步的人，是瓦特。他不但使得蒸汽机效率大为提升，也使得蒸汽机能够应用到绝大多数的工业装置中，为工业发展作出了不可磨灭的贡献。

1736年1月19日，瓦特出生在苏格兰的格林诺克镇。由于体质原因，他从小多病，没能和同龄的孩子一起入学，等人家都上三四年级了，他才开始上学读书。瓦特十分聪明，对数学比较感兴趣，他在15岁的时候，就已经读通《几何学原理》了。中学毕业后，他进入了文法学校。但是天生赢弱的瓦特，还是因为身体的原因，中途退学了。闲在家里之后，瓦特依然坚持自学，经常看天文、物理等方面的书籍。

在瓦特17岁的时候，他的母亲去世了，父亲心情不好，生意也变得不景气。为了维持生计，瓦特来到一家钟表店，给人当学徒。他一边工作，一边学习，掌握了很多当时比较先进的东西。之后，他成为了格拉斯哥大学一名实验教具管理员，主要负责修理一些有故障的实验仪器。大学里有位教授很欣赏瓦特，他答应让瓦特在学校里开一家修理机械的门市。

修理门市开业之后，瓦特逐渐接触到了各类机械，其中也包括当时的纽柯门蒸汽机。1763年，学校的一台纽柯门蒸汽机出了点问题，打算送回厂家去修理。瓦特听到消息后，说他能修理，于是学校就把蒸汽机交给了他。瓦特很快把蒸汽机修理好了，但是他发现，这种蒸汽机的动作慢得出奇，效率十分低下。他经过自己的研究，发现蒸汽机的活塞每次做完功，都要等汽缸里的蒸汽冷凝，然后再次加热，进行下一个动作。这样一来，很多时间都浪费在了汽缸的加热上，而且蒸汽的大部分热量也被平白消耗，没有得到有效利用。他觉得应该对此进行改进。

一次，瓦特正在自己的实验室里研究一些东西，觉得有点口渴，就顺手拿起了杯子。喝了一口之后，他发现水凉了，就把凉水倒在了旁边的盆里，又倒了一杯热水。这时，他看着手里的杯子，突然想到：既然不想让杯子里的水是凉水，可以把它倒到盆里，那蒸汽当然也可以弄到汽缸外面来冷却。想到这里，他立即着手进行设计。不久，他设计了一种与汽缸分离的冷凝器。这样一来，汽缸冷却的问题就得到了解决，蒸汽机的效率也得以大幅提升。经过计算之后，瓦特发现新蒸汽机的效率可以达到纽柯门蒸汽机的三倍。

但是在他造出了一台自己设计的蒸汽机之后，瓦特才发现，要完成一件设计并没有那么容易。他的蒸汽机很多地方都在漏气，效率并没有想象中的那么高，有时甚至都启动不了。有人把瓦特介绍给了富商罗巴克，罗巴克对他的研究很支持，决定与他合作。但是不久，罗巴克就破产了，他的工厂和技术都被博尔顿接管了，于是瓦特又开始了和博尔顿的合作。博尔顿也很看好瓦特，全力支持他的研究。瓦特又经过一番思考和实验，发现蒸汽机的最主要问题就是气密性。他找到一名大学教授，请教气密性问题，教授为他介绍了一位叫做威尔金森的工程师。这位工程师发明了一种镗床，使得加工精度大为提高，这为蒸汽机的气密性问题提供了一条解决的道路。

1776 年，瓦特设计的蒸汽机终于生产出来了，效率果然有大幅提高。不过此时他又发现了一个严峻的问题，这种蒸汽机还是只能在直线上做功，应用范围还是局限于水泵。于是在博尔顿的鼓励下，瓦特又继续研究如何将直线运动转化为圆周运动。在当时，要把直线运动转化为圆周运动，最理想的传动装置就是曲柄摇杆机构。但是当瓦特与这种机构的发明人约翰·斯蒂德商量合作的时候，约翰·斯蒂德却想要在瓦特的分离冷凝器专利中分一杯羹，瓦特果断拒绝了。

此路不通，瓦特只好另寻他路。1781年，瓦特手下一名叫默多克的员工，发明了一种行星齿轮传动机构。瓦特大感惊喜，将这一发明应用到了蒸汽机中，果然解决了传动方式的转化问题，将蒸汽机的应用范围扩大到了绝大多数的工业机械。不过这个问题解决了，又出现了新的问题。由于使用行星齿轮传动要

瓦特

在蒸汽机中加装许多零件，使得蒸汽机的不少能量都消耗在了传动过程中，蒸汽机的效率因此又下降了。瓦特只好再次寻找提高蒸汽机效率的方法。

他发现自己改进的蒸汽机和纽柯门蒸汽机，在汽缸内部工艺上都采用了蒸汽单向进出的方式，使得蒸汽的能量没有得到有效利用。于是他设计了一种新的汽缸，这种汽缸可以使蒸汽在两个气口同时进出，这样就将蒸汽的利用效率又提高了一倍。同时，他还将原来蒸汽机中使用的低压蒸汽改为高压蒸汽。

经过这一系列改进，最后的瓦特蒸汽机终于形成了。瓦特蒸汽机一经推广，立刻掀起了一场工业革命。后来，人们为了纪念瓦特，将物理学中功率的单位定为了"瓦特"。

亚当·斯密与《国富论》

在经济学的发展过程中，有一部书十分重要，就是《国富论》。这部书被认为是现代政治经济学研究的起点，它的作者是亚当·斯密。此人被学界称为"现代经济学之父"，被企业主称为"自由企业的守护神"。

亚当·斯密1723年出生，但是具体的出生日期不太清楚，他的家乡是苏格兰法夫郡的可克卡迪。亚当·斯密的父亲与他名字相同，担任苏格兰的军法官和关税查帐员，不过在亚当出生前的几个月就去世了。他的母亲是一名地主的女儿，在亚当的父亲死后没有再嫁，而亚当也终生未娶，一直陪伴着母亲。

亚当自小就喜欢读书，他说自己唯一的爱好就是读书。而在读书之时，他经常进入沉思，从而忘了外界的所有事物。有一次，他穿着睡衣散步，突然想起什么事来，便渐渐陷入思考，直到走出了十几里路之后，他才回过神来。

少年时期的亚当一直在家乡的学校上学，后来考入了格拉斯哥大学，跟随哈奇森教授学习道德哲学。他很敬佩哈奇森教授，尊称他为"永恒的哈奇森"。这个时期的亚当比较崇尚自由和理性。1740年，亚当进入牛津大学贝利奥尔学院。不过他在这里受到的教育并不是十分理想，唯一的收获就是能看到不少格拉斯哥大学没有的书籍。几年后亚当离开了牛津大学，开始在爱丁堡进行演讲和教课。他开始只教授文学方面的课程，后来渐渐对经济产生了兴趣。亚当生性比较羞涩，当他在一个陌生的地方进行演讲时，经常因为紧张而结巴或讲不出话来。但是等他一旦熟悉了周围的环境和人群，他便开始滔滔不绝，雄辩之势无人能挡。

1750年，亚当回到格拉斯哥大学任教。他先后教授过逻辑学和道德哲学，并曾担任学校的行政职务。在担任教授期间，他出版了一部《道德情操论》，这部书在当时得到学术界的一致好评。有人将这部书称作是"市场经济良性运行不可缺少的'圣经'"，亚当本人也因此而一举成名。

1768 年，亚当开始了《国富论》的写作。这部书全名叫做《国民财富的性质和原因的研究》，是一部系统地研究经济学的著作。

在《国富论》一书中，亚当反驳了当时的两个主要经济观点——重商主义和重农主义。重商主义认为，经济成功的一个前提是大量储备贵金属，通过大的贸易顺差来增加财富。重商主义是当时比较流行的经济体制，那个时候的英国就奉行重商主义。亚当在书中提出了"自由贸易"的观点，认为自由市场表面看起来毫无章法，但实际上它有自己的运行法则。自由贸易能够自主引导市场生产，告诉人们该生产什么，该定什么价格，从而使市场进入良性循环。而且自由贸易的竞争使得市场能够产生更好的产品和服务，是对整个人类社会都有好处的。不过在提倡自由贸易的同时，他也提出警告，要防止垄断的形成。这种自由贸易的观点，就是对重商主义的最合理的反驳。重农主义也是当时传播很广的经济学说，认为土地是社会财富的唯一来源。亚当却认为，劳动才是更为重要的，合理的劳动分工能够大幅度地提高生产效率，是增加社会财富的最佳途径。

在亚当生活的那个年代，英国已经发展到了资本主义的初期阶段，相比其他欧洲国家来说发展很快。那时已经有很多人开始对经济学说进行研究，不过都是一些比较零散和混乱的理论。亚当通过对这些理论进行整理和疏导，同时发展自己的经济学理论，使得零乱的经济学理论成为了一门成系统的独立学科。

其实在 1773 年的时候，《国富论》就已经成稿了，不过亚当又花了三年时间对其进行修改和润色。到了 1776 年,《国富论》终于出版了。这部书刚一出版，就在欧洲和美洲等地引起巨大反响，许多地方都掀起了要求自由贸易的浪潮。

在《国富论》发表后两年，亚当和他的母亲以及他的阿姨搬到爱丁堡居住。不久之后，他被选为了格拉斯哥大学的名誉校长，并参加了校长的任命仪式。不过亚

英国资产阶级开疆拓土，图霸海上，完成了资本的原始积累。

当没有及时上任，因为他的母亲去世了。直到 1787 年，他才正式担任了校长的职务。

1790 年 7 月 17 日，亚当·斯密离开了人世。后来，人们在清点他的遗产时，发现他生前做了很多不为人知的慈善事业。他在生前将自己的全部手稿付之一炬，但是他所留下的财富却是永恒的。

爱尔兰大饥荒

1844 年，一种非常厉害的霜霉病菌快速地在欧洲扩散。到了 1845 年夏秋之际，它影响到了中欧及欧洲北部大部分地区。到了 8 月份，荷兰、比时利、英格兰南部和法国北部都受到了这种病菌的影响，农作物大量减产。

受到霜霉病菌影响最大的是爱尔兰，英国的期刊甚至宣称：爱尔兰爆发了"马铃薯瘟疫"。这场瘟疫给爱尔兰造成了严重的损失。大量马铃薯被毁，使得爱尔兰人面临缺少食物的窘境。1847 年夏天，那种病菌已经被消灭，很多人认为爱尔兰的饥荒结束了。但是，由于马铃薯植株有限，无法满足爱尔兰人的需求，因此那一年爱尔兰人收获的马铃薯仍然少得可怜，饥饿和疾病依然在爱尔兰蔓延。1848 年，正当爱尔兰人以为马铃薯能获得丰收时，霜霉病菌再度袭来，而且袭击的地点集中在饥荒本就已经十分严重的地区。那里的百姓面临着沉重的灾难，生活状况越来越差。

在几年时间里，爱尔兰有近百万人因为马铃薯减产而饿死，另外还有 150 万人因为无法忍受饥荒而逃到海外。1851 年，马铃薯饥荒总算结束了。据统计，爱尔兰的人口在几年之内锐减了百分之二十。

马铃薯减产为什么会给爱尔兰造成如此沉重的灾难呢？

爱尔兰位于欧洲西北部，自从马铃薯传入到那里后，便受到了热烈欢迎。爱尔兰人广泛种植马铃薯，使马铃薯成为爱尔兰主要的粮食作物。随着马铃薯的普及，爱尔兰出现了结婚年龄普遍降低，大龄青年锐减的社会现象。这是因为，在马铃薯没有普及前，爱尔兰的年轻人需要在结婚前攒钱买地。买地对很多年轻人来说都不是一件容易的事情，因此大量年轻人因为买地而错过了结婚的年龄。当马铃薯在爱尔兰普及后，人们只需要一小块地种植马铃薯就能够维持一家人的生存，需要买的土地面积减少，结婚的成本降低了，因此很多爱尔兰年轻人到了结婚年龄就顺理成章地结婚了。这种社会现象造成了爱尔兰的人口在短时间内增长了数倍。

马铃薯虽然可以使爱尔兰人的粮食压力得到缓解，但是它们抵御自然灾害的能力很低。因此，当植物病菌扩散到爱尔兰的时候，马铃薯产量便会大大降低。这也正是爱尔兰爆发大饥荒的一个重要原因。

爱尔兰爆发大饥荒的另外一个原因与它的历史密切相关。

爱尔兰人的祖先是凯尔特人，公元5世纪时，罗马天主教传到了爱尔兰，并逐渐获得了爱尔兰人的信任，成为爱尔兰人的精神支柱。到了公元8世纪末，统一的法律和文明已经出现在爱尔兰。但是，在政治方面，爱尔兰并没有出现一个统一的国家。12世纪末，英王亨利二世率领大军登陆爱尔兰，逼迫各个诸侯向英国效忠。从此之后，爱尔兰便成为了英国的附属国。16世纪后，英国开始对外扩张，爱尔兰由于邻近英国，也就成英国殖民者最好的选择。他们来到爱尔兰，用残忍的手段赶走爱尔兰人，之后再通过各种方式移民。斯图亚特王朝成为英国的主宰后，开始有计划地向爱尔兰实施殖民活动。一大批信奉新教的英格兰和苏格兰公民在政府的支持下，来到了爱尔兰北部的厄尔斯特省。大量爱尔兰人失去了土地，被赶到西部荒凉地区。克伦威尔执政时期，英国移民占领了大量爱尔兰土地，很多爱尔兰天主教徒被杀死。到了17世纪末，英国已经完全控制住了爱尔兰。

此后，不甘被压迫的爱尔兰人组织了多次反英起义，全都遭到了英国政府的残酷镇压。1801年，英国正式宣布吞并爱尔兰。如此一来，爱尔兰就成为了英国的领地，政治上和经济上完全丧失独立。

英国控制爱尔兰后，由于受到保守主义思想的影响，并没有在爱尔兰进行现代化改革，这也导致农业成为爱尔兰的经济支柱，使得爱尔兰容易受到植物病菌危害。

巴黎人民攻占巴士底狱

在18世纪的巴黎，有一座很有名的建筑。它是法国国王查理五世下令建造的，本来的用途是抵挡英国的进攻，所以完全是依照军事堡垒的模式建造的。后来由于巴黎市区的扩大，这座建筑失去了它原来的用途，于是便成了关押政治囚犯的地方。由于里面关押的都是一些有名望的人，所以这里就成了封建专制的象征，也是人们最痛恨的地方。它的名字就是巴士底狱。

18世纪的后期，法国社会已经被统治阶级弄得乌烟瘴气，民怨不断。国王

表现巴黎人民攻占巴士底狱的图画

路易十六昏庸无能，他和贵族大臣以及宗教僧侣勾结，利用手中权力搜刮民脂民膏。而贵族和僧侣也仗着国王撑腰，在底层人民面前耍威风。当时巴黎民间已经怨声载道，而新兴的资产阶级也因为受到封建贵族的压制而对统治阶级充满仇恨。矛盾就这样在双方的对抗中不断膨胀着。

1789年5月，路易十六因为国库亏空，于是宣布召开三级会议，打算为自己筹集资金。三级会议是由法国的三个阶层共同召开的，其中宗教僧侣是第一阶层，贵族大臣是第二阶层，其他人则是第三阶层，虽然第三阶层的人数最多，但是会议的表决权大部分都分给了前两个阶层。三级会议已经有100多年没有召开了，所有人都明白国王这次召开会议是为了什么。

5月5日，三级会议在凡尔赛开幕了。第三阶层的代表们已经达成了共识，在会议开始就提出了自己的要求：第一条就是要求限制国王的权力；第二，让三级会议成为国家的最高立法机关；第三，重新分配三个阶层的票权，按人数多少来分配。路易十六一听这些就愤怒了，骂第三等级的代表们忤逆。然后悄悄调集了军队，打算趁会议代表们不备将他们抓起来。

代表们很快得知了消息，他们明白，已经不能指望这位国王能做些什么了，能依靠的只能是自己。于是他们打算绕开国王，自己解决问题。他们组织了国民议会，并宣布要制定一部代表所有法国人民利益的宪法。1789年7月9日，国民议会改称"制宪会议"，开始公开与国王展开对抗。

国王的军队调来之后，引起了巴黎市民的愤怒。人们纷纷走上街头，参加示威游行。有人发表了演讲，说："已经到这个时候了，只有斗争才能解救我们了。拿起你们的武器吧，还等什么？"于是许多人回家拿来刀、棍等兵器，向着王宫前进。国王的军队此时也到来了，他们开始对游行的群众进行镇压。这些手拿刀、棍的普通百姓不是军队的对手，很快就被打散。

1789年7月13日，激愤的市民们攻占了一个军火库，夺取了大量武器。有了这些武器，起义者们就再也不怕阻挡在面前的军队了。由于巴士底狱本来是用在军事上的，防守很坚固。这座建筑有着厚实的围墙，在巴士底狱四周的墙上，分布着 8 个炮塔，上面安置了 15 门大炮，而且监狱内有充足的弹药以抵御入侵。面对如此坚固的防守，起义者们并没有畏惧，他们依然向巴士底狱冲去。

时间一点点过去了，双方一直在僵持着，起义者找不到有效的攻击方法。有人由于太过愤怒，冒着弹雨跑到巴士底狱墙底下，点着了几个警卫的房子，以发泄自己的愤怒，但是这对巴士底狱毫无影响。有人提议用火烧敌人的大炮，但是炮位太高了，燃烧物根本扔不上去。这时有人说道："我们得找一门威力大的火炮，还要找一名专业的炮手。"于是有人开始到处去找火炮和炮手。过了两个多小时，终于有人弄来一门大炮。不久，炮手也来了。在人们期盼的目光中，带着火焰的炮弹一颗颗向巴士底狱射去。这门大炮不知道是从哪弄来的，威力还挺大，很快就把巴士底狱的围墙给轰出了缺口。起义者们一片欢呼，拿起武器向巴士底狱冲去。

守卫监狱的士兵们看大势已去，只好举手投降了。法国大革命就此揭开序幕。后来，为了纪念巴黎人民攻占巴士底狱的这次行动，法国把 7 月 14 日定为了国庆日。

法王路易十六上断头台

在法国历史上，有一位有名的"锁匠"国王，而且也是法国唯一一个被推上断头台处死的国王，他就是路易十六。

路易十六是前任国王路易十五的孙子，他在 1774 年继位成为法国国王。当时的法国仍旧承续了路易十四所建立的专制统治，国王的权力大于一切。不过此时的法国也是矛盾重重，人民对专制统治怨声载道，而整个官僚机构中充满了腐败和堕落，政府的管理也是一片混乱。

路易十六在即位之初，是想要把国家治理好的。他曾任用老臣莫普，想要重整管理秩序，但是莫普没有达到他的期望。于是他又起用杜尔阁，希望杜尔阁能够实现他的愿望。杜尔阁是个思维比较开放的人，他向国王提出了一个大胆的计划，要取消所有奴役人民的制度，同时取消特权，让宗教僧侣们和普通民众一样纳税，并且让普通民众参加政治管理。可以说这个愿望是十分好的，路易十六也很支持。但是法国的贵族却不这么认为，这样对他们的利益触动太大了。最终在贵族和教会的阻挠下，这个计划没能实施。路易十六看此路不通，便免了杜尔阁的职，改为任用马尔泽布尔。马尔泽布尔也提出不少建议，确实对政治改革很有利，但是这些建议和杜尔阁的计划是差不多的，换汤不换药。最后，马尔泽布尔的改革也无疾而终，他本人也被赶下了台。

路易十六生性懦弱，没有主见，换了好几届大臣，也没能把政策制定下来。虽然他在治理国家上一事无成，但是在另一方面却造诣非凡。他的制锁技术非常高明，他所制出来的锁，几乎都是绝佳的艺术品。他曾在凡尔赛宫为自己建了一个工作间，这个工作间可以说是当时全国最顶级的锁具制作的地方了，里面到处都挂着制锁的工具。路易十六为了制锁，还专门聘请了当时的著名铜匠加曼，给了他自由出入王宫和国王寝室的权力。这样的优待，就连当时的大臣也望尘莫及。路易十六在制锁方面相当有研究，他制出来的锁都很有创意。例如他制作的松鼠形状的锁，把钥匙插进锁孔转动之后，松鼠就会连连点头；他还做过一把蝾螈形状的锁，把钥匙插进锁孔转三圈，蝾螈的嘴里就能喷出水来。有些人为了讨好国王，也开始在制锁方面花心思。有人向路易十六献上了一把大号的锁，把锁打开之后，里面就走出来一个小王子。因为当时正值路易十六的儿子出生，所以这把锁很合他的心意。

路易十六在制锁方面确实很有一套，但是人民看重的不是他的锁艺，而是要他治理国家。路易十六的无能和昏庸渐渐惹恼了民众。当时法国在路易十六和其王后的挥霍中，已经浑身是债了，每年光还利息就要花掉国家收入的一半以上。面对国家财政的捉襟见肘，路易十六决定召开已经有100多年没有和世人见面的三级会议。1789年的5月5日，三级会议在凡尔赛召开。本来路易十六寄希望于贵族阶级，但是在开会的时候他才发现，贵族并不支持他。而第三阶层代表在会议上提出来的要求，遭到路易十六的拒绝，他们就自己组织了国民议会，后改名为制宪会议。眼看矛盾越来越尖锐，路易十六不但不缓和矛盾，反而偷偷调集了军队，打算将第三阶层代表抓起来。他的这个行为无异于火上浇油，点燃了人们心中的怒火。

7月14日，愤怒的巴黎人民攻占了巴士底狱，法国大革命正式爆发。看到大革命发展得如火如荼，路易十六害怕起来。在大臣的劝说下，他开始向制宪会议妥协，表示支持君主立宪制，并签署了多项制宪会议制定的法令。但是在暗地里，他却在筹划着出逃，同时和外国势力勾结，打算利用外国的力量来镇压革命。

1791 年 6 月 20 日深夜，路易十六开始自己的逃跑计划。他的家属们一个个都化了装，从密道里溜出了王宫。就在路易十六要开溜时，拉法耶特将军和巴黎市长来了，路易十六为了稳住他们，只好装作没事儿人一样和他们谈话。等这两个人走后，路易十六才逃出了王宫。他带着自己的家人和随从，开始了出逃之旅。一路上他们并不紧张，反而有说有笑，路易十六还多次下车找路边的农民聊天。中间有很多人都已经认出了他，但是都没有做出反应。此时他们的出逃行程已经比原计划延后了 3 个小时，本来准备接应国王的军队以为国王没有逃脱成功，逐渐散去了。路易十六在经过一个驿站时，被驿站站长认出，站长将此事报告了市议会。市议会感到很震惊，下令拦截国王。最终，路易十六一行人在瓦雷纳被截住了。之后，路易十六被押送回了巴黎。

1792 年，在受到奥地利的威胁后，法国被迫向奥地利宣战。法国底层的民众自发组织起义勇军，打退了奥地利等国的入侵，并且成立了法兰西第一共和国。之后，法国人民强烈要求，审判路易十六。1793 年 1 月 18 日，路易十六被指控犯有泄露机密、卖国等罪名，证据确凿，罪名成立，被判处死刑。

1793 年 1 月 21 日，路易十六被押上了断头台。广场上人山人海，无数人来看路易十六的死刑，这个曾经压迫他们的人终于走到了尽头。

热月政变

热月政变是法国大革命期间，法国人为了反对雅各宾派的恐怖统治发动的政变。此次政变发生于 1794 年 7 月 27 日，当时正值法国共和历的热月，因此被称为热月政变。

1793 年 5 月 31 日，巴黎人民爆发了第三次武装起义，起义的结果是，雅各宾派取代了吉伦特派的位置，开始掌握国家政权。

面对当时内忧外患的局势，雅各宾派的领袖罗伯斯庇尔等人在国内外实施了一系列恐怖措施。

在政治方面，罗伯斯庇尔等人下令严厉打击各地的反叛分子，迅速平息了国内的叛乱。大批吉伦特党人被驱逐出国民公会，其中更有 22 人被处死。路易十六的王后也在这一时期被判处死刑。在军事方面，下令集中兵力，一举击溃了反法同盟。罗伯斯庇尔等人在政治和军事方面采取的措施，使得法国的内外局势很快就稳定下来了。在经济方面，罗伯斯庇尔等人下令将逃亡贵族的土地出售给农民，从而将封建土地所有制变成了小农土地所有制，彻底铲除了封建社会存在的经济基础。在思想方面，罗伯斯庇尔等人下令废除天主教，在国民之中倡导理性教，还在全国范围内开始实行新历法，废除了以往的宗教节日。在生活方面，则下令废除以往奢华的假发与着装。

在这些措施的帮助下，雅各宾派迅速赶走了国外的侵略者，平息了国内的叛乱，比较彻底地摧毁了法国的封建制度，完成了资产阶级革命任务，并巩固了法国大革命的成果。不过，有个成语叫做"过犹不及"，雅各宾派的这些措施太过激进，为了排除异己，简直可以说是不择手段，这使他们很快就民心尽失。

据说，罗伯斯庇尔年轻时曾爱上了一个美丽的姑娘，他费尽心机追求佳人，无奈佳人另有所爱。最后，罗伯斯庇尔只好眼睁睁地看着她跟另外一个男人携手步入婚姻的殿堂。这个男人后来加入了吉伦特派，罗伯斯庇尔便乘机将他处死，以报当年的夺爱之仇。当然这只是一个传说，不足为信，但当时雅各宾派实施的恐怖措施确实在法国人民中间引发了巨大的恐慌。

罗伯斯庇尔曾经下令，凡是反对雅各宾派的人，一经发现，不必审讯，可以直接将其处死。这段时间，平均每天都有 50 人死在雅各宾派的手下，至于这 50 人究竟是真的反动派还是受到牵连的无辜人士，雅各宾派并不在乎。

这样的恐怖政策在孤立雅各宾派的同时，也给了反对雅各宾派的人以可乘之机。1793 年 7 月 13 日，雅各宾派的主要领袖之一马拉被吉伦特派的支持者夏洛特·科黛暗杀。

马拉之死震惊了整个法国，也为雅各宾派带来了巨大的危机。不过，这只是一个开始，接下来就轮到雅各宾派的另一位领袖丹东了。

自从雅各宾派掌权后，丹东就与罗伯斯庇尔产生了很大的政治分歧。丹东对外主张与英国议和，对内主张取消恐怖政策，赦免反革命分子的罪行，丹东及其支持者因此被称为"宽容派"。吉伦特党人乘机利用丹东，准备发动政变，推翻掌权的雅各宾派。后来，事情败露，丹东于 1794 年 3 月 30 日被捕。他的同党曾要求带着他一同逃往国外，丹东不肯，他说："我们可以逃跑，但是我们可以带着祖国一起逃跑吗？" 4 月 5 日，丹东被处死。

马拉、丹东和罗伯斯庇尔本是雅各宾派的三大领袖，现在三人之中只剩了罗伯斯庇尔一人，而且就连他的地位也已变得岌岌可危了。对于这一点，罗伯斯庇尔也早有预感。

1794 年 7 月 26 日，他在雅各宾俱乐部发表了演说，最后他对台下众人说："今天大家听到的演说说不定就是我的临终遗言。"很多听众都以为他在开玩笑，没想到他的话竟然真的应验了。

第二天，罗伯斯庇尔在国民公会的会场上被捕，在此之后，罗伯斯庇尔一度被人营

这是塔萨厄尔的一幅画作，表现的是 1794 年 7 月 27 日夜间政变的情景。当时，雅各宾派领袖罗伯斯庇尔以及与他关系密切的政治盟友遭到逮捕，并被处以死刑。这一事件标志着由罗伯斯庇尔发起的，目的在于清除王权制度遗留的恐怖统治结束。

救，逃到巴黎市公所。当时，他明白自己已经走投无路了，便想开枪结束自己的生命。就在这时，一名士兵一枪击中了他的下巴，又将他逮捕了。

7 月 28 日，罗伯斯庇尔等 22 名雅各宾派领导人没有经过审判就被送上了断头台。事后，人们在罗伯斯庇尔的墓碑上刻写了这样一段话："来来往往的路人呀，我罗伯斯庇尔在此长眠，你不必为我伤心，因为如果我活着，你就活不下去了。"若是罗伯斯庇尔泉下有知的话，看到这些话不知道该笑还是该哭。罗伯斯庇尔死后，又有上百名雅各宾党人被处死。雅各宾派对法国的统治就此结束，以热月党人为首的大资产阶级登上了法国的政治舞台。

热月政变结束了法国大革命的高潮阶段，此后法国进入了维护大革命成果的阶段。

雾月政变

雾月政变是 1799 年 11 月 9 日拿破仑为了夺取法兰西的执政大权策划的一场政变，因为政变发生时正值法国共和历的雾月，因此便被称为雾月政变。

1795 年，热月党人的新宪法通过以后，保王党又开始在全国各地蠢蠢欲动。原本在热月政变中已经失势的雅各宾派也乘机活跃起来。就在同一年，热月党人启用拿破仑将保王党发起的大规模叛乱镇压下去。从这时开始，拿破仑逐渐成了法国军界和政界炙手可热的大人物。

1796 年 3 月，拿破仑被派往意大利前线与第一次反法同盟联军作战。战争很

拿破仑·波拿巴

快就结束了，拿破仑率领的法军大获全胜，战败方在拿破仑的逼迫下签署了停战条约。这个消息传到法国，法国人民都对拿破仑的英勇赞誉有加，他成了法兰西的英雄，威信甚至超越了当时法国的最高政府机构督政府。为了打压拿破仑的势力，1798 年，督政府派给拿破仑一个苦差事，命令他率军远征埃及。

当时，英国殖民者正对埃及这片沃土垂涎三尺，拿破仑此行就是为了抑制英国在埃及的势力扩张。众所周知，远离欧洲大陆，独居海上的英国拥有一支非常强大的海军，法国的海军根本就不是他们的对手。即便有军事天才拿破仑坐镇指挥，也无法扭转这个注定的败局。拿破仑去埃及时，带着一支由 400 艘战舰组成的舰队，但离开时却仅余 2 艘小型战舰幸存，可谓损失惨重。好在拿破仑在陆军作战中完胜英军，在一定程度上挽回了法军的颓势。

就在拿破仑远征埃及期间，英国又联合俄国、奥地利、西班牙、奥斯曼土耳其等国成立了第二次反法同盟联军，与法军展开了激烈的交锋。其后，法军不断战败，人员伤亡惨重，并失去了大片殖民地，法国国内的保王党也乘机兴风作浪。

远在埃及的拿破仑从弟弟写给自己的信中得知了这一切，他决定赶回巴黎，拯救正处于危难之中的法国。1799 年 10 月，拿破仑率军返回巴黎。巴黎人民欢呼雀跃，奔走相告，视拿破仑为法国的大救星。

拿破仑迅速召集了一批支持者，商讨下一步的行动计划。很多人都对懦弱的督政府十分不满，他们支持拿破仑夺取政权，对内镇压叛乱，对外击退反法联军，以保卫法国和法国的资产阶级革命成果。实际上，野心勃勃的拿破仑此番回来就是为了夺权，现在看到有这么多人支持自己这样做，他便决定打消一切顾虑，放手一搏。

此后，拿破仑开始为发动政变做准备，其中一项就是要获得巴黎银行家们的支持，因为发动政变必须要有大量的资金做后盾。银行家们对拿破仑的才能非常有信心，他们相信他必能在法兰西开创一番新局面。因此，拿破仑并没有费太多口舌，就筹措到了足够的资金。

眼见人力财力都已经准备好了，拿破仑认为时机已经成熟，随即发动了政变。他先是派出军队牢牢控制了督政府，随后又接管了政府的所有事务。等到翌日，又解散了元老院和五百人院，法国议会随即分崩离析。接下来，拿破仑成立了执政府，开始了他对法国长达 15 年的独裁统治。这便是雾月政变的始末。

掌权后的拿破仑迅速镇压了国内的保王党，击败了奥地利和俄国的军队，第二次反法联盟溃不成军，再也不能对法国造成任何威胁。除了军事方面，拿破仑还在行政、司法、经济、教育等方面进行了一系列改革，举世闻名的《拿破仑法典》就诞生于这段时期。

1804 年 11 月 6 日，法兰西共和国改名为法兰西帝国，这便是历史上的法兰西第一帝国。从此，拿破仑成了法国的皇帝。当年 12 月 4 日，教皇庇护七世为拿破仑加冕。在加冕仪式上还出现了这样一个小插曲：拿破仑对冗长的仪式深感不耐烦，好不容易等到教皇拿起皇冠，拿破仑马上迫不及待地抢过来戴到了自己头上，随后他又将自己的妻子约瑟芬加冕为皇后。

为了维护法兰西帝国的统治地位，拿破仑此后又进行了多次战争。当时，俄国、普鲁士等国先后成立了第三次和第四次反法联军，均被拿破仑率领的法军击败了。最后，欧洲大陆的大部分领土都落到了拿破仑手中，他将自己的家族成员安插在各个傀儡国中，就此开创了波拿巴王朝。

《拿破仑法典》

《拿破仑法典》又叫做《民法典》或是《法国民法典》，它是法国资产阶级大革命的重要成果，也是资产阶级国家最早的一部民法典。

1799 年 11 月 9 日，雾月政变爆发的当天晚上，拿破仑便下令起草民法典。1800 年，雾月政变刚刚结束，拿破仑成了法国的最高统治者。随后，他正式命令大理院长特龙谢、罗马法学家马尔维尔、政府司法行政长官普雷阿梅纳和海军法院推事波塔这四位杰出的法律专家开始起草民法典。拿破仑对这部民法典相当重视，曾多次亲自参与一些法律条文的讨论。在具体制定法典的过程中，几位法学家在他授意下，始终坚持资产阶级革命者在法国大革命初期提出的相对理性的原则。

法典草案在一年之后完成，拿破仑命人将其送往枢密院和各个法院，这些政府部门为了审核、修改草案，总共召开了 102 次讨论会，其中有 97 次是由拿破仑亲自主持参与的。1804 年 3 月 21 日，《拿破仑法典》正式在参政院中通过，随即开始在法国各地实施。

《拿破仑法典》总共分为三大部分，2281 条法律条文。第一部分是人法，其中都是有关民事权利的规定；第二部分是物法，是有关各类财产所有权和其他物权的规定；第三部分是获取各类所有权的方法的规定，具体包括继承、遗嘱、还债、赠予、夫妻共同财产等相关法律条文。

《拿破仑法典》包括三项基本原则：

首先是自由平等原则，即所有法国公民在成年后都享有平等的民事行为权利。《拿破仑法典》一开始规定年满 21 岁为成年人，到了 1974 年又修改为 18 岁。成年后的法国公民享有的民事权利不仅包括个人与亲属的权利，还包括财产权利。简而言之，这一原则就是消除等级，人人平等。在这样的前提下，劳动者可以自由地选择资本家作为自己的雇主，这样一来，就为资本主义经济的发展提供了良好的契机。

其次是所有权原则，即保护个人的私有财产不受限制，也不受侵犯。所谓"私有财产"既包括牲畜、机器等动产，也包括房屋等不动产。另外，农民的私有土地也包括在私有财产中。这项原则使资本主义私有财产所有权最终确立下来，资产阶级从此可以随心所欲地处理自己掌握的生产资料，这为资产阶级利用现有的生产资料进行生产和经营活动创造了有利条件。

最后是契约自由原则。契约就是两个及两个以上的人达成一致意见，并订立的条约。《拿破仑法典》的第 1134 条规定："依法订立的契约，在缔结契约的当事人中间具有法律效力。"只有当该契约与社会公共秩序或是善良风俗相违背时，才会失去相应的法律效力。为了维护契约的有效性，法典中做出了强制履行的规定，因一方不履行契约造成另一方损失的赔偿规定，延迟履行的规定等。有了契约自由原则做保障，资本主义的经济活动体制才能正常运行下去。

《拿破仑法典》确立了资本主义社会的立法规范，在法国，《拿破仑法典》一直沿用至今，不过随着法国社会的发展变化，法典的具体内容也在不断发生变化。例如，一开始，法典的第 213 条至 217 条中规定妻子必须服从自己的丈夫，这在此后引起了很多保护妇女权益组织的不满，后来被废除。又如，1816 年，法典中曾经废除了离婚制度，1884 年又得以恢复。1970 年废除了丈夫是一家之主的规定。1972 年又废除了非婚生子女与婚生子女的地位不平等的规定。

《拿破仑法典》不仅在法国国内影响深远，对其他各国的影响力也不可小觑。

例如，美国路易斯安那州的法律，丹麦和希腊的民法典都是仿照该法典编制而成的。另外，德国、西班牙、葡萄牙、瑞士、巴西、阿根廷、智利等国的民法典也在一定程度上受到了它的影响。

火车的诞生与发展

火车是现代社会一种不可或缺的交通工具，最早的火车出现于 19 世纪初的英国。可是很多人不知道，铁路的出现要比火车早得多。

英国的钢铁工业从 16 世纪中期开始蓬勃发展，采矿业随之兴盛起来。那时候，火车尚未出现，铁矿石运输只能依靠马车或是人力，这样的运输方式费时费力，根本就满足不了工业发展的需要。

有个采矿公司的老板非常聪明，他用很多圆木在山坡上摆出一条轨道，然后用斗车装满铁矿石，沿着轨道一路滑到山下去。这就是最原始的木轨，用这种轨道来搬运铁矿石，工作效率一下子就提上去了。不过，由于木头很容易磨损，这种轨道一点儿都不耐用。后来，人们便开始用铁轨代替木轨，这便是铁路的雏形。

最初的铁路虽然既方便又耐用，但是不能承受太重的物体。一旦斗车内装的铁矿石过多，不堪重负的铁轨就会陷入泥土中，让斗车寸步难行，甚至直接翻车。为了解决铁路的承重问题，人们就利用压力与压强的物理学原理，制造出了真正的铁路。

在压力不变的前提下，要想减小斗车对铁轨的压强，就需要扩大其受力面积。为此，人们便在原先的铁轨下面铺了一层石渣，也就是道床。这样一来，铁轨承受的压力就会转移到宽大的道床上，再由道床转移到路基上。它们的受力面积一个比一个更大，压强也就相应地减小了，可以有效地保护铁轨不受损伤。直到现在，世界上的铁路依旧是按照这个原理修建的。

有了耐用的铁路，人们便开始考虑发明一种可以在铁路上行走的交通工具。1804 年，英国一个名叫德里维斯克的采矿技师利用瓦特发明的蒸汽机，制造出全世界第一辆蒸汽机车。因为蒸汽机车在行驶时，烟囱里会喷出火来，所以人们便给它取了一个绰号叫火车，并一直沿用到现在。1814 年，英国人斯蒂芬森制造的首辆蒸汽机车开始运行。虽然斯蒂芬森并不是火车最早的发明者，但他却是早期火车发展的最大功臣。

斯蒂芬森出生于 1781 年，他的父亲是一名矿工。由于家境贫寒，斯蒂芬森在 18 岁以前一直没有上过学，连一个字都不会写。他不甘心一辈子做个目不识丁的文盲，终于在 18 岁那年鼓起勇气进入学校，跟一群比自己小 10 岁的孩子一块儿读书。19 岁那年，斯蒂芬森终于学会了拼写自己的名字，那一刻他简直欣喜若狂。

在父亲的影响下，斯蒂芬森从小就对蒸汽机非常感兴趣。在学会读书写字以后，他便开始全身心投入到蒸汽机的研究工作中。29 岁那年，斯蒂芬森开始亲自制造蒸汽机。31 岁那年，勤奋好学的斯蒂芬森成了一名采矿工程师。接下来，他又开始制造蒸汽机车。

1814 年，33 岁的斯蒂芬森制造出了自己的首辆蒸汽机车"布鲁克"号。"布鲁克"号共有 8 节车厢，可以承载 30 吨的重量，以每小时 6.4 公里的速度前行。斯蒂芬森认为蒸汽机车会发展成为未来社会最主要的交通工具，为此他不断对其进行改良。但是在当时，他的这一观点并没有得到所有人的认同，很多人对他和他制造出来的蒸汽机车持怀疑甚至是敌对的态度。在这些人眼中，蒸汽机车就像是一只恐怖的怪兽，它的体内燃烧着烈火，一面行驶一面发出痛苦的惨呼，简直叫人毛骨悚然。

这段时期，斯蒂芬森在研究蒸汽机车的同时，还开始在英国境内主持建造铁路。这些铁路经常在半夜遭到不明分子的恶意毁坏。往往是白天刚刚铺好的铁轨，当晚就被人破坏得一塌糊涂。这让斯蒂芬森大伤脑筋，但挫折只会让强者更强，斯蒂芬森咬紧牙关将修建铁路，改进蒸汽机车的工作坚持下去。与此同时，他也开始寻找机会向英国大众证明蒸汽机车的实力，让他们明白这是一种能够造福人类的交通工具，绝非什么怪兽。

火箭式发动机

斯蒂芬森著名的火箭式发动机是一个圆筒，在它的驱动下，轮子基本上能够与地平线保持一致，这一发明是如此实用，以至于很轻易地就夺得了 1829 年首届火车速度试验赛冠军。

1829 年，英国政府宣布，要在利物浦通往曼彻斯特的新铁路上举行一次机动车行驶大赛。斯蒂芬森便带着经过改良的蒸汽机车前来参赛。此时，他的蒸汽机车的行驶速度已经达到了每小时 35 英里，这在当时简直是一个神话。

当斯蒂芬森驾驶着他的蒸

汽机车从观众面前冲过去时，在场所有的人都惊呆了。他们几乎无法相信世间竟有如此神速的交通工具。一名在场的神父直接吃惊地跌倒在地，半晌回不过神来。

在这次的比赛中，还有很多政府高官到场，其中有一位名叫哈斯基逊的议员也坐上了斯蒂芬森的蒸汽机车。中途停车休息时，哈斯基逊下车散步。这时，另外一辆蒸汽机车从旁边一条铁轨上飞速驶来。哈斯基逊躲闪不及，被撞倒在地，身受重伤。

斯蒂芬森马上以每小时 36 英里的高速度将他送到了附近的医院抢救。只可惜，哈斯基逊最终还是因为伤势过重，不治身亡。他也成了全世界丧生于火车事故的第一人。不过，这个意外事件并没有影响到人们蒸汽机车的肯定与好感。

第二年，利物浦到曼彻斯特的铁路正式开通，当天就有无数英国百姓慕名前来，或是站在一旁观看，或是亲自上车体验。英国的铁路事业此后迅速发展壮大，在短短十年间，境内的铁路总长度已达到了 4000 公里。斯蒂芬森对此功不可没。

1879 年，德国西门子公司制造出世界上第一辆电力机车。1894 年，德国又制造出世界上第一辆燃油机车。时至今日，火车依旧在世界各国的运输业中扮演着极为重要的角色，这与斯蒂芬森当年的努力密不可分。鉴于斯蒂芬森对火车的发展作出的巨大贡献，后人便尊称他为"火车之父"。

拿破仑战争

拿破仑战争是指从 1799 年到 1815 年间，拿破仑为了维护法兰西帝国的统治，争夺欧洲霸权，与欧洲各国进行的一系列交战。

法兰西帝国建立初期，拿破仑曾率领法军先后击败了第三次和第四次反法联军。1809 年，拿破仑又击溃了第五次反法联军。同年年底，他跟自己的首任妻子约瑟芬离了婚。

随后到来的 1810 年是拿破仑一生中最得意的一年，他跟奥地利公主玛丽·路易丝结了婚，法国与奥地利从此结成联盟，法兰西第一帝国的国力到达了鼎盛时期。此时，拿破仑已成了欧洲大陆当之无愧的霸主，欧洲大陆上的许多国家都已被法兰西帝国掌控，唯独地域广阔的俄国是个例外。拿破仑随即开始筹谋进攻俄国。

拿破仑明白远征俄国是一件相当冒险的事，一旦失败，后果必将不堪设想。

然而，他膨胀的野心不容许他选择退缩，他想要掌控俄国，继而掌控整个欧洲大陆，然后再攻克英国，将欧洲完全据为己有。

在权欲的驱使下，拿破仑终于在 1812 年 5 月率领 57 万大军踏上了远征俄国的征程。在此之前，为了迷惑俄国沙皇亚历山大一世，使其放松警惕，拿破仑特意与他进行了一次会晤，表面上是为促进两国的和平友好关系，实际上是为了麻痹俄国人，并乘机掌握他们的军备情况。

1812 年 6 月，拿破仑率领法军进入了立陶宛境内，这里已经是俄国的势力范围了。奇怪的是，立陶宛竟未派出军队抵挡法军，法军如入无人之境。拿破仑心知不妙，随即又发现当地非但看不到士兵，连平民百姓都找不出一个来。

拿破仑的大军处在这荒芜的穷乡僻壤中，根本就找不到粮草补给。没过多久，就有大批法军战士和战马因为长途跋涉，饥渴难耐，或病或死。法军尚未抵达俄国境内，就已遭受了如此惨重的损失，军中有人忍不住劝说拿破仑放弃攻打俄国，速速回国。

骄傲的拿破仑自然不肯答应，他孤注一掷地命令大军继续向俄国进发。接下来，法军首次与俄军交战就损失了上万人。拿破仑见状马上改用大炮进攻俄军，很快就反败为胜，攻克了俄国的一座城池。不过，这座城池也跟立陶宛一样空无一人。原来，这两地的军队和百姓都已在沙皇的命令下逃跑了。拿破仑原想进城之后就可以补充粮草，想不到城中根本就找不到任何粮食。法军只好忍饥挨饿，继续前行。

这一路上，拿破仑率领法军接连取胜，但是由于供给不足，法军付出的代价也相当惨重。在 1812 年 9 月 7 日爆发的博罗迪诺战役中，法军更是足足损失了 3 万兵力。当时，拿破仑为了进攻莫斯科，对距离莫斯科只有 124 公里的博罗迪诺村发起了进攻。拿破仑率领 12 万大军与 10 万俄军交战，最终俄军战败，将莫斯科拱手让给了拿破仑。

9 月 14 日，拿破仑终于攻入了俄国的首都莫斯科。在此之前，俄国主帅库图佐夫说服沙皇亚历山大一世撤出莫斯科，与他们同行的还有莫斯科的大批将领，以及绝大多数的百姓。库图佐夫临走之前在莫斯科点燃了一场大火，这样一来，法军就无法再从城中找到粮草了。

当拿破仑入城时，迎接他的只有熊熊燃烧的大火和滚滚浓烟。虽然他终于占领了莫斯科，但此时的莫斯科已被大火烧成了一片废墟，拿破仑因此感到非常沮丧。

当时，寒冷的冬季就要到来了，偏偏法国国内又发生了叛乱，拿破仑知道莫斯科已非久留之地，只好匆忙结束了远征，撤回法国。

一路上，不断有法军被冻死、饿死，或是被偷袭的俄军打死。拿破仑去时带着 57 万大军，最终安然返回法国的却只有不到 3 万人。此次远征过后，法兰西帝国开始走向没落。

俄国沙皇看准时机，联合英国、普鲁士、瑞士等国成立了第六次反法联军，与法军在德国境内展开了激烈的交锋。眼见法军渐渐落入下风，奥地利随即阵前倒戈，抛弃了法国这位昔日的盟友，站到了反法联军那边。

1813 年的莱比锡会战是拿破仑战争中的一场决定性战役，拿破仑率领 20 万法军对抗 30 万反法联军，最终因实力悬殊落败。1814 年 3 月 31 日，反法联军攻入巴黎，逼迫拿破仑退位，并将他流放到了地中海的厄尔巴岛。

1815 年，拿破仑偷偷返回巴黎，在巴黎军民的支持下重新登上了帝位。可惜在短短的 101 天后，他便因兵败滑铁卢，再次宣布退位，并被流放到圣赫勒拿岛，在那里度过了自己的余生。

滑铁卢战役与拿破仑之死

1814 年，巴黎被第六次反法联军攻克，拿破仑被迫宣布退位。拿破仑退位后，法兰西第一帝国随即灭亡。反法联军允许拿破仑保留皇帝的称号，不过他管辖的范围仅限于他被流放的地中海小岛——厄尔巴岛。随后，反法联军将流亡英国的路易十八接回法国，登基为王，波旁王朝复辟。

1814 年 9 月 18 日，拿破仑战争中的战胜国在奥地利维也纳召开会议，商议重新划分欧洲的政治地图。

俄国沙皇亚历山大一世希望能通过此次会议获取最大利益，他要效仿拿破仑，首先占领波兰，进而征服整个西欧，成为欧洲大陆的新霸主。

与此同时，英国却坚持奉行均势政策。英国希望继续维持自己的海上霸权，占有更多的海外殖民地，绝对不允许俄国或是任何一个国家夺取欧洲大陆的霸权地位。因为如果有哪个国家在欧洲大陆称霸，那么该国接下来肯定要向海上扩张。如此一来，势必会对英国造成极大的威胁。

除了俄国和英国这两大强国以外，维也纳会议的主要参与者还有奥地利和普鲁士两国。奥地利反对俄国侵占波兰，同时又与普鲁士为争夺德意志地区的领导

这幅画表现了 1815 年 6 月 18 日进行的滑铁卢战役中晚 8 时许的紧张情景。

权产生了众多分歧。

由于与会各国的目标各不相同，很难达成一致意见，维也纳会议从 1814 年 9 月一直开到 1815 年 6 月才结束。期间，维也纳会议一度中断，原因就是拿破仑于 1815 年 3 月从厄尔巴岛潜回了巴黎。

波旁王朝复辟后，一些重新得势的封建贵族拼命想要报复，以至于国内政局动荡，人民的生活愈发艰苦，不少人都希望拿破仑能重返巴黎，执掌法国的统治大权。这同样是拿破仑本人的愿望。在厄尔巴岛的这段日子，拿破仑时刻都在关注法国的政局变化。1815 年 2 月 26 日，他认为复辟法兰西帝国的时机终于到来了，便率领 700 名支持者逃离了厄尔巴岛。

3 月 1 日，拿破仑抵达法国境内，3 月 20 日抵达巴黎。在此期间，拿破仑在沿途不断发表演说，承诺将在法国实行君主立宪制，保障人民的权利和自由，同时维护法国的和平，不再对外用兵。

路易十八在绝望之下仓皇出逃，拿破仑重新登上了皇位，建立了百日王朝。顾名思义，这个王朝的寿命不过只有短短的一百天。

没过几天，俄国、英国、普鲁士、奥地利等国便成立了第七次反法联军。当时拿破仑只有不到 30 万的兵力，反法联军却足有 70 万人，面对这种悬殊的力量对比，拿破仑决定攻其不备，他派出大军主动出击，攻打比利时的布鲁塞尔。在此次交战中，拿破仑原本已经取得了胜利，只可惜法军的行动慢了一步，让布鲁塞尔已经溃败的普鲁士军队找到机会，重新集结起来，再次对法军造成了严重的威胁。

两天过后，也就是 1815 年 6 月 18 日，举世闻名的滑铁卢战役爆发了。因为前一天晚上刚刚下过雨，地面湿滑，所以战争拖延了几个小时才正式开始。在滑铁卢战役中，拿破仑遇到了自己一生中最强大的对手威灵顿公爵。拿破仑统领的法军与威灵顿统领的英军从白天一直打到傍晚，始终未能分出胜负。双方的士兵都已疲惫不堪，苦苦支撑着等待援军的到来。最终，普鲁士大军率先赶来支援英军，本就筋疲力尽的法军再也坚持不下去了，被英普联军打得溃不成军。拿破仑就此兵败滑铁卢。

1815 年 6 月 21 日，拿破仑回到了巴黎，宣布再次退位，百日王朝就此终结，拿破仑的政治和军事生涯也就此画上了句号。对于这样的结局，拿破仑一早就有预感。在厄尔巴岛的生活摧毁了他的健康与斗志，3 月份重返巴黎时，他就已经不是当初那个意气风发的君王了，他甚至曾直言自己已经老了，很多事情都做不到了。

再次退位后，拿破仑被英国人流放到圣赫勒拿岛。在那里，他过上了与世无争的生活，专心撰写自己的回忆录。1821 年 5 月 5 日，52 岁的拿破仑在岛上去世。1840 年，拿破仑的遗体被运回法国，安葬在塞纳河边的荣誉军人院。

时至今日，拿破仑的丰功伟绩一直为人津津乐道。他是许多人眼中的拿破仑大帝，地位与恺撒大帝、亚历山大大帝不相上下。

德拉克洛瓦与《自由引导人民》

德拉克洛瓦是法国 19 世纪著名的浪漫主义画家，他的绘画风格对后世的梵高等人产生了巨大的影响。《自由引导人民》是德拉克洛瓦的代表作之一，这幅反映了 1830 年法国七月革命的名画也是德拉克洛瓦最富浪漫主义色彩的作品之一。

德拉克洛瓦的父亲是一名外交官兼律师，母亲是一名音乐爱好者。德拉克洛瓦从小就受到了良好的教育，并对艺术产生了浓厚的兴趣。音乐和绘画是他的两大爱好。尽管德拉克洛瓦最终并没有走上音乐之路，但他对音乐的鉴赏力却是出类拔萃的。肖邦与罗西尼是他最欣赏的两位音乐家。他曾盛赞肖邦是"我所见过的真正艺术家的典范"，肖邦也将他视作良朋知己，两人私交甚笃。在绘画方面，德拉克洛瓦学习的是古典主义画风，但他同时又对强烈的色彩运用非常感兴趣，不断将其引入自己的绘画中。

18 岁那年，德拉克洛瓦进入美术学院深造，并在那里结识了很多优秀的画家。这段时期的经历对他的一生影响深远，使他最终成了浪漫主义画派的代表人物。时人称赞他是"浪漫主义的狮子"，因为他的画总是一气呵成，就如同狮子吞吃食物一样。他曾经为歌德的巨著《浮士德》画插图，歌德看后对他赞不绝口。

32 岁时，德拉克洛瓦完成了自己的代表作《自由引导人民》。在这幅画中，一名象征着"自由女神"的姑娘一手握着长枪，一手高举着三色旗，在硝烟弥漫的战场上带领一支由普通市民、工人、学生等组成的革命队伍踏着脚下堆积如山

自由引导人民

这是德拉克洛瓦最著名的代表作，也是他最具浪漫主义色彩的作品，是法国七月革命的直接反映，画中的自由女神成了法国绘画中最迷人的形象，它与巴黎凯旋门、埃菲尔铁塔一样，成为法兰西文化的象征，画家也因此画而成为浪漫主义艺术的领袖人物。

的尸体奋勇前行。在他们身后，巴黎圣母院的轮廓在硝烟之中若隐若现。整幅画充斥着浪漫主义的绘画风格，色彩、明暗对比强烈，笔法奔放，结构紧凑，气势磅礴，极富感染力。

这幅名画的背景是 1830 年爆发的法国七月革命。1815 年，拿破仑兵败滑铁卢后，波旁王朝再度复辟。1830 年 7 月 25 日，当时在位的国王查理十世颁布圣克卢法令，宣布修改出版法，限制新闻出版自由，解散新选出的议会，修改选举制度，运用新的选举法。当时新选举已经迫在眉睫，这道法令一颁布，就有四分之三的合格选民丧失了投票的资格，其中绝大多数都是资产阶级。

在法令颁布的当天下午，反对者就起草了抗议书，公然反抗查理十世。两天后，数千名工人上街游行示威。7 月 28 日，七月革命正式开始。

很快，巴黎的武器库和市政厅就被起义者占领了。到了这时，查理十世的态度依然非常强硬，拒绝与此次革命的领导者大银行家拉菲特等人进行和谈。7 月 29 日，整个巴黎都落入了起义者手中。随后，他们在巴黎市政厅建立了市政委员会，并要求建立共和国。到了这一刻，查理十世才终于意识到事态的严重性，急忙收回法令，但是已经来不及了。

1830 年 7 月 27 日至 29 日是法国历史上的"光荣的三天"。在此期间，德拉克洛瓦走上战场，看到一个名叫克拉拉·莱辛的姑娘勇敢地举起象征法国共和制的三色旗，引领起义者前行，随后有一个名叫阿莱尔的男孩将三色旗插到了巴黎圣母院附近的桥头上，就在这时，他不幸中枪身亡。这一幕深深地震撼了德拉克洛瓦，让他决定为此画一幅画，让后人永远铭记这场壮烈的革命。

8 月 7 日，起义者在巴黎建立了由金融资产阶级担任统治者的七月王朝，并推举路易·菲利普公爵登上了王位。路易·菲利普下令废除波旁王朝的白色国旗，以七月革命期间用到的三色旗取而代之，这也就是在《自由引导人民》一画中出现在"自由女神"手中的革命旗帜。

七月革命结束后，德拉克洛瓦很快就完成了这幅名画。1831 年 5 月 1 日，该

画在巴黎展出，引来好评如潮。1848 年，法国二月革命爆发，法国人民要求重新
将这幅画拿出来展览，但法国政府却因画的内容太富煽动性，禁止其再次出现在
大众的视野中。等到了 1874 年，这幅画才被送到卢浮宫中展览、保存。尽管这
幅画因为政治原因被禁多年，但其影响力却丝毫不减。在问世之初，这幅画便与
雨果的《悲惨世界》相互呼应，在法国发行的 100 法郎的纸钞上，以及 1980 年
印刷的邮票上都曾经出现过这幅画，其对法国的深远影响力由此可见一斑。

达尔文提出进化论

达尔文是英国著名的生物学家，他一生中最大的成就便是提出了进化论。

1809 年，达尔文出生于英国。他从小就对大自然非常感兴趣，时常出去采集
标本，捕捉小动物，带回家来做研究。达尔文的祖父和父亲都是医生，他们希望
达尔文能继承家族事业，但达尔文偏偏对医学提不起兴致来。为了管束他，父亲
便在他 16 岁那年，强行将他送去学医。

在医学院学习期间，达尔文照旧像先前那样整天往郊外跑。后来此事传到了
父亲耳中，父亲因此勃然大怒，转而又送他到剑桥大学学习神学，希望他日后能
成为一名高贵的牧师。达尔文觉得神学非常枯燥无味，但父亲的意思又不容他违
背，万般无奈之下，他只能在剑桥苦熬下去。幸而他在剑桥认识了著名的植物学
家亨洛斯和地质学家席基威克，并跟随他们学习植物学和地质学的相关知识。

1831 年，22 岁的达尔文大学毕业了。他原本可以像父亲希望的那样，成为
一名牧师，但他却放弃了这个机会。当年年底，他在老师亨洛斯的举荐下，加入
了由英国政府组织的"贝尔格"环球航行考察队。此次航行长达 5 年时间，途经
南美洲、太平洋、大洋洲、印度洋、南非、大西洋等地。在航行途中，达尔文收
集了大量资料，为进化论的提出奠定了坚实的基础。

例如，达尔文曾在南美洲发现了古犰狳的化石，它们与现代的犰狳有一些区
别，但整体而言非常相像。达尔文由此产生了一个疑问：现代的动物是不是由古
代的动物进化而来的？后来，达尔文又在南美洲的加拉帕戈斯群岛中发现了很多
地雀，他注意到生活在不同岛上的地雀各不相同，这是不是意味着地球上的物种
一直处于不断变化的过程中？达尔文陷入了沉思。

1836 年，达尔文终于结束航程，回到了英国。从这时开始，他将所有的精
力都倾注于对生物学尤其是对进化论的研究。为了搜集更多的资料，他拜访了很

"贝尔格"号的航行

1831~1836 年，达尔文乘坐专门用于科学探险的"贝尔格"号环游世界，他利用船靠岸的机会研究各地的植物和动物，包括太平洋上的加拉帕戈斯群岛。他在各地挑选带回欧洲的物种的时候，已经开始形成他的进化论了。

多饲养牲畜或是种植各种作物的农夫。不仅如此，他还亲自喂养了很多鸽子，认真记录下了鸽子在人工饲养的环境中发生的变异状况。

经过多年的研究，达尔文在 1842 年写出了《物种起源》的简要提纲。1859 年 11 月，达尔文终于完成了自己的传世巨著《物种起源》，提出了震撼世界的进化论。达尔文认为，物种是可变的，生物不断由低级向高级进化，其进化的动力就是自然选择，所谓"物竞天择""适者生存"。

当时《圣经》中提出的神创论为人民所信奉。按照神创论的说法，世间万物都是由上帝创造的，上帝之所以创造老鼠，就是为了给猫吃，上帝之所以创造猫，就是为了吃掉老鼠，上帝之所以创造这个世界，就是为了证明自己的大智慧。

在这样的情况下，达尔文在《物种起源》中提到的进化论一经问世，就在社会上引发了巨大的反响。《物种起源》第一版印刷了 1250 册，在面市当天就销售一空。在接下来的日子里，达尔文受到了来自欧洲各地的保守人士的猛烈抨击，他们愤怒地指责达尔文的进化论亵渎了神灵，对人类的尊严造成了极大的损害。与此同时，赫胥黎等进步学者却勇敢地站到了达尔文这边，与他的反对者展开了激烈的斗争。

处在争议旋涡中的达尔文并没有向强大的反对势力屈服，他将自己的一生都倾注在了对进化论的研究中。《物种起源》问世后，达尔文又写出了《动物和植物在家养下的变异》、《人类的由来》等巨著，进一步阐明自己在进化论方面的研究成果。

这段时期，达尔文承受着来自社会各界的巨大压力，但最令他痛苦的却是他的家人。达尔文的妻子爱玛是一名虔诚的教徒。达尔文否定了神创论，也就是否定了妻子的信仰。妻子因此痛苦不堪，她多次尝试劝说达尔文信仰上帝，但始终未能得到肯定的答复。

73 岁那年，饱尝痛苦的达尔文因病去世。人们为了表达对这位伟大的生物学家的敬意，最终将他安葬在了牛顿墓旁边。

欧洲三大工人运动

欧洲三大工人运动是指 19 世纪 30 至 40 年代爆发于英、法、德三国的三次大规模工人起义，它们分别是法国里昂丝织工人起义、英国宪章运动和德国西里西亚纺织工人起义。

法国里昂丝织工人起义先后发生了两次，第一次是在 1831 年，第二次是在 1834 年，起义的目的就是反对资本主义的剥削与压迫。

里昂是法国东南部的一座大城市，当时是法国的丝织工业中心。1831 年初，里昂的丝织工人发动了第一次起义，要求雇主增加工资。经过接连数月的努力，工人们终于在当年 10 月份与雇主达成了最低工资协议。

此时的法国正值七月王朝统治时期，朝中一些大臣煽动雇主单方面撕毁了协议，从而激怒了刚刚恢复平静的工人。11 月下旬，里昂的丝织工人再度聚集起来，游行示威。政府派出军队前去镇压，工人们不甘心接受失败的命运，纷纷拿起武器，公然与政府军队对抗。

在接下来的三天，工人们与政府军之间爆发了激烈的冲突，工人们提出了一句响亮的口号："做工不能生活，毋宁战斗而死！"在这句口号的激励下，偌大的里昂很快就被声势浩大的工人起义队伍占领了。可惜好景不长，这次起义就在政府派出的大军镇压下宣告失败。

然而，里昂的丝织工人并未就此罢休，在随后的几年，他们一直坚持组织工人运动，尽管规模都不大，但是其影响力却不可小觑。等到了 1834 年 4 月，一些领导里昂工人运动的领袖人物忽然被政府逮捕了，与此同时，政府还颁布命令，严禁工人集会、结社。此举又一次激怒了里昂的丝织工人，大规模的工人起义再度爆发。

相较于上次起义，这次起义的规模更大，性质更彻底。工人们吸纳了很多小资产阶级加入起义队伍，他们在要求增加工资，保障工人权益的同时，又要求废除法国的君主立宪制，建立共和国。起义队伍与政府军队交战六天，最终还是以失败告终。

虽然里昂丝织工人组织的两次起义都失败了，但是其历史意义仍是不可磨灭的，它标志着法国的无产阶级作为一支独立的政治力量首次登上了历史舞台。

英国宪章运动爆发于 19 世纪 30 至 40 年代。1837 年，伦敦的工人协会向国

这幅画表现的是 1842 年人们列队把有 300 多万人签名的宪章请愿书送往国会的情景。

会提交了一份请愿书，请求国会将选举权赋予英国国内所有年满21岁的男子，并废除议会候选人的财产资格限制。这些要求反映了工人们想要获得普选权，参与国家管理的愿望。工人们希望提升自己的政治地位，最终目的是提升自己的经济地位，这从他们提出的"选举权问题就是饭碗问题"的口号中就可以看得出。这份请愿书就是英国的《人民宪章》，当时英国有上百万人在这份请愿书上签了名。

随后，英国国内拥护《人民宪章》的工人组成了宪章派。1840 年 7 月，全国各地的宪章派代表在曼彻斯特开会，组成了全国宪章派协会，这是世界近代史上首个工人政党的雏形。

1842 年 5 月，宪章派组织大批工人在伦敦游行示威，并乘机向政府提交了第二份请愿书。请愿书中直接指明：英国的国会根本就不是由人民选举出来的，也从来不为人民服务，英国的贫富分化如此严重，无数平民百姓终日忍饥挨饿，国会却坐视不理。

有 300 万人在这份请愿书上签了字，恳请国会将《人民宪章》定为法律，可惜这一次工人们依旧未能如愿以偿。

到了 1848 年，宪章派又提交了第三份请愿书，提出劳动者作为社会财富的创造者，理应享有优先享受财富的权利。随后，伦敦、曼彻斯特、伯明翰等市的工人组织起来，举行了大规模的游行，结果遭到了政府军队的残酷镇压。

宪章派先后提出的三份请愿书无一被国会通过，宪章运动最终宣告失败。

英国宪章运动标志着英国的无产阶级首次作为一支独立的政治力量登上了历史舞台。列宁曾说英国宪章运动是"世界上第一次广泛的，真正群众性的，政治性的无产阶级革命运动"。

1844 年，德国西里西亚的纺织工人发动了一场大规模起义。西里西亚是德国最重要的纺织中心。当时封建地主和资产阶级在德国境内并存，工人们承受着这两大阶级的双重压迫，处境比法国和英国的工人更加艰难。尤其是在 1842 年，德国又发生了饥荒，西里西亚共有 6000 人活活饿死。从这时开始，当地就经常发生饥民暴动。

为了求生，1844 年 6 月，西里西亚的一些纺织工人要求增加工资，得到的回应就是一顿毒打。忍无可忍的工人们终于爆发了，他们愤怒地冲进工厂，点燃了货仓和账房。为了鼓舞工人，德国著名诗人海涅还创作了一首名为《西里西亚织工之歌》的诗歌。但仅仅过了三天，此次工人运动就被德国政府派出的骑兵与炮兵血腥镇压下去了。

欧洲三大工人运动最终都没能摆脱失败的结局，但是它们却成为了欧洲无产阶级作为独立的政治力量登上历史舞台的重要标志。

法国二月革命

1830 年，法国爆发的七月革命推翻了波旁王朝对法国的统治，建立了七月王朝，路易·菲利普登上了王位。在路易·菲利普统治时期，国内政局动荡，社会各界人士都对他诸多不满。于是在 1848 年，法国人民又发动了二月革命，一举推翻了七月王朝，建立了法兰西第二共和国。

路易·菲利普是个非常善良、温和的人，他热爱自己的家人，私生活极其检点。他是一个十分称职的丈夫与父亲，却不是一个称职的君主。他一向自诩为"平民皇帝"，在内政外交方面施行的政策都相当保守。尤其是在外交方面，路易·菲利普在位时期，法国政府一直对英国卑躬屈膝，这让法国人民倍感失望。可以说，君主应有的魄力与魅力，路易·菲利普统统都不具备。不仅如此，当时法国国内很多人都将路易·菲利普视作谋朝篡位的乱臣贼子，他的王位在这些人眼中根本就是不合法的。

进入 19 世纪 40 年代以后，法国国内又掀起了对拿破仑的崇拜热潮。时过境迁，法国人已经忘却了拿破仑带给他们的种种创伤，只记得法国在拿破仑统治时期是何等的强大，当时纵观整个欧洲，都难有望其项背者。大家在怀念拿破仑之余，自然会将他与路易·菲利普做个比较，比较的结果更加深了大家对后者的失望。

从 1840 年开始，法国的保守党领袖基佐当选为首相。为了赢得国内大资本家的支持，基佐开始售卖官职，乱批商业合同，并以极高的利息从银行借款，以填补国家惊人的财政赤字。这段时期，法国政府空前腐败，不断有丑闻传出，难以再获得人民的信任。

为了改善这种状况，稳定国内政局，部分资产阶级向政府提议进行适当的改革，但遭到了路易·菲利普和基佐的拒绝。不仅如此，路易·菲利普还变本加厉，对内限制群众集会的自由，加强新闻出版的审核制度，对外拒不支持意大利和波兰的独立运动，这使得法国人民对他愈发不满。越来越多的资产阶级希望推翻七月王朝，在法国建立共和国。

19世纪30至40年代，欧洲爆发了三次大规模的工人运动，工人阶级的力量迅速壮大起来。在法国，很多工人开始宣传社会主义思想，呼吁法国政府将选举权赋予每个法国公民，保障人民就业，提升社会福利。这更加深了法国人民对政府的怨怼。

在此期间，路易·菲利普和基佐在国内实行宗教自由的政策，这也引起了法国天主教会对政府的不满。

这一系列的矛盾最终导致法国二月革命爆发。从1847年开始，法国一些自由主义者就时常利用酒会掩人耳目，商议在国内进行改革。不久之后，他们的行动被政府察觉了，这些所谓的酒会随即被勒令停止。

1848年2月22日，巴黎正在下雨，很多工人和学生高唱着自由的赞歌《马赛曲》冒雨走上街头，呼吁政府在国内实施改革，紧接着，他们又对基佐家展开了围攻。法国二月革命就此爆发。

第二天，路易·菲利普派出军队前去镇压这些起义的群众，双方展开了激烈交锋。为了支持此次革命，巴黎工人全体罢工。随后，政府军队也阵前倒戈，加入了革命的队伍。

路易·菲利普原本以为这次的起义只是群众的小打小闹，到了这时才惊觉事情的发展已经超出了自己所能控制的范围，他马上将基佐撤职，希望能用这只代罪羔羊平息众怒，无奈起义群众已经下定决心，要以共和制取代君主制，无论他做出怎样的努力，都无法保全自己的王位。最后，路易·菲利普迫于群众的压力，只能选择了退位，七月王朝就此覆灭，二月革命取得了胜利。

1848年11月4日，法国资产阶级在国内建立了法兰西第二共和国，这个政权只维持了短短的4年时间，是法国历史上存续时间最短的政体。在此期间，法国的平民获得了普选权，国内的奴隶制度也被彻底废除。

国际工人协会成立

19 世纪 50 年代末 60 年代初，欧洲工人运动和民主运动再度高涨。在经历了多次分散斗争的失败之后，各国无产阶级终于意识到，他们拥有共同的利益与共同的敌人，理应在国际范围内联合起来，组成国际工人联合组织，共同对抗资产阶级的剥削与压迫。

在这样的前提条件下，1864 年，国际工人协会终于在伦敦成立了，这便是第一国际。国际工人协会成立的目的就是将各国的工人运动联合成为一个整体，以维护工人阶级的利益，最终解放工人阶级。国际工人协会的主要创始人和领导人之一就是马克思。

马克思组织成立国际工人协会的直接诱因是 1863 年在波兰发生的起义。当时，俄国出兵镇压波兰起义，引来了伦敦工人的强烈不满。与此同时，法国工人代表也站出来为波兰人民伸张正义。1863 年 11 月 10 日，英国工人大会发布了《英国工人致法国工人》，呼吁英法两国的工人联合起来，并肩作战。

1864 年 9 月 28 日，英国、法国、德国、意大利、波兰和爱尔兰的工人代表和部分资产阶级民主人士在伦敦圣马丁教堂召开大会，马克思也出席了这次的会议。大家在会上热烈声讨俄国，支持波兰，英法工人代表乘机提出建立一个国际性工人协会的建议，并得到了与会人员的一致赞同。

随后，大家投票选举出 21 名委员组成了临时委员会，马克思就是其中一名委员，国际工人协会就此宣告成立。1864 年 10 月，临时委员会改名为中央委员会，1866 年又改名为总委员会。

1864 年 10 月初，临时委员会召开第一次会议，选举出分别代表各国的委员。这样一来，国际工人协会的委员就上升至 50 人了。在这次会议上，委员们还成立了一个专门委员会，由马克思等 9 名委员组成，负责起草国际工人协会的章程。

专门委员会在起草章程之初，抱病在身的马克思并未参与其中。一开始，各国委员都站在本国工人的立场上考虑问题。例如意大利的委员要求国际工人协会的章程完全按照意大利工人协会的章程起草，以求最大限度地保障意大利工人的权益，其他国家的委员自然不会答应。英国的委员则要求章程要将改善工人的经济地位摆在首要位置，让工人阶级明白，自己所做的一切斗争都是为了赢得更多的经济利益。这两国委员的提议都未能触及工人阶级的政治地位问题，他们没有意识到，要解决工人阶级面临的各种各样的问题，首要前提是帮助他们取得一定的政治地位。

很快，各国委员的意见分歧就传到了马克思那里。马克思意识到事态严重，马上抱病赶来参加会议。在马克思的努力下，各国委员重新开始了激烈的商讨，终于在1864年10月28日一致通过了《第一国际成立宣言》和《第一国际共同章程》。章程中阐明了工人阶级运动的基本原则就是工人阶级的解放应该由工人阶级自己去争取，其最终目的就是推翻资产阶级的统治，建立工人阶级政权。

接下来，国际工人协会开始领导欧洲各国的工人开展运动，并取得了一系列的胜利。在与资产阶级作斗争的同时，国际工人协会还要提防组织内部的叛徒，普鲁东和巴枯宁就是其中的典型。

1864年，普鲁东浑水摸鱼加入了国际工人协会，随后便开始在协会中宣扬自己的政治思想，他公开支持私有制，反对工人阶级进行政治斗争，主张取消一切国家和政党，实现个人的绝对自由。可以说，普鲁东就是一个典型的无政府主义者。他的观点很快就在国际工人协会内部扩散开来，很多工人代表都被他蒙蔽了，在组织中引起了一片混乱。

巴枯宁同样是一个无政府主义者，他的观点与普鲁东十分相似。1868年，他在国际工人协会中偷偷成立了所谓的社会主义民主同盟，大力宣传自己的政治思想，妄想拉拢人心，篡夺国际工人协会的最高领导权。

最终，普鲁东和巴枯宁的阴谋都被国际工人协会粉碎了。

从1864年开始，欧洲各国的工人运动便在国际工人协会的推动下蓬勃发展起来，各国工人阶级的思想水平和组织程度也得到了巨大的提升。这段时期，马克思主义思想在欧洲各国广泛传播开来，从而为各国建立无产阶级政党打下了良好的基础。

巴黎公社成立

1852年，时任法国总统的拿破仑三世推翻了法兰西第二共和国，建立了法兰西第二帝国，并登上了帝位。1870年，普法战争爆发。普鲁士军队在铁血宰相俾斯麦的统领下连连获胜。1870年9月2日，拿破仑三世在色当战役中惨败，宣布投降，法兰西第二帝国就此覆灭。9月4日，法兰西第三共和国宣告成立。1871年3月28日，共产主义性质的巴黎公社成立了，开始了对巴黎两个月的统治。

在普法战争爆发之前，普鲁士在首相俾斯麦的领导下，国力空前强盛。在成功击败了奥地利之后，俾斯麦又将目光对准了法国。

俾斯麦已下定决心要统一德意志地区，偏偏当时有4个德意志小国与法国南部接壤，法国一早就有心吞并它们。俾斯麦明白，若是普鲁士对这4个小国用兵，法国必然也会出兵。既然如此，俾斯麦索性开始寻找机会，与法国正面交锋。一旦法国兵败，普鲁士不仅可以占领那4个德意志小国，还可以向法国提出更多的领土要求，例如法国的阿尔萨斯和洛林。这两地拥有丰富的矿藏，最重要的是位于德法两国的交界处，俾斯麦对它们觊觎已久，只是苦于找不到侵占它们的良机。

俾斯麦的野心一早就被拿破仑三世看穿了，为了阻止他统一德意志，1870年7月19日，拿破仑三世率先发难，挑起了普法战争。8月初，法军大举入侵普鲁士。身为拿破仑的侄子，拿破仑三世却没有半点军事才能。在他的统领下，法军节节败退，到了8月6日，法军已经全面溃败，被迫撤回法国境内。俾斯麦指挥普鲁士军队穷寇猛追，对法国展开了猛烈地进攻。

9月1日，色当战役爆发。在此次交战中，法军损失惨重，连主帅都身受重伤。最终，决军被迫举起白旗投降。拿破仑三世眼见大势已去，马上给普鲁士国王写了一封投降书，表示愿意与普鲁士重修旧好。9月2日，拿破仑三世正式签署了投降书，并于翌日致电巴黎臣民："军队已被击败，我与全体将士都已沦为战俘。"

色当战役过后，巴黎的资产阶级成立了临时政府。很快，普鲁士军队就攻入了巴黎。巴黎临时政府表面上坚持抗战，私底下却开始与普鲁士商讨投降条件。后来，法国内阁总理梯也尔与普鲁士政府签订了一份丧权辱国的停战条约，最终结束了普法两国的战争。条约中规定，法国要将阿尔萨斯和洛林割让给普鲁士，赔偿普鲁士50亿法郎，并要全面解除巴黎军队的武装。法国人民对此相当不满。

就在这段时期，巴黎工人组织了国民自卫军，并成立了中央委员会，希望拯救法国于危难之中。梯也尔将国民自卫军视为眼中钉肉中刺，处心积虑想要抢走他们的武器，叫他们无法再反抗临时政府，反抗入侵巴黎的普鲁士军队。

1871年3月18日凌晨，梯也尔派出军队悄悄攻占了巴黎的战略要地蒙马特尔高地。当时那里只有寥寥数名自卫军战士在站岗放哨，政府军将他们全部杀死，然后拖走了他们的几门大炮。就在这时，政府军的举动被另外一批自卫军察觉了，他们马上拉响了警报。随后，巴黎各地的自卫军战士迅速涌向了蒙马特尔，巴黎民众也从睡梦中惊醒过来，朝蒙马特尔奔去。

自卫军和普通民众联合起来，抓捕了这支偷取大炮的政府军。政府军此次的行动终于将巴黎人民彻底激怒了。到了第二天上午，国民自卫军中央委员会一声令下，声势浩大的自卫军和巴黎民众便奔向了巴黎市政厅。当天下午，巴黎各个政府机关都被自卫军占领了，政府军纷纷溃败。梯也尔等临时政府的首脑人物仓皇逃到了巴黎附近的凡尔赛。巴黎人民的武装起义最终取得了胜利。

3月28日，国民自卫军宣告巴黎公社正式成立，这也是世界历史上第一个由工人阶级建立的政府。

悲壮的"五月流血周"

1871年5月21日至5月28日，巴黎公社的战士为了捍卫公社的胜利果实，与国内外的反动势力展开了为期一周的激烈交战，以致巴黎街头血流成河，这便是历史上著名的"五月流血周"。

巴黎公社成立后，颁布了一系列的法令，其中包括：政教分离，妇女选举权，免除围城期间所欠的房租，废除巴黎数百家面包店的夜班制度，向战死的国民自卫军的伴侣和子女发放抚恤金等。这些法令都体现了巴黎公社是一个民主的社会主义性质的政府，只可惜由于公社只存续了短短两个月，大多数法令都没有得到贯彻落实。

这段时期，已经逃到凡尔赛的反动政府官员无时无刻不在寻找机会实施反扑。但是，当时政府军仅有两三万兵力，根本不足以对抗巴黎公社的国民自卫军。于是，梯也尔便想到了向俾斯麦求助。俾斯麦答应将在色当战役中俘虏的10万法军将士放回来，并答应出兵帮助法国反动政府镇压巴黎公社。在俾斯麦的帮助下，法国政府军很快就壮大起来，有了足够与国民自卫军相抗衡的实力。

1871年5月20日中午，梯也尔率领13万政府军对自卫军发动了猛烈的进攻。勇猛的自卫军战士奋力抵御强大的敌人，可惜由于战略部署和指挥领导的失误，再加上双方的实力对比实在太多悬殊，没过多久，自卫军就落入了下风。

翌日中午，自卫军中出现了一个叛徒，他从巴黎的西南门户圣克鲁门冲出巴黎，打开了一个缺口。政府军随即攻破城门，进入巴黎城中，与自卫军开始了惨烈的巷战。自卫军誓死保卫巴黎的每一条街道，在其中铸造了一道又一道堡垒，坚决不让政府军跨越这些堡垒半步。

在这种窄狭的战斗环境中，政府军难以发挥人多势众的优势，简直可以说是步履维艰。在这样的情况下，俾斯麦便命令普鲁士军队攻下了巴黎的西北门户圣乌昂门，大批政府军借此机会攻入城中。巴黎的战略要地蒙马特尔高地就在圣乌昂门附近，政府军进城之后，马上从西北和西南两个方向对保卫蒙马特尔的自卫军展开了围攻。

此时政府军的总人数已经超过了2万，当地的自卫军将士却只有300多人。尽管如此，自卫军依然没有放弃，他们拼死抵抗政府军。经过了长达四五个小时的激战，自卫军最后几乎全军覆灭，只有极少数人成功地突围出来。蒙马特尔高地就此落入了政府军手中。接下来，政府军又将进攻的目标对准了巴黎市政厅，这也是巴黎公社主要领导成员的所在地。

为了阻止政府军攻入市政厅，巴黎公社的委员们奋不顾身地冲到巴黎的各个街区，带领自卫军与政府军展开了殊死搏斗。协和广场是市政厅的最后一道屏障，当政府军打到这里时，遭到了自卫军最强烈的反抗。自卫军以50余人的兵力对抗500名政府军，双方连续激战了两天两夜。政府军先后发起了十几次冲锋，最后都以失败告终。后来，他们动用大炮对协和广场发动了猛攻。自卫军战士再勇猛，终究也只是血肉之躯，在敌人的铜枪铁炮面前终于败下阵来。

到了这时候，巴黎公社的委员们明白市政厅已经守不住了，索性撤出去，继续与政府军展开巷战。在巷战的过程中，自卫军的势力范围越来越小，到了5月26日，幸存的200名自卫军已被驱逐到了拉雪兹神父公墓，退无可退。在这样的情况下，他们决定与巴黎公社共存亡。翌日下午，5000名政府军冲到墓地，自卫军战士们打光了最后一颗子弹，随后就被政府军俘虏了。

丧心病狂的政府军将这些自卫军战俘全部处死，接着又对巴黎平民展开了血腥大屠杀。在"五月流血周"中，巴黎的死亡人数高达10万人，其中7万人战死，3万人惨遭政府军屠杀，此后还有6万人被捕入狱。轰轰烈烈的巴黎公社运动就此宣告失败。

1871年5月28日，巴黎公社社员在拉雪兹公墓英勇就义。

欧洲其他国家

列强瓜分波兰

波兰位于东欧平原，地理位置十分重要。东面是乌克兰和白俄罗斯，南面紧邻捷克和斯洛伐克，西面与德国接壤，东北部和立陶宛及俄罗斯接壤，北面濒临波罗的海。特殊的地理位置造就了波兰特殊的历史，连年不断的战争和一再更改的版图，使得波兰历史充满了血与泪。

16 世纪的时候，波兰已经发展成为一个东欧强国，波兰王国和立陶宛大公国成立了统一的联盟。然而到了 17 世纪，波兰开始走向衰落。1652 年，议会通过了自由否决权，使得波兰政府决策效率极端低下，几乎处于无政府状态；1654年，在与沙俄的战争中丢掉了乌克兰；1655 年，又在与瑞典的战争中丢失部分领土。此时波兰的封建农奴制已经陷入危机，加上政局的混乱和接连的战争，波兰的国力日渐衰弱。

18 世纪中叶，波兰出现了资本主义萌芽，波兰贵族发起爱国革新运动，以维护国家统治，却受到了俄国女皇叶卡捷琳娜二世的武力干涉。1766 年，俄国和普鲁士要求波兰政府平等对待波兰境内的东正教与新教教徒，使他们享有和天主教徒同等的权利。此事遭到波兰的巴尔联盟的反对。1767 年 6 月，俄军入侵波兰，波兰部分贵族领导抗俄武装斗争，奥斯曼土耳其为防止俄国扩张，也同时向俄国宣战。最终巴尔联盟被俄军击败，波兰的危机进一步加深。

此时的波兰，处于俄国、普鲁士和奥地利的包围，这三个国家对波兰都有很大的野心。俄国要想通往西欧，波兰就是最大的障碍；当时的东普鲁士属于波兰王国，普鲁士要想连接上勃兰登堡就要打开这条通道；奥地利为防止普鲁士的势力进一步扩大，也想参与到对波兰的瓜分当中。

俄国为拉拢普鲁士和奥地利，决定放弃独吞波兰的计划。1772 年 8 月，俄罗斯、普鲁士和奥地利三国在波得堡签订瓜分波兰的条约。三个国家根据条约同时进攻波兰，各自占领了事先议定的波兰领土。俄国占领了西德维纳河、德鲁奇河和第聂伯河之间的白俄罗斯以及拉脱维亚的部分地区，普鲁士占领了瓦尔米亚、除格但斯克市以外的波莫瑞省、除托伦市以外的海尔姆诺省、马尔博克省，奥地利占领了克拉科夫省、桑多梅日省的南部和加里西亚大部分地区。由于没有外援的支持，仅部分城市的抵抗于事无补，1773 年 9 月 18 日，波兰议会被迫承认了瓜分条约。俄、普、奥三国共瓜分了波兰大约百分之三十的领土和三分之一的人口。这次瓜分行为引起了波兰人民的极大愤怒，一部分贵族和资产阶级组成爱国党，通过波兰议会制定了《五三宪法》，取消自由否决权并确定波兰为君主立宪制国家。

爱国党的改革遭到某些反动贵族的反对，也受到周围邻国的敌视。1792 年 5 月，俄军在波兰反动贵族的请求下出兵波兰，占领了首都华沙。普鲁士也以防止法国大革命蔓延为借口，进兵波兰。在 1793 年 1 月 23 日，普鲁士与俄罗斯签署了一项协议，废除《五三宪法》并瓜分波兰。联邦最后召开的议会上，议员受到了俄军的贿赂和威胁，同意了俄罗斯和普鲁士的领土要求。俄国占领了包括明斯克在内的白俄罗斯、第聂伯河西岸乌克兰大部分地区、立陶宛部分地区，普鲁士占领了格但斯克和托伦两个城市、大波兰地区的几个省和马佐夫舍的一部分。在第二次瓜分之后，波兰的国土面积仅剩原来的三分之一，波兰成为俄国的傀儡国。

波兰被两次瓜分以后，已经岌岌可危，随时有遭到灭亡的危险。于是波兰的爱国人士发动了武装起义，其中规模最大的是波兰民族英雄柯斯丘什科领导的起义。起义军初期屡胜俄军，并且占领华沙，建立了政权。但是不久，起义就被俄、普、奥三国军队联合镇压下去。为扫清波兰的残余势力，三个国家决定让波兰"彻底消失"。1795 年 10 月 24 日，俄国、普鲁士和奥地利签订了第三次瓜分波兰的协议，将波

华沙古老的街道
华沙地处欧洲中部，既没有御敌的天然屏障，又夹在列强中间，自古以来不断受到侵略。拿破仑时代成立了华沙大公国，但不久大部分国土被俄国吞并。

兰剩余的领土全部瓜分。俄国占领了立陶宛、西白俄罗斯、库尔兰、沃伦西部、西乌克兰大部分地区，普鲁士占领了华沙和马佐夫舍的一部分，奥地利占领了剩余的波兰领土。

至此，波兰亡国。

在法国大革命时期，拿破仑曾建立"华沙大公国"，波兰人得到解放。后来拿破仑失败，俄、普、奥三国再次将"华沙大公国"瓜分。

第一次世界大战以后，《凡尔赛和约》承认波兰独立，消失了 123 年的波兰终于复国。

女沙皇叶卡杰琳娜二世

1762 年 7 月 9 日清晨，一队俄国近卫军在奥尔洛夫兄弟的带领下，悄悄地将刚登基不久的彼得三世囚禁起来，发动了宫廷政变。这次宫廷政变的主谋人，是彼得三世的妻子——叶卡杰琳娜·阿列克谢耶夫娜，即叶卡杰琳娜二世。

叶卡杰琳娜原名叫索菲娅·弗里德里克·奥古斯特，1729 年 5 月 2 日出生在什切青市。她的父亲是德国的一个小公爵，母亲是德国霍尔施坦戈多普王族的公主。1744 年，在普鲁士国王腓特烈和俄国女皇伊丽莎白的支持下，索菲娅同俄国的未来继承人荷尔施泰因王子卡尔·彼得·乌尔里希，即后来的彼得三世定亲，并跟随这位王子来到了俄国。在俄国宫廷中人的影响下，索菲娅开始信奉东正教，并且起了一个俄国名字，叫做叶卡杰琳娜·阿列克谢耶夫娜。

初来乍到的叶卡杰琳娜不懂俄语，也不知道俄国的风俗习惯，但她天生聪明，很快便请求伊丽莎白为她找来老师，开始学习俄语和俄国宫廷礼仪。由于叶卡杰琳娜本身交游比较广泛，且言行举止彬彬有礼，不久就讨得了俄国皇宫贵族的欢心。

1745 年，叶卡杰琳娜同彼得结婚，但是婚后两人感情并不好。彼得本身就对叶卡杰琳娜没有感觉，加上他那乖张的性情，结婚不久便开始宠幸情人。而叶卡杰琳娜则天天以书为伴，她通读了十卷德国史和四卷哲学史，并且找来大量的俄文书进行阅读。这段时间用她自己的话来说就是："唯书籍与痛苦相伴，永远没有快乐相随！"此时的叶卡杰琳娜没有别的办法，只能忍受。得不到快乐的她，渐渐把目光转向了皇宫的最高位置，开始各方拉拢，培养心腹。

1762 年，伊丽莎白女皇去世，彼得三世即位。此时的叶卡杰琳娜正怀有身孕，只能眼睁睁地看着皇位落在丈夫手里。彼得即位后，奉行亲普战略，撤回了在"七年战争"中处于优势的俄军，退还普鲁士领土，并且还和普鲁士签订了和约，打算把一部分军队送给普鲁士。彼得此举大大损害了俄国的利益，引得贵族不满。而更让民众难以接受的是，彼得要求俄国民众改信路德教，将东正教定为异教。这一系列措施使得彼得走上了绝路，贵族们打算另立沙皇。

1762 年，叶卡杰琳娜联合近卫军发动宫廷政变，将彼得三世关了起来，自己坐上了沙皇的位置，成为叶卡杰琳娜二世。

叶卡杰琳娜登基之时，正是俄国的混乱时期。沙皇的频繁更替造成了政治格局的混乱，国内经济陷入困境，政府部门极端腐败，阶级矛盾日趋尖锐，农民起义不断。当时人们都不看好叶卡杰琳娜，认为她没有能力收拾这个烂摊子。而叶卡杰琳娜并没有沮丧，她连续施行了一系列的改革措施，一步步稳固了俄国的局势。

在外交方面，叶卡杰琳娜改变了之前俄国的策略，她先是撤回了对丹麦宣战的命令，然后又说服俄国贵族，停止与普鲁士的军事对抗，并签订和约，同时还和欧洲其他国家保持友好关系。这些措施为俄国换来了宝贵的和平时期，促进了俄国各产业的发展。叶卡杰琳娜此举有利于俄国贵族和商人在国外的利益，得到了他们的信任，而这种调养生息的政策也得到了军队的支持，为以后争霸欧洲打下了基础。

在行政上，叶卡杰琳娜大胆进行改革。她改组了参政院，设立 6 个委员会，后来又撤销 3 个，剩下的 3 个由她自己控制。同时重新规划行政体制，将原来的三级体制改为两级体制，把全国划为 50 个省，省下辖只有县，而各省最高长官直接受沙皇领导。这样，叶卡杰琳娜把全国的行政大权全部集中在了自己手里。

在进行改革的同时，叶卡杰琳娜还颁布了一部法典，叫做《圣谕》。这部法典在当时的欧洲赢得了赞誉，连法国思想家伏尔泰也对其交口称赞。

叶卡杰琳娜还鼓励发展商业、出版业和教育事业，大力兴办学校，促进工商业发展。在此基础上大力发展军事，建立了俄国历史上第二个海军舰队——黑海舰队。

经过叶卡杰琳娜大手笔的改革，俄国的实力不断增强，历史上把这段时期称作"开明专制"。那些改革只是其中"开明"的一部分，当然还有"专制"。

叶卡杰琳娜是个权力欲望很强的人，为了拉拢俄国贵族，她免除了贵族的服役义务，给予贵族特殊权力，并且把很多土地连同在其上居住的农民一起分给贵族，给了贵族买卖农奴的权利。当时俄国有多半的农民都被卖做了农奴。她还残酷镇压农民起义，将当时大规模起义的领导人普加乔夫残忍杀害。

当俄国实力大涨之后，叶卡杰琳娜二世争霸世界的野心便逐渐显露出来。她先是发动了两次对土耳其的战争，侵占了黑海北岸的大片领土，打通了黑海的航道。然后又连同普鲁士、奥地利分三次对波兰进行瓜分，使得波兰从欧洲版图上消失了 100 多年。而后，她又将俄国势力不断向西推进，吞并了立陶宛、白俄罗斯和乌克兰的大部分地区，最后与普鲁士和奥地利接壤。这一系列战争，大大扩张了俄国的版图，使得俄国比当初彼得大帝统治时期还要强盛。

与此同时，叶卡杰琳娜二世积极参加镇压欧洲革命。曾派兵包围法国以镇压法国资产阶级革命，并出资支持普鲁士、奥地利抵抗革命。人们把当时的俄国称作"欧洲宪兵"。

然而，叶卡杰琳娜二世的野心并不止于此，她的目标是要将整个欧洲纳入俄国版图。在临死之前她还在叫嚷着要实现这一梦想。1796 年 11 月 7 日，叶卡杰琳娜二世突发中风去世。她死后被人们尊称为"大帝"，是俄国仅有的两个获大帝称号的沙皇之一。在她的治理下，俄国一步步走向强盛，版图不断扩大，形成了强大的俄罗斯帝国。

普加乔夫起义

1762 年，叶卡杰琳娜二世发动政变，取代彼得三世，自己坐上了沙皇的宝座。她在上台后，施行了一系列有利于贵族的政策，但这些政策使得农民遭受了沉重的压迫。无数的农民变成了农奴，被随意买卖或流放。在这种情况下，叶梅连·普加乔夫带领不堪重负的农民们，发动了一次大规模的起义。

普加乔夫生在一个贫困的哥萨克家庭中，18 岁就参了军，先后参加了俄国七年战争和对奥斯曼土耳其的战争，是个军事天才，后来因病退役。他看到俄国贵族对农民的压迫日益沉重，便决定带领他们奋起反抗。1773 年 9 月 17 日，普加乔夫借叶卡杰琳娜发动政变一事，自称彼得三世，与 80 余名哥萨克人一起，在顿河一带发动起义。普加乔夫发布檄文，宣称要给予人民土地和自由，把地主的土地和财产分给人民。正是这些口号，使得这次起义具有了极强的号召力。

这 80 多人的小队决定先攻打雅伊克城堡。在起义途中，不断有农民、流亡士兵、各民族受压迫者以及一些工人参加起义，起义军队伍逐渐壮大。由于没有重火力武器，普加乔夫决定先放弃攻打雅伊克城堡，转而进军军事要塞奥伦堡。途中很多军事重镇主动向普加乔夫投降，并献出大量火器，使得起义军实力大增。

奥伦堡位于俄国东南部，是一个战略要塞，守军配有 70 门大炮，防守坚固。10 月 7 日，普加乔夫率领起义军开始攻打奥伦堡，但久攻不下。于是普加乔夫改变策略，采用围点打援的方法，开始围困奥伦堡。围困期间，普加乔夫大力开展起义宣传工作，号召人们参加起义，对抗暴政。于是，附近的各族人民闻风前来，纷纷加入起义队伍。起义军规模暴涨，很快就发展到了 3 万多人。叶卡杰琳娜二世闻听消息后暴跳如雷，急忙调派军队进行镇压。

叶卡杰琳娜二世共派出三路大军。第一路军由卡尔将军率领，约有两万多人。卡尔此人高傲自大，看不起起义军，认为他们不堪一击，便未加重视。11 月 7 日，卡尔所率部队到达尤泽耶瓦村。突然，炮声四起，他们中了普加乔夫的埋伏。卡尔的军队四散逃跑，溃不成军。当士兵们回头找将军时，卡尔早已扔下部队，独自逃跑了。第二路军由本尔内舍夫上校率领，在行军到一条河的时候，本尔内舍夫加了些小心，在确定周围没有埋伏后，他命令部队开始渡河。此时河上已经结冰了，士兵们小心翼翼地走在冰面上。走到一半的时候，起义军从不远处的山头上冲了下来。许多人不战而降，举起双手站在冰面上。本尔内舍夫本人则化装成了一名车夫，打算趁乱逃跑，但是没有成功，被当场处决。第三路军听说另两路被击败的消息后，不敢再去攻击普加乔夫，而是绕道进了奥伦堡。

第一轮的镇压失败后，叶卡杰琳娜二世又派遣大都督比比科夫率大军进行镇压，此时的起义军已经发展到 5 万多人。政府军在击败一些分散的小部起义军后，于 1774 年 3 月 22 日，在塔季谢瓦要塞附近和起义军主力展开了激战，最后起义军失败。这次作战使起义军损失了 6000 多人和一部分兵器。3 月 24 日，起义军的另一支部队又被击败。4 月 1 日，起义军在萨马拉再次战败，并有几名将领被俘。普

普加乔夫率领群众起义

加乔夫无奈之下，只好放弃对奥伦堡的围攻，转移到巴什基尔地区。转移途中，又有不少农民和工人加入起义军。

4月份的时候，普加乔夫在巴什基尔地区又招募了大量起义军，准备在5月份重新发动起义。5月5日，普加乔夫率部队占领了要塞马格尼特纳亚，之后又沿河而上，打下了特罗伊茨克。5月21日，起义军遭遇政府军，受到重创。之后起义军陆续遭到失败，损失十分惨重。普加乔夫只得率部队向伏尔加河撤退，沿途不断有农民和工人加入起义部队。在这个时候，普加乔夫本可以直扑莫斯科，将沙皇赶出皇宫，但是他犯了一个致命的错误，指挥军队奔向了南方。

到达伏尔加河流域之后，起义运动得到了当地大多数人的支持，起义军规模变得十分庞大。叶卡杰琳娜二世此时有些害怕起来，连忙把苏沃洛夫从奥斯曼土耳其战场调了回来，派他去镇压起义。1774年8月25日，起义军与苏沃洛夫所率部队在萨尔尼科夫展开了决战。由于队伍里出现了叛徒，起义军最终被击溃，普加乔夫带着残余部队逃走，打算进入大草原。之后队伍人数又不断减少，最后只剩下了不到50人。普加乔夫的几名手下见情况不妙，便联手反叛，将普加乔夫捆起来，交给了沙皇政府。

普加乔夫和多名被俘的起义军将领被判了死刑，于1775年1月10日，在莫斯科博洛托广场被处决，另外还有大量起义军官兵被流放。

普加乔夫领导的这次农民起义当中，表现出了不少较以往先进的地方。由于普加乔夫本人是军人出身，而且有很强的军事能力，他所带领的军队大部分都是正规编制，而且经常练习军事技能。普加乔夫还建立了军事委员会，用于指导各部队作战，并提拔了不少比较优秀的将领。

这次农民起义虽然失败了，但是它所带来的影响却很大。它在很大程度上动摇了农奴制度和专制制度，为以后的革命运动打下了基础，而且它的成功与失败之处，也为其他革命活动提供了借鉴，极大促进了俄国阶级斗争的进程。

神圣同盟

1814年，盛极一时的拿破仑帝国倒下了，波旁王朝复辟，法国的资产阶级革命被遏制了。战胜的欧洲各国开始划定各自的势力范围，并趁机在法国捞点油水。复辟的路易十八受到俄罗斯、奥地利、普鲁士、英国的威胁，在《巴黎和约》上签了字。但是这些国家的封建君主仍然对资产阶级革命持有戒心，决定建立一个同盟来共同遏制革命。

　　1815 年 9 月，俄国沙皇亚历山大在巴黎提议，成立一个"神圣同盟"，各国相互帮助，来维护各自的君主专制，封杀资产阶级革命。奥地利皇帝弗兰茨一世和普鲁士国王腓特烈·威廉三世也同意这个提议，三国缔结了盟约。这个同盟是以宗教为基础的，打出的旗号也是"护卫宗教、和平与正义"。虽然三个君主信奉不同的教派（亚历山大一世信封东正教，弗兰茨一世信奉天主教，腓特烈·威廉三世信奉新教），但是同属基督教，他们宣称这是

神圣同盟实际决策者之一——梅特涅

"一个家族的三个分支"。他们扮演起了兄弟的角色，残酷镇压资产阶级革命。

　　神圣同盟成立后，三国向欧洲其他国家发出了邀请，呼吁加入同盟。时间不长，欧洲大部分国家都加入了这个同盟。英国国王乔治四世受到英国宪法制约，不能在和约上签字，但是国王自己以个人名义参加了同盟，而且明确表示赞同这个同盟，在同年的 11 月，英国又和俄、奥、普三国建立了一个"四国同盟"；教皇国因为反对不同教派之间的联盟，也没有参加。

　　神圣同盟成立以后，便坚决扛起了镇压起义和打击革命的大旗，充当起了刽子手的角色。同盟里起主要作用的是俄国，开始结盟的建议便是沙皇亚历山大提出的，在后来的镇压起义的行动中，俄国也最为积极。

　　神圣同盟在缔结的和约上规定，盟员国间要定期召开会议，而每次的开会内容，就是如何来镇压革命。在亚琛会议上决定对德国的民主运动进行镇压，在特拉波会议和莱柏克会议上决定镇压意大利起义，干涉拉丁美洲独立运动，授权法国镇压西班牙革命……

　　1821 年，希腊爆发了针对奥斯曼土耳其统治的民族解放运动。本来根据神圣同盟的约定，欧洲各国是要共同进行镇压的，但是这次，各盟国之间的意见却发生了分歧。奥地利因为害怕这次民族解放运动波及到自己国家，于是坚决主张镇压起义；俄国、英国和法国却持不同态度，这三个国家早就觊觎巴尔干地区，而此次革命正是削弱奥斯曼土耳其在巴尔干势力的好时机，于是三国纷纷支持希腊革命运动，转而谴责奥斯曼土耳其屠杀希腊民众。这时候，神圣同盟的内部已经出现了分裂。

　　1827 年，俄、法、英三国在伦敦签订了一份公约，要求奥斯曼土耳其停战，

但是被奥斯曼土耳其拒绝了。于是三国联合对奥斯曼土耳其宣战，出兵进行干涉。奥斯曼土耳其在三国的联合打击下，元气大伤，再也无力对希腊革命运动进行镇压。最后，奥斯曼土耳其与希腊签订和约，承认希腊独立。只不过独立不久，希腊就被俄国势力渗透了。在这之后，法国发生了"七月革命"，推翻了复辟的波旁王朝，比利时也爆发革命，脱离了荷兰的统治。

一系列的革命，加上同盟国之间的矛盾激化，使得神圣同盟原先建立的同盟体系逐渐土崩瓦解，神圣同盟已经名存实亡。

1833 年，俄罗斯又联合奥地利和普鲁士恢复了神圣同盟，只不过此时的神圣同盟已经失去了当初在欧洲的影响力。1849 年，欧洲爆发资产阶级革命风暴，奥地利险些被分裂，在俄罗斯的帮助下逃脱了厄运。然而在 1854 年，奥地利却夺占了俄罗斯在多瑙河流域的势力，从此与俄罗斯决裂。之后奥地利又与普鲁士发生矛盾，关系渐趋紧张。英、法两国在外交上也在向俄罗斯靠拢，使得奥地利被孤立起来。

这些欧洲大国之间的关系变得微妙，无形之中就使得神圣同盟建立的均势体系破裂，而神圣同盟也就不复存在了。神圣同盟本身就是封建守旧势力为维护君主专制而成立的，但是在代表先进生产力的资产阶级革命风潮面前，它却是无能为力的，这也就证明了，任何守旧的势力也阻挡不住历史前进的脚步。

十二月党人起义

拿破仑在建立了强大的法兰西帝国以后，仍不满足于现状，决定对俄国进行侵略。1812 年，俄国沙皇亚历山大一世号召人民进行反抗，将侵略者赶出俄国。

俄国的卫国战争胜利后，一些贵族青年军官相继组织了救国协会和幸福协会，宣传民主思想，但是这两个协会成立时间不长便宣告解散了。之后，这两个协会的部分成员又在俄国南部成立了南方协会，并且起草了俄国革命中的第一部共和国宪法草案——"俄罗斯真理"。紧接着，一些近卫军青年军官又成立了北方协会，并拟定了斗争纲领——"宪法草案"。

1822 年，南北协会建立了初步联系，决定相互支持，共同发动武装起义。1824 年的时候，南方协会又起草了一部《俄罗斯法典》，这是一部真正具有资产阶级性质的法典，是俄罗斯历史上的第一部资产阶级宪法。

1825 年，机会来了。沙皇亚历山大一世在俄国南部检阅军队时，突然病逝了。按照俄国皇族传统的话，应该是亚历山大的弟弟康斯坦丁继位。但是康斯坦丁因为娶了一个外族女子，已经放弃了继承权，而且亚历山大在去世之前也留下了密诏，要另一个弟弟尼古拉继承皇位。由于当时通信不发达，两边的人都弄不清楚状况，于是就出现了尼古拉向康斯坦丁宣誓效忠，而康斯坦丁又反过来向尼古拉宣誓效忠的场面。最后弄得沙皇这个位置十几天没有人坐。

南北协会的革命领导人打算趁这个机会举行起义。此时，俄国皇宫已经把事情弄清楚了，决定在 12 月 14 日让尼古拉登基。

12 月 14 日清晨，近卫军各部官兵集结完毕，向彼得堡的枢密院广场进发。这一天是尼古拉即位的日子，但是这些官兵们却不是向尼古拉宣誓效忠的，他们是要阻止尼古拉登基。到了下午的时候，闻讯前来参加起义的海陆官兵已达到3000 多人，另外还有两万多彼得堡的百姓来到广场周围，支持起义。

此时的尼古拉，已经做好了准备。他在凌晨的时候就召集枢密院开会，宣布登基了。而后又调集军队，包围了枢密院，就等着起义军前来。

枢密院广场两侧，起义军和皇族军队已经展开了战斗，起义军多次打退皇族军队的进攻。但是就在此时，起义军的领导者——特鲁别茨科却不见了，到处都找不到他的身影，起义军陷入群龙无首的困境。而另一边，尼古拉利用这个时间集结军队，向起义军发起猛攻，并用大炮轰击起义军队和周围群众。起义军一步步退却，死伤无数，最后被逼到了涅瓦河，不少人掉到冰窟窿里。最终，彼得堡的起义失败了。

南方协会在准备起义的当口，领导人彼斯特尔突然被逮捕了，同时北方协会起义失败的消息也传了过来。南方协会的继任领导人并未就此退缩，决定继续发动起义。12 月 31 日，南方协会的几百名起义军发动起义，向基辅进攻。在行军的途中，起义军迷路了，6 天后又绕回了原来的地方。之后遭遇了沙皇政府的军队，受到猛烈攻击，最终起义失败。

由于这次起义是发生在 12 月份，因此人们把这次起义称作"十二月党人起义"，将南北协会的起义者叫做"十二月党人"。列宁把他们称作"俄国第一代革命者"。

最后，十二月党人的 5 名起义领导者被尼古拉处决，100 多人被流放西伯利亚。

这次起义对俄国的沙皇专制制度产生了巨大的冲击，开了贵族革命的先河。由于十二月党人出身贵族，比较有学识和素质，因此在起义的组织等诸多方面均超过了以往的起义，为以后的革命提供了有益的借鉴。人们把这一时期称为"贵族革命时期"。

意大利统一运动

意大利在近代一直处于分裂状态，到了 19 世纪前期仍然没有统一。此时的意大利分裂为 8 个邦国，其中处于意大利人统治之下的只有西北部的小国——撒丁王国。东北部的威尼斯和伦巴底地区是在奥地利的控制中，中北部有 3 个小公国，实际的统治者也是奥地利人；中部是罗马教皇的辖区，实行着教会统治；南部的两西西里王国落在了西班牙的手中。

这个时期正是资本主义的发展时期，意大利的资本主义也有了相当的规模，但是国家的分裂局面严重阻碍了资本主义的发展。于是一些明智之士意识到，只有建立一个统一的意大利，才能获得发展。而之前拿破仑王朝带来的法国民主自由思想，已经唤醒了意大利民众的民族意识，统一意大利的呼声逐渐高涨。此时意大利人民所能依靠的，只有在自己人控制下的撒丁王国，这也是进行民族统一的唯一选择。

在统一运动的早期，产生很多的革命组织，其中一个比较有名的是"烧炭党"。这个组织成立初期是为了反抗法国的侵略，后来规模逐渐扩大，成为抵制外族统治的先锋军。1820 年，烧炭党在那不勒斯发动起义，迫使两西西里国王施行新宪法，但是第二年就被奥地利镇压了。起义失败以后，烧炭党成员分散到各地，继续进行革命活动，很多人成为后来统一运动中的领袖人物。1831 年，烧炭党成员马志尼成立一个新组织，叫做"青年意大利党"，尼斯人加里波第也参加了这个组织。这两人在统一运动中，都立下了汗马功劳。

1848 年，意大利的西西里岛爆发了革命，奥地利控制下的威尼斯地区也发生了多处起义。撒丁王国的国王卡洛·阿尔贝托认为机会难得，决定向奥地利宣战。流亡南美的加里波第听到消息后，也回到了意大利，组织志愿军参加了对奥地利的战争。

后来，阿尔贝托在对奥地利作战中失败，奥地利人重新控制了被起义军攻占的地区。而此时，两西西里国王因宪法问题，与臣民发生冲突，被赶出了共和国。掌控中部地区的罗马教皇庇护九世，也因与革命者的冲突而逃离罗马。1849 年初，马志尼与加里波第宣布成立罗马共和国。

看到革命势头猛烈，法国以调解教皇与国民的矛盾为由，出兵进攻罗马。经过将近两个月的战斗，罗马共和国失败，马志尼和加里波第被迫流亡国外，教皇重新掌控了罗马。而法国也于此时开始在罗马驻军。

在意大利统一运动中，还有一个重要人物，他叫加富尔。1852年，加富尔当上了撒丁王国的首相。他对当前的局势有比较清醒的认识，认为单凭撒丁王国的势力，还无法和奥地利对抗，于是他决定与法国联手。1858年，加富尔和法国执政者拿破仑三世会面，商议对奥地利宣战。

1859年，法国以干涉奥地利入侵为由，对奥地利宣战，撒丁王国也同时加入战争。战争开始后，法国和撒丁军队连连取得胜利。这也鼓舞了当地的一些意大利革命者，多个地方爆发了起义。正当起义运动如火如荼、对奥战争胜利在望的时候，拿破仑三世却暗地里与奥地利签订了协议。最后，奥地利通过法国将伦巴底地区归还给意大利，但仍旧控制着威尼斯地区。撒丁王国迫于压力，只好接受了这个协议，而法国趁机又占领了萨伏依和尼斯。

1860年4月，西西里岛爆发了农民起义。加里波第组织了一支"红衫军"，远征西西里岛。在加里波第的指挥下，远征军很快攻占了两西西里王国首都那不勒斯。1861年，加里波第将两西西里王国并入撒丁王国，置于维克多·埃曼努埃尔二世统治之下，成立了意大利王国。

1866年，普奥战争爆发，意大利王国对奥宣战。意大利对奥军的作战接连失败，后来，加里波第率领志愿军出战，才扭转了战局。另一边，普鲁士见自己的目的达到了，便与奥地利签订了停战协议。意大利王国在普鲁士的压力下，也不得不调回了加里波第。在战后签订的协议中，意大利收回了威尼斯。

此时，只剩下教皇国还没有并入意大利。初期，由于法国的支持，意大利王国没能收复罗马。1870年，普法战争爆发，法国因为战事吃紧，撤回了在罗马的驻军，教皇从此失去了依靠。意大利王国抓住这个机会，向罗马发起进攻。9月，意大利军队攻占了罗马，教皇被迫避居梵蒂冈。

至此，久经分裂的意大利终于实现了统一。

《共产党宣言》发表

1845年的一天，位于布鲁塞尔大广场的白天鹅咖啡馆里，来了一个年轻的德国小伙儿。进门之后，他选择左手边角落里的一张桌子坐下，要了瓶啤酒。然后，他在桌子上铺开一张稿纸，一边小口喝着啤酒，一边在纸上写着什么。这个人名叫卡尔·马克思，三年后，他在这里写出了《共产党宣言》。

马克思生于 1818 年，父亲是普鲁士王国莱茵省的一名律师。18 岁的时候，他进入柏林大学学习法律专业，但是在这期间，他把大部分精力都放在了哲学上。1841 年，马克思写出了毕业论文《德谟克利特的自然哲学和伊壁鸠鲁的自然哲学之区别》。但是当时普鲁士对出版物的审查非常严格，马克思知道自己的论文在柏林大学不会获得通过，便把论文寄给了耶拿大学。经过耶拿大学评委会的审定，马克思以这篇论文获得了耶拿大学的哲学博士学位。

大学毕业后，马克思进入报社，担任《莱茵报》的主编。不久，他就碰上了"林木盗窃问题"事件。他在《莱茵报》上发表了多篇文章，指责普鲁士政府做法不公。这些文章激怒了政府官员，他们一怒之下，查封了《莱茵报》。马克思被迫迁居法国。

1845 年，马克思参加了《前进周刊》的编辑工作，在发表的文章中对普鲁士的专制政策进行了严厉的批评，遭到普鲁士政府的敌视。由于受到普鲁士的压力，法国政府以"传播反动思想"为借口，将马克思驱逐出境。后来马克思来到比利时，在承诺"不参加革命活动"之后，才得到了比利时政府发给他的居留证。随后，他定居在了布鲁塞尔。经过 9 次辗转迁徙之后，他终于找到了一家最便宜的旅馆住下。他的妻子和女儿也跟着他来了布鲁塞尔，一家人居住在简陋的旅馆里，生活非常艰难。之后的几年里，他的另外两个儿女相继出生，本来困难的家庭更是雪上加霜。这时，幸亏有好朋友恩格斯的帮助，马克思一家的生活才得以维持下去。

生活稳定下来之后，马克思又投入到了共产主义理论事业当中。他选择了白天鹅咖啡馆，每天来这里，坐在那个角落的位置，小口喝着啤酒。在稍显昏暗的灯光下，马克思或者独自思考写作，或者与恩格斯等人共同讨论。就是在这间咖啡馆里，他接连写出了《哲学的贫困》、《工资劳动与资本》、《德意志意识形态》等重要作品。在《德意志意识形态》中，马克思第一次系统阐述了历史唯物主义，批判了某些唯物主义的不完整性，并且提出了无产阶级的历史使命，实现了空想社会主义到科学社会主义的过渡。

在布鲁塞尔的这段时间，他的革命活动也一直没有停止过。他和恩格斯共同建立了布鲁塞尔共产主义者通讯委员会，用于联络欧洲其他国家的共产主义组织。为了保持和德国工人组织的联系，他们还创建了"德国工人协会"，并且马克思每天都要熬夜给德国一家刊物写稿。他们的革命活动在比利时的影响逐渐变大，为了利于在比利时开展活动，他们又成立了"民主协会"。同时，欧洲的另一个组织"正义者同盟"邀请他和恩格斯加入，并且接受了他们的共产主义思想。

1847 年，"正义者同盟"改名为"共产主义者同盟"，马克思成为同盟在布鲁塞尔地区的代表。同年的 11 月份，共产主义者同盟召开了第二次代表大会，委托马克思和恩格斯共同起草一份文件，作为同盟的纲领。于是，他便经常和恩格斯一起来白天鹅咖啡馆，商议纲领细节。伟大思想的火花，就是从这间小咖啡馆里燃起的。经过两个月时间的努力，这部掀起思想狂潮的共产主义纲领文件——《共产党宣言》诞生了。1848 年 2 月 24 日，《共产党宣言》在伦敦出版，印发了单行本。《共产党宣言》发表之后，马克思便被比利时政府驱逐出境。

《共产党宣言》是共产主义运动的第一个纲领性文件，它的诞生，标志着马克思主义的形成。这部著作全部用德文写成，共包括引言一篇和正文四章。后来，马克思和恩格斯又先后为《共产党宣言》的德文、俄文、英文、波兰文、意大利文版撰写了 7 篇序言，序言对正文内容做了一些基本的解释，并作了适当补充。

《共产党宣言》的问世有着巨大的意义，它标志了科学社会主义的诞生。从此，世界无产阶级有了认识世界和改造世界的工具，有了思想上最锋利的武器。它使所有的共产主义者能够遵循着共同的纲领，推动了全世界无产阶级解放斗争的进程。

在《共产党宣言》的最后，马克思喊出了那句改变世界历史的口号："全世界无产者，联合起来！"

俄国废除农奴制

1856 年 3 月，俄国沙皇亚历山大二世对贵族发表了一次讲话，他指出："……现在的农奴制到了需要改变的时候了，我们从上面对农奴制进行改革，总比农奴从下面通过其他方式进行改变好。"

19 世纪初，俄国的资本主义已经有了相当程度的发展。早在彼得一世时期，俄国便开始了和欧洲各国之间的贸易往来，后来继任的几个沙皇延续了这一政策，不断加强对外贸易。到了亚历山大二世的时候，对外贸易的规模已经十分大了。贸易的需求必然促进了经济的增长，而俄国此时的经济主体还是农奴制经济。此时的西欧各国和美国，已经不同程度地完成了工业革命，经济发展迅速，经济规模大大超越了俄国。农奴制已经严重阻碍了俄国经济的发展。

贸易的发展也促进了农村经济模式的转变，不少地主开始由自然经济向商品经济过渡。当时俄国出口的粮食大部分来自农村的地主，而且有些地主还开始发展手工业，大量雇佣工人。这样，以农奴制为基础的经济制度便出现了破裂。这些致力于发展商品经济的地主，渐渐转变成了贵族资产阶级，于是开始对农奴制不满，要求政府改变这种状况。

在农奴制压迫下的农民，自始至终就没有停止过反抗。仅 1858 年到 1860 年的两年多时间里，就发生了将近 300 次农民起义。一些民主主义者也开始发表言论，针对农奴制进行批判。

1853 年，俄国为争夺巴尔干半岛，发动了克里米亚战争，先后与奥斯曼土耳其、英国、法国、撒丁王国交战。1856 年，俄国战败。这场战争的失败，激起了俄国民众的强烈不满，成为压倒农奴制的最后一根稻草。

1856 年，沙皇亚历山大二世向贵族阐述了自己的主张，表示要对农奴制进行一场自上而下的改革，并且告诫那些贵族："若不放弃那些小的利益，就会失去大的利益。"1857 年 1 月，亚历山大二世成立了农民事务秘密委员会，对俄国的农民问题进行研究。但是贵族出身的委员会成员们对改革并不热心，他们对沙皇敷衍了事，没有做出任何有实际意义的成果。同年的 11 月，沙皇发布了一份诏书，要求立陶宛等三个省份成立贵族委员会，对农奴制进行初步改革。在诏书的条文中，规定了农奴可以获得人身自由，但除此之外根本没有任何改变，还是维持了原来的生产关系。之后，各个省纷纷成立了贵族委员会，而且将农民事务秘密委员会改组为农民事务总委员会，负责改革事务。只是这次改组基本是换汤不换药，与原来相比，没有做出任何改善。

沙皇的这次行动，在俄国引起了强烈反响。一些贵族资产阶级对沙皇的做法很支持，赞扬他"开创了新的历史"；那些保守的封建贵族则对此极为反对，他们的利益完全建立在农奴制基础上，不同意任何针对农奴制的改革；而在农民这一边，对这次的初步改革却是另一番态度，他们用起义回应了沙皇的改革。一些民主主义者发表文章，抨击这次改革的虚伪性。

由于农民起义的势头越来越猛烈，亚历山大二世只好让步，在 1858 年的农民事务总委员会

尼古拉一世
落后的俄国在克里米亚战争中一败涂地，尼古拉一世服毒自杀，他的儿子亚历山大鉴于教训，推动了 1861 年改革。

上，对原来颁布的诏书做了进一步更改。在这次会议产生的文件中，除规定农奴可以获得人身自由外，还将农民列入了农村自由等级，并且可以获得土地作为私有财产。这份文件较之以前的诏书有了很大改进，加快了农奴制改革的步伐，但是其中仍留有浓重的农奴制成分。

为了审定各省份提交的改革方案，并最后确定总的改革方案，1859 年 3 月，亚历山大二世又成立了编纂委员会。由于各方的意见不统一，加上保守的封建贵族的阻挠，方案的议定工作进行得很不顺利。经过长期的讨论和修改，1860 年10 月 10 日，最终方案终于提交给了农民事务总委员会。经过农民事务总委员会审议后，国务会议批准了这个方案，2 月 19 日，亚历山大二世在方案上签了字。

1861 年 3 月 3 日，沙皇亚历山大二世颁布了《关于脱离农奴依附关系的农民一般法令》，和废除农奴制的特别宣言，终结了长期制约俄国发展的农奴制。

这次农奴制改革使得俄国从此踏上了资本主义的发展道路，为俄国解放了大量的劳动力，并且积累了大量资金，极大促进了俄国经济的发展。但是这次改革并不是很彻底，没有给予农民完全的权利，仍保留了很重的农奴制色彩，对俄国以后的发展产生了一些消极的影响。

列宁创建布尔什维克党

1870 年，列宁出生于俄国的辛比尔斯克，父亲是一名教育家，哥哥曾参加刺杀沙皇的活动，最后被处死。受到父亲和哥哥的影响，列宁在学生时期，就热衷于革命运动，曾因参加学生活动被开除。后来他开始研究马克思主义，并翻译了《共产党宣言》，在俄国传播共产主义思想。

1895 年秋天，列宁在圣彼得堡建立了"工人阶级解放斗争协会"，但是时间不长，他就被俄国警方逮捕了，被判处监禁 14 个月。刚从监狱里出来，他就又被流放西伯利亚。在那里，他认识了革命者普列汉诺夫。早在 1883 年的时候，普列汉诺夫就在日内瓦成立了马克思主义组织"劳动解放社"，这个组织对马克思主义在俄国的传播有很大影响。

1898 年 3 月，列宁还流放在西伯利亚，在他组织的"工人阶级解放斗争协会"的影响下，俄国的几个社会民主主义组织决定建立一个统一的政党。在白俄罗斯明斯克郊外的一间小房子里，九名社会民主主义组织的代表召开了一次会议，会议通过了建立俄国社会民主工党的决议，因此，这次会议称作"俄国社会民主工党第一次代表大会"。这次大会发表了社会民主工党的成立宣言，但是没有制定出明确的党纲和党章，对于党的领导等方面的问题也未作说明。

1900年，列宁的流放生活终于结束了，他回到了圣彼得堡，然后又到了西欧很多地方从事政治活动。后来他来到德国慕尼黑，创建了俄国社会民主工党的党报——《火星报》。报刊的名字是源自俄国诗人普希金的诗句："看那星星之火，燃为熊熊烈焰。"其实在西伯利亚流放的时候，列宁就已经有了创办革命报刊的想法。他在《火星报》上连续发表文章，阐述马克思主义理论。1902年，他发表了一部著作，叫做《怎么办》，这本书批判了之前党内的"经济派"路线，为马克思主义在党内的发展打下了良好的基础。也是在这段时间里，他最终确定了用"列宁"作为笔名。

1903年7月30日，在比利时布鲁塞尔的一个旧仓库里，俄国社会民主工党召开了第二次代表大会。但是会议中途被比利时警察发现，只好秘密转移到了伦敦举行。列宁作为主席团副主席参加了会议，主席是普列汉诺夫。这次大会的主要目的就是确定俄国社会民主工党的党纲和党章。

讨论党纲问题时，立陶宛、波兰和俄罗斯犹太工人总联盟的代表从民族主义出发，要求把总联盟列为犹太工人阶级的唯一代表，并且在党组织中应用联邦制，他们的意见遭到了大多数人的驳斥。在"无产阶级专政"是否应该写进党章的问题上，一些机会主义分子持反对意见，他们认为不经过无产阶级专政也可以进入社会主义。以列宁为首的多数人对这种思想予以了坚决地否定，认为无产阶级专政才是唯一可行的道路。最后经过投票，列宁的意见获得了通过。

在党章中关于党员资格的问题，会议代表之间的意见产生了很大的分歧。马尔托夫认为，只要一个人自己愿意，不管内外条件怎么样，他都可以入党，而且可以不受党组织的约束，总之是"党员越多越好"。而列宁则认为，这种做法会使党的组织涣散，不易领导，应该对个人入党的资格做出规定，并且接受党组织的领导和约束。在这个问题上，列宁的提议最终未能获得通过。

在选举党的中央委员会和《火星报》编委会的时候，又发生了比较大的意见分歧。中央委员会的最后人选都是站在列宁一边的，机会主义者认为应当限制中央委员会的权利，但是这样就与刚刚通过的党章发生了冲突，因此没有获得通过，列宁取得了胜利。在选举《火星报》编委会时，马尔托夫认为应该选6个人，因为最有可能获选的6个人中，有3个人都是支持他的，这样他就可以获得绝对优势。而列宁则认为选3个人就足够了，人多了只会导致相互之间发生意见分歧，拖延做决策的时间。通过投票，最终选举出了列宁、马尔托夫、普列汉诺夫为编委会成员。之后，马尔托夫宣布退出编委会。

这次大会以后，俄国社会民主工党分裂为两派。支持列宁的占大多数，称为布尔什维克，意为多数；反对列宁的人则称为孟什维克，意即少数。此时，这两派并未公开分裂。

1912 年，俄国社会民主工党召开了第六次代表大会。会议上，布尔什维克与孟什维克正式决裂，两派各自发展。至此，列宁领导下的布尔什维克党，终于作为一支独立的马克思主义政党而存在。

"铁血宰相"俾斯麦

俾斯麦是德国近代有名的政治家、外交家，他曾兼任普鲁士首相和外交大臣，被人称为"铁血宰相"。

1815 年 4 月 1 日，俾斯麦生于普鲁士的大容克贵族世家。他从小接受了良好的贵族教育，曾进入大学学习法律、历史和外语，由于个性好斗，曾多次和同学进行决斗。1847 年，俾斯麦进入政界，成为普鲁士议会议员。之后，他又陆续担任普鲁士驻德意志联邦代表会代表、普鲁士驻俄公使、普鲁士驻法公使。1862 年，他担任了普鲁士首相兼外交大臣。

在俾斯麦成长的时期，德国还处在分裂状态。虽然早在 1815 年就建立了"德意志邦联"，但那并不是一个统一的国家，而是由普鲁士、奥地利以及 30 多个小国组成的，各组成国之间仍然相对独立。其实每个国家都想要建立一个统一的德国，只是由于利益关系，在实施上困难重重。在这些组成国中，只有普鲁士和奥地利是实力比较强大的。奥地利想要吞并普鲁士和其他小国，建立一个以自己为中心的德国；而普鲁士则不这么想，他们也想统一德国，但是要把奥地利踢出去。

1862 年 9 月 26 日，刚刚成为首相的俾斯麦在普鲁士下议院发表了演说。他说道：

德国需要的不是普鲁士的自由精神，而是武力。普鲁士必须要积攒力量，等待有利于我们的时机，这种有利时机我们已经错过数次了。现在我们所面临的重大问题，不是靠凑在一起讨论和多数人的投票就能解决的，有的时候，我们需要一场斗争，一场铁与血的斗争。

这次演说，完全体现了俾斯麦的武力倾向。从此，"铁血宰相"这个外号伴随他一生。

在就任首相之后，俾斯麦开始着手实施自己的"铁血政策"。此时普鲁士的实力已经非常强大，而且还处在上升趋势，对俾斯麦的计划非常有利。他的第一步，就是要踢开议会的那些人，因为他们根本不理解自己的策略，不但帮不了忙，还会坏事。议会议员们指责俾斯麦违背了普鲁士宪法，但是他根本不在乎，还公开表示："斗争迟早都会发生的。"

为了一统德国，俾斯麦策划了三场战争。

第一场是针对丹麦的。1863年，丹麦吞并了本属于德意志联邦的小国施勒斯维希。俾斯麦决定对丹麦宣战，但是为了解除奥地利在后方的威胁，他决定和奥地利联合。奥地利同意了普鲁士的建议，第二年，普鲁士和奥地利联合向丹麦发出最后通牒，随即对丹麦宣战。结果丹麦战败，普鲁士控制了施勒斯维希地区，而奥地利得到了何尔斯泰因。

解决了丹麦之后，俾斯麦又把矛头对准了奥地利。但是奥地利的实力很强大，并不容易对付，于是俾斯麦决定与意大利联合。意大利的威尼斯和伦巴底地区长期在奥地利的控制之下，听说要对付奥地利，意大利马上就同意了。同时，为了使法国不插手这场战争，他向拿破仑三世承诺，战胜奥地利之后，会分给法国一部分领土，拿破仑三世当然乐得坐享其成。

一切准备就绪之后，俾斯麦便开始向奥地利寻衅。他要求奥地利让出之前得到的何尔斯泰因，并对德意志联邦进行改革。奥地利本能地拒绝了，并且联合一些小国对普鲁士进行制裁。于是普鲁士对奥地利宣战。双方的实力差不多，都没有那么容易获胜，俾斯麦决定破釜沉舟，和奥地利进行一场决战。1866年7月3日，双方军队在萨多瓦村展开决战。俾斯麦知道，一旦这场战争失利，那么整个计划就失败了，他在上战场的时候甚至带上了毒药，打算一旦失败就服毒自杀。结果普鲁士大获全胜。

在快要打到维也纳的时候，俾斯麦停住了脚步，他猜到法国会对这件事进行干涉。不出他所料，法国很快出面调停。由于法国实力强大，俾斯麦被迫与奥地利签订停战协议。协议规定，奥地利退出德意志联邦，并割让一部分领土给普鲁士。至此，俾斯麦第二场战争的目的也算是达到了。此时，除了德国南部紧挨法国的4个小国仍旧独立，整个德国北部和中部都在普鲁士手中。而那4个小国，不但俾斯麦志在必得，也是法国眼中的一块肥肉。

普奥战争结束之后，拿破仑三世向俾斯麦索要原先承诺的领土，被俾斯麦拒绝。之后，俾斯麦将法国的企图告知了那 4 个联邦小国，并与他们订立盟约，一致对抗法国。经过充分准备之后，俾斯麦决定打一场普法战争。1870 年，在西班牙王位继承问题上，法国与普鲁士发生矛盾，随即对普鲁士宣战。第二年，普鲁士取得了胜利，攻入巴黎。

在凡尔赛宫，俾斯麦宣布德意志帝国成立。至此，德意志完成了统一，俾斯麦的"铁血政策"也得以实现。

"诺贝尔奖"的由来

1897 年，一份遗嘱的公布，在瑞典引起了轩然大波。瑞典国民对这份遗嘱议论纷纷，同时指责立遗嘱的人不爱国。这个当时因遗嘱而备受指责的人叫诺贝尔，当然，现在没有人再指责他了。

诺贝尔是瑞典人，1833 年出生于斯德哥尔摩。他是位优秀的发明家、工程师、化学家、企业家，一生获得发明专利 350 多项，其中最为著名的是硝化甘油炸药的发明。他所创立的企业遍及世界 20 多个国家，主要是军工、化工、钢铁等企业，生前拥有巨额财产。

1896 年，诺贝尔患上了严重的心脏病，已经危及生命，为他治疗的医生建议他服用硝化甘油。当时硝化甘油对心血管疾病有疗效的说法只是在实验中被证明过，并没有理论上的根据，诺贝尔因此拒绝服用。12 月 10 日下午，诺贝尔在意大利的圣雷莫去世了。在他去世 100 多年之后，一位科学家获得了诺贝尔医学奖，他获奖的理由是，发现了硝化甘油中的一氧化氮分子可以促进心血管的血液循环，为硝化甘油对心血管疾病的治疗提供了理论基础。

诺贝尔生前曾立过三份遗嘱，内容十分相近。在第三份遗嘱中，他取消了将部分财产赠给亲属的内容，改为把所有财产用于设立诺贝尔奖基金。在遗嘱中，他委托索尔曼为遗嘱执行人，让他把自己的所有遗产变换为现金，然

诺贝尔
他发明的安全炸药为人们在生产领域提供了很大的方便，但它的另一个副作用就是促进了战争的升级。

后进行安全的证券投资。用这些投资设立一项基金，把它每年所产生的利息用作奖金，以奖励那些在上一年度为人类谋取了最大利益的人。这些奖金要平均分成5份，其中，第一份发给在物理学方面做出最重大的发现或者发明的人；第二份，发给在化学方面做出最重大的发现或者改进的人；第三份，发给在生理和医学领域做出最重大的发现的人；第四份，发给在文学方面创作出最优秀的理想主义作品的人；第五份，发给为促进国家或民族之间的友好和睦、为废除或裁减常备军队以及为和平会议做出最大努力或贡献的人。在颁奖问题上，他把这项任务分别委托给了四个机构。其中，物理奖和化学奖，由瑞典皇家科学院颁发；医学和生理学奖，由在斯德哥尔摩的卡罗琳医学院颁发；文学奖，由在斯德哥尔摩的瑞典文学院颁发；和平奖，由挪威议会选举出一个五人组成的委员会来颁发。在遗嘱的最后，诺贝尔还写到：

在授予奖金时，我的愿望是，丝毫不考虑获奖候选人的国籍，不论他是不是斯堪的纳维亚人。只要符合要求，就应该授予他奖金。

这份遗嘱刚一公布，瑞典舆论就充满了指责之声。指责者说，诺贝尔没有把财产留给瑞典，也没有给瑞典人优先获奖的权利，还要瑞典承担颁奖的义务，这样一件吃力不讨好的事情，他竟然留给了自己的祖国。更有人怂恿诺贝尔的亲人上诉，要求继承财产，因为这份遗嘱有法律漏洞，无法执行。一位律师说，这份遗嘱中没有说明立遗嘱人是哪国人，因为诺贝尔虽然生在瑞典，但是他在欧洲很多国家都待过，没有任何一个国家的国籍，那也就无法认定这份遗嘱该由哪个国家来判定是否生效；还有一点，就是他没有写明该由哪个国家来成立这个基金会。所以，这份遗嘱很有可能被判无效。瑞典科学院院长听说遗嘱中要求由该科学院进行颁奖的时候，竟然提议把诺贝尔的财产捐给瑞典科学院。

经过遗嘱执行者索尔曼的不断游说，终于，在1898年5月21日，瑞典国王宣布，诺贝尔的遗嘱生效。挪威议会也接受了遗嘱的委托，选举出一个五人的委员会，对奖项进行评定。遗嘱中涉及到的各个组织，也都表示，愿意承担这项责任。

虽然已经确定设立诺贝尔奖了，但是在执行过程中却遇到了一点问题。因为诺贝尔的遗产涉及到很多国家的很多公司，要把这些财产全部变现，将是一项浩大的工程。而且，这其中牵涉到的不同国家的法律也是不同的，变现的时候颇费周折。经过索尔曼等人的奔忙，诺贝尔的财产终于被清理出来了，并且变成了现金，只不过在变现的时候大打了折扣。最终，这份资产被折合成了3000多万瑞典克朗。

1901 年 12 月 10 日，诺贝尔奖基金会颁发了首次诺贝尔奖，这一天正是诺贝尔逝世五周年。为表示对诺贝尔的怀念，以后每届的诺贝尔奖颁奖典礼都是在这一天颁发。参加颁奖典礼的人，要穿着庄重的服装，而且参加人数也有限定，不能超过 1800 人。诺贝尔奖的奖牌是金质的，正面是诺贝尔的雕像，背面则因奖项不同而各具特色。

后来，瑞典国家银行为诺贝尔奖提供资金，又增设了一项经济学奖，诺贝尔奖变为 6 个奖项。

1905 年的俄国革命

对于俄国来说，1905 年是一个动荡的年份。这一年，发生了一连串的动乱事件，这些事件没有统一的组织，也没有明确的目标，只是以反对政府为目的，而且范围很广，波及俄国多个地域和各个阶层。人们习惯上把这一年的一系列事件称作"俄国 1905 年革命"。

这次革命是俄国长期以来各种矛盾得不到解决导致的。自从 1861 年亚历山大二世废除农奴制以后，俄国工业化迅速发展，资产阶级的规模也不断扩大，与无产阶级的矛盾也在一步步加深。俄国的历任沙皇都热衷于领土扩张，到 1905 年尼古拉二世在位时，其势力已经跨欧、亚、北美三洲，领土内囊括了多个民族，而各民族间因文化不同，经常导致发生冲突。而此时，沙皇政府的封建专制制度对社会底层人民的压迫，也在不断加深，人民反抗情绪高涨。

革命的最直接原因，是 1904 年爆发的日俄战争。在中国东北与朝鲜半岛，俄国与日本因利益分配问题发生争执，双方谈判未果，日本遂对俄国开战。虽然俄国较之日本有先进的武器装备，但是一直处于被动挨打的状态。俄军在战场上的连连失利，让俄国民众对沙皇政府丧失了信心。

1905 年 1 月 16 日，在圣彼得堡的基洛夫工厂，厂内工人因抗议工厂主开除工人而展开罢工。几天时间里，许多工厂的工人响应罢工，总人数达到 15 万之多。

尼古拉二世看到如此多的人参加罢工，想要专门组建了一个调查小组，对这件事的原因进行调查。但是在选举小组成员的时候，遭到了社会主义人士的反对，计划之中的工人代表没能选举出来，结果调查计划夭折。

1 月 22 日，这一天是星期日，加邦神父组织了约 3 万名工人，来到冬宫前的广场，向沙皇情愿。他们要求停止日俄战争，对政治和法律进行改革，改善工人待遇，缩短工时。此时沙皇尼古拉二世已经离开冬宫，到别处去居住了。皇宫护卫与请愿群众在广场上对峙起来。后来，请愿群众的人数不断增加，达到了20万人。皇宫护卫见形势严峻，开始对天鸣枪示警，继而对群众开枪射击。请愿群众争相逃避，加邦神父在这片混乱当中死亡了。对于这次事件的伤亡人数，各方说法不一，从几十人一直到几千人，差距非常大。这次镇压事件史称"流血星期日"。

"流血星期日"事件激起了俄国民众的愤怒，俄国各地纷纷展开罢工。几个月时间里，罢工总人数达到了80多万，创下俄国罢工历史上的新纪录。

在罢工的同时，又不断发生民族之间的冲突。在俄国控制下的波兰，此时也展开了斗争。由于日俄战争的影响，波兰的工业也陷入困境，有将近10万波兰人失业。波兰的工业中心罗兹首先发动了罢工运动，紧接着，华沙等地也相继发生罢工游行，整个波兰大约有40万人参加了罢工运动。

面对这样的混乱局面，尼古拉二世为缓解矛盾也做出了一些努力。在3月份的时候，曾颁布了一部《布雷金诏书》，开放宗教自由和言论自由，并降低土地赎金。在5月份的时候，又与各地代表达成协议，成立一个国家议会。

6月份，在罗兹的一场游行中，俄国警察对游行群众开枪，当场打死了10名群众，此事引起人们极大愤慨。在死难群众的葬礼上，参加葬礼的人又举行了大规模的游行。在游行途中，遭遇了沙皇政府的哥萨克骑兵，并与骑兵发生冲突。游行群众用石头打伤了多名骑兵，而骑兵也向群众开枪，打死打伤了几十人。入夜之后，当地民众开始袭击警察，并且杀死了那些反对游行的人。历史上将这次事件称为"罗兹暴动事件"。此后，沙皇下令罗兹戒严，并派军队进入罗兹，逮捕动乱人员。经过镇压，暴动事件终于平息。

经过这一系列的事件，尼古拉二世终于做出了最后的让步，同意召开人民代表会议。1905年12月，沙皇政府公布了会议代表的选举办法。代表成员包括多个党组和民族成员，有劳动团体党员、社会民主劳动党员、宪政民主党员、十月党员以及非俄罗斯民族的各族代表，共计560多人。但是这次选举给予各阶层的票数是不同的，其中地主比农民和工人获得的票权要多很多。人民代表会议遭到了社会主义人士和布尔什维克的反对。

经过俄国1905年革命，俄国工人阶级迅速成长起来，为以后的无产阶级革命打下了基础。

北 美

美国独立战争爆发

美国独立战争是北美殖民地争取民族独立的战争，又称"北美独立战争"。

1607年，在北美大西洋沿岸，英国人建立了第一个殖民地，名为弗吉尼亚。经过100多年不断开拓，英国的北美殖民地增加到13个。这些殖民地居民除了土著居民印第安人外，还有大批移民者，其中大多数为英国人，也有不少人来自欧洲其他国家，还有就是被贩卖来的非洲黑奴。

当时，英属北美殖民地开发大量的种植园，建立多种工业，经济比较繁荣。1756年到1763年，为争夺北美控制权，英国与法国进行了长达7年的战争。最终英国取得胜利，得到北美控制权。然而长期的战争导致了英国政府财政空虚，为维护本土利益，解决财政困难，英国政府不断增加殖民地的税收，对殖民地进行残酷的压榨和剥削，还颁布一些限制殖民地经济发展的法令，如1765年的《印花税条例》和1767年的《唐森德税法》，压制殖民地经济发展。这使殖民地人民感到强烈不满，双方矛盾日渐尖锐。

1765年，驻扎在波士顿的英军胡作非为，时常与当地人民起冲突，军民关系恶化。1773年3月5日，英国士兵与一名绳索制造工人冲突再起，5名当地人被英军杀死，激起民愤。同年12月16日，波士顿再次发生动乱，史称"波士顿倾茶事件"。

事件的起因是英国东印度公司要垄断茶叶贸易，此举引起了北美殖民地人民的不满，因而与英国产生了冲突。为倾销东印度公司积存的茶叶，英国政府通过《救济东印度公司条例》，条例中给予东印度公司到北美殖民地销售积压茶叶、免缴关税、只收少量茶税的权利，并把殖民地自产的茶叶称为"私茶"，明令禁止进行买卖。此条例引发了北美殖民地极大的愤怒。如果茶叶渠道落入东印度公司的手里，茶叶价格将会被操控，殖民地茶叶商人也将无法生存。因此，殖民地人民拒绝卸运茶叶，开往纽约、查里斯顿和费城三地运输茶叶的商船被迫返回伦敦。而运往波士顿的茶叶，则被波士顿激进分子全部倒入大海，被倒入大海的茶叶共计342箱，总价值约1.5万英镑。

1774年3月，恼羞成怒的英国政府连续颁布5项高压法令，即"不可容忍的法案"：封锁波士顿海港，禁止波士顿对外通商；取消马萨诸塞的自治权，派北美殖民地英军总司令托马斯·盖奇将军担任马萨诸塞殖民地总督；扩充军队；禁止13个殖民地的人民向西部地区迁移，俄亥河以北、宾夕法尼亚以西的土地划入加拿大，归魁北克省管辖。双方矛盾进一步激化。

1775年4月18日，英国马萨诸塞总督兼驻军总司令盖奇得到一个消息：离波士顿不远的康科德镇，有一个秘密军火仓库，里边藏有民兵的军火武器。于是，盖奇立即命令手下率领士兵连夜出发，前往查缴并逮捕反英领导人，以此打击反英势力。这件事被反英秘密组织"通讯委员会"的侦察兵发现，他们立即通知"通讯委员会"的信使，让他把消息传递出去。民兵得到消息后，立刻做好准备，埋伏起来，等候英军的到来。

4月19日凌晨，800名穿着红色军装的英军，来到一个叫莱克星顿的小村庄，这里距离康科德镇还有一段距离。英军在薄雾中向前行进着，经过一夜的行军，他们已经困倦不堪了。忽然他们发现，在村外的草地上，站着几十个手握长枪的村民。史密斯知道，这些武装村民就是莱克星顿的民兵，这些民兵只要听到警报，就会在一分钟内集合起来，参加到战斗中。史密斯想不通，这些民兵为什么这么快就做好了准备。他不由得紧张起来，可是当看到对方只有几十个人的时候，他又马上放松了下来。英军根本没有把这些穿着破烂的民兵当回事，他们命令他们立即投降，但民兵当即拒绝。于是，英军就把这些民兵包围起来。混乱之中，有人开了枪，场面一下子变得不可收拾。几分钟后，民兵因为寡不敌众，很快撤离战场，分散隐蔽起来了。首次作战就取得小胜，英军很是得意，史密斯乘胜指挥士兵朝康科德奔去。

等到英军赶到康科德镇，太阳已经高高升起，天已大亮。街上冷冷清清，没有一个行人。史密斯让英军挨家挨户搜查，英国士兵在各家翻了半天，却什么也没有找到。史密斯这才感觉到事情不对，他赶紧下令撤退，可是已经晚了。一阵阵枪声从四面八方响起，穿着红色军装的英国士兵们，被附近村镇的民兵们包围了。民兵们埋伏在各个角落射击，英国士兵就像是活靶子，一批又一批倒在地上，他们想要反击，却根本找不到民兵。英军狼狈不堪地向波士顿方向撤退，沿途不断遭到民兵的袭击。到了黄昏时分，战斗还在继续，这时，波士顿派出的援军赶到，英军这才得救。这一战，英军损失了 273 人，而民兵只有 95 人的伤亡。这是第一次，英军切身感受到殖民地人民也不是好惹的。

莱克星顿的枪声很快传遍英属北美殖民地。反英国统治的战火迅速点燃了北美大地，美国独立战争爆发了。

1775 年 6 月 14 日，北美各殖民地召开大陆会议，会议决定，建立各殖民地联合武力力量联合抗英。这支联合武装就是大陆军，华盛顿被任命为总司令。10 月 13 日，北美建立大陆舰队。1776 年 7 月 4 日，大陆会议通过《独立宣言》，北美洲 13 个英属殖民地宣告脱离大不列颠王国独立，美利坚合众国诞生。

战争开始时，双方力量悬殊，大陆军连连失利，然而军民一心，最终扭转了这种局面。1777 年 10 月，大陆军和民兵将萨拉托加包围，10 月 17 日英军投降，此战役扭转了独立战争初期的不利的态势。1779 年和 1780 年，西班牙和荷兰也分别加入反英战争。

1781 年 4 月，大陆军战略反攻南卡罗来纳并取得胜利。8 月，南方英军主力在弗吉尼亚约克城集结，华盛顿率大陆军在法国舰队的支援下包围了英军。10 月 16 日，英军突围失败，19 日英军投降，英国内阁倒台。1782 年 11 月 30 日，英国新政府与美国停战，1783 年 9 月 3 日，双方签定《巴黎和约》，美国的独立地位被认可。

美国独立战争的胜利，为殖民地民族解放战争树立了范例。独立战争的第一枪是在莱克星顿打响的，因此莱克星顿在人们心中就成了美国自由独立的象征，人们称它是"美国自由的摇篮"。

1775 年 4 月 18 日黎明，莱克星顿的枪声揭开了北美独立战争的序幕。

门罗主义

1776年圣诞节的第二天，英美两国军队在特伦顿展开了一场激烈的交锋。一个18岁的年轻军官，不顾枪林弹雨，冲在队伍的最前面，夺下了英军的两门大炮。接着，乔治·华盛顿率领大军攻入新泽西州的城门。

在抢夺大炮时，这个来自弗吉尼亚的年轻人肩膀中弹。受伤部位贴近脖子，他登时血流不止，生命危在旦夕。幸好他身边有一位医生迅速采取措施，才最终挽救了他。特伦顿大捷后，美国独立战争的形势逐渐扭转，越来越有利于美国。而这个英勇作战，差一点丢掉性命，不能活着看到华盛顿胜利的年轻人，正是后来赫赫有名的美国总统——詹姆斯·门罗。

1758年4月28日，詹姆斯·门罗出生于弗吉尼亚州的韦斯特木兰郡。那个时期，北美人民已经不满于英国的殖民统治，一场轰轰烈烈的独立战争即将开始。后来，年轻的门罗在独立战争中逐渐历练成熟。1800年，他开始追随后来对他产生极大影响的托马斯·杰斐逊。在总统竞选中，门罗为杰斐逊的当选发挥了无可替代的作用。紧接着，英军来犯，美国爆发了第二次独立战争。门罗奉命担任陆军部长，负责对英作战。在这次战争中，门罗彻底粉碎了英军妄图恢复殖民统治的美梦。卓越的军事才能为他日后政治声望的提高奠定了深厚的民意基础，在1816年的美国总统竞选中，门罗当选为总统。几年以后，幸运女神再一次降临，他第二次被选为总统。

从托马斯·杰斐逊总统开始，美国就已经走向急剧对外扩张领土的道路。逐渐地，美国的对外政策与当时号称"日不落帝国"的英国发生了尖锐的冲突。当时欧洲的法国、奥地利、普鲁士、俄国组成"神圣同盟"，先后镇压了意大利和西班牙革命，增援西班牙殖民者镇压美洲各国的独立战争，妄图借此机会扩张在拉丁美洲的势力范围。为了有效地抵制欧洲列强，门罗准备给美国和美洲各国提出一项基本政策。

其实，早在拉丁美洲国家开展民族独立运动的时候，美国已经把拉丁美洲看作自己的势力范围，并积极推行起"美洲事务是美洲人的事务"的政策。等到门罗担任总统的时候，他便将这一政策发挥到极致。1823年12月2日，门罗在给国会的国情咨文中宣称："对于美洲大陆已经获得独立的国家，欧洲列强不得再把它们当做殖民的对象。"他又称，美国不干涉欧洲列强的内部事务，也不允许欧洲列强干涉美洲的事务。这项咨文就是通常所说的"门罗宣言"，它所包含的原则就是通常所说的"门罗主义"。门罗主义的含义主要包括三个方面：第一，要求欧洲国家不得在西半球开展殖民活动；第二，要求欧洲国家不得干预美洲独立国家的事务；第三，保证美国不干涉欧洲的事务，包括欧洲列强在美洲现有殖民地的事务。

詹姆斯·门罗在 1817~1825 年担任美国总统，他就加拿大边界问题同英国进行了协商，还同西班牙协商了接收佛罗里达的问题。当然，现在他留给人们印象最深的还是门罗主义，它警告欧洲列强不得在美洲进行进一步的殖民活动，同时，美国放弃了干预欧洲的权利。正如 1902 年的这幅漫画所示，门罗主义在后来的岁月中不断地发出回响。

在总结以上几点的时候，门罗还特别加入了一项陈述："说话客气，但要带一根大棒子。"他在国会上慷慨激昂地说道："我们南方各兄弟国家的人民想要建立自己的政治制度，根本不需要外来势力的援助。如果欧洲列强执意对他们进行干涉的话，我们是不会坐视不管的。"

门罗宣言的发表具有一定的积极作用。当时欧洲列强干涉拉丁美洲的民族独立运动，尤其是西班牙殖民者妄图恢复在那里的殖民统治。因此，门罗宣言在客观上维护了拉丁美洲独立国家不受欧洲"神圣同盟"的武装干涉，阻止了西班牙恢复殖民制度的企图。它立场鲜明地表达出支持谁与反对谁的原则，受到拉丁美洲各国人民的欢迎。同时，它也表明在国际事务上，美国不甘心跟随英国的势力而开始扮演独立的角色。作为一个独立的大国，美国通过门罗主义向世界施加自己的影响，为其外交创立了具有长久战略意义的传统。不过，在"美洲事务是美洲人的事务"的口号下，门罗公然把拉丁美洲划为美国的势力范围，使得拉丁美洲后来成为美国名副其实的"后花园"。

随着美国的逐渐强大，门罗主义日益成为美国外交政策的中流砥柱。第 26 任总统西奥多·罗斯福的"罗斯福推论"和第 32 任总统富兰克林·德拉诺·罗斯福的睦邻政策，在本质上与门罗主义并没有多少差别。

约翰·布朗起义

1859 年 10 月 16 日晚上，在美国弗吉尼亚州的一个农舍里，17 个白人和 5 个黑人聚集在一起。屋内静悄悄的，显得肃穆而又紧张。过了一会儿，他们当中的一个白人激动地说道："今天晚上我们开始行动！"这人看上去 50 多岁的样子，说话的声音虽然不大，但是却铿锵有力。他环视了一下周围的人，接着说道："拿起我们的武器，马上向哈珀斯费里进军。为了解放我们的黑人兄弟，我们一定要血战到底！"

紧接着，这 22 个人带着步枪和大刀，走出农舍，迅速消失在茫茫的黑夜之中。这位老人正是约翰·布朗，他是美国废奴运动中的英勇战士。

约翰·布朗，1800 年出生于美国康涅狄格州陀林斯顿镇的一个贫苦白人家庭。他的父亲是一个废奴主义者。从小他就耳闻目睹了许多黑人奴隶的悲惨境遇，对奴隶制度厌恶到了极点。成年后，他积极投身于美国的废奴运动。为此，他还建立了一个黑人武装组织——基列人同盟。1856 年，布朗参加了堪萨斯内战，从此他在美国的政坛上闻名遐迩。

1859 年，约翰·布朗几经转战，来到了弗吉尼亚州。经过多方面的考察，他决定在这里发动武装起义。位于弗吉尼亚西部的哈珀斯费里，是南北来往的主要道路。那里群山密布，河流交错，地势错综复杂，十分险要。另外，联邦兵工厂和军械库也设置在那里。如果起义军能一举攻占的话，他们的武器装备问题就迎刃而解了。按照布朗的设想，夺取哈珀斯费里以后，起义军可以在山中开战游击战争，不断扩大影响，直到彻底解放所有的奴隶。

为了拉拢人马和储存物资，布朗在哈珀斯费里的渡口附近租赁了一个农场。1859 年 10 月 16 日晚上，布朗留下 3 人看守农场，率领其余 22 人攻打哈珀斯费里。这支仅有 22 人的队伍，以迅雷不及掩耳之势袭击了哈珀斯费里。不到半天的工夫，他们就已经拿下了兵工厂和军械库，并控制了整个城镇。此外，他们还在附近村子里逮捕了当地的种植园主，解放了那里的少数奴隶。起义军占领哈珀斯费里、解放奴隶的消息很快传开。

战斗整整持续了一天。这一带的奴隶较少，因此没有多少人起来响应。17 日，身心疲倦的布朗带领起义军留守在镇上，并没有打算立即撤离。美国总统詹姆士·布坎南知道起义军的消息后，立刻派罗伯特·李上校带领一支海军陆战队镇

544

压起义。18 日，布朗和他的起义军遭到围击，被困于一座小石屋里。

李上校给约翰·布朗写了一封劝降信，但是他深信布朗是不会轻易就范的。于是，他提前做好了进攻准备，一等布朗发出拒绝投降的信号，就发起总进攻。

正如李上校预料的那样，布朗的答复十分坚定："我和我的队伍有权利争取自由！"后来，经过一番残酷的血战后，布朗的起义军失败了。

在战斗中起义者有 10 人牺牲，其中包括布朗的 4 个儿子。而布朗本人则由于身负重伤被俘。

审讯开始了。

"你是从哪儿筹集这些钱来搞这次袭击的？"弗吉尼亚的州长厉声问道。

"绝大多数的钱财都是我自己的。"布朗坚定地答道。

"是不是还有一部分人在背后帮助你啊？他们是谁？"州长继续问道。

布朗轻蔑地望着他，对他的问题听而不答。

"你们为什么要袭击哈珀斯费里？"

"我们来解放奴隶，"布朗说，"而且也只有这个目的。"他满身是伤，努力挣扎着站起来，情绪激昂地说道。

"你杀死了不少人，还煽动民众叛国，这简直就是违背上帝的意志。你知罪吗？"

"我认为你们才违背了上帝的旨意，违背了人的本性。你们才是真正犯下了大罪。"布朗继续说道，"只要能解放那些奴隶们，任何人都有权来干涉你们。因此，我们的所作所为是正确的。你，还有所有的南方人，最好先解决那部分人的自由，否则将会受到上帝的惩罚。"

最后，约翰·布朗被判死刑。

1859 年 12 月 2 日，约翰·布朗英勇就义，其他被俘者也先后处以绞刑。

约翰·布朗领导的这次起义失败了，并付出生命的代价。但是，他所倡导的废奴运动从此在美国境内此起彼伏，接连不断。在他死后不久，美国爆发了解决黑奴问题的南北战争。

林肯解放黑奴

1831 年 6 月的一天，在美国南方城市新奥尔良的奴隶贸易市场上，一排排黑人奴隶站在那里，等候着买主的到来。他们赤身裸体，手上和脚上全都绑着铁链条。在他们身旁的不远处，立着一个牌子，上面写道："出售 10 岁至 18 岁小姐数名，24 岁壮男一名，30 岁能干女人一名，外带 3 个活泼健壮的小孩。"

不时地有奴隶主从他们身旁路过，就像买牲口那样看着他们，甚至还走上前去拍拍他们的身体，看长得是否结实。被买走的黑奴在离开市场前，无一例外地都被用烧红的铁条烙下印记。

这时，有几位水手走了过来。他们来自北方，第一次乘船来到这里，没想到却看到这么一幕凄惨的景象。其中，有一个年轻人义愤填膺地说道："真是太可耻了，将来总有一天，我一定要把这吃人的奴隶制彻底根除！"

说这话的年轻人名叫亚伯拉罕·林肯，后来他当上了美国总统，真的实现了这个伟大的抱负。如果没有那一次南方旅行，这个一直生活在北方的年轻人也许并不会对奴隶制产生那样的仇恨。据他的一位朋友比尔·格林回忆时说："自从他驾驶平底船从新奥尔良回来之后，只要身边的人一提起黑人的事，他的表情就十分严肃。说起这次旅行，他就恶心，像是要呕吐似的，一直严厉地呵斥，简直深恶痛绝到了极点。要知道在这之前，我从来没听见过他骂人！"

亚伯拉罕·林肯，1809 年 2 月出生于美国肯塔基州哈丁县一个农村家庭里。小时候，由于家境贫寒，林肯没有机会上学，总是跟着父亲在外劳作。长大后，他离开家乡，独自一人到外地谋生。以后，他从事过很多种职业。但是无论干什么，他始终没忘记学习，想方设法地抓住一切时间看书。就这样在数十年内，靠着惊人的毅力，他读了许多文史哲著作，另外根据工作的需要，他还自修法学，获得了大量的法学知识。后来，他慢慢地对政治活动产生了兴趣，并积极投身于各项政治运动。

1834 年，25 岁的林肯当选为伊利诺伊州议员。从此，他开始了坎坷的政治生涯。当了议员之后，就奴隶制的问题，他到处发表演说，严厉地批判了奴隶制的种种弊端，并认为蓄奴是一种不人道的行为。逐渐地，他的政治影响深入民心。1854 年美国共和党成立，强烈反对奴隶制，并主张废除。这与林肯的政治意向非常吻合，他毫不犹豫地加入共和党。两年后，他在竞选副总统的时候说道："我们为争取自由和废除奴隶制而斗争。这种斗争将持续不断地进行下去，直到整个联邦的所有劳动者都是自由人！"

1858 年，林肯在竞选参议员时，发表了一篇题为《裂开了的房子》的演说。在这篇演讲稿中，他将北方和南方两种对立的制度比喻成"一幢裂开了的房子"。他说道："一幢裂开了的房子是不会长久挺立的。我相信，整个联邦不能永远保持半奴隶、半自由的状态。"林肯的这次演讲表达了当时北方资产阶级的强烈要求，更反映了广大人民群众的呼声。这为他以后竞选美国总统奠定了良好的民意基础。

1860 年，林肯当选为美国总统。早在林肯当选之前，一向以黑人奴隶制发展经济的南方各州就对他表示强烈不满，并开始在暗中谋划叛乱，试图维护他们原有的经济利益。1860 年 12 月，南方的南卡罗来纳州宣布脱离联邦而独立，这是第一个公开宣布独立的蓄奴州。紧接着，密西西比、佛罗里达等州也相继宣布独立。1861 年 2 月，南方宣布独立的各州组建"美利坚邦联"，并宣布奴隶制是他们赖以生存的经济基础。与北方政府截然相反，他们竭力维护奴隶制，坚持黑人与白人不能平等、黑人奴隶天生就是为他们无偿劳动的等主张。

1861 年 4 月 12 日，南方联盟先发制人，在没有宣告战争的情况下，以迅雷不及掩耳之势攻占了萨姆特要塞。那里曾经是联邦政府的重要军事基地。在此之前，林肯本人并不想正面作战。按照他的想法，整个联邦可以采用和平的方式，先是对奴隶制加以限制，再慢慢采取有效的措施加以解除。但无论怎样，整个国家的统一始终是林肯政府的重中之重。面对南方联盟的咄咄逼人之态，林肯被迫宣战。不过，北方政府一直没有做好充分的应战准备，加之南方联盟蓄谋已久，且军队装备精良、训练有素，所以在战争初期，北方政府一直处于劣势，连吃好几次败仗。

北方政府节节败退的消息一经传开，导致许多城市爆发大规模的示威游行。人们要求联邦政府采取强有力的措施扭转战局。情急之下，林肯突然意识到，打赢这场战争的关键在于，能否充分发动广大农民和黑人奴隶，让他们积极参与到战争中来。于是，他下定决心废除农奴制，解放黑奴。

1862 年 5 月，林肯颁布了《宅地法》，规定只要一家之主或年满 21 岁、从未参加叛乱的公民，在宣誓获得土地是为了垦殖目的，并且缴纳 10 美元费用后，就可以登记领取总数不超过 160 英亩的土地。此外，如果登记人在土地上居住并连续耕种 5 年，那么就可以获得这块土地的所有权。这项

林肯雕像

措施一出，极大地激发了广大农民的积极性，纷纷参与到斗争中来。同时，这也有效地遏制了南方奴隶主不断侵吞西部土地的行为。9月，林肯又亲自起草了《解放黑奴宣言》草案，并于1863年1月1日颁布了《解放黑奴宣言》。宣言以法律的形式确认美国各州废除奴隶制，获得人身自由的黑人奴隶可以自愿参军，加入到联邦政府军来。很快，南方诸州的黑人奴隶奋起反抗，与北方军队前后呼应，共同抗击南方叛军。

这两个法令的颁布，增强了北方军队的力量，使得战场上的形势对北方越来越有利。1863年7月3日，北方政府在葛底斯堡取得大捷，南方军队损失惨重。至此，北方军队转入反攻阶段。接着，北方军队乘胜追击，连连获胜。1865年4月3日，北方政府成功占领了南方叛军首都里士满。南北战争宣告结束。

历时四年的南北战争被称为美国第二次国内战争。正是由于林肯采取恰当的措施，才赢得最终的胜利。他当之无愧地成为解放黑奴的领袖，但是，万恶的奴隶主并没有就此罢休。1865年4月14日晚上，正当林肯在华盛顿的福特剧院里看戏时，一个被南方奴隶主收买的暴徒在他背后开枪行刺。林肯的不幸逝世引起举国人民的无限哀恸。

"五一"国际劳动节诞生

"五一"国际劳动节是全世界劳动人民共同的节日。这一天，大多数国家的人会进行各种庆祝活动，来纪念这个有重大意义的日子。

19世纪80年代，资本主义发展到垄断阶段，美国资产阶级更加残酷地对工人阶级进行剥削。工人们工资很低，却要每天从事长达十几个小时的劳动。如此繁重的劳动激起了工人们的怒火。广大工人认识到，只有斗争才能保障自己的权利。

1877年，一场罢工开始了，这是美国历史上第一次全国性的罢工。罢工开始后，队伍逐渐扩大，不断有工人加入，他们喊出了实行8小时工作制的口号。迫于罢工运动的强大压力，国会制定了8小时工作制的法律。但那只是表面上的胜利，制定的法律也不过是一纸空文，资本家们依然我行我素，工人的生存状况并未有任何改变。愤怒的工人们不愿再忍受，开始酝酿一场更大规模的罢工。

为迫使资本家让步，遵照法律实行8小时工作制，1884年10月，在美国的芝加哥城，美国和加拿大的8个工人团体举行了一次集会。会议决定在1886年5

月 1 日进行一场总罢工，将斗争进行
到底。

1886 年 5 月 1 日，美国芝加哥
城的 20 余万名工人举行大罢工，要
求实行 8 小时工作制并且改善劳动条
件。全美国共有 35 万工人停工上街，
示威游行，使得美国主要工业部门陷
入瘫痪。当时在罢工工人中流传着一
首 "8 小时之歌"，唱出了工人们的心
声："争取 8 小时工作，8 小时休息，8
小时属于我！" 罢工运动得到了广大
群众的支持，他们的声援将罢工运动
推向高潮。政府当局和资本家们非常
恐慌，商界首脑要求增加警察和军队，

19 世纪后半叶美国南北战争结束，经济上得到迅速
发展，图为大西洋城海滨的热闹景象，然而这样的繁
荣却是建立在对工人阶级的剥削的基础上。

有的商业俱乐部甚至购买了枪支用来对付罢工。恐慌之下，他们决定对罢工运动
进行残酷的武力镇压。他们派破坏者混进罢工队伍制造混乱，并以此为借口打死
了 6 名工人，引起工人群众极大愤慨。5 月 3 日，政府下令警察向人群射击，造
成罢工工人 4 人死伤。于是，一些非政府人士发出号召，第二天要在广场集会，
抗议政府的暴行。集会前面进行得很顺利，最后一位演讲者登台的时候，天上下
起了雨，广场上大部分人散去，只剩下几百人，警察进入广场对人群进行疏散。
这时，不知从何处飞来的一颗炸弹落入警察中间，将警察炸成一死七伤。受到袭
击的警察立即向人群开了火，打死一人，打伤多名群众。由于无法断定炸弹来
源，这件事成了政府攻击游行活动的把柄，数百人被逮捕，活动领导者被袭击，
8 名活动的倡导者被指控，其中 4 人被判处绞刑。

残暴的镇压激起了国际上广大工人的愤怒，尤其是欧洲工人，他们对美国
工人的罢工运动表示支持。国际上强大的舆论压力，迫使资本家做出了让步，将
工作时间定为 8 小时，极少数的顽固派也将工作时间大大缩短了。经过艰苦的斗
争，罢工运动终于取得了胜利。这次罢工，显示了美国工人的强大力量，在工人
运动史上意义重大。

1889 年 7 月，在恩格斯组织召开的第二国际成立大会上，第二国际宣布将每
年的 5 月 1 日定为国际劳动节，以纪念美国工人的这次大罢工，彰显工人阶级的

强大力量。欧美各国工人积极响应这一决定，在 1890 年 5 月 1 日纷纷走上街头，举行盛大游行与集会。劳动节的确立极大地促进了世界范围内 8 小时工作制的斗争。从此，"五一"成为全世界劳动人民的共同节日。

中国人民庆祝劳动节最早是在 1918 年，一些知识分子在上海、杭州等地向群众散发劳动节的传单。新中国成立以后，中央人民政府政务院于 1949 年 12 月将 5 月 1 日定为法定的劳动节，举行庆祝活动，并对贡献突出的劳动者进行表彰。

亚非拉国家

"解放者"玻利瓦尔

1805年，在罗马的阿旺丁山顶上，有个年仅25岁的青年面对雄伟的群山，立下了一个庄重的誓言："只要我的祖国有一天还处于西班牙的殖民统治之下，我就要奋斗一天。"接着，他冲着高山大声呐喊，以表示他坚定的决心。

这个年轻人正是"解放者"玻利瓦尔，他的那句誓言成为他解放委内瑞拉的先声。那时，他正在游访几个欧洲国家，深切地感受到民族自由和国家独立的重要性。站在雄伟壮丽的群山面前，他不禁有感而发。

玻利瓦尔，1783年出生于委内瑞拉的加拉加斯城，父母都是当地具有西班牙血统的贵族。16岁的那一年，父母双双去世，他成了一个孤儿。后来，他只身前往西班牙学习，并在那里找到了自己的终身伴侣。结婚之后，他们一起回到故乡。几年之后，妻子由于身染重病不幸去世，玻利瓦尔远赴欧洲法国，帮助拿破仑维护政权。少年时代的玻利瓦尔，亲眼目睹了西班牙殖民者对当地民众的压榨与迫害。这使得怀有强烈爱国之心的玻利瓦尔难以忍受，于是他下定决心，将来一定要带领整个国家摆脱西班牙的殖民统治。

1808年，拿破仑带领法军攻打西班牙。西班牙本土处于险象环生的境地。这时的西班牙在本土忙着与法军交战，没有时间顾及南美洲各殖民地的独立战争。对于玻利瓦尔来说，这无疑是一个良好的时机。

看到这种情势以后，玻利瓦尔急忙从欧洲赶回委内瑞拉，准备发起独立战争。1810年，委内瑞拉的独立战争正式开始，玻利瓦尔先后领导了两次独立战争，分别成立了委内瑞拉第一共和国和第二共和国。但是由于革命军力量单薄，两次独立战争均告失败。

1816年1月的某一天，在海地的总统府里，时任总统佩蒂翁亲自接待了玻利瓦尔。两次独立战争的失败，已经逼得玻利瓦尔走投无路。于是，他径直来到海地，向已经独立的海地政府寻求帮助。经过一番商讨之后，海地总统答应了他的

西蒙·玻利瓦尔既是一位思想家又是一位实践家，这是极为罕见的，他的杰出不仅表现在为西班牙属美洲殖民地获得独立而作出的贡献上，还表现在为独立的讲西班牙语地区的合作事业而付出的努力上。但是，1830年，委内瑞拉与厄瓜多尔脱离了哥伦比亚，他的联合之梦遭到了破坏。

请求，给了他 7 艘战船和不少的武器装备。

两个月之后，玻利瓦尔带领大军从委内瑞拉的北部海域冲向加拉加斯。由于西班牙殖民者提前得到了消息，并做好了充分的作战准备，因此玻利瓦尔领导的革命军丝毫不能占到上风。战斗进行了几天，由于不敌西班牙殖民军，革命军的起义再一次失败。

自从前两次独立战争失败以后，玻利瓦尔就采取措施，到处宣布要解放奴隶，并声称革命胜利之后要将全国的土地分给民众。这些措施在一定程度上为他赢得了民心。

经历这几次失败，玻利瓦尔重新调整了军事行动。他故意避开西班牙殖民军重兵把守的地区，带领剩余的军队到西班牙援军无法达到的地方进行斗争。慢慢地，革命军的队伍又壮大起来。

1818 年 10 月，各路革命军在位于奥里诺科河下游的安哥斯徒拉城会合，召开了委内瑞拉国会。这次会议成立了委内瑞拉第三共和国。

第二年 5 月，玻利瓦尔带领精锐部队 2000 余人，向安第斯山进军。这一次，他们决定攻打盘踞在新格兰纳达的西班牙殖民军。不过，从出发地到进攻目的地，中间路过安第斯山的一条狭窄山路。那条路原本已经崎岖陡峭，再加上西班牙殖民军重兵把守，可谓是一夫当关万夫莫开。

革命军没有办法，只好绕道而行，选择了一条从来没有人走过的道路。那条路紧紧挨着悬崖边缘，战士们几乎是攀缘着身边的荆棘或树藤才能通过。在此过程中，有些人经受不住高山的严寒和缺氧，稍有闪失，便失手掉下悬崖。最后，革命军以极其沉重的代价通过了天然蔽障，终于来到了新格兰纳达谷地。

对于西班牙殖民军来说，革命军队的到来犹如从天而降。在他们毫无应战准备的情况下，玻利瓦尔领导的革命军以迅雷不掩耳目之势席卷了整个地区。新格兰纳达成功解放。接着，革命军乘胜追击，又迅速占领了波哥大。革命军连续作战，接连取得胜利。

8 月 7 日，玻利瓦尔率领军队在波亚卡大败西班牙殖民军，由此独立战争进入转折时期。此后，革命军横扫委内瑞拉全境，进军首都加拉加斯，并于1821年解放全国。第二年，玻利瓦尔领导革命军队趁势而下，又解放了厄瓜多尔。

这样，南美洲西北部地区获得了解放。1819年，包括新格兰纳达、委内瑞拉和厄瓜多尔在内的"大哥伦比亚共和国"成立了，玻利瓦尔当选为最高领袖。不久之后，玻利瓦尔继续领导革命军清除境内的残余殖民军势力，并于1826年解放了秘鲁东部地区。为了纪念玻利瓦尔这位为独立自由顽强奋斗的民族英雄，当秘鲁东部地区宣布独立的时候，便改名为"玻利维亚"。

杜桑领导海地奴隶起义

1758年，海地的勃莱达种植场爆发了一场武装斗争。当地的奴隶无法忍受法国殖民者的残暴统治，举起了武装反抗殖民统治的大旗。但是由于势单力薄，又没有充分的准备，起义军很快就被镇压了下去。那个带领起义的奴隶麦坎达尔被法国殖民者抓住。"你为什么要起来造反，是谁指使你这么干的？"殖民者在刑场上严厉地呵斥道。"为了自由，为了独立！"麦坎达尔大义凛然地答道。接着，他被当众扔到火堆里活活烧死。围观的人群中有个少年，几次想要冲上前去，都被身旁的人拦住了。他暗下决心，将来一定要把殖民者赶走。

这个挥动拳头想要冲上去的少年正是杜桑·卢维杜尔，年轻气盛的他看到同胞被殖民者杀害，悲愤不已。这件事给他留下了深刻的印象，并促使他走上革命斗争的道路。

杜桑·卢维杜尔原名弗朗索瓦·多米尼克，1743年5月20日出生于海地勃莱达种植场的一个黑人奴隶家庭里。出身低微的他，从小就给奴隶主干活。他终日劳作，但是仍不忘学习，以惊人的毅力学了不少医学知识和法语，又读了许多法国启蒙思想家的著作。在学习的过程中，那些著作进一步启发了他。

1771年，海地独立战争爆发。杜桑参加了黑人奴隶的起义军，在其中当了一名军医。后来，他在另外一支起义军中担任指挥官，并在作战中多次发挥了出色的军事才能，所到之处总是把法军打得落花流水。时间一长，法军的带兵司令每次都要惊叹道："只要这个杜桑一来，到处都是打开的缺口！"

在接二连三的独立斗争中，杜桑领导黑人奴隶先后打败了法国殖民军、英国和西班牙的侵略军。接着，杜桑又平定了国内上层集团的叛乱，最终彻底解放了整个海地。革命政权随之建立，他当之无愧地成了最高领导人。

1801 年 6 月，海地召开了议会。这次会议制定了宪法，并宣布海地独立。杜桑当选为终身大总统，同时被尊称为"卢维杜尔"，意指为大家打开道路的人。

海地独立的消息传到法国，拿破仑立即气急败坏地召见他的妹夫黎克勒，命令他讨伐海地，重新恢复那里的殖民统治。

1801 年 12 月，黎克勒率领 54 艘战舰、3 万人士兵，气势汹汹地冲向海地。

面对来势凶猛的法军，杜桑毫无畏惧。他带领革命军撤到隐蔽的地方，并把登陆口岸的粮仓全部烧毁。当法国殖民者到来的时候，那里除了满地灰尘，一无所有。

接下来的情况可想而知。由于缺乏粮草，法军连续几天忍受着饥饿，战斗力急剧下降。就在这个时候，革命军利用险要的地势，出其不意地打击他们。法军四处遭到伏击，连吃败仗。

再好的作战部队，如果吃不饱，哪里有力气打仗啊！面对眼前的惨景，黎克勒也无可奈何。但是他仍不死心，心里盘算着如何克制革命军。他听说杜桑的两个儿子正在法国留学，于是心生一计，便派杜桑的两个儿子和他们的教师去说服杜桑。

两个儿子千里迢迢回到海地。父亲万万没想到，儿子们是来劝说他投降的。知道来意后，杜桑当即斩钉截铁地说道："我至死不渝地忠于我的国家和人民！"

一计不成，再生一计。黎克勒巧设"鸿门宴"，给杜桑写了一封言辞恳切的书信。信中热情洋溢地邀请杜桑过来谈判，并说可以保证他的人身安全。杜桑信以为真，于是单枪匹马地来到法军阵营。

"报告司令，杜桑来了！"一个士兵对黎克勒说道。

"他带来多少人马？"黎克勒不慌不忙地问道。

"一个人来的。"士兵回答道。

"好，真是太好了！立即逮捕他！"黎克勒露出奸诈的微笑。

当杜桑被士兵制住时，他就已经意识到中了圈套。他戴着手铐脚镣，被押到黎克勒的面前。

"你们这群没有诚信的家伙，真是无耻之极！你们杀了我，还有千千万万的海地人……"杜桑被士兵推搡着走下去，身后传来一阵法军的笑声。

1802 年 5 月，杜桑被秘密押解到法国。拿破仑下令将他关进监狱。第二年的 4 月，这位黑人领袖历尽非人的虐待后，死在了法国的监狱中。

杜桑死后，海地人民的独立斗争并没有就此消沉，他们更加认清了法国殖民统治者的丑恶嘴脸。此后在克里斯托夫和德萨利纳的领导下，海地人民继续抗击法国殖民者。

海地的革命烈火愈燃愈烈，法国的殖民军损失惨重。1803 年 10 月，黎克勒率领的法国殖民军宣布投降。

1804 年，海地脱离法国的殖民统治，正式宣布独立。杜桑·卢维杜尔领导的海地革命，揭开了拉丁美洲反对殖民统治的序幕。他本人由于在独立革命中作出了巨大的贡献，后世把他与圣马丁、玻利瓦尔三人尊为拉丁美洲的民族英雄。

日本明治维新

1868 年 1 月 3 日的早上，15 岁的睦仁天皇（年号明治，又称其为明治天皇）忽然召开御前会议。在会议上，他以"尊王攘夷"、"政权归皇室"为口号，当着众人的面庄重地宣告："从今天起，我就要恢复亲政了！"听到这句话，坐在四周的皇族公卿、大名武士都热烈地欢呼起来。接着，睦仁天皇颁布《王政复古大号令》，责令幕府将军德川庆喜交出领地和财产。同时，他决定彻底废除幕府，建立新的中央政府。经过几个月的内战，终于推翻了幕府统治。

这就是震惊日本朝野的"王政复古"。明治天皇建立天皇专制主义政权后，日本的明治维新运动就正式开始了。

为什么天皇会颁布要采取这样的行动，并进行明治改革呢？这得需要了解当时日本的社会背景。

明治政府成立之前，日本处于德川幕府统治时期。那个时候，国内的阶级矛盾和民资危机日益严重。天皇和臣属没有任何权力，更不要说参与政事了。他们唯一拥有的就是一部分土地。天皇和臣属之下，幕府把全国的居民划分为武士、农民、手工业者和商人四个等级。除此之外，还有一种被称为"秽多"、"非人"的所谓"贱民"。这五类人一旦出生，他们的身份永远得不到改变。1639 年，德川幕府宣布实行闭关锁国政策，禁止一切外国人进入日本，同时也禁止日本人出国。当时的德川幕府已经掌握了全国政权，平息了各地的叛乱。随着城镇商品手工业的兴起，资本主义萌芽逐渐产生，迫切需要人身自由的广大民众对身份等级制度产生了强烈的不满。19 世纪初期，美、英、俄、法、荷等国家先后入侵日本。他们强迫日本与之签订了一系列不平等的条约，并要求日本开放门户。面对外敌的入侵，幕府统治者非但不予抵抗，反而与外国侵略者相互勾结，共同压制日本的民众。

就是在这样内忧外患的情况下，明治天皇于 1868 年 1 月 3 日发布《王政复古大号令》，并发动政变。德川庆喜闻讯，来不及做好应战准备，于 1 月 6 日晚上逃往大阪。到了那里之后，他即刻宣布"王政复古令"是非法的。他还召集各处兵员，准备与新政府决一死战，内战全面爆发。

由于幕府统治早就失去了民心，当新政府成立的消息在日本传开后，各地的民众一呼百应，迅速组成了倒幕军队。1868年1月27日，双方在京都附近展开激战。当时的倒幕军只有5000人，而幕府军人数多达1.5万人。德川庆喜原本以为这一仗稳操胜券，但是不料倒幕军以少胜多，大败幕府军。无奈之下，德川庆喜仓皇逃向江户。2月上旬，明治天皇亲自组织讨幕军。由于广大农民和城市下层民众的积极配合，明治天皇打败了比自身数量大三倍的幕府军。1868年5月3日，德川庆喜被迫投降，交出了江户城。第二年，天皇军出征北海道，彻底清除了幕府的残余势力。

政权稳定以后，明治政府对日本的现状进行了大刀阔斧的改革。当时的国家四分五裂，幕府统治下的地方势力各自为政。新政权建立之后，当务之急就是要结束这种长期分裂的割据局面，为此明治政府首先采取"奉还版籍"、"废藩置县"的措施，将日本划分为3府72县，建立了中央集权式的政治体制，为发展资本主义经济奠定了良好的基础。接着，明治政府又实施了富国强兵、殖产兴业和文明开化三大政策。富国强兵，就是改革以往的军政制度，设立军火工业，实行征兵制。从此，日本建立了新式军队和警察制度。殖产兴业，就是大力引进西方的科学技术和仪器设备，向西方学习先进的管理方法。同时，明治政府承认了土地私有和自由买卖权，改变原来的地税制度。文明开化，就是建立现代教育制度，学习西方文明，提高国民素质，以期培养新型的人才。明治政府采取的这一系列社会改革措施，都有利于资本主义经济的进一步发展。历史上将之称为明治维新。

明治维新是日本近代史上一次具有划时代意义的历史事件。它清除了封建割据势力，为日本资本主义经济的发展铺垫了道路。同时，明治政府在改革中保留了一部分封建势力和军国主义力量，为近代日本走上军国主义道路奠定了基础。

苏丹马赫迪起义

艾哈迈德于1844年8月出生在苏丹栋古拉省拉巴卜岛的一个造船工家庭。艾哈迈德从小跟随着父亲四处奔波，体会到了劳苦大众的艰辛。虽然家境贫寒，但是他一直坚持学习神学，并取得了教士的身份。从19世纪70年代起，他在全国各地进行传教。当时，苏丹处于穆罕默德·阿里王朝时期，恰逢英国殖民者入

苏丹人民奋勇反抗殖民入侵

侵。广大农民和手工业者深受本国封建统治者和英国殖民者的双重压迫，处于水深火热之中。艾哈迈德耳闻目睹了这种惨境，暗下决心要组织劳苦大众反对封建主义和殖民主义的统治。

艾哈迈德以马赫迪的名义领导人民进行斗争，取得了明显的效果。很多人来到他的身边，随时准备与英国人作战。

很快，马赫迪率领起义军来到卡迪尔山区，建立了武装根据地。这个时候，他的起义军的人数已达5000人。

1881年12月，苏丹总督任命拉希德为政府军司令，带领1400多人围攻马赫迪起义军根据地。起义军事先得到消息，在敌军过往的山路上设下埋伏，将政府军成功地包围在中间，在两端进行夹击。对于政府军来说，马赫迪领导的战士们犹如从天而降，顿时他们就慌了手脚，仓皇应战。最后，起义军将前来讨伐的政府军全部消灭。

1882年4月，新上任的苏丹总督又派沙拉德率领3500余人攻打卡迪尔起义军根据地。这一次，马赫迪转变了战术。趁着敌军刚到达山下，人马还未安顿下来，马赫迪夜间率领起义军偷袭，再一次将敌军全部消灭。

两次战役的胜利，马赫迪收缴了大量的兵器弹药。同时，胜利的消息传遍各地，极大地鼓舞了苏丹人民的士气，更多的人前来投靠起义军。1883年1月，起义军占领苏丹第二大城市乌拜伊德。此时，起义军的队伍已经发展到3万多人。

面对这种情况，英国殖民者也慌了手脚，直接派希克斯率领几万大军征讨起义军。希克斯除了有大批的军队外，还具备精良的武器装备。相比之下，起义军的力量显得微不足道。

但是，马赫迪起义军丝毫没有畏惧，他们时刻打探敌军的动态，采取相应的应战措施。马赫迪提前派人将路途上的水井一一填堵，这样英军所到之处没有了水源。针对英军的作战布局，马赫迪决定采用设好埋伏、诱敌深入的方法。眼看着英军越来越逼近，马赫迪在英军将要路过的一块必经之地设好埋伏。那里是一片森林，大部分起义军带着火炮守在隐秘处。当希克斯的大军连夜赶到乌拜伊德地区的时候，马赫迪命令一小股军队偷袭他们。希克斯连忙下令追赶。但是不一会儿，那股起义军就不见了踪影。希克斯命令军队继续查找。当他们快要调头返回去的时候，又是一股起义军出现了。"给我追，一个也不要让他们跑掉！"希克斯仗着人多势众，完全没有把起义军放在眼里。就这样，不明就里的希克斯带领着大部队，慢慢地走进了马赫迪的埋伏圈里。

天色慢慢变亮，希克斯并没有发现起义军的踪影。此时，英军的大部分人马已经累得筋疲力尽。希克斯命令原地休息，他们中有的人席地而坐，有的人则干脆躺在地上，顿时鼾声四起。就在这个时候，"轰"的一声炮响，惊醒了所有的人。只见军队中有一大堆人被炸死了。还没有等希克斯回过神来，起义军就在他们的四周猛烈开起火来。直到这时，他才意识到中了埋伏。希克斯仓皇指挥军队应战，但英军不是被炮弹炸死，就是被机枪打死，横七竖八地躺了一地。就连这位不可一世的希克斯也倒在了地上。

乌拜伊德战役之后，起义军彻底扭转了局面。很快，在马赫迪的领导下，起义军接连取胜，解放了全国大部分地区，并于1885年占领苏丹首都喀土穆。

就这样，马赫迪起义军前后进行了4年轰轰烈烈的斗争，终于建立了一个独立而又统一的马赫迪王国。

朝鲜东学党起义

"金樽美酒千人血，玉盘佳肴万姓膏。烛泪落时民泪落，歌声高处怨声高。"

这是一首在朝鲜广泛传诵的歌谣，是19世纪末期朝鲜封建统治者横征暴敛，人民生活苦不堪言的真实写照。就连当时俄国驻华公使喀西尼也向沙皇亚历山大三世预言："在很长的一段时间里，全朝鲜陷于沉重而日益增长的激愤情绪中。这种激愤情绪极易转变为公开的暴乱。"

果不其然，1894年东学党武装起义在全罗道古阜郡爆发了。

带领民众起义的领导人是东学道首领全琫准。他出生在全罗道古阜郡，自小经历了统治阶级给人民群众造成的巨大灾难，认识到封建统治的腐朽与黑暗，因此很早就萌发了推翻腐败统治的意识。自从1876年朝鲜与日本签订《江华条约》后，各个殖民主义国家尾随而至。广大人民不堪忍受双重压迫，不断起来斗争。全琫准的父亲在1892年的一次暴动中被抓入狱，后来惨遭杀害。全琫准决心以父亲为榜样，拯救劳苦大众。1874年，全琫准拜见了东学道首领崔时亨，加入了东学道。东学道融合儒教、佛教和道教的思想，主张人人平等，并提出"惩办贪官污吏"、"斥倭斥洋"的口号，迎合了当时劳苦大众的迫切需要，因而影响力越来越大。

等到全琫准发动起义的时候，他已经成为东学道的首领。正当他四处宣传教义、准备起义的时候，全罗道地方政府压榨老百姓的行为使得当地怨声载道，直接成为这次起义的导火线。

全罗道古阜郡守赵秉甲是个远近有名的贪官。1892年上任之后，为了牟取私利，他募集数万名农民大兴水利设施。古阜郡是个盛产稻米的地方，少不了农业灌溉。但是之前的水利设施已经完全够用，不需要额外增建。建成之后，他非但不给老百姓工钱，还私自提高水税，凭空加重老百姓的负担。众百姓找他理论，他却避而不见。无奈之下，百姓们便去找全罗道监察使诉苦，不料却遭到逮捕。这一下，群情激怒的百姓再也无法忍受，联合起来发动武装起义。

1894年2月20日，古阜、泰仁等地近上千人农民在全琫准的率领下，冲向衙门。赵秉甲闻风丧胆，早就逃之夭夭了。很快起义军不费吹灰之力就占领了郡衙，打开仓库，将粮食和钱财分给农民。全罗道监察使闻讯后，立即派两百人的军队前去镇压。结果，起义军痛击政府军，连领兵的军官也在混战中被杀死。

起义军初战告捷，士气高涨。全琫准乘胜追击，向全罗道首府全州进发。沿途的农民闻讯赶来，纷纷参加起义军。起义军的规模迅速扩大。不久，全琫准被推举为总督，指挥各路起义军作战。朝鲜统治者收到政府军被起义军打败的消息，十分惊恐，连忙派遣洪启勋南下镇压起义军。

洪启勋在南下的途中，先向起义军发出招降书。但是全琫准不受他的威逼利诱，直接率军袭击了灵光县，并成功占领那里。洪启勋一看招降不成，便下定决心动用武力。尽管洪启勋率领的军队是当时朝鲜唯一配备西式武器的军队，但是起义军声势浩大，万众一心，对于政府军的进攻早就做好了充分准备。洪启勋知道其中的利害关系，便向朝廷求援，并建议借用国外的兵力。朝鲜国王害怕引狼入室，没有轻易借兵，只是增援了400名步兵。

援兵还没有到达，两军已于5月24日在长城郡月坪洞开战。政府军武器精良，训练有素，全琫准避免正面与之交锋。他率领起义军到处偷袭，只是轻描淡写地虚晃一枪，接着就不断撤退。洪启勋不知是计，只顾拼命地追赶。起义军大部分都是老弱残兵，看起来好像不堪一击，在政府军的追赶下只顾逃离。像这样的情况接连出现了好几次，洪启勋轻敌之意渐浓，指挥军队全力追击。等到他们追进一片树林之后，无数的起义军从四面八方包围起来。见此情景，政府军早就慌了手脚，大部分人来不及反抗，丢盔弃甲，纷纷逃走。最后，政府军死伤近两百人，洪启勋也在逃兵之列。

5月31日，起义军占领完山，并包围全州。全州城内的兵马早被洪启勋调走了，几乎没有什么军队。6月1日，全琫准率军进入城内，杀土豪，开粮仓，救济百姓，受到当地人民的热烈欢迎。

全琫准占领全州以后，各地的起义军纷纷响应。很快，起义军控制了朝鲜南部的大部分地区，并建立了自己的政权。朝鲜政府无力镇压，连忙向宗主国清政府求救。就在清军镇压起义军的同时，1万多名日军不请自来，在朝鲜南部登陆。接着，日军偷袭汉城王宫，挟持朝鲜王室，并扶植亲日傀儡政府。1894年7月25日，日本突然袭击丰岛海面的清军船队，中日甲午战争爆发。9月底，清军退回鸭绿江，日军完全控制了朝鲜。此后，在亲日傀儡政府与日军的联合绞杀下，起义军接连败退。1894年12月28日，由于叛徒的出卖，全琫准在全罗道被俘。第二年，全琫准与其他几位起义军领袖惨遭杀害。

这次起义由于打着东学道的旗号，并以东学道教徒为核心，而朝鲜统治阶级多称起义军为"东学党"，因为历史上将这次起义称为东学党起义。东学党起义沉痛打击了朝鲜封建统治势力，揭开了朝鲜民主革命的序幕。同时，它又竭力反抗外来殖民者的入侵，成为20世纪初亚洲各国人民反帝反封建斗争的重要组成部分。

日俄战争

1904年2月8日的晚上，天气寒冷，凛冽的海风拍打着旅顺港的水面，传来阵阵涛声。那里停泊着一艘俄国舰队，但是船上却空无一人。原来，人们此时正在岸边的一所大房子里欢快地跳舞。有个军官举起酒杯，示意在场的每个人干一杯。"来，女士们，先生们，干一杯！"人们纷纷喝起酒来。

突然，"轰"的一声炮响震惊了所有人。接着又是一阵阵的爆炸声，连续不断地从港口那边传来。顿时，跳舞的人们乱作一团。

"报告！……"这时，一名士兵气喘吁吁地跑来，"日本已经向俄国不宣而战！"

听到这个消息，人们一哄而散，纷纷走出房外，准备应战。

2月8日午夜，正当俄国人举行庆祝舰队司令施塔克将军夫人命名日晚宴的时候，在漆黑的夜色中，日本联合舰队在东乡平八郎的指挥下，突然向俄国军队发起进攻，连发16枚鱼雷，重创俄军3艘战舰，揭开了日俄战争的序幕。

19世纪末20世纪初，日本和俄国先后进入了帝国主义时期。为了争夺在中国的势力范围，日俄之间的矛盾越来越严重。1894年中日甲午战争中国战败，日本强迫清政府签订《马关条约》，割让辽东半岛，并把自己的势力渗透到东北。对于一直想独吞中国东北的俄国来说，日本的这种做法是难以容忍的。于是，俄国联合德国、法国，制造了"三国干涉还辽"事件，迫使日本将辽东半岛归还中国。对此，日本怀恨在心，一直想找机会进行报复。后来，俄国又强行向中国政府租借旅顺和大连，并乘八国联军入侵中国之机霸占了整个东北。《辛丑条约》签订以后，为争夺在远东的势力范围，日俄两国一边在谈判桌上互相争吵，争持不下，一边暗地里调兵遣将，时刻准备发动战争。1904年2月6日，日本向俄国发出通牒，宣布断绝与俄国的外交关系。

当天深夜袭击旅顺港的俄国舰队后，日军虽然先声夺人，但是俄国匆忙应战，竟也将他们驱逐出海港。日军被迫退出之后，俄军深怕中埋伏，并没有怎么追击，而是返回旅顺港，死死守住。双方都深深明白，旅顺港口是一个军事要塞。只要谁占领了它，谁就会在战争中处于优势地位。

俄国战舰一直躲在旅顺港口，不出来应战。这下，可把东乡平八郎气得够呛。为了改变日军的被动地位，东乡平八郎决定封锁旅顺港出口处，将俄国军舰困在里面，然后主动炮击。

一天晚上，由80多名日军组成的敢死队，驾驶着5艘破旧船只，朝着旅顺口快速驶去。按照东乡八平郎的指示，船上装满了巨大的石块。突然，俄军发现了他们的行踪，立即开枪射击。只听见船上有一个日本人喊道："点火药，跳船！"接着，船上的人"扑通扑通"地跳进水中。不一会儿，那几艘船爆炸，巨大的石块沉入海底。但是由于水很深，日本人堵塞航道的阴谋没有得逞。

一计不成，再生一计。东乡平八郎又下令日军在旅顺口外海域安放大量水雷，并派军舰把守在那里，时刻监视着港内俄国舰队的动向。

这个办法果然有效，俄国舰队不敢贸然出港。这下，日军便掌握了制海权。

此后，日本通过海上交通运输线，将大批的军队送往朝鲜和辽东半岛等地，并在那里登陆。很快日军就占领大连，切断了旅顺的俄军与其他地方军队的联系，将他们团团包围起来。

1904 年 9 月至 11 月，日军从陆地和海上发动进攻，并辅以坑道爆破，终于将旅顺城内最为险要的高地攻克。随后，日军又在海上打败俄国太平洋舰队。1905 年 1 月 1 日，俄军向日军投降。旅顺落入日本人的手中。

旅顺的沦陷和太平洋舰队的消灭，使得日本在日俄战争中越来越处于上风。后来，俄国先后在奉天会战和对马海战中被日军打败。经过 20 个月的战争，俄国彻底宣告失败。1905 年 9 月 5 日，俄国被迫与日本签订《朴茨茅斯和约》。

日俄战争以俄国的失败而告终。这场战争发生在中国的土地上，给中国人民带来了巨大的灾难。通过这场战争，日本改变了远东力量的对比，重新获得对辽东半岛的控制权，并确立了它在国际上的强国地位。

战争阴云

协约国成立

1907 年，英、法、俄三国为了同德、意、奥三国同盟抗衡，保障自己在欧洲大陆的地位，联合起来对外扩张，占领殖民地而缔结了协约。

19 世纪 70 年代初，德国的经济实力高速增长。经济增长带动国力增强，于是德国意欲同英、法等老牌资本主义国家较量，分享殖民地，提高外交地位。普法战争中法国失利，德国首相俾斯麦为了防止法国报复，同时阻止俄国在巴尔干半岛的扩张，1879 年 9 月，前往维也纳，与奥匈帝国谈判。10 月，两国在维也纳签署了同盟条约，共同对抗俄国，抵制法国。

意大利垂涎突尼斯已久，但由于实力不足，不能同当时正占领着突尼斯的法国单独抗衡，此时也希望可以借由德、奥的力量对抗法国。于是，1882 年 5 月 20 日，三国在维也纳缔结和约，结为军事联盟，约定一旦其中一个国家被两个或两个以上的国家攻击，那么其他两个国家都应该给予支援。这样，德、意、奥三国同盟正式达成。

三国同盟的建立，令俄、法两国都深感不安。1878 年柏林会议时，俄国与德、奥在巴尔干半岛的分割问题上起了冲突，此后，两国关系开始紧张。为了缓和两国关系，德国首相俾斯麦与俄国签署了保险条约。但 1890 年，俾斯麦下台了。德皇威廉二世坚持反俄立场，最终使保险条约变成一纸空文，德、俄两国关系再度变得剑拔弩张。

俄国与奥地利争抢巴尔干半岛，双方的利益冲突加剧，德、奥的结盟更激化了俄国与德国之间的矛盾。同时，普法战争中法国的惨败，使得法国对德国始终保持着高度的警惕。法国一直在等待时机，寻找同盟，以报战败之仇。共同的敌人德国，为俄、法两国的结盟提供了可能性。

19 世纪 80 年代以后，俄国工业革命基本完成。在首相威特的大力推助下，俄国开始了工业化进程，希望可以将大批资金注入法国。此时法国也面临着德国在经济、政治和军事上日益增长的压力，希望通过巨额投资，与俄国展开政治与军事上的合作。法国与俄国结盟，不仅可以阻止德国对法国再次发起进攻，同时，如果德法战争再次爆发，也可以使德国腹背受敌，减少战争对自身的打击，巩固自己的外交地位。在重重利益的助推下，俄、法两国在 1893 年正式签署了军事协约，一旦发生战争，就互为彼此的后盾。

此时英国也在调整外交政策。自 19 世纪晚期起，英国一直施行的"光荣独立"政策使自己在殖民地问题上倍受孤立。尤其是布尔战争以后，英国更感到自己在外交上处于孤立无援的状态。在这样的形势下，英国决定放弃孤立政策，趋利避害，寻找同盟。它首先尝试与德国结盟，希望可以变彼此的抗衡为共赢，失败以后，又与日本结盟，意图通过日本，挟制俄国和德国在远东的发展。双方约定，如果日本与另外两国在远东开战，那么英国要向日本施以援手。

和日本结盟远远不能满足英国的胃口，伴随它和德国矛盾的日益加重，英国寻找同盟抗衡德国的企望越来越强烈。1903 年春，英王爱德华七世访问法国，他对德皇威廉二世的强烈不满给法国人留下了很好的印象。当年 7 月，法国总统卢贝回访，两国讨论了彼此在非洲的殖民地问题，并达成共识。1904 年 4 月 8 日，双方在伦敦签署了"挚诚协定"，协定中，英国在埃及的特权，法国在摩洛哥的特权，都得到了对方的认可。双方合作，共同对抗崛起中的德国——英、法建立了实质上的同盟伙伴关系。

此时，德国意图修建"三 B 铁路"。"三 B 铁路"计划更暴露了它想在巴尔干半岛扩张的野心：铁路自德国首都柏林起，经伊斯坦布尔直达亚洲的巴格达。铁路一旦建成，黑海海峡和土耳其都将成为德国的势力范围，那么俄国出入黑海海峡将受到德国的制约。

俄国自从在日俄战争中落败，远东扩张的计划就停滞不前，于是决定把扩张重点放在欧洲。1905 年俄国发生了一场社会动乱，致使民间对沙皇的统治产生疑虑及不满。此时，俄国更需要稳定民心，从动荡中复原。内忧加上外患，使俄国不得不在财政上依赖英法两国。

英、俄两国原本在远东殖民地上有利益纠纷。但随着俄国势力的减弱，德国变成了英国的头号敌人。英国于是主动协调与俄国的利益关系，调整两国的殖民地纠纷。1907 年 8

位于巴黎以沙俄亚历山大三世的名字命名的大桥，成为 19 世纪后半叶俄、法关系密切的历史见证。

月 31 日，两国在圣彼得堡签订协约，缔结了军事同盟，共同对抗德国。

这样，英、法、俄三国之间，形成了彼此援助、彼此扶持的协约关系，欧洲大陆正式分裂为两个敌对的阵营，三国协约和三国同盟。

第一次世界大战爆发

1914 年 6 月 28 日，奥匈帝国皇太子斐迪南夫妇来到波斯尼亚，指挥一场以邻国塞尔维亚为假想敌的军事演习。他们乘敞篷汽车驶入萨拉热窝市区的时候，一个年轻人冲上前，向他们开枪射击。

这是一场蓄谋已久的暗杀行动，策划暗杀的是塞尔维亚的一个秘密组织。奥匈帝国皇太子被暗杀，成了奥匈帝国攻打塞尔维亚的借口；奥匈帝国攻打塞尔维亚，又给了德国出兵比利时的契机；而德国出兵比利时，直接导致了英、法、俄三国联合起来，对抗德、奥军队。战火由暗杀开始，愈燃愈烈，从欧洲蔓延到全世界，最终变成了一场世界性的大灾难。

一直以来，奥匈帝国就对巴尔干半岛虎视眈眈，而塞尔维亚则是它称霸巴尔干的最大障碍，于是皇子的遇刺就成了奥匈帝国向塞尔维亚发动军事攻击的最好借口，奥匈帝国可以借此机会扫平障碍，全面称霸巴尔干。奥匈帝国准备向塞尔维亚宣战，可又担心，同样对巴尔干半岛虎视眈眈的俄国会插手干预，于是请求德国支援。

同盟国和协约国之间一直进行着一场疯狂的军备竞赛，军备竞赛的斗争双方主要是英国和德国，它们的海军竞赛尤其激烈。1900 年，德国修改海军法，扩充了海军队伍。英国为了保持自己的海上优势，1905 年开始建造无畏舰。1907 年，德国也开始建造无畏舰。于是英国又追加军事预算，使自己的无畏舰数量在德国的两倍以上。这两个国家一边扩充军备，增加军费，一边等待时机，希望可以借助军事力量称霸欧洲，乃至全世界。暗杀发生时，英国和德国已经做好了战争准备。

就德国来说，1914 年，它加宽了基尔运河，使新制造的"无畏舰"能够畅通无阻地通过运河，从北海直达波罗的海。当年 4 月，德国陆军大将小毛奇得知，英国和俄国已经开始了海军谈判，希望联合法俄两国，海军协作，在北海、地中海和波罗的海共同对付德奥。如果此时战争不开始，等到俄、法两国的扩军计划完成，就时机不再了。况且此时，奥匈帝国虽然看上去气焰嚣张，其实已经在走下坡路了，而俄国虽然羽翼未丰，可发展势头劲猛。一旦等到俄国羽翼丰满，协约国军队的战斗力提高了，同盟国将优势不再。

7月5日，德皇威廉二世收到奥地利皇帝的亲笔信。信中，奥匈帝国希望战争计划可以得到德国的支持。威廉收下信，立刻回复道，作为奥地利的盟国和友邦，德国将对奥地利的军事行动全力支持。

英国也觉得拖延对自己不利，因为德国生产力远强于英国，如果在军备竞赛中继续僵持下去，那么不久，德国就将赶超英国。英国希望，趁自己现在海军力量还占优势的时候打击对方，不然以后德国赶上来，胜算就会小很多。但奥匈帝国皇子的遇刺，并没有使英国立刻做好参战准备，一方面，它不清楚德国是不是真的想挑起战争，它自己又不想承担挑起战争的责任；另一方面，英国内阁中相当多的成员，以及整个工人阶级和部分自由党人都反对英国参战，群众集会希望英国保持中立。在种种压力下，英国首相声称，英国的态度是希望和法、意、德三国共同出面，协调解决奥匈帝国与塞尔维亚之间的矛盾，不希望大国之间爆发战争。

英国虽然迫于压力做出了这样的表示，但暗地里却鼓动俄国对德、奥两国开战，并保证说，一旦战争爆发，英国将给予极大支持。俄国原本就对奥匈帝国不满，不能容忍奥匈帝国独占巴尔干，所以在德、奥两国准备开战的同时，它和法国也做好了应战准备。7月20日，法国总统彭加勒和总理维维安尼访问俄国时，两国向彼此保证，如果德国发起战争，那么两国一定履行彼此在协约中对对方的军事义务。与此同时，俄国在圣彼得堡冬宫招待了奥匈大使。会见中，俄国表示，希望奥匈帝国对塞尔维亚的问题慎重处理，并且重点说明，塞尔维亚是俄国很好的朋友，而俄国又有法国做同盟。

但有德国做后盾，奥匈帝国有恃无恐，仍然准备挑起战争。7月23日，法国总统彭加勒离开俄国。这一天，奥匈帝国向塞尔维亚发出书面通知。通知的内容德国事先就知道，它认为，任何一个希望保有尊严的国家都不可能接受这样的通知。通知中使用了许多侮辱性言辞，指责塞尔维亚纵容反奥行为，违反了之前对奥匈帝国的承诺，同时提出了很多强制要求。为了使自己免受战争侵害，面对奥匈帝国的刻意挑衅，塞尔维亚选择了忍让，几乎接受了奥匈帝国提出的全部条件。可奥匈帝国不管不顾，仍然按照自己的计划，于7月28日那天向塞尔维亚宣战。

奥匈帝国向塞尔维亚宣战的第二天，英国就暴露了自己的本来面目。7月29日，首相格雷接见德国大使时，话风转了向，称如果战争仅限于俄、奥两国，那么英国的态度是中立，可是如果德、法两国也参与进来，那么英国就不能再袖手旁观了。

奥匈帝国对塞尔维亚宣战，首先响应的是俄国。为了防止奥匈帝国独霸巴尔干，俄、法两国立即进行战争总动员，出兵援助塞尔维亚。德国要求两国停止动员被拒绝，于是先后对俄、法两国宣战。

德国希望战争速战速决，于是想利用自己先进的铁路网系统，取道比利时攻打法国。就在它对比利时不宣而战，侵入比利时国境的时候，英国考虑到比利时沦陷对于本国的威胁，向德国发出通牒，要求它从比利时撤兵，尊重比利时中立。德国置之不理。于是，英国以德国破坏比利时中立为由，对德宣战，第一次世界大战正式爆发。

俄国二月革命

二月革命是发生在 1917 年俄历 2 月的一次革命。

第一世界大战中俄国参战，大量的物资运往前线，使原本就紧张的经济形势更处于临近崩溃的状态。参战国中，俄国战线拉得最长，5 万平方公里的土地被战争侵害，国内物资几乎被消耗殆尽。为了维持战争，沙皇政府对人民进行残酷的掠夺，使人民苦不堪言。尽管如此，俄军在战场上仍然失利连连。战败的消息使民心动摇，更激化了俄国内部广大群众与统治阶级之间的矛盾。到 1916 年，人民几乎买不到粮食了。黑市上粮价居高不下，民怨四起，终于，1917 年初，人民群起反抗。

反抗运动首先从工人开始。1917 年 1 月寒冬，在布尔什维克的号召下，彼得格勒的工人率先罢工，要求降低物价，提高工资。罢工很快蔓延到全国各地，工人们打着"面包与和平"的口号示威游行。这次罢工拉开了二月革命的序幕。

1917 年 3 月 3 日，俄历 2 月 18 日，彼得格勒普梯洛夫厂冲压车间工人罢工，要求提高工资，召回被解雇的工人。厂方不但拒绝了工人的要求，还对罢工严厉镇压，解雇了所有的罢工工人。这样的行为，引发了其他工厂的罢工。粮食紧缺让工人罢工的理由更充分，很多工人要求增加面包供应。

3 月 7 日，在军管当局的指示下，普梯洛夫厂大门紧闭，使工人无法入内。布尔什维克领导工人成立罢工委员会，使罢工工人结成统一阵营。双方对立越来越鲜明。群众的热情被激起，罢工发展成了彼得格勒全市的斗争。

3月8日是"国际妇女节"，布尔什维克党决定借此机会举行集会，庆祝节日的同时，煽动群众起来反对饥饿、战争和沙皇制度。参与集会的女工先走上街，开始游行，男工们也跟了出来。为庆祝妇女节而举行的聚会，变成了一场示威民众的政治游行。游行甚至引发了军民冲突，双方各有伤

冬宫前的广场及凯旋门
十月革命前，俄国临时政府的驻地即在冬宫。

亡。3月9日，游行人数达到了20万，连警察都没办法把群众分开。游行声势壮大以后，布尔什维克希望可以争取到军队。他们安排工人深入士兵营房，说服他们不向群众开枪。

3月10日，彼得格勒工人罢工正式转变成反饥饿、战争和沙皇制度的政治总罢工，工厂、商店的工人都不再工作，人群涌到市中心。沙皇接到报告后，下令进行镇压。军队对群众开了枪，更激起了人民的反抗。最开始，士兵还听从政府指挥，随着事件越演越烈，越来越多的士兵转而支持民众罢工。沙皇深感不安，当夜派遣军队逮捕了布尔什维克党彼得格勒委员会的5位委员。市中心和主干道上满是军警，角落和屋顶上甚至架起了机关枪。即使这样，群众也没有退缩。3月11日，工人们仍然奔涌出来，占据了大街小巷。禁卫军巴甫洛夫团后备营第四连士兵倒戈，不再向群众开枪——士兵开始和群众站在同一阵线。布尔什维克当晚开会，决定将罢工转变成武装起义，如有可能，联合士兵，抢占武器库。

3月12日，在布尔什维克的组织推动下，彼得格勒工人涌向市中心。士兵不再向群众开枪，大批倒戈革命。起义队伍逮捕了沙皇的大臣和军官，夺取了武器，冲向监狱，释放了政治犯。沙皇尼古拉二世试图从前线调军回来，镇压彼得格勒群众起义。但彼得格勒附近的军队都已经响应了起义，拦住了沙皇的征遣队伍。

彼得格勒起义的消息很快传到全国各地，布尔什维克党莫斯科委员会散发传单，号召人民支持起义。民众群起响应：士兵成立了士兵委员会，农民开始夺取地主的土地，争取经济解放——革命广泛开展。不久，沙皇制度被推翻，二月革命取得了胜利。

无产阶级民众的起义引发了资产阶级的慌乱。资产阶级原本希望保留沙皇制度，瓜分政权，此时见风使舵，摇身变成了革命同路人，成立临时委员会，意图夺取政位。他们同沙皇谈判，希望保留君主制度，说只有把最高权力转移给其他人，才有可能保留皇位。沙皇尼古拉二世最终决定，让位给弟弟米哈伊尔。3月15日夜，尼古拉二世正式签署退位宣言，接受资产阶级的提议，任命立宪民主党人为大臣会议主席和最高总司令。这项任命激起了人民的强烈抗议。在彼得格勒车站，人们枪毙了谈判者古契柯夫。最终，米哈伊尔也没能登上皇位。

资产阶级意图盗取政权，但实际力量握在工农代表苏维埃手中。布尔什维克为了巩固工农联盟，建立了有士兵代表参加的苏维埃政权。没有苏维埃同意，资产阶级临时政府根本成立不起来。因此，资产阶级临时委员会就新政府的成立问题，同苏维埃政权谈判。

工人运动中的改良主义者孟什维克向来认为资产阶级应该是沙皇制度被推翻后的领导阶级，此时开始鼓吹资产阶级执政可以让革命的胜利成果更牢固。为了让资产阶级上台，他们甚至指责无产阶级是一团散沙，是一支无组织的力量。这些话蒙蔽了一部分的苏维埃代表，投票结果，代表们听从临时委员会的提议，把政权拱手让给了资产阶级。就这样，俄国历史上出现两个政权——资产阶级临时政府和工兵代表苏维埃——并存的特殊局面，沙皇制度倾覆，资产阶级上台。

从3月8日的工人罢工，到3月15日的沙皇退位，二月革命仅持续了8天时间。8天内，沙皇制度全面崩溃，这样的速度在历史上都是罕见的。

凡尔登战役

凡尔登战役是从1916年2月21日到12月19日的这段时间里，德国和法国为了争夺凡尔登筑垒地区，进行的多次战斗的总称。这场战争持续了约10个月，在第一次世界大战中，堪称是规模最大，持续时间最长的一场战役。

凡尔登位于法国东北部默兹河畔，是一座小城镇。它是法国首都巴黎的东北门，英法联军战线中段的枢纽，是德国通往法国北部和比利时的严重障碍，也是战争中必定争夺的地方。从1914年战争初期，德国就开始攻打凡尔登，但几次攻打都以失败告终。那以后，德军就转移了进攻方向，这让法国人松懈下来，以为凡尔登已经变成了一个无需再守的要塞。

如果能一举攻下凡尔登，那么英法联军一定会士气大挫。同时，凡尔登作为通向巴黎的重要门户，攻下了它，就等于拿下了巴黎。首都被攻破，法国就不战自败了。种种分析以后，德国决定对凡尔登实行突然袭击，打一场让法国人措手不及的仗。

1915 年，法国人停止了对凡尔登要塞的强化，这给了德国可乘之机。从 1916 年 1 月开始，德国做了一系列攻打凡尔登的准备。为了不让法国人察觉他们的目的，德国搬动大量兵力，把战争准备工作的范围扩大到 40 公里。他们在西部战线做了很多假动作，大张旗鼓地往香贝尼派兵，让法国人误以为他们即将出兵攻打香贝尼。可暗地里，德军总司令法金汉却悄悄把大量兵力调往凡尔登方向。

德军的动作引起了法军总司令霞飞的注意。霞飞中计，以为德国是想通过香贝尼进攻巴黎，于是也开始往香贝尼方向调兵。随着凡尔登方向集结的德军越来越多，德国的意图越来越明显。这时，霞飞才醒悟过来，立刻调转方向，也往凡尔登增兵，但为时已晚。

德国原打算 2 月 12 日发起进攻，但由于天气恶劣，道路泥泞，行军困难，攻击拖延到 21 日才开始。即使这样，霞飞还是没能征调到足够的兵力。到了 2 月 21 日，德国发动进攻的这一天，法军只有两个师赶到凡尔登。

德军的进攻战略是"炮兵摧垮，步兵占领"，21 日早上 7 点 15 分开始，德军炮兵团用猛烈的炮火轰炸凡尔登。1000 门大炮轮流开火，意图将凡尔登变成"死亡之城"。凡尔登战役正式拉开序幕。

轰炸持续了 9 个小时，直到下午 4 点，德军的轰炸才结束。德军先派巡逻机四处巡查——此时的凡尔登已经一片死寂。之后，他们才出动步兵。凡尔登虽然经过了德军的狂轰滥炸，可防御工事并未完全被摧毁。德国步兵行进到法国第一道防线时，遭遇了法军的埋伏。双方交战，德军撤退。4 点 45分，德军又一次出动步兵，发起攻击。法军伤亡惨重，后撤了 6 公里才稳住阵脚。德军摧毁了第一道防线。

之后的 4 天，虽然霞飞紧急征用了一切可以征用的军队，但守卫凡尔登的仍然只有 4 个师。德国一举攻下了凡尔登的第二

法军在战争后期对德军进行大反击

凡尔登会战是典型的阵地战、消耗战，双方参战兵力众多、伤亡惨重。战役中，法军野战工事与永备工事相结合组织防御的经验，成为大战后各国修建要塞工事的依据。

和第三道防线。直到 25 日，法国援军才赶到，协助凡尔登守军拼死抵抗。此时，德国的战略预备队尚未到来，攻击力剧减，没能攻下法国的最后防线。双方开始了旷日持久的拉锯战。

突袭计划受挫，德国将领检讨战争得失的时候，把受挫原因归根于默兹河西岸法国炮兵的威胁。于是，从 3 月 3 日起，德国发动了第二轮攻击，将主攻方向转移到了默兹河西岸，意图占领 304 高地和 295 高地，从西部包围凡尔登。战争持续到 4 月初，眼看一场突袭战变成消耗战，德国人冷静不下来了：皇太子亲自上了战场，德军甚至在炮火中混入了毒气弹。法国军队拼死抗争。战况极为激烈，双方伤亡惨重。

德国的第二轮攻击持续了近两个月时间，除了毒气弹，德国还使用了喷火器和轰炸机。对于法国来说，这是一场艰苦的抵抗战，他们的军队人数和武器数量都远远少于德国。但他们不甘示弱，为了保存实力，采用"轮休制度"，各个部队轮流作战，不断反击，反复争夺每一个阵地，抵死不让，致使德军在付出了巨大的代价以后，却只能占领几个小据点。在这次攻击中，德法两军死伤无数，惨况空前，所以后人回忆战争的时候，把这一地带称作"死人谷"。

战争僵持不下，德法双方都认为，要想打赢这场仗，只有一个办法，就是增加兵力。从 5 月开始，德国停止了第二轮进攻，把兵力集结到默兹河东岸，准备在那里发起新一轮攻击。6 月初，德国再次发动大规模进攻。经过 7 天激烈的战斗，他们击败了法军右翼，攻下了凡尔登东北部的沃堡。6 月下旬，德国在战场上使用了窒息性的毒气——氯气和催泪弹。凭借着毒气和炮弹的威力，德军一度推进到距离凡尔登不足 3 公里的位置。可法军顽强抵抗，最终，德军还是被击退了。

6 月 24 日起，为了减轻凡尔登的德军对法军的压力，英军在索姆河地区攻击了德军。德国不得不抽调出部分兵力，迎战英军。凡尔登地区的德军兵力减弱，没有力量发起进攻，转而进入防守状态。从 7 月开始，得到喘息机会的法军开始反攻。

由于德军未能按计划攻下凡尔登，当年 8 月，德军总司令法金汉被免职。德国内部无力承担长期的战争消耗，9 月 2 日，德皇下令，停止进攻凡尔登。法军士气大振，接连反攻，陆续收回法国失地。到 12 月 15 日，法军基本已经收回了默兹河东岸被德军占领的全部阵地。经过 10 个月的惨烈战斗，法国终于保住了凡尔登。

这场战争的规模之大，持续时间之长，德法两军厮杀的程度之激烈，参战兵力之多和伤亡人数之众都创下了纪录。两国共投入兵力 200 万，伤亡近百万。这场围绕凡尔登小城展开的阵地战，从 1916 年年初持续到年末，成了一场典型的消耗战。这次战役，也是第一次世界大战中，战争双方军事力量的转折点。这场战争中，德国兵力耗尽，却仍以失败告终。从此，德奥阵营日渐衰败，到 1918 年，终于战败投降。

日德兰海战

第一次世界大战以前，英国一直是欧洲的"海上霸王"。德国虽然对海军增加了大量的军费投资，可船舰数量和舰队战斗力仍然远远落后。海上力量不敌英国，德国只能屈居第二。第一次世界大战爆发后，英国凭借突出的海上优势，对德国海军实行了严密的封锁。足足有两年半时间，德国的大洋舰队就像被关在牢房里一样，只能死气沉沉地待在威廉港和不来梅港，成了海湾中的一件摆设。

为了扭转海上的被动局面，打破封锁，德国一直在等待时机和英国较量。可直到战争第三年，1916 年，德国公海舰队的战列舰数量仍然只有 18 艘，远远小于英国皇家舰队的 33 艘。战争耗费了大量的物资，德国没有能力配备更多的战列舰，所以，如果和英国皇家海军舰队硬碰硬，来一场大规模决战的话，德国公海舰队几乎是没有胜算的。

1916 年 1 月，德军任命赖因哈德·舍尔上将为大洋舰队司令。舍尔是个好斗的将领，不能忍受自己的舰队无所事事地待在港口中。他对英德两国的海上形势作了一番研究，发现以德国目前的海军实力，要想彻底摧毁英国的舰队主力，打破目前的海上封锁局面，必须要用点计策，避免和英国海军正面冲突。

很快，他想到了一个大胆的进攻计划。计划制定好后，他先用了 4 个月时间，寻找时机，分批派出少量战列舰、巡洋舰、潜艇和飞艇，袭击英国东部沿海。这些舰艇打完就跑，一方面，多次袭击累积起来，可以削弱英国舰队的实力——舍尔的计划是一边打击敌人，一边强壮自己，等到双方实力均衡的时候，就可以实施舰队决战的计划了；另一方面，袭击只是个幌子，它们的目的是布雷和侦察，同时引诱部分英国海军出海。

4 个月以后，舍尔觉得时机到了。5 月 30 日，他派出了最大的诱饵——原本

日德兰海战情形
交战中，德军射击技术和舰艇操作水平较高，"同时转向"战术运用娴熟，但舰队实力处于劣势；英军虽握有主动权，但行动不坚决，也失去歼敌良机。

停驻在挪威海岸，由弗兰茨·冯·希佩尔海军上将指挥的舰队。这个舰队做诱饵在前，舍尔率领公海舰队的全部力量，隔了80公里紧跟其后。这是一个"螳螂捕蝉，黄雀在后"的策略，舍尔推测，英国不会出动整个皇家舰队来迎击德国的一个小舰队，它只可能派出一部分力量。如果英军出击，那么希佩尔只需要做一些象征性的抵抗，然后假装不敌，转舵返航，把英国舰队引入公海舰队的埋伏内。

当天下午，英国舰队司令杰利科收到一份来自伦敦的绝密情报，"德国大洋舰队将于明日出航"。他立刻想到，德军的行动背后另有玄机。有意思的是，他的迎敌计划和舍尔的计划几乎一模一样。他先派出戴维·贝蒂海军中将率领前卫舰队从苏格兰的罗赛思港出发。按照两军的行进速度，31日下午，前卫舰队可以和德国舰队在挪威日德兰半岛附近相遇。杰利科则率领主力舰队从斯卡帕弗洛港出发，开到前卫舰队西北方的60海里处。一旦前卫舰队和德国舰队相遇，那么前卫舰队也要佯败返航，把德国舰队引到主力舰队的包围圈里。

两国都做了自以为完全有把握的详细计划后，行动正式开始了。30日晚22点，紧跟希佩尔的诱饵舰队，舍尔率德国主力舰队出发了。与此同时，英国前卫舰队也开到了海上。早在舍尔率领的德国公海舰队出发前四个小时，英国皇家舰队就已经上路了。它们提早出发，是因为斯卡帕弗洛港距离日德兰的距离相对较远。

5月31日下午14点，舍尔的诱饵希佩尔舰队和杰利科的前卫贝蒂舰队在斯卡格拉克海峡附近相遇了。这时英国海军部发给贝蒂一个错误的情报，说舍尔的主力舰队并没有出港，现在行动的只是德国的一个小舰队。贝蒂接到情报，误以为可以靠自己的力量歼灭德军，于是没有按计划佯败返航，而是对希佩尔的舰队穷追不舍。

希佩尔严格执行了司令舍尔的计划，两军遭遇以后，假装不敌，立刻回航。双方一个撤一个追，边走边战。直到16点，贝蒂接到通报，说发现了舍尔的主力舰队。他赶忙召回自己的驱逐舰，舰队撤回，同英国主力舰队会合。这时，希佩尔也在赶去同舍尔会合。

贝蒂舰队和杰利科的主力舰队会合以后，杰利科命令舰队主力追击德舰。舍尔这才知道，英国的主力舰队也投入到战斗中来了。对他来说，最明智的做法是退出战斗。18点36分，舍尔命令舰队同时转向，向西南方撤退，保存实力。

舍尔想撤退，但退路已经被杰利科切断。19点，他再次命令德国舰队同时转向，希望从英国舰队的队尾处向东突围。没想到，舰队不慎撞入英国主力舰队的队中央，遭到重创。19点13分，舍尔第三次下令同时转向，向西行进，从南方撤退。与此同时，他们向英国舰队发起鱼雷攻击，掩护撤退。

这时天色暗下来。英军本来就不擅长夜间作战，此时又要躲避德国的鱼雷阵，更弄不清楚德国舰队的方位。于是杰利科下令，舰队暂时分散，先堵住德军退路，第二天再交战。舍尔知道英国主力舰队实力强大，再战对自己不利，所以当晚不断坚持突围。双方交战一整夜。夜间，杰利科一直没能分辨出舍尔主力舰队的位置和航向。直到6月1日凌晨5点40分，他才得到消息，舍尔已经从英舰队尾突围出去。

杰利科原想继续追踪，可担心遭遇德国的潜艇埋伏或者误撞鱼雷，最终放弃了追踪计划，返回基地。日德兰海战至此结束。

这场战役结束后，英国和德国都声称自己才是胜利的一方。对德国舰队来说，他们向强大的英国皇家舰队发起挑战，以弱敌强，并且重创了强大的对手，所以应该被称作赢家；但从另一个角度说，它们仍然被英国舰队牢牢地控制在港口，几乎没有在战争中发挥任何作用。谁胜谁负，或许正像《纽约时报》评论的那样："德国舰队攻击了它的牢房看守，可它仍然被关在牢中。"

十月革命

1917年二月革命后，俄国内部两个政权并存。工人和农民革命意识还不完善，认为沙皇政府被推翻了，资产阶级政府就会和他们分享胜利果实。没想到，资产阶级政府不顾人民反对，继续施行沙皇时期对外扩张、对内掠夺的政策。工人和农民的生活没有好转，仍然饱受排挤和压迫。群众不满，民心骚乱，布尔什维克党也找不到前进的方向。

就在大家拿不定主意的时候，1917年4月，列宁从芬兰回到彼得格勒。4月17日，在塔夫利达宫举行的布尔什维克会议上，列宁发表了《论无产阶级在这次革命中的任务》的讲话，为不知道何去何从的布尔什维克党指明了道路。列宁说，对资产阶级临时政府再不满意，也不能用暴力推翻它，因为临时政府是工兵苏维埃投票通过的，和它对立，就等于和群众对立。不如引导苏维埃，让他们用和平的方式，把政权收回到无产阶级和贫苦农民手中。但7月发生的一件事，让革命和平发展失去可能性。

临时政府成立后，对沙皇政策执意保留，对战争一意孤行，致使资产阶级和群众之间矛盾不但没有缓和，对立反而更加严重。临时政府为了改变国内针锋相对的局面，寄望前线，想用前线的捷报转移人民注意力。7月1日，临时政府命令西南战线的俄军冒险攻击德奥军队。进攻惨败，失利的消息传回国内，人民更加激愤。7月16日，彼得格勒群众纷纷走上街头，示威游行，要求临时政府把政权还给苏维埃。临时政府命令军队强制镇压，镇压军队向群众开了枪，造成600多名群众伤亡。

此后，临时政府增设警戒，在首都采取了严格的戒严措施。他们查封《真理报》，开始通缉列宁。恐怖气氛笼罩着俄国上下。资产阶级牢牢把持政权，使苏维埃成了有名无实的附属。布尔什维克党成了非法组织，不得不转入地下活动。

这样的形势下，革命和平发展不再可能。布尔什维克看见形势的变化，态度也起了变化。在8月召开的布尔什维克第六次代表大会上，他们第一次提出武装起义的口号。10月10日，布尔什维克党正式决定，举行武装起义。16日，他们在斯莫尔尼宫建立了起义的总指挥部。11月6日，临时政府查封了布尔什维克党的出版物《工人之路》和《士兵报》，试图武装占领起义总指挥部。当天深夜，列宁越过临时政府的封锁线，秘密来到斯莫尔尼宫，发表了《给中央委员会的信》。在信中，列宁说，形势已经万分危急，到了千钧一发的关头，拖延起义等于自取灭亡。他决定亲自领导，提前举行起义。

起义从首都彼得格勒开始。11月6日晚到7日上午，有20多万工人和士兵参与起义。他们占领了彼得格勒的各个战略枢纽——机关、邮政总局、火车站——切断了临时政府的照明系统和电话线路。除了皇宫广场，其他地方几乎全被起义者掌握。临时政府总理坐着汽车仓皇而逃。

列宁起草了《告俄国公民书》，7日上午10点，由革命委员会散发出去。《公民书》宣布，临时政府已经被推翻，政权转归工兵苏维埃所有。但临时政府仍有成员不甘心，死守冬宫，负隅顽抗。下午 5 点到 6 点，群众包围冬宫，军事委员会向临时政府发出通告，命令他们无条件投降。临时政府置之不理。

晚上 9 点 45 分，停在涅瓦河上的"阿芙乐尔"号巡洋舰向空中射出炮弹，发出攻打冬宫的总攻信号。革命群众一阵欢呼，潮水一般穿过街道，越过堡垒，快速涌入冬宫。在冬宫的 117 级云石楼梯上和 1005 个房间里，群众和守卫冬宫的士兵展开近距离搏斗。战斗持续到 8 日凌晨 1 点 50 分，除了逃跑的总理克伦斯基，临时政府所有的成员都被抓获。资产阶级临时政府被推翻，彼得格勒武装起义胜利了。因为当时为俄历十月，所以被称为十月革命。

彼得格勒武装起义胜利后，革命迅速扩展，蔓延到俄国其他地区。此后，苏维埃政权在俄国各地，如雨后春笋般纷纷建立起来。

巴黎和会

1918 年 11 月，第一次世界大战结束，以英法联军为主力的协约国取得了最终胜利。这场世界性的人动乱，让国家之间的关系变得格外混乱。战争把旧秩序打破了，新秩序的建立迫在眉睫。为了整顿战后的国际秩序，1919 年 1 月，战胜国和战败国各派代表来到法国，在巴黎召开和平会议，讨论战后国际秩序的重建问题。

这是一场"挂羊头卖狗肉"的会议，会议打出和平谈判、建立国际新秩序、维护世界永久和平的旗号，其实不过是一场战胜国的分赃会。英、法、美、日、意等 27 个国家获邀参会。同是战胜国的俄国没有获邀，因为此时它已经成立了苏维埃政府。

1 月 18 日，巴黎和会在法国外交部召开。会场声势浩大，各国代表有 1000 多人，其中仅全权代表就有 70 人。这浩浩荡荡的 1000 多人先召开了 6 场声势同样浩大的预备会议。预备会议是与会的 27 国全体参加的会议。这么多国家的这么多代表，七嘴八舌，根本不可能争论出结果，所以预备会议不了了之了。

预备会议后，大家发现，集中讨论不可能解决问题，每个国家都得不到自己想要的东西。于是，战胜国和战败国的代表开始单独碰面，寻找彼此都能接受的、解决争端的方案。为此，会议专门成立了很多委员会：有的委员会专门负责战争赔偿和领土分割问题，有的委员会负责和约起草、战争责任归属等问题，还

巴黎和会上的各国代表

有的委员会负责河港铁道建设……委员会共成立了 52 个之多。

委员会成立后，巴黎和会秩序井然了很多，从 27 个国家你一言我一语，变成重大问题先由 5 个大国商讨，再做最后决定。这 5 个大国的讨论，就是由美国总统威尔逊和国务卿兰辛、英国首相劳合·乔治和外交大臣贝尔福、法国总理克里孟梭和公使毕盛、意大利首相奥兰多和总理桑尼诺、日本首相西园寺公望和代表牧野伸显组成的"十人会议"。

"十人会议"被称为五大国"经常的正式会议"，从 1 月到 3 月共举行了 60 多次。3 月 26 日起，"十人会议"缩减成了"四人会议"，英、法、美、意四国扔下亚洲的日本，开始私下协商战后欧洲问题。但因为意大利在战争中没作什么贡献，国家实力又低，从 4 月 23 日开始，英法美三国首脑就把意大利首相奥兰多抛在一边，三人控制局面。"四人会议"变成了"三人会议"。

会议发展到这个阶段，英、法、美三国，每个国家都是其他两个国家的对手，同时每个国家又都可以同其他两国中的任何一个联手。也就是说，三个国家互为伙伴又互为对手。三个国家都各自抱着目标：法国想要称霸欧洲大陆，英国想称霸海洋，美国胃口最大，想称霸世界。三国既要达成自己的目标，又要保证其他两国能接受自己的条件，经过长达两个月的争执后，他们终于找到了利益的均衡点。

法国想处死德国皇帝，让德国赔偿战争损失，削减德国兵力使它不再是自己的威胁，收回被德国占领的地区，分享德国的海外殖民地，还想签订秘密条约，封锁德国海岸线，控制德国工业和进出口贸易。英国不同意法国的要求，它觉得，如果法国的要求得到满足，那么法国就会成为欧洲大陆上的超级强国。英国希望可以保证欧洲国家的实力均衡。法国提出这些要求，无疑是想打破这种均衡。

英国国土没有遭到战争冲击，但很多士兵在战争中丧生。它提出的要求集中在战争赔款、海上的军事霸权和殖民地上，英国希望保持海上霸权，所以赞同法国签订秘密条约、封锁德国海岸线的想法；它同意法国削减德国兵力和要求战争赔款的做法，但不想做得太过分，害怕激起德国报复；它还想和法国分享德国的殖民地，同时提议说，愿意帮德国恢复经济——一直以来，英国最大的贸易合作伙伴就是德国，削弱德国经济无异于削弱自己，而且过分削弱德国也不利于欧洲各国之间的相互制衡。

美国也反对过于苛刻的条款，它认为条款过于苛刻会激起德国的复仇心，再度引发世界大战。第一次世界大战中美国是受益国，通过贸易流通成为经济强国，所以它更重视战争债务的赔偿问题。它主张安抚德国，向德国承诺平等的贸易机会，以便顺利收回战争债务。同时，美国希望借这个机会从经济强国变成军事强国，所以极力反对签订秘密条约，提议建立国际联盟，依靠国际社会的力量保证弱国免遭强国侵略。但这个提议遭到了英、法两国的拒绝。英、法认为国际联盟的构想过于理想化，不符合欧洲现实，并且美国过多干预国际事务，对自己不利。

谈到殖民地问题时，美国提出了"民族自决"政策。这项政策引起英、法的强烈反对：它们都有庞大的海外殖民地，一旦殖民地独立，它们将损失惨重。但英、法两国知道，战后的美国已经成了不容小觑的经济强国，未来也会成为重要的军事强国，所以对于美国的提议，它们没有明确拒绝，而是假装无意地忽略了。

这场旷日持久的谈判，被后来的美国国务卿亨利·基辛格称为"美国式理想主义和欧洲式偏执狂之间的脆弱妥协"。三方各不相让，每一方的每一个决定都要经过另外两方的"不愉快妥协"才能达成。谈判时，德国甚至不被允许参与条约讨论。一番协商后，6月28日，在凡尔赛宫的镜厅，签约仪式终于开始了。按照合约规定，德国必须交出全部的殖民地，十分之一的领土和人口，49.9亿英镑的赔款，约六分之一的煤产地和钢铁工业，同时接受严苛的军事限制。德国外长赫尔曼·穆勒代表德国在合约上签了字。

由于战争的遗留问题太多，参与的国家也太多，英、法、美三方的争执又僵持不下，这场会议开了足足5个月才收场。会议签署的《凡尔赛合约》像一副枷锁戴在德国的脖颈上，严苛的条约内容为将来德国的复仇埋下了种子。条约签订后，法国元帅福煦说："这不是和平，这是20年休战。"果然，20年后，德国又掀起了第二次世界大战。

共产国际成立

共产国际又称第三国际，1919 年 3 月成立于莫斯科，是为了让各国共产党和共产主义团体联合起来而成立的国际组织。

共产国际的成立，要追溯到 19 世纪 50 年代末 60 年代初。工业的扩展使欧洲资本主义迅速发展起来，世界资本主义市场形成，资本家成了一支强有力的队伍。凭借资本的优势，资本家压迫工人等劳动阶级，激起了无产者和劳动人民的反抗情绪。在反压迫反剥削的过程中，工人阶级意识到，全世界的无产者有共同的利益和敌人，分散的斗争不可能取得最终的胜利，因此他们必须联合起来，用国际无产阶级的力量对抗国际资产阶级的联盟。在国际意识的促使下，1864 年，国际工人联合会产生了。

国际工人联合会又称第一国际，它的工作是组织全世界工人阶级的力量，维护工人阶级的利益。1871 年，国际工人联合会法国支部领导了巴黎公社运动，巴黎公社的失败使国际工人联合会的力量衰弱下来，1876 年，第一国际解散。

第一国际虽然解散了，可工人阶级加强国际联系的思想却保存了下来。从 19 世纪 80 年代末开始，他们成立了自己的政党，希望在资本主义制度内做一些改良，以合法的方式为自己争取权益。1889 年 7 月 14 日，在巴黎召开了第一次国际工人代表大会。大会通过了《劳工法案》和《五一节案》，主要讨论了国际劳工的立法问题、工人阶级在政治和经济领域的斗争问题等，决定了以同盟罢工作为工人斗争的主要武器。从这次大会开始，五一劳动节成了国际节日。巴黎的国际工人代表大会的召开，标志着第二国际的成立。

第二国际又称社会主义国际，是欧美工人运动向全世界扩展的结果，是各国独自成立的无产阶级政党，为维护自己的利益而合法斗争的产物。第二国际没有上下级，各国政党都是独立自主的，谁也不是谁的归属，谁也不是谁的附庸。在很长一段时间内，它没有常设的领导机构和共同的规章制度，没有机关报，甚至没有发表过成立宣言，只是通过工人代表大会向各国政党指出行动的方向。直到1900 年，每国政党才选派一名代表组成了常务委员会，名叫社会党国际局。

第一次世界大战爆发前，全世界已经成立了近 30 个社会党。大批的工会组织建立起来，工会成员达到 1000 多万人，其中影响力最大的是德国社会民主党。1914 年，第一次世界大战爆发，包括德国社会主义民主党在内，许多国家的无产阶级政党转而支持本国政府，蜕变成资产阶级国际战争的帮手。1914 年 8 月 4 日，列宁听到德国社会民主党在议会中投票赞成战争的消息后，说"第二国际已死"。

第二国际变了质，无产阶级改良运动中的革命派分裂出来，发展成了第三国际。他们正式放弃了在资本主义体制内，通过改良维护自己利益的想法，号召以革命的方式为本阶级谋福利。为了团结世界各国的革命派，1919 年 3 月 2 日，第三国际成立大会由列宁发起，在莫斯科召开。会上，列宁发表了《关于资产阶级民主和无产阶级专政的提纲》，称现行的资产阶级民主只是资产阶级内部的民主，对于其他阶级，尤其是无产阶级来说，仍然是专政。无产阶级有进行无产阶级革命，追求无产阶级民主的权利。全世界的工人阶级和广大劳动人民应该团结起来，推翻资产阶级统治，建立无产阶级专政，消灭剥削，实现真正的共产主义。大会当天还通过了《告国际无产阶级宣言》和《共产国际行动纲领》等文件，共有来自 21 个国家的 35 个政党和团体，派遣 52 名代表参加了会议。

这次会议又被称作国际共产主义代表会议，会议的举行标志着第三国际正式成立。第三国际是一个宣传捍卫马克思主义的组织，它的任务是团结世界各地的工人阶级，推动工人运动，协助亚非拉的民族解放运动，反对战争和侵略，促进国际共产主义运动的发展。会议规定，第三国际的最高权力机关是代表大会。闭会期间由代表大会选出执行委员会，向各国支部发布指示，并监督支部的工作。各国共产党都是第三国际的支部。

第三国际共有 57 个支部，总部设在莫斯科。它有两份机关刊物，《共产国际》和《国际新闻通讯》。第三国际以高度集中的组织形式，使各国共产党得以快速成长，既保证了各党的独立自主，又维护了各党之间的平衡，在世界各地的共产主义运动中作出了重要贡献。

新经济政策

1917 年十月革命后，世界上的第一个社会主义国家——苏俄建立起来。苏俄的建立使资本主义国家感到恐慌。为了把刚成型的社会主义体制扼杀在萌芽状态，1918 年 3 月，英、美、法、日、意、德等 14 个资本主义国家，派遣军队组成联合军，侵入新成立的苏维埃俄国，试图以武力进攻的方式推翻苏维埃社会主义政权。

此时刚成立的苏俄根基未稳，国内仍然有大量敌视新政权的力量，比如支持沙皇的保皇党、布尔什维克的反对者、旧政府的残存力量等。他们借外国入侵，

长臂尤里纪念碑与莫斯科苏维埃大楼

围剿新政府的机会，在国内制造动摇人心的舆论，宣传反对无产阶级革命的思想。国外干涉加上国内宣传，使苏俄的小资产阶级开始动摇，国内叛乱不断。

内忧外患中，新苏俄政权危机重重。建国之初，正是恢复经济、发展生产的关键时刻，但此时的苏俄，外部被联合军队包围，乌克兰、乌拉尔、西伯利亚和顿河流域等粮食主产地和战略资源重地都被占领；内部动乱不止，叛军和苏俄红军的连年内战，造成了极大的战争破坏，俄国经济损失惨重，日用品紧缺，国民生活苦不堪言。

连续三年，新苏俄忙于内征外战。战争形势下，政府实行战时共产主义政策：在城市，将所有大中型企业收归国有，监督小型企业，对工人等城镇居民实行实物配给制，粮食、生活用品都靠政府计划供给；在农村，实行余粮征集制，农民只留下足够维生的口粮，余粮全部上缴国家；外贸全由国家经营，成年人必须义务劳动，"不劳动者不得食"。

战争环境中经济困难，战时共产主义政策把全国的人力物力集中起来，共同应对战争，可以让苏维埃政权得以稳固。人民愿意维护政府，配合国家政策，是因为政府把他们从沙俄制度中解救出来，给了他们土地的使用权。但1920年10月战争结束，改善生活成了他们最迫切的需要。人民需要政府发展经济，修理战争创伤；需要布匹、粮食、生产工具和其他的生活用品，这些，此时的苏维埃政府都不能满足。

这时的苏俄，工厂中的机器设备要么锈掉，要么坏掉，很少能继续投入使用，工厂半瘫痪，企业倒闭。部分工人在城市无力谋生，跑到了农村。顿巴斯、乌拉尔和巴库等俄国最重要的几个工业区，在战乱中几乎停止了周转，工业产值甚至不足战前的四分之一。铁路几乎全被被炸毁，几千公里的铁轨荒废在路上，牵引车和车厢多数已经过了使用期限，交通运输难以畅通。国内工业停滞，经济衰颓，国外，资本主义国家联合起来，对苏俄实行经济封锁，怂恿同无产阶级对立的守旧主义者、激进派和富农发起暴动，意图由内而外消灭苏维埃政权。

列宁意识到，要想稳固新政权，必须从根本上改变政策，把发展重心转移到经济建设上。他决定，首先改进农业政策，提高农民生产的积极性。农业是国民经济的根基，农业稳定后，着手恢复工业，生产能在耕地上使用的机器。农业支撑工业，工业反哺农业，面对国外的经济封锁，加强国内的工农联盟，从内部改善经济。

1921年3月，布尔什维克党召开了第十次代表大会，通过了用新经济政策代替战时共产主义政策的决议。新经济政策以实物税代替余粮收集制，农民缴纳粮食税以后，剩余的农产品可以拿到市场，自由交换物品；国家将部分国有企业出租，小企业返还原主经营，承租者只需遵守政策，缴纳租金和部分的利润，租期满后，把企业完好地归还国家；开放市场，在国家领导下，实行自由贸易，让商品自由流通，发展社会主义商品经济。

新经济政策的出台，既满足了劳动者的需求，提高了工人和农民的生产积极性，又使苏俄经济顺利恢复，生产稳步发展，巩固了国家政权。从此，苏俄进入了社会主义建设的新阶段。

希特勒上台

第一次世界大战后德国的经济状况，是促使希特勒上台，纳粹党执政的直接因素。

第一次世界大战中德国战败，签订了丧权辱国的《凡尔赛合约》，合约中巨额的战争索赔，给德国经济带来沉重的压力。战后，德国失去了所有的海外殖民地，不能进行海外投资；连年征战又使国内的工业生产受到极大消耗，短期之内难以恢复。

外界的经济压力和内部的经济紊乱，使德国人民民不聊生。1929到1933年的经济危机，更令德国经济雪上加霜。当时的德国政府，是在第一次世界大战的废墟上建立起来的魏玛共和国。为了疏导经济危机带来的冲击，缓解经济压力，魏玛政府向战胜国宣布，德国将不再赔款；对人民，它提高纳税金额，削减社会救济金、养老金和群众的工资，把政府的压力转嫁到人民身上。

政府的做法引起人民的强烈不满：为了支持政府对外作战，德国已经内力耗尽，物资全部运往前线，人民生活极端贫困。战败的打击，加上战后政府的对内政策，使饥寒交迫的德国民众几乎绝望了——在柏林，冻死、饿死的人不计其数，每天还有60多起的自杀事件上演。民怨四起，群众罢工和失业者的游行如暴风骤雨一般席卷全国。德国的社会矛盾日益激化，阶级对立空前尖锐。

这时，欧洲东部出现了苏维埃社会主义共和国。社会主义制度的确立，对风雨飘摇的德国产生了极大冲击。德国是最早出现社会主义萌芽的国家，早在19世纪，德国就出现了全世界最早的无产阶级联合会，德国群众心中普遍存在着浓重的社会主义情结。苏联的成立，把人民心中暗藏的社会主义情绪催生了出来。加之战败以后，德国的国际地位一落千丈，外交上的屈辱使人民对当时的资产阶级魏玛政府失去了信心。农民和失业工人没有生活保障，小资产阶级面临着破产的威胁，前景渺茫。他们需要一个新的政府，带他们走出内外一团糟的局面，找到新的出路。

魏玛政府的共和制度从封建专制中直接过渡而来。长期的封建专制统治，使人民心中残存着大量的封建残余思想。德国仍然保留着军事封建主义的传统，对军事独裁和专制统治盲目崇拜。同时，政府运转机制的不完善，使政府内部出现了许多分裂的小党派——国会中没有一个稳定的多数派，执政党更换频繁——奉行军国主义的纳粹党，就是魏玛政府中为数众多的小党派之一。

贫困、经济危机导致的两极分化、人民的不满，这些给了德国纳粹党可趁之机。纳粹党的全名是德国民族社会主义工人党，1920年9月30日，以工人联盟的名义在慕尼黑成立。从成立之初到1928年，纳粹都一直是个微不足道的小党，在1928年的国会选举中，选票只有81万张，占全部选票的百分之二。

纳粹党领袖希特勒口才出众，提出了党的25点纲领。这个纲领几乎囊括了当时德国每一个阶层的利益，把工人农民、小资产阶级和大资本家拉拢到了一起。在经济危机中，希特勒利用经济颓势带来的社会动荡，深受经济危机影响的小资产阶级的愤懑心理，人民对于社会主义的渴望情绪，和战败后德国人普遍的复仇心理，借用名字中的"民族"和"社会主义"两个名词，以德意志民族复兴和社会主义的名义大肆鼓吹，宣传纳粹理论，扩大影响。

希特勒走上纳粹德国的最高统治宝座

为了宣传纳粹党，希特勒组织了大批宣传人员和学生，在城市和农村的最基层，张贴海报，散发宣传手册和党报特刊，利用电影、唱片、喇叭和宣传车为自己做宣传。国会选举期间，希特勒甚至动用了飞机宣传。

除了使用各种途径为党派作宣传，希特勒还拉拢垄断资产阶级，使他们相信，纳粹不会触及他们的利益，心甘情愿为纳粹提供宣传资金。希特勒从资金中拨出部分，购买生活物资，向失业者、复员军人和丧失生存能力的人发放，提供保障。1933 年，德国有 600 多万失业人口。纳粹通过宣传煽动和物资供应的方式，迅速把这个数量庞大的阶层笼络住，让小资产阶级和工人群众以为，纳粹是代表他们利益的。大批的小资产阶级、工人、农民和知识分子投入纳粹阵营，到 1932 年经济危机结束时，纳粹党已经发展成了德国国会的第一大党。

1933 年，国会选举，纳粹赢得了三分之一的选民支持，以 1370 万张的选票数额成功击败了其他党派，成为德国政府的执政党。纳粹党在政府内阁中占据了主导地位，主席希特勒出任德国总理，开启了纳粹执政的时代。

国会纵火案

国会大选中，纳粹党获胜，希特勒被德国总统保罗·冯·兴登堡任命为德国政府总理，取得了行政执行权。但希特勒的野心不只是成为德国总理，他希望由他领导的纳粹党建立独裁政府，独揽大权。为此，他一步一步地实施计划，扩大自己的权力。

早在 1932 年 1 月，他就说过："纳粹党人要求全部权力，绝不同其他政党和派别长期分享权力！"可这时的德国政府实行议会民主制度，按照宪法规定，政府内阁中，多数人选都由总统决定，希特勒只能选择两名纳粹党人进入内阁。于是希特勒想打破议会民主制和宪法的束缚——他想到了更改宪法。

当时的德国宪法有这样一条：内阁可以获得立法权，但必须经过国会三分之二以上的投票通过。国会内阁中的纳粹党和拥护它的德意志民族人民党议员只占总数的百分之四十，远远不足三分之二的比例——希特勒又想到了解散国会，重组内阁，改变内阁中现有的政治格局。

1933 年 1 月 30 日上午，希特勒被任命为德国总理。就职宣誓前，他忽然向内阁的主要成员提议，解散议会，重新选举。下午，希特勒组织了第一次内阁会议。会上，他授意内政部长赫尔曼·格林重提这一要求。提议遭到人民党领袖胡根贝格的强烈反对：如果重新选举，以纳粹党人当时的势力，极有可能占据多数席位，那么其他党派就成了纳粹一党专政的附庸。

希特勒不肯罢休，第二天，紧接着召开了第二次内阁会议。会上，他又一次强迫内阁成员发表意见。内阁中的其他党派也都希望通过重组内阁的方式，改变自己在内阁中的地位，于是纷纷表示同意。胡根贝格被孤立，只好放弃自己的意见。得到内阁的许可，希特勒立刻提出，由内阁向总统建议，重新选举国会成员。

2月1日，德国总统兴登堡正式签署文件，同意了内阁的提议。文件宣布，国会重选将于3月5日举行。当天，希特勒发表通告称，要想发展德国经济，必须阻止共产主义进入德国。希特勒瞄准德国共产党下手，因为当时，德国共产党是国会第二大党。纳粹党要想在3月5日的国会重选中压倒其他党派，占据国会成员的三分之二，必须打垮德国共产党，把它的席位变成自己的。

时间紧急，从2月1日到3月5日的国会重选，只有一个月时间。在这么短的时间中，要想把共产党打压下去，只靠文件宣传，作用似乎不大。希特勒于是想到了另一个办法。

1933年2月27日晚，受赫尔曼·戈林指派，柏林冲锋队队长卡尔·恩斯特率领一队冲锋队队员，从戈林住宅下面的暖气管道进入国会大厦。他们在大厦内撒上汽油，还放置了很多其他的易燃物品，之后原路撤回。22点，柏林消防队接到通知，国会大厦起火了。消防队匆忙赶到。扑救工作进行了一个多小时，直到23点30分，大火才扑灭。柏林警察也很快赶到，对纵火现场进行一番检查后，发现了20捆还未烧尽的燃料，和一名荷兰共产党人马里努斯·凡·德尔·卢贝。

警察立即逮捕了卢贝，并把火灾情况呈报给政府内阁。当时，希特勒正在柏林的公寓中，和宣传部长保罗·约瑟夫·戈培尔共进晚餐，接到电话通知，立刻赶到纵火现场。希特勒赶到时，赫尔曼·戈林已经在了，他对希特勒说："是共产党做的，有一名共产党暴徒被捕。"希特勒意味深长地说："这是共产党发动革命的信号。"

第二天，为了"反击共产党危害国家的暴力行为"，希特勒要求德国总统兴登堡签署《保卫人民和国家法令》，取消宪法中有关人身自由的全部条款。同一天，他在电台发表讲话，说"这种纵火行为是德国共产党进行的最骇人听闻的恐怖主义行为"。随后，希特勒下令追捕共产党人、其他党派成员和民主、进步人士，在德国上下展开了对共产党员和政治反对者的残酷镇压——德国笼罩在一片恐怖氛围中。几天时间，普鲁士有10多万人被捕，仅共产党人就有18000多人被关进监狱。政府取缔了所有德国共产党的党部，宣布共产党为非法组织，并解散了所有工会。德国共产党被迫退出议会。

3月5日，没有了德国共产党，纳粹党在国会重选中拿到百分之四十四的议员席位，和拥护他们的德意志民族人民党合在一起，席位也只有百分之五十二，仍然不足宪法要求的三分之二。希特勒又用威胁和贿赂的办法，使除社会民主党以外的其他党派议员，在更改法律的提案上投了赞成票，更改了宪法，把立法权从国会转移到内阁。

3月23日，国会投票表决，通过了希特勒提出的《授权法》。按照授权法的规定，内阁可以制定法律，不需经国会同意，内阁制定的法律由总理起草，但必须经总统批准，"总统拥有否决权"。此时，德国总统兴登堡已经被纳粹党人架空，失去了实权。有了《授权法》做跳板，希特勒等于把国家大权独揽一身。议会民主制度成了空壳，政府内阁成了希特勒独裁统治的天下。

《授权法》实施后，6月22日，希特勒宣布取缔社会民主党。社会民主党人成了继德国共产党之后，被追捕迫害的又一批党派。不久，除纳粹党以外的其他党派全部"自行解散"。1933年底，希特勒建立了纳粹独裁政权。

绥靖政策

德国发动第二次世界大战以前，做了很多准备工作，不仅违背约定，把军队开入莱茵非军事区，而且干涉西班牙内战，甚至吞并了奥地利。对此，以英国为首的欧洲其他国家不但坐视不管，反而一味妥协，只求自保，甚至想牺牲弱小国家的利益来保全自己。这种姑息纵容、委曲求全的政策，就是绥靖政策。

说到绥靖政策，不能不提的一个人就是英国首相张伯伦。张伯伦身为英国首相，最大的梦想就是垂名青史，成为后人口中"伟大的和平缔造者"。这种想法，让他变成了绥靖政策的最大推手。

希特勒一直想攻打捷克斯洛伐克，苦于没有借口。1938年，他终于找到了借口，说："捷克斯洛伐克没有给苏台德地区的日耳曼人公正的待遇。境外的同胞受欺凌，同为日耳曼人的德意志民族不能坐视不管。"说完就开始调兵，准备进攻捷克斯洛伐克。捷克斯洛伐克虽然是个小国，但不甘示弱，于是也集结兵力，和德国对峙，战争一触即发。

这时，法国开始紧张。法国和捷克斯洛伐克早有互助之约，一旦捷克斯洛伐克发生战争，法国也难以幸免——但法国实在不愿帮捷克斯洛伐克打这场仗。法国总理召集内阁成员开了一整天会，商量解决问题的办法。最后大家一致认定，应该听听英国的意见，看英国首相张伯伦能不能帮忙调解。会议结束后，法国总理马上给张伯伦拍了一封电报，请他去见希特勒，希望他尽最大努力把情况往最好的方向扭转。

那时，德国已经同意大利、日本联合起来，筹备第二次世界大战了。面对战争威胁，英国内部产生了分歧：有一部分人主张采取强硬措施，扩充军备，同其他国家联合起来，把战火浇灭在萌芽状态；以张伯伦为首的另一部分人却一心想维护和平——当时，英国还没从第一次世界大战的创伤中恢复过来，经济衰颓，人民渴望和平。

张伯伦收到德国发来的电报，前思后想：如果德国真的出兵捷克斯洛伐克，那么接下来是不是就要攻打法国和英国了呢？希特勒是个野心家，想要的不只是一个捷克斯洛伐克。但捷克斯洛伐克的位置就在德国和苏联的中间，如果把它送给德国，不就等于把战火引向苏联了吗？德国和苏联打起来，英国就能坐收渔翁之利了。

这么一想，张伯伦不顾内阁成员的反对，决定去找希特勒谈判。他让人拍了封电报给希特勒："看上去情况越来越难控制了，所以我决定去德国见你，看能不能不用武力，和平解决苏台德的日耳曼人问题。明天我就乘飞机过去。"

希特勒收到电报很高兴，因为当时德国的实力还不足以和英国对抗，一旦发生战争，德国没有获胜的把握。第二天，张伯伦连坐 7 个小时飞机、3 个小时火车到了德国，和希特勒在一间密室里详谈。谈话中，希特勒大谈自己对德国人民、英德友好和世界和平的贡献，甚至说："捷克斯洛伐克公民中，有 300 万是日耳曼人。为了这 300 万人，就算再引发一场世界大战，也是值得的。"

张伯伦生怕战火烧身，忙说："如果元首执意动武的话，那我们还谈什么呢？"希特勒畏惧英国国力，不希望英国插手干涉。听到张伯伦这么说，他明白了，英国之所以来谈判，只是不希望战火危及到自己，于是说："如果英国不插手的话，德国也愿意让一步。苏台德的问题就让苏台德自己解决吧，是继续依附捷克斯洛伐克，还是独立出来，或者投向德国，自由选择。"听了希特勒的话，张伯伦很高兴：只要不对英国构成威胁，苏台德是属于德国还是属于捷克斯洛伐克，又有什么关系呢？

张伯伦回国后，向内阁成员大肆宣传：我们都不愿意看到战争爆发，但现在德军压境，捷克斯洛伐克已经危在旦夕了。要想阻止德国，拯救捷克斯洛伐克，只有一个办法，就是把苏台德地区让出来——这是最好的办法，也是唯一的办法。

这时，法国总理来英国向他询问谈判情况。张伯伦把希特勒的提议告诉了法国总理。法国总理也觉得，让苏台德自己选择是个不错的办法。于是，两个人一起找到捷克斯洛伐克总统，威胁

慕尼黑之行后，张伯伦宣称"我们赢得了一代人的和平"。

说："如果为了苏台德这么个小地方，让全欧洲都不得安宁的话，这么大的责任，捷克斯洛伐克担当得起吗？"

捷克斯洛伐克是个小国家，国力很弱，被两个欧洲大国一起施压，撑不住，只好妥协，割让领土给德国。张伯伦以为事情圆满解决了，兴高采烈地来到德国，对希特勒说："苏台德地区的日耳曼人归谁管，这是你们日耳曼人的家务事，跟我们英国没什么关系，我们当然不会有意见。"

没想到，希特勒蛮不讲理，得寸进尺："既然这样，那么捷克斯洛伐克现在的领土中，所有一半以上是日耳曼人的地区，都要有德国军队维持秩序。9月28日以前，所有的捷克斯洛伐克军队都要从这些地区撤出去。"他像上次一样先硬后软，接着说："不过看在张伯伦先生面子上，德国可以退一步，就让捷克斯洛伐克拖到10月1日再撤军吧。首相先生，这可完全为了让您满意啊。"张伯伦顾忌德国，不敢不答应；又顾忌法国，不敢贸然答应，只好说："我回去同他们商量商量吧。"

没想到，别说法国和捷克斯洛伐克了，就连英国的内阁成员都不同意希特勒的要求。丘吉尔甚至生气地说："这是一场彻头彻尾的失败。"他们全都看出来，迁就退让只会让希特勒的胃口越来越大。捷克斯洛伐克总统开始动员全体人民，让他们做好战争准备；法国也不再逃避，表态说，一旦德国动武，法国一定会履行自己的责任。

张伯伦在和希特勒的两次谈判中，对希特勒的无理要求一味姑息、一味纵容，想牺牲捷克斯洛伐克的利益，讨好希特勒，保全自己。这种做法，使希特勒的气焰越来越嚣张，两次谈判也变成了一场闹剧。

慕尼黑阴谋

1938 年 9 月 28 日，在希特勒的会议大楼里，英国首相张伯伦、法国总统达拉第和意大利首相墨索里尼，三个人合计把捷克斯洛伐克的苏台德地区送给了德国。

当时，希特勒想攻打捷克斯洛伐克，这对英法两国造成了威胁，于是英国首相张伯伦前去同他谈判。谈判未成，双方决裂，战争一触即发。希特勒虽然表面猖狂，其实心里忐忑，因为他并没有做好战争准备——他只有 12 个师可以攻打捷克斯洛伐克，而捷克斯洛伐克却有 35 个师。如果英国和法国也支援捷克斯洛伐克，那德国就完全没有胜算了——德国政府内部很多人不支持希特勒的做法，国防军参谋部甚至明确表示反对。

这时，意大利首相墨索里尼出面调停，对希特勒说："作为欧洲大陆的一员，意大利也不愿看见大家你争我斗，不如我出面，把英国首相和法国总统请来，在慕尼黑开场会，好好商量商量解决方法吧。"这句话来得太是时候了。希特勒正缺一个台阶下，听他这么说，立刻同意了。

这天，张伯伦正在英国下议院讲话，忽然听到消息：希特勒请英法两国首脑到慕尼黑会谈。接到消息，张伯伦好像一下子年轻了十岁，他大跨步走到会场中央，高声宣布："刚才收到电报，希特勒愿意停止战争动员，和英、法、意三国商讨和平解决的方案。"话音刚落，会场立刻爆发出一阵欢呼。议员们从椅子上站起来，鼓掌、拥抱，向张伯伦挥手致意。

按照电报上约定的时间，9 月 30 日，张伯伦飞到德国慕尼黑。为了让谈判的结果看上去公平合理，令人信服，除了英、法、意三国首脑，希特勒还请来了捷克斯洛伐克的代表。不过这几位可怜的代表刚踏进会议大楼，就被带到了会议厅隔壁的房间里，像等候审判的犯人一样，等着会谈结果。

这次会谈的内容，其实早在半个多月以前，张伯伦前两次来见希特勒的时候就已经谈过了。这一次，不过是走走形式，把口头约定书面化罢了。墨索里尼始终站在希特勒一边；而张伯伦——只要对英国无碍，捷克斯洛伐克怎么样，他才不关心。如果把捷克斯洛伐克送给德国，能让英国免于炮火的话，那岂不是更好？法国总理达拉第也打着和张伯伦一样的算盘。

谈判进行得很顺利。希特勒仍然想要捷克斯洛伐克的苏台德地区，张伯伦和达拉第爽快地同意了，并在合约上签署了自己的名字。为了进一步保障英国的安全，张伯伦还特意起草了一份英德之间的协议。协议说：从今以后，英国和德国之间永远不使用武力，发生任何问题，都采取协商的方法解决。四国元首在捷克斯洛伐克的问题上达成一致后，张伯伦把自己起草的协议拿出来，给希特勒看，请他签字。希特勒草看一遍协议的内容，觉得这张纸比任何麻醉剂都管用，签下这个，能降低英国人对他的警惕，以后攻打英国就容易多了。这么一想，希特勒毫不犹豫地签了字，并装腔作势地说："放心吧，苏台德将是我的最后一次领土要求。"

这些都做完以后，他们才把隔壁房间里的捷克斯洛伐克代表叫进来，命令他们在合约上签字。捷克斯洛伐克代表无奈，只好签了。等这几个代表签完字，希特勒立刻让随从对外宣称：捷克斯洛伐克正式同意，将苏台德地区割让给德国。

张伯伦用捷克斯洛伐克的一块土地，换到了一张写着"永不交战"的纸。他为此得意极了，回伦敦后，竟然在大街上挥舞着这张纸给市民看，并对前来迎接他的官员说："朋友们，我把伟大的和平从德国带回来了。看吧，这就是属于我们这一代的和平。在我们的和平中，你们就安心睡觉吧。"

英国人欢欣鼓舞，俨然把张伯伦当成了真正的"和平缔造者"：张伯伦喜欢钓鱼，很多英国人就送鱼竿给他；张伯伦总是随身带着一把雨伞，很多英国人就把雨伞当成他本人，像收藏纪念品那样收藏起来；各地的英国人都竞相用张伯伦的名字为街道命名。不只英国人，其他国家的公民也纷纷向张伯伦表达敬意：荷兰人送给他郁金香；比利时人专门为他做了一枚勋章，上面写着"和平天使"几个字。张伯伦的名声一时无两，但这样的名声很快就被打破了。

英国人不知道，荷兰和比利时人也不知道，张伯伦离开慕尼黑后，希特勒对他的评价是"一个软弱无能的人，微不足道的小爬虫"。他对墨索里尼说："总有一天，我们要一块对付英国和法国。"这句话很快兑现了，半年后，他入侵波兰，开始进攻英国和法国。英国政府召开国事会议的时候，议员们的口水全部喷向张伯伦，有人甚至对他高喊："看在上帝的份上，快走吧！"此时，张伯伦已经无力回天，只好让出首相的位置。辞职以前，当他看到英国不得不对德国宣战时，深深地叹了一口气，说："我曾经为之奋斗的一切，我曾经期盼的一切，在我的工作中，我曾经遵从的一切，现在，全都毁灭了。"

希特勒闪击波兰

1939 年 9 月 1 日凌晨，波兰和德国的边境线上忽然响起一声尖利的哨响，接着，"嗡嗡"的飞机声传来，成千上万枚炸弹落在波兰的军火库、桥梁、军营和铁路上。波兰人还没意识到发生了什么，他们的交通系统就瘫痪了，阵地就沦陷了。这时，才有士兵想到，早在夏天的时候，就看见成师的德军在边境线上埋头苦干，光着膀子挖土、掘沟渠，好像在修什么。那时，他不知道他们在做什么，还和同伴嘲笑过他们——原来，都是为这一天做准备的。

德国对波兰的这场袭击，不只发动了飞机，还发动了陆军。地面上，陆军以坦克为主力向前推进。陆军中有一个小分队，是专门用来同空军联络的。一旦地面推进受阻，小分队中的联络兵就会对着步话机大喊："斯图卡！斯图卡！"听上去像在喊"救命"一样。这些名叫"斯图卡"的飞机收到求救信号，20 分钟内就会赶到战场，对这里进行一番狂轰滥炸。轰炸过后，陆军的进攻就方便多了。

为什么德国飞机在波兰上空来去自如，却遇不到波兰飞机的阻止呢？波兰的飞机都去哪了？原来，波兰人根本没想到德国会发起空袭，早就把那些装备先进的飞机运到另一个机场去了。战场上，他们只留了 500 架飞机。这些飞机全都装备落后、设施陈旧，根本派不上用场。

波兰士兵被德军的架势吓住了，整个阵营都乱了手脚。波兰将领指挥军队沿边境线一字排开，只留一个集团军在后方备用。这种抵御方式太可笑了，德国人只要随便冲开一个口子，就可以长驱直入——因为所有的军队都分散在边境线上，后方根本没有军队了。看见波兰士兵排出这样的阵仗，希特勒马上想到一个又省力又方便的办法。

他组织了一支部队，像刀一样从波兰这条又长又薄弱的防线中间割开一个口子，进入防线内部，从后面围住波兰军队。在这支部队后方，紧跟一支装备先进的全自动部队。这支部队绕到波兰军队侧面，向他们发起侧击。两只部队相互配合，往中间一收，就把波兰军队的主力包围了。就这样，先在防线上切开口子，让士兵们从口子中进入波兰境内。士兵们进去后径直往前推进，根本不花时间在和波兰士兵打斗、纠缠上。德国军队势如破竹，推进得快极了。

其实德军进入波兰境内后，也是遇到了些麻烦的。走在前面的装甲部队推进得太快了，后面的步兵有些跟不上，所以装甲部队深入到波兰内部的时候，很多步兵被拉出很远，还在拼命追赶。这件事被一位波兰将军留意到了，于是他命令前线的士兵全都撤回来，到波兰中部抵御德军的进攻。这真是个错误的命令，战线上的波兰士兵一撤退，就把那些还没突破防线的德国士兵全放进来了——这反而加速了他们的推进。

进入波兰境内的德国士兵长驱直入，对他们来说，波兰士兵的抵抗简直微不足道——德国陆军的装备是坦克大炮，波兰士兵却骑在马上，手执长矛和马枪。两军交战以后，战场上留下的全是波兰士兵和战马的尸体，而德国坦克远远地开出去，只留下一路尘烟。不过，中间出了一个小插曲。

有一股德国步兵推进了一段时间后，有些疲乏了，就在树林中休整。一队波兰骑兵发现了这股步兵，于是决定对他们发动突然袭击，把这支部队击垮。休整中的德国士兵完全没想到会遭遇突袭，慌了手脚，连忙溃逃。德军一面逃，一面给附近驻扎的装甲部队送信，请他们前来支援。波兰骑兵专心追赶这支德国步兵，根本没想到附近还驻扎着德国装甲部队，结果，突袭别人时反被别人突袭——装甲部队一阵猛烈的机枪扫射，让这支骑兵溃不成军，夺路而逃。

除了这次树林袭击，波兰军队还组织过很多次反击。最后一次的大规模反击最惨烈：波兰集结了 17 万名士兵，一举切断了德军的一条粮草补给线。波军绝处逢生，士气大振，鼓足力气发起反击。这时，德国陆军中的空军联络队起了作用，他们冲着对讲机大声喊："斯图卡！斯图卡！"没多久，波军头顶就响起"嗡嗡"的轰鸣声——大批德国轰炸机从天边飞来。发动机轰响，机翼警笛开鸣，汇成一股轰隆隆的巨大噪声。

9 月 16 日以后，波兰军队的总司令已经找不到自己的军队了——波军变得支离破碎，一团混乱。连波兰政府都逃出自己的国家，越过边境去罗马尼亚了。但波兰士兵仍然没有放弃抵抗，从德军包围圈中逃出来的士兵自发组织了很多次战斗——政府已经不在了，没有人指挥他们，更没有人知道他们还在战斗。这时，德军指挥官对希特勒说：

1939 年 10 月，德军攻陷波兰，图为希特勒正在检阅通过华沙街道的军队。

"剩下的就像打一只兔子这么简单了。从军事角度来说，战争已经结束了。"

25 日，德军开进波兰首都华沙。为了以尽可能少的代价攻下华沙，希特勒决定发动空袭。袭击不费吹灰之力，因为驻守华沙的司令已经放弃抵抗。9 月 27 日，华沙沦陷，希特勒在华沙市政厅前举行了盛大的阅兵式——波兰闪击战就此结束。

敦刻尔克大撤退

1940 年 5 月 26 日，法国敦刻尔克海港上出现了许多五颜六色的船只，有渔船、旅游船、救援船，甚至还有军艇。船队集结成一支奇怪的队伍，浩浩荡荡地开过英吉利海峡。这支船队的驾驶员也各种各样，有工人、银行家、汽车司机、文员，甚至白发苍苍的老人。他们衣着褴褛，脚上的雨鞋都开了胶；疲惫不堪，却强打精神忙碌着。船队上空有飞机在盘旋，时不时有炸弹投下来；港口周围的陆地上，有装甲坦克来来往往地巡逻，好像在寻找时机向谁开火。

这就是赫赫有名的敦刻尔克大撤退。这些工人、银行家、司机都是英国和法国的民众，他们冒着枪林弹雨，在帮助前线的士兵们撤回英国。

那时，40 多万英法士兵被德军围困在英吉利海峡岸边一个名叫敦刻尔克的海港上。德军气势汹汹，意图把英法士兵一举歼灭。英法联军举步维艰，40 多万人眼看就要变成德国的俘虏了。士兵生命危在旦夕，怎么办？英国将领做出决定：动员全体民众，帮助士兵从海上撤退——于是，发生了前面奇怪的一幕。

40 万人，从敦刻尔克这个小海港撤退，这可不是件容易的事。敦刻尔克原本是个设施完善的港口，如果它依然完善，让所有士兵安全撤退倒不成问题。但德国人把英法联军逼到这里后，就开始对港口狂轰滥炸，把设施全都摧毁了——码头运不了货物，船坞停不了轮船，就连市区都被德国人炸成了一片废墟。英国将领只好征用沿岸的船只，并向民众广播呼吁，请他们捐献自己的船只，到敦刻尔克救助远征士兵。

英国民众听到广播，纷纷响应，把自己的渔船、货船，甚至私家游艇都送到敦刻尔克。那时，丘吉尔正是英国首相，听到民众对前线无私支援的消息，感动地说："我坐在教堂里，可以感受民众的心情，有害怕，但怕的不是财产损失，也不是受伤死亡，而是害怕国家打了败仗，国破家亡。"

为了让士兵们安全撤退，英国出动了全部飞机，在天空阻止德国飞机的空袭；同时抽调出所有可用的军舰，用来运输撤退的士兵。军舰中载满士兵，但大船吃水深，靠不了岸；士兵太多，把士兵从岸边接到大船上的小船不够；加上敌人攻势凶猛，士兵要一边撤退一边抵御进攻，所以开始时撤退缓慢。后来，由于德机袭击过于强劲，英国飞机以弱敌强，难以为继。士兵失去飞机掩护，不可能在炮火密集的白天突围，只好借助夜色遮蔽，晚上撤退——撤退进展更加迟缓。

这时，德军司令古德里安忽然接到命令：军队就地驻扎，只准侦查和防守，停止进攻。古德里安大吃一惊，以为命令传达错了。"这应该是英国人的命令吧？德军统帅怎么会发出这样的命令呢？"他马上向总部询问。收到的回复却令他大失所望："这就是元首的命令。"古德里安听了，长叹一口气——他们眼看就能把溃不成军的英法士兵消灭在包围圈中了。他不明白希特勒为什么会发布这样的指令——就在他把围困英法联军的消息报告给元首的时候，希特勒还高兴地说："现在，胜利与和平都被我握在手里了。"仅仅几天时间，元首的想法怎么就截然不同了呢？

不管希特勒是怎么想的，这道命令都给了撤退中的英法士兵一线生机。本来，在德国人的猛烈攻击下，他们想全身而退根本不可能。现在德军停火，他们就可以全力以赴，加快速度撤退了——更何况，天气也帮了他们不少忙。那天，有一位德国将军不听指挥，私自下令，让飞机袭击英法士兵。但那是一个大雾天，敦刻尔克上空烟雾弥漫，飞机驾驶员看不清下面的情况，扫兴而归。下午，德机又回来了，把炸弹扔到撤退中的士兵中间。但炸弹落到沙滩上，能量被沙滩吸收，威力大减。地面震了几下，一些泥沙被溅出来，其他的，什么事也没发生。

士兵撤退越来越有经验：沙滩泥泞，小船不够，他们就把木板、木柱，甚至卡车沉进沙滩里，做成栈桥，踩在上面，登船就容易多了。

两天后，希特勒收回命令，让德军收缩包围圈，进攻英法联军。这时，还有4万多名法国士兵在沙滩上等待撤离——他们撤不了了，因为德国装甲部队开到了他们面前。6月4日，最后一艘载满法国士兵的英国军舰开出敦刻尔克。德军卷土重来，撤退行动不得不终止——留在沙滩上的法国士兵全被俘虏了。

一位亲历过敦刻尔克撤退的士兵回忆说："那时，我们只能在晚上开船。您知道，在海洋中，晚上行驶多危险。天上是黑压压的云，连月光都没有。我们没有灯，更没有相互联络的标识，身边不时有其他船经过，我们也分不出这是敌人还是朋友。还没到海峡中间，我们就碰到了第一批撤退船队。它们在往回返，走得很急，船头劈开海水，把海水变成了白花花的波浪。不久，我们就只能看见它们黑乎乎的影子了。黑暗里耳朵特别管用，我们经常听见有人在叫喊，但仔细一听又觉得，不过是航船鸣笛的声音。就这样，我们靠着猜测和祈祷，度过了这场无望的航行。"

撤退时，外面有炮火轰隆隆在响，里面又一团混乱，人声掺杂。撤退士兵不得不扯着嗓子说话，最后，都把嗓子喊哑了。士兵们回国后，把这个哑嗓子当成参与战争的荣誉象征，管它叫"敦刻尔克嗓子"。

后退是为了前进，就像丘吉尔说的："这次撤退孕育着胜利，因为我们挫败了德国消灭远征军的企图。"保住士兵的性命就等于保住了东山再起的能量，不久，这些士兵们回到前线，一鼓作气，把法西斯德国送上了断头台。

"杀人工厂"奥斯维辛集中营

希特勒发起战争后，专门建了集中营关押犹太人，这些集中营中，有一座最臭名远扬的，叫奥斯维辛集中营，是一所"杀人工厂"。

希特勒建好集中营后，向犹太人大肆鼓吹"劳动就能换取自由"，把他们骗上火车，送到奥斯维辛。犹太人走出车厢后，被指挥着男女分开，排成两列。然后，医生过来掰开他们的嘴，观察他们的牙齿，看他们的体质怎么样，能不能干活。接着，就把他们分别送进集中营。

"分别"，因为集中营是分三个部分的。那些能干活的人，被送进集中营的第三部分——一座橡胶厂里面。那里有些营房供他们居住。说是营房，不过是些薄木板搭的房子。为了节省木板，木板和木板之间留了很大的缝。如果天气恶劣，刮风下雨，这些木板根本挡不住。犹太人住的床不过是些铺着稻草的木架；被褥不过是些装着泥土的沙包。在这样的环境中生活，人怎么能不生病呢？所以，这座集中营中总是有瘟疫发生，病死的人不计其数。

在这里，犹太人每天天不亮就要起床。营外会有人挨个喊他们的名字，让他们去工作。他们的工作内容就是铺路、挖煤、和水泥、生产橡胶，全是些苦力活。工作一整天后，他们还要排队去打一顿没有油水的饭，接着，回到营房，接受医生检查——看他们第二天还能不能从事高强度的体力劳动。最后，晚间点名。不管春夏秋冬，他们都只有一件单薄的囚服。点名的时候，他们要穿着自己的薄囚服，一动不动地站在外面几个小时。如果谁不小心摔了一跤，等待他的就是死亡了。

那些不能工作的人就要被送到集中营的第二部分——"灭绝营"中去了。纳粹士兵会在广播中和蔼地劝他们："身上太脏了，去洗个澡吧。"犹太人高兴地跟他们走到"浴室"。"浴室"门前铺着草坪，草坪中装饰着白色小"蘑菇"，路旁还种着鲜花，让人一看就

集中营里绞刑架上的尸体

心情舒畅。走进"浴室"后，还有好听的音乐传来——原来是一队白衫蓝裙的年轻姑娘在奏乐。

看管他们的士兵态度友好："每人都有一个衣橱，把东西放进自己的衣橱，记住衣橱号。"犹太人不但每人分到一个衣橱，还每人发了一条毛巾。"浴室"墙上贴着欢迎标语、洗浴时间，甚至还有浴室的使用规定。人们脱掉衣服，走进"浴室"，满以为可以舒舒服服地洗个热水澡了。没想到，"浴室"里人越涌越多，挤挤挨挨，最后连插脚的地方都没有了。犹太人诧异起来，想回头看看发生了什么。这时，"浴室"外面的大铁门"咣当"一声关上了。

看守们走出"浴室"，把铁门关紧，上了锁，还加了封条。接着，他们走到草坪中的白"蘑菇"旁，往里面放了一些东西。浴室中，人们正面面相觑，惊讶地看着喷头，忽然灯灭了。人们惊叫起来。离喷头最近的那个人抽搐了两下，倒在地上死了。人们大惊失色，争先恐后地往门口涌——门锁了。这时他们才明白，自己大祸临头。

"浴室"喷头中有气体在喷出来，屋内空气像被抽干了一样，憋闷得要命。人们被憋得脸颊涨红，忍不住抓耳挠腮，想呼吸一口新鲜空气。但喉咙好像被扼住了，他们呼吸急促，喘不上气来。

一刻钟后，门外的看守把"浴室"灯打开。刽子手从窥视孔中往里看——还有人在挣扎抽搐。他们关上灯，又等了十多分钟。十几分钟后，再打开灯的时候，他们看见的就没有活的了。刽子手这才满意，用抽气机把"浴室"里的毒气抽走，派"特别队员"进去处理这些变成尸体的人。所谓的"特别队员"，不过是被恩准多活几个星期的犹太人。

在看守的监视下，他们用绳子和斧头把尸体拉开、劈开，把这些人生前戴的

金牙、戒指等值钱物品搜罗起来，交给看守。这些东西会被按类分开：金质的被铸成金锭，其他的变成国家的战略物资。就连尸体本身，纳粹们也不放过。最后，尸体被送进焚化炉，变成骨灰——骨灰可以卖给农民，变成肥料，滋养庄稼。

1945 年德国投降，为了毁灭证据，他们把这座集中营炸毁了。苏联人来到这里，发现了 7.7 吨还没来得及处理的头发。他们大吃一惊："7.7 吨头发，表示有多少人在这里遇难啊！"他们拷问了一位曾在这座集中营工作过的军官，军官供认：除了用毒气杀人，纳粹士兵每隔一段时间，还会把犹太人带到一面墙前，用机枪射杀。从建起到被炸毁，集中营共存在了 5 年时间。5 年中，纳粹士兵杀害了 300 多万人。现在，这面射杀犹太人的墙还保留着，墙上竖起了一个牌子：请保持肃静，不要惊扰了死者的宁静。

"自由法国"运动

1940 年 6 月 3 日，巴黎人正沉浸在美好的生活中时，他们没想到，德国人已经来到巴黎城外，眼看就要破城而入了。一位法国作家回忆当时的场景说："后来我们才从广播、报纸上得到消息，德国人再有半小时车程就到巴黎了。怎么会呢？这简直令人难以置信。"巴黎城中，德国人将进城的消息四处蔓延。很多巴黎人开始收拾行李，外出逃难。逃难的人群越来越多，各种车辆涌上高速公路，背着行囊、拖家带口的法国人挤满大街——巴黎人全都逃走了，巴黎变成了一座空城。

6 月 10 日，法国政府宣布巴黎为不设防的城市。很快，德国军队开进巴黎。6 月 14 日，德国的旗帜插上埃菲尔铁塔的顶端，德国士兵在马路上精神抖擞地走来走去。那天，几乎全世界的报纸都登出一张照片：一个法国人站在巴黎路边，表情痛苦，泪流满面——巴黎沦陷了。同一天，法国政府从巴黎逃到波尔多。

政府出逃，但法国人不肯屈服。德军侵入巴黎后，法国将军戴高乐几次向政府提议，组织军队抵抗德军，但政府置之不理。戴高乐努力无效，决定前往英国，在英国建立抵抗德军的基地。6 月 17 日上午 9 点，借法国人民欢送英国特使的机会，戴高乐登上了前往英国的飞机。

当天，戴高乐就来到英国，站在丘吉尔面前，向他要求使用英国的广播电台，丘吉尔慷慨同意了。6 月 18 日下午 6 点，这是一个历史性的时刻，戴高乐来到英国广播电台的播音室，坐在麦克风前，开始广播：

"事情没有扭转的余地了吗？不是的。请相信我，希望还在，我们一定会转败为胜，因为我们不是孤军奋战，有庞大的英国做我们的同盟。我之所以这么说，正是基于对现实状况的了解。请所有的法国和英国官兵加入我们的队伍，请所有懂得武器制造的技术工人加入我们的队伍，无论如何，法兰西的抗战烽火不会熄灭，也不该熄灭。"

紧接着，丘吉尔也做了一番煽动人心的演讲。演讲中，他谈到了法国战争对英国人的威胁，并大声疾呼："让我们承担起自己的责任，奋勇抵抗。这场抗争是为了法兰西，更是为了英国。这样，一千年以后，当我们回顾今天的时候，才能骄傲地说：'这是我们最辉煌的时刻。'还有什么是比这更大的荣耀呢？"人们听了，热血沸腾。

戴高乐得到民众的支持，同德国抗战到底的决心更加坚定。即使法国领土沦陷，他也毫不动摇，说："就算没有了领土，我们还有殖民地，一样可以作战。我可以在英国建立基地，带着大家去北非，以北非的殖民地为据点，抗击德国。"不久，他就在伦敦成立了抵抗中心，建立了自己的第一支队伍。

7月14日，戴高乐第一次检阅了自己的队伍，大声号召："为了'自由法国'，我们将投入战斗，全力以赴！"从这以后，"自由法国"运动就在戴高乐的领导下，轰轰烈烈地展开了。半个月以后，已经有7000多人加入了这个队伍。9月，戴高乐带着自己的队伍到了非洲，在非洲的法国殖民地叙利亚、黎巴嫩、刚果等地成立了保卫法兰西的委员会，建立了自己的统治。"自由法国"运动蓬勃发展，越来越壮大，成了法国海外抗战的领头军。

在戴高乐"自由法国"运动的带领下，法国国内也出现了很多抵抗德国的组织，抵抗运动越来越激烈。1941年，戴高乐终于打回国内，在法国本土开始了抗击德国的斗争。"法国输掉了一个战役，但没有输掉整场战争。"就像戴高乐最初做全民动员时说的那样，"自由法国"运动最终使他们赢回了这场战争。

1940年6月14日，巴黎失陷，德国纳粹几乎没有发过一枪一弹。图为德军在击鼓声中列队走过凯旋门。

苏德互不侵犯条约

　　《苏德互不侵犯条约》是 1939 年 8 月 23 日，第二次世界大战之前苏联与德国秘密签订的一份协议，协议中双方约定互不攻击，并秘密在东欧划定势力范围。

　　苏联自十月革命之后建立起苏维埃政权，便视老牌帝国主义国家英国和法国为敌。英国和法国一方面与苏联交恶，但更为直接的敌人是纳粹统治的德国。对于德国来说，与苏联之间迟早要有一场战争，但是苏德两国之间隔着东欧，所以当务之急是怎样占领东欧。

　　就在这种错综复杂的关系之下，希特勒率先动手。他一步步逼迫英、法两国，而英、法两国则步步妥协，还与德国签订了《慕尼黑协定》，以牺牲捷克斯洛伐克的利益来换取虚假的和平。另一方面，苏联也认识到德国的威胁，愿意暂时放弃与英、法两国之间的矛盾，共同抵抗德国。

　　1939 年 4 月开始，英、法两国与苏联开始在莫斯科举行谈判，商谈如何应对德国。苏联希望三国之间能签订一个协议，三国共同抵制德国入侵东欧，并且相互提供包括军事在内的援助。这场谈判异常艰难，谈来谈去达不成共识。最终英、法两国还是采取了绥靖政策，同意德国任意在中欧和东欧活动。

　　当时德国已经把第一步侵略的目标选定了，那就是波兰，但是要想侵略波兰，就不能不考虑苏联的威胁。所以，入侵波兰的第一步是先稳住苏联。当时英、法两国正在莫斯科与苏联谈判，德国人非常担心他们达成协议。于是，德国也开始加紧对苏联拉拢。

1939 年 8 月莫斯科，苏德签订《互不侵犯条约》，图为斯大林（左二）与德国外长冯·里宾特洛甫（左三）在条约签定仪式上。

　　1939 年 5 月开始，德国外长里宾特洛甫在希特勒的指使下，不断向苏联释放友好信号，表示德国不会对苏联开战，两国应该加强合作。恰逢当时日本在远东地区挑起"诺门坎事件"，从后院进攻苏联，如果再与德国开战，将会面临背腹受敌的局面，所以苏联有意与德国保持互不侵犯的关系。

　　到了 8 月，德国方面提出与苏联签订协约。以当时苏联的境遇，加上出于对英法两国对德国妥协的无奈和不满，苏联最终同意与德国签约。德国方面立即派外长里宾特洛甫前往莫斯科，作为希特勒的全权代表与苏联进行谈判。苏联方面派出的代表是莫洛托夫。

互不侵犯协约很快便签订了，之后双方还签订了一个附属协议，具体划分了双方在东欧的势力范围。

德国的目的终于达到了，就在《苏德互不侵犯条约》签订8天之后，希特勒便迫不及待地对波兰发动闪击战。两天之后，英、法对德宣战，第二次世界大战爆发。德国很快便攻到波兰首都华沙城下，此时苏联不甘示弱，斯大林紧急召见德国大使，宣布波兰的局势已经对苏联形成威胁，苏联将出兵解放波兰。几个小时之后，苏联大军跨过边界，入侵波兰，很快占领了与德国秘密协议中规定属于自己势力范围内的波兰领土。双方就这样将波兰瓜分。此后一两年的时间里，苏联又利用这个互不侵犯条约侵占了芬兰、立陶宛、拉脱维亚、爱沙尼亚、罗马尼亚部分或者全部领土。直到1941年6月22日，希特勒撕毁《苏德互不侵犯条约》，执行"巴巴罗莎"计划，开始进攻苏联。

《苏德互不侵犯条约》在当时引起了很大的轰动，人们不相信苏联居然同纳粹德国合作，一同占领了原本是自己盟国的波兰。国际联盟甚至在当年将苏联开除出国际联盟，并指责他与德国同流合污，公然侵略其他主权国家。但也有人不这样认为，比如斯大林，他认为这是一个缓兵之计，苏联正是利用这个条约争取来的两年时间备战，并最终战胜了德国。

苏德战争爆发

德国大举进攻英国，往欧洲西部推进的时候，苏联也在向东扩张。它先是占领了波兰东部，接着侵入波罗的海沿岸的几个国家，威胁罗马尼亚。罗马尼亚境内的石油是德国军队重要的能量来源，一旦苏联人占领罗马尼亚，德国的机械化部队就会失去能源支撑——希特勒不能坐视不管。

其实希特勒早就有了出兵苏联的打算，他准备发动一次闪击战，给苏联人出其不意的袭击，争取用一个半到两个月的时间，在冬天到来以前彻底打垮苏联。为了让计划顺利实施，希特勒还作了很多准备。他印了很多英国地图发给士兵，派了很多英语翻译到部队中，还把很多船只和登陆用具送到英吉利海峡对岸，给人造成一种假象，好像德国人要入侵英国了一样。同时，他把大量部队调往德国东部、波兰和罗马尼亚，对外称，攻打英国以前，士兵要先到东部做一番休整；去波兰的士兵都是为了替换役期满的老士兵；到罗马尼亚的士兵都是些军事代表，去帮罗马尼亚训练军队的。

德国人的动作让苏联人起了疑心。早在1941年劳动节阅兵的时候，就曾有间谍向苏联领导人汇报说，德国人准备夏天进攻苏联。但那时德国已经和苏联签订了《苏德互不侵犯条约》，为了表示苏德友好，他们还常将自己研制的新武器装备卖给苏联人。斯大林心存侥幸，以为德国不会来犯，即使真的来犯，也不会这么快。这个情报，说不定是英国人为了挑拨苏德关系，凭空捏造的——直到德国人在苏德边境线摆好阵仗，苏联司令部还在城市内驻扎着，阵地上只有几个连队在值班，飞机也都停在机场。

1941年6月22日，德国闪电袭击苏联，把苏联人打了个措手不及。希特勒使用这么多迷惑手段，就是为了不让计划泄露。连计划的名字，希特勒都采用了伪装形式，管它叫"巴巴罗萨计划"。

希特勒最喜欢的一位德国皇帝叫腓特烈一世，他有个外号"红胡子"——这个皇帝的胡子是红色的。希特勒在意大利作战的时候，把这个计划叫做"红胡子计划"。而"红胡子"的意大利发音是"巴巴罗萨"，这样，"巴巴罗萨计划"的名字被叫开了。

计划出台后，希特勒曾骄傲地说："等巴巴罗萨计划实施起来，全世界都会感到吃惊，不敢相信的！"果然，计划一付诸行动，苏联人就溃不成军了。但侵入苏联以后，德国内部却对行军路线起了争执。

在德国陆军司令看来，军队应该先攻下莫斯科。因为莫斯科有苏联最大的工业区，还是苏联首都和交通枢纽，而且驻扎着苏联最重要的军队。拿下了莫斯科，就等于控制了苏联。他认为，最好能在秋天时突袭莫斯科，一举拿下它。但希特勒不这么看，他觉得莫斯科没那么重要，派一部分步兵就能收拾，应该先把乌克兰的农业基地毁掉，重点攻打列宁格勒。他说，不如兵分两路，一部分去莫斯科，大部队发往列宁格勒。军官们百般劝阻，但希特勒一意孤行，甚至不客气地说："我的将领只懂战争谋略，经济对战争产生的影响，他们可一无所知！"

半年后，希特勒命令德军向乌克兰进发，兵分两路包围苏联军队，把苏军围歼在基辅地区。德国军队浩浩荡荡，开进乌克兰平原，一路扫荡。这时，苏联领导人召开紧急会议，讨论乌克兰是弃是守的问题。总参谋长朱可夫认为，撤退可以保存军事力量，只要实力在，失去的土地早晚能争回来。斯大林不同意，认为应该多调兵力，死守乌克兰。他坚持己见，又派遣大量部队到乌克兰防卫。

希特勒执意攻打乌克兰，斯大林就执意守住乌克兰，两军在基辅短兵相接。按希特勒的想法，德军兵分两路，应该在基辅会合，把苏联军队包围。他的计划实施得很顺利，德军很快到了基辅，把苏联军队围在自己的包围圈中。被德国人围困，苏联士兵手脚大乱。一位德国士兵在日记中写道："这些被围在包围圈中的苏联人，就像弹球一样，心慌意乱地跳来跳去。"

被围困的第二天，苏联士兵决定突围。他们端起绑着刺刀的步枪，想在德军阵营中冲出一道缺口。但德国人在增援部队的支援下，很快把他们打退了。苏联人不肯放弃，过了两天，又组织了一次突围。这次，他们调集了所有优秀的士兵，终于在包围圈中打开了一个缺口。苏联士兵大喜过望，以为可以死里逃生了。没想到，又一批德军赶过来，把他们好不容易打开的缺口堵上了。

消息传到德国，希特勒得意地说："这场战役是有史以来的战争中，最伟大的一场会战。"而对苏联人来说，基辅保卫战让他们血流成河，成了他们心中不可磨灭的一场梦魇——苏德战争就此拉开序幕。

斯大林格勒保卫战

占领乌克兰后，希特勒决定进攻斯大林格勒，争取 8 天以内拿下它。斯大林格勒是苏联最重要的交通枢纽。苏联西部和南部的粮食、石油都必须要经过这里，才能被送到苏联的中心地带。如果占领了这里，就等于占领了苏联的粮食石油输送管道——石油，这正是德国人迫切需要的东西。"拿不到石油，我们就只好结束这场战争了。"希特勒甚至这么说。

有了元首的命令，德军不敢怠慢，火速发兵，想强渡顿河，进入斯大林格勒。1942 年 7 月 26 日，德军渡过顿河，苏军撤退。撤退的消息传到斯大林耳中，斯大林一气之下撤了军队元帅的职，换了一位新元帅去指挥士兵。新元帅上任后，斯大林命令道："绝对不许后退，一步都不行！如果谁敢不服从命令，擅离职守或者临阵脱逃，就地枪决！"这时，希特勒也发布了一道命令："能不能拿下高加索地区，全看能不能攻下斯大林格勒，所以我们要增加兵力，全力攻打斯大林格勒！"说完，他又派了一个集团军到斯大林格勒支援。

德国人一次次发起攻击，但苏联人死守阵地，抵抗越来越顽强。德国人攻打不下，决定派飞机轰炸。他们发动了飞机，每天在斯大林格勒上空投炸弹，几乎把斯大林格勒炸成了一片废墟。在狂轰滥炸的掩护下，德军步步紧逼，眼看就要拿下油田了——这时，他们的推进忽然停滞了。原来，他们还没拿下苏联的油田，自己的石油供应却断了。石油运不到，机械开不起来。消息传到德国，希特勒听了很生气，也免了元帅的职，换了一个新元帅。

德国人没有石油了！苏联士兵听到这个消息，士气大振。苏联统帅决定好好把握这个机会，向德国人发起反攻，一鼓作气，把他们赶出苏联。但他们的反攻准备得太仓促了，根本没对德国人造成影响。苏联人不肯罢休，又发动了两次进攻，结果都失败了。这两次失败让苏联军队不得不退回市区——他们不但没有赢回阵地，反而失去了斯大林格勒的周边地区。

9月13日，德国人突破苏联军队的防线，进入斯大林格勒市区。苏联人民把所有可以拿来当武器的东西握在手里，走上街头，同德国人展开搏斗，用肉体保卫斯大林格勒。这时，斯大林格勒已经分不出哪里是群众，哪里是士兵，每个苏联人手中都拿着武器，"人人都是战士！"他们高喊着，"我们要与城共存亡！"

斯大林格勒火车站被敌人占领了，他们就拼死夺回来；敌人再占领，他们再夺回来。短短一周中，这个火车站已经换了13次主人。街头巷尾，随处可以看见手执武器的苏联人同德国士兵面对面搏斗。德国人占领一条街，他们豁出命去也要把街夺回来；德国人占领一条巷，他们就前赴后继涌进巷里，同德国士兵争夺厮杀。这时，苏联人坚守的已经不再是一个阵地，而是斯大林格勒的每一条街、每一栋楼，甚至每一个房间和每一扇窗户。

战争进入白热化。到了10月，斯大林格勒已经分不出哪里是街道，哪里是建筑。到处都是废墟，瓦砾满城，德国人只能在瓦砾中摸索着向前推进。士兵们在一片废墟中寻找前进的道路，像老鼠一样。有人不客气地说，这根本就是一场"老鼠

斯大林格勒巷战场面

战争"。还有人开玩笑说："就算占领了厨房，客厅里还有一场战争等着我们呢！"

德军战线越拉越长，随时可能被攻破。有将军向希特勒提出建议，把军队撤到顿河以外，缩短战线。希特勒的回答不容置疑：不能退，士兵走到哪里，就要守到哪里！但他们的处境实在太艰难了，往前推进几乎变成了不可完成的任务——斯大林格勒的男女老幼都拿起武器变成了战士，城市中所有的地方都变成了战场。一个德国士兵写信回家时，忍不住叹气说："我们很快就能占领斯大林格勒，这只是说说罢了。这座城就在我们脚下，这么近，却又像月亮一样遥不可及。"

终于，德国士兵被苏联人包围了。这时已经是冬天，气温下降到零下40多度，包围圈中的德国士兵断了粮草，也没有御寒的衣服和治病的医药，传染病开始蔓延。饿死、冻死、病死的士兵不计其数，很多军官们撑不下去，纷纷向元帅建议突围。但元帅没有接到希特勒的命令，不敢贸然行动。德军阵营中死亡无处不在，一位军官在日记中写："士气消沉，不可能再涨起来了。我们都相信，不会有人突破重围把我们救出去了。士兵们怨气满腹，全都躲到地下室里避难去了。每个人都说：'我们不要再反抗了，这场仗打得根本没有意义。'"

连德国元帅都躲到地下室中去了。他在行军床上给希特勒发电报，把情况告诉他，并说，军队已经撑不住了，24小时以内就要崩溃了，请元首允许他见机行事。刚从阿尔卑斯山赏雪回来的希特勒回复道："不要投降，为国捐躯是德国军人的光荣。德国历史上，还没有哪个元帅变成别人的俘虏，要么战死沙场，要么自杀殉国。为了祖国，哪怕只剩下一兵一卒、一枪一弹，也要战斗到底，这才不辱使命。"这位元帅收到电报，瘫软在地。

一位德国军长了解到他们的处境，再三前去劝阻希特勒。这时希特勒才松口，让他们守到明年春天再撤军。但德国军队没能等到第二年春天。1943年2月，冬天还没结束，苏联士兵就来到了德国人藏身的地下室门外——元帅被生俘，德军投降了。

德黑兰会议

德国对苏联开战，德国的盟国日本偷袭珍珠港后，同被战火波及的英国、美国和苏联结成了同盟，共同对抗日德。随着战争形势的日渐明朗，德国失败几成定数。三国领导人都觉得，要想尽快结束战争，三国应该通力合作，共同作战。为了商讨对德国作战方针，同时解决战后的世界和平问题，1943年11月28日，美国总统罗斯福、英国首相丘吉尔和苏联领导人斯大林在伊朗首都德黑兰召开会议。

下午四点，会议开始，三国首脑分别发表了讲话。

等斯大林讲话完毕，丘吉尔向他赠送了一把为纪念斯大林格勒战役专门铸造的宝剑。会场气氛一派和谐融洽。接着，他们讨论到了怎样打败德国的问题。那时，英、美、苏三国中，和德军抗衡的主要力量是苏联。为了尽快结束战争，打败德国，苏联想在欧洲西部开辟另一条战线。早在1941年，斯大林就提出过开辟第二战场的构想，当时被丘吉尔否决了。借会议之机，斯大林又把这个构想提出来。

如果苏联军队进入欧洲内陆，对英国将是个很大的威胁。丘吉尔仍然不同意，另外提议说："英美联军可以从地中海攻入同德国结盟的意大利，途径巴尔干半岛进攻德国。"丘吉尔之所以这么说，是想把巴尔干变成第二战场的主战场，这样，一方面可以把苏联军队挡在欧洲大陆以外，使他们不能开进奥地利、匈牙利和罗马尼亚；另一方面，他想扩大英国在巴尔干半岛的势力，使英国的力量渗入欧洲中部。

巴尔干离德国太远了，而且在地中海作战根本起不到直捣德国心脏的作用。于是斯大林提议，开辟第二战场的盟军可以从法国诺曼底登陆。罗斯福赞同斯大林的想法，说："如果要从地中海登陆，这场战役至少要推迟两三个月。推迟战役可不是个好征兆。"更何况，对于美国人来说，要想到达德国的中心地区，最短的一条路就是横渡英吉利海峡，从法国登陆。这样不但可以缩短战争时间，而且可以减少美国士兵的伤亡。

见会场的其他两方都反对自己的提议，丘吉尔想到一个折中的办法：三国军队兵分两路，从巴尔干和法国分别攻入西欧。他仍然想把主战场放在巴尔干。这时，罗斯福也看出了丘吉尔的意图，他觉得，英国人想在巴尔干半岛扩张势力，美国人没必要做无谓牺牲，况且，再拖下去，在战场上"争夺最后一分"的机会就丧失了。会场上，斯大林和丘吉尔的争论针锋相对，罗斯福居中调停，但意见偏向斯大林。最终，三个人达成协议，在法国登陆，开辟第二战场。

第二战场的问题解决后，三个人开始讨论怎样处置战后德国的问题。罗斯福认为该把德国划分成五个州，各州自治；丘吉尔觉得，该把德国分成两部分；在斯大林看来，防止德国的军国主义思想死灰复燃比什么都重要，所以要严惩战犯，并对德国的军事基地严加管制。

之后，他们又提到了有关波兰边界的问题。丘吉尔觉得波兰的疆界应该划在寇松线和奥德线之间。斯大林基本同意，但觉得格尼斯堡应该划给苏联。面对争执，罗斯福不发一言——他还想连任总统，得罪几百万名波兰裔选民，就等于失去了几百万张选票，他可不想冒这个险。最终，丘吉尔没能拧过斯大林，苏联还是得到了波兰东部的一些土地。

最后，三个人一致说："不管是在战争时期，还是等战争过后世界和平了，我们都应该合作互助，让友谊长存。"为了达成这个梦想，他们还决定，战争结束后，就成立一个可以维护世界和平的国际组织。这个组织应该让全世界的大小国家都参与进来，共同合作，消灭暴力、奴役和压迫。

会后，三个国家更加团结、了解和信任，军事上的合作也更加默契了。他们齐心协力，共同对抗德国，加速了德国的败落，也使战争得以更快终结。

诺曼底登陆

德黑兰会议上，英、美、苏三国首脑确定了在法国开辟第二战场的计划。1944 年 5 月，他们决定正式实施这项计划。开辟欧洲第二战场，首先要选择一个登陆点，横渡英吉利海峡，进入欧洲。对于登陆地点的选择，他们提出了三个不可或缺的条件：附近要有大港，可以容纳大部队；海峡两岸的间隔要尽可能短；停驻在英国机场的飞机能顺利到达。经过一番比较，他们最终选择在法国的诺曼底登陆。诺曼底的德国军队力量较弱，而且地形开阔，能容纳 30 个师。确定登陆地点后，计划进入实施阶段。

计划实施的第一件事就是选择登陆日期。计划委员会觉得，到 1944 年 6 月，他们能筹集到足够的登陆船只，所以登陆行动应该在 6 月初展开，但登录的具体日期要征询登陆部队的意见。

不同部队根据自己的情况，提出了不同的要求：陆军希望涨潮时上岸，这样海水可以把他们直接送上海岸，使部队不至于在海滩上浪费太多时间，暴露行踪；海军的看法截然相反，他们希望选个退潮的日子登陆，这样登陆的船只可以避免遭到海滩边障碍物的伤害，减少损失；在空军看来，月光比什么都重要，因为他们空降的时候要分辨地面上的建筑物，光线好，对识别目标有利。综合多方面的意见，最终，诺曼底登陆的日子选在了海水涨潮和退潮之间，月圆日的凌晨一点。

6 月中，连续三天符合这个条件的日子只有两组，一个是 6 月 5 日到 7 日，一个是 6 月 18 到 20 日。委员会最终决定，宜早不宜晚，6 月 5 日登陆诺曼底。

登陆日期决定后，新的问题又出现了。诺曼底没有天然港口，该怎么向登陆盟军供应粮草呢？6 月，诺曼底附近的海域风大浪高，补充粮草的船只停靠在海

诺曼底登陆场面

滩太危险。有一位军官开玩笑说："没有天然港口，我们就自己造一个人工港吧。"没想到，这句玩笑成了真。盟军花了半年多时间，造了两个人工港。

建立人工港后，盟军还考虑到，机械化部队需要大量的燃油。他们专门成立了一个机构，负责海底输油管道的铺设。这条管道从英国海岸穿过英吉利海峡，铺到登陆的海滩上，基本保证了士兵作战需要的燃油。

为了保障登陆成功，盟军连很多细节问题都考虑到了。比如，登陆的士兵来自不同国家，语言不通，武器装备和作战服装不同，又是在夜晚登陆，很难分辨站在对面的人是敌人还是朋友。于是他们想出一个办法，给每位士兵发了一只打火机大小的玩具蟋蟀。这只"蟋蟀"用手一按就会"咔吧"一响。这声"咔吧"，就成了盟军士兵的识别暗号。

一切就绪后，盟军开始组织士兵做军事演习。他们专门修建了一个和登陆海滩地形类似的沙滩，在上面设置了种种可能遇到的障碍，让士兵们反复训练。这些训练收到了不错的效果，后来，很多参与登陆作战的士兵不约而同地说，正是因为在登陆前做过这样的训练，所以他们到了真枪实弹的战场上才能应对自如。

这时，各个国家的士兵和物资也开始运往英国。英国的港口满是船只，机场满是飞机，城市驻满军队，简直变成了一座大兵营。有些登陆船只上没有枪炮，士兵就把大炮炮管卸下来，安到船只上，改装成可以进攻的火力舰。

经过一番细致准备，登陆终于开始了。为了混淆德国人的视听，盟军先派了一支特别小分队，带着一批假伞兵空降到海滩。特别分队一落地，就打开特制的音响，把事先录好的枪炮声、车声、讲话声和指挥官的下令声放出来；假伞兵落地后，会自动发出模拟枪声——听起来，好像四处都有盟军士兵空降一样。德军纷纷向指挥部报告，有的说盟军空降了，有的说盟军在空投伞兵。情报真真假假，让指挥部晕了头。

真正的空降在几个海滩同时进行。战斗最惨烈的一个海滩是奥马哈海滩，坦克刚开上海滩，就引来了德军的猛烈炮火。士兵下船后，必须徒步走过这片空旷的海滩，才能到达堤岸。这片海滩没有遮蔽，把士兵完全暴露在德国人的炮火之下。士兵们既不能攻也不能防，只好在海边浅水中和沙滩上挣扎向前。第一批登陆的士兵有 8 个连，但上岸的只有两个连。岸上硝烟弥漫，刚上岸的士兵分不清方向，一时阵脚大乱。盟军将领只好下令，暂时放弃车辆物资，先保证士兵顺利登陆。

这时，为登陆士兵做火力支援的美国海军发现了他们的情况，于是赶到海滩边，向德军猛烈开火，掩护盟军登陆。支援部队的到来激励了登陆士兵，他们一鼓作气，冒着枪林弹雨前进，一举占领了登陆场。在这片海滩上，盟军伤亡惨重，所以后人管它叫"血腥的奥马哈"。

盟军登陆时，希特勒刚入睡。他没有想到盟军会在这一天登陆，因为那天天气太恶劣了，决不是发动进攻的好时机。报告从前线传来，身边的侍从也不敢叫醒他。等他醒来后，已经是第二天上午了。那时，盟军的空降部队已经着陆 8 小时之久了。

登陆 6 月 5 日正式开始，6 月 6 日正式完毕。这一天被盟军将领称作"历史上最长的一天"，就连德国军官也说，这是"决定性的二十四小时"——但这决定性的一天，被希特勒白白浪费了。有一位德国军官听到盟军在诺曼底登陆的消息，长叹说："这场战争，我们输定了！"

墨索里尼之死

1883 年的一天，墨索里尼出生于意大利的一个铁匠家庭。他的父亲深受社会主义思想的影响，给刚出生的儿子取名为贝尼托·墨索里尼。贝尼托是一个墨西哥解放者的名字。可能他是希望自己的儿子以后成为人类谋取幸福的人。但是，他怎么也不会想到，这个他寄予厚望的儿子最后竟会成为一个祸国殃民的恶魔，一个罪恶的法西斯元首。

墨索里尼从小缺乏教养，喜欢与人打斗，多次被学校开除。后来，他产生了一种报复心理。他曾说过："我将来要让世界发抖！"长大后，墨索里尼加入了当时激进的意大利左翼政党社会党。第一次世界大战爆发时，墨索里尼还是一名社会党领袖，同时他还是党报的编辑。三年后，墨索里尼退出了意大利社会党。

1918 年，第一次世界大战结束后，人们对社会主义运动的恐惧感与日俱增。

就在这种情况下，墨索里尼在米兰发起了一场"法西斯主义运动"，不久，他又成立了法西斯组织，法西斯党形成。这是世界上第一个法西斯党。1921 年，墨索里尼成为法西斯党的领袖。同时，他还一手建立了法西斯党的军事组织"黑衫军"。

一年后，墨索里尼指挥"黑衫军"，在罗马发动暴乱。他用武力镇压和迫害共产党和社会党人。之后，他被选入国会，出任意大利总理。

当时，意大利的经济正处于萧条期，但对墨索里尼来说，却正好有机可乘。1935 年，他对埃塞俄比亚发起侵略战争，第二年，将埃塞俄比亚并入意大利版图。从此，他就一直贯彻侵略的外交政策。之后的三年时间，墨索里尼派出军队与西班牙作战。这段期间，墨索里尼经常与希特勒狼狈为奸。1936 年，墨索里尼在柏林和希特勒签订了《柏林协定》，两人关系更加紧密，同年他又帮助德国入侵西班牙。此时，墨索里尼兼任多个内阁部长的职位，他下令取消了议会，建立自己的独裁统治。

墨索里尼实施独裁统治后，欲望变得越来越大。他准备用 20 年的时间，来实现童年时的宏大愿望。他命令建筑师们建造新的城镇，修建全新的现代化基础设施。同时，他还准备为自己修建威权大厦——法西斯党部大楼。为此，墨索里尼破坏了很多意大利的古建筑和文物，至今都受到人们的责骂。

1940 年，墨索里尼出任意大利军队最高统帅，对英、法等国发动了战争。三年后，英美盟军在西西里岛登陆成功。在墨索里尼的指挥下，意大利吃了一连串的败仗。不久，意大利议会通过了对墨索里尼不信任的意见。第二天，意大利国王将墨索里尼解职并下令逮捕。于是，墨索里尼被监禁。两个月后，德国方面派人营救出被软禁的墨索里尼，并在意大利北部出任总理。墨索里尼实际上成了德国在意大利的一个傀儡。

1945 年，德国将军维廷霍夫代表他指挥的 80 万人投降，这些人中包括墨索里尼的部下。墨索里尼明知大势已去，但他仍然拒绝承认投降，在 4 月 25 日晚上悄悄逃到米兰。两天后，当他准备逃往瓦尔泰利纳地区，与营救他的人马会合时，被游击队俘虏。之后，墨索里尼及同党被处决，将他暴尸米兰广场。

后来，墨索里尼的尸体被运往米兰大学的医院，军方医生取走了他的一些脑组织后，将他迅速埋葬了。一年后，法西斯的支持者挖走了墨索里尼的尸体，但很快就被警方发现了。于是，此后十几年意大利政府都把墨索里尼的尸体藏在一个隐秘的地方。后来，在墨索里尼遗孀的多次请求下，政府才将墨索里尼的尸体归还，并同意让他在故乡下葬。

雅尔塔会议

1944 年，德军在欧洲败局已定，第二次世界大战欧洲战场的战事即将结束。当时，英国与美国在欧洲战场上耗费了大量的军力，要尽快进攻日本显得有心无力。而苏联是当时的超级大国，所以英美两国首脑都希望苏联出兵，消灭日本的军事力量。

当时美国的总统是罗斯福，他考虑到以上情况后，决定联合英国与苏联的兵力，一举消灭日本的军事力量。1944 年 7 月 19 日，罗斯福写好了一封信，让秘书发电给苏联最高领导人斯大林。他在信中说："我认为应该尽快由您、英国首相和我举行一次会晤。"这里的首相即英国首相丘吉尔。在这之前，罗斯福写了同样的邀请信给丘吉尔，并得到了他同意参加会谈的回信。斯大林却回信说，他要亲自指挥军队和德军作战，实在无法分身，因此不能参加会谈了。收到回信后，罗斯福非常着急，他当即把斯大林的回信内容告诉了英国首相丘吉尔。得知斯大林婉拒苏英美三国首脑会谈后，丘吉尔也非常着急。接着，丘吉尔与罗斯福两人都向斯大林致电，建议他参加三方会晤。不过，斯大林还是以身体不适为由委婉拒绝了。于是，摆在罗斯福和丘吉尔面前的难题，就是如何说服斯大林参加三方会晤。

这年 10 月的一天，英国首相丘吉尔前去莫斯科斯与大林进行会晤，表面上是英苏两国讨论欧洲和巴尔干问题，事实并非如此，那天参加会议的人中还有一个重要的人——美国驻苏大使，他其实是代表美国总统罗斯福参加这次会议的。

不久，当罗斯福再次致电邀请斯大林时，斯大林终于回信表示愿意参加。

丘吉尔将这次会议的代号定为"阿尔戈航海者"。这个代号是源于一个古希腊传说，它讲的是古希腊勇士曾经到黑海沿岸去寻找金羊毛的故事。代号暗含的意思是，这次会议为美英两国领导人提供了寻找金羊毛的机会，苏联如果同意

战后主宰世界格局的三巨头（左起）：丘吉尔、罗斯福、斯大林，在雅尔塔会议上留下了这张难得的照片。

出兵，那对他们来说就如同找到了金羊毛。

1945 年 1 月底 2 月初，罗斯福、丘吉尔和斯大林三国首脑雅尔塔会议顺利召开。这次会议主要讨论的重点问题是：如何早日赢得反法西斯的胜利，处置战败国，以及战后建立和平的世界秩序的问题。会议中签署了很多协议，这些协议构成了新的国际关系的形式。会议中，斯大林表示他可以出兵，但条件是要苏联要控制中欧、亚洲的许多国家。会前只有苏、美、英三方知道会议的内容，其他国家并不知情，因此也有人称这次会议为"雅尔塔密约"。

在关于如何处置德国和日本的问题上，雅尔塔会议规定，日本和德国这些法西斯国家必须无条件投降；另外作为战败国，战后它们可以重建正常的国家，但是必须永远不能拥有发动战争的军事能力。

对于重建和平的世界格局，会上也做了明确的规定。这次会议决定由 5 个常任理事国和 6 个非常任理事国组成安全理事会，也是在此时，中国成为联合国的常任理事国。雅尔塔会议中签订的协议，形成了雅尔塔体系。虽然后来由于东欧剧变和苏联解体，雅尔塔体系瓦解，但是，至今为止它依然对国际关系有着重要的影响。如今的国际货币基金组织、世界贸易组织都与雅尔塔会议有着密不可分的关系。

这次会议上签订的一部分协议损害到中国的权利。英美两国为了让苏联出兵攻打日本，决定牺牲中国的利益，在同斯大林签订的协议中，包括以下几点有损中国权利的条款：一是维持外蒙古的现状，同时库页岛南部及其邻近的一切岛屿归苏联；二是将中国大连商港国际化，苏联在该港必须有绝对的优越权；三是苏联与中国共同控制经营通往大连的中东铁路、南满铁路。那时，中国国力贫弱，再加上内战未平，被迫同意了这些协议。就在那时，外蒙古从中国独立了出去。新中国成立后，中国领导人与苏联多次进行会谈，积极争取苏联归还中国的正当权益。经过几年的努力，苏联才先后将其在大连港及铁路方面的有关权益归还中国。

雅尔塔会议不仅促使反法西斯战争的尽快结束，而且对战后的世界格局产生了深远的影响，是世界史上一次重要的会议。

柏林会战

1945 年 1 月到 4 月，希特勒指挥的德军在与盟军作战中受到沉重打击。在东线战场上，德军不断失利，苏军已经两面包围了柏林，距离柏林仅有几十公里；西线战场上，英美盟军迅速向柏林步步紧逼，眼看距离柏林也仅有百余公里。此时，德国法西斯元首希特勒明知胜利无望，但他仍然决定要抗争到底。他调集了两个集团约100万人的兵力、上万个火炮、上千辆坦克及上千架飞机进行防御，另外，还在柏林市外布下了20万人进行防御。

苏联最高领导人斯大林认为，此时是消灭法西斯德国的最佳时机，因此他决定不惜一切代价攻下柏林。苏联调集了250万人及数千门火炮、数千辆坦克和上千架作战机用于作战。

1945年4月中旬，苏军兵分三路向柏林发起猛烈进攻：第一路大军由朱可夫元帅率领白俄罗斯第一方面军作为先锋部队，从柏林的南面进行攻击；第二路大军由罗科索夫斯基元帅指挥的白俄罗斯第二方面军向德国的奥德河前进，从北面攻击，同时对付柏林城外的20万大军；第三路大军科由涅夫元帅指挥的乌克兰第一方面军，从柏林的南面进行攻击。

4月16日，苏军第一方面军在朱可夫的指挥下，上千门大炮开始轰炸德军的防御阵地。同时，无数的作战机对德军进行轰炸。不到半个小时，第一道防御的德军战败。此时，南面的苏军也向尼斯河地的德军发起进攻，顺利渡过了尼斯河。

攻破了德军第一道防御地带后，朱可夫紧接着向枢纽泽洛夫高地发动进攻。这是德军防御的枢纽地带，兵力比之前的第一道兵力明显增强。而且，这里的地形对德军有力，可以说是易守难攻。每一条战壕，每一个散兵坑都会让苏军大伤脑筋。在这里，朱可夫指挥的第一方面军伤亡人数在不断增加。但是，他毫不退缩，以求尽快拿下泽洛夫高地。经过激烈交战，德军伤亡惨重，最后在苏军的猛攻下，只好向柏林方向逐渐后退。

朱可夫率领的苏军第一方面军占领泽洛夫高地后，继续向柏林进攻。很快，他就抵达了柏林不远的郊外。4月20日下午，苏军开始对柏林城进行轰炸，此时，其他两路军也都已经到了柏林附近。晚上，苏联的第4坦克集团军也到了柏林市西南的郊外。至此，德军部署的所有防御地带都被苏军击破。

几天后，苏军的三个方面军成功将柏林包围。苏联方面不仅继续增加兵力，而且从后方调来了威力巨大的炮火进攻。当时用的炮弹仅1发的重量就有500千克，战争的惨烈程度可想而知。眼看着苏军即将攻下柏林，希特勒下令德军统帅部撤离柏林，他本人则留下继续参加战斗，同时，他下令凡是按兵不动和作战后退的官兵，不仅立刻处死，而且要将其尸体悬挂示众。

接着，苏军数千架飞机在柏林的上空盘旋，柏林被上千吨的炸弹摧毁得面目全非。轰炸结束后，苏军第一方面军在朱可夫的指挥下，分成无数个突击队，进入柏林市区。

此时，柏林守备司令报告希特勒弹药、粮食、药品等战争必需品只够维持两天了。同时，他建议希特勒采取"安全撤离柏林"的提议。希特勒意识到这场战争中他已经输了，他拒绝离开柏林。

4月28日，苏军逼进了柏林最高首脑机关的蒂尔花园区。这里有政府办公厅、国会大厦、最高统帅部，也是柏林最后的支撑点，有无数精兵驻守。苏军首先拿下了该区的德军通讯枢纽，并切断了柏林与外界的联系渠道。然后，在当天深夜，苏军向柏林的国会大厦发起进攻，经过两天的激烈战斗，苏军终于成功打败守卫大楼的德军。这天晚上9时50分，苏军战士将胜利的红旗插在了柏林国会大厦的圆顶上。几个小时后，德军通过广播请求临时停火，要求与苏军进行谈判。两天后，德军最高统帅部代表在投降书上签字，至此柏林战役胜利结束。

罗斯福新政

富兰克林·罗斯福是美国第32届总统，也是美国历史上执政时间最长的总统。他在总统任职期间，不但使美国走出了经济大萧条的困境，而且还成功领导了美国人民进行反法西斯战争。

罗斯福于1882年出生在纽约。他的父亲是一个活跃在外交界和商业界的人物，母亲是一个受过外国教育的现代女性。罗斯福从小就喜欢读书、酷爱体育。1910年，罗斯福以民主党人的身份开始进入政界。1932年，罗斯福开始竞选总统。他凭借着出色的政绩和卓越的口才，在1933年以绝对的优势击败胡佛，登上了美国总统之位。罗斯福上任后，面临的最大的问题是如何让美国走出经济危机的困境。早在1929年，美国的股票市场崩溃，由此很长时间内美国的经济都非常萧条，经济持续萧条引发了经济危机。当时的美国到处是失业、破产、倒闭。据统计有上千家银行宣布倒闭、上万家企业宣布破产、有四分之一的美国人失业。此外，农产品大大贬值、工厂存货堆积如山，于是经常可以看到资本家将棉花等农作物当众销毁，将牛奶倒入大海。面对长时间的经济危机，人们的眼里充满恐惧。

罗斯福上任后，大刀阔斧地进行了一系列改革。他抛弃了传统的自由放任主义，加强政府对经济领域的干预。罗斯福请美国国会召开特别会议，先后提出各种挽救经济危机的政策措施。在 1933 到 1934 年，他提出以"复兴"为口号进行社会改革，主要包括银行信用、限制农产品生产和制定农产品价格等方面。之后四年，他把执政重点放在"救济"和"改革"上，这时的主要措施有政府制止企业倒闭，开展公共工程建设和紧急救济，实施社会保险。

罗斯福明白经济大萧条是投机活动引发的，于是他先从金融入手进行改革。刚一上

两名美国妇女展示她们的社会保险卡，罗斯福为保障美国公民的社会福利，引入了养老保险、失业保险和事故保险。

任，他就颁布了新的立法，其中有三分之一的内容都是关于金融的法律。在罗斯福的要求下，国会通过了一项立法，立法规定政府对银行采取个别审查颁发许可证制度。接着，他又宣布停止黄金出口，禁止私人储存黄金和黄金证券发行。之后，他在经济上又采取了一些措施，使得美元大幅度贬值，然后通过美元贬值，加强了美国商品对外的竞争能力。这些措施都有利于疏导经济血液，对稳定大局非常有利。

解决了银行方面的问题后，罗斯福积极促使议会通过《农业调整法》和《全国工业复兴法》。他要求资本家订出生产规模和价格范围，同时给工人订出最低工资和最高工作时间规定，从而缓和了阶级矛盾。得到大企业家的支持后，罗斯福又尽力取得中小企业主地支持。为了推行他的新法，他规定对于凡是接受新法规的企业，政府要进行表彰。

在新法实行一年后，罗斯福又在社会保险、劳工关系、公共事业等方面，制定了新的法案，对之前的法案进行了巩固和补充。

社会保险法案、全国法案、法案等法规，以立法的形式巩固新政成果。特别是在社会保险方面，他认为社会保险应该贯穿一个人的一生。为此，他制定了《社会保险法》，规定凡年满 65 岁的退休工资劳动者，每月可以得到 10 到 85 美元的养老基金。社会保险金的一半由政府支付，一半由在职工人和雇主支付。社会保险法为广大的劳动人民提供了一个基本的生活保障，因此得到了绝大多数人

的欢迎。

1937 年，罗斯福向国会提交了最低工资和最高工时的立法咨文。第一次提出国会并没有采取行动，当他再次提出时已是一年后，这次他的法案终于通过了。这就是《公平劳动标准法》，法案中规定，每周 40 小时工时，每小时 40 分最低工资。年龄方面禁止企业使用 16 岁以下童工，而一些危险性的工作中禁止使用 18 岁以下工人。另外，对于社会保险制度的政府经费来源的问题上，罗斯福实行按收入和资产的多少而征收的税收。

此外，罗斯福还调整了农业政策、稳定农产品的价格。他还大力兴建公共工程增加就业机会。经过这一系列的新政改革后，美国的经济逐渐回升，失业率大幅度下降，成功带领美国人民走出了经济危机的困境。

罗斯福因任期内政绩斐然，在第一个任期满后，获得广大民众的支持，成功连任。

中途岛海战

1942 年 6 月，美国和日本在太平洋上展开了一场殊死决战。这是一场以航空母舰为主要战斗武器的战役。在这场战役中，真正决定胜负的并不是巨舰大炮，而是航空母舰上的舰载战机。这一战是日本海军在第二次世界大战中最大规模的战略进攻，却没想到搬起石头砸了自己的脚，就此失去太平洋战区主动权，从而改变了整个战争的走势。这就是中途岛海战。

1941 年 12 月 7 日，日本成功偷袭美国在太平洋上的海军基地珍珠港，接下来的 3 个多月里，日本连战连胜，几乎控制了整个西太平洋。每当日本战胜的消息传回国内，东京的狂热市民就会手举小太阳旗，涌到皇宫门前举行庆祝活动。但是，在热闹欢腾的日本国民中，有一个人却显得忧心忡忡。他就是日本海军联合舰队司令山本五十六大将。

山本五十六是一个职业军人。当初，他并不赞成去招惹美国，因为他知道美国工业生成能力很强，一旦将这种生产能力应用到战争中，日本几乎没有希望获胜。但是，如果事情到了无法避免的地步，他又会非常顽固地进行下去。日本成功偷袭珍珠港后，他曾非常冷静地指出：美国是一个巨人，如今我们唤醒了他，就要在他起身之前，将他打倒。于是，他计划一战定胜负，彻底击毁美太平洋舰队，完成偷袭珍珠港未完成的事业，以此来迫使美国坐到谈判桌前，签定停战协定。因此，联合舰队参谋长宇垣少将攻击中途岛的计划一出，山本当即就批准了。日本攻击中途岛的作战计划是：调虎离山，先进攻由美国控制的阿留申群岛，诱使美军舰队前来援助，然后趁美军兵力空虚之际，攻占中途岛。作战日期初步定为6月初。

中途岛位于太平洋中部，该岛由周长24公里的环礁组成，陆地面积只有4.7平方公里，因和美国旧金山和日本横滨都相距2800海里，位居太平洋东西航线的中间位置，因而得名中途岛。这里因与夏威夷群岛和珍珠港临近，战略位置非常重要。美军把它作为保卫夏威夷的西北屏障和前哨阵地，在这里修建了航空和潜艇基地，同时，也把它建成了美军重要的交通中转站。如果中途岛失守，夏威夷和珍珠港的安全就会受到威胁，而珍珠港可是美国太平洋舰队的大本营。

山本认为此战可以将在偷袭珍珠港事件时没有受到损失的美国航母战斗群诱出，然后一举歼灭，从而占领该岛。这样他们就可以将该岛作为日军空中巡逻的前进基地，同时还可解除来自夏威夷方面的美军的威胁。如果日本海军达到既定目标，就相当于打开了美国西海岸的大门。而美国其余的海军军舰已部署到北大西洋，这样一来，短期内，太平洋地区的美国海军就失去了与日本海军抗衡的能力，那日本就可以在太平洋上称王称霸了。

但是，山本做梦也没有意料到，珍珠港事件后，临危受命的太平洋舰队司令尼米兹领导情报处破译了日军密码，已将日军的整个行动计划了然于胸。

为了击垮美军舰队，山本五十六孤注一掷，几乎出动了日本海军的全部家当，其中包括8艘航母、20艘巡洋舰、60艘驱逐舰、15艘潜水艇、11艘战列舰，其中南云中一海军中将率领的航母编队由飞龙、加贺、赤城、苍龙4艘重型航母、2艘护卫战列舰、3艘巡洋舰、11艘驱逐舰组成，是当时世界上最强的航母编队。

与日本相比，美国只有3艘航母、8艘巡洋舰、14艘驱逐舰、19艘潜水艇，而战列舰则没有。在物力方面，日本可以说有绝对优势。

大战即将到来，双方紧张地为决战做准备。只不过，此时一方已经完全掌握了对方的行动计划，另一方则毫不知情，踌躇满志地以为胜券在握。

1942年6月4日凌晨，天空还处在一片黑暗之中。日本海军南云中将在4：30分下令，发动第一轮进攻，攻击中途岛。第一架"零"式战斗机掠过起飞甲板，冲向静寂的夜空。接着剩余的35架零式战斗机、36架俯冲轰炸机、36架水平轰炸机共108架舰载飞机，分别从4艘航空母舰上同时起飞。攻击机群组成壮观的环形队列，轰鸣着围着舰队飞行一圈后，直冲中途岛扑去。

日本空军在中途岛骄横地狂轰滥炸了 20 分钟。尽管他们肆无忌惮地轰炸，但炸毁的只有岛上的建筑物、油库，还有飞机库，却没看到一架飞机，而他们这次进攻的目的是消灭美军的航空力量。他们没有想到，这是美军针对山本的计划设下的圈套：美军的飞机已经全部升入高空准备迎击他们。他们更想不到，就在南云的战斗机飞离航空母舰咆哮着扑向中途岛的时候，美军 3 艘航空母舰上的战斗机也已经飞上了高空，在飞往攻击他们舰队的路上了。

日军针对中途岛的第一次轰炸扑了个空，很快向南云中将发出电报，表示需要进行第二次攻击。南云中将命令将第二攻击波飞机提到飞行甲板上。就在这时，美军的第一轮攻击已经临头。十几架美军鱼雷攻击机、俯冲轰炸机出现在南云舰队的上空，排成单行，朝日航空母舰扑了过去。日军发现后，马上组织战斗机和战舰上的高射炮截击，猛烈炮火很快就击落了美军 7 架战斗机。战斗中，美军的 15 架"复仇者"式鱼雷轰炸机编队发现日军舰队时，飞机燃油即将耗尽，而且没有战斗机为他们掩护，即使这样，他们还是发起了猛烈进攻。结果，在日军战斗机的截杀和高射炮火的猛烈攻击下，这个编队全部被击落，30 名飞行员只有一人生还。美军的大部攻击机被击落，第一波攻击没有奏效。日本军舰上的官兵欢呼雀跃着庆祝胜利。

中途岛发来进行第二轮进攻的电报，美军又突然来袭，南云中将据此判断，中途岛的美军防御力量还是很强的。他临时决定，把原来停放在甲板上，用来对付美军舰队的飞机调去对中途岛发动第二轮轰炸。于是他下令，赤城号和加贺号将已经装好鱼雷的飞机，用升降机运回下层甲板，卸下鱼雷换装攻击地面用的高爆炸弹。然而此时，他并没有确定美军舰队的方位。

在茫茫大海上，南云中将主要是靠着侦察机提供的情报，判断敌情，指挥战斗的。就在下令鱼雷机改装炸弹后不久，南云接到侦察机的报告，称发现了 10 艘美国军舰。航图室当即根据侦察机的报告开始计算美国的舰队的距离，发现已经很近了。南云大吃一惊，此时，"赤城"、"加贺"两艘航空母舰上的鱼雷机，都已在下层飞机库里重新装挂上炸弹了，是不能马上出发攻击美国舰队的。如果这支舰队中有航空母舰的话，那么此刻自己的 4 艘航母就会非常危险。于是，他当即下令停止往飞机上装炸弹，重新装鱼雷，以应对美军舰队。此时，日军航空母舰的甲板上一片混乱，紧张的气氛蔓延开来。

南云还没来得及重新估计形势，来自中途岛的美军后续轰炸机已冲出云层，对日本舰队展开了第二轮攻击。鱼雷机、俯冲轰炸机、高空重型轰炸机轮番进攻，顿时让南云觉得压力很大，有些惊慌失措。

这时，日本侦察机发来第二份情报，称发现的10艘美国军舰中并没有航空母舰。于是南云松了一口气，他觉得既然没有航空母舰，那支舰队就不会对自己构成威胁。于是，南云决定重新准备对中途岛的第二轮进攻，下令飞机再次卸下鱼雷改装炸弹，甲板上又乱作一团。就在这时，南云接到最新情报，又说发现10艘美军军舰后面似乎有航空母舰尾随。他又下令把飞机上的炸弹换成鱼雷。

反反复复地拆装让日军航空母舰的甲板上早已混乱不堪。为了方便换装，卸下的炸弹就堆放在甲板上。不久，袭击中途岛的机群返回，护航战斗机需要着陆加油。而此时，第二批改装鱼雷的飞机还没有全部装完，马上出发进攻的话，也没有战斗机护航。舰上的飞机正占着跑道，第一轮攻击机群无法着陆，油箱已经空了，很快就会掉进海里。这下，南云进退两难了。最后，他不得不推迟攻击时间，先回收飞回来的飞机，再重新组织部队对中途岛展开第二轮进攻。日本官兵一个个手忙脚乱，根本没时间去理会堆放在甲板上的炸弹。

就在日本官兵忙着鱼雷换炸弹，炸弹换鱼雷的时候，美国海军的32架"无畏"式俯冲轰炸机出现在日本舰队上空。美国飞行员们同仇敌忾，早就憋着劲儿，报日本偷袭珍珠港的仇了。32架轰炸机分成两队，奋勇争先，朝日本的赤城号和加贺号两艘航空母舰俯冲下去。加贺号和赤城号被击中，堆放在甲板上的炸弹被引爆，接着，美军的另外17架"无畏"俯冲轰炸机又对苍龙号航母展开进攻。加贺号、赤城号、苍龙号燃起了熊熊大火，战舰里的油库和弹药引发了大爆炸，瞬间茫茫大洋上燃起三团巨大的火球，火光冲天。日本的三艘航空母舰彻底被炸毁。面临这种情况，侥幸逃脱的飞龙号随即起飞了舰上的17架飞机，朝美军的航空母舰发起进攻。虽然它击中了美国的航母，但是同时也暴露了自己的位置。接着美国的40架轰炸机咆哮着扑向飞龙号，并且成功地击沉了它。

中途岛一战使日本妄图成为太平洋霸主的美梦彻底破碎。日本海军不能接受这样的失败，对国民谎称已经取得中途岛大捷，成为太平洋霸主。日本军方对内全面封锁消息，销毁了这次战役的所有文件资料，同时，战斗中的伤员以疗伤为名，被连夜送进医院监禁起来，完全断绝了与外界的联系。

6月10日，日本电台播放了海军曲，东京的狂热市民还组织了提灯游行，迎接惨败的舰队归来。

联合国成立

1945 年 10 月 24 日，联合国在美国旧金山成立，总部分别设在美国纽约、瑞士日内瓦、奥地利维也纳和肯尼亚内罗毕。联合国由独立主权国家组成，是现今世界上最大、最重要、最权威、最有代表性的国际组织。

1941 年，德、意军队入侵欧洲各国。为维护世界和平，制止侵略行为，加强国际合作，6 月 12 日，各国派代表到伦敦，签署了《同盟国宣言》。在《宣言》中，各国承认，"要想拥有持久的和平，必须要摆脱侵略的威胁，世界上的每个人都能得到经济和社会保障，国家间能自愿合作"。

8 月，为统一反法西斯战线，英美两国签署了《大西洋宪章》。14 日，《大西洋宪章》公布，内容包括：两国不承认德、意侵略引发的领土变更，帮助恢复各受侵国家人民的主权；受侵国家要在经济上展开合作，共同抵制纳粹暴政，维护和平。9 月，苏联、比利时等国加入《大西洋宪章》，表示愿意按《大西洋宪章》原则行事。世界反法西斯战线逐步形成，《大西洋宪章》成了各国反法西斯战争中，遵循的基本纲领。

为建立反法西斯同盟，美国总统罗斯福积极准备，做了很多工作，并亲自起草了《联合国家宣言》。1942 年 1 月 1 日，中、美、英、苏等 26 个国家在华盛顿签署《宣言》。《宣言》规定，以《大西洋宪章》为准则，同法西斯国家战斗到底；所有曾在反法西斯战争中提供物质支援的国家都可加入《宣言》；各国应相互合作，共用军事和经济资源，不单独同敌国缔结和约，约定停战。

修改《宣言》最后文本时，罗斯福提出"联合国家"这个名称，并建议，以此名替代"协约国"或"同盟国"——"联合国"第一次正式出现在文本中。《宣言》签署后，世界反法西斯联盟正式形成，各国人民斗志高涨，积极投入反法西斯阵营。

1943 年 10 月 30 日，中、美、英、苏四国派代表在莫斯科举行会议，签署了《普通安全宣言》。

联合国标志

会上，四国都认为有必要建立一个维护世界和平和安全的组织，于是提出了建立战后国际安全组织的构想。8 月到 10 月，几国再三派代表集会，为国际组织拟定章程，并达成协议，安全组织成立后，一切决议都要通过安理会投票表决后才能生效——联合国有了雏形。

1945 年 4 月 25 日，50 个国家派代表来到旧金山，召开"联合国家国际组织会议"。6 月 25 日，《联合国宪章》通过。10 月 24 日，《联合国宪章》生效，联合国成立。罗斯福在《联合国家宣言》中提出的"联合国"一词，正式成为国际安全组织的名称。联合国以"维护世界和平与安全"、"制止侵略"、"发展国际间以尊重各国人民的平等权利和自觉原则为基础的友好关系"、"促进国际合作"为己任，以《联合国宪章》为基本大法和总章程。

联合国徽章是一幅以北极点为中心，延伸到南纬 60° 的平面世界地图。地图分蓝白两色，蓝色代表水域，白色代表陆地；图上经线以直线表示，线有 8 根；纬线以同心圆表示，圆有 5 个。地图被两根交叉的橄榄枝围绕，橄榄枝意指和平。

1946 年 1 月 10 日，第一届联合国大会在伦敦召开，51 个成员参加了会议，联合国机制正式投入运作。1950 年，纽约联合国总部大楼完工，1951 年 1 月 9 日开始使用。

联合国成立至今，积极发展国际间的交流与合作，为协调国际关系、维护世界和平作出了巨大贡献。